Dubs   **Volkswirtschaftslehre**

Rolf Dubs

Dr. Dres h.c.
Professor an der
Universität St. Gallen

Volkswirtschaftslehre

Eine Wirtschaftsbürgerkunde
für höhere Schulen,
Erwachsenenbildung
und zum Selbststudium

7., aktualisierte Auflage

Verlag Paul Haupt Bern · Stuttgart · Wien

Rolf Dubs (1935). Ausbildung zum dipl. Handelslehrer. Lehrtätigkeit an verschiedenen Schulen. Seit 1969 Professor für Wirtschaftspädagogik an der Universität St. Gallen. 1986 – 1990 Prorektor und 1990 – 1993 Rektor der Universität St. Gallen. Direktor des Institutes für Wirtschaftspädagogik der Universität St. Gallen.

5. Auflage: 1983
1. Nachdruck der 5. Auflage: 1983
2. Nachdruck der 5. Auflage: 1987
3. Nachdruck der 5. Auflage: 1987
4. Nachdruck der 5. Auflage: 1988
5. Nachdruck der 5. Auflage: 1989
6. Nachdruck der 5. Auflage: 1990
7. Nachdruck der 5. Auflage: 1992
6. Auflage: 1994

Die Deutsche Bibliothek – CIP-Einheitsaufnahme

Dubs, Rolf:
Volkswirtschaftslehre: eine Wirtschaftsbürgerkunde für höhere Schulen, Erwachsenenbildung und zum Selbststudium / Rolf Dubs. –
7., aktualisierte Aufl. –
Bern; Stuttgart; Wien: Haupt, 1998
ISBN 3-258-05689-7

Inhaltsübersicht

Inhaltsverzeichnis

**4. Kapitel: Ausgewählte Ausschnitte
aus der Ordnungs- und der Strukturpolitik**

5. Kapitel: Das Geld, der Geldwert und Störungen des Geldwertes

7. Kapitel: Die Finanzwirtschaft

Vorwort zur 6. Auflage

Bedingt durch eine Vielzahl von Verpflichtungen erscheint die sechste Auflage dieses Buches verspätet in einer vollständig überarbeiteten Form.

Es wird aber auch in seiner sechsten Auflage bewusst wieder als Wirtschaftsbürgerkunde vorgelegt: Es wendet sich nicht an Fachleute und Spezialisten der Volkswirtschaftslehre, sondern an Studierende höherer Schulen, an Mittelschülerinnen und Mittelschüler und an wirtschaftspolitisch interessierte Erwachsene, sei es als Begleittext für den Unterricht oder zum Selbststudium. Sein Ziel ist es, jene Kenntnisse und Einsichten in die Volkswirtschaftslehre zu vermitteln, die nötig sind, um das wirtschaftspolitische Geschehen und die volkswirtschaftlichen Alltagsprobleme verstehen und miterleben zu können. Deshalb folgt es nicht den Tendenzen der makro- und mikroökonomischen Forschung, die immer abstrakter und modellhafter wird. Es geht vielmehr um die Bildung des allgemeinen Wirtschafts- und Gesellschaftsverständnisses: Die Lernenden sollen so vorbereitet werden, dass sie als Konsumenten, Mitarbeiter einer Unternehmung oder einer Staatsverwaltung und als Staatsbürger zu Problemen unserer Wirtschaft und Gesellschaft sachkompetent Stellung beziehen und vor allem die immer häufiger werdenden Zielkonflikte richtig beurteilen können. Diese Zielsetzung für das Buch erfordert eine problemorientierte Darstellung, die sich nicht an einer streng wissenschaftlichen Gliederung orientiert. Ebenso wenig wird eine modelltheoretische und mathematische Betrachtungsweise vermittelt. Es wird vielmehr versucht, mit Hilfe eines gut strukturierten Begriffsgefüges, der Darstellung von grösseren Zusammenhängen und dem Aufwerfen kontroverser Fragen eine Grundlage zu schaffen, die die Lernenden befähigt, sich im freien Urteil eine eigene Meinung zu wirtschafts- und gesellschaftspolitischen Problemen bilden zu können.

Sobald gesellschafts- und wirtschaftspolitische Fragen bearbeitet werden, spielen Werthaltungen und politische Positionen eine wesentliche Rolle. Deshalb ist Transparenz zu fordern. Der Verfasser bekennt sich als Vertreter einer liberal-individualistischen Grundhaltung im Sinne des kritischen Rationalismus. Er tritt für die evolutionäre Weiterentwicklung einer freiheitlichen Wirtschaftsordnung und für ein angemessenes Wirtschaftswachstum ein, anerkennt aber Staatseingriffe und Freiheitsbeschränkungen immer dann, wenn Probleme auf freiheitlichen und marktwirtschaftlichen Wegen nicht gelöst werden können und im Interesse einer grossen Mehrzahl von Bürgerinnen und Bürgern ein staatlicher Handlungsbedarf zwingend wird. Voraussetzung für solche Freiheitsbeschränkungen ist der klare Wille der Bürgerschaft, die sich auf die bestehende und wandelbare Rechtsordnung verpflichtet. In diesem Sinn handelt es sich nicht um ein wertneutrales Buch. Es verpflichtet sich für die soziale Marktwirtschaft. Damit es aber nicht doktrinär wird, werden in den Text laufend wirtschaftspolitische Kontroversen eingebaut, damit sich die Leserinnen und Leser intensiver mit den hinter den Kontroversen steckenden Zielkonflikten auseinandersetzen, um in ihrer Beurteilungs- und Entscheidungsfähigkeit ausgewogener zu werden.

Gegenüber früheren Auflagen ist das Buch nochmals etwas umfangreicher geworden. Dies ist auf das Bemühen zurückzuführen, weitere aktuelle, aber dauerhafte Problemstellungen aufzunehmen und vor allem gewisse Zusammenhänge noch etwas deutlicher herauszuarbeiten.

Zu danken habe ich meinem Assistenten, Herrn Roman Dörig, der mir bei der Materialbeschaffung und Drucklegung behilflich war.

St. Gallen, August 1993   Rolf Dubs

Vorwort zur 7. Auflage

Für die 7. Auflage wurden alle Daten nachgeführt und einige kleine Anpassungen vorgenommen. Insgesamt bleibt das Buch aber unverändert.

St. Gallen, Juni 1997   Rolf Dubs

1. Kapitel

Grundfragen

Grundfragen der Volkswirtschaftslehre

1. Zwei grundlegende Tatsachen

Zwei grundlegende Tatsachen bilden die Grundlage für die Lehre von der Wirtschaft:

- Die Bedürfnisse (Mangelgefühle) der Menschen und ihrer Situationen sind unbegrenzt.
- Die ökonomischen Ressourcen[1] zur Herstellung von Gütern und Dienstleistungen für die Bedürfnisbefriedigung sind begrenzt oder knapp.

1.1 Die Bedürfnisse

Jeder Mensch hat unbegrenzt viele Bedürfnisse (**Individualbedürfnisse**), die er befriedigen möchte. Einzelne Bedürfnisse (Nahrung, Kleidung, Wohnung) haben biologische Wurzeln. Andere Bedürfnisse werden durch Übereinkunft und Gewohnheit in einer Gesellschaft beeinflusst. Deshalb verändern und vervielfältigen sie sich fortwährend. In hochentwickelten Wirtschaften werden Bedürfnisse durch Werbemassnahmen sogar bewusst geschaffen.

Daneben haben auch die Institutionen der Menschen Bedürfnisse (**Kollektivbedürfnisse**). Das sind solche Bedürfnisse, die nicht mehr von einzelnen Menschen allein, sondern nur noch von der Gemeinschaft befriedigt werden können.

In einer wachsenden Wirtschaft mit steigendem Einkommen verändern sich die Bedürfnisse gesetzmässig:

1. Immer mehr Bedürfnisse werden zur Selbstverständlichkeit.

2. Ein immer kleinerer Anteil der Einkommen wird für die Befriedigung von Existenzbedürfnissen (Nahrung, Kleidung) benötigt.

3. Je höher die Einkommen sind und je mehr Individualbedürfnisse befriedigt werden können, desto grösser werden die Kollektivbedürfnisse, weil die steigenden Individualbedürfnisse meistens grössere Probleme für die Gemeinschaft mit sich bringen.

---

1 Ressourcen heisst: Wirtschaftliche Mittel zur Güterproduktion und Erbringung von Dienstleistungen.

1.2 Güter und Dienstleistungen

Aufgabe der Wirtschaft ist es nun, Güter und Dienstleistungen zur Befriedigung der Individual- und Kollektivbedürfnisse bereitzustellen.

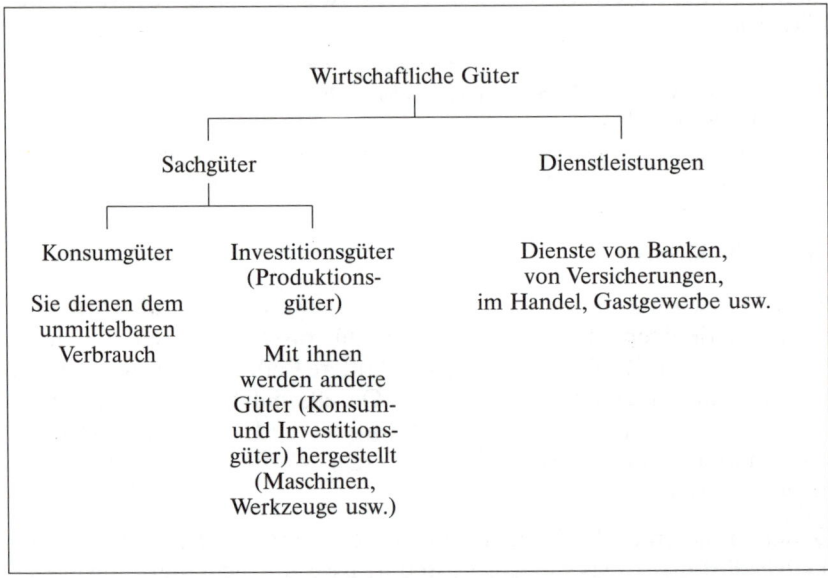

In erster Linie geht es darum, die individuellen Konsumbedürfnisse der Menschen und ihrer Institutionen zu befriedigen. Dazu werden Konsumgüter und Dienstleistungen hergestellt. Daneben werden aber auch Investitionsgüter benötigt, mit denen weitere Güter produziert werden können. Ein Teil davon wird zum Ersatz abgenützter Güter verwendet (= Ersatzinvestitionen), während ein anderer Teil als Neuinvestitionen dienen und damit die Kapitalbasis der Wirtschaft vergrößern. Die gesamte Investitionsgüterproduktion entspricht der Bruttoinvestition, die sich aus Ersatz- und Neuinvestition zusammensetzt.

1.3 Die Ressourcen

Um diese Güter und Dienstleistungen zu produzieren (Output), muss die Wirtschaft auf die knappen Ressourcen (oder Produktionsfaktoren) zurückgreifen. Dies sind die wirtschaftlichen Mittel zur Güterproduktion und Erbringung von Dienstleistungen.

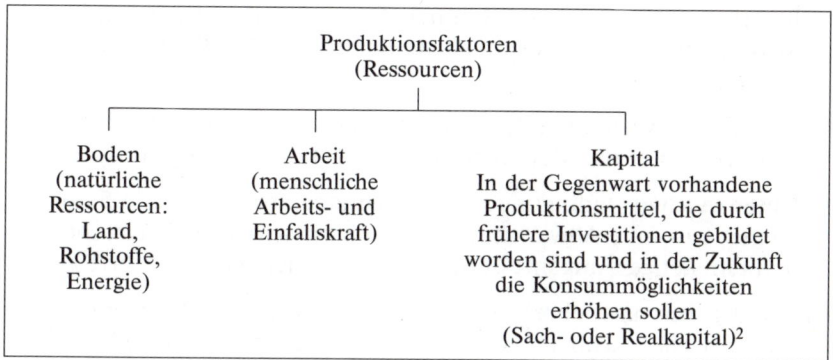

2. Volkswirtschaftslehre als Gegenstand und Methode

2.1 Volkswirtschaftslehre als Gegenstand

Wirtschaften im volkswirtschaftlichen Sinn heisst, die zur Verfügung stehenden Ressourcen so einzusetzen, dass sie möglichst vielen Menschen zur Bedürfnisbefriedigung dienen und möglichst wenigen Menschen schaden.

Mit den damit zusammenhängenden Problemen befasst sich die Volkswirtschaftslehre (Ökonomie; Economy) als **Gegenstand**. Sie betrachtet das Ineinandergreifen der Einzelwirtschaften (Betriebe, Unternehmungen, Haushalte) von einem überbetrieblichen Standpunkt her. Sie will den gesamten volkswirtschaftlichen Prozess (das Ineinandergreifen) in seinem Ablauf und in seinen Zusammenhängen als ein «einheitlich geordnetes Ganzes» (System) darstellen. Dabei richtet sie ihr Interesse auf vier Hauptfragen:

- Wie werden die wirtschaftlichen Vorgänge gesteuert, um mit den knappen Ressourcen (Produktionsfaktoren) diejenigen Güter und Dienstleistungen herzustellen, die die bestmögliche Bedürfnisbefriedigung der Menschen und ihrer Institutionen gewährleisten, ohne schädigende Wirkungen zu bringen?

---

2 Zu den Ressourcen wird nur das Sach- oder Realkapital (produktive Ausrüstungen), nicht aber das Geld- oder Finanzkapital gerechnet.

- Innerhalb von welchem Rahmen (Grenzen der Ausnützung von Ressourcen) soll die bestmögliche Bedürfnisbefriedigung angestrebt werden?

- Wie soll die Verteilung der Güter und Dienstleistungen bzw. der Einkommen unter die Menschen und Institutionen erfolgen?

- Unter welchen Bedingungen lässt sich eine konjunkturelle Stabilität (keine Auf- und Abwärtsbewegung im wirtschaftlichen Geschehen) und ein stetiges, angemessenes Wachstum der Wirtschaft erreichen?

Die Volkswirtschaftslehre[3] beschäftigt sich also mit Problemen der Gesamtwirtschaft, wobei zwischen zwei Bereichen unterschieden wird.

- Die **Mikroökonomie** befasst sich mit Einzelwirtschaften (Betrieben, Unternehmungen, Haushalten), wobei ihr Dasein nicht isoliert, sondern im Zusammenhang mit der ganzen Volkswirtschaft gesehen wird, und mit einzelwirtschaftlichen Erscheinungen wie Preisen, Kosten und Umsätzen.

- Bei der **Makroökonomie** geht es um die Theorie der Gesamtwirtschaft. Dabei werden nicht mehr die Einzelwirtschaften betrachtet, sondern aggregierte (= gedanklich zusammengefasste) Grössen wie Konsum, Investitionen, Volkseinkommen usw. Die meisten makroökonomischen Grössen entstehen durch die Addition mikroökonomischer Werte.

2.2 Volkswirtschaftslehre als Methode

Bei der **Methode** geht es um die Art und Weise des Denkens in der Volkswirtschaftslehre.

Weil die volkswirtschaftlichen Zusammenhänge komplex sind, ist es unmöglich, alle Erscheinungen gleichzeitig zu beschreiben. Deshalb arbeitet die theoretische Volkswirtschaftslehre mit Modellen.

Das sind theoretische Vereinfachungen der komplexen Wirklichkeit, indem vereinfachende Annahmen getroffen und/oder Einzelheiten, die zur Gewinnung von grundlegenden Einsichten überflüssig sind, vernachlässigt werden.

---

3 Volkswirtschaft heisst: Die Gesamtheit aller wechselseitigen wirtschaftlichen Beziehungen zwischen den Haushalten, Betrieben und Unternehmungen sowie dem Staat eines staatlich geeinten Volkes oder Völkerverbandes.

So wird beispielsweise das Marktgeschehen anhand eines Modells, dem Modell der vollkommenen Konkurrenz (siehe S. 128), dargestellt und die Preisbildung untersucht. Dabei trifft man sieben vereinfachende Annahmen, die in Wirklichkeit nicht zutreffen. Dadurch wird es aber erst möglich, das komplexe Geschehen gesetzmässig zu erfassen.

Ein Modell wird aus der Beobachtung der Wirklichkeit gewonnen. Diese liefert viele Fragestellungen, aber keine Erklärungen. Erklärungen gewinnen die Volkswirtschafter, indem sie Begriffe und Erscheinungen definieren und Hypothesen (Mutmassungen über Zusammenhänge) aufstellen, die auf einigen Grundannahmen menschlichen Verhaltens beruhen. Auf diese Weise werden Theorien gebildet.

Eine **Theorie** ist eine Gesamtheit von logisch miteinander verbundenen Hypothesen (Annahmen), die zur Erklärung eines Phänomens[4] und zur Vorhersage des Verhaltens dieses Phänomens herangezogen werden.

Weil Theorien immer viele Hypothesen beinhalten, müssen sie in der Wirklichkeit (Praxis) überprüft werden. Damit beschäftigt sich die **empirische Wirtschaftsforschung**, die die Hypothesen der praktischen Bewährungskontrolle unterwirft. Bestätigen sich die Hypothesen in der Wirklichkeit, so sind neue Einsichten gewonnen worden. Bewahrheiten sie sich nicht, so ist die Theorie widerlegt, und es müssen neue Hypothesen gesucht werden.

3. Die Fragestellungen und Zielsetzungen der Volkswirtschaftslehre

3.1 Die zentrale Frage der Volkswirtschaftslehre: rationale[5] Betrachtung

Weil die Bedürfnisse unbeschränkt sind, die Ressourcen und als Folge davon die Güter und Dienstleistungen zur Bedürfnisbefriedigung knapp bleiben, stellt sich immer wieder die gleiche Frage:

Wie sollen bei den vielen Bedürfnissen die knappen Ressourcen verwendet werden, um die bestmögliche Bedürfnisbefriedigung zu erreichen?

---

4 Phänomen heisst: Erscheinung.
5 Rational heisst: Vernunftgemäss, logisch.

Mit dieser Frage beschäftigt sich die Volkswirtschaftslehre, indem sie aufzeigen will, wie wir aus dem, was wir haben (Ressourcen: Input), das Beste machen (Güter und Dienste zur Bedürfnisbefriedigung: Output). Dabei lässt sie sich vom Ziel der

ökonomischen Effizienz

leiten. Diese ist erreicht, wenn

a) die Zuteilung[6] der Ressourcen bestmöglich ist, und

b) die Zusammensetzung des Output für alle Menschen und ihre Institutionen die optimale Bedürfnisbefriedigung bringt.

Unter diesen Voraussetzungen arbeiten die Produzenten am kostengünstigsten, weil jede andere Allokation der Ressourcen ungünstiger wäre. Gleichzeitig maximieren die Konsumenten ihren Gesamtnutzen, weil jede andere Zusammensetzung des Output deren Bedürfnisse weniger gut befriedigen würde.

Konkreter ausgedrückt wird die ökonomische Effizienz erreicht, wenn **Vollbeschäftigung** und **volle Produktion** verwirklicht sind, oder negativ ausgedrückt, wenn Arbeitslosigkeit und Unterbeschäftigung vermieden werden.

Vollbeschäftigung ist gegeben, wenn erstens alle, die fähig und willens sind zu arbeiten, einen Arbeitsplatz finden. In diesem Fall gibt es keine offene Arbeitslosigkeit. Zweitens kann nur dann von Vollbeschäftigung gesprochen werden, wenn die Allokation der Ressourcen bestmöglich ist. Sind beispielsweise alle Arbeitskräfte beschäftigt, könnten sie aber mehr leisten, so ist keine echte Vollbeschäftigung mehr gegeben, sondern es herrscht verdeckte Arbeitslosigkeit vor.[7]

Volle Produktion ist nicht schon bei Vollbeschäftigung gegeben. Vielmehr ist mit der besten Produktionstechnik zu arbeiten. Und die Allokation der

---

6   Oft wird auch von der **Allokation der Ressourcen** gesprochen. Darunter wird die örtliche, zeitliche und verwendungsspezifische Zuteilung der knappen Ressourcen (Produktionsfaktoren) zur Erstellung von Gütern und Diensten verstanden.

7   Dies ist häufig in Entwicklungsländern der Fall, wo bestimmte Arbeiten maschinell effizienter ausgeführt werden könnten. Es wird aber nicht mechanisiert, um möglichst viele Arbeitsplätze zu erhalten.

Produktionsfaktoren muss so erfolgen, dass die von einer Gesellschaft gewünschte maximale Produktion zur optimalen Bedürfnisbefriedigung mit dem geringsten Mitteleinsatz erreicht wird.

3.2 Die traditionelle Zielsetzung: Wohlstand

Diese rationale Betrachtungsweise der Volkswirtschaftslehre war in ihrer Ausschliesslichkeit solange problemlos, als es überall echte Mangelsituationen bei der Bedürfnisbefriedigung gab.

Deshalb war das alleinige Ziel des volkswirtschaftlichen Denkens und Handelns unbestritten: Vergrösserung des Wohlstands, d. h. die Menschen sollten über mehr Güter und Dienstleistungen zur Befriedigung ihrer Bedürfnisse verfügen.

> Einzige Zielsetzung für volkswirtschaftliches Denken und Handeln war das Bestreben nach Wohlstandsvermehrung.

Diese allgemeine Zielsetzung wurde durch genauere **Zielkataloge** präzisiert. Bis in die siebziger Jahre standen fünf Hauptziele im Vordergrund (vergleiche Abbildung 1.1). Weil es kaum je gelingt, alle diese fünf Ziele gleichzeitig zu erreichen, oft sogar die Erfüllung des einen Ziels ein anderes stört, stellt dieser Zielkatalog etwas Magisches dar. Deshalb wird von einem **magischen Fünfeck** gesprochen.

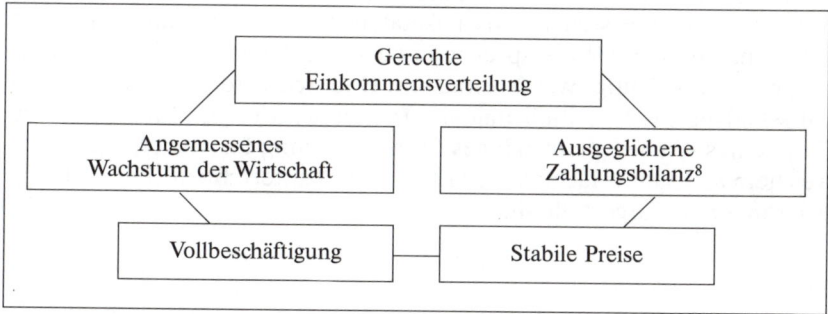

Abb. 1.1: Magisches Fünfeck

---

8   Einnahmen und Ausgaben aus den Wirtschaftsbeziehungen mit dem Ausland sollten etwa gleich gross sein.

3.3 Die umfassende Zielsetzung: Wohlfahrt (Lebensqualität)

Solange viele Menschen wesentliche Bedürfnisse nicht befriedigen konnten, war gegen die Zielsetzung der Wohlstandsvermehrung nichts einzu-
wenden. Zu Beginn der siebziger Jahre wurde indessen erkannt, dass die
übermässige Wohlstandsvermehrung eine Fülle von Problemen brachte:

- Überbordender Güterverbrauch mit zunehmender Wegwerfmenta-
  lität.

- Überbeanspruchung der Ressourcen und Bedrohung der Umwelt.

- Soziale Ungleichheiten, die zu jenem Zeitpunkt bewusst wurden, als
  nicht mehr alle Bevölkerungskreise gleichermassen am Wohlstandszuwachs teilhaben konnten.

- Menschliche Überforderung infolge der Hektik der Wohlstandsgesellschaft mit den Problemen der Aussteiger und Randgruppen (z. B. Dro-
  genabhängige).

Als Folge dieser Probleme begann sich zuerst die Volkswirtschaftslehre
und dann – nicht zuletzt unter dem Druck verschiedener neuer Bewegungen (soziale und ökologische Gruppierungen, Bürgerinitiativen) – auch
die Politik mit neuen Zielsetzungen zu beschäftigen, nämlich mit der Verbesserung des Wohlbefindens aller Menschen, der Wohlfahrt oder der
Lebensqualität.

Während sich der Wohlstand objektiv messen lässt (z. B. jährlicher Ausstoss von Gütern und Dienstleistungen in einer Volkswirtschaft), spielen
bei der Bestimmung von Lebensqualität **weltanschauliche**[9] Überlegungen
mit, so dass beim Erstellen von Zielkatalogen auch gesellschaftspolitische
Ziele und vor allem Widersprüche in den gesellschaftspolitischen Forderungen berücksichtigt werden müssen. Dadurch wird das Erstellen von
wirtschaftspolitischen Zielkatalogen immer schwieriger. Eine mögliche
Form eines solchen Zielkataloges ist in Abbildung 1.2 wiedergegeben, in
welchem Ziele auf verschiedenen Ebenen und unterschiedlichem Konkre-
tisierungsgrad dargestellt sind.

---

9 Weltanschauung heisst: Auffassung vom Leben, von seinem Sinn und seiner
   Aufgabe.

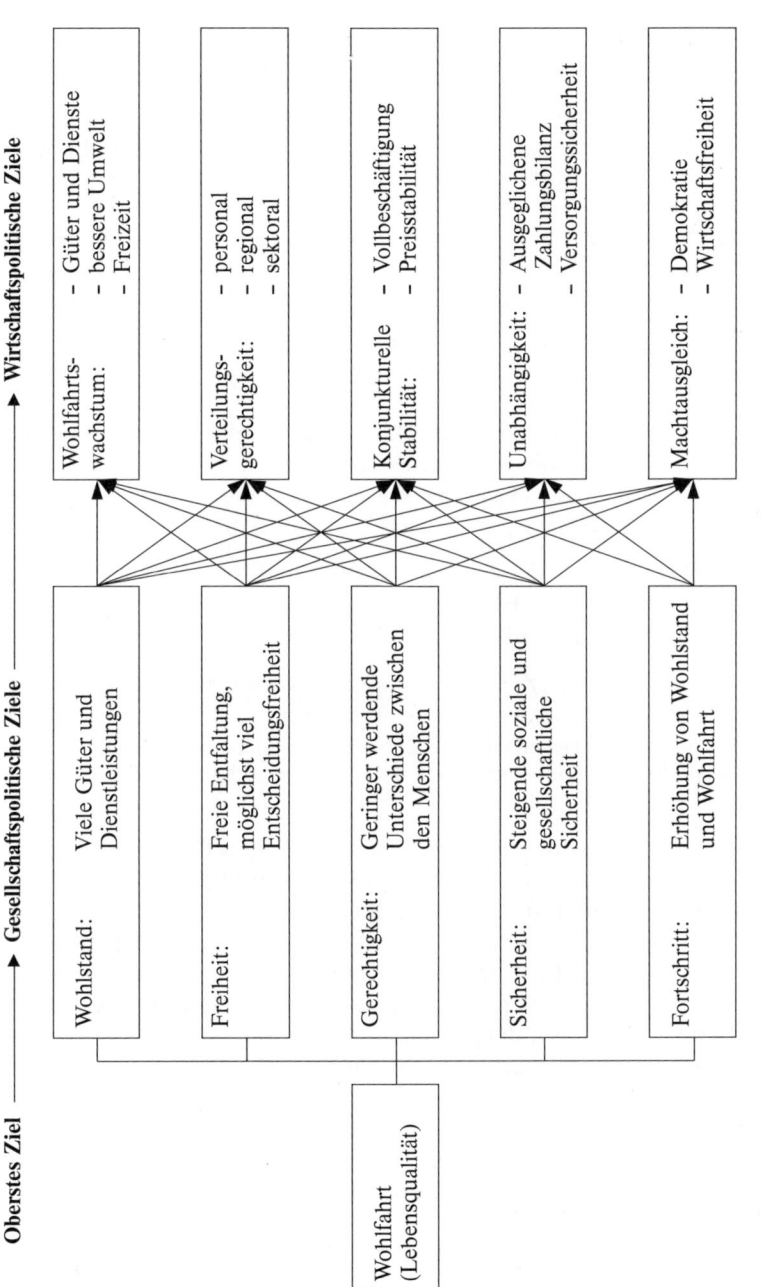

Abb. 1.2: Wohlfahrt

3.4 Die Beziehungen zwischen wirtschaftlichen Zielen

Schon ein erster Blick auf diesen Zielkatalog zeigt, dass wirtschaftspolitische Ziele nie für sich allein stehen können, sondern in gegenseiti-
ger Beziehung stehen, wobei fünf Möglichkeiten von Beziehungen
vorliegen:

(1) Harmonie der Ziele: Die Verwirklichung des einen Zieles begünstigt
das andere.
z. B. Erhöhung der Beschäftigung vergrössert das Wachstum der Volkswirtschaft.

(2) Identität der Ziele: Zwei oder mehrere Ziele streben das gleiche an.
z. B. Preisstabilität und Inflationsbekämpfung.

(3) Neutralität der Ziele: Die Verwirklichung des einen Zieles ist ohne
Einfluss auf die Realisierung eines anderen.
z. B. Erhöhung der Beschäftigung hat keine direkten Auswirkungen auf die Einkommensverteilung.

(4) Widersprüchlichkeit der Ziele: Zwei oder mehrere Ziele sind unver-
einbar. Sie schliessen sich gegenseitig aus.
z. B. Lohnerhöhung und Arbeitszeitverkürzung.

(5) Antinomie der Ziele (Zielkonflikt): Die Verwirklichung des einen Zieles beeinträchtigt diejenige eines anderen.
z. B. Der Schutz der eigenen Landwirtschaft führt zu höheren Preisen für landwirtschaftliche Produkte (die Begründung dafür wird im Abschnitt 4 des 4. Kapitels
gegeben).

Heute werden Zielkonflikte bei volkswirtschaftlichen Problemen immer
häufiger. Deshalb sollte sich jede Staatsbürgerin und jeder Staatsbürger
beim Nachdenken über volkswirtschaftliche Probleme an das in Abbildung 1.3 wiedergegebene Schema halten. Ist ein Problem erkannt, so ist
zu überlegen, welche Lösungen es grundsätzlich gibt. Dann ist jede
Lösung nach ihren Vorteilen und Nachteilen zu analysieren. Aufgrund
dieser Überlegungen kann dann entschieden werden, welche Lösung die
meisten Vorteile und wenigsten Nachteile bringt.

Praktisch heisst dies, dass immer wieder geprüft werden muss, bis zu welchem Punkt ein Ziel verwirklicht werden kann (Vorteile), ohne dass die
negativen Auswirkungen auf andere Ziele zu gross werden (Nachteile).
Theoretisch liegt dieser Punkt dort, wo die Gesamteinbusse aus der teil-
weisen Nichtrealisierung von zwei oder mehreren Zielen am geringsten
erscheint.

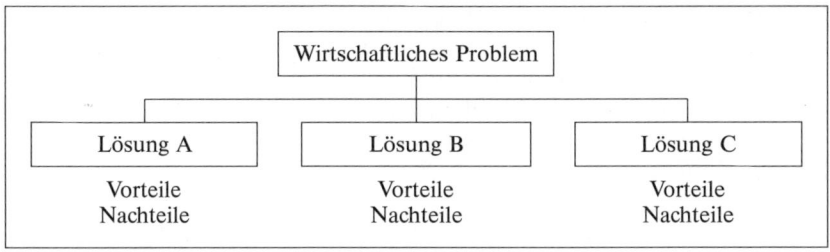

Abb. 1.3: Schema zur Lösung von Zielkonflikten

Die steigende Zahl von Zielkonflikten trägt die Gefahr der **Polarisierung**[10] der öffentlichen Meinung in sich, weil viele Menschen nur noch ihre Weltanschauung und ihre wirtschaftlichen Zielsetzungen als richtig anerkennen und damit nur noch die ihnen genehmen Patentlösungen und – oft zu einfachen – Massnahmen unterstützen. Häufig sind solche scheinbar selbstverständlichen Lösungen und Massnahmen alles andere als gut, weil bei Zielkonflikten die Nachteile von einfachen Lösungen erst langfristig spürbar werden oder sie gesamtwirtschaftlich nachteilig sind, was meistens zu spät erkannt wird.

3.5 Die umfassende Fragestellung der Volkswirtschaftslehre

Wohlstand und Wohlfahrt dürfen indessen – wie auch Abbildung 1.2 zeigt – nicht als Gegensätze aufgefasst werden. Wohlfahrt setzt Wohlstand voraus.

Solange es Entwicklungsländer gibt, in reichen Ländern auch ärmere Bevölkerungsschichten anzutreffen sind und laufend höhere Anforderungen an die Wirtschaft gestellt werden (z. B. Umweltschutz, mehr Mittel für das Bildungswesen, soziale Vorsorge), muss die **ökonomische Effizienz** weiterhin im **Mittelpunkt des wirtschaftlichen Denkens und Handelns stehen**. Aber sie darf nicht mehr die einzige Richtschnur bei wirtschaftlichen Problemlösungs- und Entscheidungsprozessen sein. Weitere Kriterien müssen Eingang finden. So genügt es beispielsweise nicht mehr, nur den höchsten Output bei Gütern und Dienstleistungen anzustreben, sondern es sind auch Massnahmen zu mehr Gerechtigkeit bei der Güterverteilung zwischen reich und arm oder Industrienationen und Entwicklungsländern sowie zum Schutz der Umwelt zu treffen, was den Einbezug von weltanschaulichen Überlegungen nötig macht.

---

10 Polarisierung heisst: Es stehen sich unversöhnliche Meinungen gegenüber.

Modernes wirtschaftliches Denken und Handeln ist somit durch ökonomische Effizienzüberlegungen **und** durch eine ständige Auseinandersetzung mit Weltanschauungen (gesellschaftspolitischen Zielsetzungen) gekennzeichnet. Dabei gilt es, die traditionelle zentrale Frage der Volkswirtschaftslehre nach ökonomischer Effizienz durch eine umfassendere Fragestellung zu ersetzen.

> Wie gelingt es, unterschiedliche gesellschaftspolitische Zielsetzungen auszugleichen, ohne dass die ökonomische Effizienz innerhalb des gesetzten Rahmens immer geringer wird?

Diese Frage enthält zwei Elemente:

- ein **politisches:** die Frage nach den gesellschaftspolitischen Zielsetzungen (Weltanschauungen), die immer nur subjektiv zu beantworten ist, d. h. unter Menschen kann nur ein Konsens erreicht, nie aber die Richtigkeit oder Falschheit einer Zielsetzung bewiesen werden; und

- ein **ökonomisches:** die Frage nach der Effizienz von verschiedenen Lösungen zu wirtschaftlichen Problemen, die im Hinblick auf bestimmte Zielsetzungen miteinander verglichen werden können und eine objektive Beurteilung zulassen.

Damit genügt es nicht mehr, volkswirtschaftliche Probleme bloss theoretisch und anhand von Modellen zu bearbeiten, sondern die Wirtschaftspolitik wird zu einem zentralen Inhalt der Volkswirtschaftslehre, die sich damit zur politischen Ökonomie weiterentwickelt, indem die Zusammenhänge zwischen Politik und Wirtschaft systematisch erforscht und dargestellt werden.

4. Wirtschaftspolitik

4.1 Begriff

> Zur Wirtschaftspolitik zählen direkte und indirekte Einwirkungen des Staates (oder von ihm zum Eingreifen ermächtigten Institutionen) in die Wirtschaft mit dem Zweck, bestimmte Ziele zu verwirklichen.

Sobald die Politik in die Wirtschaft eingreift, werden weltanschauliche Fragen bedeutsam.

4.2 Wirtschaftliche Weltanschauungen

Weil Weltanschauungen wirtschaftspolitische Problemlösungs- und Entscheidungsprozesse beeinflussen, ist die Volkswirtschaftslehre keine exakte Wissenschaft, die objektive Erkenntnisse bringt wie die Mathematik oder Physik. Sie ist vielmehr eine normative Wissenschaft.

Eine **normative Wissenschaft** baut auf bestimmten **Weltanschauungen** (Wertvorstellungen, Menschenbilder, gesellschaftspolitische Zielvorstellungen) auf und nimmt **Interessenstandpunkte** wahr. Deshalb gibt es keine objektiv richtige volkswirtschaftliche Theorien und objektiv richtige wirtschaftspolitische Entscheidungen, sondern sie sind nur für eine jeweils zugrunde gelegte Weltanschauung richtig.

Nicht nur jeder einzelne Mensch, sondern auch Theoretiker und Wissenschafter lassen sich von ihren Weltanschauungen leiten. Ihre Weltanschauung ist Ausfluss ihrer Erziehung, ihrer Lebenserfahrung und häufig auch ihrer guten und schlechten persönlichen Erlebnisse mit der Wirtschaft. Tabelle 1.4 zeigt das Spektrum der heute vorherrschenden wirtschaftlichen Weltanschauungen an den vier wichtigsten Unterscheidungsmerkmalen: Wachstum der Wirtschaft, soziale Frage, ökologische Frage und Lenkung der Wirtschaft. Früher liessen sich Menschen in diesem Spektrum relativ klar der «linken» oder der «rechten» Seite zuordnen. Heute wird dieses «Links-Rechts-Schema» zunehmend mehr verwässert, weil immer mehr Leute nicht mehr grundsätzlich, sondern situativ denken und handeln. Dies hat zur Folge, dass die meisten Menschen wohl tendenziell einer Seite angehören, in einzelnen Sachfragen aber in keiner Weise mehr in ein starres weltanschauliches Schema hineinpassen. Diese Entwicklung erleichtert die Diskussion über wirtschaftliche Fragen und schafft gute Voraussetzungen zu Kompromissen bei umstrittenen Problemen. Aber sie führt auch zu mehr Zielkonflikten, denn Weltanschauungen sind etwas Ganzheitliches, aus dem nicht ohne weiteres einzelne Elemente herausgelöst werden können.

4.3 Träger des wirtschaftspolitischen Denkens und Handelns

Der einzelne Mensch ist zu schwach, um auf das gesamtwirtschaftliche Geschehen Einfluss zu nehmen. Deshalb schliesst er sich Organisationen an, die seiner Weltanschauung verpflichtet sind und seine Interessen ver-

Wachstum der Wirtschaft Wie und wie stark soll die Wirtschaft wachsen?	Das Wachstum der Wirtschaft soll beschränkt werden (Wohlstandsverzicht zugunsten grösserer Wohlfahrt)	Die Wirtschaft soll mit besserer Qualität wachsen (Wachstum nur unter der Bedingung keiner weiteren Umweltbelastung)	Das Wachstum der Wirtschaft steht im Mittelpunkt (Wohlstandsdenken)
Soziale Frage Wie soll die gesellschaftliche Macht verteilt sein?	Verteilung der Macht	Solidarische Ausgestaltung der Wirtschaft mit weitgehender Mitwirkung aller Bürger bei der Entscheidungsfindung in Unternehmungen und im Staat		Privatwirtschaftliche Ausgestaltung der Wirtschaft mit ausgeprägtem Effizienzdenken und einer Führung durch ein modernes, technokratisches Management
	Verteilung der Einkommen Wie sollen die Einkommen verteilt werden?	Solidarische Ausgestaltung mit Hilfestellung an wirtschaftlich Schwache: Entwicklungsländer, Randgruppen (sozialer Ausgleich)		Privatwirtschaftliche Ausgestaltung der Einkommensverteilung mit starker Gewichtung der Leistungskomponente und besonderer Berücksichtigung der Kapitalgeber
Ökologische Frage Welcher Stellenwert kommt der Natur im wirtschaftlichen Prozess zu?	Sanfte Technologie Der technische Fortschritt wird in den Einklang mit der Natur gebracht, d. h. Wirtschaft und Ökologie stehen einander gleichwertig gegenüber		Harte Technologie Der technische Fortschritt prägt die Entwicklung. Entscheidend ist die Kostenfrage.
Lenkung der Wirtschaft Welchen Einfluss soll der Staat auf die Wirtschaft haben?	Stark regulierte Wirtschaft im Interesse und zugunsten von Benachteiligten (viele staatliche Eingriffe)		Freie Entwicklung in einer deregulierten Wirtschaft (frei von hemmenden Einflüssen)

Abb. 1.4: Wirtschaftliche Weltanschauungen

treten. Dies tut er, wie Abbildung 1.5 zeigt, als Wirtschaftssubjekt und als Staatsbürger und Staatsbürgerin.

Als **Wirtschaftssubjekt** kann der einzelne Mensch Konsument oder Produzent (Unternehmer), Arbeitnehmer oder Arbeitgeber sein. Zur Wahrung seiner Interessen und zur Stärkung seiner wirtschaftlichen Position schliesst er sich einem **Wirtschaftsverband** an (Konsumentenverband, Arbeitnehmerverband [Gewerkschaft], Arbeitgeber- oder Unternehmerverband).

> Wirtschaftsverbände sind Zusammenschlüsse von Gleichgesinnten mit dem Zweck der kollektiven Selbsthilfe, der Wahrung gemeinsamer beruflicher und ökonomischer Interessen sowie der Stärkung der eigenen Stellung gegenüber staatlichen Instanzen und in der Wirtschaftspolitik.

Alle **Wirtschaftsverbände** verfolgen zwei Strategien: Sie wollen **Marktmacht** und **wirtschaftspolitische Macht** ausüben.

Strategien der Wirtschaftsverbände	
Marktmacht Sie versuchen ihre wirtschaftliche Position gegenüber ihren Marktpartnern zu verbessern.	**Wirtschaftspolitische Macht** Sie versuchen ihre wirtschaftliche Position gegenüber dem Staat zu verbessern, indem sie auf die staatlichen Entscheidungen Einfluss nehmen.
Beispiel: Die Gewerkschaften versuchen bei den Unternehmerverbänden eine Besserstellung der Arbeitnehmer zu erreichen.	**Beispiel:** Der Schweizerische Bauernverband versucht die Landwirtschaftsgesetzgebung zu beeinflussen.

Als Staatsbürger oder Staatsbürgerin schliesst sich der einzelne Mensch einer **politischen Partei** an.

> Politische Parteien sind Gesinnungsgruppen von Bürgern und Bürgerinnen mit einer bestimmten Weltanschauung sowie einer bestimmten Staats- und Wirtschaftsauffassung.

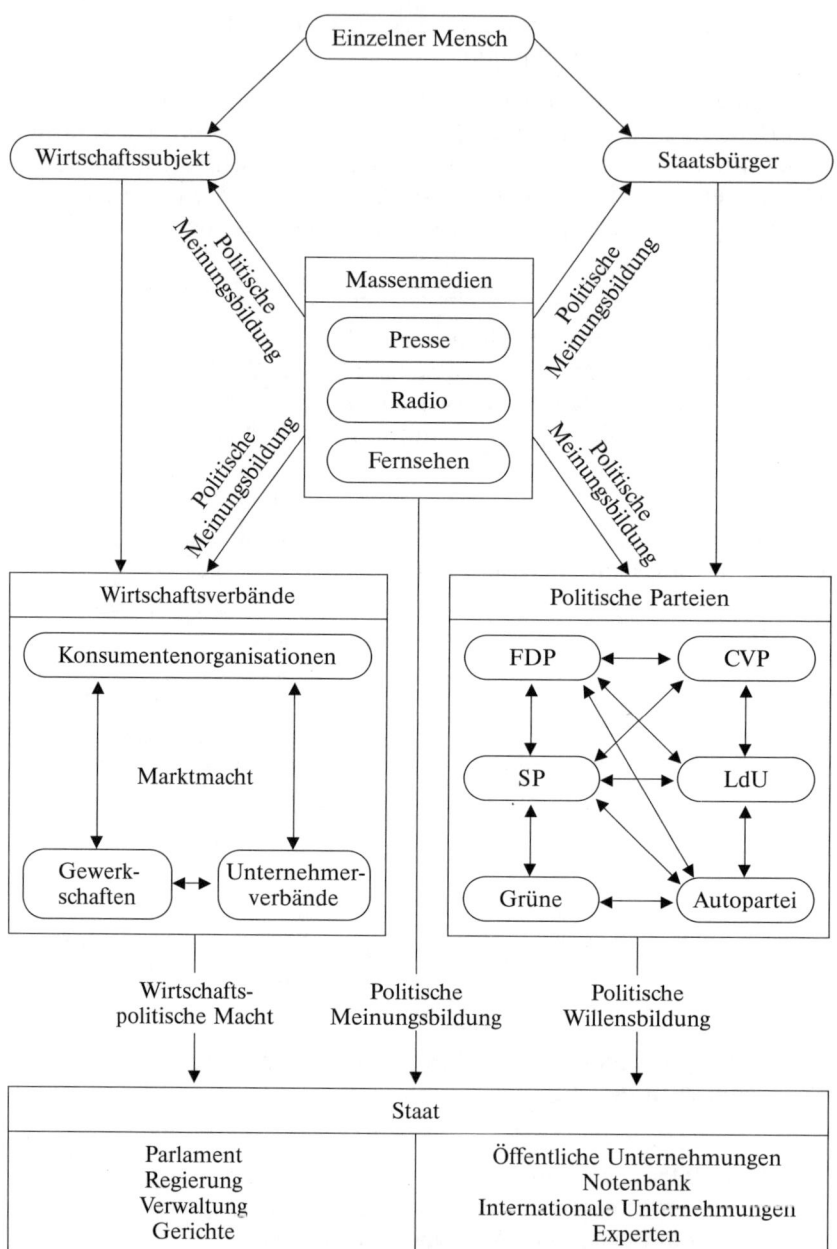

Abb. 1.5: Träger des wirtschaftspolitischen Denkens und Handelns (nach R. L. Frey)

Die **politischen Parteien** tragen zur politischen **Willensbildung** bei. Ihre wirtschaftspolitische Macht ist aber bedeutend geringer, weil sie nicht über die gleich hohe Sachkompetenz verfügen wie die Wirtschaftsverbände und bei der Gesetzgebung meistens später beigezogen werden als die Wirtschaftsverbände. Verschiedene Parteien sind aber mehr oder weniger stark mit Wirtschaftsverbänden verbunden, was ihren Einfluss in der politischen Willensbildung verstärkt (z. B. Sozialdemokratische Partei der Schweiz und Schweizerischer Gewerkschaftsbund).

Während früher die Parteien auch eindeutige wirtschaftliche Weltanschauungen vertraten, lässt sich heute ein zunehmender Pluralismus in wirtschaftlichen Fragen feststellen, was zur Bildung von Flügeln innerhalb einzelner Parteien führte, d. h. weltanschaulich im Prinzip gleich denkende Menschen beginnen sich in Wirtschaftsfragen mehr zu differenzieren. Trotzdem stehen sozialdemokratische, christlichsoziale, grüne und ökologische Parteien und Bewegungen im Spektrum der wirtschaftlichen Weltanschauungen eher auf der linken, bürgerliche Parteien und Gruppierungen eher auf der rechten Seite (vergleiche Abbildung 1.4).

Immer grösseren Einfluss bei der Entscheidungsfindung in politischen und wirtschaftspolitischen Fragen haben die **Massenmedien** (Presse, Radio, Fernsehen). Sie vermitteln nicht nur Informationen, sondern sie tragen je länger desto mehr zur Meinungsbildung bei, indem sie Entwicklungen mit unterstützenden Kommentaren verstärken oder mittels Kritik behindern.

Entscheidungsträger in gesamtwirtschaftlichen Fragen ist der **Staat** mit seinen Organen, wobei die Entscheidungsprozesse an bestimmte Verfahren gebunden sind.

4.4 Der Ablauf des wirtschaftspolitischen Problemlösungs- und Entscheidungsprozesses

Abbildung 1.6 zeigt modellhaft den wirtschaftspolitischen Problemlösungs- und Entscheidungsprozess.

● *Problemwahrnehmung*

Ein Problem entsteht, wenn die subjektiv wahrgenommene Wirtschaftslage nicht mehr den wirtschaftspolitischen Zielvorstellungen entspricht. Daraus ergibt sich eine subjektive Unzufriedenheit, die zu politischer

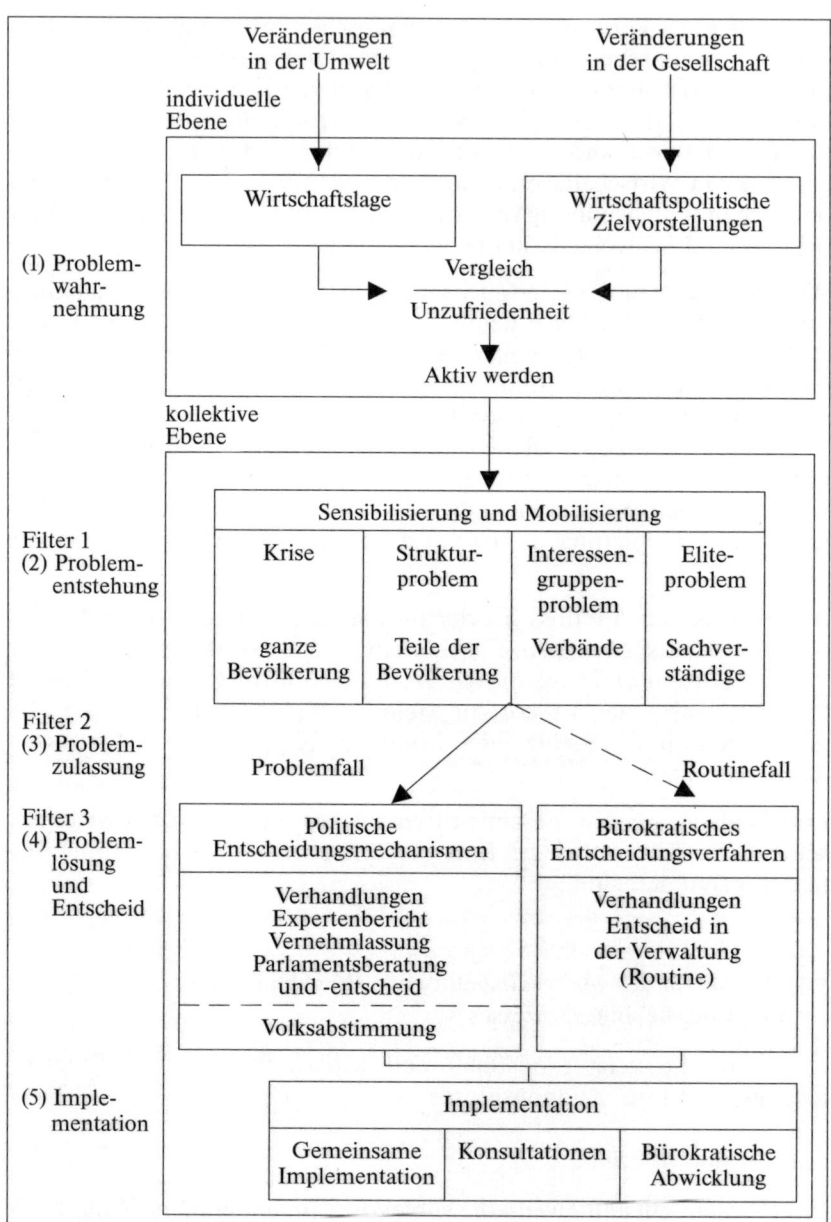

Abb. 1.6: Wirtschaftspolitischer Problemlösungs- und Entscheidungsprozess
(nach A. Meier)

Aktivität veranlasst. Dabei bleibt aber der einzelne Mensch meistens wirkungslos; deshalb schliesst er sich mit anderen zusammen, oder er wird in Wirtschaftsverbänden und Parteien aktiv, um weitere Kreise für das Problem zu sensibilisieren und zu mobilisieren: das Problem wird von der individuellen auf die kollektive Ebene getragen.

● *Problementstehung*

Ob auf der kollektiven Ebene die Unzufriedenheit einzelner oder vieler Menschen bei einer wirtschaftlichen Frage als bedeutsames Problem gesehen wird, hängt weniger vom Problem selbst als davon ab, ob das Problem durch aktive Gruppen (Wirtschaftsverbände, Parteien) oder durch die Massenmedien bekannt gemacht wird. Deshalb hat es zwischen der Problemwahrnehmung und der Problemstellung einen ersten Filter, der den Prozess beeinträchtigt oder beeinflusst: Wer über Sachwissen, hohe kommunikative Kompetenz und guten Medienzugang verfügt, hat die grössten Chancen, für seine Probleme zu sensibilisieren und zu mobilisieren. Es gelingt ihm sogar oft, aus der Fülle der Probleme nur diejenigen ins öffentliche Bewusstsein zu bringen, die ihn belasten und alle jene, die ihn nicht betreffen, mit Beschwichtigungen aus der öffentlichen Diskussion auszuklammern.

Am leichtesten gelingt die Sensibilisierung und Mobilisierung bei **Krisenproblemen**, die die ganze Bevölkerung dauernd betreffen (z. B. starke Preissteigerungen). Etwas schwieriger werden Sensibilisierung und Mobilisierung bei **Strukturproblemen**, die nur einen Teil der Bevölkerung belasten (z. B. Landwirte, Berggebiete), und bei **Interessengruppenproblemen**, die nur eine bestimmte Interessengruppe beschäftigen (z. B. Automobilverbände, Arbeitgeberverbände). Am schwierigsten ist es mit **Eliteproblemen**, d. h. Problemen, die erst Sachverständige erkennen und verstehen. Weil sie meistens sehr kompliziert sind, lässt sich die breite Bevölkerung dafür kaum sensibilisieren.

Der Sensibilisierung und Mobilisierung kommt in unserer komplexen Welt immer mehr Bedeutung zu, weil viele Menschen von sich aus die Probleme gar nicht mehr richtig erkennen. Deshalb erfolgt die Sensibilisierung zunehmend systematischer, wobei auch laufend mehr manipuliert wird, indem die Probleme nur aus der Sicht der Interessierten dargestellt und Gegenpositionen nicht aufgezeigt werden, so dass grosse Teile der Bevölkerung im Problem liegende Zielkonflikte weder erfassen noch durchschauen. Tabelle 1.7 zeigt die fünf Schritte der Sensibilisierung und der dabei möglichen Manipulationen.

	faire Sensibilisierung	manipulative Sensibilisierung
1. Schritt: Definition der Wirklichkeit	Das Problem wird im grösseren Zusammenhang beschrieben.	Das Problem wird im Hinblick auf die eigenen Absichten eng gefasst.
2. Schritt: Benennen der Wirklichkeit	Das Problem wird mit der ganzen Wirklichkeit dargestellt.	Das Problem wird mit zugkräftigen Schlagworten umschrieben.
3. Schritt: Erklären der Wirklichkeit	Das Problem wird so erklärt, dass die Gesamtzusammenhänge verstanden werden (Ursachen, Vernetzungen, Folgen).	Das Problem wird nur linear und nicht vernetzt erklärt.
4. Schritt: Bewerten des Handelns	Das Problem wird in den Zusammenhang mit den vertretenen Weltanschauungen gebracht.	Das Problem wird scheinbar objektiv dargestellt, und Weltanschauliches wird verschwiegen.
5. Schritt: Legitimation[11] des Handelns	Die Lösungsvorschläge werden sachlich und weltanschaulich begründet und gerechtfertigt.	Die Lösungsvorschläge werden so dargestellt, als brächten sie allen nur Vorteile.

Abb. 1.7: Faire und manipulative Sensibilisierung (nach A. Meier)

● *Problemzulassung*

Ist die Sensibilisierung und Mobilisierung für ein Problem gelungen, so werden die politischen Instanzen aktiv. Auch hier spielt wieder ein Filter. Wer mit seinen Problemen im Rahmen der herrschenden Weltanschauung liegt und guten Zugang zur Regierung und zur Verwaltung sowie zu den Medien hat, kann eine schnelle Bearbeitung und Lösung des Problems erwirken. Im andern Fall kommt es leicht zu Verzögerungen im Problemlöse- und Entscheidungsprozess.

Lässt sich das Problem im Rahmen der bestehenden Rechtsordnung lösen, so liegt ein **Routinefall** vor, und das Problem kann ohne politische Auseinandersetzung im Rahmen eines bürokratischen Entscheidungsverfahrens administrativ gelöst werden. Vor dem Entscheid der Verwaltung sind allenfalls noch Verhandlungen über die Einzelheiten zu führen.

---

11 Legitimation heisst: Rechtfertigung, Begründung.

Bestehen hingegen keine Rechtsvorschriften für eine Lösung, oder ist die Gruppe, die das Problem in die Politik einbrachte, mit der bestehenden Regelung nicht einverstanden, so liegt ein **Problemfall** vor, so dass ein politischer Problemlöse- und Entscheidungsprozess erfolgen muss, dessen Ziel es ist, verschiedene Weltanschauungen und wirtschaftspolitische Zielvorstellungen in Übereinstimmung zu bringen (einen Konsens zu finden).

● *Problemlösung und Entscheid bei Problemfällen*

Abb. 1.8 zeigt den rechtlich-politischen Ablauf bei der Vorbereitung eines Entscheides bei Problemfällen in wirtschaftspolitischen Fragen auf. Ein Wesensmerkmal dieses Verfahrens ist der frühe Einbezug der Wirtschaftsverbände und – etwas später – der Parteien, die damit grosse Einflussmöglichkeiten haben. Dabei setzen sie oft schon sehr frühzeitig das Machtmittel der «Referendumsdrohung» ein, d. h. sie drohen mit dem Referendum für den Fall, dass der Entscheid (Beschluss) nicht in ihrem Sinn ausfällt.

Zur Lösung wirtschaftspolitischer Probleme gibt es die in Tabelle 1.9 zusammengestellten grundsätzlichen Konzepte (Lösungsmöglichkeiten) und Strategien (Lösungswege). Welches Konzept und welche Strategie bei der Lösung eines wirtschaftspolitischen Problems gewählt wird, hängt sehr häufig weniger von sachlichen Kriterien und Erfahrungen, sondern von den politischen Machtverhältnissen und damit von Weltanschauungen ab. Eher links stehende Gruppierungen streben meistens die Konzepte der Regulierung und des Dirigismus an, während die bürgerliche Seite deregulierende Strategien fordert. Tendenziell verstärkt sich in der Schweiz angesichts der vielen Zielkonflikte die Regulierung. Am ausgeprägtesten ist diese Entwicklung beim Umweltschutz.

Auch in dieser Phase ergibt sich wieder ein Filter: Diejenige Gruppierung, die im Parlament und bei Volksabstimmungen am meisten Stimmen gewinnt, setzt ihre Lösung selbst dann durch, wenn sie volkswirtschaftlich unzweckmässig ist.

● *Implementation[12]*

Ein einmal getroffener wirtschaftspolitischer Entscheid ist schliesslich in konkrete Massnahmen umzusetzen. Dazu gibt es drei Möglichkeiten:

---

12 Implementation heisst: Umsetzung in konkrete Massnahmen.

Expertenkommission
Sie bearbeitet Lösungsvorschläge (Entwürfe) für neue Verfassungsartikel, Gesetze, wirtschaftspolitische Programme.
Ihr gehören Vertreter der Wissenschaft, der Verwaltung, der Wirtschaftsverbände und (nicht immer) der Parteien an.

Vernehmlassungsverfahren
Liegt ein Entwurf vor, so kann die Regierung ein Vernehmlassungsverfahren durchführen, d. h. sie lädt alle interessierten Kreise zu einer Stellungnahme zum Entwurf ein.

Behandlung des Entwurfes im Parlament
Die Stellungnahmen werden in den Entwurf eingearbeitet. Dann wird er dem Parlament zur Behandlung und Beschlussfassung unterbreitet, wobei er vorgängig von einer parlamentarischen Kommission vorbehandelt wird.

Volksabstimmung
Allenfalls unterliegt der Beschluss des Parlamentes noch der Volksabstimmung (obligatorisches und fakultatives Referendum[13])

Abb. 1.8: Verfahren bei wirtschaftspolitischen Entscheidungen

(1) Parlament und Regierung setzen den Entscheid gemeinsam um (wobei heute meistens die Regierung aktiv wird). (2) Die Umsetzung erfolgt in Zusammenarbeit (Konsultationen) mit den Wirtschaftsverbänden. Von Bedeutung ist die Mitwirkung der Verbände beim Vollzug der Gesetze. (3) Die Umsetzung erfolgt bürokratisch über die Verwaltung.

---

13 Referendum heisst: Ein Erlass oder Beschluss muss einer Volksabstimmung unterbreitet werden (obligatorisches Referendum), oder eine bestimmte Anzahl von Bürgern kann verlangen, dass der Erlass oder Beschluss zur Volksabstimmung gebracht werden muss.

Konzepte und Strategien	Umschreibung
Laissez-faire	Die Lösung des Problems wird der freien Initiative der Wirtschaftssubjekte, Bürger und Bürgerinnen überlassen. Der Staat schafft nur den Rahmen für die freie Betätigung (z. B. Privateigentum, Handels- und Gewerbefreiheit). z. B. Die Freiheit, eine Unternehmung zu gründen
Neoliberalismus	Weil das Konzept des Laissez-faire zu Ungleichheiten in der Machtverteilung führt (es entstehen beispielsweise Monopole[14] und Kartelle[15]), sorgt der Staat dafür, dass der freie Wettbewerb jederzeit sichergestellt wird (z. B. Verbot von Kartellen). z. B. Die Kartellgesetzgebung
Regulierung	Darunter fallen Problemlösungen, die generelle staatliche Beschränkungen der wirtschaftlichen Entscheidungsfreiheit der Wirtschaftssubjekte beinhalten. Diese Beschränkungen sind Spielregeln für das Verhalten von Wirtschaftssubjekten, wobei sie innerhalb dieser Regeln frei für sich selbst optimale Lösungen suchen können. z. B. Flugtarife
Dirigismus	Diese Problemlösungen beinhalten direkte Eingriffe in die Entscheidungsfreiheit der Wirtschaftssubjekte, indem gewisse Tätigkeiten vorgeschrieben, andere verboten werden. Der Staat trifft also die Entscheidungen für die Wirtschaftssubjekte selbst. z. B. Landwirtschaftspolitik
Verstaatlichung	Bei diesen Problemlösungen übernimmt der Staat selbst die Versorgung der Wirtschaftssubjekte mit Gütern und Dienstleistungen und gründet dafür staatliche Institutionen. Die dabei notwendigen Entscheidungen werden politisch-administrativ getroffen. z. B. PTT-Betriebe

Abb. 1.9: Konzepte und Strategien der wirtschaftspolitischen Problemlösung

14 Ein **Monopol** liegt vor, wenn ein Gut oder eine Dienstleistung nur von einer einzigen Unternehmung angeboten wird und keine Substitutionsgüter (Ersatzgüter) und Substitutionsdienstleistungen vorhanden sind.

15 **Kartelle** sind Vereinbarungen zwischen grundsätzlich frei bleibenden Unternehmungen gleicher oder ähnlicher Branche mit dem Zweck, mittels Konkurrenzbeschränkung den Ertrag zu erhalten, zu erhöhen oder seinen Zerfall abzuschwächen.

4.5 Eine Streitfrage: Haben die Wirtschaftsverbände zu viel Macht?

Aus der Beschreibung des wirtschaftspolitischen Problemlösungs- und Entscheidungsprozesses wird ersichtlich, dass die Wirtschaftsverbände verschiedene positive Funktionen erfüllen: Bei der Ausarbeitung und beim Vollzug gesetzlicher Bestimmungen leisten sie dem Staat nicht zu unterschätzende Dienste mit Informationen und Statistiken, mit der Vorabklärung von Interessenverhältnissen, und sie stellen ihm Sachverständige zur Verfügung. Kleingewerbliche Verbände und Berufsverbände erfüllen für ihre Mitglieder verschiedenste betriebswirtschaftliche (Marktforschung, Rechnungswesen, gemeinsame Werbung, Betriebsberatung usw.), volkswirtschaftliche (Konjunkturbeobachtung usw.) und sozialpolitische (Lohnfragen usw.) Aufgaben, die einzelne Mitglieder mangels Zeit, Kenntnissen oder finanzieller Mittel nicht selbst durchführen können. Ebenso wertvoll sind die von den Verbänden veranstalteten Schulungs- und Weiterbildungskurse. Schliesslich ist der regelmässige Meinungsaustausch innerhalb der Verbände geeignet, extreme Meinungen bereits in verbandsinternen Diskussionen zu mässigen.

Nicht übersehen werden darf aber ein **kritischer Aspekt** der Wirtschaftsverbände. Zwar wird immer wieder behauptet, der Wettbewerb und die freie Meinungsbildung blieben auch in einer Wirtschaft mit Verbänden bestehen. Sie verschöben sich nur auf eine höhere Ebene, so dass letztlich das Resultat doch mit den Gesamtinteressen des Volkes übereinstimme. Diese Auffassung ist nicht ganz richtig, denn der Wettbewerb unter Verbänden spielt nicht völlig frei, sondern es kommt immer wieder zu gegenseitigen Absprachen unter den einflussreichen Verbänden und zu Kompromissen, die zu Lasten der schwachen Verbände und vor allem zu Lasten der unorganisierten Wirtschaftssubjekte (Konsumenten, Rentner, Mieter, Sparer) gehen. Daneben ist in den wirtschaftspolitischen Auseinandersetzungen die Wahrung der eigenen ökonomischen Interessen wichtiger als das langfristige Gesamtwohl aller Staatsbürger. So versuchen die Wirtschaftsverbände nicht selten, mit ihrer Einflussnahme in den wirtschaftspolitischen Problemlösungs- und Entscheidungsprozess für sich und ihre Mitglieder die grössten Vorteile herauszuholen. Dieses Vorgehen hat immer dann Aussicht auf Erfolg, wenn es dem Verband nachzuweisen gelingt, dass das Verbandsinteresse mit dem Allgemeinwohl identisch ist.

In der öffentlichen Diskussion in der Schweiz ist die Frage, ob die Wirtschaftsverbände zu viel Macht haben, umstritten. Die Macht der grossen Wirtschaftsverbände sollte nicht überbewertet werden, weil jedem grossen Verband ein anderer grosser Verband gegenüber steht, der bei der Entscheidungsfindung als Korrektiv wirkt. Aber die grossen Verbände haben doch mehr Macht als die Verbände der Konsumenten, Rentner, Mieter und Sparer. Diese Verbände verfügen über weniger Einfluss und weniger Mittel, weil für viele Staatsbürger wenig Anreiz besteht, ihnen beizutreten, da sie von den Leistungen des Verbandes auch ohne Mitgliedschaft profitieren.

5. Entwicklungstendenzen in der Wirtschaftspolitik

Heute lassen sich in der Wirtschaftspolitik folgende Tendenzen nachzeichnen:

- Angesichts der vielen Probleme in unseren Volkswirtschaften und der hohen Anforderungen vieler Wirtschaftssubjekte und Verbände an den Staat entstehen laufend neue wirtschaftspolitische Zielsetzungen.

- Mit zunehmendem Wohlstand gewinnen ausserökonomische Zielsetzungen (mehr Freizeit, bessere Befriedigung der kulturellen Bedürfnisse, weniger Umweltbelastung) immer mehr an Bedeutung.

  Hier ergeben sich oft Widersprüche, indem weite Kreise nicht mehr einsehen wollen, dass die Verwirklichung ausserökonomischer Zielsetzungen eine leistungsfähige Wirtschaft voraussetzt.

- Wirtschaftspolitische Ziele werden fortwährend neu interpretiert. Unter veränderten wirtschaftlichen Verhältnissen erhalten Zielsetzungen eine andere Bedeutung. So wurde beispielsweise «wirtschaftliches Wachstum» früher als quantitatives Wachstum, d. h. Vergrösserung des Güterangebots interpretiert, während heute das rein quantitative Wachstum abgelehnt und ein qualitatives Wachstum gefordert wird, d. h. ein Wachstum, welches eine harmonische Fortentwicklung der Wirtschaft ohne Überbeanspruchung der Umwelt sichert und das Wohlbefinden der Menschen erhöht.

  Solche Neuinterpretationen führen oft zu Unsicherheiten bei der Lösung wirtschaftspolitischer Probleme, weil ein unterschiedliches Verständnis von Zielen zu Kommunikationsschwierigkeiten führt.

- Weil die wirtschaftspolitischen Ziele anspruchsvoller werden, ist mit vermehrten Zielkonflikten in der Wirtschaftspolitik zu rechnen.

6. Eine Unsicherheit:
Warum sind viele wissenschaftliche Aussagen der Volkswirtschaftslehre widersprüchlich?

Für viele Bürgerinnen und Bürger ist die Volkswirtschaftslehre eine unzuverlässige Wissenschaft, weil sich sogar bekannte Wissenschafter in wirtschaftspolitischen Fragen häufig widersprechen. Dies ist auf den normativen Charakter der Volkswirtschaftslehre zurückzuführen.

Angenommen, es bestehen in der Wirtschaft eines Landes schwerwiegende Probleme, die zu lösen sind (vergleiche Abbildung 1.10). Ein Wissenschafter A schlägt zu jedem Problem eine Massnahme zur Lösung der Probleme vor (M_{A1}, M_{A2}, M_{A3}). Ein Wissenschafter B schlägt je eine gegenteilige Massnahme vor (M_{B1}, M_{B2}, M_{B3}). Nun beginnt die Diskussion, bei

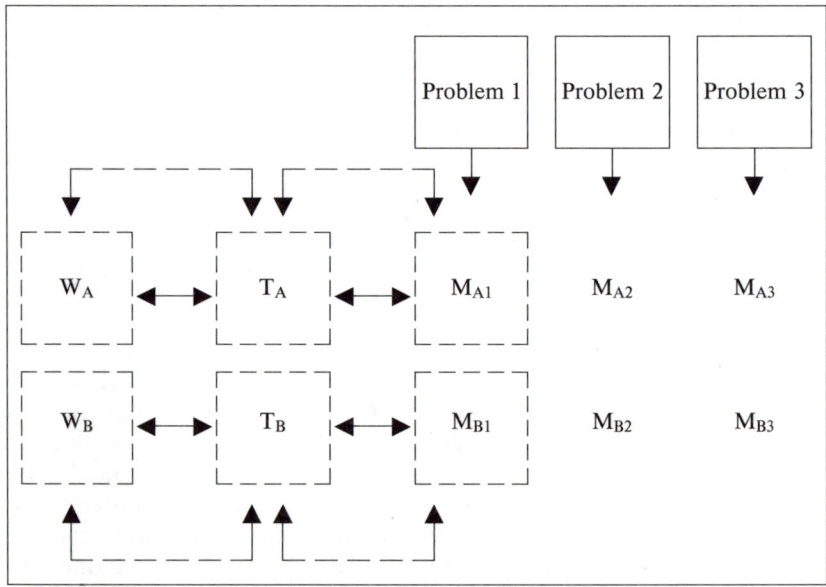

Abb. 1.10: Widersprüchliche Aussagen in der Wirtschaftspolitik

der A und B ihre Vorschläge für die Massnahmen begründen und darauf beharren. Als Folge davon wird die breite Bevölkerung in ihrer Entscheidungsfindung verunsichert. Als Wissenschafter sind A und B verpflichtet, den theoretischen Hintergrund ihrer Massnahmen (T_A, T_B) zu erklären. Andernfalls verlieren sie ihre Glaubwürdigkeit, denn von Wissenschaftern wird erwartet, dass sie ihre Massnahmen-Vorschläge auf Theorien abstützen können. Dazu sind sie meistens in der Lage, aber nicht selten widersprechen sich auch ihre Theorien. Dadurch wird die breite Bevölkerung noch mehr verunsichert, und sie verliert das Vertrauen in die Volkswirtschaftslehre noch stärker, denn für sie spielt es keine Rolle, ob sich Wissenschafter in der Theorie oder bei den Massnahmen widersprechen.

Hier ist nun daran zu erinnern, dass die Volkswirtschaftslehre als normative Wissenschaft keine objektiv richtigen Aussagen machen kann. Sowohl Wissenschafter A als auch Wissenschafter B bauen ihre Theorien und Massnahmen auf ihren Werthaltungen (W_A, W_B) auf. Deshalb ist es durchaus möglich, dass sowohl A als auch B recht hat, weil ihre jeweiligen Massnahmen M_{A1} und M_{B1} bei der Problemlösung am besten dazu beitragen, den Zielvorstellungen ihrer Weltanschauung W_A bzw. W_B zu dienen. Vielleicht können sogar beide mit Hilfe der empirischen Wirtschaftsforschung die Richtigkeit ihrer Massnahmen im Hinblick auf ihre Zielvorstellungen belegen. Damit liegt weder ein Widerspruch in der Theorie noch in den Massnahmen vor, sondern die Ursache der Meinungsverschiedenheit ist auf die unterschiedlichen Weltanschauungen zurückzuführen.

Dieser Zusammenhang ist für die Beurteilung wirtschaftspolitischer Probleme von grösster Wichtigkeit und kann mit vier Merkmalen zusammengefasst werden.

1. Wirtschaftliche Aussagen und Massnahmen beruhen in den meisten Fällen auf Weltanschauungen. Deshalb sind sie häufig nicht objektiv beweisbar.

2. Wirtschaftliche Aussagen und Massnahmen sind daher «Wenn-dann-Aussagen», d. h. sie sind nur im Hinblick auf eine bestimmte Weltanschauung oder bestimmte gesellschafts- und wirtschaftspolitische Zielvorstellungen richtig oder falsch.

3. Solange es unterschiedliche Weltanschauungen (gesellschaftspolitische Zielvorstellungen) gibt, wird es in der Volkswirtschaftslehre widersprüchliche Aussagen und Vorschläge für wirtschaftspolitische Massnahmen geben.

4. Deshalb ist es wichtig, sich immer wieder mit den hinter Aussagen und vorgeschlagenen Massnahmen stehenden Weltanschauungen auseinanderzusetzen. Viele sinnlose Diskussionen über widersprüchliche Vorschläge zu wirtschaftspolitischen Massnahmen würden hinfällig, setzte man sich besser mit den weltanschaulichen Hintergründen auseinander.

2. Kapitel

Wohlstand, Wohlfahrt, Wachstum

Wohlstand, Wohlfahrt und Wachstum

1. Grundlage

Der Wohlstand einer Person ist bestimmt durch ihr Vermögen und ihr Einkommen. Der Wohlstand eines Volkes ergibt sich aufgrund **aller Vermögensbestandteile** und **aller Einkommen** eines Volkes.

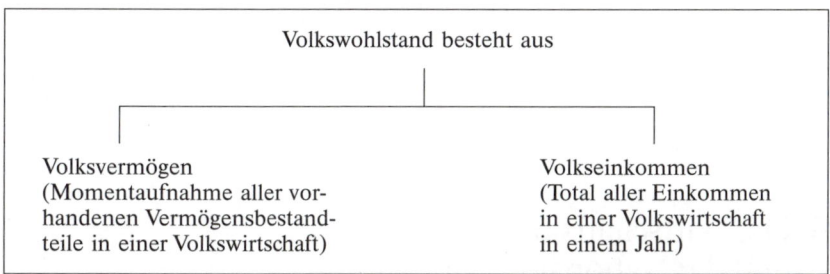

Zur Beurteilung des Volkswohlstandes ist aber nicht nur **die Höhe** des Volksvermögens und des Volkseinkommens entscheidend, sondern auch deren **Verteilung**. Anzustreben ist eine möglichst **gleichmässige** Verteilung unter die Bevölkerung, denn nur dann entstehen keine sozialen Spannungen, die immer wieder zur Beunruhigung in der Gesellschaft führen können.

2. Das Volksvermögen

Üblicherweise zählt jedes Vermögensgut, das als solches definiert werden kann, zum Volksvermögen. Deshalb entspricht es der Summe aller Kapitalien, der natürlichen Ressourcen und der menschlichen Arbeit. Umstritten bleibt aber die Frage, wie diese Teile des Volksvermögens zu bewerten sind. Vorgeschlagen wurden bisher die Bewertung zu Marktpreisen, die Bewertung zum Ertragswert und die Kostenbewertung.

In der Schweiz liegen nur Schätzungen über die Höhe des Volksvermögens vor. Dabei werden meistens die Werte des beweglichen und unbeweglichen Vermögens zu Marktpreisen festgelegt, wobei wie folgt gegliedert wird:

– Sachvermögen (Boden, Produktionsanlagen, Gebrauchsgegenstände und Lagerbestände),

- immaterielle Vermögen (Patente, Lizenzen),
- aus der Zahlungsbilanz stammende Posten der Auslandsforderungen und -verpflichtungen (Währungsreserven).

Die Grösse des Volksvermögens wird zu folgenden Zwecken benötigt:

1. Zum Vergleich der wirtschaftlichen Leistungsfähigkeit verschiedener Länder.

2. Für Zeitvergleiche, um Aufschluss über das Wachstum der Wirtschaft zu erhalten.

3. Zum Vergleich mit den Leistungen, die das Volksvermögen hervorbringt.

3. Der Wirtschaftskreislauf und die Nationale Buchhaltung

3.1 Der einfache Kreislauf

Das wirtschaftliche Geschehen spielt sich zunächst zwischen den beiden Polen **Unternehmungen** (Hersteller von Gütern und Dienstleistungen) und den **Haushalten** (Konsumenten) ab. Zwischen ihnen fliessen zwei entgegengesetzte Ströme: der **Güterstrom** und der **Geldstrom**. Zeichnerisch lässt sich dies als einfacher Kreislauf darstellen (vergleiche Abbildung 2.1).

Die Produzenten vergüten den Konsumenten für die Zurverfügungstellung von Arbeit, Kapital und Boden (= Produktionsfaktoren) eine bestimmte Summe, die von den Konsumenten als Entschädigung für die gekauften Güter und die in Anspruch genommenen Dienste wieder an die Produzenten zurückfliesst. Solange dieser **Kreislauf** geschlossen ist, müssen also Geldstrom und Güterstrom gleich gross sein. Deshalb kann das Volkseinkommen an zwei Stellen gemessen werden:

1. Es werden die Vergütungen der Produzenten an die Konsumenten für die Zurverfügungstellung der Produktionsfaktoren addiert. Die Summe ergibt das **Volkseinkommen in Faktorenkosten.**

2. Weil die Verbraucher das Volkseinkommen in Faktorenkosten für Zahlungen der gekauften Güter und beanspruchten Dienste wieder ausgeben, lässt sich die Höhe des Volkseinkommens auch aufgrund der pro-

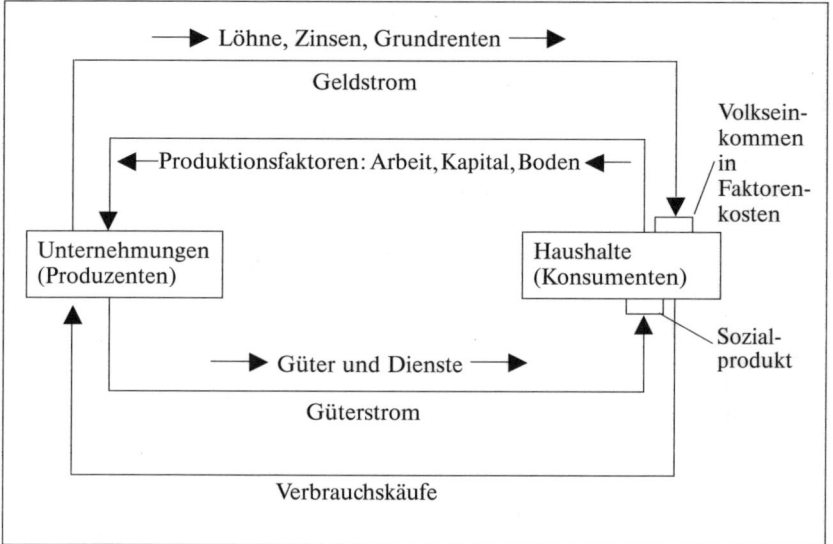

Abb. 2.1: Einfacher Kreislauf

duzierten Güter und geleisteten Dienste erfassen. Diese Grösse bezeichnet man als **Sozialprodukt**, das gleich gross ist wie das Volkseinkommen in Faktorenkosten, wenn die Güter und Dienstleistungen zu Marktpreisen bewertet werden; denn im Marktpreis eines Gutes sind alle Entschädigungen enthalten, die im Geldstrom wieder zu den Konsumenten zurückfliessen (und insgesamt dem Volkseinkommen in Faktorenkosten entsprechen).

Es gilt also die Regel:

Güterstrom	= Geldstrom
Sozialprodukt	= Volkseinkommen in Faktorenkosten

3.2 Der erweiterte Kreislauf

Der einfache Kreislauf entspricht noch nicht der Wirklichkeit, weil der Staat, das Bankensystem und das Ausland fehlen. Der damit ergänzte Kreislauf wird als **erweiterter Kreislauf** bezeichnet, in dem aber zur Vereinfachung der Darstellung nur noch die Geldströme eingezeichnet sind (vergleiche Abbildung 2.2).

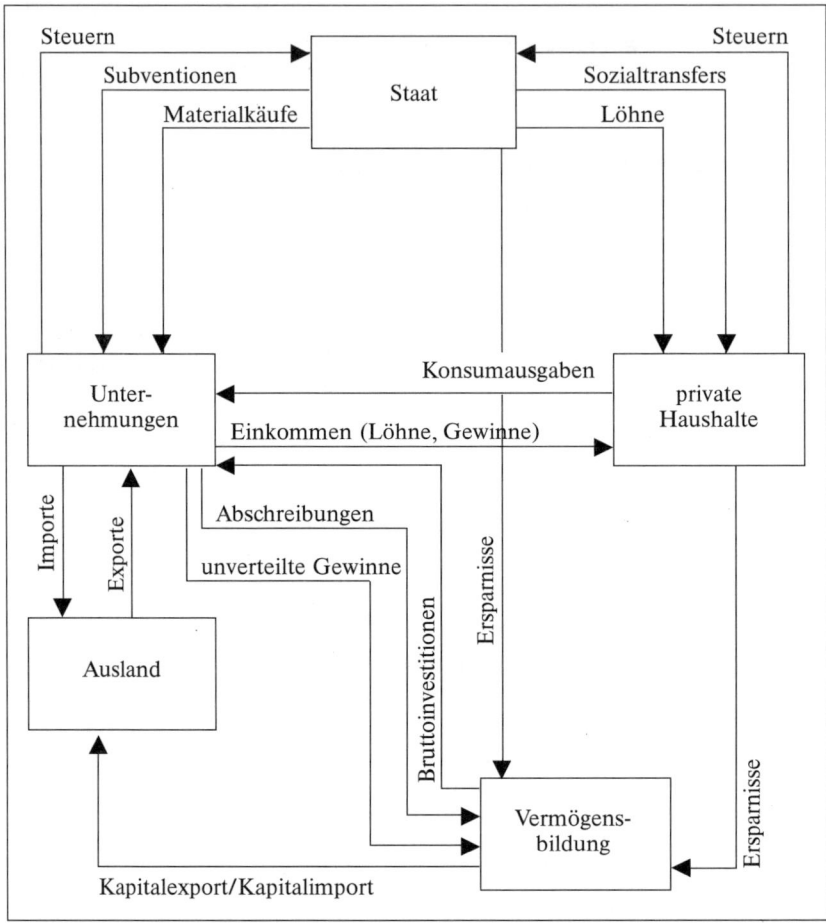

Abb. 2.2: Der erweiterte Kreislauf (nach R. L. Frey)

1. Die Banken

(Bankensystem oder Vermögensbildung)
Die Haushalte geben nur einen Teil ihrer Einkommen zu Konsumzwecken aus, den Rest sparen sie. Ebenso sparen die Unternehmungen
(unverteilte Gewinne und Abschreibungen) sowie der Staat, wenn er
Überschüsse erzielt. Alle diese Ersparnisse bilden die Vermögensbildung
einer Volkswirtschaft, und sie werden bei den Banken angelegt. Die
Banken horten aber diese Gelder nicht, sondern sie stellen sie der

Wirtschaft zu Investitionszwecken wieder zur Verfügung. Solange gleich viel investiert wie gespart wird, bleiben Geld- und Güterstrom gleich breit, d. h., die Wirtschaft ist so lange im Gleichgewicht, als die Gleichung erfüllt ist:

$$\text{Sparen} = \text{Investieren}$$

Wird beispielsweise sehr viel mehr gespart als investiert, so kommt es zu einer Störung in der gesamtwirtschaftlichen Entwicklung: Geld bleibt bei den Banken liegen. Daher werden weniger Güter und Dienstleistungen nachgefragt, so dass die Beschäftigung zurückgeht. Es kommt zu einer Rezession (siehe Seite 282).

2. Der Staat

Der Staat erhebt von den Unternehmungen und Haushalten Steuern. Diese verwendet er für Materialeinkäufe und Subventionen an die Unternehmungen sowie für Lohnzahlungen an das Staatspersonal und Sozialtransfers an die Haushalte (= Leistungen an Einzelpersonen und Familien zur Ermöglichung eines bestimmten Lebensstandards). Solange in einer Volkswirtschaft die Gleichung

$$\text{Staatseinnahmen} = \text{Staatsausgaben}$$

stimmt, bleiben Geld- und Güterstrom gleich breit, und die Wirtschaft ist im Gleichgewicht.

Gibt beispielsweise der Staat immer mehr aus, als er einnimmt, so entsteht ein Defizit. Deckt der Staat dieses Defizit in einer vollbeschäftigten Wirtschaft durch Kredite bei der Notenbank (sie druckt zusätzliches Geld), so verbreitert sich der Geldstrom. Da die Wirtschaft aber vollbeschäftigt ist, kann der Güterstrom nicht mehr zunehmen. Das wirtschaftliche Gleichgewicht ist gestört, indem eine Inflation entsteht (= steigende Preise, weil die Gütermenge im Verhältnis zur Geldmenge zu klein ist [siehe Seite 242]).

3. Das Ausland

Schliesslich ist das Ausland in den Kreislauf einzubeziehen mit den Güterströmen für Export und Import und den entsprechenden Geldströmen sowie weiterer Transaktionen mit dem Ausland für den Zufluss und Abfluss von fremden Währungen. Langfristig bleibt die Volkswirtschaft wiederum nur im Gleichgewicht, wenn die folgende Gleichung eingehalten werden kann:

Einnahmen aus dem Wirtschaftsverkehr mit dem Ausland	= Ausgaben für den Wirtschaftsverkehr mit dem Ausland

3.3 Das makroökonomische Gleichgewicht

Die eben dargestellten drei Gleichungen, mit denen das makroökonomische Gleichgewicht erklärt wird, lassen sich auch algebraisch ausdrücken:

Gleichgewicht herrscht, wenn

Volkseinkommen	=	Sozialprodukt
Y	=	O

Das Volkseinkommen (Y) wird verwendet für Konsum (C), Sparen (S), Steuern (T) und Importe (M). Das Sozialprodukt (O) besteht aus den Konsumleistungen (C), den Investitionsleistungen (I), den Leistungen des Staates (G) und den Exportleistungen (X).

Daher gilt auch:

$$C + S + T + M \quad = \quad C + I + G + X$$

Wird C beidseitig weggezählt und umformuliert, so ergibt sich:

$(I - S)$	+	$(G - T)$	+	$(X - M)$	= Null
Investitions- oder Sparüberschuss		Rechnungsdefizit oder -überschuss des Staates		Export- oder Importüberschuss	

Die Volkswirtschaft befindet sich demnach im Gleichgewicht, wenn alle **Saldi** zusammen Null ergeben. Für das Gleichgewicht sind also nicht die einzelnen Saldi, sondern ihr Total massgebend.

Mit diesen Gleichungen lassen sich gesamtwirtschaftliche Probleme und wirtschaftspolitische Massnahmen modellmässig erklären, wie die folgenden Beispiele zeigen:

Beispiel 1: Angenommen der Staat habe ein Defizit von 300 Mio. Franken $(G - T = -300)$, Importe und Exporte halten sich die Waage $(X - M = O)$, dafür werden aber von den Haushalten 300 Mio. Franken mehr gespart, als die Unternehmungen investieren $(I - S = +300$ Mio.$)$, so bleibt die Wirtschaft im Gleichgewicht. Oder Geld-

und Güterstrom bleiben gleich gross. Dadurch bleibt die Beschäftigung[1] erhalten, und die Preise verändern sich nicht. Aber die Wirtschaftsstruktur hat sich verändert, indem sich der Staatsanteil am Sozialprodukt zu Lasten der privaten Investitionen vergrössert hat.

Beispiel 2: Wenn die Investitionen grösser als O sind $(I - S > O)$, so steigt die Beschäftigung in der Wirtschaft. Es kommt zu einem wirtschaftlichen Aufschwung, der auf einen **Investitionsboom** zurückzuführen ist. Geschieht dies bei bereits vollbeschäftigter Wirtschaft, so beginnen die Preise zu steigen: es kommt zur Inflation. Das gleiche geschieht bei einem **Exportboom** $(X - M > O)$.

Mit diesen modellmässigen Darstellungen wird bereits ein erster Ausblick in die Wirtschaftspolitik möglich:

Wenn die Beschäftigung der Wirtschaft rückläufig ist, so müssen Massnahmen ergriffen werden, mit denen G, X und I im Verhältnis zu T, M und S positiv beeinflusst werden (höhere Staatsausgaben oder tiefere Steuern; Exportförderung und Anreize für private Investitionen über billigere Bankkredite oder Steuervorteile bei Investitionen).

Ist die Wirtschaft überbeschäftigt, so müssen die Grössen S, T und M im Verhältnis zu I, G und X zunehmen. (Z. B. vermehrtes Sparen durch steuerliche Begünstigung des Sparens, höhere Steuererträge des Staates, die stillgelegt werden oder vermehrte Importe.)

3.4 Die Nationale Buchhaltung (volkswirtschaftliche Gesamtrechnung)

Die Schemata des Kreislaufes (vergleiche Abbildungen 2.1 und 2.2) eignen sich gut zur Erklärung der Geldströme in der Wirtschaft. Sind diese aber zahlenmässig zu erfassen, so genügen sie nicht mehr. Deshalb wird eine buchhalterische, kontenmässige Darstellung, die **Nationale Buchhaltung** (oder **volkswirtschaftliche Gesamtrechnung**) gewählt.

3.4.1 Begriff und Verfahren der Nationalen Buchhaltung

Die Nationale Buchhaltung erfasst den volkswirtschaftlichen Kreislauf der Einkommensentstehung, -verteilung und -verwendung kontenmässig (im Sinn der doppelten Buchhaltung) und will als statistisches Instrument ein quantitatives Bild der gesamtwirtschaftlichen Tätigkeit eines Landes geben.

In der Schweiz wird die Nationale Buchhaltung seit 1964 vom Eidgenössischen Statistischen Amt geführt. In ihrer Darstellung entspricht sie im wesentlichen dem standardisierten System der OECD (Organization for Economic Cooperation and Development)[2].

---

1 Allerdings nur unter der Annahme der Mobilität der Arbeitskräfte. Mobilität heisst sofortige Anpassung der Arbeitskräfte an veränderte Verhältnisse (Wohnortswechsel, Wechsel des Arbeitsplatzes usw.).

2 Siehe die ausführliche Darstellung der OECD auf S. 452.

Für die Nationale Buchhaltung gelten die gleichen Regeln wie für die doppelte Buchhaltung. Es werden für die einzelnen Sektoren des Kreislaufes Konti gebildet und jede Grösse einmal als Ausgabe im Soll des einen Kontos (Mittelverwendung) und einmal als Einnahme im Haben eines andern Kontos (Mittelbeschaffung) eingetragen.

Der einfache Kreislauf umfasst zwei Sektoren (Unternehmungen und private Haushalte). Deshalb ergeben sich zwei Konti mit folgenden Buchungen:

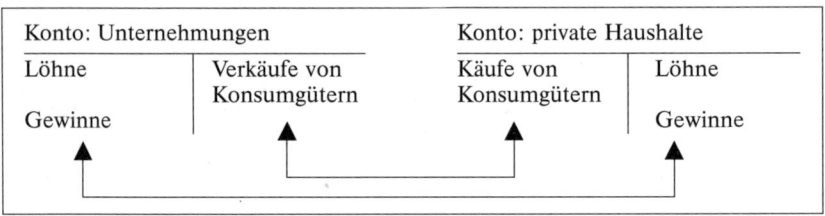

Konto: Unternehmungen		Konto: private Haushalte	
Löhne	Verkäufe von Konsumgütern	Käufe von Konsumgütern	Löhne
Gewinne			Gewinne

3.4.2 Die Konti der Nationalen Buchhaltung

Das erweiterte Kreislaufschema mit sechs Sektoren führt zu einer Nationalen Buchhaltung mit sechs Konti, die in Abbildung 2.3 mit den jeweiligen Eintragungen sowie einem Hinweis auf das Konto der jeweiligen Gegenbuchung (in Klammer) wiedergegeben sind.

Konto 1: Bruttosozialprodukt und Volkseinkommen (Unternehmungen)

1.1 Arbeitnehmereinkommen (4.8)
1.2 Geschäftseink. Selbständige (4.9)
1.3 Verm.eink. priv. Haush. (4.10)
1.4 Mietzinseink. priv. Haush. (4.11)
1.5 Unverteilte Untern.-Eink. (5.6)
1.6 Direkte Steuern Kapitalges. (2.11)
1.7 Vermögens- und Erwerbseinkommen Staat (2.7)
1.8 ./. Zinsen auf öff. Schuld (2.8)
1.9 Vermögens- und Erwerbseinkommen Sozialversicherung (3.6)

Volkseinkommen [1.1-1.9]

1.10 Indirekte Steuern (2.9)
1.11 ./. Subventionen (2.2)
1.12 Abschreibungen (5.3)

Bruttosozialprodukt zu Marktpreisen [1.1-1.12]

1.13 Endkonsum priv. Haushalte (4.1)
1.14 Endkonsum Staat (2.1)
1.15 Endkonsum Sozialversicherung (3.1)
1.16 Anlageinvestitionen und Vorratsänderungen (5.1)
1.17 Ausfuhr Waren/Dienstleistungen (6.1)
1.18 ./. Einfuhr Waren/Dienstleistungen (6.7)

Bruttoinlandsprodukt zu Marktpreisen [1.13-1.18]

1.19 Kapital- und Arbeitseinkommen aus dem Ausland (6.2)
1.20 ./. Kapital- und Arbeitseinkommen an das Ausland (6.8)

Bruttosozialprodukt zu Marktpreisen [1.13-1.20]

Konto 2: Öffentliche Haushalte

2.1 Endkonsum (1.14)	2.7 Vermögens- und Erwerbseink. (1.7)
2.2 Subventionen (1.11)	2.8 ./. Zinsen auf öffentl. Schuld (1.8)
2.3 Laufende Übertragungen an Sozial- versicherungen (3.9)	2.9 Indirekte Steuern (1.10)
2.4 Laufende Übertragungen an private Haushalte (4.12)	2.10 Direkte Steuern priv. Haushalte (4.2)
2.5 Laufende Übertragungen an Aus- land (6.9)	2.11 Direkte Steuern Kapitalgesellsch. (1.6)
2.6 Ersparnis (5.4)	2.12 Laufende Übertragungen der Sozi- alversicherungen (3.3)
	2.13 Laufende Übertragungen der priva- ten Haushalte (4.5)
	2.14 Laufende Übertragungen aus dem Ausland (6.3)

Konto 3: Sozialversicherungen

3.1 Endkonsum (1.15)	3.6 Vermögens- und Erwerbseink. (1.9)
3.2 Leistungen an Versicherte (4.13)	3.7 Sozialbeiträge der Arbeitgeber (4.3)
3.3 Laufende Übertragungen an den Staat (2.12)	3.8 Sozialbeiträge der Versicherten (4.4)
3.4 Laufende Übertragungen an das Ausland (6.11)	3.9 Laufende Übertragungen des Staates (2.3)
3.5 Ersparnis (5.5)	3.10 Laufende Übertragungen aus dem Ausland (6.5)

Konto 4: Private Haushalte und Organisationen ohne Erwerbscharakter

4.1 Endkonsum (1.13)	4.8 Arbeitnehmereinkommen (1.1)
4.2 Direkte Steuern (2.10)	4.9 Geschäftseink. Selbständige (1.2)
4.3 Sozialbeiträge Arbeitgeber (3.7)	4.10 Vermögenseinkommen (1.3)
4.4 Sozialbeiträge Versicherte (3.8)	4.11 Mietzinseinkommen (1.4)
4.5 Laufende Übertragungen an den Staat (2.13)	4.12 Laufende Übertragungen des Staates (2.4)
4.6 Laufende Übertragungen an das Ausland (6.10)	4.13 Laufende Übertragungen der Sozialvers. (Leistungen an die Versicherten) (3.2)
4.7 Ersparnis (5.7)	4.14 Laufende Übertragungen aus dem Ausland (6.4)

Konto 5: Vermögensveränderungen

5.1 a) Anlageinvestitionen (1.16) b) Vorratsänderungen (1.16)	5.3 Abschreibungen (1.12)
5.2 Finanzierungsüberschuss/-defizit der Volkswirtschaft (6.12)	5.4 Ersparnis des Staates (2.6)
	5.5 Ersparnis Sozialversicherungen (3.5)
	5.6 Unverteilte Unternehmenseinkom- men (unverteilte Gewinne) (1.5)
	5.7 Ersparnis der privaten Haushalte (4.7)
	5.8 Saldo der Vermögensübertragungen zwischen In- und Ausland (6.6)

Konto 6: Ausland

6.1 Käufe von Gütern in der Schweiz (Export) (1.17)	6.7 Verkäufe von Gütern an die Schweiz (Import) (1.18)
6.2 Kapital- und Arbeitseinkommen an die Schweiz (1.19)	6.8 Kapital- und Arbeitseinkommen an das Ausland (1.20)
6.3 Laufende Übertragungen an den Staat (2.14)	6.9 Laufende Übertragungen des Staates (u. a. Entwicklungshilfe) (2.5)
6.4 Laufende Übertragungen an private Haushalte (4.14)	6.10 Laufende Übertragungen der privaten Haushalte (4.6)
6.5 Laufende Übertragungen an Sozialversicherungen (3.10)	6.11 Laufende Übertragungen der Sozialversicherungen (3.4)
6.6 Saldo der Vermögensübertragungen zwischen In- und Ausland (5.8)	6.12 Saldo (5.2)

Abb. 2.3: Die Konti der nationalen Buchhaltung

Anhand dieser Darstellung lassen sich alle Buchungssätze der Nationalen Buchhaltung bilden:

Beispiele von Vorgängen	Buchhalterische Erfassung	
Es werden Arbeitnehmer-einkommen erzielt	Konto 1 (SP und VE) (1.1)	Konto 4 (Private Haushalte) (4.8)
Käufe von Gütern und Diensten durch Aus-länder usw.	Konto 6 (Ausland) (6.1)	Konto 1 (SP und VE) (1.17)

Die einzelnen Konti der Nationalen Buchhaltung sagen also folgendes aus:

Konto 1: Sozialprodukt und Volkseinkommen

In diesem Konto werden die Entstehung (Sozialprodukt) und die Verteilung (Volkseinkommen) der primären Einkommen erfasst.

Konto 2: Öffentliche Haushalte (Bund, Kantone, Gemeinden)

Den laufenden Ausgaben und Ersparnissen werden die laufenden Einnahmen der öffentlichen Hand gegenübergestellt.

Konto 3: Öffentliche und private Sozialversicherungen

Dieses Konto enthält die laufenden Ausgaben und Ersparnisse sowie die laufenden Einnahmen aus öffentlichen (z. B. AHV, IV, EO) und privaten (z. B. Pensionskassen, Krankenkassen usw.) Sozialversicherungen.

Konto 4: Private Haushalte und Organisationen ohne Erwerbscharakter

Dieses Konto weist auf der Einnahmenseite die primären Einkommen sowie die laufenden Übertragungen (z. B. Renten) und auf der Ausgabenseite die Verwendung der Einkommen zu Konsumzwecken, für Steuern, Sozialversicherungen usw. der privaten Haushalte aus. Der Saldo dieses Kontos entspricht den Ersparnissen der privaten Haushalte. Hier werden auch die Einzelunternehmungen und Personengesellschaften erfasst, weil es statistisch nicht möglich ist, Erwerbsbetrieb und Privathaushalt zu trennen.

Konto 5: Vermögensveränderungen

Alle Ersparnisse des Staates, der Sozialversicherungen, der öffentlichen und privaten Unternehmungen sowie der privaten Haushalte ermöglichen Investitionen, was nichts anderes bedeutet als eine Vergrösserung des Realkapitals einer Volkswirtschaft. In diesem Konto werden einander alle Ersparnisse und Investitionen gegenübergestellt. Die Summe der Ersparnisse bzw. Investitionen entspricht der Bruttozunahme des Volksvermögens.

Konto 6: Ausland

In diesem Konto werden alle Zahlungen (Einnahmen und Ausgaben) im Zusammenhang mit den wirtschaftlichen Beziehungen mit dem Ausland erfasst. Der Saldo drückt eine Vermögensveränderung aus: Bei einem Einnahmenüberschuss im Verkehr mit dem Ausland (= aktive Ertragsbilanz) vergrössert sich das Vermögen des Inlands und umgekehrt.

Die sechs Konti der Nationalen Buchhaltung der Schweiz werden jährlich im Heft 9 (September) der «Volkswirtschaft», herausgegeben vom Eidgenössischen Volkswirtschaftsdepartement, veröffentlicht.

3.4.3 Die Bedeutung der Nationalen Buchhaltung

Wie die Buchhaltung einer Unternehmung eine wichtige Informationsquelle für die Geschäftsleitung darstellt, dient die Nationale Buchhaltung den Gestaltern der staatlichen Wirtschaftspolitik als objektives Hilfsmittel und Orientierungsmassstab für wirtschaftspolitische Entscheidungen. Dabei kann sie als Rückschau- und als Vorschaurechnung verwendet werden.

Als **Rückschaurechnung** zeigt sie für die abgelaufene Periode die zahlenmässigen Beziehungen zwischen allen volkswirtschaftlich wichtigen Grössen. Dadurch ist jedermann über den Stand, die Veränderungen und die Entwicklungstrends der wirtschaftlichen Sektoren orientiert, und wirtschaftspolitische Entscheidungen werden erleichtert. So lässt sich dank der Nationalen Buchhaltung beispielsweise erkennen, ob für die Überhitzung der Wirtschaft primär der inländische Konsum, die inländischen Investitionen oder der Export verantwortlich sind, und dementsprechend die geeigneten konjunkturdämpfenden Massnahmen ergreifen (vgl. dazu die Ausführungen zum makroökonomischen Gleichgewicht im Abschnitt 3.3).

Als **Vorschaurechnung** erleichtert die Nationale Buchhaltung Voraussagen über die Wirtschaftsentwicklung.

3.5 Volkseinkommen, Inlandsprodukt und Sozialprodukt

Am Modell des einfachen Kreislaufes (Abbildung 2.1) wurde gezeigt, dass am Geldstrom das Volkseinkommen und am Güterstrom das Sozialprodukt als Gradmesser des Wohlstandes einer Volkswirtschaft erfasst werden kann.

In der Wirklichkeit werden heute drei Grössen erfasst, wie sich aus Abbildung 2.4 ergibt: Das Bruttoinlandsprodukt, das Volkseinkommen und das Bruttosozialprodukt.

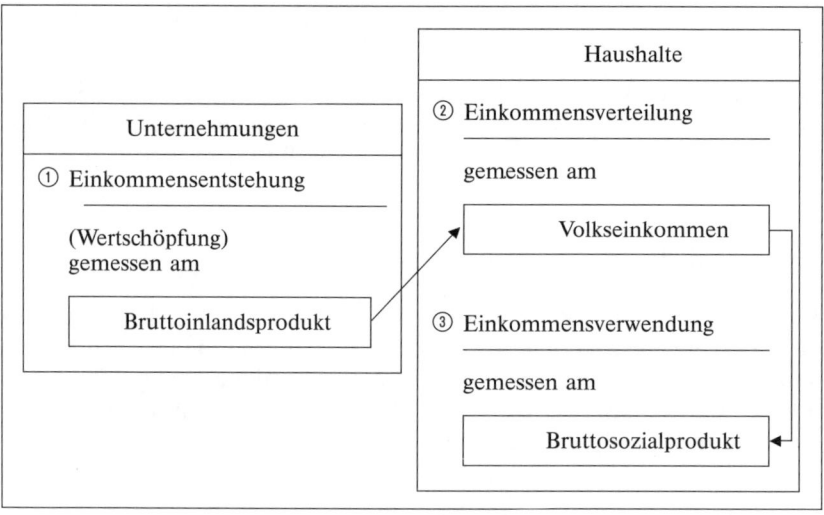

Abb. 2.4: Die statistischen Grössen im Wirtschaftskreislauf

① Die Erfassung der Einkommens**entstehung** führt zum **Bruttoinlandsprodukt** (BIP), das die gesamtwirtschaftliche Wertschöpfung ausweist.

> Das Bruttoinlandsprodukt umfasst die Gesamtheit aller während eines Jahres in einem Land (oder in einer Region) hergestellten Güter und Dienstleistungen, zu Marktpreisen bewertet.

Es wird nach dem **Inlandsprinzip** erfasst, d. h. es erfasst nur die innerhalb der Landes- (oder Regions-)grenzen hergestellten Waren und geleisteten Dienste.

② Die Erfassung der Einkommens**verteilung** führt zum **Volkseinkommen** (VE).

> Das Volkseinkommen ist das Total der Entgelte, welche die Produktionsfaktoren Arbeit, Boden und Kapital für ihre Teilnahme an der Güter- und Leistungserzeugung in einem Jahr erhalten.
>
> Oder einfacher:
>
> Es ist das während eines Jahres durch die Wohnbevölkerung eines Landes (oder einer Region) verdiente Gesamteinkommen.

Es wird nach dem **Inländerprinzip** erfasst, d. h. es werden die Einkommen aller Inländer aus ihrer wirtschaftlichen Tätigkeit im Inland und im Ausland erfasst.

③ Die Erfassung der Einkommens**verwendung** führt zum **Bruttosozialprodukt** (BSP).

> Das Bruttosozialprodukt ist das Total aller durch die ständige Wohnbevölkerung eines Landes (oder einer Region) in einem Jahr nachgefragten, beziehungsweise beanspruchten Güter, bewertet zu Marktpreisen.

Es wird nach dem **Inländerprinzip** erfasst, d. h. es werden alle im Inland nachgefragten Güter und Dienstleistungen, unabhängig davon, ob die Lieferanten Inländer oder Ausländer sind, erfasst.

Nationale Buchhaltung Konto 1: Sozialprodukt und Volkseinkommen (einzelne Werte zusammengefasst)

Volkseinkommen nach Einkommensarten	in Mio. Franken (nom.)		Sozialprodukt nach Verwendungsarten	in Mio. Franken (nom.)	
Jahre	1993	1995		1993	1995
Arbeitnehmereinkommen	212 805	220 285	Endkonsum der privaten Haushalte	202 325	212 135
Geschäftseinkommen der Selbständigen	26 800	28 320	Endkonsum des Staates und der Sozialversicherungen	49 725	51 350
Vermögens- und Mietzinseinkommen der privaten Haushalte	26 315	26 575	Anlageinvestitionen	77 020	82 340
Unverteiltes Unternehmenseinkommen (inkl. direkte Steuer)	28 160	32 215	Vorratsveränderungen inklusive statistische Differenz	(3 190)	1 900
Vermögens- und Erwerbseinkommen des Staates und der Sozialversicherungen	11 360	13 205	Inlandnachfrage	325 880	347 725
			Ausfuhr von Waren und Diensten	124 995	127 545
Volkseinkommen	305 440	320 600	Gesamtnachfrage	450 875	475 270
Indirekte Steuern	21 435	25 395			
abzüglich: Subventionen	5 955	6 185	abzüglich Einfuhren von Waren und Diensten	107 830	113 265
Abschreibungen	36 210	37 750	Bruttoinlandprodukt zu Marktpreisen (BIP)	343 045	362 005
			Kapital- und Arbeitseinkommen aus dem Ausland	29 195	30 905
			abzüglich an das Ausland	15 110	15 350
Bruttosozialprodukt zu Marktpreisen (BSP)	357 130	377 560	Bruttosozialprodukt zu Marktpreisen (BSP)	357 130	377 560

Quelle: Die Volkswirtschaft (3) 95; Die Volkswirtschaft (1) 97.
Tab. 2.5: Sozialprodukt und Volkseinkommen in der Schweiz

Tabelle 2.5 zeigt die schweizerische Statistik für diese drei statistischen Grössen (in der Form des Kontos 1 der Nationalen Buchhaltung).

Zu beachten ist, dass die auf S. 57 aufgeführte Gleichung Sozialprodukt = Volkseinkommen des einfachen Kreislaufes in Wirklichkeit nicht ganz stimmt. Dies deshalb, weil bei jener modellartigen Darstellung die Ersatzinvestitionen, die indirekten Steuern (Warenumsatzsteuer, Zölle) und die Subventionen nicht berücksichtigt sind.

Abbildung 2.6 zeigt alle Begriffe der nationalen Buchhaltung im Gesamtzusammenhang.

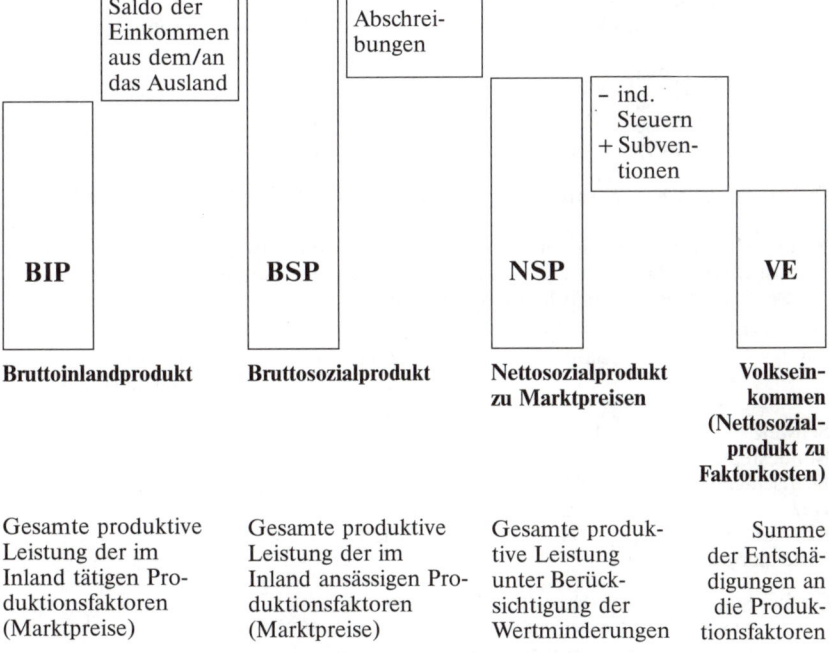

Abb. 2.6: Begriffe der nationalen Buchhaltung im Gesamtzusammenhang

3.6 Die Aussagekraft der Grössen Inlandsprodukt, Volkseinkommen und Sozialprodukt

Die Grössen Inlandsprodukt, Volkseinkommen und Sozialprodukt dienen vier Hauptzwecken:

1. Sie werden als Vergleichsgrössen verwendet.

Beispiele:

- Oft wird die Schuldenlast des Staates in Prozent des Bruttosozialproduktes ausgedrückt, um die Belastung anschaulicher aufzuzeigen.

Jahr	Schuldenlast des Bundes (in Mio. Fr.)	Schuldenlast in % des Bruttosozialproduktes
1970	11 284	12,0
1980	31 680	17,8
1990	40 569	12,4
1995	79 922	22,1

Quelle: Statistisches Jahrbuch der Schweiz, 1996, S. 389; Die Volkswirtschaft (1) 97.

- Die Militärausgaben der einzelnen Länder werden in Prozent des Sozialproduktes ausgedrückt. Dadurch erst wird ein Vergleich der Verteidigungsanstrengungen zwischen den einzelnen Ländern möglich.

Land	Jahr	Militärausgaben (in Mio.)	Militärausgaben in % des Sozialproduktes
Schweiz	1992	CHF 6 828	1,94
Bundesrepublik Deutschland	1992	DM 54 705	1,76
USA	1992	$ 305 000	5,1
Russland	1994	$ 72 120*	>10%*
*Schätzungen des CIA			

Quelle: Statistisches Jahrbuch der Schweiz, 1996, S. 394
    Statistisches Jahrbuch für die BRD, 1995, S. 500
    Statistical Abstract of the USA, 1995, S. 359

2. Sie sind Wertmesser der Wirtschaftskraft einer Volkswirtschaft.

● Je grösser das Sozialprodukt ist, desto mehr Güter und Dienstleistungen stehen zur Verfügung und um so höher ist der Wohlstand der Bevölkerung (unter Voraussetzung einer einigermassen gleichmässigen Verteilung).

● Zu Vergleichszwecken eignet sich aber nicht die Globalgrösse, sondern nur das Volkseinkommen pro Kopf (Pro-Kopf-Einkommen):

Kontinente und ausgewählte Länder	Pro-Kopf-Einkommen in US-$
Afrika (1991)	
z. B. Kenia	339
Südafrika	2 780
Nordamerika (1991)	
z. B. USA	22 219
Südamerika (1991)	
z. B. Haiti	446
Brasilien	2 646
Asien (ohne Japan) (1991)	
z. B. Bangladesh	212
Singapore	14 598
Europa (1991)	
z. B. Schweiz	34 304

Quelle: Statistical Yearbook 1992 der UNO, S. 191 ff.

Das Pro-Kopf-Einkommen ist ein – allerdings sehr grober – Wohlstandsindikator für eine Volkswirtschaft.

● Die Wirtschaftskraft spiegelt sich auch in der Arbeitsproduktivität wider.

$$\text{Arbeitsproduktivität} = \frac{\text{Bruttoinlandsprodukt}}{\text{Anzahl der Erwerbstätigen}}$$

Sie betrug für die Schweiz 1995 rund Fr. 95 667.–. Das heisst, jeder erwerbstätige Schweizer stellte für rund Fr. 95 000.– Güter und Dienste her.

3. *Für wirtschaftspolitische Zwecke interessiert oft nicht die Globalgrösse Sozialprodukt, sondern dessen Struktur (Zusammensetzung). Die wichtigsten Grössen, die als Strukturparameter bezeichnet werden, sind:*

Strukturparameter	Berechnungsart	Werte in der Schweiz			
		1970	1980	1990	1995
Lohnquote	$\frac{\text{Arbeitseinkommen} \cdot 100}{\text{Volkseinkommen}}$	63	69	69	69
Investitionsquote	$\frac{\text{Gesamtinvestitionen} \cdot 100}{\text{Bruttosozialprodukt}}$	31	26	28	22
Konsumquote	$\frac{\text{Privater Konsum} \cdot 100}{\text{Bruttosozialprodukt}}$	57	61	54	56
Exportquote	$\frac{\text{Exporte} \cdot 100}{\text{Bruttosozialprodukt}}$	32	34	35	34
Importquote	$\frac{\text{Importe} \cdot 100}{\text{Bruttosozialprodukt}}$	33	28	35	30

Quelle: Eigene Berechnung anhand der Zahlen der Nationalen Buchhaltung

- Die **Lohnquote** zeigt den Anteil der Arbeitseinkommen am Volkseinkommen. Eine steigende Lohnquote deutet auf steigende Einkommen der Unselbständigerwerbenden hin, sofern deren Zahl konstant geblieben ist.

- Die **Investitionsquote** bezeichnet den Anteil der Investitionen am Bruttosozialprodukt. Allgemein gilt: Je höher die Investitionsquote ist, desto stärker wächst die Wirtschaft in der Regel.

- Die **Konsumquote** zeigt den Anteil der privaten Konsumausgaben am Bruttosozialprodukt. Zu beachten ist, dass eine rückläufige Konsumquote nicht zwangsläufig einen Wohlstandsrückgang bedeutet. Steigt nämlich das Bruttosozialprodukt an, so kann der prozentuale Anteil der Konsumgüter zurückgehen, obschon nominell mehr Konsumgüter zur Verfügung stehen.

- Die **Export- und die Importquote** zeigen, dass sich die Aussenhandelsverflechtung in der Schweiz verstärkt hat. Die Schweiz gehört zu den Ländern mit den höchsten Export- und Importquoten. Deshalb ist die Auslandsabhängigkeit der Schweiz gross.

4. *Sie sind Messgrösse für die Wirtschaftsentwicklung (Wachstum).*

- Kurzfristig sind das Sozialprodukt und das Inlandsprodukt gute **Konjunkturindikatoren**, indem sie die jährlichen Schwankungen der Güterproduktion und der Dienstleistungen wiedergeben. Zu beachten ist dabei allerdings das Ausmass der Geldentwertung (siehe Seite 242).

- Langfristig zeigen das Sozialprodukt und das Inlandsprodukt das **Wirtschaftswachstum** auf, auf das im folgenden Abschnitt eingegangen wird.

4. Das Wachstum der Wirtschaft

4.1 Vergleich des Bruttoinlandsproduktes in verschiedenen Jahren

Wenn das Wirtschaftswachstum einer Volkswirtschaft beurteilt werden soll, so wird üblicherweise das Bruttoinlandsprodukt betrachtet, welches zeigt, wie viele Güter und Dienste in einer Volkswirtschaft in einem Jahr erzeugt werden.

Bruttoinlandsprodukt in der Schweiz, in Mio. Franken:

1965: 60 860	1980: 170 330
1970: 90 665	1990: 313 990
1975: 140 155	1995: 362 005

Diese Aufstellung zeigt, dass sich das schweizerische Bruttoinlandsprodukt in den letzten 25 Jahren mehr als verdreifacht hat. Dies bedeutet aber nicht etwa eine Verdreifachung der produzierten Güter- und Dienstemenge. Da der Wert des Bruttoinlandsproduktes in **Marktpreisen** angegeben wird, ist zur Beurteilung der Vergrösserung der Güter- und Dienstemenge die **Geldentwertung** zu berücksichtigen.

4.2 Die statistische Erfassung der Geldentwertung

4.2.1 Die bestehenden Preisindizes[3]

Die Geldentwertung (= Teuerung) wird in der Schweiz mit zwei offiziellen branchenübergreifenden und monatlich nachgeführten Preiserhebungen ermittelt:

- dem Landesindex der Konsumentenpreise und
- dem Grosshandelspreisindex.

Der **Landesindex der Konsumentenpreise** zeigt die Preisentwicklung und gibt an, in welchem Umfang die Lebenshaltung infolge von Preisveränderungen, aber unbeeinflusst durch Änderungen im Konsumverhalten oder durch Veränderungen der Güter- und Dienstleistungsqualitäten, teurer oder billiger geworden ist. Er ist heute einer der wichtigsten und am meisten angewandten Wirtschaftsindikatoren[4], denn er dient in wirtschafts-

---

3 Index (Mehrzahl Indizes) heisst: Messzahl, Kennzahl.
4 Wirtschaftsindikator heisst: Statistische Grösse für die Beurteilung wirtschaftlicher Entwicklungen.

politischen Diskussionen und bei wirtschaftspolitischen Entscheidungen im Zusammenhang mit der Teuerung als allgemein anerkannte Orientierungshilfe.

Der **Grosshandelspreisindex** erfasst die Preisentwicklung von Inlandgütern, Importgütern, Rohstoffen und Halbfabrikaten sowie Konsumgütern, wobei die Preiserhebung für Inlandgüter beim Produzenten und für Importgüter ab Schweizergrenze erfolgt.

4.2.2 Der Landesindex der Konsumentenpreise

Bei der Berechnung dieses Indexes wird von folgenden Überlegungen ausgegangen: Es wird der Warenkorb eines «durchschnittlichen Haushaltes» ermittelt, der alle Güter und Dienstleistungen enthält, die von diesem Haushalt in einem Jahr konsumiert werden. Durch den regelmässigen Vergleich der Preise dieser Güter und Dienstleistungen lässt sich die Preisentwicklung (heute die Teuerung) ermitteln. Er gibt also an, wie sich die Lebenshaltungskosten als Folge von Preisvariationen verändert haben. Änderungen des Konsumverhaltens und damit Veränderungen der Lebenskosten (z. B. als Folge höherer Güterqualitäten) sind nicht erfasst.

Der Landesindex der Konsumentenpreise wurde mit Beginn Mai 1993 neu gestaltet (LIK 93). Erstmals wurde er 1939 eingeführt und in den Jahren 1966, 1977 und 1982 revidiert.

Der LIK 93 ist ein Preisindex mit einem über mehrere Jahre festgewichteten Warenkorb (berechnet nach der Methode des deutschen Statistikers Laspeyres; daher Laspeyres-Index). Vereinfacht am Beispiel von Äpfeln und Birnen wird wie folgt gerechnet: In 24 Gemeinden werden für die Güter und Dienstleistungen des Warenkorbes in Preismeldestellen (repräsentative Auswahl von Detailhandelsgeschäften und übrigen Verkaufsstellen) die Preise erfasst.

In einem **ersten Rechenschritt** wird die Veränderung der Preise zur Basis Mai 1993 (= 100; Basisrelation) berechnet.

	Basispreis Mai 1993	Preis Juni 1993	Basis- relation
1 kg Äpfel	Fr. 3.–	Fr. 3.60	1,2 x 100 = 120
1 kg Birnen	Fr. 1.50	Fr. 1.65	1,1 x 100 = 110

Basisrelation 120 heisst also, dass der Preis (hier der Äpfel) im Vergleich zum Mai 1993 um 20 % gestiegen ist.

Im **zweiten Rechenschritt** wird der Indexstand der Indexposition Kernobst (hier Äpfel und Birnen) berechnet.

Mai 1993 (Basis)	˙	= 100
Juni 1993 (120 + 110) : 2		= 115

Das heisst: Der Index für Kernobst ist von Mai auf den Juni 1993 um 15 % gestiegen.

Im **dritten Rechenschritt** wird der Indexstand der Warengruppe „Frische Früchte" als gewichtetes arithmetisches Mittel des Indexstandes pro Indexposition gebildet (gewichtetes arithmetisches Mittel heisst: je nach Wichtigkeit für den Haushalt geht eine Ware oder eine Dienstleistung mit unterschiedlichem Gewicht in den Index ein).

Warengruppe Indexposition	Gewichtung in %	Index Mai 1993 100	Index Juni 1993
Frische Früchte	1,086	100	107,622*
Agrumen	0,215	100	105
Steinobst	0,125	100	110
Kernobst	0,346	100	115
Bananen	0,146	100	100
Andere Früchte	0,254	100	103

$$\text{* Index der frischen Früchte im Juni} = \frac{(105 \times 0{,}215) + (110 \times 0{,}125) + (115 \times 0{,}346) + (100 \times 0{,}146) + (103 \times 0{,}254)}{0{,}215 + 0{,}125 + 0{,}346 + 0{,}146 + 0{,}254}$$

Im **vierten Rechenschritt** wird auf gleiche Weise der Index der Hauptgruppe (Nahrungsmittel, Getränke, Tabak) berechnet, wobei die Nahrungsmittel zu 14,649 % und die Hauptgruppe zu 16,250 % gewichtet sind.

Im **fünften Rechenschritt** wird auf gleiche Weise der gesamte Index berechnet.

Der Warenkorb des LIK 93 wurde umfassend überarbeitet. Die folgende Tabelle zeigt seine Zusammensetzung mit den Gewichtungen.

Nahrungsmittel, Getränke, Tabakwaren	16,250 %
Bekleidung und Schuhe	6,518 %
Wohnungsmiete und Energie	25,243 %
Wohnungseinrichtung	6,777 %
Gesundheitspflege	10,188 %
Verkehr und Kommunikation	11,449 %
Unterhaltung, Erholung, Bildung und Kultur	8,878 %
Übrige Waren und Dienstleistungen	14,697 %

Der Index der Konsumentenpreise ist ein **Einheitsindex** und wird in der Schweiz als **Verständigungsindex** aufgefasst. Das heisst, die Sozialpartner (Arbeitgeber- und Arbeitnehmerorganisationen) einigen sich auf die

Gestaltung des Index und erklären sich bereit, ihn bei allen Verhandlungen über den Teuerungsausgleich (Anpassung der Löhne infolge höherer Lebenshaltungskosten) vorbehaltlos anzuerkennen.

Trotzdem dürfen die Probleme beim Aufbau und der Interpretation dieses Indizes nicht übersehen werden:

- Die Zusammensetzung des Warenkorbes und der Durchschnittshaushalt sind eine statistische Fiktion[5]. Reiche und Arme haben ganz unterschiedliche Verhaltensmuster beim Konsumieren, so dass der Warenkorb nie ganz repräsentativ ist. Und Haushalte mit gleichen Einkommen haben nicht immer gleiche Voraussetzungen. So verteuert sich beispielsweise die Lebenshaltung von Leuten, die in billigen Altwohnungen wohnen, weniger als von solchen, die in teuren Neubauwohnungen leben. Der Landesindex der Konsumentenpreise steigt aber für beide um gleich viel an.

- Weil sich das Verhalten der Konsumenten laufend verändert (andere Waren, bessere Qualitäten, Ausweichen auf andere Waren infolge starker Preissteigerungen), stimmt der tatsächliche Warenkorb nicht mit dem Warenkorb überein, der dem Index zugrunde liegt. Dies führt zu Verzerrungen bei der Erfassung der Preiserhöhungen.

Darauf wird mit gelegentlichen Anpassungen der Zusammensetzung und der Gewichtung reagiert, wie Tabelle 2.7 zeigt.

Bedarfsgruppen	Index 1939	Index 1966	Index 1977	Index 1982
Nahrungsmittel	40%	31%	20%	21%
Getränke und Tabakwaren	3%	5%	5%	5%
Bekleidung	15%	13%	8%	7%
Miete	20%	17%	19%	18%
Haushalteinrichtung und -unterhalt	5%	7%	7%	6%
Heizung und Beleuchtung	7%	6%	4%	5%
Körper- und Gesundheitspflege	2%	7%	7%	8%
Bildung und Erholung	3%	5%	15%	16%
Verkehr	5%	9%	15%	14%

Quelle: Diverse Berichte der Kommission für Konjunktur- und Sozialstatistik.

Tab. 2.7: Zusammensetzung und Gewichtung des Landesindex der Konsumentenpreise

---

5 Fiktion heisst: falsche Annahme, die als «wissenschaftliches Hilfsmittel» zur Wahrheitsfindung dient.

Deshalb bleibt der Landesindex der Konsumentenpreise nur ein grober Richtungsweiser, der die Preisentwicklung (meistens Teuerung) der Tendenz nach zeigt, aber recht ungenau bleibt. Dies ist nicht ganz unbedenklich, weil in immer mehr Ländern ein **Indexautomatismus** aufkommt, d. h. Einkommensforderungen (Löhne, Renten, Versicherungsleistungen, langfristige Verträge) werden automatisch mit dem Index verbunden (indexiert).

Wenn zu einem gewissen Zeitpunkt der Preis eines einzelnen Gutes, das die Haushaltsrechnungen der verschiedenen Einkommensgruppen unterschiedlich belastet, den Landesindex der Konsumentenpreise stark in die Höhe treibt, taucht jeweils die Forderung nach einem **Parallelindex** auf. Das ist ein Index der Konsumentenpreise, bei welchem solche Güter aus der Indexberechnung ausgeschlossen werden, um Ungerechtigkeiten und schädliche Folgewirkungen für die ganze Wirtschaft auszuklammern. Die Ungerechtigkeiten und schädlichen Auswirkungen für die ganze Wirtschaft lassen sich wie folgt erklären: Mit dem Indexautomatismus werden alle Löhne um den gleichen Prozentsatz angehoben. Dadurch erzielen die höheren Einkommensgruppen zusätzliche Einkommensgewinne, weil ihre Lohnerhöhung gesamthaft mehr ausmacht als die Preissteigerung dieses einzelnen Gutes. Dadurch beschleunigt sich auch die allgemeine Teuerung.

In Zeiten starker Preissteigerungen bei einzelnen Gütern (z. B. Erdöl) wäre ein solcher Parallelindex vorteilhaft. Politisch gefährdet indessen diese Idee das **Verständigungswerk**. Müsste nämlich bei Lohnverhandlungen immer zuerst entschieden werden, ob ein Parallelindex angewendet werden soll oder nicht, so würde dies die Verhandlungen erschweren, weil nicht leicht zu entscheiden ist, welche Güter im konkreten Fall aus dem Gesamtindex ausgeklammert werden sollen.

Welche Differenzen sich mit einem Parallelindex ergäben, zeigte sich 1979 besonders deutlich, als die Erdölpreise stark stiegen (seither gab es keine solchen Preiserhöhungen mehr):

	Index der Konsumentenpreise	Parallelindex (heizöl- und benzinbereinigt)
Februar 1979	102,5	102,1
Juni 1979	105,1	103,9
August 1979	105,2	103,1

4.2.3 Der Preisindex in der Nationalen Buchhaltung

In den schweizerischen Statistiken zur Nationalen Buchhaltung kommen weder der Landesindex der Konsumentenpreise noch der Grosshandelspreisindex zur Anwendung. Es wurde ein eigener Preisindex berechnet, der zuerst für einzelne Waren- und Produktgruppen und dann als Gesamtindex berechnet wird. Die einzelnen Indizes werden als implizite Deflatoren bezeichnet.

4.3 Das reale Bruttosozialprodukt (rBSP) und das reale Bruttoinlandsprodukt (rBIP)

Mit Hilfe von Preisindices kann das Bruttosozialprodukt bzw. das Bruttoinlandsprodukt unter Ausklammerung der Geldentwertung, das reale BSP bzw. das reale BIP, berechnet werden. Sie zeigen die wirkliche Veränderung der von Jahr zu Jahr produzierten Güter- und Dienstemenge auf.

Jahr	BIP in Mio. Fr.	Preisindex*	Rechnung	rBIP in Mio. Fr.
1980	170 330	62.9	$\dfrac{170\,330 \cdot 100}{62.9}$	270 795
1993	342 850	100		342 850
1995	362 005	102.3	$\dfrac{362\,005 \cdot 100}{102.6}$	352 831

* siehe Abschnitt 4.2.3

Aus dieser Tabelle wird ersichtlich, dass das Bruttoinlandsprodukt real weniger gestiegen ist als nominal (zu laufenden Preisen).

> Das reale Bruttosozialprodukt und das reale Bruttoinlandsprodukt sind preisbereinigte Werte. Sie zeigen die im Vergleich mit einem anderen Jahr real (unter Ausklammerung der Teuerung) zur Verfügung stehende Güter- und Dienstmenge.

4.4 Die Wachstumsrate (Zuwachsrate) und das wirtschaftliche Wachstum

4.4.1 Die Berechnung der Wachstumsrate

Der jährliche Zuwachs des realen Bruttosozialproduktes oder des realen Bruttoinlandsproduktes kann nun in Prozenten des realen Wertes des Vorjahres ausgedrückt werden. Dann erhält man die Wachstumsrate (Zuwachsrate). Dabei ist es nicht nötig, jedesmal auf ein Basisjahr (z. B. 1980) zurückzurechnen, sondern man kann den Wert des Vorjahres als Basis nehmen:

Jahr	BIP in Mio. Fr.	Preisindex	Rechnung	rBIP in Mio. Fr.
1994	351 920	100.8	$\dfrac{351\,920 \cdot 100}{100.8}$	349 127
1995	362 005	102.6	$\dfrac{362\,005 \cdot 100}{102.6}$	352 831
			Zuwachs 1994/95	3 704
			= Wachstumsrate	$\dfrac{3\,704}{3\,491} = 1.06\%$

Die Wachstumsrate gibt also an, um wieviele Prozente das reale Bruttosozialprodukt oder das reale Bruttoinlandsprodukt jährlich wächst, d. h., wieviel mehr Güter produziert und Dienste geleistet werden.

Beträgt die Wachstumsrate 0, so liegt «Nullwachstum» vor. Heute wird oft von «Nullwirtschaftswachstum» gesprochen, wenn das reale Bruttoinlandsprodukt pro Kopf der Bevölkerung über wenigstens zwei Jahre gleich geblieben ist. Sank das reale Bruttoinlandsprodukt gegenüber dem Vorjahr, so liegt ein Negativwachstum vor.

Die Wachstumsraten weisen also das Wachstum der Wirtschaft aus.

Unter Wirtschaftswachstum versteht man die langfristige reale Zunahme der gesamtwirtschaftlichen Grössen Bruttoinlandsprodukt, Bruttosozialprodukt oder Volkseinkommen einer gesamten Volkswirtschaft oder pro Beschäftigten oder pro Einwohner.

4.4.2 Aussagekraft und Problematik der Wachstumsrate

Eine hohe Wachstumsrate ist Ausdruck eines grossen Produktionszuwachses. Deshalb wird immer wieder gesagt, dass Volkswirtschaften mit einer hohen Wachstumsrate einen grösseren effektiven Zuwachs an Gütern und Diensten hätten als Länder mit einer kleineren Wachstumsrate. Und daher müsste auch der Wohlstandszuwachs in solchen Volkswirtschaften grösser sein. Beide Feststellungen sind aber nur bedingt richtig:

- Weil die Wachstumsrate einen Prozentwert darstellt, spielt auch die Basis eine Rolle. Ein gleich grosser Produktionszuwachs gibt in einem Land mit einem kleinen Inlands- oder Sozialprodukt eine grössere Wachstumsrate als in einem Land mit einem grossen Inlands- oder Sozialprodukt. Daraus folgt, dass die Wachstumsrate bei zunehmendem Sozialprodukt sinkende Tendenz hat. Diese Regel ist in Abbildung 2.8 dargestellt.

- Der Wohlstandszuwachs hängt nicht nur von der globalen Zunahme der Produktion ab, sondern auch von der Grösse der Bevölkerung und der Bevölkerungszunahme. Deshalb werden Vergleiche über den Wohlstandszuwachs verschiedener Länder besser anhand der Wachstumsrate je Kopf der Bevölkerung angestellt:

Land	Wachstumsrate je Kopf der Bevölkerung (pro Jahr) zu konstanten Preisen	Zeitspanne
Nordamerika	1,6	1980-93
Europa	0,2	1980-93
EG	2,1	1980-93
Afrika	–0,2	1980-93
Südamerika	–0,6	1980-93
Ostasien (Japan)	3,4	1980-93
Ozeanien	1,0	1980-93
Westasien	–1,6	1980-93

Quelle: Statistical Yearbook UNO 1987, S. 11, 12; eigene Berechnungen aufgrund des Fischer-Weltalmanachs 1996, S.31 ff.

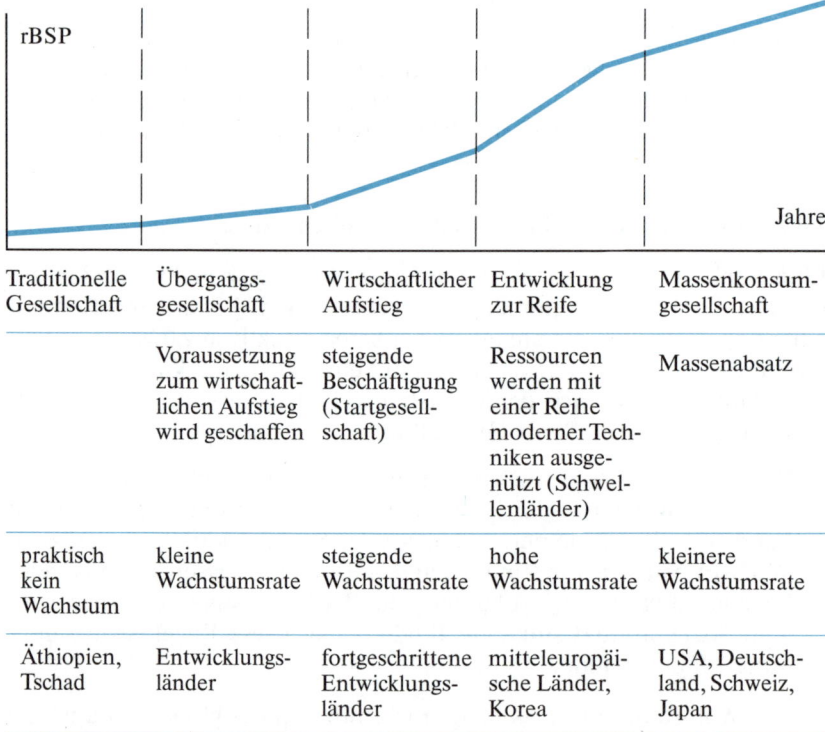

Traditionelle Gesellschaft	Übergangs-gesellschaft	Wirtschaftlicher Aufstieg	Entwicklung zur Reife	Massenkonsum-gesellschaft
	Voraussetzung zum wirtschaft-lichen Aufstieg wird geschaffen	steigende Beschäftigung (Startgesell-schaft)	Ressourcen werden mit einer Reihe moderner Tech-niken ausge-nützt (Schwel-lenländer)	Massenabsatz
praktisch kein Wachstum	kleine Wachstumsrate	steigende Wachstumsrate	hohe Wachstumsrate	kleinere Wachstumsrate
Äthiopien, Tschad	Entwicklungs-länder	fortgeschrittene Entwicklungs-länder	mitteleuropäi-sche Länder, Korea	USA, Deutsch-land, Schweiz, Japan

Heute kommt eine 6. Phase dazu, die man als «Jenseits des Konsumzeitalters» bezeich-net. Über die Entwicklung der Wachstumsrate in dieser Phase lässt sich aber noch nichts Bestimmtes aussagen.

Abb. 2.8: Wirtschaftsentwicklung

Nun interessiert aber nicht nur eine Bestandesaufnahme über das Wachstum der Wirtschaft. Wichtiger ist die Frage nach den Faktoren, die das Wirtschaftswachstum beeinflussen. Dazu sind die wichtigsten Bestimmungsfaktoren des **Wirtschaftspotentials** und das Wachstumspotential zu betrachten.

4.5 Das Wirtschaftspotential eines Landes

4.5.1 Die Bestimmungsfaktoren des Wirtschaftspotentials eines Landes

Das Wirtschaftspotential eines Landes umschreibt dessen Fähigkeit, Güter und Dienste zu erzeugen. Abbildung 2.9 vermittelt eine Übersicht über die wichtigsten Bestimmungsfaktoren des Wirtschaftspotentials eines Landes. Diese Faktoren prägen auch sein Wachstumspotential, d. h. die Fähigkeit, in Zukunft mehr Güter und Dienste herzustellen.

Das Wirtschaftspotential eines Landes hängt vom Arbeitspotential (Zahl der Erwerbstätigen in einem Land) und von der gesamtwirtschaftlichen Arbeitsproduktivität (Verhältnis zwischen dem Einsatz von Ressourcen [Input] und dem Produktionsergebnis [Output]) ab.

Das **Arbeitspotential** wird einerseits durch die **demographische[6] Entwicklung** geprägt (Geburten, Sterbefälle, Wanderungen: Zustrom von ausländischen Arbeitskräften ./. Abwanderung von inländischen Arbeitskräften). Auf die Wanderungen hat die Ausländerpolitik einen grossen Einfluss. Andererseits ist die **Erwerbsquote** massgeblich. Sie umschreibt den Anteil der Erwerbswilligen und Erwerbsfähigen an der gesamten Wohnbevölkerung. Sie hängt ab von der Altersstruktur der Bevölkerung (je mehr sie überaltert ist, desto schlechter wird die Erwerbsstruktur) und vom Grad der Ausschöpfung der Bevölkerung für die Wirtschaft (je mehr Arbeitskräfte sich beispielsweise vorzeitig pensionieren lassen, desto ungünstiger entwickelt sich die Erwerbsstruktur).

Die gesamtwirtschaftliche Arbeitsproduktivität wird durch fünf Einflussfaktoren geprägt. Zunächst ist es die Höhe des **Einsatzes von Sachkapital** und dessen Produktivität. Hier ist entscheidend, ob eine Investition das Produktionsergebnis zu verbessern vermag. Als Beurteilungsmassstab steht der **Kapitalkoeffizient** zur Verfügung, der besagt, wieviel zu investieren ist, um das Sozialprodukt um eine Einheit zu erhöhen.

6 Demographie heisst: Bevölkerungsstatistik

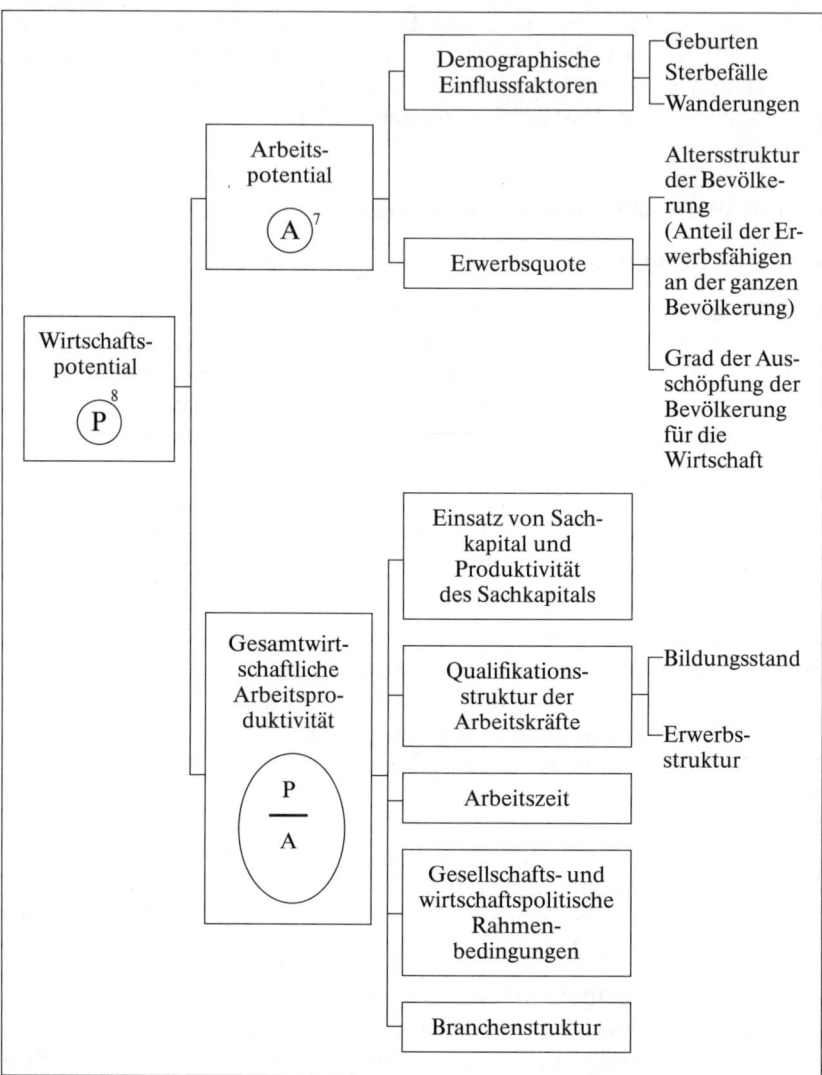

Abb. 2.9: Bestimmungsfaktoren des Wirtschaftspotentials eines Landes

---

7 A = Arbeitspotential = arbeitsfähige und arbeitswillige Bevölkerung.
8 P = Bruttoinlandsprodukt.

$$\text{Kapitalkoeffizient} \quad = \quad \frac{\text{Bruttoinvestition}}{\text{Zuwachs des Sozialproduktes}}$$

Ein Kapitalkoeffizient von 3 besagt also, dass 3 Mio. Franken investiert werden müssen, um eine Zunahme des Sozialproduktes um 1 Mio. Franken zu erzielen.

Von Bedeutung ist auch die **Qualifikationsstruktur** der Arbeitskräfte, die vom Bildungsstand und der Erwerbsstruktur abhängt (Verteilung der Erwerbstätigen auf die verschiedenen Berufe und Branchen, so dass es auf dem Arbeitsmarkt keine Überschuss- und Mangelsituationen gibt).

Weiter spielt die **Arbeitszeit** eine wichtige Rolle (eine höhere Arbeitszeit bei gutem Arbeitseinsatz erhöht die Gesamtproduktivität). Immer wichtiger werden gute **gesellschafts- und wirtschaftspolitische Rahmenbedingungen** (der Staat schafft günstige Voraussetzungen für die wirtschaftliche Entwicklung der Unternehmungen) sowie eine gute **Branchenstruktur** (ein Land verfügt über viele zukunftsträchtige Branchen, die sich wirksam ergänzen).

Das Wirtschaftspotential entscheidet über den Wohlstand und das Wachstum eines Landes und schafft die Voraussetzungen für die Erfüllung der vielen sozialen und ökologischen Postulate seiner Bevölkerung; je schwächer das Wirtschaftspotential ist, desto schwieriger wird es, diese Postulate zu erfüllen.

4.5.2 Das Wachstumspotential eines Landes

Das Wirtschaftspotential entscheidet über das Wachstumspotential einer Volkswirtschaft. Unter Wachstumspotential versteht man jenes Wachstum des realen Bruttoinlandsproduktes, das bei voller Auslastung der verfügbaren Produktionsfaktoren Arbeit und Kapital erreicht werden kann.

Das Wirtschaftspotential spielt in der modernen Wirtschaftspolitik eine wesentliche Rolle, indem versucht wird, alle wirtschaftspolitischen Massnahmen auf die Wachstumsmöglichkeiten (das Wachstumspotential) auszurichten. Deshalb wird die Wirtschaftspolitik immer mehr zu einer **Verstetigungspolitik**, d. h. die staatliche Wirtschaftspolitik orientiert sich an sinnvollen Wachstumsmöglichkeiten.

Dazu sind Prognosen[9] nötig, mit denen das Wachstumspotential geschätzt wird. Grundlage dazu bildet das Wirtschaftspotential eines Landes.

---

9 Prognose heisst: Voraussage

Formelmässig lässt sich dies wie folgt darstellen (vergleiche zu den Abkürzungen Abbildung 2.9; der Stern bedeutet: prognostiziert im Hinblick auf volle Auslastung der Produktionsfaktoren).

$$P^* = A^* + \frac{P}{A^*}$$

Das Wachstumspotential ergibt sich damit aus den möglichen oder den als sinnvoll erachteten Wachstumsraten (w).

$$wp^* = wA^* + \frac{wp^*}{wA^*}$$

In den sechziger Jahren des grossen Wachstums in der Schweiz ergaben sich folgende jährliche Werte:

$$4,7\% = 1,4\% + 3,3\%$$

Die Zahl der Erwerbstätigen stieg hauptsächlich dank der Zuwanderung von ausländischen Arbeitskräften um jährlich etwa 1,4 % und die Arbeitsproduktivität um 3,3 %, was darauf hinweist, dass wirksam investiert wurde (hoher Kapitalkoeffizient), der Arbeitseinsatz von gut ausgebildeten Arbeitskräften sehr hoch war und der Staat gute Rahmenbedingungen für die Wirtschaft schaffte. Zudem war die Erwerbsquote, nicht zuletzt dank der ausländischen Arbeitskräfte, gut.

Zusammenfassend kann aufgrund dieser Überlegungen Wirtschaftswachstum anders als mit einer Wachstumsrate definiert werden: Wirtschaftswachstum ist eine Zunahme des Wirtschaftspotentials.

5. Wohlfahrt (Lebensqualität)

5.1 Die Kritik an der Grösse Sozialprodukt

Bis anfangs der siebziger Jahre orientierte sich das ganze Denken der Volkswirtschaftslehre an den Daten des Sozialprodukts und der Wachstumsrate. Heute wird die Eignung der Grösse Sozialprodukt als Massstab für das Wohlbefinden der Menschen in Frage gestellt, weil

- das Wohlbefinden nicht allein von der Höhe des Sozialproduktes, sondern von seiner Zusammensetzung (Einkommensverwendung) abhängig ist;

- die Auswirkungen des Wachstums auf die ökologische und soziale Umwelt im Wert des Sozialproduktes falsch zum Ausdruck kommen: die Kosten für die Verbesserung der Lebensqualität (z. B. für die Abwasserreinigung oder für die Bewältigung der Verkehrsprobleme) erhöhen das Sozialprodukt, obschon sie nur infolge des zu grossen Wachstums anfallen und Fehlentwicklungen beseitigen müssen.

Aus diesen Gründen muss die Nationale Buchhaltung mit einem System sozialer Indikatoren ergänzt werden, das verlässlichere Aussagen über die Entwicklung der Wohlfahrt (Lebensqualität) in einem Land zulässt.

5.2 Die Sozialindikatoren

> Sozialindikatoren sind Messgrössen (Kennziffern), mit denen die Auswirkungen wirtschaftlicher Tätigkeiten auf gesellschaftspolitische Ziele, insbesondere aber auf die Lebensqualität, gemessen werden.

Bei der Auswahl der Indikatoren orientierte sich die Schweiz am Ansatz der OECD. Sie entwickelte ein System von Indikatoren, das in möglichst vielen Ländern angewendet werden soll, damit internationale Vergleiche möglich werden. Innerhalb dieses Systems entschied sich die Schweiz für die Erfassung der folgenden 12 Sozialindikatoren:

Gesundheit	Wohnen
Bildung	Verkehr
Erwerbstätigkeit	Natürliche Umwelt
Arbeitsbedingungen	Familie und soziale Umwelt
Freizeit und Haushalt	Bürger und Staat
Einkommen und soziale Sicherheit	Energie

Damit ein Sozialindikator aussagekräftig ist, muss er folgenden Anforderungen genügen:

1. Er muss einen wesentlichen Aspekt der Lebensqualität betreffen.

2. Er muss eindeutig messbar sein.

3. Er muss Vergleiche zwischen verschiedenen Zeitpunkten und sozialen Gruppen ermöglichen sowie das Ausmass der festgestellten Unterschiede widerspiegeln.

4. Die benützten Daten müssen sich auf Personen (und nicht auf Regionen oder Betriebe) beziehen.

5. Die benützten Daten sollen «rein» bleiben, d. h. immer auf denselben Definitionen und Voraussetzungen aufbauen.

Der wohl wichtigste Sozialindikator ist die «Gesundheit». Er ergibt sich aus einer Vielzahl von einzelnen Messgrössen, die den erwähnten Forderungen genügen:

- Sterblichkeit (aufgegliedert nach Geschlechtern, Regionen, Todesursachen), Lebenserwartung, Säuglingssterblichkeit.

- Beeinträchtigung der körperlichen Leistungsfähigkeit (Häufigkeit und Dauer von Erkrankungen bei Personen von über 60 Jahren).

- Erreichbarkeit von Spitälern, Ärzten und Zahnärzten.

- Anzahl der gegen Kosten medizinischer Behandlung versicherten Personen (Krankenversicherungsquoten) sowie der Anteil des Einkommens, der für Gesundheitspflege verwendet wird.

In der Schweiz finden sich alle Daten über die Sozialindikatoren in einer 12 Bände umfassenden Statistik, die vom Bundesamt für Statistik herausgegeben wird.

Mit der Veröffentlichung von Sozialindikatoren sollen folgende Erkenntnisse gewonnen werden:

1. Es steht ein Instrument zur Verfügung, mit welchem die Wohlfahrtsfortschritte gemessen werden können.

2. Durch den Vergleich des Wachstums des Sozialprodukts mit der Entwicklung der Sozialindikatoren lässt sich besser abschätzen, wie weit das wirtschaftliche Wachstum auch Wohlfahrtsfortschritte gebracht hat.

   In ausländischen Studien konnten folgende Zusammenhänge ermittelt werden:

   - Das Wachstum des Sozialprodukts ist immer mit einer Zunahme der Wohlfahrt verbunden.

   - Die prozentuale Zunahme der Wohlfahrt ist aber durchwegs kleiner als die prozentuale Zunahme des Sozialprodukts.

   - Je höher entwickelt ein Land ist, desto geringer ist die Erhöhung der Wohlfahrt als Folge einer Zunahme des Sozialproduktes.

3. In öffentlichen Diskussionen und bei staatlichen Planungsprozessen dienen die Sozialindikatoren als Entscheidungskriterien und -grundlagen.

Nun sind allerdings die Sozialindikatoren nicht ganz problemlose Messgrössen:

1. **Inhalt:** Welche Bereiche und Daten sollen als Sozialindikatoren bezeichnet werden? Je nach persönlichen und privaten Zielvorstellungen werden andere Dinge als besonders wohlfahrtsfördernd bezeichnet.

2. **Interpretation:** Wie sind die Sozialindikatoren zu interpretieren? Auch hier spielen persönliche Einstellungen mit. Ist beispielsweise ein bestimmter Energieverbrauch ein Massstab für Komfort, für Raubbau, Merkmal einer gefährlichen Auslandsabhängigkeit oder ein Ausdruck des Sparens?

3. **Vergleichbarkeit:** Wie weit lassen sich Sozialindikatoren verschiedener Länder vergleichen, wenn die Daten zu verschiedenen Zeitpunkten aufgenommen wurden, nicht genau gleich definiert oder die wirtschaftlichen und sozialen Verhältnisse ganz verschieden sind? Diese Frage ist bedeutsam, weil die Daten in den meisten Ländern bestehenden Statistiken entnommen werden.

Diese Probleme zeigen, dass die Sozialindikatoren mit grosser Sorgfalt und Vorsicht zu interpretieren sind. Zu einem gefährlichen Instrument könnten sie werden, wenn einzelne Länder ihre Wirtschaftspolitik unkritisch auf Werte von Sozialindikatoren anderer Länder ausrichten würden, ohne die Unterschiede in der Wirtschafts- und Sozialstruktur zu berücksichtigen.

6. Die Kritik an Wohlstand und Wachstum

6.1 Formen des wirtschaftlichen Wachstums

Wirtschaftliches Wachstum kann **linear** oder **exponentiell** erfolgen.

Das Wachstum der schweizerischen Wirtschaft ist seit dem Ende des zweiten Weltkrieges sehr gross:

1950–1974:	+ 4,4 % pro Jahr	(Wachstumsphase)
1974–1981:	+ 0,1 % pro Jahr	(Stagnationsphase)
1981–1990:	+ 2,4 % pro Jahr	(Wachstumsphase)
1991–1993:	– 0,4 % pro Jahr	(Schrumpfungsphase)
1950–1993:	+ 2,9 % pro Jahr	

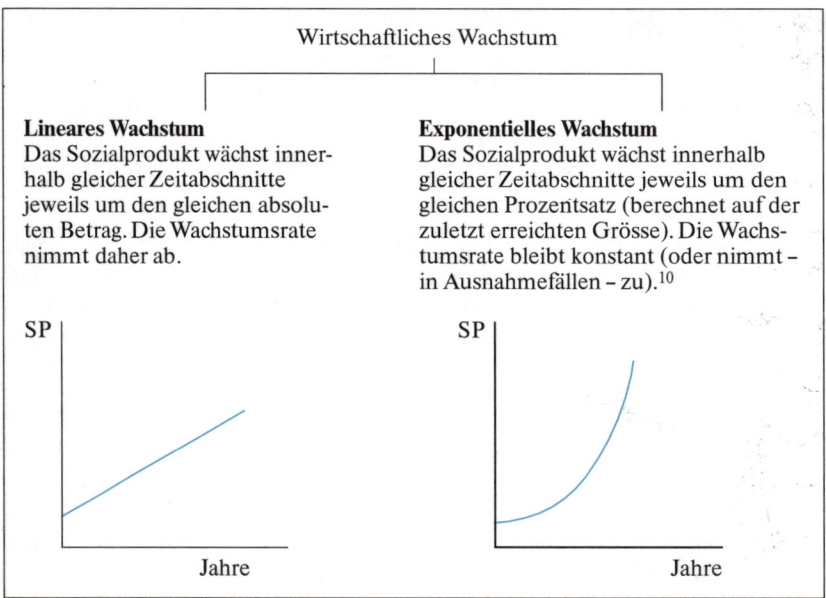

Wirtschaftliches Wachstum

Lineares Wachstum
Das Sozialprodukt wächst innerhalb gleicher Zeitabschnitte jeweils um den gleichen absoluten Betrag. Die Wachstumsrate nimmt daher ab.

Exponentielles Wachstum
Das Sozialprodukt wächst innerhalb gleicher Zeitabschnitte jeweils um den gleichen Prozentsatz (berechnet auf der zuletzt erreichten Grösse). Die Wachstumsrate bleibt konstant (oder nimmt – in Ausnahmefällen – zu).[10]

Dies bedeutet, dass sich der Wohlstand und damit der Lebensstandard der Bevölkerung während einer Generation etwa verdoppelt hat. Damit war das Wachstum exponentiell, was zu negativen Auswirkungen in Gesellschaft und Wirtschaft und zu neuen Einsichten und Forderungen führte: Sie alle können unter dem Titel «Kritik am Wirtschaftswachstum» und unter der Forderung «Abkehr vom Wachstum als Ziel des wirtschaftlichen Handelns» zusammengefasst werden. Diese Kritik hat aber in letzter Zeit nachgelassen, weil das Wachstum in verschiedenen Ländern negativ geworden ist.

6.2 Die Kritik am wirtschaftlichen Wachstum

Die Kritik – vor allem am exponentiellen – Wachstum lässt sich unter drei Gesichtspunkten zusammenfassen:

● *Die Folgelasten des Wachstums*

Unter Folgelasten des Wachstums versteht man alle Folgen, die aus

---

10 Exponentielles Wachstum lässt sich im Beispiel eines französischen Kinderreims am besten erklären: In einem Gartenteich wächst eine Lilie. Sie verdoppelt täglich ihre Grösse. Nach 30 Tagen Wachstum kann die Lilie den ganzen Teich bedecken. Einen Tag zuvor, am 29. Tag, bedeckt sie erst die Hälfte des Teiches.

dem Wachstum entstehen, ohne dass sich daraus für die Bevölkerung ein neuer Nutzen ergibt oder sich die Wohlfahrt verbessert. Die wichtigsten Folgelasten sind:

• Folgelasten für die Natur:	Überbeanspruchung der Natur
• Folgelasten in der Landwirtschaft:	Verlust an Kultur- und Grünflächen, Entstehung von Agglomerationen[11]
• Folgelasten für den Menschen:	Zivilisationskrankheiten, Zeitverluste im Massenverkehr, Stress
• Folgelasten für den Staat:	Überproportionale Aufwendungen für die Aufrechterhaltung des Lebens (Abwasserreinigung, Kehrichtverbrennung, Verkehrssysteme usw.)

• *Abnehmender Grenzertrag[12] des wirtschaftlichen Wachstums*

Oft wird die Auffassung vertreten, dass nicht jeder zusätzlichen Mengeneinheit, die in einer wachsenden Wirtschaft hergestellt wird, die gleiche Bedeutung zukomme, denn zusätzlich erzeugte Güter seien wohl quantitativ, nicht aber qualitativ miteinander identisch. Ein Beispiel soll diesen Gedanken verdeutlichen. Zwei Volkswirtschaften, A und B, wachsen in der gleichen Zeitspanne um je 10%, A von 100 auf 110, B von 1000 auf 1100. Mit Sicherheit wird im Land B ein grösserer Teil der zusätzlich hergestellten Güter einen Zwangsbedarf decken müssen, der sich durch den höheren Entwicklungsstand aufdrängt. Es sei nur an die zunehmenden Kosten für den Gewässerschutz, an die erhöhten Aufwendungen zur Bewältigung des Verkehrs oder an die steigenden Kosten zur Aufrechterhaltung der Gesundheit und an die Mehrausgaben für den Ersatz der verbrauchten Körper- und Seelenkräfte erinnert. Wohl etwas überspitzt könnte man sagen, dass unter dem Einfluss der zunehmenden Produktion ab einem bestimmten Punkt nicht mehr der Standard der Lebensführung, sondern die Mühe zur Erhaltung eines geordneten Lebens ansteigt.

Wenn also behauptet wird, ein wachsender Teil der zusätzlichen Produktion diene einer hochentwickelten Wirtschaft nicht mehr eigentlich zur Verbesserung der Wohlfahrt, sondern er decke nur noch die immer grösser

---

11 Agglomerationen heisst: dicht besiedelte Gebiete.
12 Grenz... bedeutet in der Volkswirtschaftslehre immer: Etwas zusätzlich bei einer zusätzlich eingesetzten Einheit.
   Also Grenzertrag: Zusätzlicher Ertrag bei zusätzlichem Wachstum.

werdenden Folgelasten (oder «Betriebskosten des Lebens»), so ist ein weiteres Wirtschaftswachstum von dieser Seite her tatsächlich kritisch zu beurteilen. Vor allem stellt sich die Frage, ob es auf die Dauer nicht sinnvoller wäre, unter Verzicht auf einen überbordenden materiellen Fortschritt mehr Musse und Besinnung zu gewinnen, nachdem die negativen psychologischen und sozialen Auswirkungen eines grossen Wohlstandes heute schon bekannt sind (sinkende Arbeitsmoral, Gleichgültigkeit gegenüber staatsbürgerlichen Belangen, wirtschaftliche Egozentrik usw.).

● *Abnehmender Grenznutzen des wirtschaftlichen Wachstums*

Im Land A – um beim vorherigen Beispiel zu bleiben – wird das absolut kleinere Wachstum eine zusätzliche Befriedigung vitaler Bedürfnisse bringen, während im Land B ein wesentlicher Teil der Mehrproduktion ohne Zwang konsumiert wird, sei es zur Befriedigung der durch Werbung künstlich geschaffenen Bedürfnisse oder zur Deckung eines Prestigebedarfs, der den einzelnen Verbraucher gesellschaftlich von den andern abzuheben vermag. In einem gewissen Ausmass besteht der zusätzliche Konsum auch in mehr Material, das die Produkte nur umgibt, innerlich aber nicht verbessert (Wegwerfpackungen). Deshalb vertreten viele Kritiker des Wirtschaftswachstums die Auffassung, eine grössere Produktion nütze dem einzelnen immer weniger, und sie mache ihn auch nicht glücklicher. Der Grenznutzen des wirtschaftlichen Wachstums nähme allmählich und immer stärker ab.

Diese Kritiken verweisen auf die ernsthaften Probleme des reinen Wohlstands- und Wachstumsdenkens, die oft in der Form eines «Leerlaufmodells der Wirtschaft bei überproportional wachsenden Folgekosten» dargestellt werden (siehe Abbildung 2.10). Das ganze wirtschaftliche Tun wird ab einem Umschlagspunkt zum Leerlauf. Der Nettonutzen nimmt ab, die Bevölkerung profitiert also vom weiteren Wachstum nichts mehr, aber die Folgekosten, die die Bürger zusätzlich belasten, nehmen zu.

6.3 Die Argumente der Befürworter eines weiteren wirtschaftlichen Wachstums

Die Befürworter eines weiteren wirtschaftlichen Wachstums rechtfertigen ihre Auffassung mit folgenden Argumenten:

● Weiteres Wachstum ist nötig, weil es auf der ganzen Welt und insbesondere in den Entwicklungsländern noch viel Armut gibt. Ohne Wachstum lässt sich diese Armut nicht überwinden.

● Das exponentielle Wachstum der vergangenen Jahrzehnte hat die

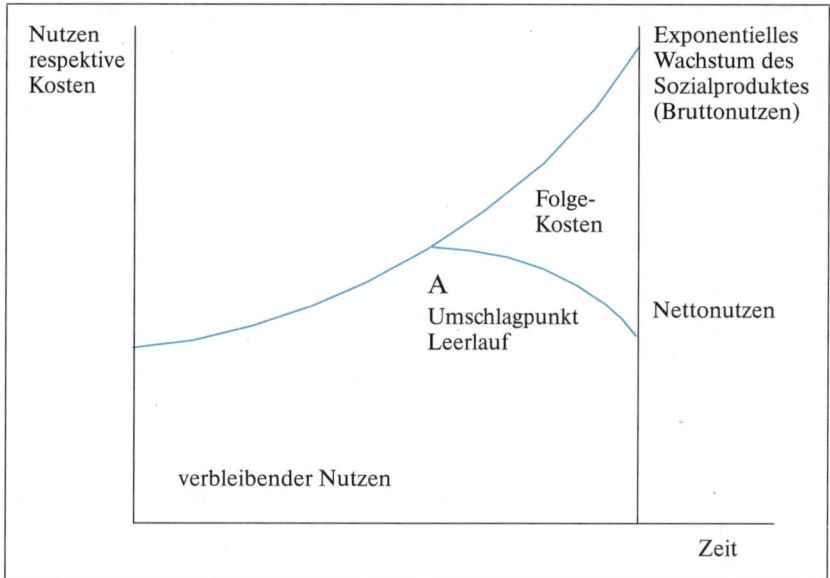

Abb. 2.10: Leerlaufmodell (nach R. Strahm)

Umwelt geschädigt. Die Beseitigung dieser Schäden erfordert kostspielige Umwelttechnologien und Umweltinvestitionen, die nur mit einem weiteren Wirtschaftswachstum finanziert werden können.

- Bei grösserem Wachstum der Wirtschaft werden die Verteilungskämpfe weniger hart, d. h. bei einem weiteren Wachstum kommen alle Einkommensgruppen in den Genuss höherer Löhne. Andernfalls werden die Auseinandersetzungen um die Frage, wie ein kaum mehr wachsendes Volkseinkommen zu verteilen ist, immer schärfer.

- Nur bei einem weiteren wirtschaftlichen Wachstum wird die Umverteilung der Einkommen[13] nicht zum Nullsummenspiel: Einer Gruppe (z. B. den Rentnern) wird etwas gegeben, was anderen (z. B. Erwerbstätigen) genommen wird. Ein weiteres Wachstum garantiert einen höheren Anteil am Volkseinkommen für alle.

- Nur ein weiteres Wachstum gibt der jungen Generation Beschäftigungs- und Aufstiegsmöglichkeiten.

---

13 Umverteilung heisst: Einkommensmässige Besser- und Schlechterstellung von Personengruppen durch staatliche Massnahmen (Steuerpolitik, Sozialpolitik).

6.4 Wie ist die Streitfrage um weiteres Wachstum zu beantworten?

Bei der Lösung dieser Frage ist zwischen sachlichen und normativen Gesichtspunkten zu unterscheiden.

Auf der **sachlichen** Ebene sind folgende Gesichtspunkte zu beachten:

- Die Aussage über den abnehmenden Grenznutzen des wirtschaftlichen Wachstums scheint sich in Wirklichkeit nicht restlos zu bestätigen:

  a) Reiche Leute bezeichnen sich im allgemeinen als glücklicher als ihre ärmeren Mitbürger zur gleichen Zeit im gleichen Land. Deshalb wünschen breite Kreise trotz allen Problemen ein weiteres Wachstum (interpersoneller Vergleich).

  b) Die Bevölkerung reicher Länder bezeichnet sich im Durchschnitt als glücklicher und findet das Leben interessanter als die Menschen in ärmeren Ländern. Deshalb bleibt ein weiteres Wirtschaftswachstum ein wichtiges Ziel der meisten Länder (internationaler Vergleich).

  c) Es besteht die Tendenz, dass sich die meisten Menschen laufend an ein höheres Niveau der Bedürfnisbefriedigung anpassen und nicht ohne weiteres bereit sind, auf ein einmal erreichtes Wohlstandsniveau zu verzichten.

- In der Umweltpolitik ist in den letzten Jahren sehr viel geleistet worden, so dass Chancen bestehen, dass sich die Umweltsituation verbessert. Weil trotz allem das weitere Wirtschaftswachstum Auswirkungen auf die Umwelt hat, sind in rascher Folge weitere Massnahmen zum Schutz von Mensch, Umwelt und Tier zu ergreifen.

- Das Problem der steigenden Folgelasten («Betriebskosten») des Lebens ist sehr ernsthaft und darf nicht verschwiegen werden.

- Immaterielle Bedürfnisse und bessere Wohlfahrt für alle setzen ein weiteres, vernünftiges wirtschaftliches Wachstum voraus.

Im tiefsten beinhaltet aber die Wachstumsfrage eine **normative** Problematik: Die einen glauben, die schädlichen Auswirkungen eines exponentiellen Wachstums liessen sich in absehbarer Zeit in den Griff kriegen, während die anderen annehmen, die Probleme aller Folgelasten seien nur noch über eine Wachstumsbegrenzung (oder gar ein Nullwirtschaftswachstum) zu lösen. Beide Parteien sollten wenigstens erkennen, dass ein schwer lösbarer **Zielkonflikt** vorliegt:

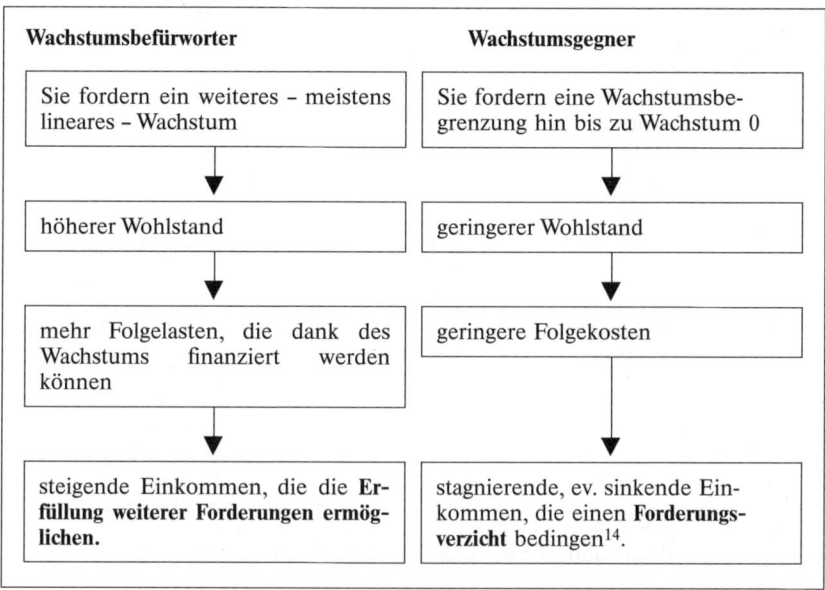

Wachstumsbefürworter	**Wachstumsgegner**
Sie fordern ein weiteres – meistens lineares – Wachstum	Sie fordern eine Wachstumsbegrenzung hin bis zu Wachstum 0
höherer Wohlstand	geringerer Wohlstand
mehr Folgelasten, die dank des Wachstums finanziert werden können	geringere Folgekosten
steigende Einkommen, die die **Erfüllung weiterer Forderungen ermöglichen.**	stagnierende, ev. sinkende Einkommen, die einen **Forderungsverzicht** bedingen[14].

Daraus ergibt sich eine wichtige Folgerung: Wachstumsgegner, die auf einen weiter steigenden Wohlstand persönlich verzichten, sind glaubwürdige und damit ernstzunehmende Leute. Wachstumsgegner hingegen, die laufend Forderungen an den Staat und an die Unternehmungen stellen, bleiben unglaubwürdig, denn Wachstumsverzicht und laufende Forderungen ertragen sich nicht.

7. Probleme der Entwicklungsländer (das Nord-Süd-Gefälle)

7.1 Begriff der Entwicklungsländer

Ein Vergleich der Volkseinkommen pro Kopf der Bevölkerung deckt die grossen Unterschiede zwischen den einzelnen Ländern schon dann auf, wenn nur die Mittelwerte betrachtet werden. Als Welt-Einkommenspyramide dargestellt, ergibt sich das in Abbildung 2.11 dargestellte Bild.

---

14 Sinkende Einkommen sind wahrscheinlicher.

BSP pro Kopf (1993) in US-$	Bevölkerung (1993)	Länder (Auswahl)
Höchste Einkommen: über 6 000 $	946,4 Mio.	Schweiz, Schweden, USA, Japan, Deutschland, Österreich, Frankreich
Obere Einkommenskategorie der mittleren Einkommen: 2 000–6 000 $	825,9 Mio.	Griechenland, Korea, Ungarn, Portugal, Brasilien
Untere Einkommenskategorie der mittleren Einkommen: 500–2 000 $	800,7 Mio.	China, Nigeria, Philippinen, Thailand, Marokko
Niedrigste Einkommen: unter 500 $	2 924,1 Mio.	Indien, Bangladesh, Indonesien, Pakistan, Ägypten, Äthiopien, Zaire, Vietnam

Quelle: Eigene Berechnungen aufgrund des Fischer-Weltalmanchs, 1996

Abb. 2.11: Welt-Einkommenspyramide

Den Massstab des «Volkseinkommens pro Kopf der Bevölkerung» verwenden auch die Vereinten Nationen (UNO) für die Definition der Entwicklungsländer (Dritt-Welt-Länder):

> Entwicklungsländer sind solche, in denen das Pro-Kopf-Einkommen nicht mehr als ein Viertel des Einkommens der Industrieländer beträgt.

Dieser Massstab ist indessen für Ländervergleiche sehr unvollkommen. Einerseits sagt er recht wenig über die Einkommensverteilung aus. Diese ist in Entwicklungsländern sehr ungleich. Dadurch ist die Not für viele Leute noch grösser als sie in diesen Zahlen zum Ausdruck kommt. Andererseits gehen in das Pro-Kopf-Einkommen nur Güter ein, die auf dem Markt erscheinen. Die Selbstversorgung in Haushalten ist nicht berücksichtigt. Würde sie erfasst, so ergäbe sich eine leichte Verbesserung der Werte.

Ein besseres Bild der Entwicklungsländer gibt die in Tabelle 2.12 dargestellte Charakterisierung der einzelnen Bestimmungsfaktoren des Wirtschaftspotentials der Entwicklungsländer.

Bestimmungsfaktor	Ursachen der Unterentwicklung
Demographische Einflussfaktoren	Rasches Bevölkerungswachstum, das den wirtschaftlichen Fortschritt neutralisiert.
	Dafür sind nicht nur Religion und Gebräuche verantwortlich, sondern auch die Meinung, viele Kinder seien die beste Altersvorsorge (die Kinder sorgen für die nicht mehr erwerbstätigen Eltern).
Erwerbsquote	Verdeckte Arbeitslosigkeit (d. h. die gleiche Produktion ist auch durch weniger Arbeitskräfte erreichbar).
	Dafür ist der ungenügende Einsatz an Sach- und Fähigkeitskapital verantwortlich.
Kapital und Produktivität des Kapitals	– Fehlen einer genügenden Infrastruktur (d. h. notwendiger wirtschaftlicher und organisatorischer Unterbau der Volkswirtschaft)
	– unzureichende Erschliessung von Rohstofflagern und Energiequellen
	– ungenügende Mechanisierung und Automatisierung (arbeitsintensive Produktionsverfahren, die zwar Arbeitsplätze schaffen, damit aber nur zur verdeckten Arbeitslosigkeit führen)
	– hoher Kapitalkoeffizient
	Die Hauptursache dafür liegt in der geringen Spar- und damit in der ungenügenden Investitionsquote sowie in der geringen Produktivität.
Qualifikationsstruktur der Arbeitskräfte	– Niedriger Bildungsstand, hohe Quote von Analphabeten
	– ungenügende Lehrerbildung
	– wachstumshemmende Vorstellung (Religion, Sitte, Brauchtum)
Erwerbsstruktur	– Einseitige Produktionsstruktur, insbesondere Konzentration auf landwirtschaftliche Produktion weniger Güter (Monokultur)
	– Mangel an qualifizierten Arbeitskräften (insbesondere Handwerker)
Sozioökonomische und politische Rahmenbedingungen	– Berufsbedingte soziale Unterschiede (angestrebte gut bezahlte Berufspositionen, viele ungenügend bezahlte Tätigkeiten)
	– unstabile politische Verhältnisse
	– nicht optimal funktionierende Staatsverwaltung

Tab. 2.12: Bestimmungsfaktoren des Wirtschaftspotentials in Entwicklungsländern.

7.2 Ursachen der Unterentwicklung

Unter diesen schlechten Voraussetzungen ihres Wirtschaftspotentials kämpfen die Entwicklungsländer mit zwei Problemkreisen: dem Teufelskreis der Armut und der Verschlechterung der «Terms of trade».

- Das grösste Problem der Entwicklungsländer ist das rasche Bevölkerungswachstum, das alle Bemühungen um eine bessere Versorgung der Menschen zunichte macht. Dadurch entsteht der **Teufelskreis der Armut**, der in Abbildung 2.13 dargestellt ist.

  Die grosse, nahezu unlösbare Frage lautet deshalb: Wie kann dieser Teufelskreis durchbrochen werden?

- Neben diesen binnenwirtschaftlichen Problemen verschärft sich die Lage der Entwicklungsländer auch infolge der ungünstigen Verhältnisse in den aussenwirtschaftlichen Beziehungen: In den letzten 20 Jahren entfielen von den Exporten der Entwicklungsländer 85% auf Agrar- und 15% auf Industrieprodukte. In der gleichen Zeitspanne fielen die Agrarpreise auf dem Weltmarkt um über 10%, während die Preise für Industriegüter um 20–40% anstiegen. Das bedeutet, dass sich die Austauschbedingungen (reales Austauschverhältnis oder Terms of trade) für die Entwicklungsländer verschlechtert haben, denn sie müs-

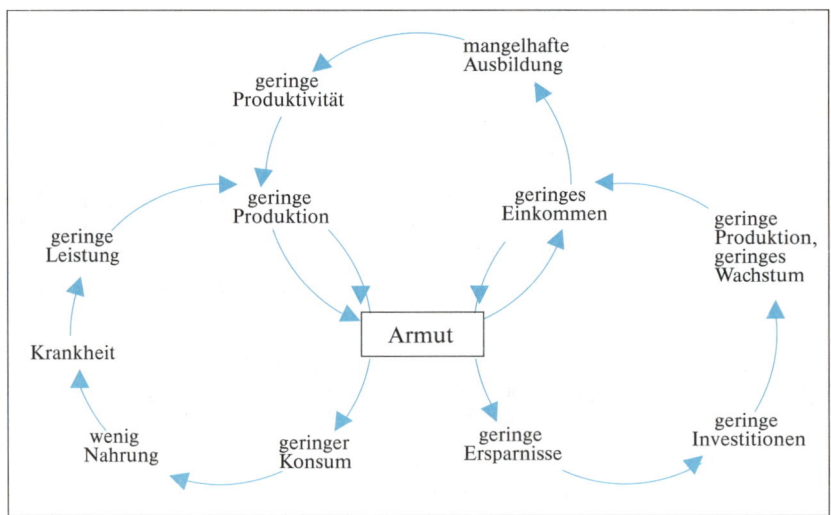

Abb. 2.13: Teufelskreis der Armut

sen immer mehr Agrarprodukte exportieren und erhalten aus dem Erlös laufend weniger industrielle Produkte für den Aufbau ihrer eigenen Wirtschaft. Man spricht auch von der Preisschere, die die Entwicklungsländer belastet (vergleiche Abbildung 2.14).

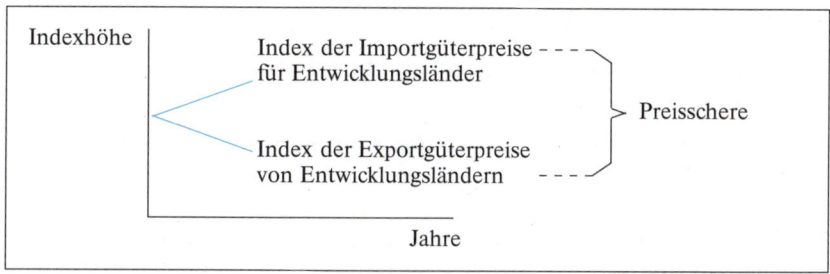

Abb. 2.14: Preisschere

In den letzten Jahren galt diese Preisschere zeitweilig auch für die Erdöleinfuhr in Entwicklungsländer. Infolge der höheren Erdölpreise sollten sie immer mehr exportieren können, um die Erdöleinfuhr zu finanzieren. Dazu waren sie aber nicht in der Lage. Deshalb blieb nur der Weg über die Verschuldung, die für viele Entwicklungsländer inzwischen volkswirtschaftlich gefährliche Ausmasse (Zahlungsunfähigkeit) angenommen hat, wie Tabelle 2.15 zeigt:

Land	Gesamtschuld in Mio. $	jährliche Zahlungsverpflichtung insgesamt	in % des Exporterlöses
Tansania	7 522	86	20,6
Indonesien	89 539	12 084	31,8
Indien	91 781	6 216	28,0
Mexiko	118 028	19 215	31,5
Ägypten	40 626	806	14,9

Quelle: Fischer-Weltalmanach 1996

Tab. 2.15: Verschuldung einzelner Länder

7.3 Konzepte der Entwicklungshilfe

Konzepte der Entwicklungshilfe besagen, auf welche Weise die Industrieländer mit Hilfeleistungen zur Entwicklung der Dritt-Welt-Länder beitragen können und sollen.

Die Idee der Entwicklungshilfe beruht auf Absichtserklärungen der amerikanischen Präsidenten Truman (1949) und Eisenhower (1953). Sie sollte folgenden Zielen dienen:

- Schaffen einer sozialen Weltgerechtigkeit, um die Weltgemeinschaft solidarisch[15] zu stärken,

- Wiedergutmachung der Sünden, die in der Kolonialzeit begangen worden sind,

- Verhinderung der Ausweitung des Kommunismus in den Entwicklungsländern.

Im Verlauf der letzten drei Jahrzehnte wurden verschiedene Konzepte der Entwicklungshilfe verwirklicht, die auch immer wieder von grossen Misserfolgen begleitet waren.

- *Erstes Konzept: Wirtschaftswachstum*

Bei diesem Konzept verstand man Entwicklung als wirtschaftliches Wachstum. Deshalb vermittelte man den Entwicklungsländern Kapital und Ausbildung in der Hoffnung, dass mit dem Kapital Investitionen vorgenommen und Arbeitsplätze geschaffen würden. Dadurch sollten die Entwicklungsländer zu echten Partnern im Welthandel werden. Zudem erhoffte man sich, das aus dem Wachstum resultierende Volkseinkommen umverteilen zu können, um mit der Zeit grössere Gerechtigkeit unter allen Menschen zu schaffen.

Das angestrebte Wachstum sollte auf zwei Wegen zustandekommen. Einerseits wurde mit **Spillover-Effekten** gerechnet, d. h. die moderne Produktion sollte Ausstrahlungs- und Mitreisswirkungen für die traditionellen Wirtschaftssektoren bringen. Andererseits wurde ein **Trickle-down-Prozess** erwartet, d. h. man erhoffte sich ein besseres Durchsickern der Investitionen durch die ganze Wirtschaft.

Dieses in den sechziger Jahren verwirklichte Konzept brachte den erhofften Erfolg nicht, weil sich die Menschen in den Entwicklungsländern gegen diese Dynamisierung[16] der Wirtschaft wandten, und der Spillover-Effekt nur in den städtischen Agglomerationen zum Tragen kam sowie zu einer eigentlichen Urbanisierungswelle[17] führte,

---

15 Solidarisch heisst: für einander einstehend; gemeinsam.
16 Dynamisierung heisst: mehr Bewegung in etwas bringen; aus starren Bahnen lösen.
17 Urbanisierung heisst: Verstädterung.

die stark negative Folgen brachte: rasches Bevölkerungswachstum mit vielen Arbeitslosen, die völlig entwurzelt wurden, Slums, Korruption, Kriminalität und soziales Elend. Zwar ist es einzelnen Ländern mit diesem Konzept gelungen, Wachstumsraten bis zu 5% zu erreichen und damit zu **Schwellenländern**, d. h. zu «Fast-Industrie-Ländern» zu werden (z. B. Südkorea, Brasilien). Gleichzeitig vergrösserten sich aber die sozialen Gegensätze und die Massenarmut. Deshalb drängte sich eine Neuorientierung auf.

● *Zweites Konzept: Die Grundbedürfnisstrategie*

Mit diesem Konzept wollte man zunächst die absolute Armut bekämpfen, indem zuerst die Grundbedürfnisse der gesamten Bevölkerung befriedigt werden sollten. Erst wenn diese Grundbedürfnisse befriedigt sind, lassen sich Leistungsfähigkeit und Arbeitsproduktivität steigern, woraus sich schliesslich das Wirtschaftswachstum entwickelt. Deshalb richtete man den Mitteleinsatz auf die Grundbedürfnisse der Menschen aus, indem die Infrastruktur verbessert, die Landwirtschaft gefördert und gewerbliche Betriebe unterstützt wurden, wobei auf Ausbildung und Partizipation[18] der Bevölkerung grosses Gewicht gelegt wurde.

Dieses in den siebziger Jahren vorherrschende Konzept, dem auch das Schweizerische Entwicklungshilfegesetz folgte, brachte den Durchbruch nicht. Einerseits wandten sich viele Regierungen in Entwicklungsländern dagegen, weil sie eine rasche Industrialisierung (oft mit Prestigeprojekten) wollten. Andererseits war dieses Konzept zu sehr auf den traditionellen Konsum ausgerichtet, der nicht zu bedeutsamen Investitionen anregte, die das Wachstum hätten in Gang bringen können. Deshalb fehlte den Entwicklungsländern ein steigendes Volkseinkommen, aus dem sich eine gute Infrastruktur hätte aufbauen lassen.

● *Drittes Konzept: Die Output-Orientierung*

In den achtziger Jahren kam es zu einer Umorientierung der Betrachtungsweise. Man konzentrierte sich nicht mehr auf den Input (erstes Konzept: Kapital und Ausbildung; zweites Konzept: Befriedigung der Grundbedürfnisse), sondern man orientierte sich am Output, d. h. man richtet die Massnahmen der Entwicklungshilfe auf Wirkung und Ergebnis aus. Vor der Genehmigung eines Entwicklungshilfe-Projektes wird zweierlei untersucht: (1) Welche unmittelbaren Auswirkungen hat das Projekt auf die Lösung eines Problems in einem Entwicklungsland? (2) Was trägt es längerfristig zur Aktivierung und Steigerung des Leistungsvermögens in diesem Land bei?

Diese Output-Orientierung führte zu vielen Untersuchungen über die Wirksamkeit der Entwicklungshilfe. Trendmässig brachten sie folgende Schlüsse:

---

18 Partizipation heisst: Mitwirkung.

- In den Entwicklungsländern mit mittleren Einkommen scheint die Entwicklungshilfe Wachstumseffekte zu bringen, während dies bei den armen Entwicklungsländern nicht der Fall ist.

- Der Trickle-down-Prozess[19] spielt kaum.

- Die Entwicklungshilfe führt in vielen Entwicklungsländern zu einem raschen Aufblähen der Staatsausgaben und verhindert den Aufbau eines wirksamen Steuersystems.

- Das Ziel der Grundbedürfnisbefriedigung wurde nicht erreicht.

- Entwicklungshilfe in Form von Gütern kann sehr nachteilig sein. Werden sie verbilligt oder gratis abgegeben, so wirken sie oft preisdrückend, so dass die inländischen Produzenten auf die weitere Herstellung verzichten. Besonders ausgeprägt ist dies bei fortwährenden Nahrungsmittellieferungen (nicht im Katastrophenfall).

- Immer wieder wird behauptet, Entwicklungsländer hätten kein wirtschaftliches Wachstum, weil es ihnen am Kapital fehle. Dies scheint nicht zuzutreffen. Der Kapitalmangel ist vielmehr darauf zurückzuführen, dass das einheimische Investitionsklima schlecht ist, weil die politische Lage unstabil ist, die Voraussetzungen für den Aufbau von Betrieben nicht geschaffen sind und keine entwicklungsfördernde Sozialstrukturen bestehen.

7.4 Forderungen der Entwicklungsländer nach einer neuen Weltwirtschaftsordnung

Die Entwicklungsländer führen ihre unbefriedigende Lage auf die ungleichen politischen und ökonomischen Machtverhältnisse in der Weltwirtschaft zurück. Daher fordern sie eine «Neue Weltwirtschaftsordnung», die ihnen eine

- günstigere Voraussetzung für Produktion und Handel (Welthandelsordnung) und eine

- bessere finanzielle Lage (Weltwährungsordnung)

gewährleisten sollte. Diese Forderungen werden meistens im Rahmen der UNCTAD-Konferenzen gestellt. Dabei sind die Auffassungen zwischen den Entwicklungsländern und den Industrienationen sehr oft widersprüchlich.

In bezug auf die Produktions- und Handelsbeziehungen sehen sich die Entwicklungsländer dadurch benachteiligt, dass

1. ihre landwirtschaftlichen Produkte in den Industrieländern wegen Einfuhrbegrenzungen und Zöllen nicht in genügendem Masse abgesetzt werden können;

---

19 Trickle-down-Prozess heisst: Anregender Prozess.

2. sie infolge der stark schwankenden Weltmarktpreise für Rohstoffe und Nahrungsmittel keine gesicherten Einnahmen haben;

3. die sich verschlechternden Terms of trade sie generell benachteiligen.

Deshalb fordern die Entwicklungsländer...	...und darauf reagieren die Industrienationen
1. Jeder Staat soll frei über seine Ressourcen verfügen können. Dazu soll er ausländischen Besitz jederzeit enteignen dürfen.	Enteignungen sollen nur gegen Entschädigung im Rahmen verbindlicher internationaler Regelungen zulässig sein. Andernfalls nimmt die Bereitschaft zu dringend benötigten Investitionen in Entwicklungsländern ab.
2. Handelshemmnisse für Exporte aus Entwicklungsländern in Industrienationen müssen abgebaut werden.	Grundsätzlich stimmen die entwickelten Länder zu, müssen aber – nicht zuletzt unter innenpolitischem Druck – Schutzmassnahmen ergreifen, wenn – Importe Arbeitsplätze im Inland gefährden, – Autarkie[20] zur Sicherung des eigenen Landes nötig ist, – Verbraucherschutz gewährt werden soll (Massnahmen für die Gesundheit).
3. Förderung des technischen Fortschrittes in Entwicklungsländern, um die Unterschiede zu vermindern. Deshalb sind einheimische Fachkräfte auszubilden, deren Freizügigkeit zu beschränken ist. Dazu sollten möglichst viele Lizenzen erteilt werden.	Grundsätzlich ist der technische Fortschritt zu fördern. Es darf aber nicht zu sinnlosen Prestigeinvestitionen kommen. Anzustreben ist eine Förderung der «**angepassten Technologie**», d. h., es sind solche Investitionen zu tätigen, die die Kapitalknappheit, das Überangebot an Arbeitskräften und den Ausbildungsstand in

---

20 Autarkie heisst: Unabhängigkeit eines Staates von Lieferungen aus dem Ausland.

Rechnung stellen. Mit Lizenzen sollen sie eher zurückhaltend sein, weil Lizenzen teuer sind (Anteil der Entwicklungskosten bis zum fertigen Produkt) und deshalb nicht ohne weiteres Vorzugsgebühren gewährt werden können.

4. Die Märkte für Rohstoffe und Nahrungsmittel sollen zugunsten der Entwicklungsländer international gesteuert werden. Dabei sollen die Preise durch Verhandlungen festgelegt und stabilisiert werden. Die Preise wären dabei so festzulegen, dass gute Terms of trade erreicht werden. Um dies zu gewährleisten, müssten Ausgleichslager (buffer-stocks) gebildet werden, in denen Überschüsse gelagert und in Mangellagen verkauft würden.

Die Industrieländer wenden sich eher gegen diesen Vorschlag, weil sie Störungen des Marktgeschehens befürchten: Es könnte zu grossen Lagern kommen, deren Unterhalt kostspielig ist. Bei einem Teil der Rohstoffe haben sich indessen die Industrieländer zu Vereinbarungen entschlossen (z. B. Rohstoffabkommen zwischen der Europäischen Gemeinschaft und den AKP-Staaten[21]. Dies geschah auf den Konferenzen von Lomé).

5. Die Industrieländer sollen 0,7 % ihres Bruttosozialproduktes à fond perdu[22] zur Verfügung stellen.

Obschon diesen Werten zugestimmt wird, sind sie noch von den wenigsten Ländern erreicht (Schweiz 1996: 0,7 %).

6. Die Industrieländer sollen den Entwicklungsländern die aufgelaufenen Auslandschulden erlassen.

Dies geschieht für einzelne Kredite immer wieder. Die Industrieländer zögern aber, einen generellen Schuldenerlass zu gewähren, weil dies Ländern gegenüber ungerecht wäre, die ihren Rückzahlungsverpflichtungen nachkommen.

---

21 AKP-Staaten: 57 afrikanische, karibische und pazifische Staaten.
22 À fond perdu: ohne Rückzahlungspflicht.

7.5 Die verschiedenen Auffassungen zur Entwicklungspolitik

> Unter Entwicklungspolitik sind alle staatlichen Massnahmen zu verstehen, die darauf abzielen, die Bestrebungen der Entwicklungsländer um wirtschaftlichen und sozialen Fortschritt zu unterstützen.

Obschon heute das Konzept der Output-Orientierung allgemeine Anerkennung findet, herrscht über die künftige Entwicklungspolitik alles andere als Einigkeit. Deshalb stehen sich heute wenigstens fünf Auffassungen über die Entwicklungspolitik gegenüber, die sich zum Teil völlig widersprechen.

- *Wachstumsorientierte Entwicklungshilfe von besserer Qualität*

  Diese Politik entspricht im wesentlichen dem ersten Konzept, wobei mehr Mittel gezielter und zielstrebiger eingesetzt werden sollten (Finanzierung von Entwicklungsprojekten mit grosser Breitenwirkung).

- *Konsequente Grundbedürfnisorientierung*

  Diese Politik entspricht im wesentlichen dem zweiten Konzept, wobei die Hilfe den wirklich Bedürftigen zukommen soll, indem deren Bedürfnisse nach Ernährung, Kleidung, Obdach, medizinischer Versorgung und Ausbildung befriedigt werden. Damit erhält die Entwicklungshilfe die Funktion einer internationalen Sozialfürsorge.

- *Kurzfristige Katastrophenhilfe*

  Mit dieser Politik soll auf die fortwährende Hilfeleistung verzichtet werden, um zu erreichen, dass die Entwicklungsländer selbst aktiv werden. Weil es aber immer wieder zu Katastrophen kommen wird (unverschuldet und selbstverschuldet), muss aus menschlichen Gründen die Katastrophenhilfe stark ausgebaut werden.

- *Schaffen von vorteilhaften wirtschaftspolitischen Rahmenbedingungen*

  Diese Politik geht davon aus, dass die Lage in Entwicklungsländern nur verbessert werden kann, wenn sie selbst tätig werden. Dazu sind sie aber oft nicht in der Lage, weil wirtschaftspolitische Rahmenbedingungen (Regierungs- und Verwaltungstätigkeit, Voraussetzungen bei der Infrastruktur, wirtschaftspolitische Zielsetzungen) nicht gegeben sind. Deshalb müssen sich die entwicklungspolitischen Massnahmen auf eine Zusammenarbeit zur Verbesserung der Rahmenbedingungen konzentrieren, denn gute Rahmenbedingungen sind eine wesentliche Voraussetzung für die wirtschaftliche und soziale Entwicklung.

● *Verzicht auf staatliche Entwicklungshilfe*

Diese Politik will die staatliche Entwicklungshilfe ganz einstellen, um die Entwicklungsländer zu zwingen, ihre Entwicklung selbst an die Hand zu nehmen. Auf diese Weise – so wird angenommen – würden sich die Entwicklungsländer selbst um günstige Rahmenbedingungen bemühen, um private Investitionen anzulocken, die rascher zu Fortschritten führen als staatliche Entwicklungshilfe.

Verbindliche Aussagen darüber, welche Entwicklungspolitik die richtige ist, sind aus zwei Gründen kaum möglich. Einerseits spielen weltanschauliche Gesichtspunkte eine ganz wesentliche Rolle. Andererseits sind die Zusammenhänge dermassen komplex und von Land zu Land so verschieden, dass in jedem Fall nach einem pragmatischen[23] Weg zu suchen ist, der nicht nur den wirtschaftlichen, sondern auch den kulturellen und gesellschaftlichen Gegebenheiten des Entwicklungslandes Rechnung zu tragen hat. Dabei sollten folgende Leitsätze beachtet werden:

1. Die einzelnen Massnahmen der Entwicklungspolitik sind auf ein Gesamtkonzept der Entwicklung des Landes auszurichten. Viele unkoordinierte Einzelmassnahmen nützen nichts.

2. Die einzelnen Massnahmen müssen auf den Gegebenheiten des Landes aufbauen.

3. Die Instrumente der Entwicklungspolitik sind so einzusetzen, dass von den einzelnen Massnahmen eine grosse Breitenwirkung ausgeht (für die gesamte Bevölkerung, auf die Infrastruktur usw.).

4. Alle Massnahmen sollten mit einer den Gegebenheiten des Landes gerecht werdenden Schulung verbunden werden. Andernfalls ergeben sich keine Langzeitwirkungen.

5. Die Massnahmen müssen Hilfe zur Selbsthilfe sein. Alle anderen Massnahmen führen die Entwicklungsländer nicht aus ihrer Unmündigkeit.

---

23 Pragmatismus heisst: sachlich, auf Tatsachen beruhend.

Diese Leitsätze lassen sich nur durch eine sinnvolle Kombination der ersten vier oben erwähnten Auffassungen der Entwicklungspolitik verwirklichen. Die fünfte Auffassung ist verantwortungslos, denn es ist längstens bekannt, dass sich die Entwicklungsländer ohne Hilfe von aussen nicht entwickeln können. Die Armut und die Probleme sind zu gross. Dies bedeutet zugleich, dass die immer wieder vertretene Strategie der **«Abkoppelung und der innengeleiteten Entwicklung»** nicht erfolgsversprechend ist. Sie besagt, dass sich die Entwicklungsländer für eine bestimmte Zeit von den Industrieländern abkoppeln und sich auf eine innengeleitete Entwicklung besinnen, d. h. nur untereinander im Rahmen ihrer Möglichkeiten in wirtschaftliche Beziehungen treten. Gegen diese Strategie sprechen folgende Gründe: (1) Die Entwicklungsländer sind zu einer solchen innengeleiteten Entwicklungsstrategie weder politisch fähig noch von den wirtschaftlichen Rahmenbedingungen her kräftig genug. (2) Die Mehrzahl der Politiker aus Entwicklungsländern wendet sich gegen diese Strategie, weil sie befürchten, damit den Anschluss an die Weltwirtschaft zu verlieren.

7.6 Träger und Instrumente der Entwicklungspolitik

Träger der Entwicklungspolitik in den Industrieländern sind in erster Linie der Staat und die Hilfswerke. Aber auch Privatunternehmungen können Beiträge zur Entwicklung leisten. Tabelle 2.16 zeigt die Instrumente, die für die Entwicklungspolitik zur Verfügung stehen.

Möglichkeiten der Entwicklungshilfe	Charakterisierung
Humanitäre Hilfe	Massnahmen zur Linderung von unmittelbarer Not in Krisengebieten (Nahrungsmittel, Medikamente, Ärzte-Equipen). Sie soll ausschliesslich auf Notfälle beschränkt bleiben, denn zur wirtschaftlichen Entwicklung trägt sie nichts bei.
Technische Hilfe und technische Zusammenarbeit (Entwicklungszusammenarbeit)	– Experten beraten Entwicklungsländer in wirtschaftlichen, administrativen und pädagogischen Fragen. – Lehrkräfte bilden einheimische Lehrkräfte aus. – Gemeinsame Projekte von Entwicklungs- und Industrieländern zur Verbesserung der wirtschaftlichen und sozialen Strukturen in einem Entwicklungsland. Diese werden als bilaterale (zwischen zwei Ländern) oder als multilaterale Projekte (zwischen mehreren Ländern) geführt.

Die meisten schweizerischen Projekte sind bilateral. Sie werden vom Bund in eigener Regie bearbeitet (er entsendet Fachpersonal, finanziert Material, Bauten, Schulen usw.), oder er leistet Beiträge an Projekte von privaten Hilfswerken.

Daneben unterstützt der Bund Projekte von internationalen Organisationen finanziell und leistet damit auch einen Beitrag auf multilateralem Weg.

Finanzielle Hilfe	**Zweck:** Finanzhilfe erfolgt zweckgebunden oder frei.
	Art: – Beiträge à fonds perdu oder – Kredithilfe mit langen Tilgungsraten, wobei die Unternehmungen die staatliche Exportrisiko-Garantie des Bundes in Anspruch nehmen können. Das heisst, wenn Lieferungen auf Kredit erfolgen, übernimmt der Bund das Risiko für den Zahlungseingang im Falle von politischen Schwierigkeiten.
	Durchführung: ● staatlich: bilateral, d. h. Hilfe von Staat zu Staat; multilateral, d. h., mehrere Länder tragen über eine internationale Organisation zur Finanzhilfe bei, z. B. OECD, UNCTAD; ● privatwirtschaftlich.
Handelspolitische Hilfe	Förderung und Privilegierung der Exporte aus Entwicklungsländern: Zollpräferenzen (=günstigere zollpolitische Behandlung) für Industrieprodukte aus Entwicklungsländern; largere Einfuhrpolitik der entwickelten Länder. Mit diesen Fragen befassen sich die OECD, die UNCTAD und das GATT (siehe S. 454).
Stützung u. Stabilisierung der Preise für landwirtschaftliche Produkte und für Rohstoffe	Abschluss von langfristigen Abnahmeverträgen für landwirtschaftliche Produkte zu festen Preisen. Abschluss von internationalen Rohstoffabkommen, mit denen Produktion und Absatz im Interesse der Preisstabilisierung ins Gleichgewicht gebracht werden. Mit diesen Massnahmen werden die Devisenerlöse der Entwicklungsländer stabilisiert, aus denen Industrieprodukte beschafft werden können.
Massnahmen zur Unterstützung des Einsatzes von privatwirtschaftlichen Mitteln	Investitionen von Unternehmungen aus Industrieländern sind risikobehaftet. Deshalb werden solche Direktinvestitionen durch die staatliche Investitionsrisikogarantie (IRG) gesichert. Dadurch soll die Investitionsfreude in Entwicklungsländern gefördert werden.

Tab. 2.16: Instrumente der Entwicklungspolitik

Einen zahlenmässigen Überblick über die Wirtschaftsbeziehungen der Schweiz mit den Entwicklungsländern gibt Tabelle 2.17 (1995 in Mio. CHF):

Importe der Schweiz aus Entwicklungsländern	5 663,1
Exporte der Schweiz nach Entwicklungsländern	15 588,7
Direktinvestitionen	496,6
Staatliche Entwicklungshilfe	1 269,1

Quelle: Direktion für Entwicklung und Zusammenarbeit (DEZA), Bern

Tab. 2.17: Wirtschaftliche Beziehungen der Schweiz mit den Entwicklungsländern

7.7 Kontroversen um die Entwicklungspolitik

Die Entwicklungspolitik bleibt nach wie vor sehr kontrovers. Aus der Fülle der Probleme seien einige herausgegriffen.

- Die Entwicklungspolitik führt oft zu einem **Zielkonflikt** zwischen Solidarität mit den Entwicklungsländern und eigenen Wirtschaftsinteressen.
  Beispiel: Ist es sinnvoll, die Textilindustrie in Entwicklungsländern zu fördern, wenn sie später die eigene Textilindustrie konkurrenziert?

- Ein ganz heikles Problem sind die Verhandlungen der Industriestaaten mit den Entwicklungsländern. Früher galt fast ausschließlich das **Antragsprinzip**, d. h. die Geberländer richteten sich nur nach den Planungen und Wünschen der Entwicklungsländer. Dadurch wollte man sich nicht dem Vorwurf des Einmischens in innere Angelegenheiten der Entwicklungsländer aussetzen. Heute neigt man aus Gründen der Wirksamkeit der entwicklungspolitischen Massnahmen eher dazu, die Entwicklungshilfe mit **Auflagen** zu verbinden und Instrumente einzusetzen, die sicherstellen, dass an der richtigen Stelle und zugunsten der ganzen Bevölkerung Fortschritte erzielt werden.

Der Politikdialog zwischen Industrieländern und Entwicklungsländern ist ausserordentlich anspruchsvoll, weil die Auflagen nicht rücksichtslos diktiert, sondern unter Berücksichtigung politischer und sozialer Eigenarten der Entwicklungsländer eingebracht werden müssen.

Die Anhänger der Strategie der «Abkoppelung und innengeleiteten Entwicklung» lehnen aber auch heute noch die Idee einer Entwicklungshilfe mit Auflagen ab.

- Viele Auseinandersetzungen um die richtige Entwicklungspolitik gehen im Kern auf **unterschiedliche gesellschaftspolitische Vorstellungen** zurück. Deshalb werden die einzelnen Massnahmen auch ganz unterschiedlich beurteilt (vergleiche Abbildung 1.10).

So wird beispielsweise die wachstumsorientierte Entwicklungshilfe ganz grundsätzlich in Frage gestellt, weil sie in ihren Anfängen die unausgeglichenen Einkommensstrukturen verfestigt hat. Diese Kritiker wollen aber nicht zugestehen, dass diese Politik heute von besserer Qualität ist, da Auflagen gemacht werden. Vielmehr argumentieren sie, die Auflagen führten in die erneute Unterdrückung der Entwicklungsländer. Dabei übersehen sie, dass hier ein schwer zu lösender Zielkonflikt zwischen Wirksamkeit der Entwicklungshilfe und Autonomie[24] der Entwicklungsländer besteht, der nicht mit festgefahrenen Weltanschauungen gelöst werden kann.

- Besonders heftig kritisiert werden von einzelnen Gruppen die **Direktinvestitionen (Exporte) und die Finanzhilfe.**

Es wird behauptet, die Exporte nach Entwicklungsländern orientierten sich nicht an den Grundbedürfnissen der Bevölkerung; entwickelt würde nicht eine «angepasste», sondern eine hochmoderne Technologie; der Inlandmarkt in Entwicklungsländern werde in einen wachsenden modernen und einen stagnierenden traditionellen Markt zweigeteilt; die moderne Technologie vernichte das Gewerbe und verstärke die Arbeitslosigkeit. Die Finanzhilfe fördere in erster Linie die Exporte der Industrieländer.

Zweifellos gibt es viele negative Beispiele. Umgekehrt kann aber auch gezeigt werden, wie sinnvolle Direktinvestitionen positive Auswirkungen auf die Beschäftigung und den Wohlstandszuwachs haben. Deshalb sollte nicht generell für oder gegen Finanzhilfe und Direktinvestitionen argumentiert werden. Entscheidend sind deren Form und Einsatz unter gegebenen Bedingungen in einem Entwicklungsland.

- Umstritten ist schliesslich, ob die Entwicklungshilfe von Staat zu Staat oder von Privaten zu Privaten erfolgen soll. Je länger desto mehr zeichnet sich ab, dass es vorteilhafter ist, die Entwicklungshilfe eher direkt privaten Unternehmungen und nicht dem Staat zukommen zu lassen, weil weniger bürokratische Hemmnisse auftreten und staatliche Kor-

---

24 Autonomie heisst: Eigenständigkeit, Unabhängigkeit.

ruption entfällt (was nicht besagt, dass es nicht auch private Korruption gibt; sie ist aber weniger umfassend, weil Konkurrenz besteht).

Insgesamt scheint sich eine wesentliche Erkenntnis durchzusetzen: Die Entwicklungshilfe verändert für sich allein die Lage in den Entwicklungsländern nicht. Die **Politik der Entwicklungsländer selbst** ist ausschlaggebend, insbesondere politische Stabilität und gute Rahmenbedingungen für die Entwicklungshilfe und die Wirtschaft; zwei Voraussetzungen, die leider oft nicht erfüllt sind.

3. Kapitel
Wirtschaftsordnungen

Die Wirtschaftsordnungen

1. Die Ordnungsideen

Der Mensch ist ein Glied in einer geordneten Vielheit, der Gemeinschaft. Ordnung in der Gemeinschaft kann aber nur herrschen, wenn Menschen, Dinge und Geschehnisse im rechten Verhältnis zueinander stehen. Aufgabe der Gemeinschaft und ihrer Organe ist es, dieses rechte Verhältnis zu suchen und zu gestalten. Die Grundordnung für das Zusammenleben der Menschen wird somit von den Menschen gesetzt, vom ganzen Volk in einer Demokratie oder von der herrschenden Klasse in einem totalitären System.

Wie in einem Staat die Wirtschaft geordnet wird (= Wirtschaftsordnung), hängt von den Ordnungsvorstellungen der Verantwortlichen ab, die sechs Problemkreise zu lösen haben:

1. Das Subordinationsproblem: Welchen Zielen hat sich die Wirtschaft unterzuordnen?

2. Das Koordinationsproblem: Wie werden die Entscheidungen der einzelnen Wirtschaftssubjekte koordiniert (gesteuert) und aufeinander abgestimmt?

3. Triebkraft der Wirtschaft: Welche Anreize veranlassen die Wirtschaftssubjekte zur wirtschaftlichen Tätigkeit?

4. Eigentumsordnung: In wessen Händen liegt das Eigentum?

5. Zuteilung der Güter und Dienste an Konsumenten: Wie werden die Güter und Dienste den Konsumenten zugeteilt?

6. Rolle des Staates: Welche Rolle spielt der Staat in der Wirtschaft?

Die Lösung dieser Probleme wird je nach Weltanschauung verschieden ausfallen, denn weil es keine einheitliche Weltanschauung gibt, kann es auch keine einheitliche Anschauung von der Wirtschaft geben. Jeder Wirtschaftspolitiker orientiert sich bei seinen wirtschaftspolitischen Entscheidungen an den Werten seiner Weltanschauung, und jedes Wirtschaftssubjekt richtet sich in seiner Tätigkeit mehr oder weniger nach **seiner** Weltanschauung.

Aus zwei historisch bedeutsamen Weltanschauungen sind zwei Grundtypen von Wirtschaftsordnungen hervorgegangen:

> aus dem Sozialismus die Idee der Planwirtschaft
> und
> aus dem Liberalismus die Idee der Marktwirtschaft.

Von den ursprünglichen Vertretern des Sozialismus und des Liberalismus wurden die beiden Grundtypen von Wirtschaftsordnungen als Modelle entwickelt: die zentrale Planwirtschaft und die reine Marktwirtschaft.

Diese beiden Modelle sind nirgends in reiner Form verwirklicht. Die zentrale Planwirtschaft ist trotz vieler Anpassungen (insbesondere auch mit dem Einbau marktwirtschaftlicher Elemente) Ende der achtziger Jahre endgültig gescheitert. Aber auch die freie Marktwirtschaft existiert in modellmässiger Form nirgends mehr. Die Freiheit des Wirtschaftens wird durch immer häufigere und stärkere Staatseingriffe beeinflusst.

2. Die Modelle der zentralen Planwirtschaft und der freien Marktwirtschaft im Vergleich

Tabelle 3.1 zeigt die Merkmale des Modells der zentralen Planwirtschaft und der freien Marktwirtschaft auf. Die sechs Problemkreise dienen als Unterscheidungsmerkmale.

	Zentrale Planwirtschaft	Freie Marktwirtschaft
Subordinationsproblem	Im Mittelpunkt stehen **kollektive Ziele**, d.h. Ziele der Gesellschaft, des Staates oder der Staatspartei. Der Mensch besitzt nur insofern Wert, als ihm das Kollektiv Wert verleiht.	Im Mittelpunkt steht die **individuelle Freiheit**. Der Mensch ist nur sich, nicht aber der Gesellschaft gegenüber verantwortlich. Deshalb stehen individuelle Ziele im Vordergrund. Die Wohlfahrt wird dadurch maximiert, dass jedes Individuum nach seinem Vorteil strebt.

Koordinations-problem	Die Steuerung und Koordination erfolgt durch einen **zentralen Plan** (siehe Abbildung 3.2).	Die Steuerung der Wirtschaft erfolgt über den **Markt**. Die Koordination der Teilnahme auf dem Markt erfolgt über die Preise.
Triebkraft der Wirtschaft	Triebkraft der Wirtschaft ist das **Bestreben nach Planerfüllung**. Dies wird mit immateriellen Anreizen (Auszeichnungen) und Sanktionen zu erreichen versucht. Gewinne spielen keine Rolle.	Triebkraft der Wirtschaft ist das **individuelle Gewinnstreben**.
Eigentumsordnung	Alle Produktionsmittel (Anlagen) sind **verstaatlicht.** Hingegen ist das Privateigentum an dauerhaften Konsumgütern zugelassen.	Gewinnstreben ist nur möglich, wenn das **Privateigentum** gewährleistet ist.
Zuteilung der Güter und Dienste an Konsumenten	Die Zuteilung der Güter an die Konsumenten erfolgt durch **Rationierung** oder über die **Einkommens- und Preispolitik** (so wird die Nachfrage nach gewissen Gütern durch tiefe Einkommen und hohe Preise beeinflusst und umgekehrt). Jedermann bezieht Güter nach seinen Bedürfnissen und nicht nach seiner Leistung.	Die Zuteilung der Güter an die Konsumenten erfolgt aufgrund **individueller Kaufkraft**. Jeder kauft im Rahmen seiner Möglichkeiten, was er will.
Rolle des Staates	Der Staat **dominiert** alles. Er besitzt die Produktionsmittel. Er trifft die Investitions- und Produktionsentscheide. Er setzt die Produktionsfaktoren ein. Und er beschränkt die bürgerlichen Freiheitsrechte: Handels- und Gewerbefreiheit, Niederlassungsfreiheit, Berufs- und Arbeitsplatzwahlfreiheit.	Der Staat setzt den **Rahmen**, damit die Wirtschaft reibungslos funktioniert. Er gewährleistet die Handels- und Gewerbefreiheit, die Niederlassungsfreiheit und die Berufs- und Arbeitsplatzwahlfreiheit. Er sorgt für die Vertragsfreiheit. Weil der Staat nur den Rahmen setzt und sich sonst zurückhält, wird er als Nachtwächterstaat bezeichnet.

Tab. 3.1: Zentrale Planwirtschaft und freie Marktwirtschaft

3. Die Planwirtschaft

3.1 Der Sozialismus

Die Planwirtschaft geht auf sozialistische Weltanschauungen zurück.

Sozialismus
= Geistesrichtungen und Bestrebungen, die ein
Gesellschaftssystem mit Gemeineigentum an den
Produktionsmitteln (Sozialisierung) anstreben

Utopisch-empirischer Sozialismus

Er geht aus von der Beschreibung eines idealen Gesellschafts- und Staatszustandes, der erreicht werden muss und jederzeit verwirklicht werden kann, wenn die Menschen guten Willens sind. Alle Versuche mit der Verwirklichung des utopisch-empirischen Sozialismus sind gescheitert, weil die Bereitschaft der Menschen fehlte, sich solchen utopischen Zielen zu verschreiben.

Wissenschaftlicher Sozialismus

Er analysiert und kritisiert die «kapitalistische» Wirtschaftsordnung und leitet daraus die Notwendigkeit des Sozialismus ab, der kommen muss. In der «kapitalistischen» Wirtschaftsordnung liegen die Keime der kommenden sozialistischen Ordnung (Kommunismus nach Marx und Engels).

Freiheitlicher Sozialismus

Versuch, die Überschätzung des Institutionellen des wissenschaftlichen Sozialismus (Klassenkampf, Diktatur des Proletariates) zu überwinden und das freiheitlich-demokratische Moment einzubauen. Deshalb wird nur noch die Teilsozialisierung gefordert. (Auffassung der westlichen sozialdemokratischen Parteien.)

3.2 Die kommunistische Planwirtschaft

3.2.1 Die kommunistische Ideologie[1] als Grundlage der Planwirtschaft

Nach Wladimir Jljitsch **Lenin** (1870–1924) war die kommunistische Lehre von Karl **Marx** (1818–1883) «die rechtmässige Erbin des Besten, was die Menschheit im 19. Jahrhundert in Gestalt der deutschen Philosophie, der englischen politischen Ökonomie und des französischen Sozialismus geschaffen hat». Sie stellte einen revolutionären Umbruch in der Geschichte der Philosophie dar, weil sie das kämpferische Proletariat (Arbeiter und

---

1 Kommunistische Ideologie heisst: Das theoretische und das praktische Fundament sowie die Weltanschauung der kommunistischen Partei.

Bauern) mit Gesetzmässigkeiten einer revolutionären Umgestaltung der Welt aus-stattete. Nicht mehr eine intellektuelle Elite (denkende Menschen) sollte nach marxisti-scher Auffassung für die Weiterentwicklung von Gesellschaft und Wirtschaft sorgen. Vielmehr meinten die Marxisten, der Wettlauf sei durch unumkehrbare Prozesse bestimmt, die durch die Entwicklung der Produktivkräfte (Produktionsweise, Maschinen, Werkzeuge) geprägt werden. Und diese Prozesse führten in unabänder-barer Weise zu einer idealen Gesellschaft, der kommunistischen Gesellschaft, in der es keine herrschende Unternehmer (Kapitalisten) und keine unterdrückte und ausge-beutete Arbeiter und Bauern (Proletarier) mehr geben sollte. Weil sich aber die Kapitali-sten mit dieser Entwicklung nicht abfinden wollen, bedürfe es einer **Revolution durch die Proletarier** und anschliessend **Anleitungen zum Handeln**, die sich nur noch an den **Interessen des Proletariates** orientierten.

Diese unumkehrbare Entwicklung erklärte Marx mit seiner **politischen Ökonomie**. Sie ist eine Kritik des Kapitalismus (der freien Marktwirtschaft), die er vom englischen Nationalökonomen David **Ricardo** (1772–1823) in einer auf seine Zielvorstellungen aus-gerichteten Form in seine Lehre des Marxismus übernommen hat. Sie lässt sich wie folgt beschreiben:

Wertlehre: Nach kommunistischer Auffassung kann nur die menschliche Arbeit Werte schaffen. Der Wert einer Ware richtet sich nach der «gesellschaftlich notwendigen Arbeitszeit». Darunter ist die Arbeitszeit zu verstehen, die bei durchschnittlichem tech-nischem Niveau, durchschnittlichem Geschick und durchschnittlicher Intensität der Arbeit auf der jeweils gegebenen Stufe der Produktionstechnik zur Herstellung einer Ware nötig ist.

Zwei Waren, die dasselbe Quantum gesellschaftlich notwendiger Arbeit enthalten, haben damit denselben Wert. Alle Waren werden auf der Grundlage des gesellschaftlich notwendigen Arbeitsaufwandes ausgetauscht (Wertgesetz).

Mehrwertlehre: Von dieser Grundregel ist die Arbeitskraft des Menschen ausgenom-men. Sie selbst ist auch eine Ware, deren Tauschwert (Lohn) durch die Kosten bestimmt ist, die zu ihrer eigenen Erhaltung (Reproduktion) benötigt werden. Diese Reproduk-tionskosten entsprechen dem herkömmlichen Lebensbedarf des Arbeiters und seiner Familie, also dem Existenzminimum.

Die Ware «Arbeitskraft» erzeugt aber mehr Wert, als ihre Erhaltung kostet. Diesen **absoluten Mehrwert** erhält der Kapitalist.

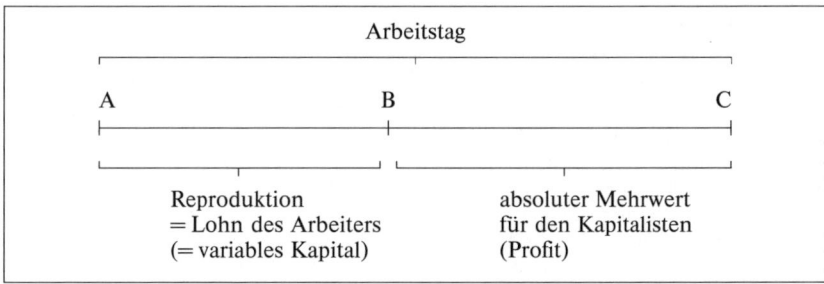

Unter **Mehrwert** (Profit) ist also jener Wert zu verstehen, den die Arbeit des Lohnarbei-ters über den Wert seiner Arbeitskraft hinaus schafft, und die sich der Kapitalist unentgeltlich aneignet. Dieser Mehrwert kann daher nur durch die Ausbeutung fremder Arbeit entstehen.

Die Erzeugung von Mehrwert ist nach Marx das Hauptziel der kapitalistischen Produktion. Deshalb versucht jeder Kapitalist seinen Mehrwert laufend zu vergrössern. Dies kann auf zwei Arten geschehen: Entweder erhöht man die Arbeitszeit, oder durch den Einsatz von Maschinen (konstantes Kapital) wird die Arbeitsproduktivität vergrössert. Der durch den Einsatz von Maschinen erzielte Mehrwert wird als **relativer Mehrwert** bezeichnet.

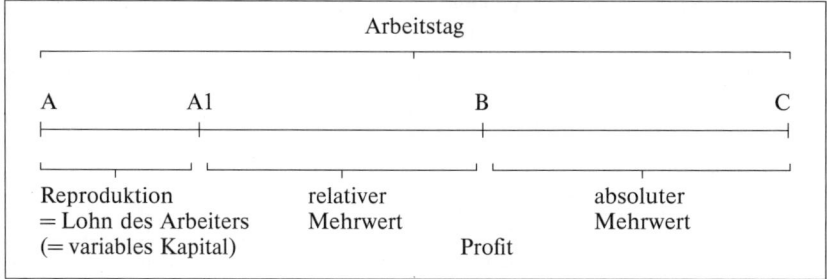

Mehrwert wird nur durch den Einsatz von variablem Kapital erzeugt.

Das Verhältnis des Mehrwertes zum variablen Kapital ist die **Mehrwertrate**. Sie zeigt den Grad der Ausbeutung der Lohnarbeit durch das Kapital an.

Das Verhältnis der Lohnarbeit des Mehrwertes zum gesamten Kapital ist die **Profitrate**. Sie zeigt an, inwieweit eine kapitalistische Unternehmung gewinnbringend ist.

Konzentrationstheorie: Ein grosser Mehrwert ermöglicht vermehrten Maschineneinsatz. Damit entwickelt sich der technisch überlegene Grossbetrieb, der den Klein- und Mittelbetrieb verdrängt. Im Verlaufe des kapitalistischen Prozesses tritt also eine immer weitergehende Betriebskonzentration ein.

Akkumulationstheorie: Mit der Konzentration ballt sich das konstante Kapital in immer weniger Händen zusammen.

Verelendungstheorie: Mit der beständig abnehmenden Zahl der Kapitalisten wächst zugleich die Masse des verelendeten Proletariates. Infolge des Maschineneinsatzes werden weniger Arbeiter benötigt, so dass die Löhne unter das Existenzminimum sinken und die Zahl der Arbeitslosen zunimmt (industrielle Reservearmee).

Krisentheorie: Durch den vermehrten Einsatz von Maschinen steigt der Anteil des konstanten Kapitals gegenüber dem Mehrwert schaffenden variablen Kapital. Damit fällt aber die durchschnittliche Profitrate. Dieser Entwicklung begegnen die Kapitalisten mit einer weiteren Erhöhung der Produktion. Diese kann aber vom verelendenden Proletariat (sinkende Löhne und mehr Arbeitslose) nicht mehr aufgekauft werden, so dass es zu Absatzstockungen kommt. Dadurch gehen weitere Unternehmungen ein. Die Arbeitslosigkeit steigt als Folge davon, und die Löhne sinken weiter ab. Durch Lohnerhöhungen kann die entstehende Krise aufgeschoben werden. Aber das Absatzproblem lässt sich nicht mehr lösen.

Zusammenbruchtheorie: Allmählich führen diese Absatzstockungen zu sich immer rascher folgenden Krisen, die sich letztlich zu einer Weltwirtschaftskrise ausweiten und zum Zusammenbruch des kapitalistischen Systems führen. «Die Zentralisation der Produktionsmittel und die Vergesellschaftung der Arbeit erreichen einen Punkt, wo sie unerträglich werden mit ihrer kapitalistischen Hülle. Sie wird gesprengt. Die Stunde des kapitalistischen Privateigentums schlägt. Die Expropriateure werden expropriiert.»

Die Ursache des Zusammenbruchs liegt also bei den Kapitalisten, die die Proletarier ausbeuten (ihnen im Interesse des Gewinns keine ihrer Leistung entsprechende Löhne bezahlen). Die Möglichkeit zur Ausbeutung ist durch das Privateigentum geschaffen, denn wer Kapital besitzen darf, kann investieren und damit beliebige Gewinne erzielen. Deshalb sind die Kapitalisten durch einen **revolutionären Akt** zu enteignen: Das Privateigentum ist in Gemeineigentum überzuführen **(Sozialisierungstheorie)**, und die Masse des Proletariates wird zur herrschenden Klasse **(Diktatur des Proletariates)**. Wenn das Privateigentum durch die Revolution beseitigt ist, gibt es keine Ausbeutung mehr, und die Klassenunterschiede zwischen Kapitalisten und Proletarier verschwinden. Es entsteht eine klassenlose Gesellschaft. Auch der Staat, der immer die Herrschaft der Kapitalisten über die Proletarier sicherstellte, wird hinfällig. Das Proletariat übernimmt alle Macht. Wichtigste Aufgabe des Proletariates ist der **dauernde Klassenkampf**, d. h. im Interesse des Proletariates ist dafür zu sorgen, dass nicht wieder Klassen entstehen und die Ausbeutung erneut beginnt.

Während bei **Marx** die Revolution die Enteignung zum Ziel hatte und durchaus **friedlich** hätte ablaufen können, veränderte **Lenin** die marxistische Lehre. Er machte sie zum **Gegenstand des Glaubens** und **zum Werkzeug von Revolution und Diktatur**, indem er sie vereinfachte und dogmatisierte[2].

Die wichtigsten Anpassungen waren:

1. Die Beseitigung des Privateigentums und die Sozialisierung des Mehrwertes bringen die Lösung aller Wirtschaftsprobleme.

2. Da das Proletariat im Kapitalismus verelendet, ist nicht abzuwarten, bis sich der ganze Prozess, wie ihn Marx in der politischen Ökonomie beschreibt, abgespielt hat, sondern die Revolution ist im Interesse des Proletariates gewaltsam durchzuführen. **(Theorie des Primates der Politik**, d. h. die Revolution orientiert sich an politischen Zielvorstellungen und nicht an wirtschaftlichen Entwicklungsprozessen; deshalb kann sie jederzeit und überall eingeleitet werden.)

3. Nach der Revolution garantiert nur eine **zentrale Planwirtschaft** eine klassenlose Gesellschaft, in der es keine Ausbeuter und Ausgebeutete mehr gibt.

3.2.2 Die zentrale Planwirtschaft

Schematisch und modellmässig kann die zentrale Planwirtschaft wie folgt beschrieben werden (vergleiche auch Abbildung 3.2):

Die politischen Instanzen legen in **Perspektivplänen** die erwünschten

---

2 Dogmatisieren heisst: Eine festgefasste und unveränderliche Lehrmeinung vertreten.

Ziele der Volkswirtschaft auf fünf bis sieben Jahre fest und zeigen die Wege und Mittel zu deren Verwirklichung auf. Sie bilden die Grundlage für die Aufstellung der Jahrespläne (Operativpläne). Dabei müssen die Planungsbehörden auch die Kapazitäten der Wirtschaft aus der Vorperiode berücksichtigen. Sie setzen der Zielverwirklichung sehr oft gewisse Grenzen.

Die Jahrespläne umfassen eine Vielzahl von Einzelplänen bis auf die Stufe Betrieb. Jeder Betrieb erhält damit Einzelvorschriften in Form von Kennzahlen (Menge/Wert) für die Produktion, den Absatz, die Forschung und Entwicklung, den Materialbezug, den Einsatz der Arbeitskräfte sowie über die Finanzen. Diese Vorschriften (Plansoll) haben zwingenden Charakter. Im Falle der Nichterfüllung werden die Verantwortlichen zur Rechenschaft gezogen.

Die Konsumenten erhalten Konsumanweisungen. Auf tiefer Entwicklungsstufe der Wirtschaft erfolgen sie über Bezugsscheine, in fortgeschritteneren Volkswirtschaften vermittels Einkommens- und Preispolitik. Sollen beispielsweise die Investitionen zulasten des Konsums gefördert werden, so werden die Löhne ermässigt und die Preise für Güter, deren Kaufinteresse eingeschränkt werden soll, erhöht.

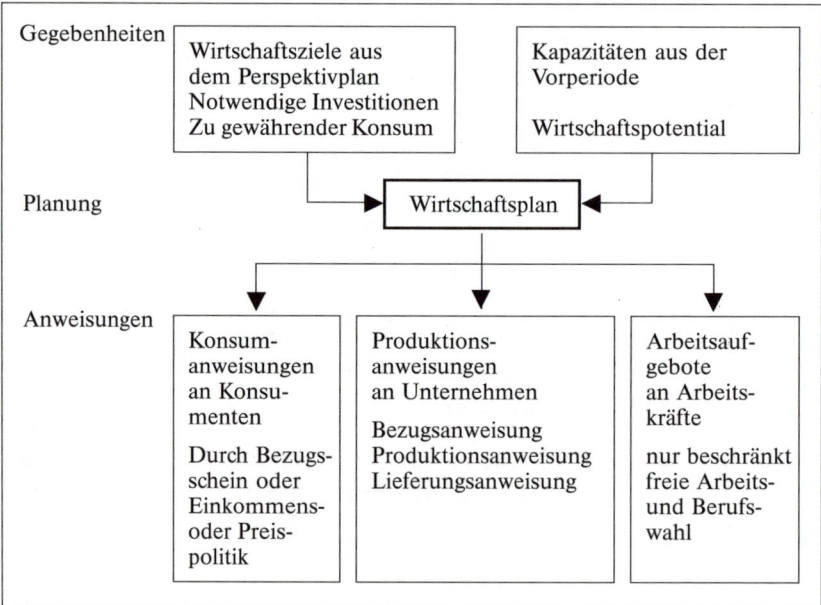

Abb. 3.2: Zentrale Planwirtschaft

Schliesslich werden die Arbeitseinsätze gesteuert: auf tieferer Entwicklungsstufe durch Arbeitsaufgebote, in fortgeschritteneren Volkswirtschaften besteht eine gewisse Arbeitsplatzwahl.

3.2.3 Revisionsbestrebungen und Niedergang der kommunistischen Planwirtschaft

Während Jahrzehnten glaubten die Kommunisten und mit ihnen viele Mitläufer in den freiheitlich-demokratischen Ländern an die Überlegenheit der Planwirtschaft. Sie führten folgende Gedanken an: Dank der Planung wird eine grössere Stabilität der Wirtschaft erreicht (Auf- und Abwärtsbewegungen der Höhe des Sozialproduktes können vermieden werden), und das Wachstum kann zielstrebig gefördert werden, weil nach Plan dort investiert wird, wo besonders grosse Wirkungen erwartet werden. Zudem wurde geglaubt, mit der Planung liessen sich Fehlentwicklungen zwischen privaten und öffentlichen Investitionen vermeiden, so dass die Wohlfahrt aller Menschen gleichermassen gefördert wird und Fehlentwicklungen im Wachstum vermieden werden können.

Seit Beginn der siebziger Jahre zeigte sich immer deutlicher, dass diese Ziele nicht erreicht wurden. Zwar wurden kulturelle und soziale Fortschritte erzielt, aber gesamtwirtschaftlich ergaben sich zunehmend mehr Probleme:

1. Es kam zu regelmässigen Engpässen in der Produktion, weil die umfassende Steuerung über den Plan auch mit modernen elektronischen Datenverarbeitungsanlagen nicht gelang. Grosse Störungen gab es vor allem durch Planungsfehler, welche immer Kettenreaktionen hervorrufen.

2. Weil am Bedarf vorbeiproduziert wurde, entstanden grosse Vorräte an «Ladenhütern» (grösster Warenmangel bei grösstem Güterüberfluss).

3. Es gelang nicht, die Uniformierung in der Güterversorgung zu überwinden, d. h. die Güterauswahl zu verbreitern (keine genügende Diversifikation).

4. Das Anreizsystem war zu schwach. Dadurch wurde häufig wenig wirtschaftlich gearbeitet, und es kam zur Verschwendung von Ressourcen (Rohstoffen, Hilfsmitteln).

5. Die Bürokratie wurde allmächtig, was zu wirtschaftlichen Reibungsverlusten und zur Korruption führte.

6. Viele Unternehmungen wichen bei Engpässen zur Tauschwirtschaft aus. Dadurch sank die Wirksamkeit der Wirtschaft zusätzlich.

Diese Erscheinungen führten zu vielen Revisionsversuchen im System der zentralen Planwirtschaft, bei denen immer wieder die gleichen Problemkreise zur Diskussion standen:

1. Verbesserung des Prämiensystems, um die materielle Interessiertheit der Werktätigen zu vergrössern.

2. Dezentralisierte Planung (z. B. selbständige Planung in den einzelnen Branchen aufgrund der Perspektivpläne) sowie grössere betriebliche Autonomie, indem nur noch wenige Kennzahlen, die auf der Rentabilität basieren, vorgegeben wurden.

3. Um die Wirtschaft effizienter zu gestalten, wurden vor allem im Konsumgütersektor die betriebliche Autonomie[3] und die Kontrahierungsfreiheit[4] eingeführt, während in der Investitionsgüterindustrie weiterhin zentral geplant wurde. Diese Liberalisierung der Planwirtschaft vergrösserte aber die Probleme, weil sich wirtschaftliche Freiheiten im einen und staatliche Planung im andern Sektor nicht vertragen. Man hätte wenigstens alle Preise schrittweise freigeben müssen, damit die freie Konkurrenz zwischen Betrieben hätte spielen können. Die kommunistische Führung wagte aber diesen Schritt nicht, weil er systemwidrig gewesen wäre und die marxistische Lehre fragwürdig gemacht hätte.

Präsident Gorbatschow wollte angesichts der immer grösser werdenden Wirtschaftsprobleme die Wirtschaft stärker umgestalten (Perestrojka) und den Umgestaltungsprozess durch die Freiheit der Meinungsäusserung (Glasnost) beschleunigen. Da er aber nur halbherzige Reformschritte unternahm, gelang es ihm nicht mehr, die Wirtschaft wieder auf den Wachstumspfad zu bringen. Als Folge davon forderte die Bevölkerung die Einführung der Marktwirtschaft.

3.2.4 Die Probleme des Überganges von der Planwirtschaft zur Marktwirtschaft

Nach dem Zusammenbruch der kommunistischen Herrschaft in den osteuropäischen Ländern zeigte sich aber bald, dass der Übergang von der Planwirtschaft zur Marktwirtschaft ein sehr langwieriger und für die Bevölkerung schmerzlicher Prozess werden wird, denn dieser Umbau bringt sehr grosse Probleme:

1. Das Staatseigentum muss in **Privateigentum** übergeführt werden, denn das Privateigentum ist die wichtigste Voraussetzung für eine marktwirtschaftliche Ordnung. Wer kein Privateigentum aufbauen kann, ist kaum an einer zielstrebigen und effizienten wirtschaftlichen Tätigkeit interessiert, weil ihm die Gewinne letztlich nichts nützen würden.

Die Einführung des Privateigentums bereitet aber sehr viel Mühe, weil zuerst die gesetzlichen Grundlagen geschaffen und dann Modelle für die Verteilung des Staatsbesitzes an die Privaten gefunden werden müssen.

Wie schwierig dies ist, sei am Beispiel der Tschechoslowakei (vor der Trennung) gezeigt. Die tschechoslowakischen Gesetze legten für den Liegenschaftenbesitz fest, dass jedermann, der nachweislich von den Kommunisten enteignet wurde, seine Liegenschaften zurückfordern kann. Sehr viele Berechtigte verzichten aber auf die Rückforderung, weil ihnen das Geld für die Renovation und den Unterhalt ihrer Liegenschaften, die sich in einem sehr schlechten Zustand befinden, fehlt. Deshalb gelingt die Privatisierung nicht genügend schnell und nicht in grossem Umfang.

---

3 Autonomie heisst: Eigenständigkeit
4 Kontrahierungsfreiheit heisst: Freiheit, den Vertragspartner selbst auszusuchen.

Für die Privatisierung der Industrieunternehmungen wird ein interessantes System diskutiert: Die grossen staatlichen Unternehmungen sollen in einzelne Aktiengesellschaften aufgeteilt und das Kapital unter das Volk verteilt werden. Dabei wird folgender Weg gewählt: Wer 18 Jahre alt ist, kann bei der Post ein Couponheft mit 1000 Investitionspunkten kaufen. Mit diesen Punkten können Aktien von den zu privatisierenden Gesellschaften oder Anteile von Investmentfonds beschafft werden, wobei für interessante Unternehmungen mehr Coupons abgegeben werden müssen, so dass ein Wettbewerb entsteht. Unternehmungen, für die keine Coupons eingereicht werden, sind nicht erfolgsversprechende Unternehmungen und gehen deshalb ein.

2. Es müssen freie **Märkte** mit **freien Preisen** geschaffen und alle Subventionen, die Güter verbilligen, beseitigt werden.

Da die Wohnungen und wichtige Konsumgüter stark subventioniert waren, stiegen die Mieten und Preise auf den freien Märkten nach der Preisfreigabe sehr stark an (Preissteigerungen bis zu 40 %) in einem Jahr.

Verschärft wird die Situation durch «mafiaartige» Zwischenhändler, die begannen, Waren zurückzuhalten, damit die Güter knapper wurden. Dadurch stiegen die Güterpreise weiter an, und diese Zwischenhändler machten noch höhere Gewinne. Als Folge davon wächst die Gefahr von sozialen Unruhen, die leicht einen Circulus vitiosus[5] auslösen können:

Soziale Unruhen → Vertrauensverlust für die Regierung → Funktionsuntüchtigkeit der Regierung → Verzögerung der Reform → Wirtschaftliche Rückschläge → Verlust an wirtschaftlicher Initiative → Versorgungsschwierigkeiten → Armut → soziale Unruhen → usw.

In einer solchen Situation wächst die Gefahr einer erneuten Revolution durch ehemalige kommunistische Funktionäre, die einem nicht sachverständigen Volk einreden, das planwirtschaftliche System sei doch besser gewesen. Dies bedeutete eine Rückkehr in die Diktatur.

3. Es muss ein privatwirtschaftlich ausgestaltetes **Bankensystem** aufgebaut werden, das Kredite zu marktgerechten Zinsen vergibt. Nur unter dieser Voraussetzung gehen die Kredite an die leistungsfähigen Unternehmungen, welche in der Lage sind, die Zinsen durch eigene Leistungen zu erarbeiten.

Solange kein freies Bankensystem besteht, muss jemand nach irgendwelchen administrativen Kriterien Kredite vergeben. Dadurch entsteht die Gefahr, dass zu billige Kredite aus bestimmten Rücksichtsnahmen (Erhaltung von Arbeitsplätzen, regionale Interessen) nicht mehr entwicklungsfähigen, sondern lebensunfähigen Unternehmungen zukommen, wodurch die Leistungsfähigkeit der Gesamtwirtschaft behindert wird.

---

5 Circulus vitiosus heisst: bösartige, sich selbst verstärkende negative Entwicklung.

4. Die **Konvertibilität**, d. h. die freie Austauschbarkeit der Währungen, ist einzuführen, damit ein freier Handel zwischen Unternehmungen der osteuropäischen und der westlichen Länder stattfinden kann. Erst unter dieser Voraussetzung wird einerseits ein Einkauf am preisgünstigsten Ort möglich und werden andererseits Unternehmungen zu einer echten Konkurrenz mit tiefen Produktionskosten gezwungen, was wiederum zur Steigerung der Leistungsfähigkeit der Wirtschaft beiträgt.

Das grosse Problem für die Regierungen der osteuropäischen Länder liegt nun darin, dass diese vier Massnahmen voneinander abhängig sind. Deshalb kann nicht eine Massnahme nach der anderen in Kraft gesetzt werden, sondern sie müssen, aufeinander abgestimmt, schrittweise verwirklicht werden. Dies ist aber nicht nur aus technischer, sondern auch aus menschlicher Sicht ausserordentlich schwierig, weil Sachkompetenz und Erfahrung weitgehend fehlen.

Vor allem in der Gemeinschaft unabhängiger Staaten (GUS) hat man den Fehler gemacht, die freien Märkte in einem Schritt und ohne Abstimmung auf die anderen Erfordernisse des Umbaus einzuführen. Dadurch wurden das Preis-Einkommens-Verhältnis gestört und für Profiteure beste Voraussetzungen für übermässige Gewinne geschaffen. Wahrscheinlich hätte man in kleineren Schritten vorgehen müssen: Zuerst hätte man eine neue Währung einführen, dann die Unternehmungen privatisieren und die Profiteure vom Güterverteilungssystem fernhalten müssen. Während dieser Zeit wäre eine strikte Preiskontrolle notwendig geblieben, die erst schrittweise mit dem Wachstum der Wirtschaft hätte gelockert werden können, um das Preis-Einkommens-Verhältnis fortwährend im Gleichgewicht zu halten.

Der Übergang von der Planwirtschaft zur Marktwirtschaft wird für viele Menschen zu einem schmerzlichen Prozess mit vielen materiellen Opfern, der sehr lange dauern wird. Und sein Ausgang ist völlig ungewiss.

3.3 Der freiheitliche Sozialismus

Der freiheitliche Sozialismus fordert die rechtliche und politische Freiheit des einzelnen Menschen im demokratischen Sinn und verzichtet auf revolutionäre Theorien. Er beginnt sich aber wieder deutlicher von den Ideen einer weitgehend freiheitlichen Wirtschaftsordnung abzugrenzen, indem sich zwei neue Denkrichtungen abzuzeichnen beginnen.

1. Der **Marktsozialismus**. Er postuliert verstaatlichte Betriebe (Gemeineigentum an den Produktionsmitteln), die sich aber auf dem Markt wie private Unternehmungen verhalten sollen. Auf diese Weise erhofft man sich ein wettbewerbsgerechtes (kapitalistisches) Verhalten der Unternehmungen, ohne aber alle Nachteile einer freien Wirtschaft

(individuelles Gewinnstreben mit der Tendenz zu einer ungleichen Einkommensverteilung) in Kauf nehmen zu müssen.

Bisher wurde der Marktsozialismus in der Praxis noch nicht erprobt. Eine Annäherung an diese Idee suchte man im ehemaligen Jugoslawien mit den **Selbstverwaltungsbetrieben**. Diese Betriebe befinden sich in kollektivem Besitz und werden durch die Mitarbeiter selbst verwaltet (umfassende Mitbestimmung). Offensichtlich hat aber dieses Modell nicht funktioniert, weil das Interesse der Arbeitskräfte nicht genügend geweckt werden konnte und wahrscheinlich viele Mitarbeiter bei der Mitbestimmung überfordert waren.

2. **Die gelenkte Marktwirtschaft:** Bei ihr hat der Staat die Aufgabe, im Interesse des Wachstums, einer besseren Einkommensverteilung sowie einer gesicherten Güterversorgung für alle Menschen in das freie Spiel des Marktes einzugreifen. Dies bedingt (1) eine gewisse Planung der gesamten Wirtschaft, (2) ein staatliches Angebot von gewissen Gütern, die für die ganze Bevölkerung von Bedeutung sind sowie (3) eine Fülle von Beeinflussungen des Verhaltens der Menschen durch Steuern, Gebote, Verbote, Subventionen usw.

In diese Richtung ging Frankreich mit seiner **Planification**. Planification ist eine indikative[6] Planung, mit der der Staat die Unternehmungen und Haushalte durch Hinweise und Überzeugung sowie staatliche Massnahmen in eine bestimmte Entwicklungsrichtung bringen wollte. Hinter der Planification steht in Frankreich die Absicht, das Wirtschaftswachstum zu beschleunigen. Nachdem deren Wirkung umstritten war, wurde sie 1986 abgeschafft und wenig später in abgeschwächter Form wieder eingeführt, indem sie noch als Orientierungshilfe für die staatliche Wirtschaftspolitik dient.

Seit vielen Jahren wird darüber gestritten, ob ein freiheitlicher Sozialismus möglich ist. Die Streitfrage lautet: Wieviele Eingriffe des Staates und wieviele verstaatlichte Betriebe erträgt der Markt, ohne seine Effizienz zu verlieren? Auf diese Frage ist später zurückzukommen (siehe Seite 162).

---

6   Indikative Planung heisst: Planung als Richtlinie, d. h. ohne Zwang. Daneben gibt es die imperative Planung, d. h. Planung mit Zwangscharakter für alle Beteiligten.

4. Die freie Marktwirtschaft als Modell

4.1 Der Liberalismus als Idee

Der wirtschaftliche Liberalismus ist eine Frucht der Aufklärung, welche eine Reaktion auf den Absolutismus war.

Der Absolutismus ist gekennzeichnet durch eine Vielzahl von das Leben sicher bestimmenden Glaubenssätzen, der absolutistische Staat durch Autorität und Disziplin sowie durch eine feste hierarchische Ordnung. Reichtum sollte ihm Macht und Ansehen verleihen. Deshalb richtete sich seine Wirtschaftstheorie, der **Merkantilismus**, ganz auf die Festigung der Staatsallmacht (viele Staatseingriffe wie Zölle, Subventionen, Stärkung der Schiffahrt [Cromwellsche Navigationsakte] usw.) und auf die Vergrösserung des Reichtums (viel Aussenhandel zur Erhöhung der Edelmetallbestände) aus.

Der Liberalismus lehnte die dem Staat verpflichtete Wirtschaft ab, forderte und setzte die schrankenlose Bewegungsfreiheit durch. Die persönliche wirtschaftliche Freiheit sollte das geeignete Mittel sein, dem Individuum das grösstmögliche Glück zuteil werden zu lassen.

Die geistigen Grundlagen des wirtschaftlichen Liberalismus können wie folgt zusammengefasst werden:

1. **Verabsolutierung der Lebensgebiete:** Jedes Lebensgebiet wird als in sich abgeschlossen betrachtet. Es folgt seinen eigenen, unabänderlichen Gesetzen. So gibt es eine selbständige wirtschaftliche Welt neben einer religiösen, politischen usw.

2. Deshalb betrachtet der Liberalismus auch den Menschen in jedem Gebiet gesondert, in der Wirtschaftswelt als «**homo oeconomicus**», der bei allen seinen Handlungen von der wirtschaftlichen Zweckmässigkeit geleitet wird.

3. **Individualismus:** Im Zentrum steht der Einzelmensch mit seinen individuellen Interessen. Alle höheren Gruppen sind nur Summierungen von Einzelmenschen.

4. Der Liberalismus strebt nach der Verallgemeinerung aller seiner Gesetze. So glaubt er, dass die Freiheit des Individuums und die freie Konkurrenz dem Allgemeininteresse am besten dienen. Für ihn ist **Eigennutz = Gemeinnutz.**

5. Damit setzt er das Axiom der **natürlichen Harmonie**: Dadurch, dass der Mensch als homo oeconomicus sich von der wirtschaftlichen Zweckmässigkeit leiten lässt, kann es keinen Gegensatz zwischen Eigennutz und Gemeinnutz geben.

Aus heutiger Sicht ist der wirtschaftliche Liberalismus wie folgt zu **kritisieren**: Die natürliche Harmonie ist nicht eingetreten, weil der Liberalismus den rücksichtslosen Egoismus der Menschen unterschätzt hat. Die Folge dieser Fehlbeurteilung des Menschen war die unselige Aufspaltung in Klassen, welche der marxistischen Lehre Auftrieb gegeben hat.

4.2 Modellmässige Darstellung der freien Marktwirtschaft

Abbildung 3.3 zeigt die freie Marktwirtschaft als Modell.

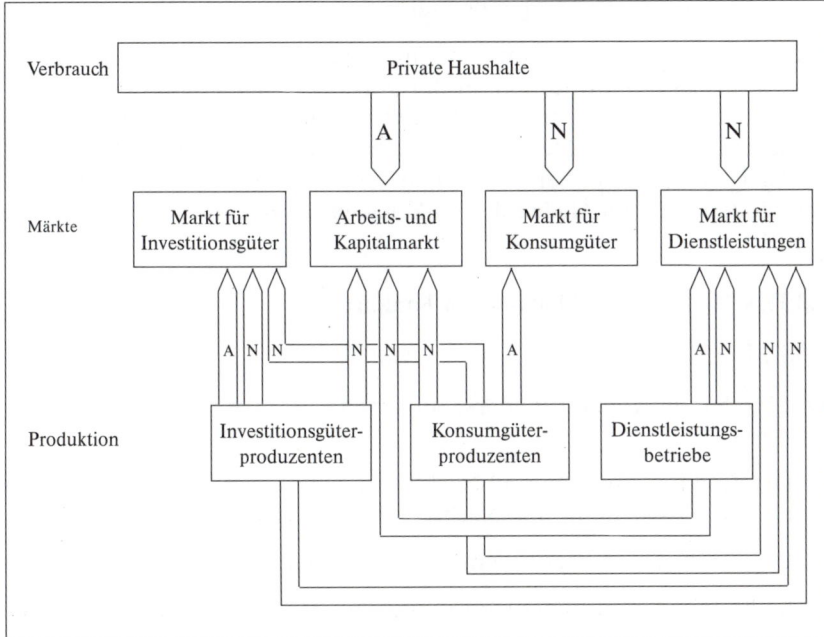

Abb. 3.3: Das Modell der freien Marktwirtschaft

Die freie Marktwirtschaft ist also gekennzeichnet durch zwei Pole (private Haushalte und Produzenten), die sich auf den Märkten (Markt für Investitions- und Konsumgüter sowie für Dienstleistungen, Kapital- und Arbeitsmarkt) treffen, auf welchen sich aufgrund von Angebot und Nachfrage die Preise bilden.

Auf den Märkten in der reinen Marktwirtschaft treffen sich viele Anbieter und viele Nachfrager. Deshalb herrscht die Marktform der **Konkurrenz.**

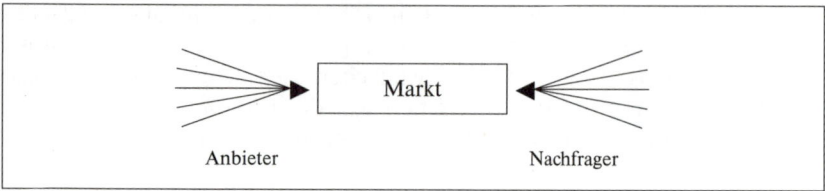

Damit eine Marktwirtschaft in dieser Form funktionieren kann, sollte eine Reihe von Voraussetzungen erfüllt sein, die heute in keinem Land mehr gegeben sind. Deshalb existiert auch die Wirtschaftsordnung der freien Marktwirtschaft nirgends mehr.

Trotzdem werden die Zusammenhänge von Angebot und Nachfrage, die zu den Preisgesetzen führen, in der Volkswirtschaftslehre noch an den Voraussetzungen der freien Marktwirtschaft modellmässig studiert. Dadurch sollen Einsichten am abstrakten Modell gewonnen werden, die später das Verständnis der viel komplexeren Wirklichkeit erleichtern. Dieses Modell wird als **Modell der vollkommenen Konkurrenz** bezeichnet.[7]

4.3 Das Modell der vollkommenen Konkurrenz

4.3.1 Modellannahmen

Das Modell der vollkommenen Konkurrenz geht von folgenden Annahmen aus:

1. Die Zahl der Anbieter und Nachfrager ist so gross, dass der Preis von einzelnen Anbietern und Nachfragern nicht beeinflusst werden kann.

2. Es werden keine Preisabsprachen irgendwelcher Art getroffen.

3. Es bestehen keine Vorzüge für einzelne Marktteilnehmer (z. B. stärkere Stellung).

4. Die Marktlage kann jederzeit von jedermann hinsichtlich Menge und Qualität überblickt werden (= Markttransparenz).

5. Jeder Marktteilnehmer wird als «homo oeconomicus» aufgefasst, d. h. er verhält sich in jedem Fall wirtschaftlich rational (die Unternehmer maximieren ihre Gewinne, die Konsumenten ihren Nutzen).

---

7   Damit sind wir im Bereiche der Mikroökonomie (siehe S. 28).

6. Die Ware ist ein homogenes Gut, d. h. ein Gut ohne Qualitäts- und Formunterschiede.

7. Jede Anpassung an die neuen Marktverhältnisse erfolgt ohne zeitliche Verzögerung.

4.3.2 Die Ableitung der Nachfragekurve

Üblicherweise hat der Mensch viel mehr Bedürfnisse, als er mit seinem Einkommen befriedigen kann. Deshalb muss er sich fortwährend überlegen, welche Bedürfnisse er unbedingt befriedigen, und welche er als weniger dringlich ausscheiden soll. Er erstellt also eine Rangordnung seiner Bedürfnisse. Dabei wird er seine Rangordnung nicht so gestalten, dass er einige Bedürfnisse bis zur Sättigung und andere gar nicht befriedigt. Er

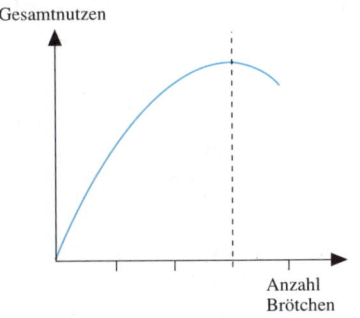

Beispiel: Jemand hat ein Bedürfnis nach Brötchen. Bis zu drei Stück nimmt der Gesamtnutzen zu. Dann nimmt er ab, weil man genug hat und mit dem zusätzlichen Einkommen eine Zigarette vorzieht.

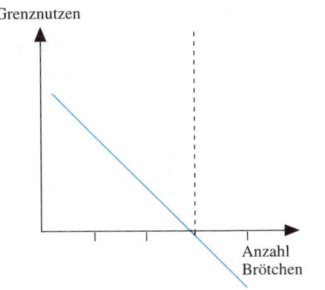

Der Grenznutzen (zusätzlicher Nutzen einer zusätzlichen Einheit für die Bedürfnisbefriedigung) nimmt aber von Anfang an ab. Dort, wo der Gesamtnutzen maximal wird, ist der Grenznutzen = 0, nachher negativ.

Abb. 3.4: Erstes Gossensches Gesetz

wird vielmehr nach derjenigen Kombination suchen, die ihm ein Maximum an Bedürfnisbefriedigung bringt. Dabei lässt er sich – wenn auch meistens unbewusst – von zwei Gesetzen (Gossensche Gesetze[8]) leiten.

Das erste **Gossensche** Gesetz besagt, dass bei zunehmender Bedürfnisbefriedigung der Grenznutzen jeder weiteren Gütereinheit abnimmt, obwohl der Gesamtnutzen noch weiter zunehmen kann (vergleiche Abbildung 3.4).

Nun wird aber das Einkommen nicht nur für ein Gut verwendet, sondern es wird auf viele Güter verteilt. Wie muss es nun verteilt werden, damit der Gesamtnutzen maximal wird?

Dazu sagt das zweite **Gossensche Gesetz:** Das Maximum an Bedürfnisbefriedigung ist erreicht, wenn der Grenznutzen aller verwendeten Güter gleich gross ist. Oder anders ausgedrückt: Das Einkommen wird so auf die verschiedenen Güter aufgeteilt, dass der Nutzenzuwachs jedes zuletzt ausgegebenen Frankens gleich gross ist (vergleiche Abbildung 3.5).

Beispiel: Ein Konsument hat die Auswahl zwischen Brötchen und Zigaretten. Den Grenznutzen des 4. Brötchens schätzt er geringer ein als den Grenznutzen der 1. Zigarette. Wenn er in dieser Situation zusätzliches Einkommen für ein 4. Brötchen oder eine Zigarette einsetzen kann, so wird er sich für die 1. Zigarette entscheiden und auf das 4. Brötchen verzichten.

Von diesen Nutzenüberlegungen kann nun auf die **Nachfrage** geschlossen werden. Dazu ist der **Preis** in die Überlegungen miteinzubeziehen: Bei einem bestimmten Einkommen entsteht aufgrund der Nutzenabwägungen die entsprechende Nachfrage. Würde man mehr nachfragen, so ergäbe sich bei gleichbleibendem Preis eine abnehmende Zuwachsrate bzw. ein sinkender Grenznutzen. Deshalb ist man in der Regel nur dann bereit mehr nachzufragen, wenn der Preis sinkt, und zwar selbst dann, wenn sich der Mehrkonsum in einer Zunahme des Gesamtnutzens niederschlägt.

Damit besteht also zwischen Preis und nachgefragter Menge ein Zusammenhang: Ist der Preis tief, so wird viel nachgefragt, ist er hoch, so ist die Nachfrage klein. Dies führt zur **Nachfragekurve**, die von oben links nach unten rechts verläuft (vergleiche Abbildung 3.6).

---

8   Nach dem preussischen Beamten Hermann Heinrich Gossen (1810-1858).

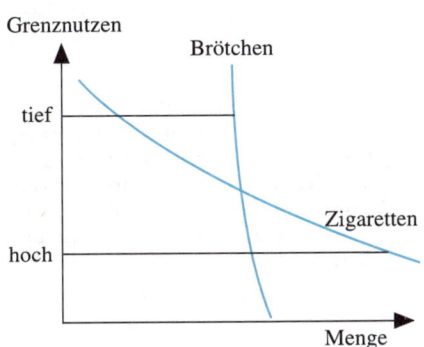

Unter der Annahme, dass die Sättigung bei Brötchen rascher erreicht ist als bei Zigaretten, ist die Grenznutzenkurve (= Grenznutzenfunktion) für Brötchen steiler als jene für Zigaretten[9]. Wenn die Menschen die gleichen Grenznutzenfunktionen hätten, so kann aus dieser Graphik auch herausgelesen werden, wie bei unterschiedlichen Einkommen konsumiert würde: Reichere konsumierten mehr Zigaretten als Brötchen; Ärmere von beiden weniger, aber mehr Brötchen als Zigaretten. In Wirklichkeit sind aber Grenznutzenfunktionen nicht nur für die einzelnen Güter, sondern auch für die einzelnen Menschen verschieden. Deshalb müssen die Grenznutzenfunktionen immer wieder statistisch ermittelt werden.

Abb. 3.5: Zweites Gossensches Gesetz

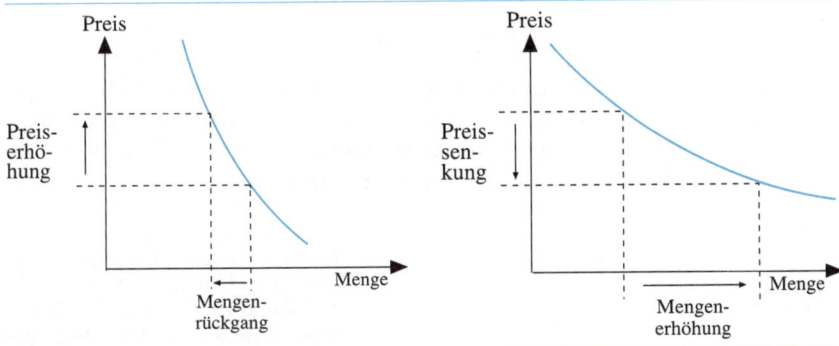

Abb. 3.6: Nachfragekurve

Je höher das Einkommen einer Person ist, desto weiter rechts liegt für sie die Nachfragekurve. Der Reichere ist nämlich theoretisch bereit, für eine bestimmte Menge eines Gutes einen höheren Preis zu bezahlen oder bei einem bestimmten Preis mehr nachzufragen als der Ärmere.

9   Dies deshalb, weil bei Brötchen das Gesamtnutzenmaximum früher erreicht ist (vgl. dazu die Ableitung der Grenznutzenkurve aus der Gesamtnutzenkurve in Abbildung 3.4: Wäre der Gesamtnutzen früher erreicht, so fiele die Grenznutzenkurve steiler).

Bislang war nur von der Nachfrage eines einzelnen die Rede. Durch Addition aller Einzelnachfragen entsteht die gesamtwirtschaftliche Nachfrage in einer Volkswirtschaft (vergleiche Abbildung 3.7).

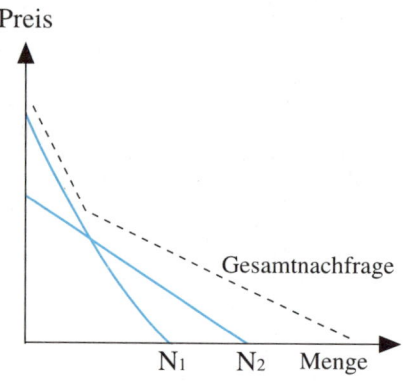

Die gesamtwirtschaftliche Nachfragekurve gibt an, wieviel eines Gutes bei verschiedenen Preishöhen in einer Volkswirtschaft nachgefragt wird. Dabei gilt: Je tiefer der Preis, desto höher die nachgefragte Menge und umgekehrt.

Abb. 3.7: Gesamtwirtschaftliche Nachfrage

4.3.3 Die Ableitung der Angebotskurve

Unternehmer setzen Produktionsfaktoren ein, um Güter und Dienste zu erzeugen. Der Gesamtertrag der Unternehmung (Produktion) lässt sich in der **Gesamtertragskurve (Produktionsfunktion)** darstellen, die S-förmig verläuft. Abbildung 3.8 zeigt die Zusammenhänge.

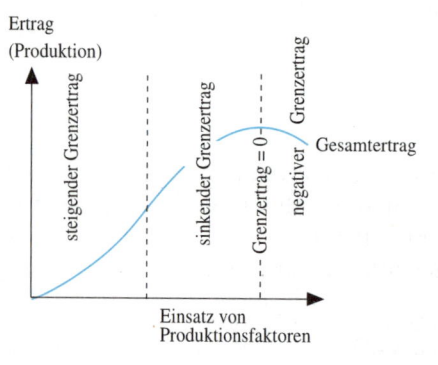

– Solange wenig produziert wird, führt der Mehreinsatz von Produktionsfaktoren zu einer überdurchschnittlichen Produktionssteigerung (Gesamtertragssteigerung).
– Bei hoher Produktion bringt ein weiterer Einsatz von Produktionsfaktoren zwar immer noch eine Produktionssteigerung, sie ist aber unterdurchschnittlich.
– Schliesslich kann ein weiterer Einsatz von Produktionsfaktoren einmal dazu führen, dass es zu einem Rückgang des Gesamtertrages kommt.

Abb. 3.8: Gesamtertragskurve (Produktionsfunktion)

Aus der Gesamtertragskurve lässt sich der **Grenzertrag** bestimmen. Er besagt, um wieviel die Produktion (Gesamtertrag) zunimmt bzw. abnimmt, wenn von den Produktionsfaktoren eine Einheit mehr eingesetzt wird. Die Grenzertragskurve ist in Abbildung 3.9 dargestellt.

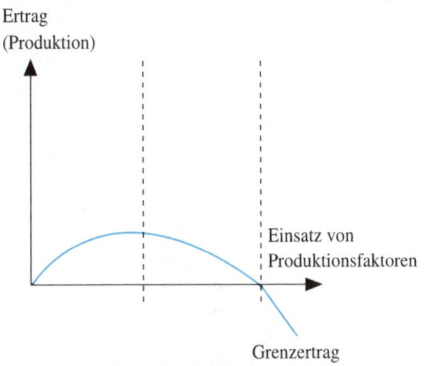

- Steigt beim zusätzlichen Einsatz einer Einheit der Produktionsfaktoren der Gesamtertrag überproportional, so steigt der Grenzertrag.
- Steigt beim zusätzlichen Einsatz einer Einheit der Produktionsfaktoren der Gesamtertrag unterproportional, so sinkt der Grenzertrag.
- Steigt beim zusätzlichen Einsatz einer Einheit der Produktionsfaktoren der Gesamtertrag nicht mehr, so ist der Grenzertrag 0. Sinkt der Gesamtertrag, so ergibt sich ein negativer Grenzertrag.

Abb. 3.9: Grenzertragskurve

Aus der Produktionsfunktion lässt sich die **Kostenfunktion** ableiten. Sie gibt an, wie teuer insgesamt die Produktionsfaktoren bei verschiedenen Produktionsmengen zu stehen kommen (=Totalkosten TK). Diese Kurve ist in Abbildung 3.10 dargestellt.

Im weiteren sind die Grenzkosten (GK) und die Durchschnittskosten (DK) zu betrachten.

Die **Grenzkosten** sind die zusätzlichen Kosten, die für jede zusätzliche hergestellte Einheit anfallen (oder: die Differenz der Totalkosten, wenn die produzierte Menge um eine Einheit erhöht wird).[11]

Die **Durchschnittskosten** sind die Stückkosten (oder: Totalkosten dividiert durch Anzahl der hergestellten Einheiten).[12]

---

11 In der mathematischen Sprache heisst es: Die Grenzkosten sind ein Ausdruck für das Steigungsmass der Totalkostenkurve.
12 Wichtig ist der Zusammenhang zwischen Grenzkosten und Durchschnittskosten: Die Grenzkostenkurve schneidet die Durchschnittskostenkurve in ihrem tiefsten Punkt.

Der Verlauf der Grenzkosten- und der Durchschnittskostenkurve ist in Abb. 3.11 dargestellt.

- Solange im Bereich steigender Grenzerträge produziert wird, wird die Totalkostenkurve flacher. Das bedeutet, dass die Differenz der Totalkosten bei um eine Einheit erhöhter Produktion kleiner wird, die Grenzkosten und die Durchschnittskosten sinken also.

- Nehmen die Grenzerträge ab, so beginnen die Grenzkosten zu steigen, denn für die Produktion einer zusätzlichen Einheit müssen zunehmend mehr Produktionsfaktoren eingesetzt werden, was einer stärkeren Erhöhung der Totalkosten gleichkommt.

- Die Massenproduktion ist bis zum Schnittpunkt der Grenzkosten- und Durchschnittskostenkurve sinnvoll. Würde mehr produziert, so erhöhten sich die Durchschnittskosten.

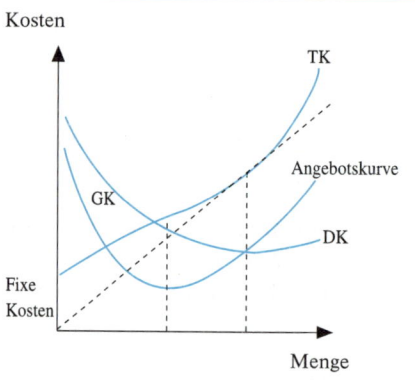

- Auch wenn nichts produziert wird, so fallen fixe Kosten[10] (wie Zinsen, Abschreibungen) an.
- Dazu kommen die von der Produktionsmenge abhängigen variablen Kosten (wie Material, Stundenlöhne).
- Solange im Bereich der steigenden Grenzerträge produziert wird, wird die TK-Kurve flacher, denn um eine weitere Steigerung der Produktion zu erreichen, müssen unterproportional Produktionsfaktoren eingesetzt werden. Dabei steigen auch die variablen Kosten unterproportional.

- Bei abnehmenden Grenzerträgen müssen immer mehr Produktionsfaktoren eingesetzt werden, um eine gleiche Steigerung der Produktion zu erhalten. Daher steigen die variablen Kosten überproportional. Die TK-Kurve wird also steiler.

Abb. 3.10: Kostenfunktion

10 Schematisch dargestellt:

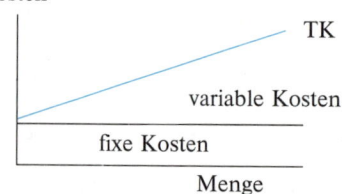

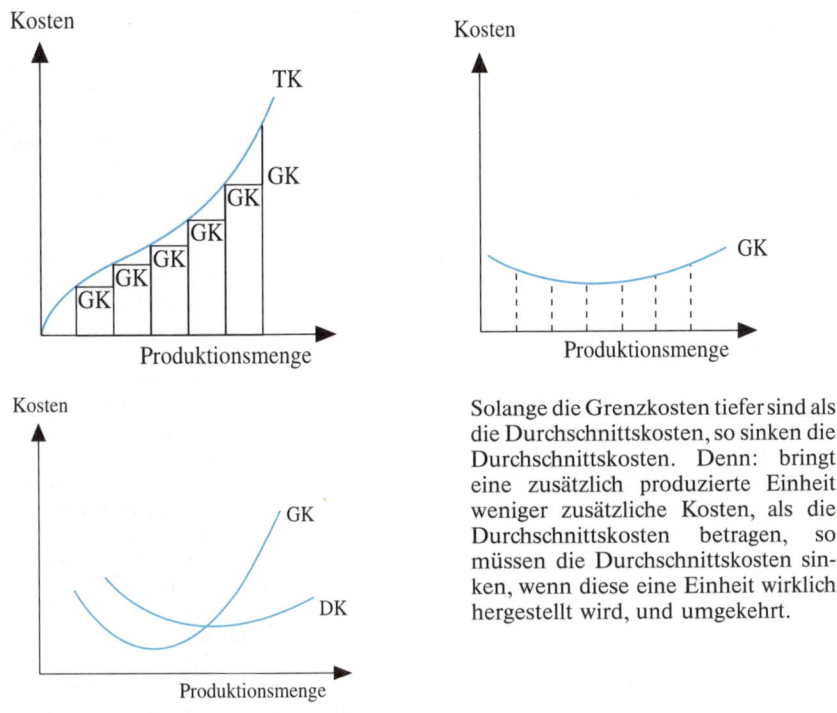

Abb. 3.11: Verlauf der Grenzkosten- und Durchschnittskostenkurve

Solange die Grenzkosten tiefer sind als die Durchschnittskosten, so sinken die Durchschnittskosten. Denn: bringt eine zusätzlich produzierte Einheit weniger zusätzliche Kosten, als die Durchschnittskosten betragen, so müssen die Durchschnittskosten sinken, wenn diese eine Einheit wirklich hergestellt wird, und umgekehrt.

Nun stellt sich die letzte Frage: Wieviele Mengeneinheiten soll der einzelne Unternehmer herstellen? Dazu ist der Preis miteinzubeziehen. Bei vollkommener Konkurrenz muss der Unternehmer den Preis als gegeben betrachten. Daher steigt der Umsatz (Gesamtertrag) proportional zur Absatzmenge. Im weitern will der Unternehmer im Modell der vollkommenen Konkurrenz den maximalen Gewinn erzielen. Deshalb sucht er jene Produktionsmenge, die ihm den maximalen Gewinn bringt. Dies ist dort der Fall, wo die Differenz zwischen Umsatz und Totalkosten am grössten ist (der Mathematiker sagt: dort wo die Steigung der beiden Kurven gleich gross ist).

Weil die Steigung der Umsatzkurve dem Preis (Grenzertrag) und die Steigung der Totalkostenkurve den Grenzkosten entspricht, gilt als Bedingung für das Gewinnmaximum: **Preis = Grenzkosten.**

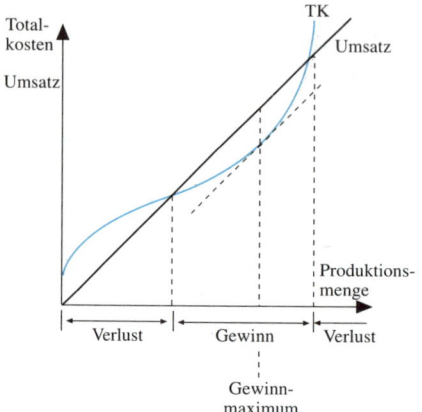

Dies ist wie folgt zu erklären (vergleiche Abbildung 3.12):

- Solange der Preis über den Grenzkosten liegt, lohnt sich eine weitere Produktion, denn in diesem Fall nimmt der Unternehmer für die zusätzlich hergestellte Einheit noch mehr ein, als sie ihn zusätzlich kostet.

- In diesem Fall liegt er aber noch nicht unbedingt in der Gewinnzone. Solange nämlich der Preis tiefer liegt als die Durchschnittskosten, so macht er einen Verlust. Hätte er keine fixen Kosten, so wäre die Produktion erst sinnvoll, wenn die Grenzkosten oberhalb der Durchschnittskosten liegen. In diesem Fall entspricht die **Grenzkostenkurve** der **Angebotskurve** im **ansteigenden Ast** ab dem tiefsten Punkt der Durchschnittskosten. Sind dazu noch fixe Kosten vorhanden, müssten die variablen Durchschnittskosten separat eingetragen werden. Die Angebotskurve entspricht dann dem Ast der Grenzkostenkurve, der oberhalb der variablen Stückkosten verläuft.

Abb. 3.12: Gewinnmaximum

Bislang war nur vom Angebot eines einzelnen Unternehmers die Rede. Das gesamtwirtschaftliche Angebot ergibt sich aus der Zusammenfassung der individuellen Angebotskurven aller Anbieter auf dem Markt. Sie verläuft von unten links nach oben rechts, wie Abbildung 3.13 zeigt.

Die gesamtwirtschaftliche Angebotskurve gibt an, wieviel eines Gutes bei verschiedenen Preishöhen in einer Volkswirtschaft angeboten wird: Je höher der Preis, desto höher die angebotene Menge, weil zusätzliche Anbieter auf dem Markt auftreten und/oder bisherige Anbieter mehr Güter produzieren, und umgekehrt.

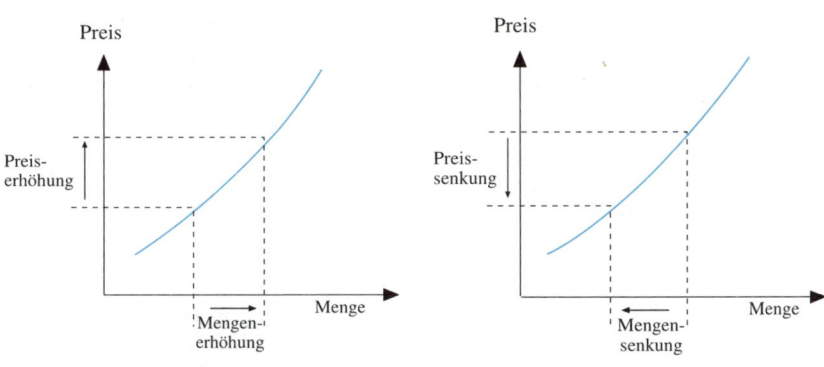

Abb. 3.13: Angebotskurve

4.3.4 Die Preisbildung (Gesetz von Angebot und Nachfrage)

Das Gesetz von Angebot und Nachfrage leiten wir aus einem einfachen Beispiel ab: Wir nehmen an, eine Stadt habe zwei Obstmärkte, die voneinander unabhängig sind. Auf beiden Märkten werden Kirschen angeboten und nachgefragt, wobei wir voraussetzen, dass beide Märkte voneinander keine Kenntnis haben.

	Markt A	Markt B
Neue Marktsituation (bei den Preisen des Vortages)	Angebot = 1000 kg Nachfrage = 800 kg	Angebot = 800 kg Nachfrage = 1000 kg

Auf beiden Märkten betrug der Preis am Vortag Fr. 1.– pro kg.

Folgen	Überangebot, d. h. die Ware ist reichlich vorhanden. Der **Preis wird sinken**, denn die Anbieter sind gezwungen, sich gegenseitig zu unterbieten, um die Ware los zu werden.	Unterangebot, d. h. die begehrte Ware ist knapp. Der **Preis wird steigen**, denn die Nachfrager sind gezwungen, sich gegenseitig zu überbieten, um Kirschen zu erhalten.

Daraus lässt sich das **Gesetz von Angebot und Nachfrage** ableiten:

> Das Verhältnis von Angebot und Nachfrage bestimmt den Preis:
> Steigt das Angebot im Verhältnis zur Nachfrage, dann sinkt der
> Preis; sinkt das Angebot im Verhältnis zur Nachfrage, dann steigt
> der Preis.

Der Preis beeinflusst aber auch das Angebot und die Nachfrage:

Markt A	Markt B
Sinkt der Preis, so wird ein Teil der bisherigen Anbieter nicht mehr bereit sein, Kirschen zu verkaufen. Andererseits werden bei niedrigerem Preis neue Nachfrager auftreten. Ein sinkender Preis erhöht also die Zahl der Nachfrager und senkt die Zahl der Anbieter.	Steigt der Preis, so wird ein Teil der bisherigen Nachfrager nicht mehr in der Lage sein, Kirschen zu kaufen. Andererseits werden bei höherem Preis neue Anbieter auftreten. Ein steigender Preis erhöht also die Zahl der Anbieter und senkt die Zahl der Nachfrager.

Daraus lässt sich die **Umkehrung** des Gesetzes von Angebot und Nachfrage ableiten:

> Ein sinkender Preis senkt das Angebot und erhöht die Nachfrage;
> ein steigender Preis erhöht das Angebot und senkt die Nachfrage.

Diese beiden Gesetze zeigen, dass die Preise Angebot und Nachfrage und umgekehrt Angebot und Nachfrage die Preise beeinflussen. Herrscht ein Überangebot, so sinkt der Preis. Dadurch wird das Angebot kleiner und die Nachfrage grösser. Herrscht dagegen ein Unterangebot, so steigt der Preis. Dadurch erhöht sich das Angebot und vermindert sich die Nachfrage.

Der selbsttätige Ablauf der Preisbildung (Marktmechanismus) sucht also ein Gleichgewicht zwischen Angebot und Nachfrage herbeizuführen. Gelingt es, den Gleichgewichtspreis zu finden, so gehen Anbieter und Nachfrager befriedigt vom Markt. Es gilt deshalb: **Der Gleichgewichtspreis räumt den Markt.**

In Abbildung 3.14 sind die Preisgesetze graphisch dargestellt.

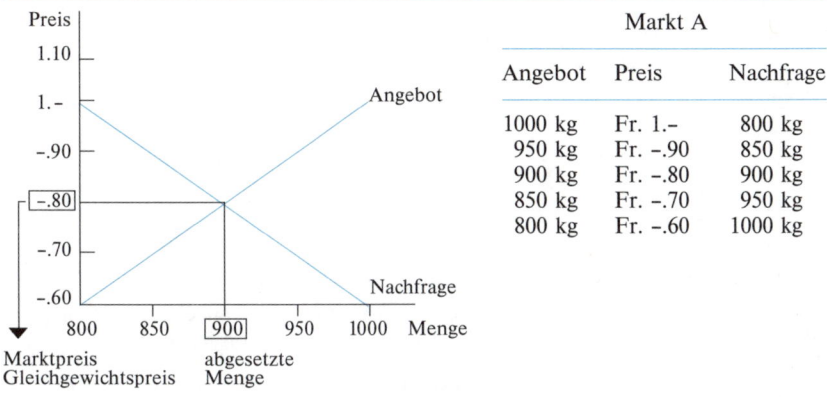

	Markt A	
Angebot	Preis	Nachfrage
1000 kg	Fr. 1.–	800 kg
950 kg	Fr. –.90	850 kg
900 kg	Fr. –.80	900 kg
850 kg	Fr. –.70	950 kg
800 kg	Fr. –.60	1000 kg

Abb. 3.14: Preisgesetze

Die Angebots- und Nachfragekurven gelten aber jeweils nur so lange, als sich die Bedingungen, zu denen angeboten und nachgefragt wird, nicht verändern. Sobald eine neue Bedingung eintritt, entsteht eine neue Angebots- und Nachfragekurve.

4.3.5 Veränderungen des Angebotes und der Nachfrage

Abbildung 3.15 zeigt die Veränderungen der Angebots- und Nachfragekurve.

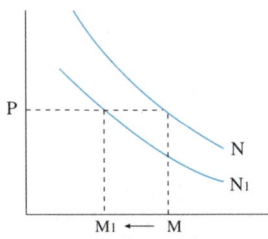

Nachfragesenkung

Die zum Preis P nachgefragte Menge verringert sich von M auf M_1

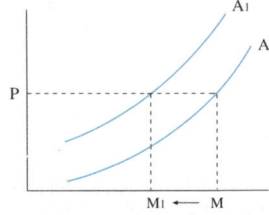

Angebotssenkung

Die zum Preis P angebotene Menge verringert sich von M auf M_1

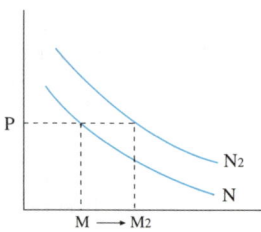

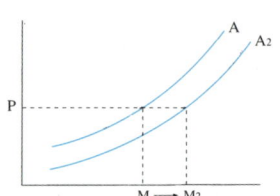

Nachfragesteigerung

Die zum Preis P nachgefragte Menge erhöht sich von M auf M_2

Angebotssteigerung

Die zum Preis P angebotene Menge vergrössert sich von M auf M_2

Abb. 3.15: Veränderungen der Angebots- und der Nachfragekurve

Mögliche Veränderungen auf der Nachfrageseite, z. B.:

1. Einkommensänderungen der Nachfrager

2. Mode- und Geschmacksänderungen (Bedürfniswandel)

3. Preise der Substitutionsgüter[13] verändern sich (Güter, die ähnliche Bedürfnisse befriedigen wie Margarine und Butter)

4. Preise der Komplementärgüter verändern sich (Güter, die zusammen verwendet werden wie Autos und Pneus)

5. Steigende oder sinkende Preiserwartungen beeinflussen die spekulative Nachfrage.

Sobald sich eine solche Veränderung einstellt, ergibt sich eine neue **Nachfragekurve.** Für den gleichen Preis fragt man eine grössere oder kleinere Menge nach, oder, anders ausgedrückt, man zahlt für die gleiche Menge einen höheren bzw. einen tieferen Preis.

Mögliche Veränderungen auf der Angebotsseite, z. B.:

1. Änderung der Produktionskosten, z. B. Lohnerhöhungen, die nicht über die Gewinnmarge aufgefangen werden

2. Produktivitätssteigerungen ermöglichen Preissenkungen

3. Ernteschwankungen (eine Überproduktion kann Produzenten zu Preissenkungen veranlassen).

Sobald sich eine solche Veränderung einstellt, ergibt sich eine **neue Angebotskurve,** weil zu gleichen Preisen eine grössere bzw. eine kleinere Menge angeboten wird.

13 Substitutionsgut heisst: Ersatzgut (z. B. Margarine für Butter).

3.6 Die Elastizität der Nachfrage und des Angebotes

ür die Volkswirtschaftslehre ist schliesslich der Grad der Steilheit der ngebotskurve und der Nachfragekurve (Elastizität von Angebot und achfrage) von Bedeutung (vergleiche Abbildung 3.16).

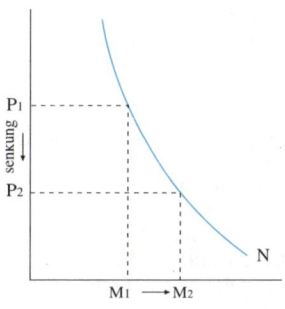

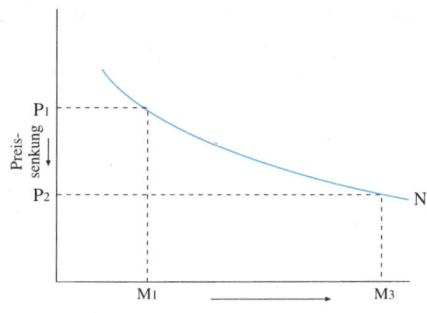

ınahme der nachgefragte Menge | Zunahme der nachgefragten Menge

ɔb. 3.16: Elastizität der Nachfrage

Bei einer Preisänderung verändert sich die nachgefragte Menge nur sehr wenig.	Bei einer Preisänderung verändert sich die nachgefragte Menge bedeutend.
= Unelastische Nachfrage	**= Elastische Nachfrage**
Elastizität < 1 (kleiner als 1)	Elastizität > 1 (grösser als 1)
z. B. eine Senkung des Preises von Fr. 1.- auf Fr. –.90, also um 10%, bewirkt eine Erhöhung der Nachfrage von 1000 auf 1050 Stück, also um 5%. Die Elastizität beträgt somit 0,5.	z. B. eine Senkung des Preises von Fr. 1.- auf Fr. –.90, also um 10%, bewirkt eine Erhöhung der Nachfrage von 1000 auf 1200 Stück, also um 20%. Die Elastizität beträgt somit 2.

Die Elastizität (Preiselastizität) der Nachfrage wird wie folgt berechnet:

$$\text{Preiselastizität der Nachfrage} = \frac{\text{prozentuale Änderung der Nachfragemenge}}{\text{prozentuale Änderung des Preises}}$$

Die Nachfrage ist unelastisch

1. bei lebensnotwendigen Gütern, für die es keine Surrogate gibt;
2. wenn die nachgefragte Menge relativ gross, der Preis dagegen tief ist.

Die Nachfrage ist elastisch

1. bei nicht lebensnotwendigen Gütern;
2. wenn für das betreffende Gut Ersatzgüter (Substitutionsgüter, Surrogate) vorhanden sind;
3. wenn der Preis relativ hoch und die nachgefragte Menge gering ist.

Unter Elastizität der Nachfrage versteht man also die Reaktionsweise der nachgefragten Menge auf Preisänderungen.

Anwendungsbeispiel: Wir Inländer wollen den Export mit Exportsubventionen fördern. Es stellt sich die Frage, welche Produkte subventioniert werden sollen, damit die inländische Produktion möglichst vergrössert werden kann.

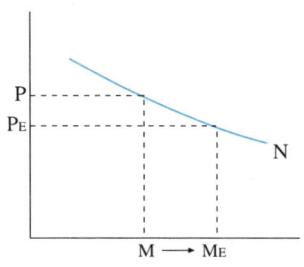

Das Mass der Exportförderung ist abhängig von der Elastizität der Nachfrage auf den Auslandsmärkten. Ist sie grösser als 1, so wird der Ausfuhrwert erhöht werden, bei einer Elastizität von 1 gleichbleiben und bei unelastischer Nachfrage sogar abnehmen.

Neben der Elastizität der Nachfrage gibt es auch eine Elastizität des Angebotes (vergleiche Abbildung 3.17).

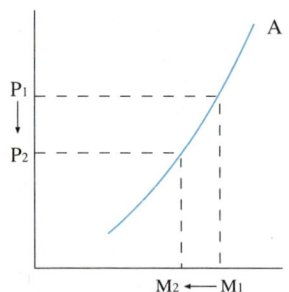

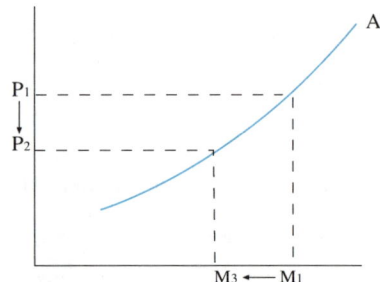

Unelastisches Angebot
Anbietender Betrieb hat hohe Fixkosten und Lagerkosten, verderbliche Güter (Nahrungsmittel), Boden, infolge seiner Knappheit, Anbieter ist illiquid, d. h., er ist auf raschen Absatz angewiesen.

Elastisches Angebot
Anbietender Betrieb hat hohe Fix- und Lagerkosten, Anbieter ist liquid, d. h., bei Preissenkungen kann er mit dem Absatz zuwarten, bis die Preise günstiger liegen.

Abb. 3.17: Elastizität des Angebotes

Die Elastizität des Angebotes wird gleich berechnet wie bei der Nachfrage:

$$\text{Preiselastizität des Angebotes} = \frac{\text{prozentuale Änderung der Angebotsmenge}}{\text{prozentuale Änderung des Preises}}$$

Die Elastizität von Angebot und Nachfrage ist von grosser Bedeutung für die **Schwankungen der Preise** sowie für die **Marktstellung verschiedener Produzentengruppen.** Tabelle 3.18 zeigt die vier Möglichkeiten.

Angebot	Nachfrage	Preise	Begründung
Elastisch	Elastisch	Stabil	Produktionsüberschüsse können mit kleiner Preissenkung abgesetzt werden. Eine Übernachfrage kann mit einer kleinen Preiserhöhung beseitigt werden
Unelastisch	Unelastisch	Grosse Preisschwankungen möglich	z. B. beim Brotgetreide, sofern freie Preisbildung, bei Missernten starke Preissteigerung, bei Überproduktion starke Preissenkung
Unelastisch	Elastisch	Ausgeglichene Preise	z. B. Obstproduktion, sofern freie Preisbildung. Das Angebot ist infolge Ernteschwankungen und rascher Verderblichkeit unelastisch. Weil aber die Nachfrage elastisch ist, genügt bei Überernte zur Absatzsicherung eine kleine Preissenkung. Bei Missernten sind Preissteigerungen begrenzt, weil Südfrüchte als Ersatz dienen
Elastisch	Unelastisch	Tendenz zu Preiserhöhungen	Vielfach bei industrieller Produktion. Durch geringe Einschränkung des Angebotes Preissteigerung. Günstige Konstellation für Monopole

Tab. 3.18: Möglichkeiten der Angebots- und Nachfragesituationen mit verschiedenen Elastizitäten

4.3.7 Das Modell der vollkommenen Konkurrenz und die Wirklichkeit

Das Modell der vollkommenen Konkurrenz baut auf sieben Annahmen auf, die in Wirklichkeit nicht zutreffen:

1. Die Zahl der Anbieter und Nachfrager ist nicht immer beliebig gross. Weil sich in einer freien Marktwirtschaft jedes Wirtschaftsobjekt frei entfalten kann, erlangen einzelne Unternehmungen auf Teilmärkten Machtstellungen. Dadurch haben sich neben der Konkurrenz weitere Marktformen herausgebildet, die in Tabelle 3.19 zusammengestellt sind.

Anbieter		Nachfrager	Marktform	Beispiele
Viele	M	Viele	Konkurrenz	Möbel, Auto, Radio- und Fernsehapparate, Waschmittel usw.
Einer	A	Viele	Angebotsmonopol	Patentierte Erfindungen
Viele	R	Einer	Nachfragemonopol	Bund (z. B. bei Rüstungsaufträgen), Importe der Ostblockländer
Wenige (Zwei)	K	Viele	Angebotsoligopol (Dyopol)	Warenhäuser in einer Stadt
Einer	T	Einer	Bilaterales Monopol	Gesamtarbeitsverträge zwischen Arbeitgeberverbänden und Gewerkschaften

Tab. 3.19: Marktformen

Diese Darstellung zeigt, dass Marktformen in Wirklichkeit auch durch den Staat geprägt werden können.

2. In jeder Volkswirtschaft gibt es Preisabsprachen (z. B. in Kartellen) sowie staatlich festgesetzte Preise, die über oder unter dem Marktpreis liegen können.

3. Einzelne Marktformen und Preisabsprachen können gewissen Marktteilnehmern Vorzüge bringen.

4. Den Wirtschaftssubjekten fehlt meistens die vollkommene Information. Deshalb mangelt es an Markttransparenz: Die Unternehmungen wissen nicht, wie die Konsumenten auf Neuerungen reagieren, und die Konsumenten haben den Überblick über das Marktgeschehen nicht.

5. Das Verhalten der Marktteilnehmer ist bei steigendem Wohlstand immer weniger rational im Sinne des homo oeconomicus. Es wird zunehmend mehr von psychologischen Momenten beeinflusst (z. B. in

unsicheren Zeiten wird trotz sinkenden Preisen weniger nachgefragt, weil zur persönlichen Vorsorge mehr gespart wird).

6. Mit steigendem Wohlstand gibt es immer weniger homogene Güter, denn die Produzenten versuchen den Absatz mit einer immer weitergehenden Differenzierung der Produkte (technische Verbesserungen, äussere Gestaltung der Produkte, schönere Verpackung) zu erhöhen oder gar ein kurzfristiges Monopol aufzubauen. In diesem Fall tritt an die Stelle der vollkommenen Konkurrenz die **monopolistische Konkurrenz** (vgl. S. 148).

7. Die Anpassung an neue Marktverhältnisse erfolgt oft nicht genügend rasch (z. B. Umstellungen in der Produktion einer Unternehmung bedürfen etwelcher Zeit, wenn auch Zulieferbetriebe umstellen müssen. Oft sind solche Umstellungen kurzfristig auch gar nicht möglich, weil der ganze Produktionsapparat zu starr ist oder die fixen Kosten zu hoch sind).

Trotz diesen Einschränkungen haben aber alle Ausführungen über das Modell der vollkommenen Konkurrenz nicht nur theoretischen Wert. Überall dort, wo sich auch heute viele Anbieter und Nachfrager begegnen und wo die Elastizität von Angebot und Nachfrage gross ist, gelten die besprochenen Regeln im beschriebenen Sinn.

Für die Annäherung an die Wirklichkeit gilt es im weitern die übrigen Marktformen modellmässig zu betrachten.

4.4 Weitere Marktformen als Modelle

4.4.1 Das Angebotsmonopol

a) Gründe, die zu einem Angebotsmonopol führen

1. Staatliche Privilegien (Eisenbahn, Post, Elektrizitätswerke). Meistens handelt es sich um Bedarfsdeckungsmonopole, bei denen nicht das Gewinnstreben, sondern die Deckung des Bedarfes der Allgemeinheit im Vordergrund steht (staatliche Regalien).

2. Natürliche Faktoren (Heilquellen, Kurorte).

3. Rechtliche Faktoren (Patente). Solche Monopole sind Gewinnmaximierungsmonopole, weil sie den höchsten Gewinn anstreben und nicht primär auf den Bedarf Rücksicht nehmen.

4. Zusammenschlüsse (Kartelle, Verbände). Meistens Gewinnmaximierungsmonopole.

5. Ausschaltung der Konkurrenz infolge Überlegenheit des einen Konkurrenten über die andern (Vorsprungs- und Gewinnmaximierungs-
monopol).

Das Monopol ist nicht an eine bestimmte Rechtsform gebunden.

b) Preisbildung beim Monopol

Bei der Preisfestsetzung ist der Monopolist an die Nachfragekurve gebunden, denn sobald er zu hohe Preise festlegt, weichen die Konsumenten auf ein Substitutionsgut aus. Von Bedeutung ist die Elastizität der
Nachfrage, denn von ihr hängt ab, welchen Einfluss die Preisänderungen
auf die Absatzmenge haben. Je unelastischer die Nachfrage ist, desto
freier kann der Monopolist, der nach dem grössten Gesamtgewinn
strebt, die Preise festlegen. Abbildung 3.20 zeigt die Preisbildung beim
Monopol.

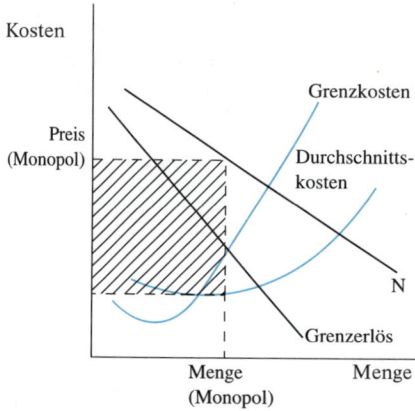

Der Gesamtgewinn nimmt so lange zu,
als der Grenzerlös die Grenzkosten
(vgl. S. 133 ff.) übersteigt. Sobald die
Grenzkosten grösser sind als der Grenzerlös, so verkleinert sich der Gesamtgewinn. Der grösste Gewinn wird also
bei jener Produktionsmenge erzielt, bei
der Grenzkosten und Grenzerlös gleich
gross sind. Würde nämlich eine Einheit
mehr produziert, so wären die Grenzkosten grösser als der Grenzertrag.
Es entstünde also ein Grenzverlust,
der den Gesamtgewinn verkleinern
würde.

Eine durch den Schnittpunkt der Grenz-
erlös- und Grenzkostenkurve gelegte
Senkrechte bestimmt beim Schnitt-
punkt mit der Nachfragekurve den
Monopolpreis sowie die im Monopol
abzusetzende optimale Menge. Die
Nachfragekurve stellt zugleich den
Durchschnittserlös pro Stück dar. Damit
lässt sich der Monopolgewinn (schraf-
fierte Fläche) darstellen, welcher der
Differenz von Durchschnittserlös minus
Durchschnittskosten mal abgesetzte
Menge entspricht.

Abb. 3.20: Preisbildung beim Monopol

c) Beurteilung des Monopols

Vorteile:

1. Der Monopolist kann seinen Gewinn maximieren.

2. Seine langfristige Planung wird erleichtert, weil er die ungefähre Produktionsmenge im voraus bestimmen kann.

Nachteile:

1. Für den Monopolisten besteht die Gefahr, dass er nicht mehr genügend weiterforscht und rationalisiert.

2. Für den Konsumenten ist die optimale Bedarfsdeckung nicht mehr gewährleistet, und er muss die Monopolgewinne tragen.

4.4.2 Das Nachfragemonopol

Beim Nachfragemonopol tritt ein Nachfrager einer Vielzahl von Anbietern gegenüber. Als einziger Nachfrager kann er anhand der Angebotskurve die Preise festlegen. Setzt er sie zu tief an, so werden nur wenige Anbieter verkaufen können.

Das Nachfragemonopol spielt bei Staatsaufträgen eine Rolle. Dort ist es wichtig, dass der Staat nicht automatisch den billigsten Anbieter berücksichtigt, weil es immer wieder Anbieter gibt, die masslos unterbieten, um den Staatsauftrag zu erhalten, und die später höhere Rechnungen in der Hoffnung stellen, der Staat bewillige ohne weiteres Nachtragskredite.

Häufig sprechen sich bei Staatsaufträgen Produzenten gegenseitig ab, um gemeinsam hohe Preise und damit grössere Gewinne zu erzielen. In solchen Fällen versucht der Staat den besten Anbieter aufgrund bisheriger Erfahrungen mit ihm, erkannten Qualitätsunterschieden in der Leistung oder rascher Auftragserfüllung, auszuwählen.

4.4.3 Das bilaterale Monopol

Die Preisbildung im bilateralen Monopol ist primär eine Machtfrage. Je dringender die Nachfrage oder das Angebot ist, desto schwächer ist die Marktposition des Nachfragers bzw. Anbieters. Theoretisch ist im bilateralen Monopol kein automatisches Gleichgewicht möglich. In der Wirklichkeit tendieren aber viele äussere Einflüsse in Richtung des Gleichgewichtes: auf dem Arbeitsmarkt (bilaterales Monopol zwischen Gewerkschaften und Arbeitgeberverbänden) etwa die Idee des gerechten Lohnes, die Scheu vor der öffentlichen Meinung usw.

4.4.4 Das Dyopol und das Oligopol

a) Preisbildung

Jeder Oligopolist (oder Dyopolist) legt seinen Preis in der Ausgangslage nach den Grundsätzen der Monopolpreisbildung fest. Nun könnte der Oligopolist, der einen grösseren Marktanteil an sich reissen möchte, seine Preise senken. Dann werden aber die andern Oligopolisten gezwungen, ihre Preise auch zu senken, um ihren Marktanteil wieder vergrössern zu können. Damit sind alle Oligopolisten marktmässig wieder gleich, preis- und gewinnmässig aber schlechter gestellt. Diese Erscheinung bezeichnet man als **ruinöse Konkurrenz.**

b) Beurteilung

Die ruinöse Konkurrenz bringt dem Konsumenten vorübergehende Preissenkungen (z. B. Warenhäuser). Sie ist aber für die Produzenten nachteilig. Deshalb schliessen sich Oligopolisten häufig zusammen und treffen Absprachen aller Art (z. B. gemeinsame Preise), um ihre Gewinne zu erhalten.

4.4.5 Die monopolistische Konkurrenz

Ein absolutes Monopol ist heute in den wenigsten Fällen gegeben. Jeder Monopolist steht vielmehr in Konkurrenz mit andern Monopolisten oder Nichtmonopolisten, die ähnliche oder Ersatzgüter anbieten. Jeder dieser Mitkonkurrenten (man spricht von monopolistischen Konkurrenten) wird versuchen, seine Produkte durch Marken, Verpackungen, Zugaben[14] oder Werbung zu individualisieren, um seinerseits eine Monopolstellung zu erhalten und den Preis entsprechend den Überlegungen des Angebots-monopols festlegen zu können. Die übrigen monopolistischen Konkurrenten werden aber darauf reagieren, indem sie ihre Preise senken oder ein ähnliches Produkt auf den Markt bringen. Auf diese Weise versuchen sie einen grösseren Marktanteil zu erobern.

Dadurch wird die Monopolstellung des ersten Monopolisten gebrochen, und ein anderer monopolistischer Konkurrent kann vorübergehend eine Monopolstellung erringen. Diese Marktform bezeichnet man als **monopolistische Konkurrenz.**

---

14 Zugaben heisst: Dem Produkt wird beim Kauf etwas beigegeben (z. B. Gutscheine, Sammelbons, kleine Geschenke).

Im Reifestadium einer Volkswirtschaft ist im Konsumgütersektor die monopolistische Konkurrenz die vorherrschende Marktform. Um eine vorübergehende Monopolstellung zu erhalten, genügt aber nicht nur eine qualitativ gute und preiswerte Ware, sondern der Konsumgüterproduzent muss andauernd werben, damit sein Produkt, seine Marke oder seine Firma bekannt bleiben. Der **Werbung** kommt also in der monopolistischen Konkurrenz entscheidende Bedeutung zu. Der volkswirtschaftliche Wert der Werbung ist allerdings umstritten, besonders seit bekannt ist, dass die Werbeaufwendungen in fortgeschrittenen Volkswirtschaften 3 bis 5% des Volkseinkommens ausmachen und dieser Anteil im Steigen begriffen ist.

Die moderne **Werbung** erfüllt drei Funktionen:

1. Informative Werbung

Sie informiert den Konsumenten, vergrössert die Markttransparenz und erlaubt den Einkommensempfängern ein besseres Disponieren. Allerdings ist auch diese Werbung einseitig und parteiisch, denn ihr letzter Zweck ist die Absatzförderung. Deshalb werden heute neutrale Begutachtungsinstitute gefordert, welche «Expertengutachten» über die angepriesenen Güter veröffentlichen.

2. Suggestive Werbung

Bei ihr stehen nicht sachliche, sondern emotionale Argumente im Vordergrund. Eine solche Werbung will vor allem Vergleiche mit anderen Produkten erschweren und gewisse Vorzüge der eigenen Waren mit Leitbildern oder Appellen an unterbewusste Regungen hervorheben. Wenn es einmal gelungen ist, mit suggestiver Werbung ein Meinungsmonopol zugunsten des eigenen Produktes zu schaffen, so besteht ein gewisser Schutz, weil der Konsument an der Marke festhält, obschon es andere, bessere und billigere Produkte geben kann. Untersuchungen ergaben z. B., dass Raucher einer Marke aus zehn neutralen Packungen heraus ihre eigene Marke nicht mehr erkannten. Ähnliche Ergebnisse lieferten Versuche mit Kaffee, Bier und Whisky. Man raucht oder trinkt also eine Marke oder eine Verpackung.

3. Defensive Werbung

Mit ihr wird ein Meinungsmonopol verteidigt. Sie dient nicht mehr der Aufklärung der Konsumenten, sie erhöht auch nicht mehr die Markttransparenz, sondern sie ist Erinnerungswerbung und bezweckt die Abwehr aller Konkurrenz.

Während die informative Werbung zu begrüssen ist, bleiben suggestive und defensive Werbung volkswirtschaftlich umstritten, denn letztlich erhöht die Werbung die Vertriebskosten. Selbst wenn in einer Branche dank intensiver Werbung die Umsätze erhöht und die Stückkosten gesenkt werden können, muss angenommen werden, dass in anderen Branchen Umsatzrückgänge zu verzeichnen sind und erhöhte Werbeaufwendungen nötig werden. Aber auch jene Branche, welche die Umsätze erhöhen konnte, wird zu erneuten Werbemassnahmen (Defensivwerbung) gezwungen, um den Marktanteil halten zu können. Damit scheint die Werbung doch allgemein die Preise zu erhöhen.

Zweifellos wird durch die Werbung die Konsumneigung vergrössert und die Sparneigung verkleinert, was in Zeiten der Hochkonjunktur nicht erwünscht ist. In Zeiten der rückläufigen Beschäftigung hingegen könnte eine Vergrösserung der Konsumneigung den Anlass zu Auftriebstendenzen geben. Die Erfahrung zeigt aber, dass Unternehmungen während der rückläufigen Beschäftigung mit Werbemassnahmen zurückhaltend sind, während sich in der Hochkonjunktur die einzelnen Unternehmungen in Werbefeldzügen geradezu überbieten. Daraus ergibt sich die Vermutung, dass die Werbung die Auf- und Abwärtsbewegungen der Wirtschaft verstärkt.

Schliesslich stellt sich die Frage, ob die Werbung das Wohlbefinden des Menschen vergrössern kann. Heute zielt ein grosser Teil der Suggestivwerbung darauf ab, neue Bedürfnisse einzureden, die nicht selten im Interesse von Produktionserhöhungen befriedigt werden sollten. In diesem Fall ist es sehr fraglich, ob, wenn ein solches früher unbekanntes Bedürfnis befriedigt werden kann, das Wohlbefinden tatsächlich steigt. Es ist vielmehr zu vermuten, die heutige Werbung schaffe so viele neue Bedürfnisse, dass es breiten Bevölkerungsschichten gar nicht mehr möglich ist, sie alle zu befriedigen. Daraus resultiert entweder eine andauernde Unzufriedenheit oder der Drang nach zusätzlichen Verdienstquellen (Nebenverdienste).

Zweifellos wäre vermehrte informative Werbung erwünscht. Im Zunehmen begriffen sind aber die volkswirtschaftlich wertlosere Suggestiv- und Defensivwerbung. Deshalb stellt sich die Frage, wie diese zweite Gruppe von Werbemassnahmen beschränkt werden könnte. Vorgeschlagen wurde eine Besteuerung der Suggestivwerbung. Dies dürfte indessen technisch nicht durchführbar sein; denn wie könnte der Steuergesetzgeber die Suggestivwerbung in Wirklichkeit von informativer Werbung unterscheiden und wie den Anteil der Werbekosten an den Selbstkosten bestimmen? «Statt Werbeausgaben Preisunterbietung», so lautet ein anderer Vorschlag. Abgesehen von Vorwürfen des unsolidarischen Verhaltens seitens der Geschäftsfreunde setzte sich ein Unternehmer der Gefahr des Absatzrückganges aus, weil die heutigen Konsumenten Preissenkungen mit Qualitätsverlust oder minderwertiger Ware gleichsetzen. Die einzige reale Möglichkeit stellen **gemeinschaftliche Absprachen über die Beschränkung der Werbeausgaben** in ganzen Branchen dar. Diese Massnahme käme allen Beteiligten zugute. Die Frage ist nur die, ob dann nicht Nachfrageverlagerungen auf Branchen erfolgen würden, die unvermindert weiter Suggestivwerbung betreiben, so dass die Branche, welche die Werbung beschränkt, mit Umsatzrückgängen zu rechnen hätte. Die Beantwortung dieser Frage wird abhängen von der Notwendigkeit des Gutes, für welches die Werbung beschränkt würde.

Bei einer Beurteilung der Werbung darf nicht übersehen werden, dass Werbung **systemimmanent**[15] ist. In der Marktwirtschaft soll der Unternehmer seine Waren anpreisen und den Markt beeinflussen können. Deshalb wäre ein Werbeverbot systemwidrig. Da Werbung aber auch Fehlentwicklungen einleitet, sollte nach liberaler Auffassung der Konsument befähigt werden, Werbung zu durchschauen, um weniger geleitet, sondern aufgrund der Werbung Kaufentscheide bewusster treffen zu können!

4.5 Beurteilung der reinen Marktwirtschaft

Ansätze zur reinen Marktwirtschaft sind in der zweiten Hälfte des 19. Jahrhunderts zu finden. Damals beschränkte sich der Staat auf die Garantie des Privateigentums und der Vertragsfreiheit. Dadurch konnten sich die Unternehmen frei entfalten. Das Gewinnstreben und die Konkurrenz spornten zu wirtschaftlichen Höchstleistungen an. So stieg z. B. der Produktionsausstoss in den Jahren zwischen 1860 und 1913 um das Siebenfache.

Gleichzeitig konnte die Arbeitszeit verkürzt und die Kaufkraft des Geldes erhöht werden.

---

15 Systemimmanent heisst: Etwas gehört zum System. Es ist ein Merkmal des Systems.

Aber allmählich artete die Konkurrenzwirtschaft der damaligen Zeit in einen zügellosen **Wirtschaftsegoismus** aus, und es ergaben sich folgende Fehlentwicklungen:

1. Die Vertragsfreiheit wurde zur **Ausschaltung von Schwachen** und zur Schaffung von **Sonderstellungen** (Oligopole, Monopole) ausgenützt. Dadurch wurden der Wettbewerb und der Preismechanismus zum Teil ausser Kraft gesetzt. Die Freiheit einzelner führte zur Beschränkung der Freiheit vieler.

2. Auch die Arbeit wurde nach den Gesetzen von Angebot und Nachfrage gehandelt (vgl. die Politische Ökonomie von Karl Marx). Infolge des Bevölkerungswachstums und als Folge der Mechanisierung erhöhte sich das Angebot an Arbeitskräften, und die Löhne begannen zu sinken. Weil die Arbeitnehmer damals schutzlos waren (Gewerkschaften fehlten noch weitgehend), entstanden **soziale Spannungen**.

3. Das individuelle Gewinnstreben und die Konzentration in der Wirtschaft führten zu **Konjunkturschwankungen** (Auf- und Abwärtsbewegungen in der Wirtschaft) und zu Massenarbeitslosigkeit, Störungen, welche die freie Marktwirtschaft nicht zu überwinden vermag.

So bleibt die freie Marktwirtschaft ein Wunschbild, denn sie trägt infolge einer falschen Beurteilung des Menschen immer Tendenzen zur Selbstzerstörung in sich.

Umgekehrt brachte das Konkurrenzprinzip einen enormen Aufschwung. Deshalb wurde nach dem Zweiten Weltkrieg in der westlichen Welt versucht, eine Wirtschaftsordnung aufzubauen, in welcher das Konkurrenzprinzip spielt, die negativen Auswirkungen aber durch staatliche Massnahmen beseitigt werden. Diese Wirtschaftsordnung heisst **soziale Marktwirtschaft**. Sie ist heute die überall angestrebte Marktform, die aber in sehr vielen Spielarten weltweit vorzufinden ist.

5. Die soziale Marktwirtschaft

5.1 Merkmale der sozialen Marktwirtschaft

Die Beschreibung der sozialen Marktwirtschaft ist schwieriger als die Darstellung der reinen Marktwirtschaft und der reinen Planwirtschaft, weil sie in dauerndem Wandel ist. Anhand der auf Seite 113 aufgezählten Problemkreise zur Gestaltung der Wirtschaftsordnung lässt sich die soziale Marktwirtschaft in der in Tabelle 3.21 dargestellten Form beschreiben.

Merkmale der sozialen Marktwirtschaft

1. Mensch und Gesellschaft stehen in einem gegenseitigen, nicht in einem übergeordneten Verhältnis. Ziel des Einzelmenschen ist das Einzelwohl, aber als Glied der Gesellschaft ist er ihr zu- und untergeordnet, so dass, wenn es das Gemeinwohl erfordert, er sein Einzelwohl zurückzustellen hat.

2. Die Steuerung der Wirtschaft erfolgt soweit als möglich über den Markt. Dort wo der Marktmechanismus versagt, greift der Staat in das Spiel von Angebot und Nachfrage ein (meistens aus struktur-, konjunktur-, wachstums- und verteilungspolitischen Gründen).

3. Triebkraft der Wirtschaft ist das individuelle Gewinnstreben, das aber durch Steuern, Sozialabgaben und Subventionen sowie vereinzelte Verbote beeinflusst wird. Es wird also eine politisch tragbare Umverteilung des Einkommens angestrebt.

4. Das Privateigentum ist gewährleistet, kann aber im Interesse des öffentlichen Wohls durch gesetzliche Massnahmen, durch staatliche Aufgabenerfüllung oder durch Planungsmassnahmen beschränkt werden.

5. Die Zuteilung der Konsumgüter an die Konsumenten erfolgt aufgrund individueller Kaufkraft. Korrekturen können auf fiskalischem Weg (über Steuern) vorgenommen werden.

6. Der Staat greift im Rahmen der wandelbaren Rechtsordnung ausgleichend, steuernd und planend in die Wirtschaft ein, um einen geordneten Wettbewerb (Aufrechterhaltung des Wettbewerbs, Entschärfung sozialer Spannungen) und eine störungsfreie Entwicklung der Wirtschaft (Ausschalten von konjunkturellen Schwankungen) sicherzustellen.

Tab. 3.21: Merkmale der sozialen Marktwirtschaft

Ganz einfach ausgedrückt lässt sich die soziale Marktwirtschaft so definieren: Verbindung des Prinzips der Freiheit auf dem Markt mit dem Prinzip des sozialen Ausgleichs in der Gesellschaft.

Die Idee der sozialen Marktwirtschaft geht auf die Neoliberalen zurück, die das volkswirtschaftliche Denken nach dem Zweiten Weltkrieg prägten

(Walter Eucken, Ludwig Erhard[16]). Ihnen ging es darum, die Wirtschaftsordnung so auszugestalten, dass ein freier Wettbewerb unter den Unternehmungen jederzeit garantiert ist und sich keine Monopole und mono-
polähnliche Unternehmungen und Unternehmungszusammenschlüsse
bilden können. Deshalb war für sie die **Wettbewerbspolitik** das wichtigste
Anliegen. Mit ihr sollte dafür gesorgt werden, dass überall freie Märkte
bestehen können und sich auch Staatsunternehmungen (die sie auf Ver-
sorgungsbetriebe beschränken wollten) den Regeln des Marktes zu unter-
werfen haben. Ihr zweites Anliegen galt der **Sozialpolitik**. Sie hat zum Ziel,
die sich aus dem Marktprozess ergebende Einkommensverteilung durch
Umverteilung so zu korrigieren, dass alle Gesellschaftsschichten politisch
mit ihren Einkommen mehr oder weniger zufrieden sind und keine sozialen Spannungen entstehen.

In vielen Ländern mit einer sozialen Marktwirtschaft greift der Staat
immer stärker in die Wirtschaft ein, so dass sie sich in Richtung einer
gelenkten Marktwirtschaft entwickelt. Der Übergang von einer sozialen
zu einer gelenkten Marktwirtschaft ist fliessend. Deshalb ist auch keine
klare Abgrenzung möglich.

5.2 Ordnung der sozialen Marktwirtschaft in der Schweiz

Abbildung 3.22 stellt die schweizerische Wirtschaftsordnung aus rechtlicher Sicht (Bundesverfassung) dar.

5.3 Die staatlichen Eingriffe in die Wirtschaft

Weil der Staat in einer sozialen und noch mehr in einer gelenkten Marktwirtschaft ausgleichend, steuernd und planend in die Wirtschaft eingreift
(interveniert), bedarf es klarer Vorstellungen, auf welche Art interveniert
werden kann, und unter welchen rechtlichen Voraussetzungen interveniert werden darf.

Abbildung 3.23 zeigt die Formen und Ziele der Staatseingriffe (Interventionen).

Für die Zukunft der sozialen Marktwirtschaft bedeutsam ist die Frage,
wie die Interventionen erfolgen sollen. Unterschieden wird zwischen
marktkonformen und nicht marktkonformen Interventionen.

---

16 Walter Eucken (1891–1950) war Professor der Volkswirtschaftslehre in Freiburg im
    Breisgau. Ludwig Erhard (1898–1977) war deutscher Bundeswirtschaftsminister, der
    das deutsche Wirtschaftswunder herbeiführte, und später Bundeskanzler.

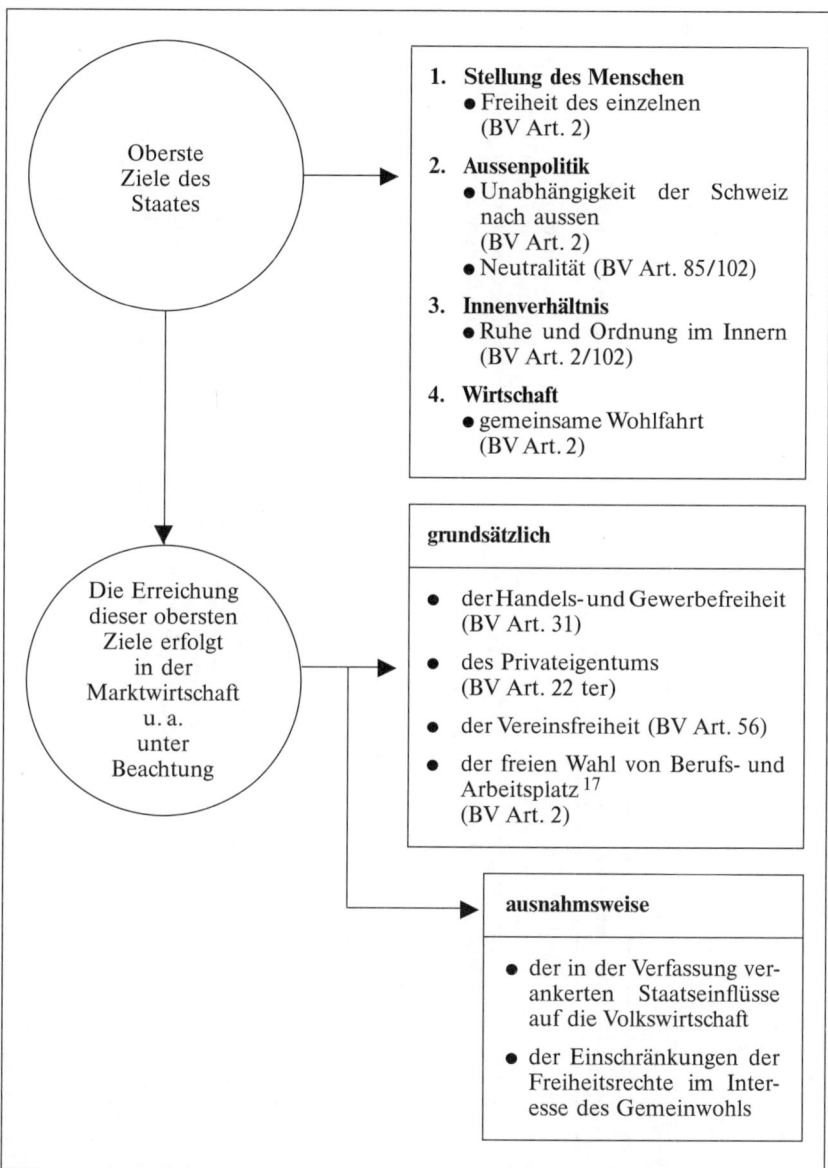

Abb. 3.22: Schweizerische Wirtschaftsordnung (rechtliche Grundlagen)

---

17 Alle Freiheitsrechte der Bürger, die bei der Schaffung der BV im Jahre 1848 selbstverständlich waren, werden in der BV nicht ausdrücklich angeführt.

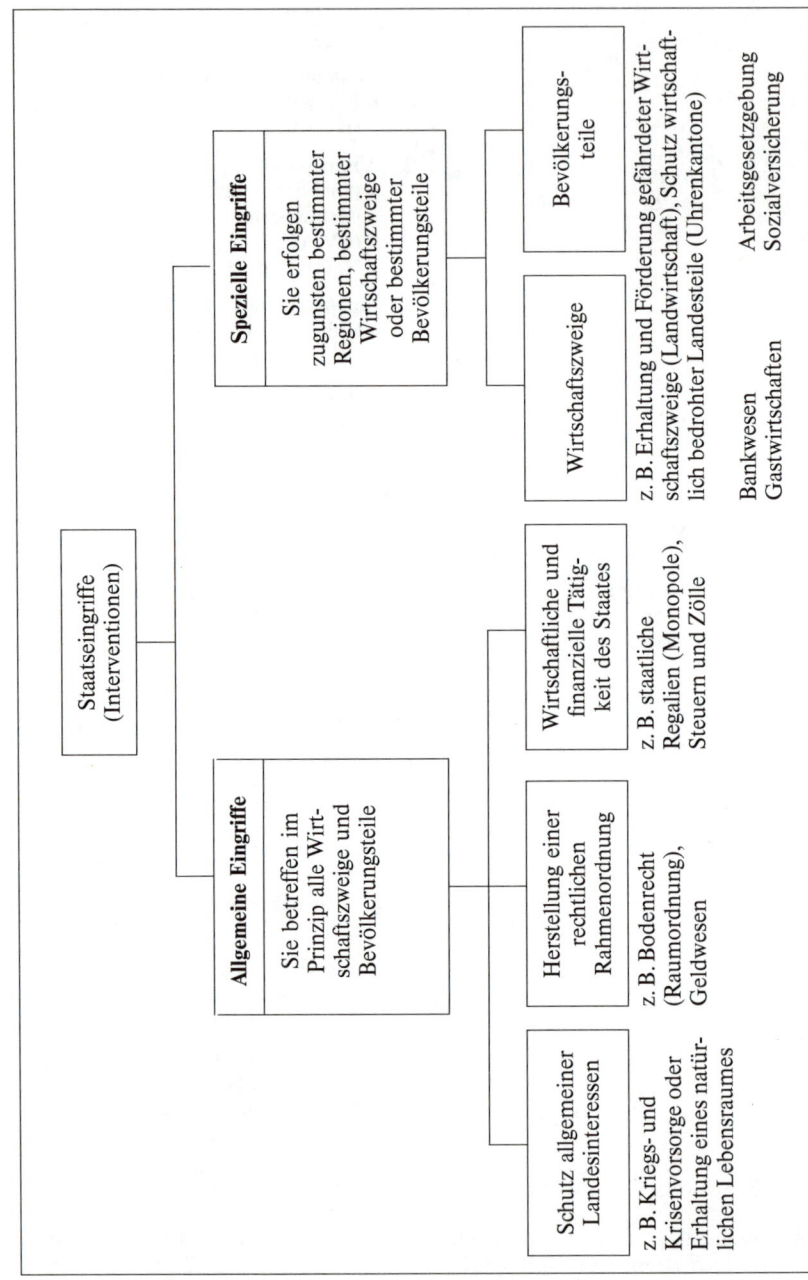

Abb.: 3.23: Formen und Ziele der Interventionen

a) **marktkonforme Massnahmen**, welche nur die Bedingungen des Tausch-
prozesses verändern, den Tauschprozess als solchen aber nicht beeinträchtigen.

Beispiele: Subventionierung, Zölle, Mindestreservepolitik (siehe S. 307), Offenmarktpolitik (siehe S. 306), Umsatzsteuererhöhung usw.

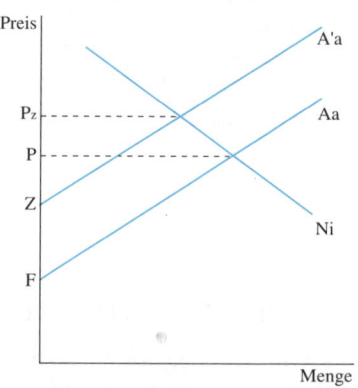

Zollbeispiel: Das Auslandsangebot ohne
Zoll entspricht der Angebotskurve Aa,
die Inlandnachfrage der Nachfragekurve
Ni, unter der Annahme, dieses Gut
werde im Inland nicht produziert. Der
Marktpreis ergäbe sich bei P. Nun wird
ein Stückzoll in der Höhe von FZ erhoben. Dadurch wird die Angebotskurve
parallel von Aa zu A'a verschoben. Der
Preis steigt auf Pz. Dieses Beispiel zeigt
deutlich, wie sich bei marktkonformen
Massnahmen wohl die Bedingungen,
nicht aber der Tauschprozess als solcher
(Gesetz von Angebot und Nachfrage)
verändern.

b) **nicht marktkonforme Massnahmen**, welche die marktwirtschaftliche
Selbststeuerung ausser Kraft setzen.

Beispiele: Staatlich festgesetzte Preise, Rationierung, Devisenzwangswirtschaft.

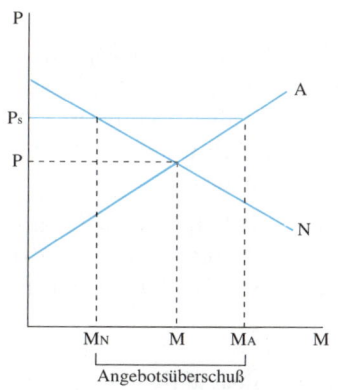

**Beispiel des staatlich festgesetzten Prei-
ses:** Bei freier Preisbildung ergibt sich
aufgrund der Angebots- und Nachfragekurve ein Marktpreis von P bei einer
abgesetzten Menge M. Setzt der Staat
nun den Preis über dem Gleichgewichtspreis auf Ps fest, so ergibt sich ein Angebot von MA und eine Nachfrage von
MN, was einem Angebotsüberhang von
MA–MN entspricht.
Staatliche Preisfestsetzungen kennt
man in der Schweiz in der Landwirtschaft. Als Folge davon stellt sich für den
Bund das Problem der Überschussverwertung (siehe Seite 220).

In einer sozialen Marktwirtschaft sollten nur konforme Massnahmen
angewendet werden. Dies ist aber nur so lange möglich, als in einem Wirt-
schaftsbereich der Marktmechanismus grundsätzlich noch funktionieren
kann. Sobald diese Voraussetzung nicht mehr erfüllt ist, drängen sich

157

nichtkonforme Massnahmen auf, die ihrerseits weitere nichtkonforme Massnahmen nach sich ziehen. Da die Wirtschaftsprobleme komplexer werden, muss zunehmend mehr zu nichtkonformen Massnahmen gegriffen werden.

Aus **rechtlicher** Sicht gilt für die Schweiz folgendes: Staatliche Eingriffe (Interventionen) in die Wirtschaft dürfen nur vorgenommen werden, wenn dazu die verfassungsmässige Grundlage gegeben ist. Damit soll die Mitwirkung des Volkes in Fragen, die die Wirtschaftsordnung betreffen, sichergestellt bleiben. Auf der Grundlage der einzelnen Verfassungsbestimmungen obliegt es dann den Behörden, die Einzelheiten der Eingriffe in der Gesetzgebung festzulegen.

5.4 Zunehmende Staatstätigkeit

5.4.1 Entwicklungstendenzen

Trendmässig lässt sich in bezug auf Staatseingriffe folgendes festhalten:

- Die Zahl der Staatseingriffe ist dauernd im Steigen begriffen. Deshalb zeichnet sich eine Entwicklung von der sozialen zur gelenkten Marktwirtschaft ab. Dadurch wird das freie Spiel von Angebot und Nachfrage immer mehr bedroht und das Wirtschaftsgeschehen laufend stärker reguliert[18].

- Immer mehr Staatseingriffe führen zu Freiheitsbeschränkungen für die Bürger.

- Es besteht eine Tendenz zu Staatseingriffen, für die die verfassungsmässige Grundlage fehlt (Notrecht, das mit dringlichen Bundesbeschlüssen durchgesetzt wird. Dringliche Bundesbeschlüsse sind Erlasse des Parlaments, die für eine bestimmte Zeit unter Ausschluss des Referendums in Kraft gesetzt werden können).

- Es gibt aber auch Bereiche, bei denen Staatseingriffe für eine wirksame Wirtschaftspolitik noch fehlen (z. B. bessere Aufgabenteilung zwischen Bund, Kantonen und Gemeinden [siehe S. 412] oder die Harmonisierung der Steuersysteme).

5.4.2 Ursachen und Bereiche der zunehmenden Staatstätigkeit

Für die zunehmende Staatstätigkeit sind verschiedene Ursachen verantwortlich:

---

18 Reguliert heisst: Staatlich geordnet.

1. Unregelmässige Entwicklung der Wirtschaft

In Zeiten des raschen Wachstums der Wirtschaft wird der Staat von zwei Seiten her zu Interventionen gezwungen. Einerseits muss er ein zu rasches Wachstum, das zu einzelnen Fehlentwicklungen führt, bremsen und die Fehlentwicklung korrigieren (z. B. Umweltprobleme, Konzentration in der Wirtschaft). Andererseits muss er aber diejenigen Branchen und Wirtschaftsgruppen, die durch das rasche Wachstum benachteiligt werden, schützen (z. B. Landwirtschaft). Bei rückläufiger Wirtschaftsentwicklung drängen sich Staatseingriffe auf, um die Wirtschaft wieder anzukurbeln.

2. Zunehmende Übertragung der sozialen Sicherung auf den Staat

In entwickelten Volkswirtschaften erwarten die Bürger eine immer bessere soziale Sicherung (Alters-, Invaliden-, Kranken-, Unfall- und Arbeitslosenversicherung) sowie staatliche Massnahmen zur Verbesserung des sozialen Ausgleichs (Umverteilung von Einkommen, Ausbau des Stipendienwesens). Alle diese Massnahmen fördern die Staatstätigkeit und die Staatseingriffe.

3. Steigender Gemeinschaftsbedarf

- Aufgaben, die schon immer dem Staat übertragen waren, werden komplizierter und greifen in immer weitere Wirtschaftsbereiche über (Verbesserung der Infrastruktur, staatliche Dienstleistungen).

- Der rasche technische Fortschritt und die beträchtliche Wohlstandssteigerung bringen Aufgaben, die die einzelnen Bürger und Unternehmungen allein nicht mehr lösen können oder wollen. Die Folge davon sind staatliche Massnahmen (z. B. Gewässerschutz, Altersheime).

4. Überbeanspruchung der Wirtschaft

Heute bestehen vor allem in der Schweiz Tendenzen zur Überbeanspruchung der Wirtschaft. So gibt es nicht wenige Leute, die glauben, man könne gleichzeitig die Arbeitszeit verkürzen, die Löhne erhöhen, das Wachstum bremsen und die Investitionen für den Umweltschutz verstärken. Obschon solche Bündel von Forderungen eine Fülle von Zielkonflikten beinhalten, sind immer weniger Leute zu einem Forderungsverzicht bereit. Als Folge davon entstehen zunehmend mehr wirtschaftliche Probleme, die häufig punktuell und ohne Berücksichtigung der Gesamtzusammenhänge mit meistens nicht marktkonformen Massnahmen zu lösen versucht werden. Die Folge davon ist eine rasche Zunahme der Staatstätigkeit, die sich oft selbst verstärkt.

Tabelle 3.24 zeigt die Bestimmungen der schweizerischen Bundesverfassung, welche dem Bund das Recht zu Interventionen einräumen.

Raumplanung (BV Art. 22^{quater})
Versorgung mit lebensnotwendigen Gütern (Art. 23bis, Art. 31bis, Abs. 3, lit. e)
Gewässerschutz (Art. 24bis)
Energie (Art. 24^{quater}, 24^{quinquies})
Natur- und Heimatschutz (Art. 24^{sexies})
Umweltschutz (Art. 24^{septies})
Jagd und Fischerei (Art. 25)
Tierschutz (Art. 25bis)
Eisenbahnen (Art. 26)
Rohrleitungen (Art. 26bis)
Filmwesen (Art. 27ter)
Schutz bedrohter Wirtschaftszweige und Berufe (Art. 31bis, Abs. 3, lit. a)
Landwirtschaft (Art. 31bis, Abs. 3, lit. b)
Schutz wirtschaftlich bedrohter Landesteile (Art. 31bis, Abs. 3, lit. c)
Wirtschaftliche Landesverteidigung (Art. 31bis, Abs. 3, lit. e)
Gastwirtschaftsgewerbe (Art. 31ter)
Bankwesen (Art. 31^{quater})
Konjunkturpolitik (Art. 31^{quinquies})
Konsumentenschutz (Art. 31^{sexies}, 32^{quater})
Preisüberwachung (Art. 31^{septies})
Wohnbauförderung (Art. 34^{sexies})
Mieterschutz (Art. 34^{septies})
Telekommunikation (Art. 36)
Strassenbau und Strassenverkehr (Art. 36, 36ter, 37, 37bis)
Luftschiffahrt (Art. 37ter).

Tab. 3.24: Verfassungsbestimmungen, die Interventionen des Bundes ermöglichen.

5.5 Eine Streitfrage: Wieviel Staat – wieviel Markt?

5.5.1 Ökonomische Staatstheorien

Die Frage, wie viele Staatseingriffe notwendig und erträglich sind, ohne dass der Markt seine Wirkung verliert, ist immer heftiger umstritten. Sehr häufig wird dabei nicht nur sachlich argumentiert, sondern es spielen weltanschauliche Gesichtspunkte mit. Diese beruhen auf den ökonomischen Staatstheorien, die sich mit dem Verhältnis von Staatstätigkeit und privater Initiative auseinandersetzen. Aus historischer Sicht lassen sich fünf Gruppen von Staatstheorien unterscheiden:

- *Liberale Staatstheorie (seit 1750)*
  Der Staat soll als Ordnungsmacht (Nachtwächterstaat) für Ruhe und Ordnung sorgen und das wirtschaftliche Geschehen den Privaten überlassen. Das wirtschaftliche Gleichgewicht wird sich im Sinne der natürlichen Harmonie (siehe S. 126) von selbst einspielen.

- *Marxistische Staatstheorie (seit 1848)*
  Die private Initiative führt zu Ungleichheiten und Ausbeutung, weil sich infolge des Egoismus einzelner Menschen die natürliche Harmonie nicht einstellt. Deshalb dient der Nachtwächterstaat nur den Kapitalisten. Daher müssen der Staat und nach seiner Abschaffung die kommunistische Partei die Wirtschaft umfassend lenken, was die Abschaffung des Privateigentums an den Produktionsmitteln voraussetzt (siehe S. 119).

- *Keynesianische Staatstheorie (seit 1936)*
  Die freie Marktwirtschaft kann von sich aus langfristig nicht im Gleichgewicht bleiben. Deshalb muss der Staat in der an sich freien Marktwirtschaft durch Interventionen das Gleichgewicht immer wieder herbeiführen, indem er bei rückläufigem Sozialprodukt (Krisen, Depressionen) die Güternachfrage fördert und dauernd für den sozialen Ausgleich sorgt (siehe S. 297).

- *Neoliberale Staatstheorie (seit 1950)*
  Der Staat soll wirtschaftlich nicht tätig werden, aber gute Rahmenbedingungen für den freien Wettbewerb unter Privatunternehmungen schaffen (Wettbewerbspolitik). Ergänzend soll er für den sozialen Ausgleich sorgen. Auf weitere Interventionen hat er aber zu verzichten, weil Eingriffe immer zu einem Effizienzverlust der Wirtschaft führen.

- *Die Theorie des Planungs- und Entwicklungsstaates (seit 1955)*
  Diese Theorie geht auf die UNO zurück und gilt in erster Linie für Ent-

wicklungsländer. Danach muss der Staat die Entwicklung durch eigene, steuernde Massnahmen fördern und den Aufbau der Wirtschaft systematisch planen, ohne die private Initiative zu begrenzen. Ansätze dieser Staatstheorie finden sich aber auch in entwickelten Ländern, indem der Staat mit wirtschaftspolitischen Massnahmen Regionen oder Branchen unterstützt und fördert.

● *Neokonservative Staatstheorie (seit 1975)*
Zu viel Staat lähmt die Entfaltung der privaten Wirtschaft und behindert deren Effizienz. Deshalb sind der Steuerabbau, die Reprivatisierung staatlicher Dienstleistungen und eine umfassende Deregulierung anzustreben.

> Deregulierung heisst: Abbau von staatlichen Regulierungsmassnahmen, die das Verhalten von Menschen beeinflussen. Alle Eingriffe des Staates in die individuelle Entscheidungs- und Vertragsfreiheit sollen beseitigt werden.

5.5.2 Ordnungspolitische Beurteilung der Staatseingriffe

Diese ökonomischen Staatstheorien beeinflussen die Stellungnahmen zu den Staatseingriffen.

Neoliberale und Neokonservative fordern ein Minimum an Interventionen. Sie sind der Überzeugung, dass eine Deregulierung für die Effizienz der Wirtschaft und damit für Wohlstand und Wohlfahrt nur förderlich ist. Sie hoffen auch auf die Vernunft der Wirtschaftssubjekte und glauben, diese seien zu selbstverantwortlichem Masshalten im Interesse des Ganzen in wirtschaftlich schwierigen Zeiten fähig. Sie sind aber nicht grundsätzlich gegen jeden Staatseingriff, sondern sie akzeptieren ihn, wenn

a) der Staat eine Aufgabe leichter und konsequenter lösen kann als die Privatinitiative,

b) der Staat die Finanzierung letztlich doch selber übernehmen muss (oft ist eine staatliche Lösung vorteilhafter als die dauernde Sanierung defizitärer privatwirtschaftlicher Einrichtungen, die der Gesamtheit dienen),

c) Versuche mit freiwilligen Vereinbarungen unter Privaten zur Lösung von gesamtwirtschaftlichen Problemen scheitern.

Eher sozialistisch orientierte Menschen fordern immer mehr staatliche Interventionen, weil sie der Überzeugung sind, dass einkommensschwächere Bevölkerungsgruppen und die Natur nur noch über Staatseingriffe geschützt werden können. Sie glauben auch nicht an ein Erlahmen der privaten Initiative bei vielen Interventionen und an eine nachhaltige Störung des Marktmechanismus. Viele von ihnen sind sogar der Meinung, mehr Interventionen sowie mehr kollektive Massnahmen und weniger Konsumgüter förderten den Wohlstand und die Wohlfahrt stärker als ausschliesslich private wirtschaftliche Initiativen.

Ohne Interventionen wird es in Zukunft nicht gehen. Allerdings sollten bei Entscheidungen über Staatseingriffe die folgenden Gesichtspunkte beachtet werden:

- Interventionen führen dann zu Effizienzverlusten, wenn sie eine auf freien Märkten aufgebaute Wirtschaftsordnung so zu stören beginnen, dass der Wettbewerb und damit die Konkurrenz aufgrund von Angebot und Nachfrage nicht mehr richtig spielen.

- Nicht konforme Massnahmen laufen Gefahr, weitere nicht konforme Massnahmen nachzuziehen, was die wirtschaftliche Leistungsfähigkeit immer beeinträchtigt.

- Interventionen verleiten immer zum Lobbying[19], d. h. jede Interessengruppe versucht auf politischem Weg die Interventionen zu ihrem eigenen Vorteil auszugestalten. Dieses Lobbying wird mit der Zeit von allen Interessengruppen zunehmend stärker betrieben, so dass die Interventionen immer mehr Kompromisslösungen sind, die auf die Gesamtwirtschaft effizienzhemmend wirken.

- Kritisch wird es mit den Interventionen dort, wo der freie Markt nur noch für die Produktionsseite gilt, während auf der Verteilungsseite der Markt immer mehr durch eine ausschliesslich politisch bestimmte, dem Markt entzogene Einkommensverteilungs- und Umverteilungspolitik ersetzt wird. In diesem Fall entsteht die Gefahr einer Überforderung der Wirtschaft, denn die Regulierung auf der Seite der Einkommensverteilung bleibt nicht ohne Auswirkungen auf die Produktionsseite, selbst wenn dort die Märkte frei spielen.

---

19 Lobbying heisst: Einflussnahme bei den Behörden im eigenen Interesse.

Einige Beispiele mögen dies verdeutlichen: Staatlich festgesetzte Löhne und Arbeitszeiten, die nicht mehr marktgerecht sind, behindern Unternehmungen auf den internationalen Märkten. Übermässige Umweltschutzmassnahmen und eine unbedachte Raumplanung behindern die unternehmerische Initiative und können zu Standortverlagerungen führen. Die Erhaltung von Staatsunternehmungen an ungünstigen Standorten belastet den Staatshaushalt, ohne dass diese Unternehmungen langfristig konkurrenzfähig bleiben.

5.6 Eine weitere Streitfrage: Marktversagen oder Politikversagen?

Die steigende Zahl von Staatseingriffen in das wirtschaftliche Geschehen in Ländern mit einer sozialen Marktwirtschaft ist eine unbestreitbare Tatsache. Für viele Beobachter ist dies eine zwingende Folge des **Marktversagens**, d. h. der Unfähigkeit des Marktmechanismus, das wirtschaftliche Geschehen zu steuern.

Wie ist diese Behauptung des Marktversagens zu beurteilen? In den Jahren des Aufschwungs war das wirtschaftliche Wachstum nicht nur die prägende Kraft der wirtschaftlichen, sondern der **gesamtgesellschaftlichen** Entwicklung. Beeindruckt von den Möglichkeiten der Wirtschaft übersahen breite Kreise, dass die allmählich überforderte Wirtschaft ihre gesellschaftlichen Begleit- und Folgeprobleme nicht mehr zu bewältigen vermochte: man erkannte die aufkommenden Umweltprobleme nicht, man machte sich wenig Gedanken über die Probleme mit den Gastarbeitern, mit der Jugend und den alten Leuten usw. Deshalb entwickelten sich die verschiedenen Bereiche unserer Gesellschaft dysfunktional, d. h. sie standen nicht mehr im Einklang miteinander, so dass sich staatliche Korrekturmassnahmen aufdrängten. Häufig erfolgten aber diese Massnahmen zu spät, und sie waren vor allem nicht mehr auf eine ganzheitliche Zielsetzung (auf das Interesse der gesamten Gesellschaft mit allen ihren Bereichen) ausgerichtet. Sie wurden vielmehr zum Spielball von Gruppeninteressen und verbandlicher Interessenausbalancierung, wobei jede Gruppe versuchte, sich über die Politik eine Vorzugsstellung zu schaffen. In diesem Kampf waren die politischen Behörden oft zu schwach, um ein ordnungspolitisches Konzept durchzuhalten. Sie verstrickten sich immer mehr in eine Fülle von unkoordinierten Einzelmassnahmen und Interventionen (z. B. Landwirtschaft, Sozialpolitik), die die marktwirtschaftliche Ordnung zu gefährden und die Wirtschaftsfreiheiten der Bürger zu beschneiden begannen. Deshalb kann man auch von einem **Politikversagen** sprechen, d. h. der Marktmechanismus versagte, weil ungeeignete politische Massnahmen getroffen wurden.

Ob nun das Marktversagen oder das Politikversagen am Anfang stand, ist unausgemacht. Heute besteht eher eine **Wechselwirkung**. Der Markt-mechanismus kann versagen, weil zu viele einzelne Interventionen erfolgen (das Politikversagen führt zum Marktversagen), umgekehrt kann es aber auch so sein, dass infolge zu vieler gruppenegoistischer Ansprüche der Markt tatsächlich versagt und politische Massnahmen nötig werden.

Diese Wechselwirkung von Markt- und Politikversagen kann zur eigentlichen Bedrohung der sozialen Marktwirtschaft werden. Dies vor allem dann, wenn ohne Rücksicht auf eine gesamtgesellschaftlich harmonische Entwicklung gruppenegoistische Forderungen mit dem Scheinargument des Gesamtwohls politisch durchgesetzt werden können.

5.7 Wirtschaftspolitik in der sozialen Marktwirtschaft

Alle direkten und indirekten Eingriffe und Einwirkungen des Staates (oder von ihm zum Eingreifen ermächtigten Institutionen) in die Wirtschaft mit dem Zweck, bestimmte Ziele zu erreichen, gehören zur Wirtschaftspolitik. Sie gliedert sich in die Ordnungspolitik, die Struktur-politik und die Prozesspolitik (vergleiche Abbildung 3.25).

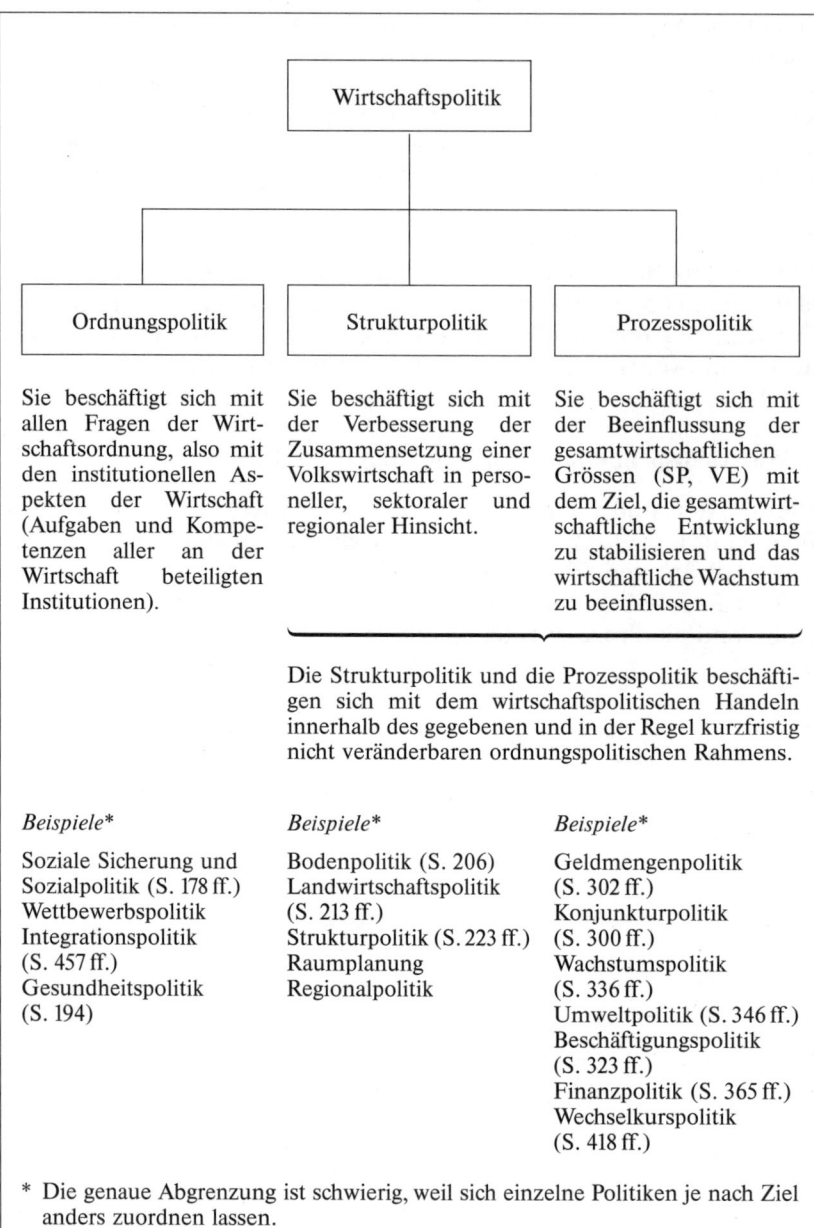

Abb. 3.25: Die Gliederung der Wirtschaftspolitik

4. Kapitel

Ordnungs- und Strukturpolitik

Ausgewählte Ausschnitte aus der Ordnungs- und der Strukturpolitik

1. Einkommensverteilung und Umverteilung

1.1 Die Erfassung der Einkommensverteilung

Im Abschnitt 3.6 des 2. Kapitels wurde festgehalten, dass der Wohlstand eines Volkes nicht nur von der Höhe des Volkseinkommens, sondern auch von dessen **Verteilung** auf die einzelnen Bürger abhängt. Solange das Volkseinkommen jedes Jahr beträchtlich zunahm und alle Bevölkerungsschichten höhere Einkommen erzielten, gab es kaum Diskussionen um die Einkommensverteilung. Stagniert aber die wirtschaftliche Entwicklung, so werden Verteilungsfragen politisch bedeutsam, weil jede gesellschaftliche Gruppe versucht, ihren Anteil am Volkseinkommen zu vergrössern.

Zunächst stellt sich die Frage, wie die Einkommensverteilung in einer Volkswirtschaft erfasst werden kann. Es gibt vier Arten der statistischen Erfassung:

Sozio-ökonomische Einkommensverteilung

Es wird untersucht, welche Anteile des Volkseinkommens auf die verschiedenen sozio-ökonomischen Gruppen (freie Berufe, Gewerbetreibende, Landwirte, Angestellte, Arbeiter usw.) entfallen.

Personelle Einkommensverteilung

Hier geht es um die Frage, wie viele Prozent der Einkommensbezüger ein Jahreseinkommen unter Fr. 20 000.–, von Fr. 20 000.– bis Fr. 40 000.–, von Fr. 40 000.– bis Fr. 60 000.– usw. beziehen.

Funktionale Einkommensverteilung

In diesem Fall wird festgehalten, welche Anteile des Volkseinkommens auf Arbeiterlöhne, Angestelltenlöhne, Kapitaleinkommen usw. fallen.

Regionale Einkommensverteilung

Hier wird die räumliche Verteilung des Volkseinkommens betrachtet (z. B. das Volkseinkommen je Kanton).

1.2 Die personelle Einkommensverteilung

Politisch am brisantesten ist die personelle Einkommensverteilung. Sie wird mit Hilfe der **Lorenzkurve**[1] dargestellt (siehe Abbildung 4.1).

Die Lorenzkurve zeigt graphisch, welcher Anteil des Volkseinkommens in einem bestimmten Jahr den 20% der Ärmsten, den 20% der Zweitärmsten der Bevölkerung usw. zufliessen. Je näher die Lorenzkurve bei der Diagonalen liegt, desto gleichmässiger ist die Einkommensverteilung, je weiter sie sich von ihr entfernt, desto ungerechter wird sie.

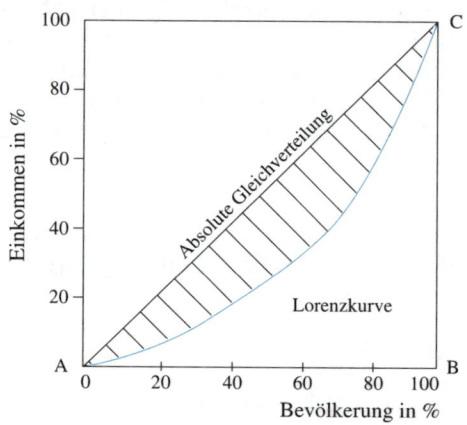

Abb. 4.1: Lorenzkurve

Statistisch wird die Einkommensverteilung mit dem Gini-Koeffizient ausgedrückt:

$$\text{Gini-Koeffizient} = \frac{\text{schraffierte Fläche}}{\text{Dreieck ABC}}$$

Der Gini-Koeffizient von 1 bedeutet maximale Ungleichheit (eine Person verfügt über das gesamte Einkommen); ein Gini-Koeffizient von 0 verweist auf eine absolut gleiche Einkommensverteilung (alle Menschen verfügen über das Durchschnittseinkommen).

Leider stehen in der Schweiz keine regelmässig erscheinenden Statistiken zur personellen Einkommensverteilung zur Verfügung. Tabelle 4.2 und Abbildung 4.3 geben die Lorenzkurve der Schweiz bis 1981/82 wieder (neuere Zahlen stehen nicht zur Verfügung).

---

1 Die Lorenzkurve kann auch für die Darstellung der Vermögensverteilung verwendet werden.

Personelle Einkommensverteilung in der Schweiz
(Reineinkommen vor Abzug der Steuern) 1961/62–1981/82

% der Bevölkerung		0	20	40	60	80	100
% des empfangenen Einkommens	1961/62	0	9,9	21,6	35,6	53,7	100
	1973/74	0	8,2	19,8	34,4	53,5	100
	1981/82	0	5,8	20,1	37,2	62,2	100

Quelle: Brigitte Buhmann, Wohlstand und Armut in der Schweiz, Grüsch 1988
Tab. 4.2: Personelle Einkommensverteilung in der Schweiz

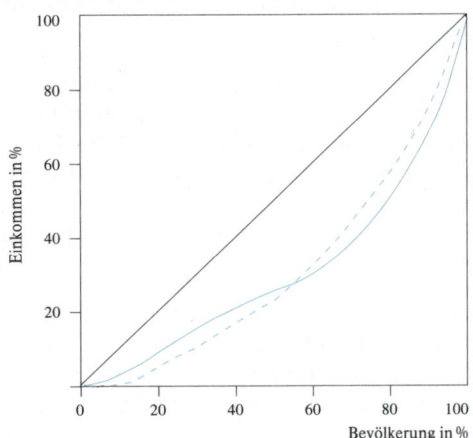

Abb. 4.3: Lorenzkurven der Schweiz

Diese Lorenzkurve verweist auf eine ungünstige Entwicklung der Einkommensverteilung in der Schweiz. Die unteren Einkommensschichten werden ärmer (neue Armut), während in höheren Einkommen eine Tendenz zu gleichmässiger Einkommensverteilung zu beobachten ist.

Bei der Interpretation der Lorenzkurve ist etwas wesentliches zu beachten:

Die Lorenzkurve zeigt immer nur relative Veränderungen der Einkommensverteilung. Die einzelnen Menschen denken aber in absoluten Werten und sehen, dass bei einem allgemeinen Einkommenswachstum die absoluten Abstände zwischen den Einkommensbezügern grösser werden. Deshalb sprechen sie von einer zunehmenden Verteilungsungleichheit, selbst wenn die Lorenzkurve in Richtung Angleichung der Einkommen weist.

Zwischen 1955/56 und 1978 hat sich in der Schweiz das Durchschnittseinkommen knapp verfünffacht. Der Abstand zwischen dem Medianeinkommen (das ist das Einkommen desjenigen, der gleich viele Reichere über sich wie Ärmere unter sich hat) hat von Fr. 7400.– im Jahr 1955/56 auf Fr. 28 800.– im Jahre 1978 zugenommen. Der absolute Abstand hat sich vervierfacht, der relative Abstand hat aber abgenommen. Wenn damit anhand der Lorenzkurve von einer Angleichung der Einkommen (Nivellierung) gesprochen wird, dann ist damit nur eine Abnahme der relativen, nicht aber der absoluten Ungleichheit gemeint.

Ergänzend zum Gini-Koeffizient wird auch das **Medianeinkommen** ermittelt. Diese Grösse teilt die Bevölkerung in zwei gleich grosse Gruppen von Einkommensempfängern; ein Medianeinkommen von Fr. 40 000.– besagt, dass 50% der Einkommensempfänger über Fr. 40 000.– und 50% unter Fr. 40 000.– verdienen.

Um Wohlstandsvergleiche von Haushalten von unterschiedlicher Grösse durchführen zu können, werden Konsumeinheiten oder Äquivalenzziffern berechnet. Ein Einpersonenhaushalt erhält die Äquivalenzziffer von 1,00; ein Zweipersonenhaushalt eine solche von 1,70; ein solcher mit zwei Kindern 1,96 usw. Ein Ehepaar mit zwei Kindern muss also rund das Doppelte verdienen, um den gleichen Wohlstand zu haben wie eine ledige Person.

Für die Beurteilung der Einkommens- und Vermögensverteilung ist die richtige Interpretation des Gini-Koeffizienten, des Medianeinkommens und -vermögens sowie des Durchschnittseinkommens (arithmetisches Mittel) sehr wichtig. Dies sei an einem Beispiel gezeigt (vergleiche Tabelle 4.4).

	Verfügbares Einkommen pro Haushalt (1982)			Vermögen pro Haushalt (1989)		
	Arith-metisches Mittel in 1000 Fr.	Median-einkom-men in 1000 Fr.	Gini-Koeffi-zient in ‰	Arith-metisches Mittel in 1000 Fr.	Median-einkom-men in 1000 Fr.	Gini-Koeffi-zient in ‰
Gesamte Wohnbevölkerung	37,9	34,3	337	123,9	26,0	813
Arbeitnehmer	42,4	39,4	245	58,5	14,4	780
Selbständige	56,4	43,8	396	287,8	96,5	784
Nichterwerbstätige	16,3	12,1	593	155,9	18,8	803

Quelle: R. E. Leu, B. Buhmann, R. L. Frey: Einkommens- und Vermögensverteilung: Die Begüterten und die weniger Begüterten, in: R. L. Frey, R. E. Leu, Der Sozialstaat unter der Lupe, Basel 1988, S. 50

Tab. 4.4: Einkommen und Vermögen und deren Verteilung

Diese Werte zeigen, dass die Arbeitnehmerhaushalte schlechter verdienen als die Selbständigerwerbenden. Ersichtlich wird die schlechte Lage der Nichterwerbstätigen. Sie verfügen zwar über ein höheres Vermögen als die Arbeitnehmer, das aber schlechter verteilt ist (reiche Rentner).

1.3 Die funktionale Einkommensverteilung

Politisch ebenso bedeutsam ist die funktionale Einkommensverteilung, weil die Frage, wieviel vom Volkseinkommen auf die Löhne/Gehälter und wieviel auf Zinsen/Gewinne fallen soll, immer wieder zu Diskussionen Anlass gibt.

Heute liegen drei Ansätze zur Erklärung der funktionalen Einkommensverteilung vor:

- **Der kreislauftheoretische Ansatz** besagt, dass die Aufteilung des Volkseinkommens von der Nachfrage nach Konsum- und Investitionsgütern abhängt. Dabei können die Unternehmer und die Konsumenten die Verteilung beeinflussen:

  - Je mehr die Unternehmer investieren, desto grösser ist die Gewinnquote (Anteil der Gewinne am Volkseinkommen).

  - Je höher die Einkommen der Konsumenten sind, desto mehr können sie sparen. Eine Erhöhung der Lohnquote ohne Erhöhung der Sparneigung der Konsumenten führt in der Tendenz zu einer Senkung des realen Wirtschaftswachstums.

  Diese Erkenntnisse führten zur Idee von Investivlöhnen: Ein Teil der Löhne wird nicht bar ausbezahlt, sondern in Form von Anteilscheinen abgegeben, damit weniger konsumiert und im Interesse des Wachstums mehr investiert wird sowie eine Vermögensbildung stattfindet. Oder ein Teil der Unternehmungsgewinne wird mit dem gleichen Ziel in der Form von Anteilscheinen an die Mitarbeiter abgegeben.

- Die **Grenzproduktivitätstheorie** besagt, dass die Gesamtproduktion der Volkswirtschaft durch den Einsatz der Produktionsfaktoren Arbeit und Kapital bestimmt wird und die Entschädigung jedes Faktors von seinem Grenzprodukt abhängt.

  Am Beispiel erklärt heisst dies folgendes: Eine Unternehmung setzt zur Herstellung eines Produktes Arbeiter ein. Jeder zusätzliche Arbeiter produziert mehr, wobei bei einer zunehmenden Arbeiterzahl die zusätzliche Leistung eines jeden weiteren Arbeiters, das **Grenzprodukt**, infolge der komplizierter werdenden Produktionsprozesse abnimmt. Deshalb wird der Unternehmer nur so viele zusätzliche Arbeiter einstellen, als der Erlös aus ihrer Arbeit grösser ist als die Kosten. Gleiches gilt für die Zinsen. Der Unternehmer investiert so lange, als die Zins- und Amortisationskosten nicht höher werden als die zusätzlichen Erlöse aus den weiteren Investitionen.

Das Gleichgewicht pendelt sich also auf der Höhe der Grenzproduktivität des Lohnes und des Kapitals ein. Deshalb – so sagen die Vertreter der Grenzproduktivitätstheorie – gelingt es in einer freien Wirtschaft nicht, die Einkommensverteilung langfristig ohne Effizienzverluste zu beeinflussen. Mit dieser Begründung wenden sich einzelne Gruppierungen gegen die Umverteilung von Einkommen.

- Die **Machttheorie der Verteilung** besagt, dass die Machtverhältnisse am Güter- und Faktormarkt (Arbeit und Kapital) die funktionale Einkommensverteilung bestimmen: Der politisch Stärkere kann seinen Anteil am Volkseinkommen zu seinen Gunsten vergrössern. Wer politisch stärker ist, hängt von der jeweiligen Wirtschaftslage ab. In Zeiten guter wirtschaftlicher Entwicklung gelingt es angesichts des Arbeitskräftemangels den Gewerkschaften, die Lohnquote zu erhöhen. In wirtschaftlich schlechten Zeiten sind es die Arbeitgeber, die die Lohnquote bestimmen, weil sie belegen können, dass zu hohe Löhne die Beschäftigung in der Volkswirtschaft beeinträchtigen.

1.4 Einkommensverteilung durch den Staat

Die Lorenzkurve kann die **Primärverteilung** oder die **Sekundärverteilung** des Volkseinkommens darstellen. Darunter ist folgendes zu verstehen:

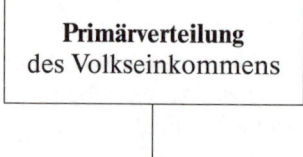

Primärverteilung des Volkseinkommens	Verteilung des Volkseinkommens aufgrund der Marktkräfte und ohne staatliche Eingriffe (Steuern, Sozialtransfers[2])

---

2 Sozialtransfer heisst: Geldzahlung (Transfer) des Staates an eine Einzelperson bzw. Familie zur Ermöglichung eines bestimmten Lebensstandards.

Umverteilung durch den Staat

Nachträgliche Korrektur der Primärverteilung durch den Staat vermittels Steuern und Sozialtransfers

Es werden vier Formen von Umverteilung unterschieden:

- **Vertikale** Umverteilung: Umverteilung von hohen auf tiefe Einkommen.

- **Horizontale** Umverteilung: Umverteilung zwischen Ledigen und Verheirateten, Männern und Frauen, Selbständigerwerbenden und Unselbständigerwerbenden.

- **Zeitliche** Umverteilung: Umverteilung zwischen den Generationen (von Erwerbstätigen auf Nochnicht- und Nichtmehrerwerbstätige).

- **Regionale** Umverteilung: Umverteilung zwischen den Kantonen oder den Gemeinden.

Sekundärverteilung des Volkseinkommens

Personelle Einkommensverteilung nach Umverteilung

Allgemeines Ziel der Umverteilung ist es, die Einkommensverteilung in einer Volkswirtschaft **gleichmässiger** zu gestalten.

Leider fehlen in der Schweiz regelmässige und umfassende Statistiken, die Einsicht in die Umverteilungswirkungen gewähren.

Es darf aber von folgendem Trend ausgegangen werden:

- Der Staatshaushalt der Schweiz wirkt sich insgesamt nivellierend auf die personelle Einkommensverteilung aus. Untere Jahreseinkommen bis etwa Fr. 30 000.– erhalten nochmals den gleichen Betrag aus öffentlichen Leistungen und haben etwa 30% für Steuern und andere Abgaben an den Staat abzuliefern. Obere Einkommensgruppen gewinnen durch staatliche Leistungen etwa 20% dazu, verlieren aber 40% mit Steuern und Abgaben.

- Der Umverteilungseffekt der Staatsausgaben ist grösser als jener der Staatseinkommen, d. h. die Steuerprogression[3] hat geringere Umverteilungswirkungen als die Ausgaben für die soziale Wohlfahrt und der Realtransfer für Leistungen des Staates (Bereitstellung von öffentlichen Gütern).

---

3 Steuerprogression heisst: Höhere Einkommen werden mit Steuern prozentual stärker belastet.

Die grosse Streitfrage lautet aber: Wie gross soll die Umverteilung sein, damit die Einkommensverteilung gerecht wird (Verteilungsgerechtigkeit)?

1.5 Die Verteilungsgerechtigkeit

Üblicherweise sind mit Gerechtigkeit zwei Vorstellungen verbunden:

1. Zunächst soll **Gleiches gleich** behandelt werden. So erwarten zum Beispiel Arbeitnehmer, dass die Löhne in gleichem Ausmass steigen wie die Gewinne; oder die Landwirte fordern in der Hochkonjunktur einen gleichen Einkommenszuwachs wie die Industriearbeiter. Bereits hier zeigt sich jedoch, dass scheinbar Gleiches nicht unbedingt gleich sein muss, indem vielleicht Löhne und Gewinne für die Fortentwicklung einer Volkswirtschaft eine unterschiedliche Bedeutung haben und deshalb doch nicht gleichgesetzt werden können. Daraus ergibt sich an den Gerechtigkeitsbegriff eine zweite Forderung.

2. Wo immer **Ungleiches** vorliegt oder scheinbar Gleiches nach einer umfassenden Analyse ungleich ist, so muss es nach **übereinstimmenden Gesichtspunkten oder Massstäben** behandelt werden. So müssen sich beispielsweise steuerliche Entlastungen (Sozialabzüge) für alle Steuerpflichtigen an der gleichen Bezugsgrösse (z. B. an der Kinderzahl) orientieren.

Diese formale Umschreibung hilft aber praktisch nicht weiter, denn ob Gleiches wirklich gleich ist, und ob die als übereinstimmend bezeichneten Gesichtspunkte oder Massstäbe wirklich als gerecht empfunden werden, lässt sich nie objektiv bestimmen. Dies hängt vielmehr vom **Gerechtigkeitsempfinden** der Bevölkerung ab, das stark herkunfts- und umweltbedingt ist. Derjenige, der zufrieden und glücklich ist, wird die bestehende Ordnung mit ihren Wertvorstellungen eher als gerecht betrachten als der Unzufriedene. Dabei hängt diese Zufriedenheit oder Unzufriedenheit nicht nur – wie häufig gesagt wird – von der materiellen Stellung ab. Ebenso wichtig sind andere Gesichtspunkte wie Einfluss in einer Gruppe; Fähigkeit, sich eine eigene Freizeit zu gestalten usw.

Erschwerend wirkt sich heute zusätzlich aus, dass das Gerechtigkeitsempfinden bei einzelnen Menschen nicht nur von Herkunft und Umwelt her verschieden ist, sondern der **Wertepluralismus** und die **allgemeine Wertunsicherheit** das Spektrum des Gerechtigkeitsempfindens nochmals ausweiten. An sich ist diese Entwicklung noch nicht problematisch, wenn man von einer steigenden Zahl von Gruppierungen absieht, welche einem eigenen Gerechtigkeitsideal nacheifern. Gefährlich wird es erst dann, wenn diese Gruppierungen ein Gerechtigkeitsideal vorgaukeln, hinter welchem sie ausschliesslich ihre eigenen politischen und materiellen Interessen verstecken. Sie arbeiten dann mit undefinierbaren Schlagworten, appellieren an die Emotionen und geben scheinrationale Begründungen, um allmählich den ihnen als nützlich erscheinenden Gerechtigkeitsbegriff zum politischen Allgemeingut werden zu lassen.

Nun würde man meinen, die Wissenschaft könne solche Machenschaften enthüllen und Gerechtigkeit in politisch brauchbarer Weise umschreiben. In Tat und Wahrheit kann sie es aber nicht, denn das Gerechtigkeitsempfinden beruht auf Wertvorstellungen, die sich nicht nur vernunftgemäss bewältigen lassen, sondern denen individuelle und unbeweisbare Entscheidungen vorausgehen. Was sie tun kann, ist folgendes:

1. Sie soll Verdeckungsideologien enthüllen, d. h. untersuchen, welche Interessen hinter bestimmten Umschreibungen von Gerechtigkeit stecken.

2. Dabei darf sie aber zunächst nicht als Richterin amten, sondern sie kann nur aufdecken, welche Folgen, Vorteile und Nachteile Massnahmen, die von bestimmten Vorstellungen über Gerechtigkeit ausgehen, für die Gesellschaft, die Wirtschaft und den Einzelnen bringen.

3. Gibt sie selbst Empfehlungen ab (oder amtet sie als Richterin), so muss sie die Werthaltung, die sie ihrem Entscheid zugrunde legt, selbst transparent (durchschaubar) machen.

Alle diese Gedanken zeigen, dass es keine allgemeingültige Definition von Gerechtigkeit geben kann. Versucht man zu systematisieren, so gelangt man zu drei Arten von Verteilungsgerechtigkeit:

Leistungsgerechtigkeit (justitia commutativa)	**Bedarfsgerechtigkeit** (justitia distributiva)	**Ausgleich der Startchancen**
Jemand, der einem andern eine Leistung (Arbeit oder Ware) zur Verfügung stellt, ist durch eine Gegenleistung von gleichem Wert zu entschädigen.	Jedermann soll unabhängig von seiner Leistungsfähigkeit so viel verdienen, dass er die wichtigsten Bedürfnisse befriedigen kann.	Unterschiede in Vermögen und Einkommen sollen so verringert werden, dass die einzelnen Menschen ähnlichere Ausgangsmöglichkeiten haben, um sich in der Wirtschaft zu bewähren.

In der sozialen Marktwirtschaft herrscht der Gedanke der **Leistungsgerechtigkeit** vor. Sie kann um so besser verwirklicht werden, je besser es gelingt, den **Ausgleich der Startchancen** herbeizuführen.

Deshalb sind sich Arbeitgeber und Gewerkschaften in der Forderung nach Ausgleich der Startchancen einig. Meinungsverschiedenheiten bestehen indessen beim Ausmass der Umverteilung. Für die Gewerkschaften ist die Beeinflussung der Primärverteilung zugunsten ihrer Mitglieder ein dauerndes Ziel.

2. Soziale Sicherheit

2.1 Die Sozialpolitik

Der moderne Sozialstaat anerkennt ein Recht des einzelnen auf soziale Sicherheit und übernimmt die Verpflichtung, den Menschen vor Not zu bewahren. Je länger desto mehr fordert man jedoch von der Sozialpolitik im weitern Sinn auch Massnahmen zur Verbesserung des sozialen Ausgleichs (= Umverteilung von Kaufkraft) innerhalb einer Gesellschaft.

Aufgabe der Sozialpolitik: Sie will die Lebenslage gefährdeter Bevölkerungskreise verbessern und allen Menschen eine Hilfe zur besseren persönlichen Entfaltung gewähren.

Ziel der Sozialpolitik: Sie will soziale Spannungen beseitigen und den sozialen Frieden sichern.

Träger der Sozialpolitik: Neben dem Bund, den Kantonen und den Gemeinden erfüllen auch Berufs- und Interessenverbände, die Unternehmungen sowie private Fürsorgeeinrichtungen Aufgaben der Sozialpolitik.

Eine Gliederung der Sozialpolitik in Teilbereiche ist äusserst schwierig, da eine im weitern Sinn verstandene Sozialpolitik nahezu alle Bereiche der Wirtschaftspolitik berührt (Steuerpolitik, Einkommenspolitik, wirtschaftliche Strukturpolitik wie Förderung der Landwirtschaft, benachteiligter Regionen usw., Subventionspolitik, Arbeitsmarktpolitik usw.).

Eine mögliche Gliederung der Sozialpolitik zeigt Abbildung 4.5.

Oft zählt auch der Schutz der Arbeitnehmer zur Sozialpolitik. Dazu gehören alle Massnahmen, welche die Stellung des Arbeitnehmers verbessern (Arbeitsschutz, Gesundheitsschutz, Unfallverhütung, Arbeitszeit/Freizeit, Ferien usw.).

In der sozialen Marktwirtschaft ist heute besonders umstritten, wieweit die Vorsorge gegen die wirtschaftlichen und sozialen Nachteile sowie für das Alter, Invalidität und Krankheit durch selbstverantwortliche Sicherung des einzelnen **(Individualprinzip)** oder durch kollektive Vorsorge unter kleinerer oder grösserer Beteiligung des Staates **(Sozialprinzip)** erfolgen soll. Ausserdem wird diskutiert, wie umfassend das Sozialprinzip verwirklicht werden soll.

2.2 Individual- und Sozialprinzip im Verlaufe der Zeit

In der **vorindustriellen** Gesellschaft gewährte die Grossfamilie als Produktions- und Konsumgemeinschaft allen Mitgliedern eine grundlegende Sicherheit. In der Stadtwirtschaft gehörte die soziale Sicherung zu den vornehmlichen Aufgaben der Zünfte und Gilden. Zusammen mit der kirchlichen und berufsständischen Armenpflege genügte das Individualprinzip vollauf.

Durch die **Industrialisierung** und differenzierter werdende Arbeitsteilung entfiel die Möglichkeit der Selbstsorge. Die in die Fabriken strömenden Arbeitskräfte waren gezwungen, ihre Arbeitskraft zu jedem Preis anzubieten, so dass eine individuelle und selbständige Zukunftsvorsorge durch Ersparnisse gar nicht möglich war. Auch die Unternehmer waren nicht immer in der Lage, aus ihren Gewinnen Rücklagen zu bilden, weil

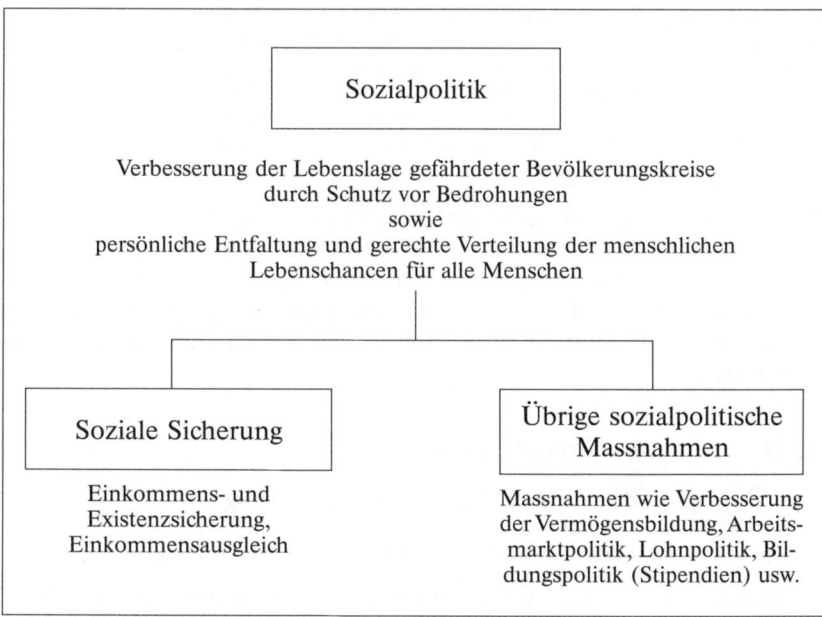

Abb. 4.5: Gliederung der Sozialpolitik

sie im Konkurrenzkampf unterlagen oder bei wirtschaftlichen Rückschlä-
gen ihre Ersparnisse und ihre Existenz selbst verloren. Da es aber auch
Unternehmerkreise gab, welche die Verantwortung der Gesellschaft für
die wirtschaftliche Not des einzelnen und von Familien ablehnten, wurde
der Widerstand gegen die bestehende Gesellschaftsordnung immer
stärker. In dieser Lage setzte sich – nicht zuletzt unter dem Einfluss des
marxistischen Sozialismus – die Einsicht durch, dass die Sozialpolitik für
eine gesunde politische und wirtschaftliche Entwicklung von grösster
Bedeutung ist.

In der Schweiz lag das Schwergewicht der Sozialpolitik anfänglich beim Arbeiterschutz.
Bereits 1815 verbot die Zürcher Regierung den Kindern die Fabrikarbeit vor dem voll-
endeten neunten Altersjahr. 1857 erliess der Kanton Glarus das erste Fabrikgesetz zum
Schutz der erwachsenen männlichen Arbeitskräfte. 1877 folgte das erste schweizerische
Fabrikgesetz, welches Vorschriften über die Fabrikhygiene, Unfallverhütung, Genehmi-
gungspflicht für Fabrikanlagen, Fabrikordnung, Lohnzahlung und Kündigung, Arbeitszeit und Beschäftigung von weiblichen und jugendlichen Arbeitskräften enthielt. Erst
viel später erfolgten Massnahmen im Bereiche der Sozialversicherungen. 1911 ermäch-
tigte das erste Sozialversicherungsgesetz die Kantone, die Krankenversicherung obligatorisch zu erklären. Am 1. Januar 1948 konnte das Gesetz über die Alters- und Hinterlassenenversicherung (AHV) in Kraft treten, nachdem die verfassungsmässige Grundlage bereits 1925 geschaffen wurde, und 1959 folgte in enger Anlehnung an die AHV die
Invalidenversicherung. Weitere Einrichtungen der Sozialversicherung sind die
Erwerbsersatzordnung, aufgrund welcher Militär- und Zivilschutzdienst leistende
Wehrmänner für den dadurch erlittenen Erwerbsausfall teilweise entschädigt werden,
sowie die Arbeitslosenversicherung. 1972 erfolgte die verfassungsmässige Verankerung
des Drei-Säulen-Prinzips für die AHV, und 1976 wurde die obligatorische Arbeitslosenversicherung für Arbeitnehmer in die Verfassung aufgenommen. 1982 trat das Bundesgesetz über die berufliche Alters-, Hinterlassenen- und Invalidenvorsorge (BVG) in
Kraft, das mehrmals revidiert worden ist und zu höheren Sozialleistungen führte.

Trotz der grossen Fortschritte im Bereich der Sozialpolitik, die einerseits
zu einem guten Teil dem Einsatz der Gewerkschaften und Angestellten-
verbände und andererseits dem wachsenden Verständnis der Unternehmer für soziale Probleme zu verdanken sind, bringt die Sozialpolitik
immer schwerwiegendere Probleme. Einige werden im folgenden angesprochen.

2.3 Der Aufbau der sozialen Sicherung

2.3.1 Prinzipien des Aufbaus der sozialen Sicherung

Der Aufbau der sozialen Sicherung beruht auf vier Prinzipien:

- **Versicherungsprinzip:** Die einzelnen Wirtschaftssubjekte, die unabhängig voneinander bedroht sind, schliessen sich (freiwillig) zu Versiche-

rungsgemeinschaften zusammen. Allenfalls eintretende Schadenfälle werden von der Gemeinschaft gemeinsam getragen. Grundlage der Versicherung ist ein Versicherungsvertrag. Versicherungsleistungen setzen vorherige Prämienzahlungen der Versicherten voraus. Zwischen den Prämien (Beiträgen) und den Leistungen besteht eine enge Beziehung (Äquivalenzprinzip).

- **Fürsorgeprinzip (Sozialhilfeprinzip):** Grundlage für die Hilfeleistung ist die individuelle Notlage des einzelnen, deren Ausmass aufgrund eines Bedürfnisnachweises ermittelt wird. Die Betroffenen haben für die Hilfeleistung keine Vorleistungen zu erbringen. Die finanziellen Mittel dafür werden vom Staatshaushalt (über die allgemeine Besteuerung) aufgebracht.

  Heute erfüllt das Fürsorgeprinzip die Funktion eines «Auffangnetzes», d. h. es hat die Aufgabe, überall dort Leistungen zu erbringen, wo ungedeckte Lücken in der sozialen Sicherung des einzelnen Menschen entstehen.

- **Sozialversicherungsprinzip:** Dieses Prinzip ist die Weiterführung des Versicherungsprinzips, indem das Äquivalenzprinzip zugunsten eines Sozialausgleichs durchbrochen wird; d. h. die Beiträge und die Leistungen stehen nur noch in einer losen Verbindung zueinander. Angestrebt wird eine Umverteilung von Einkommen zugunsten benachteiligter Gruppen. Sozialversicherungen sind meistens obligatorisch und werden von staatlichen Institutionen geführt, die einen eigenen Finanzhaushalt haben. Leistungen sind üblicherweise an Beitragszahlungen der Versicherten gebunden.

- **Versorgungsprinzip:** Mit diesem Prinzip wird ein Rechtsanspruch auf Sozialleistungen begründet, sofern die gesetzlichen Voraussetzungen dafür erfüllt sind. Nach diesem Prinzip ist die Einkommenssicherung für jeden einzelnen Menschen eine öffentliche Aufgabe wie die Vermittlung der Schulbildung.

Diese vier Prinzipien zeigen die Möglichkeit auf, wie die soziale Sicherung in einem Land immer weiter ausgebaut werden kann. Die politische Diskussion über den erwünschten Ausbau der sozialen Sicherung bewegt sich immer zwischen dem Minimumstandardprinzip und dem Kompensationsprinzip (siehe Abbildung 4.6).

```
┌─────────────────────────────────────────────────────────────┐
│                  ┌─────────────────────────┐                 │
│                  │   Umfang des Ausbaus    │                 │
│                  │   der sozialen Sicherung│                 │
│                  └─────────────────────────┘                 │
│                                                               │
│  ┌──────────────────────────┐  ┌──────────────────────────┐ │
│  │ Minimumstandardprinzip   │  │ Kompensationsprinzip     │ │
│  │                          │  │                          │ │
│  │ Die soziale Sicherung soll│  │ Die soziale Sicherung soll│ │
│  │ einen gewissen Existenzbe-│  │ so ausgestaltet werden, dass│ │
│  │ darf   (Existenzminimum) │  │ die Fortsetzung der ge-  │ │
│  │ sicherstellen.           │  │ wohnten   Lebenshaltung  │ │
│  │                          │  │ bis zu einem bestimmten  │ │
│  │                          │  │ Grad aufrecht erhalten wer-│ │
│  │                          │  │ den kann.                │ │
│  └──────────────────────────┘  └──────────────────────────┘ │
└─────────────────────────────────────────────────────────────┘
```

Abb. 4.6: Umfang des Ausbaus der sozialen Sicherung

2.3.2 Das System der sozialen Sicherung in der Schweiz

Das System der sozialen Sicherung in der Schweiz beruht auf folgenden Zweigen:

1. Die Alters- und Hinterlassenenvorsorge

Sie beruht auf dem **Drei-Säulen-Prinzip:**

1. Säule: Alters- und Hinterlassenenversicherung AHV
Sie deckt den Existenzbedarf der nicht mehr im Erwerbsleben stehenden Alten sowie der Witwen und Waisen angemessen. Sie ist eine obligatorische Versicherung für alle, die ihren Wohnsitz in der Schweiz haben und eine Erwerbstätigkeit ausüben.
Sie wird finanziert durch Arbeitgeber- und Arbeitnehmerbeiträge, die Erträge der Tabakbesteuerung, einen Teil der Erträge der Alkoholbesteuerung sowie Zuschüsse des Bundes und der Kantone.

2. Säule: Berufliche Vorsorge
Die Leistungen der beruflichen Vorsorge und jene der AHV sollen es den Alten ermöglichen, ihre gewohnte Lebenshaltung fortsetzen zu können. Alle Arbeitnehmer sind pflichtversichert (Pensionskassen). Die Selbständigerwerbenden versichern sich freiwillig.

3. Säule: Individuelle Vorsorge
Sie ist Aufgabe eines jeden einzelnen (freiwilliges Sparen) und ist gesetzlich nicht geregelt. Sie soll höhere Bedarfsansprüche im Alter decken.

2. Die Invalidenversicherung

Sie zahlt im Invaliditätsfall Renten aus und unterstützt alle Bemühungen, Invalidität zu beseitigen oder zu erleichtern. Sie wird finanziert durch Arbeitgeber und Arbeitnehmer (Koppelung mit der AHV) sowie durch Beiträge des Bundes und der Kantone. Sie ist obligatorisch und umfasst den gleichen Personenkreis wie die AHV.

3. Versicherungen der Militärdienstpflichtigen

Sie umfasst:

a) Die **Erwerbsersatzordnung** (EO), die den Verdienstausfall ausgleicht, den der Wehrpflichtige während seinem Militärdienst erleidet. Die EO-Beiträge werden mit der AHV eingezogen (Arbeitnehmer- und Arbeitgeberbeitrag). Die öffentliche Hand leistet keine Beiträge an die Finanzierung.

b) Die **Militärversicherung**, die für die wirtschaftlichen Folgen einer Krankheit, eines Unfalls oder des Todes aufkommt, die ein Wehrpflichtiger im Militärdienst erleidet. Die Kosten werden vom Bund getragen.

4. Unfallversicherung

Sie schützt die Arbeitnehmer vor Folgen von Betriebs- und Nichtbetriebsunfällen und fördert die Unfallverhütung.

Seit 1984 sind alle Arbeitnehmer obligatorisch gegen Unfall versichert (Bundesgesetz über die Unfallversicherung [UVG]).
Die Finanzierung erfolgt durch die Arbeitgeber für Betriebsunfälle sowie Berufskrankheiten und über Lohnabzüge durch die Arbeitnehmer für die Nichtbetriebsunfälle.

5. Krankenversicherung

Sie deckt das wirtschaftliche Risiko ab, das infolge einer Krankheit entstehen kann. Dafür besteht kein Bundesobligatorium. Trotzdem gehören rund 95% aller Schweizer einer privaten oder öffentlichen Krankenkasse an. Verschiedene Kantone und Gemeinden schreiben gewisse Versicherungspflichten vor. Die Finanzierung erfolgt durch eigene Beiträge und zum Teil durch Subventionen und Beiträge der öffentlichen Hand.

6. Arbeitslosenversicherung

Sie ersetzt unverschuldet arbeitslos gewordenen Arbeitnehmern den Lohnausfall zu einem Teil. Sie ist bundeseinheitlich geregelt und für alle Arbeitnehmer obligatorisch. Finanziert wird sie durch Arbeitnehmer- und Arbeitgeberbeiträge, die sich nach dem effektiven Finanzbedarf richten. Zuschüsse der öffentlichen Hand sind möglich.

7. Familien- und Ausbildungszulage

Familien mit Kindern erhalten monatlich für jedes Kind eine Familien- und bei Jugendlichen in Lehre und Studium eine Ausbildungszulage. Jeder Kanton hat eine eigene Regelung. Die Finanzierung erfolgt über Beiträge der Arbeitgeber, die einer öffentlichen oder privaten Familienausgleichskasse beitreten müssen, die für Einzug und Verteilung zuständig ist. Für die Landwirtschaft besteht eine Bundesregelung, die durch kantonale Leistungen differenziert ist.

In der Schweiz wird die soziale Sicherung immer mehr nach dem Kompensationsprinzip ausgestaltet. Am deutlichsten sichtbar wird dies beim Dreisäulenprinzip: Die Renten der AHV sollen den Existenzbedarf sicherstellen. Mit der zweiten und dritten Säule wird die Fortsetzung der gewohnten Lebenshaltung angestrebt.

2.4 Eine Streitfrage: Wie soll die soziale Sicherung finanziert werden?

2.4.1 Die Finanzierungsverfahren

Bei jedem Versicherungssystem ist kürzer- und längerfristig ein Gleichgewicht zwischen Einnahmen und Ausgaben anzustreben. Dazu stehen zwei grundsätzlich verschiedene Grundformen (Ausgabenumlageverfahren und Kapitaldeckungsverfahren) und mehrere Mischformen zur Verfügung.

Zwischen diesen beiden Grundformen gibt es viele gemischte Finanzierungsverfahren. Am bekanntesten ist das **Rentenwertumlageverfahren**. Bei diesem Verfahren müssen die Einnahmen einer bestimmten Periode einschliesslich Zinsen ausreichen, um alle Leistungen der Neuberechtigten in dieser Periode bis ans Ende ihrer Leistungsberechtigung zu finanzieren. Es findet also eine gewisse Kapitalbildung statt, die aber geringer ist als beim Kapitaldeckungsverfahren.

Wissenschaftlich ist immer noch **umstritten**, welches Verfahren das beste ist.

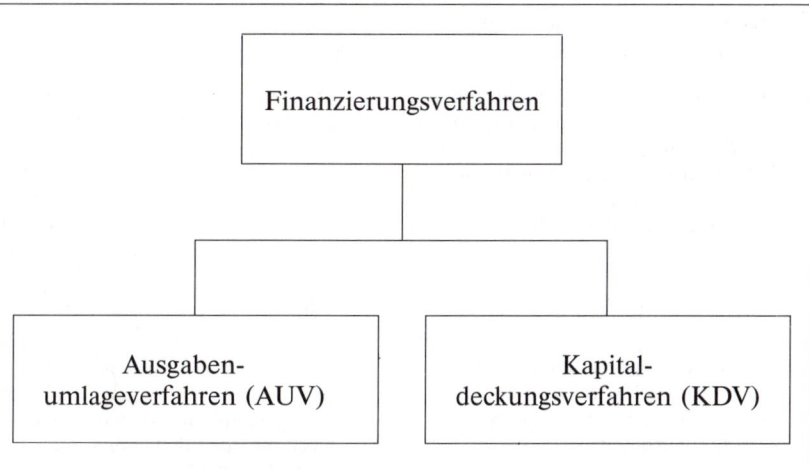

Finanzierungsverfahren

Ausgaben-
umlageverfahren (AUV)

Kapital-
deckungsverfahren (KDV)

Die laufenden Leistungen einer Rechnungsperiode werden durch die Summe der Beiträge derselben Periode gedeckt. Einnahmen- und Ausgabenströme laufen also zeitlich parallel, so dass normalerweise kein Kapital gebildet wird.

Z. B. AHV; Arbeitslosenversicherung mit einem zusätzlichen speziellen Schwankungsfonds.

Einnahmen von allen Versicherten	=	Leistungen an alle Versicherungsbezüger
1 Periode (z. B. 1 Jahr)		

Der Versicherte finanziert seine ihm zustehenden Leistungen durch eigenes Sparen im voraus. Dadurch werden zunehmend Spargelder (= Deckungskapital) angehäuft. Die Zinsen werden zum Deckungskapital zugeschlagen.

Z. B. Pensionskassen, private Lebensversicherungen.

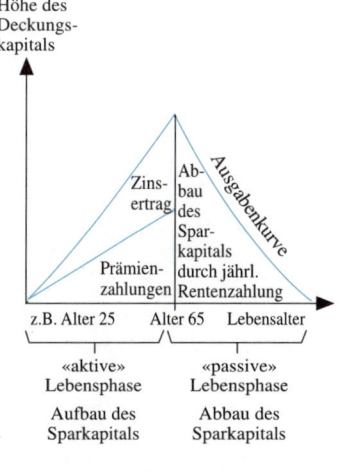

Vorteile des Kapitaldeckungsverfahrens aus der Sicht der Befürworter:

Nachteile des Kapitaldeckungsverfahrens aus der Sicht der Gegner:

1. Das KDV vermag die Nachteile einer ungünstigen demographischen[4] Entwicklung besser zu umgehen: Jeder Rentner finanziert seine Renten durch Konsumverzicht in der aktiven Lebensphase vor.

1. Das Deckungskapital ist Geld. Später benötigen aber die Rentner Güter. Fehlt es an Gütern, so nützt das Kapital nichts. Nimmt also die Zahl der Rentner zu und jene der Erwerbstätigen ab, so müssen trotz hohem Kapital weniger Leute mehr Rentner versorgen. Deshalb ist jedes Verfahren letztlich ein Umlageverfahren.

2. Das KDV ist psychologisch günstiger, weil jeder Versicherte einen individuellen, selbsterworbenen Anspruch auf Renten hat.

2. Es ergeben sich auch negative psychologische Wirkungen: Das Deckungskapital unterliegt der Geldentwertung. Dadurch weiss man nie, wieviel man hat.

3. Beim KDV können auch Zinsen als Finanzierungsmittel eingesetzt werden. Dadurch reduzieren sich allmählich die Beitragssätze.

3. Zinsen sind Einkommensumverteilung und stellen keinen Gegenwert im Sozialprodukt dar. Deshalb nützt die Beitragssenkung nichts.

4. Alle Beiträge stellen Spargelder dar. Diese werden zu Investitionen verwendet. Daraus ergeben sich für die Wirtschaft bessere Entwicklungschancen.

4. Genau das Gegenteil tritt ein: Die Beiträge führen zu einem Nachfrage- und Beschäftigungsrückgang:

   - Die Beiträge stellen Zwangssparen dar. Dadurch wird weniger konsumiert. Als Folge davon sind die Unternehmer weniger investitionsfreundlich. Es kommt zur rückläufigen Wirtschaftsentwicklung.

   - Auch wenn durch dieses Zwangssparen die Kapitalbildung zunimmt, so kann es nicht genügend produktiv eingesetzt werden. Einerseits führt der Konsumrückgang zu einer rückläufigen Nachfrage nach Investitionen. Andererseits verwenden Pensionskassen ihr Kapital weniger produktiv. Sie ziehen «mündelsichere» Anlagen[5] vor.

4 Demographie heisst: Bevölkerungsstatistik.
5 Mündelsichere Anlagen heisst: Risikolose Anlagen mit regelmässigem Ertrag wie Staatsobligationen und erste Hypotheken.

> – Schliesslich geht das Sozialversicherungssparen zu Lasten des freiwilligen Sparens, so dass die volkswirtschaftliche Sparquote gleich bleibt.

Um die beiden Verfahren im Hinblick auf die volkswirtschaftlichen Auswirkungen (Einfluss auf Sparen, Investieren und Konsumieren) beurteilen zu können, müsste man wenigstens wissen,

– wie sie die Spar- und Konsumneigung[6] der Beitragspflichtigen und -empfänger beeinflussen,
– wie sie auf die Investitionsbereitschaft der Unternehmer wirken,
– und wie das Deckungskapital verwendet wird.

Zu diesen Fragen fehlen bislang wissenschaftliche Untersuchungen. Deshalb bleibt die Frage nach dem besten Verfahren weiterhin offen.

Politisch lässt sich aber folgendes aussagen:

● Da die volkswirtschaftlichen Auswirkungen der beiden Systeme noch nicht abschliessend bekannt sind, sollte man sich nicht auf ein System festlegen. Die von der Schweiz gewählte Diversifikation ist besser: 1. Säule: AUV, 2. Säule: KDV.

● Das KDV dürfte bei einer Veränderung der Leistungsfähigkeit einer Volkswirtschaft politisch leichter anzupassen sein als das AUV.

2.4.2 Die Belastung der Volkswirtschaft durch die soziale Sicherung

In den meisten Ländern der westlichen Welt steigen die Kosten für die soziale Sicherung übermässig an. Verantwortlich dafür sind vor allem:

– die zunehmende **Überalterung** der Bevölkerung (verschlechtertes Verhältnis zwischen Rentenbezügern und Beitragspflichtigen),

– die **Kostenexplosion** im Gesundheitswesen,

– die **steigenden Ansprüche** an die Sozialversicherungen (z. B. Erhöhung der Renten, Herabsetzung des Rentenalters) sowie

– die **Indexierung** (periodische Anpassung der Versicherungsleistungen an die Geldentwertung) und/oder die **Dynamisierung** der Renten (Anpassung der Versicherungsleistungen an die allgemeine Lohnentwicklung).

---

6 Neigung heisst immer: Bereitschaft zu..., Sparneigung also Bereitschaft zum Sparen, Konsumneigung also Bereitschaft zum Konsumieren.

Deutschland und Österreich haben eine volle Dynamisierung der AHV- und IV-Renten. Die Schweiz kennt einen Mischindex und hat damit eine Teildynamisierung, indem ein «Rentenindex» berechnet wird. Er entspricht dem arithmetischen Mittel des Index der Konsumentenpreise und des Lohnindex. Diese Teildynamisierung ist sehr kostspielig.

Deshalb wird die Frage, ob die Kosten der sozialen Sicherung in Zukunft volkswirtschaftlich noch verkraftet werden können, immer aktueller. Diese ganze Kostenfrage soll von zwei Seiten her dargestellt werden.

1. Die demographische Entwicklung der schweizerischen Bevölkerung belastet die Finanzierung der AHV über das Ausgabenumlageverfahren immer stärker. 1980 fielen auf 100 Erwerbstätige 24 Rentner (= Rentnerquote), im Jahre 2025 werden es 36–38 Rentner sein, was mit grösster Wahrscheinlichkeit zu höheren Beitragsbelastungen der Beitragspflichtigen führt oder zu grösseren staatlichen Zuschüssen zwingt.

Dies sei zahlenmässig verdeutlicht: **Das finanzielle Gleichgewicht der AHV kann bei einem konstanten Beitragssatz auf die Dauer nur gewährleistet werden, wenn der Rentensatz und die Rentnerquote konstant bleiben oder sich gegenläufig bewegen.** Dies ergibt sich aus folgender Formel:

$$0,8 \times R \times A = b \times E \times B$$

$$b = 0,8 \times \frac{R}{E} \times \frac{A}{B}$$

0,8 = Total der Beitragsleistungen der Beitragspflichtigen (0,2 werden durch staatliche Zuschüsse aus der Bundeskasse und durch Zinserträge finanziert)

R: Durchschnittsrente der Rentner

A: Anzahl der Rentner

b: Beitragssatz (in % des Erwerbseinkommens)

E: Durchschnittliches Erwerbseinkommen der Erwerbstätigen

B: Anzahl Beitragspflichtiger

$\frac{R}{E}$ Rentensatz

$\frac{A}{B}$ Rentnerquote

Heute schon ist sicher, dass die Rentnerquote steigen wird. Dies führt zu einem höheren Finanzierungsbedarf für die AHV, wenn die Durchschnittsrenten der Rentner real (d. h. unter Ausklammerung der Inflation) nicht sinken sollen. Dieser zusätzliche Bedarf kann auf drei Arten gedeckt werden: (1) Höhere Einnahmen bei gleichbleibenden Beitragssätzen dank höherer durchschnittlicher Erwerbseinkommen der Erwerbstätigen. (2) Höhere Beitragssätze für die Erwerbstätigen. (3) Höhere staatliche Zuschüsse an die AHV.

Um beim gegenwärtigen Stand die Finanzierung der AHV ohne Erhöhung der Beitragssätze und ohne staatliche Zuschüsse im Gleichgewicht zu halten, müssten die realen Erwerbseinkommen um rund 2% pro Jahr steigen, was einem beträchtlichen Wirtschaftswachstum entspricht, das eher nicht erreicht werden kann. Da aber die Renten vernünftigerweise der Lohnentwicklung folgen müssen, ist in Zukunft mit grösster Wahrscheinlichkeit mit Beitragserhöhungen für die Erwerbstätigen oder mit höheren staatlichen Zuschüssen zu rechnen, die umso grösser werden, je umfassender die soziale Sicherung ausgebaut wird. Ob die Erwerbstätigen diese stärkere Belastung politisch akzeptieren, wird sich weisen müssen.

2. Wie gross die Belastungen werden könnten, wurde in einer Studie für die Schweiz anhand von sechs Modellfällen der wirtschaftlichen Entwicklung mit deren Auswirkungen auf die Kosten der Sozialversicherungen untersucht. Einbezogen wurden alle Sozialversicherungen, wie sie im Abschnitt 2.3.2 beschrieben sind. Neben den in der folgenden Tabelle dargestellten volkswirtschaftlichen Annahmen wurden die demographischen Entwicklungstendenzen und künftige Reformen der Sozialversicherungen mit berücksichtigt. Bei der AHV ist die Teildynamisierung der Renten einbezogen. Die einzelnen Varianten führten zu folgender Gesamtbelastung der Versicherten, der Arbeitgeber und der öffentlichen Hand für die soziale Sicherung:

Einflussfaktoren		Varianten					
		V1	V2	V3	V4	V5	V6
jährliche Zuwachsrate:							
– der Nominallöhne		4,0	6,0	6,0	8,5	5,0	5,0
– der Preise		2,0	4,0	4,0	6,0	4,0	4,0
– des realen BSP		2,0	2,0	2,0	2,5	1,0	1,0
– der Aufwendung für den Gesundheitssektor		6,0	9,0	10,0	11,5	7,0	8,0
Arbeitslosenquote		0,5	0,5	0,5	0,5	0,5	0,5
Gesamtbelastung im Jahr 2000	a)	34,2	39,6	41,9	42,2	37,5	42,7
	b)	19,3	22,4	23,7	23,8	21,2	24,1

a) in % des AHV-pflichtigen Einkommens
b) in % des Bruttosozialproduktes

Quelle: Sozialversicherung in der Schweiz: Finanzielle Perspektiven. Institut für Versicherungswirtschaft an der Hochschule St. Gallen.

Angesichts dieser Zahlen wird es verständlich, wenn die Forderung nach einer Revision des schweizerischen Sozialversicherungswesens laut wird.

2.5 Probleme der schweizerischen Sozialpolitik

Die zunehmende Belastung der Volkswirtschaft durch die soziale Sicherung hat historische und politische Ursachen:

1. Die meisten Systeme der sozialen Sicherung sind stark **kausalorientiert**, d. h. Sozialleistungen wurden beim Vorliegen bestimmter Ursachen (z. B. Krankheit oder Unfall) gewährt. Mit ihrem Ausbau kam es aber allmählich zu Überschneidungen und zu einer Überversicherung, indem für eine Ursache Ansprüche an verschiedene Sozialversicherungen geltend gemacht werden können (so hat z. B. ein Unfallopfer Ansprüche an mehrere Sozialversicherungen und allenfalls an eine Haftpflichtversicherung). Von der Idee her sollten aber Sozialversicherungssysteme **finalorientiert** sein, d. h. für die Höhe der Sozialleistungen stehen die Risikofolgen (die Schadensauswirkungen) im Vordergrund (der Einkommensausfall soll also ausgeglichen werden).

   Diese Überschneidungen und Überversicherung machen das System der sozialen Sicherung ineffizient: Es kommt zunehmend mehr zur Mittelverschwendung nach dem «Giesskannenprinzip» statt zu einer Verbesserung der sozialen Sicherung für die tatsächlich Benachteiligten. Deshalb sollte nach einer optimalen Koordination der einzelnen Sozialversicherungswerke gesucht werden.

2. Im Verlaufe der Zeit diente das System der sozialen Sicherung auch immer mehr der Umverteilung. Als Folge davon kam es zunehmend mehr zu einer **Vermengung** von (notwendigem) **Risikoausgleich** und (politisch erwünschter) **Umverteilung** mit beträchtlichen Kostensteigerungen. Diese gehen immer stärker zu Lasten des Staatshaushaltes, weil Beitragserhöhungen allmählich politische Grenzen gesetzt sind. Dadurch verlieren aber die Sozialversicherungswerke den Charakter einer Versicherung, für die das **Äquivalenzprinzip** gelten sollte.

   Deshalb müssen sozialpolitische Massnahmen zur Einkommensumverteilung und zum Risikoausgleich wieder deutlicher getrennt werden.

3. Offensichtlich tragen Sozialversicherungen auch einige **politische Gesetzmässigkeiten** in sich, die letztlich den Staatshaushalt zunehmend mehr belasten. Je komplexer die Systeme werden, desto häufiger müssen Anpassungen und Korrekturen vorgenommen werden. Dabei versucht jede Gruppierung Vorteile und Privilegien zu ihren Gunsten und zulasten der Allgemeinheit herauszuholen, was langfristig sowohl der Gerechtigkeit als auch der Effizienz zuwiderläuft.

Dazu kommt schliesslich die Tendenz zur Zentralisierung und zur Bürokratisierung des Sozialstaates, die sich infolge der Kompliziertheit bei einem kausalorientierten System der sozialen Versicherung noch verschärft.

Alle diese Tendenzen rufen nach einer Vereinfachung des Systems, die indessen nur über eine Gesamtrevision der sozialpolitischen Systeme zu erreichen wäre. Eine Gesamtrevision dürfte allerdings aus politischen Gründen ein kaum zu verwirklichendes Unterfangen sein. Trotzdem wird in Tabelle 4.7 eine Gliederung wiedergegeben, in der dargestellt ist, wie der Staat Wohlstandsdefizite ausgleichen könnte.

Diese Gliederung könnte einen Raster für die Neugestaltung des Systems der sozialen Sicherung abgeben. Allerdings macht er in der praktischen Anwendung viele Privilegien und Mängel des bisherigen Systems sichtbar, so dass eine umfassende Neugestaltung politisch kaum zu realisieren ist.

Immerhin darf aber erwähnt werden, dass das Aufwand-Leistungsverhältnis der Sozialversicherungen in der Schweiz im Vergleich mit dem Ausland noch günstig ist. Obwohl die Sozialleistungen in der Schweiz hoch sind, liegt die Belastung der Einkommen mit Steuern kaum höher als in anderen Ländern. In Schweden beispielsweise sind die Belastungssätze etwa doppelt so hoch. Deshalb bestehen in der Schweiz noch Chancen zum privaten Sparen und damit für die individuelle Ausgestaltung der dritten Säule.

2.6 Eine politische Kontroverse: Wo liegen die Grenzen des Wohlfahrtsstaates?

Die Kontroverse lautet:

Auffassung Wohlfahrtsstaat	**Auffassung Grenzen des Wohlfahrtsstaates**
Die Ungleichheit in der Einkommensverteilung und die Wohlstandsfortschritte lassen einen weiteren Ausbau des Wohlfahrtsstaates ohne weiteres zu. Es ist nur gerecht, wenn eine weitere Einkommensumverteilung über Sozialversicherungen vorgenommen wird.	Weil zwischen der Gesamtwirtschaft und den Leistungen des Wohlfahrtsstaates eine Wechselwirkung besteht, darf der Wohlfahrtsstaat nicht ohne Rücksicht auf die Gesamtwirtschaft ausgestaltet werden. Andernfalls gefährdet er sich selbst.

Form des Ausgleichs	Charakter	Anmerkungen
Reine Umverteilungszahlungen von Haushalten mit höheren zu Haushalten mit tieferen Einkommen	• Ursachenunabhängige Transferzahlungen • Keine Sozialversicherung notwendig, sondern progressive Einkommenssteuern	• Ideale Lösung für unmittelbare Einkommensumverteilung • Keine komplizierte Administration. Geeignete sozialpolitische Massnahme zum sozialen Ausgleich
Auszahlung von sozialen Versicherungsleistungen im Falle des Eintritts eines versicherten Tatbestandes	• Sie deckt Einkommensausfälle (z. B. AHV) • Sozialer Risikoausgleich. Er kann privatwirtschaftlich oder staatlich erfolgen • Bei staatlichem Obligatorium sollen alle Gesellschaftsmitglieder ihren Beitrag zum Risikoausgleich obligatorisch leisten müssen (Sozialversicherung)	• Der Versicherungscharakter bleibt gewahrt, wenn das Äquivalenzprinzip eingehalten ist • Zu beachten ist, dass die Kausalorientierung zu Überschneidungen und Überversicherung führen kann
Kostenrückerstattungen im Falle besonderer Anwendungen	• Sozialversicherung, die Lücken schliesst, wenn anstelle eines Einkommensausfalles (oder darüber hinaus) ganz bestimmte Aufwendungen entstehen (z. B. Heilungskosten)	• Gefahr des «Giesskannenprinzips», indem unabhängig von der Einkommenslage bezahlt wird, wenn die Aufwendungen anfallen. Deshalb stellt sich hier die Frage, wieweit solche Rückerstattungen einkommensabhängig gemacht werden sollen • Mit einer minimalen Selbstbeteiligung (Selbstbehalt) kann gegen eine Überforderung der Versicherung durch kleine Fälle gewirkt werden
Direkte Zuteilung von Gütern und Dienstleistungen an Notleidende	• Keine Sozialversicherung, sondern Sozialfürsorge	• Diese Form ist zweckmässig, wenn die Gesellschaft ein direktes Interesse an der Versorgung einer Gruppe mit spezifischen Leistungen hat (z. B. Wiedereingliederung von Invaliden oder Drogenabhängigen)
Subventionszahlungen an Produzenten bestimmter Güter und Dienstleistungen	• Keine Sozialversicherung, sondern direkte Massnahme, die sozialpolitischen Charakter hat	• Diese Form sollte vermieden werden, weil die Gefahr besteht, dass nicht nur einkommensschwache Personen, sondern alle Mitglieder einer bestimmten Gruppierung die Subventionen bekommen. Damit geht nicht nur der sozialpolitische Charakter verloren, sondern es kommt auch zur Verschwendung öffentlicher Mittel

Tab. 4.7: Ansätze zu einer Gesamtrevision der sozialen Sicherung

Bei dieser Kontroverse geht es zunächst um die Frage, wer die Kosten des Wohlfahrtsstaates zu tragen hat. Zwei Möglichkeiten erscheinen als naheliegend:

1. Die laufende Erhöhung der Arbeitgeber- und der Arbeitnehmerbeiträge.

   Die Erhöhung der Arbeitgeberbeiträge bedeutet für die Unternehmer zusätzliche Kosten, die auf die Preise überwälzt werden. Dies ist um so eher möglich, je unelastischer die Nachfrage ist. Damit tragen letztlich die Arbeitnehmer als Konsumenten die Sozialleistungen, wobei die unteren Einkommensklassen stärker betroffen sind, weil sie einen höheren Prozentsatz ihres verfügbaren Einkommens zu Konsumzwecken ausgeben.

   Eine laufende Erhöhung der Arbeitnehmerbeiträge findet beim Umlageverfahren ihre Grenzen an der Altersstruktur der Bevölkerung. Infolge der Überalterung müssen die Erwerbstätigen immer mehr Rentner unterstützen, was schon ohne Leistungserhöhungen für die Rentner zu höheren Arbeitnehmerbeiträgen führt.

2. Es sind mehr Mittel der öffentlichen Hand für die soziale Sicherung bereitzustellen.

   Diese Mittel sind durch Steuern aufzubringen. Steigen die Steuern zu stark, so kann das Erwerbsstreben beeinträchtigt werden. Ausserdem ist es gefährlich, die soziale Sicherung ausschließlich durch die öffentliche Hand finanzieren zu lassen. Dadurch ist nämlich für den Bürger nicht mehr ohne weiteres ersichtlich, was ihn die soziale Sicherung kostet. Er glaubt, durch den Staat finanzierte Sozialleistungen seien «kostenlos», was zu masslosen Forderungen führen kann.

   Politisch sollte deshalb beachtet werden:

   - Sozialversicherungen dürfen so wenig als möglich über den allgemeinen Staatshaushalt finanziert werden. Der Bürger soll sich durch Beitragszahlungen der Kosten der sozialen Sicherung bewusst werden.

   - Die Beitragsleistungen der Arbeitgeber und Arbeitnehmer können nicht beliebig erhöht werden. Zwar kann der Arbeitgeber seine Beiträge überwälzen. Diese Kosten führen aber zu höheren Preisen, was die Wettbewerbsfähigkeit behindern kann. Zu hohe Arbeitnehmerbeiträge können das Erwerbsstreben lähmen.

• Das richtige Mass des Wohlfahrtsstaates ist eine politische Frage. Die Volkswirtschaftslehre kann wohl die Folgen einer zu weitgehenden sozialen Sicherung aufzeigen. Sie kann aber keine abschliessende Lösung geben.

2.7 Gesundheitspolitik

2.7.1 Probleme im Gesundheitswesen

Das Gesundheitswesen in hochentwickelten Volkswirtschaften ist mit einer Fülle von Problemen belastet: Personalprobleme (Überschuss an Ärzten, Mangel an Pflegepersonal, Unzufriedenheit beim Personal mit grossen Fluktuationsraten[7], Kapazitätsprobleme (Überschuss an Betten in Akutspitälern, Engpässe in Pflegeheimen und geriatrischen[8] Kliniken infolge der zunehmenden Überalterung der Bevölkerung), Führungsmängel im Spitalsystem (mangelnde Koordination und als Folge davon Überinvestitionen) sowie die seit Jahren fortschreitende Kostenexplosion, wie Tabelle 4.8 zeigt.

Jahr	Total Krankenpflegekosten der anerkannten Krankenkassen		Landesindex der Konsumentenpreise	Ärztliche Behandlung	Arzneimittel	Heilanstaltkosten	übrige Kosten
	in Mio. Fr.	in %					
1970	1 110,3	100		517,2	286,0	292,8	14,4
1980	3 987,4	359	62,9	1 629,7	818,9	1 465,2	73,6
1990	8 977,1	750	87,8	3 545,8	1 608,0	3 656,3	167,0
1992	11 206,5	1 009	96,7	4 279,4	1 901,3	4 752,0	273,7

Quelle: Statistisches Jahrbuch der Schweiz, Zürich 1996, S. 327

Tab. 4.8: Entwicklung der Krankenpflegekosten der anerkannten Krankenkassen

Diese Probleme sind auf verschiedene Ursachen zurückzuführen:

• Die moderne Lebensweise führt zu einer steigenden Zahl von psychosomatischen[9] und chronisch-degenerativen Zivilisationskrankheiten,

---

7 Fluktuationsrate heisst: Schwankungen einer statistischen Grösse, hier grosser Personalwechsel.
8 Geriatrische Klinik heisst: Spital für Alterskrankheiten.
9 Psychosomatisch heisst: ganzheitliche Betrachtung von Krankheiten (seelisch und körperlich).

deren Bekämpfung schwieriger, langwieriger und teurer wird. Laufend kostenintensiver werden auch die Betreuungsangebote für die überalterte Bevölkerung.

- Beim Aufbau des Gesundheitswesens passieren immer wieder Planungsfehler, indem in erster Linie sozialpolitischen und zu wenig auch ökonomischen Gesichtspunkten Rechnung getragen wird (wenig zweckmässige Investitionen, ungenügende Kostenplanung und -kontrolle). Dies ist nicht zuletzt darauf zurückzuführen, dass immer noch die Meinung verbreitet ist, ökonomische Zielvorgaben widersprächen sozialpolitischem Denken.

- Die Kostenexplosion ist auf die zunehmende Spezialisierung, die Ausweitung des Leistungsangebots und die verbesserte Medizinaltechnik zurückzuführen.

- In der modernen Medizin löst wohl der Patient die Nachfrage nach medizinischer Versorgung aus. Das Angebot wird aber vom Arzt oder vom Spital bestimmt, wobei einerseits jeder Patient davon ausgeht, dass er maximal versorgt wird, und andererseits die meisten Ärzte und Spitäler aus ökonomischen Überlegungen (gewinnbringendes Verhalten) zu einer maximalen ärztlichen Betreuung neigen. Die Folge davon ist eine «Überverarztung», weil die Anreize zu einer sparsamen Verschreibung ärztlicher Leistungen fehlen.

- Das ausgebaute Krankenkassensystem mit tiefen Selbstbehalten verleitet viele Menschen zu einer übermässigen Inanspruchnahme von ärztlichen Leistungen.

2.7.2 Die Finanzierungsstruktur im Gesundheitswesen

Im **ambulanten Bereich** der medizinischen Versorgung orientieren sich die Preise (Honorare der Ärzte) nicht primär an den Kosten, sondern sie werden zwischen Verbänden (Krankenkassenverband und Ärzteverband) ausgehandelt. Abbildung 4.9 zeigt die Finanzierungsvorgänge, die übrigen Abläufe sowie die Abhängigkeiten auf. Bei den Tarifverhandlungen zwischen den Verbänden spielt das Verhandlungsgeschick eine immer grössere Rolle, weil die Tarife nicht mehr nur auf die Behandlungskosten ausgerichtet werden, sondern standespolitische (Einkommen der Ärzte, die für ihr langes Studium und ihre Investitionen zu entschädigen sind), ordnungspolitische (mit dem Tarif sollen kostengünstige Behandlungsarten gefördert werden) und soziale Gesichtspunkte (möglichst tiefe Prämien) mitzuberücksichtigen sind.

Für die Behandlung in den **Spitälern** werden von den Spitalträgern (Kantone, Gemeinden, Private) und den Versicherungs- und Krankenkassen feste Tagespauschalen ausgehandelt, die alle Leistungen abdecken. Dies führt nicht immer zu einem optimalen wirtschaftlichen Handeln in den Spitälern, so dass die Tagespauschalen oft zu niedrig sind (womit sozialpolitischen Zielen Rechnung getragen wird), was zu steigenden Defiziten bei den Spitälern führt, die von der öffentlichen Hand zu decken sind. Heute rechnet man in der Schweiz mit einem Kostendeckungsgrad der Spitäler zwischen 40% und 65%.

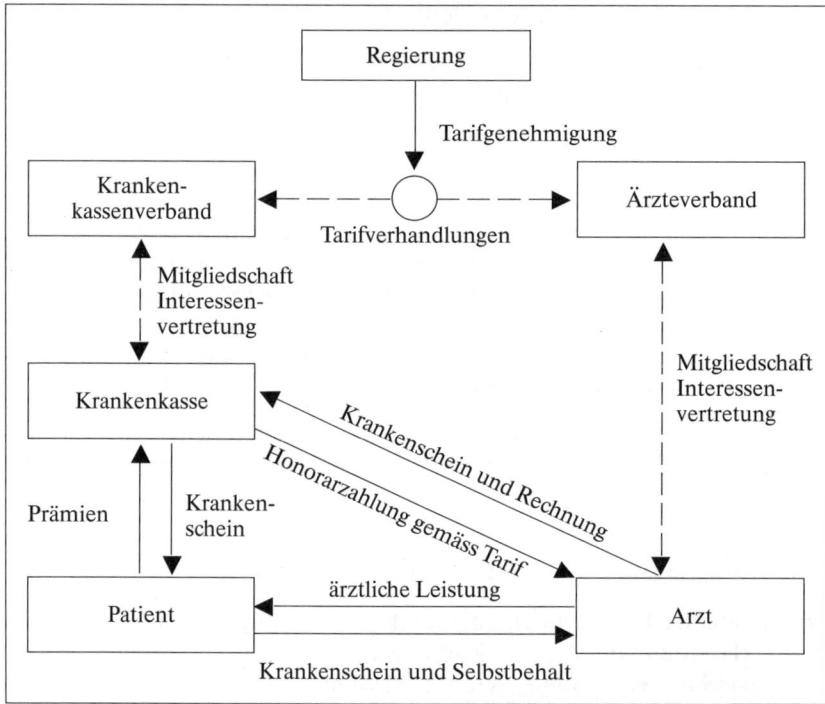

Abb. 4.9: Finanzierung, Abläufe und Abhängigkeiten im ambulanten Bereich (nach B. J. Güntert)

2.7.3 Auswege aus der Kostenexplosion

Nachdem heute die Gesundheitskosten den Staat und die Privaten immer stärker belasten, drängen sich Massnahmen gegen die Kostenexplosion auf. Heute werden die drei in Abbildung 4.10 wiedergegebenen Strategien diskutiert.

Strategien zur Senkung der Gesundheitskosten

Staatliche Regulierung

Die staatliche Einflussnahme und Kontrolle wird verstärkt, indem am Finanzierungssystem (Abb. 4.9) nichts verändert wird, aber

- die Budgets gekürzt und genauere Vorgaben für die Investitionen gemacht werden,

- strengere Kontrollen über die Investitionen, Qualität und Leistungen durchgeführt werden.

Dazu werden systematische Planungs- und Kontrollsysteme eingeführt.

Globalisierung

Der Staat führt das gesamte Gesundheitswesen, indem er

- alle medizinischen Leistungen erbringt, oder er

- die gesamten privatwirtschaftlich erbrachten Leistungen für Medizin «aufkauft».

In diesem Fall legt der Staat fest, wieviel er für das Gesundheitswesen aufbringen will. Dann werden Ärzte und Spitäler nicht nach Einzelleistungen, sondern pro Patient honoriert oder fest besoldet.

Marktwirtschaftlicher Wettbewerb

Der Staat verzichtet auf alle Regulierungen und kehrt zur marktwirtschaftlichen Lösung mit Selbstregulierung zurück. Dabei stehen zwei Verfahren zur Diskussion:

- **Fallkostenpauschalen:** Aufgrund der Diagnose und der als notwendig erachteten Behandlung wird die Entschädigung (Honorar) im voraus festgelegt. Dadurch bemühen sich die Spitäler und Ärzte, die Kosten während der Behandlung möglichst tief zu halten.

- **Gesundheitskassen (Health Maintenance Organization, HMO):** Jedermann kann Mitglied einer der vielen HMO werden und im voraus eine fixe Monats- oder Jahresprämie bezahlen. Als Gegenleistung garantiert die HMO eine umfassende medizinische Versorgung im individuellen Krankheitsfall, wobei die Behandlung nur bei den der betreffenden HMO angeschlossenen Spitälern und Ärzten möglich ist. Die Entschädigung der Spitäler und Ärzte erfolgt durch die HMO. Damit es nicht zu einer medizinischen Unterversorgung kommt, werden in jeder HMO Qualitätskontrollmechanismen eingeführt.

  Weil sich viele HMO auf dem Markt konkurrenzieren, kann jedermann seine kostengünstige HMO aussuchen. Weil anzunehmen ist, dass nur HMO mit niedrigen Prämien gewählt werden, bemühen sich Spitäler und Ärzte um eine kostengünstige Behandlung.

Abb. 4.10: Strategien der Gesundheitspolitik

Beim Entscheid über die zu wählende Strategie, der immer stark politisch geprägt sein wird, sind folgende Gesichtspunkte zu beachten:

- Viele Leute tun sich mit marktwirtschaftlichen Lösungen im Gesundheitswesen emotional schwer. Sie befürchten, dass sich sozialpolitische Zielsetzungen, wie sie im Gesundheitswesen vorherrschen, marktwirtschaftlich nicht erreichen lassen (Angst vor medizinischer Unterversorgung; Befürchtung, es könnte eine Zweiklassenmedizin für Ärmere und Reichere entstehen).

- Obschon die staatliche Regulierung von Jahr zu Jahr verstärkt wird, gelingt es nicht, die Kosten zu senken. Es scheint, dass das Gesundheitswesen zunehmend mehr an Flexibilität verliert und Innovationen[10] verunmöglicht werden. Deshalb lehnen zunehmend mehr Gesundheitsexperten staatliche Regulierungen ab.

- Auch die Strategie der Globalisierung scheint sich nicht zu bewähren. Die Ärzte sind daran wenig interessiert, so dass es zu einer medizinischen Unterversorgung kommen kann (weniger Ärzte, längere Wartezeiten). Auch entwickeln sich die Bettenzahlen in Spitälern rückläufig, vor allem wenn in Zeiten mit Staatsdefiziten die staatlichen Mittel für das Gesundheitswesen beschränkt werden. In England bestätigt sich diese Entwicklung.

- Bei den HMO wird befürchtet, die Prämien könnten zu hoch und damit ärmere Bevölkerungsschichten benachteiligt werden. Leider fehlen langfristige Erfahrungen, so dass diese Frage offen bleiben muss. Die Befürworter meinen, der Wettbewerb sorge für tiefe Prämien. Zudem erwarten sie eine bessere Ausrichtung der medizinischen Versorgung auf die echten Bedürfnisse der Patienten, Rationalisierungs- und Kosteneinsparungsprogramme in der gesamten Medizin sowie einen Verzicht auf medizinische Überinvestitionen.

Der Entscheid über die zu wählende Strategie wird angesichts der Kostenexplosion immer dringender. Aufgrund der bisherigen amerikanischen Erfahrungen mit dem HMO-System wären Versuche damit in der Schweiz zu begrüssen.

---

10 Innovationen heisst: Neuerungen.

2.8 Die neue Armut

2.8.1 Ein neues Problem in wirtschaftlich hoch entwickelten Ländern

Zwar ist die Schweiz gemessen am Sozialprodukt pro Kopf eines der reichsten Länder der Welt. Von diesem Wohlstand profitieren aber nicht alle Bevölkerungsgruppen gleichermassen. Auch in der Schweiz gibt es zunehmend mehr Menschen, die arm sind, auch wenn dies äusserlich noch nicht so sichtbar ist wie in anderen Ländern.

Die Ursachen für diese neue und oft noch versteckte Armut sind vielfältig:

- Zum grössten Problem werden Personen aus **Randgruppen**, die nicht mehr richtig oder gar nicht mehr in die Gesellschaft eingebunden sind. Als Aussenseiter fehlt ihnen deshalb die Möglichkeit, eine gesellschaftliche Funktion zu übernehmen, für die sie genügend entschädigt werden. Die Ursachen dieses Zustandes liegen auf mehreren Ebenen: Schwierige Lebensbedingungen in der Kindheit, die zu Bildungslücken führen; Suchtmittelmissbrauch, der die Leistungsfähigkeit vermindert und in die Isolation treibt; körperliche und geistige Beeinträchtigung, die angeboren ist usw.

- **Alleinerziehende Personen** (meistens Frauen) kommen dann in Schwierigkeiten, wenn die finanzielle Leistungsfähigkeit des ehemaligen Partners ungenügend ist und/oder eine volle Erwerbstätigkeit nicht aufgenommen werden kann (weil die Fähigkeiten fehlen und/oder die externe Betreuung der Kinder nicht sichergestellt ist). Dies ist zu einem guten Teil darauf zurückzuführen, dass in der Schweiz der Arbeitsmarkt, die Schule und die Betreuungseinrichtungen für Jugendliche noch zu stark auf traditionelle Familienverhältnisse ausgerichtet sind.

- **Rentner** mit zu geringen finanziellen Ansprüchen an Sozialversicherungswerke und ohne eigene Vorsorge (2. und 3. Säule der Alters- und Hinterlassenenvorsorge).

- **Arbeitslose,** denen die Integration in den Arbeitsprozess nicht innert nützlicher Frist gelingt.

- Zu beachten sind schliesslich die **armutsgefährdeten Erwerbstätigen**, bei denen die schwierig zu beurteilende Frage des Selbstverschuldens der finanziellen Knappheit zu beantworten ist: Inwieweit sind äussere Umstände (soziale Herkunft, Arbeitsmarktsituation) oder eigene Fehlleistungen und Einstellungen (z. B. übermässiger Konsum mit zunehmender Verschuldung) für die finanzielle Not verantwortlich? Diese Frage lässt sich kaum je objektiv beantworten, weil bei deren Beantwortung immer normative Gesichtspunkte mitspielen.

Die Bekämpfung der neuen Armut muss zu einem zentralen Anliegen der Sozialpolitik werden. Diese allgemein gehaltene Forderung ist auch kaum bestritten. Sobald aber umschrieben werden muss, was wirtschaftliche Armut ausmacht, und wie man sie bekämpfen will, so entstehen grosse Meinungsverschiedenheiten, weil weltanschauliche Gesichtspunkte mitspielen.

In der Schweiz sind in den letzten Jahren mehrere Studien zur Armut in der Schweiz erschienen, die meistens heftige Diskussionen ausgelöst haben. Viele unsachliche Auseinandersetzungen hätten vermieden werden können, wenn die jeweils verwendeten Definitionen der Armut sorgfältiger beachtet worden wären, denn **Armut ist ein relativer Begriff, der im Rahmen des politischen Prozesses konkretisiert werden muss.**

2.8.2 Definition und Messung der Armut

Wirtschaftliche Armut kann ganz allgemein als mangelnde Verfügungsmacht über Ressourcen definiert werden. Diese umfassende Definition kann auf drei Arten interpretiert werden (vergleiche Tabelle 4.11).

1. Die verfügbaren Mittel reichen kaum zum physischen Überleben aus.

   Bei diesem Konzept der Armut handelt es sich um die **absolute Armut**. Es geht von der Annahme eines weitgehend physiologisch und damit objektiv bestimmten Existenzminimums aus, so dass die Armut losgelöst vom allgemeinen Lebensstandard der Bevölkerung umschrieben werden kann.

2. Die verfügbaren Mittel reichen nicht aus, um ein von der Gesellschaft als akzeptabel erachtetes Leben zu führen.

   Dieses Konzept der Armut spricht die **relative Armut** an. Dieser Betrachtungsweise liegt die Annahme zugrunde, die Armut sei in Relation zum allgemeinen Lebensstandard der Bevölkerung zu definieren.

3. Die verfügbaren Mittel reichen nicht aus, um ein von den jeweils Betroffenen als zufriedenstellend angesehenes Leben zu führen.

   Dieses Konzept der Armut betrifft die **subjektive Armut**, also das persönliche Empfinden, arm zu sein. Deshalb will es die Armut nicht allein mit objektiven Wohlstandsindikatoren wie Einkommen und Vermögen messen, sondern weitere Faktoren miteinbeziehen, die zum subjektiven Wohlbefinden beitragen.

   Beispiel: Eine Person, die sich den Wunsch nach viel Freiheit erfüllen kann, ist mit einem tieferen Einkommen zufriedener als jemand mit einem hohen Einkommen, der trotzdem viele persönliche Bedürfnisse nicht befriedigen kann.

Tab. 4.11: Drei grundlegende Armutsdefinitionen

Um gegen die Armut geeignete sozialpolitische Massnahmen zu treffen, sind **Armutsgrenzen** festzulegen. Sie bestimmen, über welche finanziellen Mittel ein Haushalt von gegebener Grösse verfügen muss, damit er nicht arm ist. Die Höhe der Armutsgrenze hängt dabei vom gewählten Armutskonzept ab. Am tiefsten ist sie beim absoluten, in der Regel am höchsten beim subjektiven Armutskonzept. Einigermassen objektiv festgelegt werden kann nur die Armutsgrenze nach dem Konzept der absoluten Armut. Diese Grenze darf aber in einer hoch entwickelten Volkswirtschaft nicht mehr massgebend sein, da es unerträglich wäre, sozialpolitische Massnahmen auf das Existenzminimum auszurichten. Die Festlegung der relativen und der subjektiven Armutsgrenze ist ein **rein politischer** und damit ein **subjektiver Entscheid**, denn es lässt sich immer darüber streiten, was ein gesellschaftlich akzeptables Leben (relative Armut) oder ein zufriedenstellendes Leben (subjektive Armut) ist.

Bislang gibt es in der Schweiz im Gegensatz zu anderen Ländern (z. B. USA) **keine offizielle Armutsgrenze**. Deshalb gibt es auch keine offizielle **Armutsquote** (Anteil der Armen an der Gesamtbevölkerung). Wissenschaftlich werden aber von Zeit zu Zeit Armutsgrenzen und Armutsquoten errechnet. Infolge normativer Annahmen bleiben sie indessen politisch immer umstritten.

In einer Untersuchung für das Jahr 1982 wurden die in Tabelle 4.12 zusammengestellten Werte ermittelt.

Kriterien für die Festlegung der Armutsgrenzen	Armutsgrenze in Fr. pro Jahr	Armutsquote
Absolute Armutsgrenze (minimale AHV/IV-Renten)	7 400	1,6
Richtsätze der Schweizerischen Konferenz für öffentliche Fürsorge	8 936	2,7
Oberer Grenzwert des untersten Einkommensdezils*	13 226	8,3
Subjektive Armutsgrenze	14 342	10,3

* Durchschnitt der 10 % der Bevölkerung mit den tiefsten Einkommen (Armutsquote von 10 %).

Quelle: Robert Leu, Bedürftigkeit und Armut als relative Begriffe. Neue Zürcher Zeitung Nr. 193 vom 22. 8. 89

Tab. 4.12: Armutsquoten in der Schweiz (1982)

Je nach Armutsgrenze ergeben sich völlig unterschiedliche Armutsquoten. Deshalb sind alle Aussagen über die Armut in einem Land immer mit Vorsicht aufzunehmen. Ohne genaue Definition bleiben sie oberflächlich.

Gegenwärtig versucht man in der Schweiz, bessere Daten über die Armut zu ermitteln. Gearbeitet wird mit einem umfassenderen und genaueren Ansatz, dem **Lebenslagenkonzept**. Damit soll die effektive Lebenslage der Armen (wirtschaftlich Schwachen) für sich genommen und im Vergleich zur übrigen Bevölkerung ermittelt werden. Erfasst werden die (1) **wirtschaftliche Lage** sowie (2) die **nichtökonomische und immaterielle Dimension der Lebenslage**. Auch hier beinhalten die Kriterien zur Bestimmung der Lebenslage eine grosse Zahl von **Werturteilen**.

Die Erfassung beruht auf folgenden Elementen:

- **Wirtschaftliche Lage**, die nach folgender Formel bestimmt wird:

$$I = \frac{Y + aV - Z}{N} \times II$$

I = Indikator der wirtschaftlichen Lage eines Haushaltes

Y = Verfügbares Haushaltseinkommen pro Periode (Grundlage dazu bilden die Steuerdaten, die auf ein Jahr erhoben sind)

aV = Anteil des Reinvermögens, das zum Einkommen gezählt wird (in der Praxis der schweizerischen Sozialpolitik wird aufgrund einer Übereinkunft $1/15$ des Reinvermögens zum laufenden Einkommen gezählt)

Z = Zwangsausgaben, d. h. Ausgaben, die zwangsweise anfallen und vom Betroffenen nicht beeinflusst werden können wie Steuern, Sozial- und Krankenversicherungsbeiträge, Alimente[11] und Unterstützungszahlungen usw. Der Entscheid, was zu den Zwangsausgaben zählt, beruht wiederum auf einem Werturteil. Entsprechend unterschiedlich fallen Armutsgrenze und Armutsquote aus.

N = Äquivalenzskala, die angibt, wie sich die Ausgaben mit zunehmender Zahl der Haushaltsmitglieder unter Berücksichtigung der Altersstruktur verändern (Einpersonenhaushalt: 1,00, Zweipersonenhaushalt: 1,50, Dreipersonenhaushalt: 1,89 usw.)

II = Regionaler Preisindex für die Region.

- **Nichtökonomische und immaterielle Dimensionen der Lebenslage,** die im Gegensatz zu früher in Armutsstudien aufgenommen werden, um die Lebensbedingungen zu ermitteln, die von der Gesellschaft als minimal betrachtet werden (es muss die Führung eines «normalen Lebens» möglich sein, was dem Konzept der relativen Armut entspricht). Auch diese Kriterien haben normativen Charakter:

---

11 Alimente heisst: Unterstützungszahlungen (z. B. bei Scheidung für die Kinder).

- Kontakt- und Kooperationsspielraum: Welche Interaktionsmöglichkeiten[12] hat der einzelne Mensch?

- Musse- und Regenerationsspielraum: Welche Möglichkeiten zum Ausgleich und zur Entspannung hat der einzelne Mensch?

- Lern- und Erfahrungsspielraum: Wie kann sich der einzelne Mensch durch Sozialisation[13], Bildung und Erfahrung entfalten?

Gegenwärtig laufen in der Schweiz Untersuchungen zu diesem Lebenslagenkonzept. Daten liegen aber noch keine vor.

Die bisher besprochenen Definitionen von Armut weisen den **Armutsbestand** (Armutsquote) auf. Diese Bestandesaufnahme genügt aber für sozialpolitische Entscheidungen nicht, denn sie zeigt nur, wie viele und welche Personen zu einem bestimmten Zeitpunkt arm sind. Nicht ersichtlich ist aber die Dauer der Armut, so dass vor allem die Frage nicht beantwortet werden kann, ob einzelne Menschen nur vorübergehend arm sind, oder ob die Armut zu einem unausweichlichen Schicksal wird.

Dies sei an einem Beispiel verdeutlicht: In einem Fall leben 10 % der Bevölkerung während eines bestimmten Zeitraumes in Armut. Im andern Fall sind alle Einwohner zu einem bestimmten Zeitpunkt von Armut betroffen, bleiben es aber nur während 10 % dieser bestimmten Zeit. Diese beiden Fälle beinhalten unterschiedliche Formen von Armut und erfordern verschiedenartige sozialpolitische Massnahmen.

Deshalb versucht man heute die Bestandesrechnung durch eine **Stromrechnung** zu ergänzen. Der zum Bestand gehörende Strom setzt sich aus allen in einem gegebenen Zeitraum begonnenen (Zugänge) bzw. abgeschlossenen (Abgänge) Fällen von Armut zusammen. Abbildung 4.13 verdeutlicht den Unterschied zwischen Strom und Bestand.

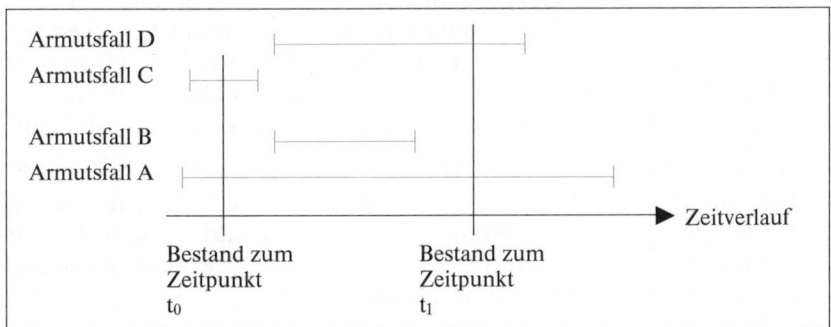

Abb. 4.13: Bestand und Strom von Fällen der Armut (nach G. Sheldon)

---

12 Interaktion heisst: Kontakte und Umgang mit anderen.
13 Sozialisation heisst: Sich in eine Gesellschaft einleben.

Abbildung 4.13 zeigt folgende Bestände und Ströme:

Bestand Zeitpunkt t_0:	2 Armutsfälle (A und C)
Bestand Zeitpunkt t_1:	2 Armutsfälle (A und D)
	Armutsfall B geht nicht in die Bestände ein. Also sind Langzeitarme im Bestand über- und Kurzzeitarme untervertreten.
Strom im Zeitraum t_0–t_1:	2 Zugänge (B und D) 2 Abgänge (B und C)
	Armutsfall A erscheint in der Stromrechnung nicht. Also sind Langzeitarme im Strom untervertreten.

Zur richtigen Interpretation der Armutsquote bedarf es deren **stromanalytischen Zerlegung**. Sie beruht auf folgender Formel:

$$\frac{\text{Anteil der Armen}}{\text{Bevölkerung}} = \frac{\text{Betroffene}}{\text{Bevölkerung}} \times \frac{\text{Fälle}}{\text{Betroffene}} \times \text{Falldauer}$$

das heisst:

$$\text{Armutsquote} = \text{Armutsrisiko} \times \text{Fallhäufigkeit} \times \text{Falldauer}$$

Die Armutsquote lässt sich also multiplikativ in drei Bestandteile aufgliedern: Das Armutsrisiko misst die Zahl der in einem gegebenen Zeitraum von Armut betroffenen Personen im Verhältnis zur Bevölkerung. Die Fallhäufigkeit gibt an, wie häufig die gleiche Person in der Beobachtungsperiode unter die Armutsgrenze fällt. Und die Falldauer beschreibt die Länge der Armut. Daraus lassen sich folgende Erkenntnisse ableiten:

- Armutsquote und Armutsrisiko sind dann identisch, wenn ein Betroffener nur eine Periode (t_0–t_1) in der Armut verbringt und keine Mehrfachhäufigkeit vorkommt. In diesem Fall sind in jeder Periode wieder andere Leute arm; die Armut ist relativ gleichmässig verteilt, was sozialpolitisch weniger problematisch ist.

- Die Formel zeigt aber auch, dass eine bestimmte Armutsquote entweder auf ein hohes Armutsrisiko, das mit einer kurzen Falldauer verbunden ist, oder auf ein niedriges Armutsrisiko, das mit einer langen Falldauer gekoppelt ist, zurückgeführt werden kann.

Das folgende Zahlenbeispiel macht deutlich, wie die Armutsquote diese beiden Bedeutungen haben kann (Annahmen: $t_0-t_1 = 10$ Jahre, keine Mehrfachfallhäufigkeit):

	Armutsquote	=	Armutsrisiko	$\times$	Armutsdauer
Fall 1:	0,10	=	0,10	$\times$	1,00
Fall 2:	0,10	=	1,00	$\times$	0,10

Im Fall 1 sind lediglich 10 % der Bevölkerung unter der Armutsgrenze, bleiben aber 10 Jahre lang arm. Im Fall 2 geraten alle Personen einmal in Armut, sie bleiben es aber nur ein Jahr lang.

Die immer wieder gebrauchte Armutsquote ist damit eine recht unzuverlässige Grösse. Für sozialpolitische Massnahmen gegen die Armut ist deshalb auch die Stromrechnung mit den Bewegungen zu betrachten. Sind die Bewegungen gross, so ist die Armut vorübergehend und weitverbreitet. Sind sie klein, dann trifft die Armut wenig Personen, und es ist für sie schwieriger, aus der Armut herauszukommen. Deshalb fordern diese beiden Fälle eine unterschiedliche Sozialpolitik.

Erste Untersuchungen in der Schweiz führen zu folgenden Ergebnissen: Das Risiko, in einem gegebenen Jahr durch einen Einkommensrückgang in die Armut zu kommen, ist für den einzelnen Bürger nicht besonders hoch. Hingegen trifft die Armut über eine Zeitspanne von 7 Jahren mehr Personen, als aufgrund der veröffentlichten Armutsquoten anzunehmen ist. Dies deutet darauf hin, dass sich die neue Armut auf wenige langfristige Arme konzentriert, für die es zunehmend schwieriger wird, der Armut zu entkommen.

2.8.3 Sozialpolitische Massnahmen gegen die neue Armut

- Zunächst lässt sich die Armutsgefährdung durch eine leistungsfähige Wirtschaft vermindern, indem sie rechtzeitig auf den Strukturwandel reagiert und zusammen mit dem Staat für gute Weiterbildungsmöglichkeiten sorgt.

- Die Sozialversicherungswerte sind weniger auf eine allgemeine Umverteilung («Giesskannenprinzip») als auf unmittelbare Hilfen für die Mitmenschen unter der Armutsgrenze auszurichten.

- Bei Randgruppen muss die Integration in die Wirtschaft gefördert werden (Betreuung, Resozialisierung[14], Umschulung, Weiterbildung

14 Resozialisierung heisst: Zurückführen (Wiedereingliederung) in die Gesellschaft und in die Wirtschaft.

sowie vor allem für Alleinerziehende mehr Teilzeitstellen, flexible Arbeitszeiten, Blockzeiten in den Schulen und Einrichtungen für die Betreuung von Kleinkindern).

- Für Arbeitslose müssen genügend gute Leistungen der Arbeitslosenversicherung vorgesehen werden. Langfristig bedeutsamer sind aber Umschulungs- und Weiterbildungsmassnahmen.

- Für in Armut lebende Rentner sind die Ergänzungsleistungen der AHV auszubauen.

3. Der Bodenmarkt

3.1 Ursachen und Folgen der steigenden Bodenpreise

In allen dichter besiedelten Gegenden steigen die Bodenpreise viel stärker als das durchschnittliche Preisniveau. Verantwortlich dafür ist die rasch steigende Nachfrage nach Boden, die auf folgende Ursachen zurückzuführen ist:

1. Der verbesserte Lebensstandard führt zu höherem Wohnraumbedarf. Dadurch wird mehr Bauland beansprucht;

2. wirtschaftliches Wachstum und technischer Fortschritt begünstigen den Bau von Industriekomplexen;

3. der höhere Wohlstand ermöglicht den vermehrten Bau von viel Boden beanspruchenden Einfamilienhäusern;

4. die öffentlichen Bauvorhaben nehmen zu (Schulhäuser, Gemeindezentren, Nationalstrassen, Eisenbahntransversalen);

5. die Geldentwertung veranlasst Private, Versicherungsgesellschaften, Banken, Anlagefonds und Pensionskassen, ihr Geld in wertbeständigem Boden anzulegen.

Dieser Nachfrage steht auf der Angebotsseite die natürliche Begrenztheit des Bodens gegenüber, die jedoch nicht absolut zu sein braucht, denn die Bodenmenge kann intensiver verwendet oder bisher landwirtschaftlich genutztes Land durch Erschliessung (Bau der Verkehrswege, Wasseranschlüsse usw.) zu Bauland werden. Mit anderen Worten lässt sich das

Angebot mit einer überlegten Bodenpolitik innerhalb verhältnismässig enger Grenzen erhöhen.

Die steigenden Bodenpreise bringen für die soziale Marktwirtschaft verschiedene unangenehme Folgen:

1. Sie führen zu höheren Miet- und Pachtzinsen und verteuern damit die Lebenshaltung.

2. Die steigenden Bodenpreise tragen für die Zukunft die Gefahr einer Entpersönlichung und Anonymisierung des Bodenbesitzes in sich (politisch akzentuiert spricht man von einem neuen Bodenfeudalismus und Grossgrundbesitz), indem nur noch vermögliche Einzelpersonen und kapitalkräftige juristische Personen (Anlagefonds, Industrien, Banken, Versicherungen, Genossenschaften, Pensionskassen und Gewerkschaften) den teuren Boden erstehen können. Dadurch sinkt die breite Eigentumsstreuung – ein vordringliches Postulat der sozialen Marktwirtschaft. Gleichzeitig besteht die Gefahr, dass diese Gruppierungen den Boden nur noch als wertbeständige Kapitalanlage oder gar als Objekt gewinnbringender Spekulationen betrachten und damit dem Gesamtwohl entgegenwirken.

3. Steigende Bodenpreise fördern aber auch das Unbehagen über die soziale Marktwirtschaft, indem vom ethischen Standpunkt aus die Wertsteigerungen des Bodens und die Grundrenten als unverdient und damit als ungerecht beurteilt werden, da beides ohne aktive Mitwirkung des Eigentümers geschieht.

Nachdem in den letzten Jahren zufällige Bodeneigentümer in Regionen mit grosser Nachfrage nach Boden bedeutende Gewinne auf dem Bodenmarkt erzielt haben und in den Rezessionsjahren 1991/92 verschiedene Liegenschaftenmakler infolge risikohaftem Geschäftsgebaren in Konkurs geraten sind, wird die freiheitliche Bodenordnung immer mehr in Frage gestellt. Eine Beurteilung dieser Probleme setzt genaue Kenntnisse über die Preisbildung auf dem Bodenmarkt voraus.

3.2 Die Preisbildung auf dem Bodenmarkt

Der **Bodenpreis** ergibt sich aus der **Kapitalisierung** der **Grundrente**:

$$\text{Bodenpreis} = \frac{\text{Grundrente}}{\text{Zinssatz}} \times 100$$

Unter Grundrente versteht man den Benützungspreis für Boden (Miet-
und Pachterträge sowie Baurechtszinsen), den der Bodeneigentümer
abzüglich aller seiner Kosten (Kapitalzinsen, Amortisations-, Unterhalts-
und Verwaltungskosten sowie Steuern) erhält. Ohne Einfluss der Eigentümer sind die Grundrenten je nach Bodenqualität, Lage und Intensität der
Nutzung verschieden hoch und können unter gewissen Umständen ohne
Zutun des Eigentümers weiter steigen oder auch fallen.

Deshalb spricht man von Differentialrenten und gliedert sie in **Qualitätsrenten** (die
Qualität des Bodens erlaubt eine unterschiedliche Nutzung, was zu verschieden hohen
Grundrenten führt), **Lagerenten** (eine bessere verkehrsmässige Erschliessung führt zu
einer besseren Nutzung und damit ohne Zutun des Eigentümers zu einer höheren
Grundrente) und **Intensitätsrenten** (die intensivere Beanspruchung des Bodens, sei es
als landwirtschaftlich verwendeter oder als Bauland, führt zu einer besseren Nutzung).

Eine richtige Beurteilung der Entwicklung der Bodenpreise setzt einige
Einsichten voraus, die heute für viele Leute nicht sehr verständlich sind.

- Die Bodenpreise steigen oft rascher an als die anderen Preise, weil der
  Boden **nicht vermehrbar** ist (mehr oder weniger gleichbleibendes Angebot), die Nachfrage aber als Folge des wirtschaftlichen Wachstums und
  der grösser werdenden Nachfrage nach Wohnraum wächst.

- Der Bodenpreis entscheidet über die **Nutzungsart** des Bodens. Die
  Erschliessung mit öffentlichen Verkehrsmitteln, der Strassenbau,
  topographische Besonderheiten sowie veränderte Präferenzen der
  Bevölkerung (man möchte beispielsweise nicht mehr in grossen Städ-
  ten wohnen) führen laufend zu Nutzungsänderungen und damit zu
  Veränderungen bei den Bodenpreisen, was den Eigentümern ohne
  eigene Leistung oft höhere Grundrenten bringt (z. B. bei besserer Ver-
  kehrserschliessung entsteht eine Lagerente).

In allen Fällen gilt ein Grundmuster, das Johann Heinrich von Thünen[15] beschrieben
hat. Es besagt, dass die Lage eines Grundstückes und seine Entfernung vom Zentrum
die Nutzung des Bodens und damit seinen Preis prägen: Je weiter vom Zentrum entfernt ein Boden liegt, desto geringer ist seine Nutzung und umso tiefer ist sein Preis.
Dieses Grundmuster kann auch mit der Raumplanung nicht beliebig verändert werden.
Andernfalls wird der knappe Boden nicht mehr ökonomisch sinnvoll genutzt.

- Besonders umstritten ist die **Bodenspekulation**[16]. Es wird immer wieder
  behauptet, sie sei die Ursache von Bodenpreissteigerungen und als
  Folge davon massgeblich für die Mietzinserhöhungen verantwortlich.

---

15 Johann Heinrich von Thünen: Deutscher Sozialökonom (1783–1850).
16 Spekulation heisst: Ausnützung zeitlicher Preisunterschiede. Man kauft etwas, um
    damit später einen realen Gewinn zu erzielen.

Diese Behauptung konnte eindeutig widerlegt werden: **Bodenpreiser-höhungen** sind die **Folge** von allgemeinen Preissteigerungen (Inflation) und allgemeinem wirtschaftlichem Optimismus. Dies lässt sich von zwei Seiten her erklären:

- Der Bodenpreis ergibt sich – wie oben gezeigt wurde – aus der Kapitalisierung der Grundrente. Ein Käufer von Boden orientiert sich deshalb an der in Zukunft zu erwartenden Grundrente. Wird nun ein hohes wirtschaftliches Wachstum erwartet und ist mit einer steigenden Inflation zu rechnen, so nehmen auch die Grundrentenerwartungen zu, was die Nachfrage nach Boden und damit die Preise erhöht. Ist zugleich das allgemeine Zinsniveau tief, so sind die Grundrentenerwartungen bei guten Wirtschaftsaussichten erst recht hoch, wodurch die Preise noch stärker steigen, was besonders in Phasen des raschen Übergangs von einem tiefen zu einem hohen nominellen Wachstum der Fall ist.

- Oder anders erklärt: Spekulanten spekulieren in Erwartung höherer Preise. Sinken die Preise, so lässt auch die Spekulation nach, was sich in den Jahren 1991/92 bestätigte. Daher vermag die Spekulation die Preissteigerungen eher nur zu antizipieren[17] als dauernd zu verstärken.

Schliesslich ist zu beachten, dass ein Grundstück immer nur im Hinblick auf eine möglichst gute Grundrente gekauft wird. Dies bestimmt die Nachfrage. Kauft nun ein Spekulant ein Grundstück, so muss er in jedem Fall einen Käufer finden, der eine noch höhere Grundrente erwartet, die er über die Nutzung des Bodens mit seinen wirtschaftlichen Leistungen herauszuholen vermag. Der Gewinn aus der kapitalisierten Grundrente bleibt der Gleiche, nur mit dem Unterschied, dass er bei der Spekulation dem Spekulanten und im anderen Fall dem Letztverkäufer zufällt.

In den meisten Fällen ist es also die erwartete Grundrente und nicht die Spekulation, die die Bodenpreise in die Höhe treibt. Deshalb lassen sich auch mit gezielten Massnahmen gegen die Spekulation allein (z. B. Einführung einer Sperrfrist für Wiederveräusserung von Bauland, antispekulativ restriktive Handhabung von Hypothekarkrediten) längerfristig Bodenpreissteigerungen nicht verhindern. Am ehesten wirksam sind hohe Hypothekarzinsen in Phasen einer stagnierenden Wirtschaftsentwicklung.

---

17 Antizipieren heisst: zeitlich vorwegnehmen, zeitlich vorverlegen.

Im Kanton Zürich wurden in den siebziger Jahren während einer dreijährigen Beobachtungszeit alle Liegenschaftsverkäufe analysiert: Etwa 5% aller Geschäfte wurden als rein spekulativ eingestuft.

● Steigende Bodenpreise führen dazu, dass der knapper werdende Boden optimal genutzt wird. Würde man die Bodenpreise mit staatlichen Massnahmen tief halten, so ginge der haushälterische Umgang mit dem Boden verloren, und die Bodenprobleme würden noch grösser. Die Marktpreise schaffen die günstigsten Voraussetzungen für die **Allokation** des Bodens. Hingegen lösen sie das **Verteilungsproblem** nicht, indem gewandte Liegenschaftenhändler grosse Gewinne zulasten der Allgemeinheit erzielen, was bei zunehmend mehr Bürgern auf Ablehnung stösst. Deshalb wird immer wieder eine Verstaatlichung des Bodens gefordert.

3.3 Eine politische Kontroverse: Lässt sich das Bodenproblem mit einer Verstaatlichung des Bodens lösen?

Die Kontroverse lautet:

Auffassung einer freiheitlichen Bodenpolitik	Auffassung einer verstaatlichenden Bodenpolitik
Der grosse Vorzug des freien Angebotes und der freien Nachfrage liegt darin, dass die Grundrente die Funktion erfüllt, den Boden in bestimmter Lage demjenigen zuzuführen, der dafür die produktivste Verwendung hat. Damit lässt sich mit anderen Worten das Allokationsproblem kostenlos bewältigen, d. h. der Marktmechanismus besorgt die Zuteilung des knappen Landes von sich aus.	Weil die Grundrente zu unverdienten Gewinnen führt, soll sie nicht einzelnen, sondern der Gemeinschaft zufallen. Am einfachsten lässt sich das Problem lösen, wenn der Boden in Staatshand übergeführt wird, sei es in Form – der vollen Verstaatlichung (Enteignung des Bodens) oder – durch Einräumen eines Vorkaufsrechtes an die Gemeinden, d. h. wenn ein Grundstück verkauft wird, ist es zuerst der Gemeinde anzubieten (Kommunalisierung des Bodens).

Solche in dieser polarisierenden Form vorgetragenen Parolen werden der Komplexität des Bodenproblems nicht gerecht. Die hier dargelegte Stimme einer freiheitlichen Bodenpolitik verschweigt die im vorherigen Abschnitt angesprochenen Probleme der Verteilungspolitik und diejenige der Verstaatlichung die Allokationsproblematik.

Eine sorgfältige Analyse führt zu folgenden Erkenntnissen:

- Angenommen der Staat enteigne allen Boden, oder er verfüge dank dem Vorkaufsrecht über immer mehr Boden, und er wolle ihn gratis an die Wirtschaft und an einzelne Bürger verteilen, so müsste eine staatliche Behörde die Auswahl derjenigen vornehmen, die auf Gesuch hin ein Grundstück zugeteilt erhalten würden. Nun gibt es aber keinen objektiven Massstab zur Bemessung der Dringlichkeit und Nützlichkeit, so dass das subjektive Urteil der zuständigen Staatsstelle zufiele. Damit erhielte sie eine ungeheure Machtfülle, bei der die Versuchung des Missbrauchs (Bevorzugung von Freunden) sehr gross und der Nachweis tatsächlichen Missbrauchs sehr schwierig wäre. Zudem käme es mit aller Wahrscheinlichkeit zu einer schlechten Allokation des Bodens.

- Angenommen das Gemeinwesen wolle den Boden, den es durch Enteignung oder durch Vorkaufsrecht erworben hat, an die Interessenten verkaufen und deshalb als gleichberechtigter Partner am Markt auftreten, so ergeben sich keine preisdämpfenden Wirkungen, da das Grundrentenproblem bestehen bleibt. Der Unterschied läge darin, dass die Grundrente an den Staat ginge. Damit würde wohl das Verteilungsproblem gelöst. Nicht beseitigt wären aber die Preissteigerungen. Deshalb wäre auch das Problem der steigenden Mietzinsen nicht überwunden.

  Der Entscheid, wem die Grundrente gehören soll, ist keine volkswirtschaftliche, sondern eine weltanschauliche Frage. Tritt man für eine freie Wirtschaft mit Entfaltungsmöglichkeiten für den einzelnen ein, so wird man gegen einen Staat, der sich als Grundstückshändler betätigt, eintreten, zumal er das Preisproblem auf diesem Weg nicht zu lösen vermag. Betrachtet man Ziele wie hohe Staatseinnahmen und grössere Gleichheit in der Einkommensverteilung, so ergeben sich eher Argumente zugunsten einer Rentenzuwendung an den Staat.

- Weil die Lösung mit dem Staat als «Liegenschaftenhändler» das Preisproblem nicht löst, stellt sich die Frage, ob das Land «untermarktpreisig» vergeben werden könnte. Selbst wenn der Staat das dadurch entstehende Verlustgeschäft tragen würde (er müsste auch die Verzinsung

Möglichkeiten zur Beein- flussung des Angebotes	→	Bodenmarkt	←	Möglichkeiten zur Beein- flussung der Nachfrage

Durch eine gezielte Bodenpolitik ist dafür zu sorgen, dass Boden im geeigneten Moment in eine andere Nutzung überführt werden kann.

Dazu sind nötig:

- Landreserven der öffentlichen Hand, welche rechtzeitig beschafft werden.

- Erschliessung von Bauland im geeigneten Moment durch die Gemeinden.

- Bau-, Zonen-, Regional- und Landesplanung, mit welcher für eine optimale Nutzung des knappen Bodens gesorgt wird. Anzustreben ist auch eine steigende Nutzungsintensität.

- Abgabe von Bauland im Baurecht, d. h. eine Gemeinde gibt das Nutzungseigentum gegen einen Baurechtszins an Private ab. Die Einnahmen aus den Baurechtszinsen kommen der Allgemeinheit zugute.

Eine konsequente Bekämpfung der Geldentwertung könnte die Nachfrage entlasten, denn dadurch würden viele Anleger ihr Geld wieder nominell und nicht in Boden anlegen.

Ausserdem könnte die Nachfrage durch eine Kontrolle des Bevölkerungswachstums verkleinert werden. Als vorübergehende Massnahmen wären die Beschränkung des Bodenerwerbs durch Ausländer sowie die Beschränkung der Spekulation nachfragesenkend.

> Dass hierbei gesetzliche Beschränkungen des Privateigentums nötig werden, ist selbstverständlich.

Abb. 4.14: Beeinflussung des Bodenmarktes

des für den Kauf des Bodens benötigten Kapitals sowie die Amortisation zu Lasten seiner Rechnung übernehmen), wäre das Problem nicht gelöst, denn in diesem Fall stiege die Nachfrage viel zu stark. Folglich müsste wiederum eine staatliche Behörde zuteilen. Über die Problematik dieses Vorgehens wurde bereits gesprochen.

Diese Analyse zeigt, dass die Verstaatlichung des Bodens die Probleme nicht zu lösen vermag: Die Allokationsfunktion würde schlechter erfüllt, weil subjektive Elemente der Bodenzuteilung zum Tragen kämen, die leicht zu Machtmissbrauch durch staatliche Stellen führen könnten (und denen mit einer übermässigen Kontrollbürokratie zu begegnen wäre). Versuchte man eine Lösung mit dem Staat als «Liegenschaftenhändler» auf dem freien Markt zu verwirklichen, so liesse sich das Hauptübel, die Preissteigerungen, nicht beseitigen. Einzig die Umverteilung der Grundrenten wäre möglich, was aber politisch sehr umstritten ist.

3.4 Die politische Frage: Wie soll es in der Bodenfrage weitergehen?

Weil bislang politisch keine Lösung der Bodenpreisproblematik verwirklicht werden konnte, wird versucht, die Preisentwicklungen über Massnahmen beim Angebot und bei der Nachfrage von Boden zu beeinflussen (siehe Abbildung 4.14).

4. Die Landwirtschaft in der sozialen Marktwirtschaft

4.1 Entwicklungstendenzen und Probleme

In allen entwickelten Volkswirtschaften befindet sich die Landwirtschaft in einem Wandlungsprozess, der sich in den letzten zwei Jahrzehnten beschleunigt hat. Die Hauptmerkmale dieses Strukturwandels sind:

- Die Zahl der landwirtschaftlichen Betriebe vermindert sich. Dafür erhöht sich die durchschnittlich je Betrieb bewirtschaftete Fläche.

  Zwischen 1985 und 1990 hat die Zahl der Haupterwerbsbetriebe[18] unter 15 ha um 6 285 abgenommen, jene über 20 ha aber um 749 zugenommen. Abgenommen hat auch die Zahl der Nebenerwerbsbetriebe um insgesamt 903, wobei auch hier die Zahl der grösseren Nebenerwerbsbetriebe zugenommen hat. Ein wesentlicher Teil der grösseren Nebenerwerbsbetriebe dürfte in den letzten Jahren aus Haupterwerbsbetrieben entstanden sein.

- Der Anteil der in der Landwirtschaft Beschäftigten nimmt ab.

  Zwischen 1985 und 1990 betrug die jährliche Abnahme 1,3 %. Betroffen waren vor allem die mitarbeitenden Familienmitglieder, die bei guter Wirtschaftslage leicht Stellen ausserhalb der Landwirtschaft finden, die besser bezahlt sind. Heute sind

---

18 In Haupterwerbsbetrieben arbeitet der Betriebsleiter voll im Betrieb, in Nebenerwerbsbetrieben geht er noch einer ausserbetrieblichen Tätigkeit nach.

fast die Hälfte der familienfremden hauptberuflichen Arbeitskräfte Ausländerinnen und Ausländer.

Die Verminderung der Erwerbstätigen in der Landwirtschaft wird als Landflucht bezeichnet. Entgegen einer verbreiteten Meinung hat sie in entwickelten Volkswirtschaften zu keinen Problemen geführt, weil die Produktivitätsfortschritte die Abwanderung mehr als wettgemacht haben.

- Die Produktivität stieg dank der fortschreitenden Spezialisierung und Mechanisierung sowie moderner Anbau- und Fütterungsmethoden überdurchschnittlich stark an.

  Während die produzierte Menge seit 1976/80 um 9 % stieg, nahm die Zahl der ständig in der Landwirtschaft tätigen Männer um 14 % ab, was den Produktivitätsfortschritt deutlich zeigt.

  Die landwirtschaftlichen Betriebsvermögen stiegen als Folge der Mechanisierung in Talbetrieben[19] seit 1980 um 64 %, bei den Bergbetrieben um 74 %. Die Kapitalerhöhung konnte etwa zur Hälfte mit Eigenkapital und musste zur anderen Hälfte mit Fremdkapital finanziert werden.

- Die hohe Intensität der Bewirtschaftung (insbesondere infolge des starken Gebrauchs von Düngemitteln) führte zu Umweltproblemen.

  Zu den Umweltproblemen, die in den einzelnen Landesgegenden unterschiedlich stark in Erscheinung treten, zählen im wesentlichen: Erosion und Verdichtung des Bodens, Phosphatbelastung der Gewässer und Nitratbelastung des Trinkwassers, Rückstände von Pestiziden im Wasser, im Boden und in der Luft, Rückgang des Artenreichtums in der Tier- und Pflanzenwelt, nicht artgerechte Tierhaltung.

Diese in allen Industriestaaten zu beobachtende Entwicklung führte zu einigen kaum zu lösenden Problemen:

1. Zunächst folgt die Nachfrage nach Agrarprodukten dem steigenden Angebot nicht mehr, weil einerseits das Bevölkerungswachstum stagniert und andererseits bei steigendem Realeinkommen der Anteil der Haushaltsausgaben für Agrarprodukte zurückgeht (Engelsches Gesetz[20]).

---

19 Die schweizerische Landwirtschaftsgesetzgebung unterscheidet zwischen Tal- und Bergbetrieben. Weil das soziale Gefälle zwischen Tal- und Bergbauern immer grösser wird, versucht der Bund die Bergbetriebe besser zu unterstützen.

20 Ernst Engel: deutscher Statistiker (1821–1896).

Das Engelsche Gesetz besagt, dass bei steigenden Realeinkommen die Einkommenselastizität von landwirtschaftlichen Produkten kleiner als 1 ist (eine Zunahme der Einkommen um 1% führt zu einer Erhöhung der Nachfrage nach landwirtschaftlichen Produkten von weniger als 1%).

In der Schweiz hat sich die gesamte landwirtschaftliche Produktionsmenge von 1976/80–1986/90 um insgesamt 9% erhöht, während der Gesamtverbrauch in dieser Zeitspanne nur noch um 6% gestiegen ist. Der Fleischkonsum pro Kopf der Bevölkerung war zwischen 1987 und 1990 sogar rückläufig.

2. Erschwerend kommt hinzu, dass in der Landwirtschaft der **Preismechanismus** nicht in gleicher Weise wirkt wie in allen übrigen Bereichen der Wirtschaft. Zu beachten sind drei Eigenarten:

- Theoretisch müssten Preissenkungen zu einer Erhöhung des Absatzes führen. Infolge der unelastischen Nachfrage bei landwirtschaftlichen Produkten brächte aber ein solcher Versuch keine einkommenspolitischen Vorteile, denn bei Preissenkungen nähme die abgesetzte Menge nur wenig zu, so dass der Gesamterlös für die Landwirtschaft sogar sinken würde.

- Zudem hätten Preissenkungen der Landwirte für die Konsumenten kleine Auswirkungen, da die einen grossen Teil des Verkaufspreises umfassende Verarbeitungsspanne (Transportkosten und Verteilungsmarge) starr ist. Dadurch fällt eine Preissenkung der Produzenten relativ wenig ins Gewicht.

Nehmen wir an, der Produzentenpreis betrage Fr. 5.–, die Verarbeitungsspanne Fr. 15.–. Nun werde der Produzentenpreis um 40% (!) auf Fr. 3.– gesenkt. Damit sinkt der Endverkaufspreis von Fr. 20.– auf Fr. 18.–, also um 10%, was dem Verbraucher nichts bedeutet. Um bei diesen Zahlenverhältnissen die Einkommensausfälle wettzumachen, müssten die Produzenten ihren Absatz um nahezu 70% ausweiten. Dazu verspüren sie natürlich wenig Neigung, denn der Arbeitsaufwand wäre bei gleichbleibendem Erlös wesentlich grösser.

- Ein weiteres Problem ergibt sich aus den Überschüssen an landwirtschaftlichen Produkten, die in allen entwickelten Volkswirtschaften anfallen. Nach den Preisgesetzen müssten sie zu Preissenkungen führen, worauf sich die Produzenten in ihrer Produktion einschränken würden, um den Preis nicht noch stärker sinken zu lassen. Die Landwirte reagieren aber meistens umgekehrt, indem sie ihr Angebot erhöhen, um den Einkommensausfall durch höhere Mengen wettzumachen. Das bedeutet zugleich, dass die Elastizität des Angebotes kleiner als 1, oft sogar negativ ist.

3. Die schwerwiegendsten Probleme bringen die **Produktionsüberschüsse**: Die Produktivitätssteigerungen führen zu einem Überangebot, und der Preismechanismus wirkt nicht mehr ausgleichend. Die Folge ist in allen entwickelten Volkswirtschaften längerfristig die gleiche: Die Preise für landwirtschaftliche Produkte würden ohne staatliche Gegenmassnahmen langfristig so stark absinken, dass die Landwirtschaft in ihren Existenzgrundlagen bedroht würde.

4.2 Die schweizerische Landwirtschaftspolitik und deren Probleme seit dem Zweiten Weltkrieg

Bis Ende der achtziger Jahre war die schweizerische Landwirtschaftspolitik (Agrarpolitik) durch Entscheidungen aus den fünfziger Jahren geprägt.

Zur Agrarpolitik zählen alle jene Massnahmen, mit denen der Staat auf die Gestaltung der wirtschaftlichen, sozialen, rechtlichen und kulturellen Verhältnisse der Landwirtschaft einwirkt.

1947 wurde der Bund ermächtigt, Massnahmen zur Erhaltung eines gesunden Bauernstandes und einer leistungsfähigen Landwirtschaft sowie zur Festigung des bäuerlichen Grundbesitzes zu ergreifen (BV Art. 31 bis). Darauf beruht das Landwirtschaftsgesetz aus dem Jahre 1951 mit einer Vielzahl von Verordnungen.

Diese **Gesetzgebung** war von folgenden **Postulaten** geleitet:

1. Kostendeckende Preise für Landwirtschaftsprodukte zur Sicherung eines paritätischen Einkommens für die Bauern.

   Die Einkommenssicherung erfolgt über den **paritätischen Lohnanspruch**. Das heisst: Der Bundesrat muss über agrarpolitische Massnahmen sicherstellen, dass die Landwirte für sich und die im Betrieb mitarbeitenden Familienmitglieder einen Lohn erzielen, der im Mittel so hoch ist wie das durchschnittliche Einkommen von Arbeitern und Arbeiterinnen in Gemeinden mit weniger als 10 000 Einwohnern.

   Die Berechnung des paritätischen Lohnanspruchs sowie der tatsächlichen Verdienste der Landwirtschaft erfolgt an der Eidgenössischen Forschungsanstalt für Betriebswirtschaft und Landtechnik in Tänikon TG. Tabelle 4.15 zeigt die Berechnungsart.

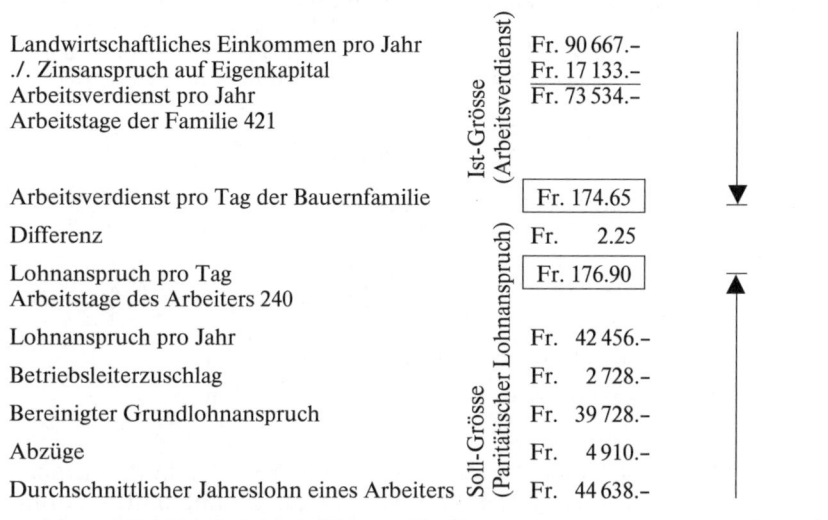

Landwirtschaftliches Einkommen pro Jahr		Fr. 90 667.–
./. Zinsanspruch auf Eigenkapital		Fr. 17 133.–
Arbeitsverdienst pro Jahr		Fr. 73 534.–
Arbeitstage der Familie 421	Ist-Grösse (Arbeitsverdienst)	
Arbeitsverdienst pro Tag der Bauernfamilie		Fr. 174.65
Differenz		Fr. 2.25
Lohnanspruch pro Tag		Fr. 176.90
Arbeitstage des Arbeiters 240		
Lohnanspruch pro Jahr		Fr. 42 456.–
Betriebsleiterzuschlag		Fr. 2 728.–
Bereinigter Grundlohnanspruch	Soll-Grösse (Paritätischer Lohnanspruch)	Fr. 39 728.–
Abzüge		Fr. 4 910.–
Durchschnittlicher Jahreslohn eines Arbeiters		Fr. 44 638.–

Quelle: Siebter Landwirtschaftsbericht, Bern 1992, S. 157

Tab. 4.15: Berechnung des Arbeitsverdienstes und des paritätischen Lohnanspruchs einer Bauernfamilie (Durchschnitt von Tal- und Bergbetrieben der Jahre 1988/90)

Aus dieser Berechnung wird ersichtlich, dass die tatsächlichen Arbeitsverdienste den paritätischen Lohnanspruch in den Jahren 1988/1990 nicht erreichen, was bedeutet, dass die Landwirtschaft einkommensmässig etwas schlechter gestellt ist als die Arbeiterschaft. Tabelle 4.16 zeigt den Vergleich zwischen dem berechneten Paritätslohn und dem tatsächlichen Arbeitsverdienst der Bauern in den letzten 25 Jahren.

Jahre	Berechneter Paritätslohn der Bauern Fr./Tag	Tatsächlicher Arbeitsverdienst der Bauern Fr./Tag	Arbeitsverdienst in % des Paritätslohns
1966/70	51.08	47.37	92,7
1981/85	144.–	138.18	96,0
1986/90	171.13	156.75	91,6

Quelle: Siebter Landwirtschaftsbericht, Bern 1992, S. 158

Tab. 4.16: Vergleich Paritätslohn/Arbeitsverdienst

Grosse Probleme für die Landwirtschaftspolitik ergeben sich aus den Einkommens-unterschieden von Tal- und Bergbauern (vergleiche Tabelle 4.17). Diese Einkommens-unterschiede zwingen den Bund zu verschiedenartigen agrarpolitischen Massnahmen für Tal- und Bergbauern, was immer wieder zu politischen Kontroversen führt.

Jahre	Landwirtschaftliches Einkommen		
	Talbetriebe in Fr.	Bergbetriebe in Fr.	Bergbetriebe in % der Talbetriebe
1976/78	53 320	31 073	58,3
1985/87	71 252	49 126	68,8
1988/90	91 200	60 600	66,4

Quelle: Siebter Landwirtschaftsbericht, Bern 1992, S. 66

Tab. 4.17: Landwirtschaftliche Einkommen von Tal- und Bergbetrieben

2. Steigerung der Produktion im Interesse von Versorgung und Ernäh-rungssicherung durch gute Preise, Forschung, Bildung und Beratung sowie Investitionshilfen zur Verbesserung der Agrarstruktur.

3. Schutz der inländischen landwirtschaftlichen Produktion vor ausländi-scher Konkurrenz.

Tabelle 4.18 zeigt einen Vergleich der Produzentenpreise für landwirtschaftliche Produkte zwischen den EG-Ländern und der Schweiz (1991).

Produkt	EG-Preis in CHF	Schweizer-Preis in CHF	EG-Preis in % des Schweizer-Preises
Weizen	42.00	104.00	40
Zuckerrüben	7.20	14.50	50
Rindfleisch	360.00	640.00	56
Milch	48.30	107.00	45

Quelle: Siebter Landwirtschaftsbericht, Bern 1992, S. 80

Tab. 4.18: Produzentenpreis in der EG und in der Schweiz

Aus dieser Tabelle wird sofort ersichtlich, dass die schweizerische Landwirtschaft diesen Schutz vor den billigeren ausländischen Produkten braucht.

4. Erhaltung möglichst vieler Betriebe im Hinblick auf die gesamtwirt-schaftlichen Leistungen, die die Landwirtschaft erbringt.

Diese Postulate wurden im Verlaufe der Jahre mit einer Vielzahl von **agrarpolitischen Massnahmen** (agrarpolitisches Instrumentarium des

Grundlagenverbesserung, Strukturpolitik und Ökologie	Preis-, Absatz- und Ernährungssicherung, Produktionslenkung		Direkte Einkommenszuschüsse
	an der Grenze	im Inland	
Raumplanung Bäuerliches Bodenrecht Investitionshilfen a) Subventionen für Meliorationen b) Investitionskredite Landwirtschaftliche Forschungsanstalten Bildung und Beratung Förderung von Tierzucht und Pflanzenbau Strukturlenkung durch Boden- und Pachtrecht, Stallbaubewilligungsrecht und Bestandsobergrenzen Ökologie (Schutz von Natur, Menschen und Tieren)	**Importschutz** Preisliche Instrumente: - Zölle - Zollzuschläge - Preiszuschläge - andere Grenzabgaben Mengenmässige Instrumente: - Einfuhrkontingente - Einfuhrmonopole - Importverbote usw. **Exportmassnahmen** Ausfuhrbeiträge für Käse, Zuchtvieh usw. Exportförderungsmassnahmen	**Garantiepreise** Staatlich festgelegte Preise mit Übernahmepflicht des Bundes **Richtpreise** gekoppelt mit Marktinterventionen **Produktionslenkung** z. B. Stallbaubewilligungspflicht, Direktbeiträge für Anbau und Kuhhaltung, Flächenstillegungen **Inlandverwertung** - Übernahmepflicht des Bundes - Produktverbilligung - Qualitätskontrollen - Preis- und Margenkontrollen	**Produktbezogene Direktzahlungen** z. B. Anbauprämien für Futtergetreide, Beiträge an Kuhhalter, Ausmerzbeiträge für Vieh **Regionale Ausgleichsmassnahmen** - Kostenbeiträge an Viehhalter - Flächenbeiträge für Hang- und Steillagen usw. **Tierhalterbeiträge** für kleine und mittlere Betriebe **Ökobeiträge** **Familienzulagen**

Tab. 4.19: Agrarpolitisches Instrumentarium der Schweiz

Bundes) zu einem guten Teil verwirklicht. Tabelle 4.19 gibt dazu einen Überblick.

Viele Massnahmen der Agrarpolitik sind **nicht marktkonforme Massnahmen**. Deshalb und angesichts der vielen Zielkonflikte, die der Landwirtschaft in entwickelten Ländern eigen sind, wurden die Probleme immer grösser, denn die vielen nicht marktkonformen Massnahmen störten das Geschehen zunehmend stärker und führten zu weiteren nicht marktkonformen Massnahmen. Heute stehen drei Problemkreise im Vordergrund:

a) die gestiegene und in einzelnen Bereichen zu hohe Gesamtproduktion,

b) hohe Produktionskosten und als Folge davon steigende Preisdifferenzen zum Ausland sowie hohe Verwertungskosten.

Viele Probleme gehen auf den paritätischen Lohnanspruch und die damit verbundenen staatlich festgesetzten Preise für landwirtschaftliche Produkte zurück (siehe Seite 157):

Um den paritätischen Lohnanspruch zu garantieren, war der Bundesrat jährlich gezwungen, die Preise für landwirtschaftliche Produkte zu erhöhen. Diese höheren Preise spornten die Landwirtschaft zur Verbesserung der Produktivität und zu höherer Produktion an. Dadurch verbesserte sich aber nicht nur die Einkommenslage der Bauern, sondern es kam auch zu immer grösseren Produktionsüberschüssen. Die Preiserhöhung erfüllt aber längerfristig ihren einkommenspolitischen Effekt nur, wenn der Staat den Absatz der grösseren Produktion garantiert. Deshalb drängt sich eine staatliche Überschussverwertung (eine weitere nicht marktkonforme Massnahme) auf. So ist der Bund beispielsweise gezwungen, die Überschussmilch zu übernehmen und zu Butter zu verwerten.

Dazu hat er die BUTYRA (Schweizerische Zentralstelle für Butterversorgung) geschaffen, welche die überschüssige Butter verkaufen muss. Sie arbeitet stark defizitär.

In der Schweiz besonders problematisch ist die staatliche Preisfestsetzung für landwirtschaftliche Produkte aus sozialer Sicht. Grossbetriebe und Talbauern profitieren von höheren Preisen mehr als Klein- und Bergbauern.

Staatlich festgesetzte Agrarpreise bleiben problematisch: Die **Doppelfunktion der Preise** (Einkommenssicherung für Landwirte und Steuerung des Marktes) bringt einen unlösbaren **Zielkonflikt**: Je stärker die Preise auf die Einkommenssicherung ausgerichtet sind, desto grösser werden die Überschüsse an landwirtschaftlichen Produkten. Darauf hat der Bund bislang mit immer mehr nicht marktkonformen Massnahmen reagieren müssen.

c) Die hohe Intensität der Bewirtschaftung führt zu immer grösseren Umweltbelastungen.

4.3 Die Neuordnung der schweizerischen Landwirtschaftspolitik

Allmählich hat sich die Einsicht durchgesetzt, dass die schweizerische Landwirtschaftspolitik neu zu ordnen ist. Deshalb hat der Bundesrat neue Ziele formuliert:

Die Agrarpolitik hat die Voraussetzungen dafür zu schaffen, dass die Landwirtschaft in optimaler Weise die folgenden Aufgaben erfüllt:

- Wesentlicher Beitrag zur sicheren Versorgung der Bevölkerung mit qualitativ hochwertigen, gesunden Nahrungsmitteln zu günstigen Preisen,

- Nutzung und Erhaltung natürlicher Lebensgrundlagen,

- Erhaltung und Pflege von Kulturlandschaften,

- Beitrag zum wirtschaftlichen und kulturellen Leben im ländlichen Raum.

Mit diesen neuen Zielen sollten (1) die Produktion auf die Nachfrage abgestimmt, (2) auf eine umweltgerechte Produktion umgestellt, (3) ein angemessenes bäuerliches Einkommen gesichert, (4) eine kostengünstige Leistungserbringung gewährleistet und (5) eine angemessene Agrarimportquote garantiert werden.

Am wichtigsten ist dabei der Übergang von den staatlich festgesetzten Preisen zu **allgemeinen Direktzahlungen** (Subventionierung) der einzelnen landwirtschaftlichen Betriebe. Bei dieser Lösung erfolgt die Preisbildung auf dem Markt frei, und die Differenz zum Paritätslohn wird durch Direktzahlungen an die Landwirtschaft ausgeglichen. Von besonderer Bedeutung sind die ökologischen Direktzahlungen an Landwirte, die den Bio-Landbau verstärken.

Direktzahlungen haben mehrere Vorteile und Probleme.

Vorteile:

1. Es besteht kein Anreiz zur Mehrproduktion, wodurch die Überschussverwertung entfällt und mehr Rücksicht auf die Ökologie genommen werden kann.

2. Die Direktzahlungen können differenziert werden, so dass die Landwirtschaft zielgerichtet gesteuert werden kann.

3. Solange die Direktzahlungen nicht zu grossen Steuererhöhungen führen, bringen sie keine Preiserhöhungen bei landwirtschaftlichen Produkten und keine Lohnerhöhungen.

Probleme:

1. Die Landwirte sind gegenüber Direktzahlungen skeptisch, weil sie nicht zu blossen Empfängern von Subventionen werden wollen.

2. Die Landwirte befürchten, dass eine Differenzierung der Direktzahlungen die bäuerlichen Freiheiten beschränken könnte.

3. Es ist technisch schwierig, Direktzahlungen mit der Produktivität zu koppeln. Gelingt dies nicht, so kann es zu Ungerechtigkeiten gegenüber leistungsfähigen Betrieben kommen.

Obschon die Direktzahlungen politisch umstritten sind, will sie der Bundesrat in Zukunft verstärkt einsetzen. Zur Diskussion stehen drei Kriterien, die Grundlage für die Ausgestaltung von Direktzahlungen sein können:

a) **Flächenbeitrag:** Jeder Landwirt erhält einen Beitrag pro Hektare, die er bewirtschaftet.

Dieses Bemessungskriterium ist einfach zu handhaben. Es hat auch geringe produktionsfördernde Wirkung, weil die Landwirte den Beitrag unabhängig von der Produktivität erhalten. Zudem ist es möglich, den Flächenbeitrag nach Produktionsbedingungen und Kulturen zu differenzieren, so dass die Produktion etwas gesteuert und ein sozialer Ausgleich herbeigeführt werden kann. Wahrscheinlich wird man aber aus sozialen Gründen einen Höchstbetrag pro Hektare festlegen müssen. Andernfalls werden Grossbauern zu stark bevorzugt.

b) **Betriebsbeitrag:** Für jeden selbständigen landwirtschaftlichen Betrieb wird ein fester Beitrag bezahlt. Damit soll das Bestehen der selbständigen landwirtschaftlichen Betriebe gefördert und der bäuerliche Familienbetrieb unterstützt werden.

Dieses Kriterium fördert die Erhaltung selbständiger bäuerlicher Existenzen. Nachteilig könnte sich auswirken, dass kleine Betriebe nicht mehr zusammengelegt werden oder gar aus Gründen der Direktzahlungen Betriebe wieder aufgeteilt würden. Zudem fallen alle Anreize zu einer produktiven Leistung weg.

c) **Beitrag pro Arbeitskraft:** Für jeden Betrieb wird ein standardisierter Arbeitsbedarf berechnet (Arbeitsstunden pro Hektare, Arbeitsstunden pro Tier). Bezogen auf den einzelnen Betrieb ist die Direktzahlung umso höher, je höher der Arbeitsbedarf ist (d. h. je intensiver der Betrieb bewirtschaftet wird).

Bei diesem Kriterium ist der Erhebungsaufwand gross. Zudem bestünde die Gefahr, dass Produktionszweige mit einem höheren Arbeitsbedarf finanzielle Vorteile hätten, was wiederum zu Produktionsverzerrungen führen könnte.

Eine Expertenkommission schlägt für die Schweiz eine Kombination von Flächen- und Betriebsbeitrag vor.

5. Strukturpolitik

5.1 Der wirtschaftliche Strukturwandel und Strukturprobleme

Jede Volkswirtschaft befindet sich in einem dauernden Strukturwandel. Strukturwandel wird definiert als Veränderung des Verhältnisses zwischen den Teilelementen eines Ganzen. Ein Strukturwandel in der Wirtschaft findet dann statt, wenn sich – bedingt durch einen bedeutsamen Wandel – in einem Teilbereich der Wirtschaft Veränderungen ergeben, die die Bedeutung anderer Teilbereiche beeinflussen und damit das Gefüge der ganzen Volkswirtschaft (die Wirtschaftsstruktur) verändern.

Abbildung 4.20 zeigt die wichtigsten Teilbereiche, die die Wirtschaftsstruktur eines Landes prägen sowie die grundlegenden Einflussfaktoren, die den Strukturwandel herbeiführen. Je rascher sich der Wandel abspielt, desto schneller muss sich die Struktur einer Volkswirtschaft anpassen. Andernfalls kommt es zu **Strukturproblemen.**

Abbildung 4.21 verdeutlicht diese Zusammenhänge am Beispiel der schweizerischen Uhrenindustrie in den siebziger Jahren.

Diese Entwicklung führt zu Strukturproblemen, die durch strukturpolitische Massnahmen zu überwinden sind. Gelingt dies mit privatwirtschaftlichen Mitteln nicht (z. B. technologische Erneuerungen wie die Entwicklung der Swatch-Uhr), so drängen sich Massnahmen der **staatlichen Strukturpolitik** auf.

5.2 Die Erfassung des Strukturwandels

Wirtschaftliche Entwicklung und Strukturwandel sind unmittelbar miteinander verbunden. Dabei kann die wirtschaftliche Entwicklung den Strukturwandel einleiten und beschleunigen, oder der Strukturwandel beeinflusst die wirtschaftliche Entwicklung.

Der erste Fall dürfte in hochentwickelten Ländern häufiger sein: Der steigende Wohlstand verändert die individuellen Bedürfnisstrukturen, was die Nachfragestruktur verändert und unmittelbare Rückwirkungen auf die Produktions- und die Beschäftigungsstruktur hat. Der zweite Fall trifft eher für weniger entwickelte Länder zu: Erst die Weiterentwicklung der politischen und wirtschaftlichen Strukturen vermag die wirtschaftliche Entwicklung zu beschleunigen.

In der staatlichen Strukturpolitik stehen der **Wandel der Produktionsstruktur** und – damit im Zusammenhang – der **Wandel der Beschäftigungsstruktur** im Vordergrund des Interesses. Deshalb wird immer wieder nach Modellen gesucht, die die Zusammenhänge des Strukturwandels aufdecken, damit rechtzeitig agiert werden kann. Gute Beurteilungsmöglichkeiten gibt die **branchenmässige Portfoliobetrachtung.**

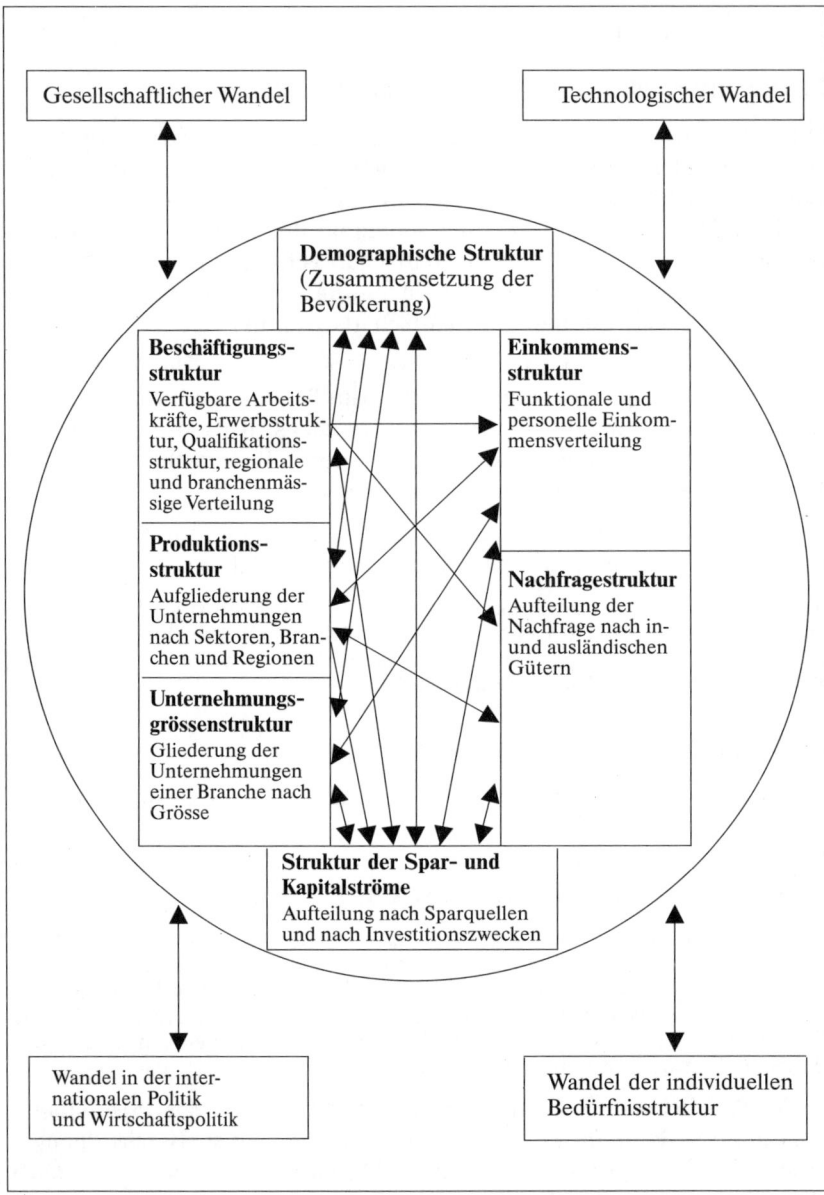

Abb. 4.20: Wirtschaftsstruktur (Gefüge der Wirtschaft) als Ganzes mit ihren wichtigsten
Teilelementen sowie die Einflussfaktoren, die den Strukturwandel beeinflussen (nach F. Kneschaurek)

Technologischer Wandel und Wandel in der individuellen Bedürfnisstruktur	In Japan und in den Vereinigten Staaten werden neue Herstellungsverfahren für Billiguhren entwickelt.
	↓
Nachfragestruktur	Die Kunden reagieren positiv darauf. Die Nachfrage nach teuren Uhren geht zurück.
	↓
Unternehmungsgrössenstruktur	Kleinere Unternehmungen werden sofort betroffen, weil sie zu wenig rasch reagieren können mit technischen Neuerungen. Später gibt es auch bei grösseren Unternehmungen Absatzprobleme.
	↓
Produktionsstruktur Beschäftigungsstruktur	Da die Uhrenindustrie schwergewichtig im Jura angesiedelt (regionale Struktur) und dort am stärksten vertreten ist (Branchenstruktur), geht die Beschäftigung zurück. Es entsteht Arbeitslosigkeit, weil Arbeitsplätze in anderen Branchen fehlen.
	↓
Einkommensstruktur	Die Folge davon sind Einkommenseinbussen für die einzelnen Mitarbeiter und für die ganze Region.

Abb. 4.21: Strukturwandel in der schweizerischen Uhrenindustrie

Bei der branchenmässigen Portfoliobetrachtung wird die Entwicklung der Nachfrage nach Produkten oder Dienstleistungen sowie der Arbeitsproduktivität einer Branche im Vergleich zum Landesdurchschnitt beurteilt. Daraus lassen sich Erkenntnisse über das Ausmass der strukturellen Gefährdung der Branche gewinnen (vergleiche Abbildung 4.22). In Industrieländern lassen sich vier branchenmässige Entwicklungstypen ableiten:

Typ I: Nachfrage und Arbeitsproduktivität wachsen überdurchschnittlich:
Diese Branchen weisen die günstigsten Entwicklungsbedingungen auf.
Sie wachsen rasch, verkraften steigende Löhne dank der steigenden
Arbeitsproduktivität und erzielen gute Gewinne, selbst wenn die Preise
real nicht mehr steigen. Diese Branchen sind dynamisch und krisensicher.

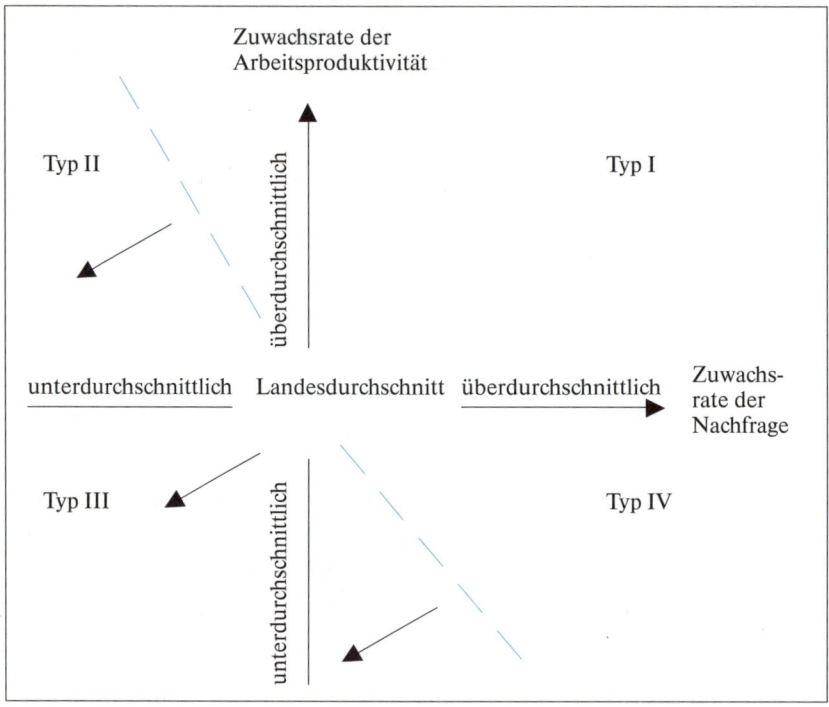

Abb. 4.22: Branchenmässige Portfoliobetrachtung (nach F. Kneschaurek)

**Typ II: Unterdurchschnittliches Wachstum der Nachfrage, aber überdurch-
schnittlich steigende Arbeitsproduktivität:** Diese Branchen sind strukturell
gefährdet, weil die Erhöhung der Arbeitsproduktivität bei gleicher oder
geringer werdender Nachfrage leicht zur Überproduktion führt. Die Folge
davon sind eine Verschärfung der Konkurrenz, die oft zur Verdrängungs-
konkurrenz wird, und damit verbundene Preissenkungen.

Typ III: Nachfrage und Arbeitsproduktivität wachsen unterdurchschnittlich:
Diese Branchen befinden sich in der Krise. Infolge der ungenügenden
Nachfrage sind ihre Produktionskapazitäten nicht mehr voll ausgelastet.

Und weil die Arbeitsproduktivität unterdurchschnittlich ist, resultieren zusammen mit den konkurrenzbedingten Preissenkungen Verluste.

Typ IV: Die Nachfrage wächst überdurchschnittlich, während die Arbeitsproduktivität unterdurchschnittlich zunimmt: Diese Branchen sind strukturell gefährdet, weil vor allem im Fall starker internationaler Konkurrenz mit Preiserhöhungen zu rechnen ist, so dass die Nachfrage längerfristig zurückgeht.

Bei der Typisierung sind aber zwei Sachverhalte zu beachten:

1. Wenn sich eine Branche insgesamt einem Typ zuordnen lässt, so befindet sich nicht zwingend jeder einzelne Betrieb dieser Branche in der gleichen Lage. Grenzbetriebe, die bei kleinsten Veränderungen auf dem Markt sofort betroffen werden, gibt es bei allen vier Typen. Sie sind immer bedroht. Umgekehrt finden sich in Branchen mit zunehmender struktureller Gefährdung auch immer wieder Unternehmungen, die sich problemlos behaupten, weil sie sich durch besondere Leistungen auszeichnen (sie haben gute strategische Erfolgspositionen wie Nischenmärkte, gute Serviceleistungen usw.).

2. Die Position einer Branche ist nicht immer starr und unabänderlich festgelegt. Eine innovative Unternehmungspolitik oder eine zielgerichtete staatliche Strukturpolitik können die strukturelle Gefährdung überwinden.

5.3 Die staatliche Strukturpolitik

Bei einer zunehmenden strukturellen Gefährdung einer Branche oder einer Region werden heute sehr rasch Massnahmen staatlicher Strukturpolitik gefordert.

Abbildung 4.23 zeigt die grundsätzlichen Möglichkeiten der staatlichen Strukturpolitik.

Am anspruchsvollsten ist die **Strukturgestaltungspolitik**, weil sie nur erfolgreich sein kann, wenn der Staat ein klares Konzept der langfristig wünschenswerten Wirtschaftsstruktur hat und wirtschaftspolitische Massnahmen ergreift, die für die Wirtschaft Voraussetzungen zur freien Entfaltung schaffen. Ist diese Voraussetzung nicht erfüllt, so besteht die Gefahr, dass der Staat mit vielen punktuellen, nicht marktkonformen Massnahmen interveniert, die schliesslich die Marktmechanismen bedrohen. Die intensivste Form der Strukturgestaltungspolitik stellt die staatliche Investitionslenkung dar, die die Marktwirtschaft in ihren Grundfesten bedroht.

```
                    ┌─────────────────────────────┐
                    │       Strukturpolitik       │
                    └─────────────────────────────┘
```

Aktive Strukturpolitik
Sich abzeichnende Veränderungen in der Wirtschaftsstruktur (Strukturwandel) werden frühzeitig erkannt. Der Staat versucht mit aktiven Massnahmen neue Lösungen zu finden, damit der Strukturwandel in innovativer Art überwunden wird.

Passive Strukturpolitik
Sich abzeichnende Veränderungen in der Wirtschaftsstruktur (Strukturwandel) werden erkannt. Der Staat ergreift Massnahmen, um den Strukturwandel abzubremsen oder zu behindern.

= Strukturerhaltung

z. B. Die bisherige Landwirtschaftspolitik der Schweiz ist stark auf Strukturerhaltung ausgerichtet.

Strukturgestaltung
Der Staat versucht mit geeigneten Massnahmen die Wirtschaftsstruktur frühzeitig aktiv zu beeinflussen, um Strukturproblemen vorzubeugen. Er hilft, neue entwicklungsträchtige Strukturen zu schaffen.

z.B. Der Staat fördert die Forschungs- und Innovationspolitik, damit sich die Industrie umorientieren kann.

Strukturanpassung
Der Staat fördert und erleichtert den wirtschaftlichen Umstrukturierungsprozess, nachdem Strukturprobleme spürbar werden, die von den Unternehmungen allein nicht gemeistert werden.

z.B. Der Staat lockert die Ausländerpolitik, damit der Wirtschaft mehr Gastarbeiter zur Verfügung stehen.

Abb. 4.23: Strukturpolitik

Beispiel: Staat und Wirtschaft erkennen frühzeitig, dass eine in einer Region vorherrschende Branche in strukturelle Probleme vom Typ III (Abbildung 4.22) gerät. Nun wird nicht abgewartet, bis die Strukturkrise ausbricht, sondern Staat und Wirtschaft agieren gemeinsam auf eine neue Wirtschaftsstruktur hin, wobei eine Vielzahl von Massnahmen aufeinander abgestimmt werden: Neue Ausrichtung der Branche mit Investitionshilfen; Ausbau der regionalen Schulen, um die Abwanderung von Arbeitskräften zu verhindern; staatliche Forschung an Hochschulen usw.

Mit der **Politik der Strukturanpassung** wird ein bereits angelaufener Umstrukturierungsprozess gefördert und erleichtert.

Massnahmen: Kreditgewährung an Unternehmungen, die umstrukturieren, Bürgschaften, Beiträge an Selbsthilfeorganisationen, Umschulungsbeiträge usw.

Vorsicht ist mit der **Strukturerhaltungspolitik** geboten. Es besteht immer wieder die Gefahr, dass die Wirtschaft **und** die Bürgerschaft in Zeiten des raschen Strukturwandels schmerzliche Anpassungsprobleme mit einer Strukturerhaltungspolitik verhindern und ihren bisherigen wirtschaftlichen Besitzstand bewahren wollen. Heute ist die Dynamik der Wirtschaft sehr gross. Deshalb hat die Strukturerhaltungspolitik meistens nur ganz kurzfristige Wirkung. Zudem ist sie sehr kostspielig, und sie bringt oft Wohlstandseinbussen für die ganze Volkswirtschaft.

Massnahmen: Subventionen, Einkommensgarantien, protektionistische Massnahmen.[21]

5.4 Eine politische Kontroverse: Auf welches Ziel soll die staatliche Strukturpolitik ausgerichtet werden?

In Zeiten des raschen Strukturwandels stehen sich in wirtschaftspolitischen Entscheidungssituationen immer zwei grundsätzlich verschiedene Auffassungen gegenüber:

Die staatliche Strukturpolitik ist auf das ökonomische Grundziel einer **langfristigen Steigerung der Leistungsfähigkeit** der Volkswirtschaft und damit auf die Optimierung des Volkswohlstandes auszurichten. Im Vordergrund stehen die Strukturgestaltung und die Strukturanpassung.	Die staatliche Strukturpolitik ist auf das ausserökonomische Ziel der **Sicherung von gesellschafts- und staatspolitisch erwünschten Strukturen** auszurichten, wobei Einkommenseinbussen und Wohlstandsverluste in Kauf genommen werden sollen. Im Vordergrund steht die Strukturerhaltung.

---

21 Protektionismus heisst: Schutz bzw. Förderung einheimischer Wirtschaftsbranchen durch staatliche Massnahmen, mit welchen die internationale Konkurrenzstellung dieser Branchen auf den in- und ausländischen Märkten verbessert werden soll.

Diese beiden Zielvorstellungen beinhalten einen Zielkonflikt, bei welchem es ausserordentlich schwierig ist, einen dauerhaften Kompromiss zu finden:

Entwickelt sich die Strukturpolitik zu stark in Richtung der Strukturerhaltung, so kann es zu grossen volkswirtschaftlichen Verlusten kommen. Damit verbunden ist die Gefahr, dass schliesslich infolge der Dynamik der wirtschaftlichen Entwicklung die Kosten der Strukturerhaltung zu hoch werden und darauf verzichtet werden muss, was die teure Strukturerhaltung nutzlos machte. Umgekehrt erfordern Strukturgestaltung und Strukturanpassung einen grossen Innovationswillen bei den Behörden und in der Wirtschaft sowie eine grosse Mobilität bei allen Beteiligten. Dabei können vorübergehende soziale Probleme und menschliche Härten nicht ganz vermieden werden.

Aus volkswirtschaftlicher Sicht ist eine Politik der Strukturgestaltung und -anpassung zu fordern, weil sie langfristig mehr zur Entwicklung von Wohlstand und Wohlfahrt beiträgt. Die staatlichen Behörden neigen häufig zur Strukturerhaltung, weil sie Strukturprobleme kurzfristig überdeckt und den Eindruck einer erfolgreichen politischen Führung erweckt, obschon dies absolut kurzfristiges Denken ist.

5. Kapitel

Geld

Das Geld, der Geldwert und Störungen des Geldwertes

1. Funktionen und Begriffe des Geldes

In einer Marktwirtschaft erfüllt das Geld **drei Funktionen.**

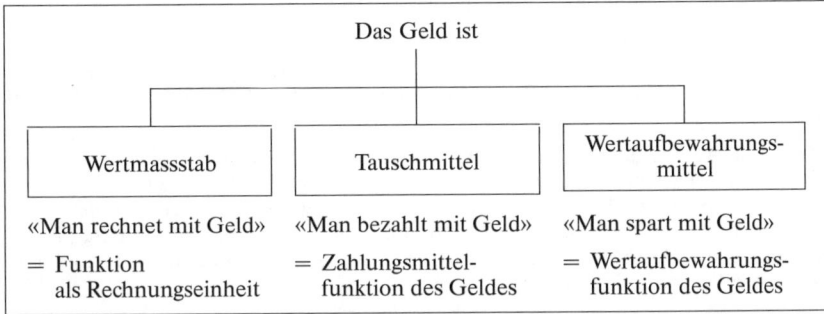

Solange etwas (Edelmetall, Papier, Gutschrift auf einem Konto) in einer Volkswirtschaft diese drei Funktionen erfüllt, ist es Geld.

> Geld im volkswirtschaftlichen Sinn ist eine allgemein anerkannte und jederzeit verwendbare Forderung auf das Güter- und Dienstevolumen (Sozialprodukt) einer Volkswirtschaft.

2. Formen des Geldes

2.1 Herkömmliche Gliederung

Es werden folgende Formen von Geld unterschieden:

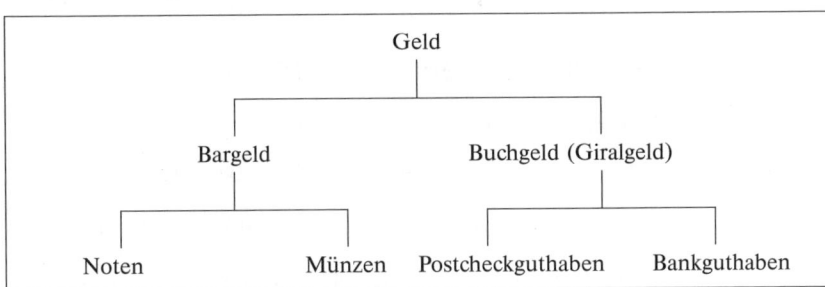

2.2 Geldmengenbegriffe

Statistisch werden die in Tabelle 5.1 dargestellten vier verschiedenen Geldmengenbegriffe unterschieden.[1]

Die Notenbankgeldmenge wird in drei verschiedenen Formen ermittelt:

Die **Notenbankgeldmenge** (wie in Tabelle 5.1 umschrieben) setzt sich zusammen aus dem **Notenumlauf plus** den **Giroguthaben** (Sichtguthaben bei der Notenbank). Sie wird als Monatsdurchschnitt der Tageswerte ausgedrückt.

Die **monetäre Basis:** Sie entspricht dem **Notenumlauf** plus dem **Münzumlauf.** Sie wird als Monatsendwert angegeben. Die Grösse ist volkswirtschaftlich bedeutungslos, weil der Münzumlauf klein ist und kaum schwankt, während die Giroguthaben bedeutend sind.

Die **bereinigte Notenbankgeldmenge** ergibt sich aus der **Notenbankgeldmenge** minus **Ultimokredite.** Darunter sind Monatsendkredite zu verstehen, die von der Wirtschaft zur Abwicklung der Geschäfte am Ende des Monats benötigt werden. Angesichts der vielen Zahlungen, die am Monatsende erfolgen, muss die Notenbank am Monatsende die Kredite an die Geschäftsbanken wesentlich ausweiten, so dass sich die Geldmenge über diese Ultimokredite ausweitet.

Die Geldmengen haben sich in der Schweiz gemäss Tabelle 5.2 entwickelt (in Mio. Fr.):

	Notenbankgeldmenge	M 1	M 2	M 3
1951	5 900	10 959		
1960	8 721	16 839		
1970	15 536	32 925	56 083	96 773
1980	29 082	55 122	92 378	199 490
1990	28 898	72 775	202 936	362 604
		111 570*	227 520*	356 083*
1995	30 147	144 839*	320 073*	417 438*

* Neudefinition der Geldmengen 1995
Quellen: Statistisches Jahrbuch der Schweiz, 1992, S. 240 f., 1997, S. 269 f.

Tab. 5.2: Geldmengen

2.3 Bedeutung der Geldmengenbegriffe in der Schweiz

2.3.1 Die Notenbankgeldmenge

Artikel 2 Abs. 1 des Nationalbankgesetzes (NBG) besagt:

«Die Nationalbank hat die Hauptaufgabe, den Geldumlauf des Landes zu

---

1   In verschiedenen Ländern werden diese Begriffe nicht genau gleich definiert.

regeln, den Zahlungsverkehr zu erleichtern und eine den Gesamtinteressen des Landes dienende Kredit- und Währungspolitik zu führen. Sie berät die Bundesbehörden in Währungsfragen.»

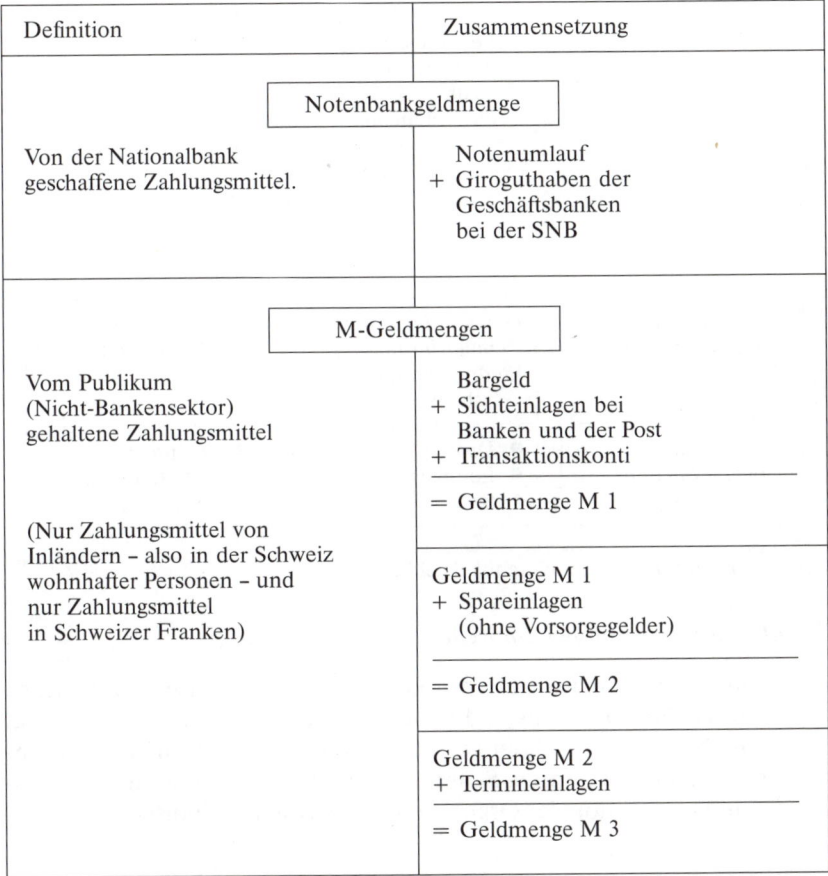

Definition	Zusammensetzung
Notenbankgeldmenge	
Von der Nationalbank geschaffene Zahlungsmittel.	Notenumlauf + Giroguthaben der Geschäftsbanken bei der SNB
M-Geldmengen	
Vom Publikum (Nicht-Bankensektor) gehaltene Zahlungsmittel	Bargeld + Sichteinlagen bei Banken und der Post + Transaktionskonti = Geldmenge M 1
(Nur Zahlungsmittel von Inländern – also in der Schweiz wohnhafter Personen – und nur Zahlungsmittel in Schweizer Franken)	Geldmenge M 1 + Spareinlagen (ohne Vorsorgegelder) = Geldmenge M 2
	Geldmenge M 2 + Termineinlagen = Geldmenge M 3

Tab. 5.1: Geldmengenbegriffe

---

2   Guthaben von Banken, Handel und Industrie bei der Notenbank (= Girorechnungen). Diese Guthaben sind unverzinslich und täglich (bei Sicht) fällig. Deshalb spricht man auch von Sichtguthaben.

Den Geldumlauf regelt die Schweizerische Nationalbank (SNB) über die Notenbankgeldmenge, die sie je nach gesamtwirtschaftlichen Bedürfnissen ausweitet oder einengt. Technisch stehen ihr dabei die in Tabelle 5.3 dargestellten Möglichkeiten zur Verfügung:

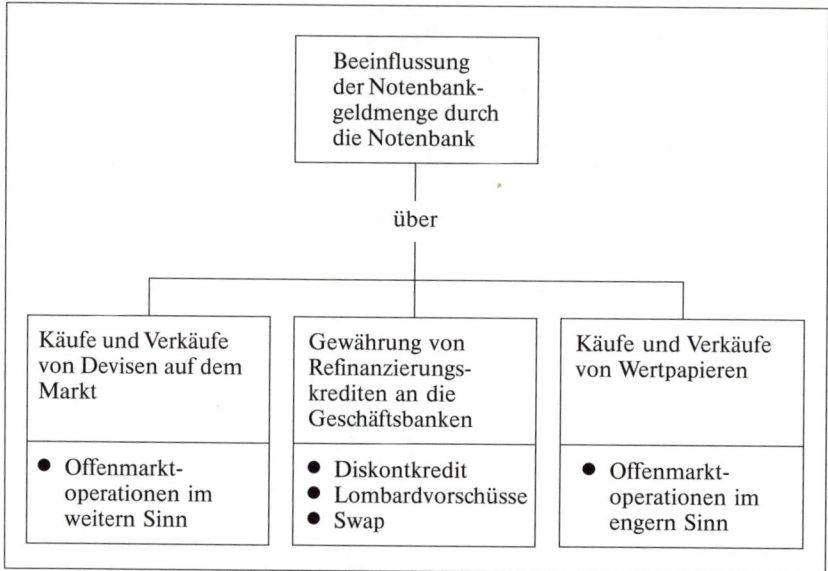

Tab. 5.3: Beeinflussung der Notenbankgeldmenge

1. Offenmarktoperationen im weiteren Sinn (Devisen):

Wenn die Notenbank auf dem Devisenmarkt[3] Devisen aufkauft, so weitet sie die Notenbankgeldmenge aus; verkauft sie Devisen, so engt sie die Notenbankgeldmenge ein. Zu den Devisen zählen Forderungen in fremder Währung, Schuldverschreibungen ausländischer Staaten und internationaler Organisationen sowie ausländischer Banken.

2. Refinanzierungskredite:

Refinanzierungskredite sind Kredite der Notenbank an die Geschäftsbanken. Will sie die Notenbankgeldmenge erhöhen, so gewährt sie grosszügig Kredite und umgekehrt. Dies geschieht auf drei Wegen:

---

3 Devisen heisst: fremde Währungen.

a) **Diskontkredit:** Inhaber von Wechseln lassen diese vor Verfall bei den Geschäftsbanken diskontieren. Diskontieren heisst: Die Geschäftsbanken übernehmen diese Wechsel vor dem Verfalltag und zahlen den Gegenwert minus Diskont (Zins für die Tage bis zum Verfall) aus. Die Banken bieten diese Wechsel ihrerseits der Notenbank zum Diskont an und erhalten dafür einen Kredit auf ihrem Girokonto bei der Notenbank, über den sie unmittelbar verfügen können. Auf diese Weise schafft die Notenbank zusätzliches Notenbankgeld. Die Diskontierung bei der Notenbank heisst auch Rediskont.

Neben Wechseln und Checks rediskontiert die Nationalbank folgende weitere Papiere:

Reskriptionen des Bundes: kurz- und mittelfristige Schuldverschreibungen des Bundes.

Reskriptionen der Kantone und Gemeinden mit der Unterschrift einer Bank.

Die Verfallzeit der diskontierten Forderungen darf sechs Monate nicht überschreiten.

b) **Lombardvorschüsse:** Hier handelt es sich um einen verzinslichen Notenbankkredit gegen faustpfändliche Sicherheit. Er dient vor allem Banken, die über ungenügende Mengen an diskontfähigen Wechseln und Checks verfügen.

Das NBG zählt die zugelassenen Faustpfänder abschliessend auf:

Schuldverschreibungen auf die Schweiz: Forderungen gegen einen inländischen Schuldner (Obligationen des Bundes, der Kantone und der Gemeinden sowie grösserer privater Unternehmungen);

eidgenössische Schuldbuchforderungen: Im eidgenössischen Schuldbuch eingetragene Forderungen gegenüber dem Bund, die Obligationen gleichgestellt sind;

diskontierbare Wechsel und Checks sowie **Gold** in Barren und Münzen.

c) **Swap:** Weil in der Schweiz die Geschäftsbanken bei der Beanspruchung von Diskontkrediten und Lombardvorschüssen zurückhaltend sind, kommt der Swap-Politik im Rahmen der Steuerung der Geldversorgung immer grössere Bedeutung zu. Ein Swap läuft wie folgt ab: Die Notenbank kauft bei den Geschäftsbanken US-Dollar per Kasse gegen Schweizer Franken auf und verkauft sie gleichzeitig wieder auf Termin, d. h. sie verkauft sie nach einer im voraus bestimmten Zeit wieder an das Bankensystem zurück. Damit stellt sie ihm vorübergehend zusätzliches Notenbankgeld zur Verfügung.

3. Offenmarktoperationen im engeren Sinn (Wertpapiere):

Wenn die Notenbank am offenen Markt auf eigene Rechnung Wertpapiere kauft, so erhöht sie die Notenbankgeldmenge; wenn sie Wertpapiere verkauft, so schöpft sie Notenbankgeld ab.

Offenmarktoperationen darf die SNB mit folgenden Wertpapieren durchführen:

Schatzanweisungen des Bundes (in der Praxis auch Schatzscheine oder Schatzwechsel genannt): kurz- und mittelfristige Schuldverschreibungen des Bundes, mit denen der Bund mittel- und kurzfristige Kassabedürfnisse deckt;

Schuldverschreibungen des Bundes und **eidgenössische Schuldbuchforderungen;**

Schuldverschreibungen der Kantone und der Kantonalbanken (Obligationen der Kantone und Kassaobligationen der Kantonalbanken);

Pfandbriefe der schweizerischen Pfandbriefzentralen;

leicht realisierbare **Schuldverschreibungen** anderer schweizerischer Banken und von Gemeinden;

verzinsliche Schuldverschreibungen mit einer Laufzeit von höchstens zwei Jahren, die die SNB selbst ausgeben kann (eigene Geldmarktpapiere der SNB).

2.3.2 Bilanz der Notenbank

Der Umfang der Notenbankgeldmenge kann aus der Bilanz der Notenbank hergeleitet werden:

- Die Passivseite gibt Auskunft über die Verwendung des Notenbankgeldes.

- Die Aktivseite informiert über die Entstehung der Gelder, die unter der direkten Kontrolle der Notenbank stehen.

Vereinfacht sieht die Bilanz der Notenbank demzufolge aus:

Bilanz

Aktiven Entstehung der Notenbankgeldmenge	Passiven Verwendung der Notenbankgeldmenge
Währungsreserven (Gold, $) Portefeuille Refinanzierungskredite – Diskontkredite – Lombardkredite – Swap weitere Aktiven	Giroguthaben von Banken, Handel und Industrie (Sichtguthaben) Notenumlauf[4] weitere Passiven

2.3.3 Geldmengenziel und Geldmultiplikator

Um die Wirtschaft eines Landes mit der optimalen Geldmenge zu versorgen, legt die Notenbank jedes Jahr ein **Geldmengenziel** fest. Das heisst, sie bestimmt jährlich im voraus, um wie viel sie die Geldmenge im folgenden Jahr ansteigen lassen will.

Die Schweizerische Nationalbank begann Ende 1974 mit der Festlegung von Geldmengenzielen. Seit Ende 1990 gibt sie aber nicht mehr ein Jahresziel vor, sondern sie macht eine mittelfristige Vorgabe, die das durchschnittliche Wachstum der bereinigten Notenbankgeldmenge in einem Zeitraum von 3–5 Jahren definiert. Das mittelfristige Ziel wird durch vierteljährliche Prognosen der bereinigten Notenbankgeldmenge ergänzt, die Hinweise auf die geldpolitischen Absichten der Nationalbank vermitteln.

Die Höhe des Geldmengenziels richtet sich nach den Wachstumserwartungen für die Wirtschaft: Sie ist so mit Geld zu versorgen, dass sich das angestrebte wirtschaftliche Wachstum ohne Störungen von der Geldseite her erreichen lässt. Wird zu viel Geld in die Wirtschaft gepumpt, so entstehen inflationäre Tendenzen (Preissteigerungen). Wird die Wirtschaft mit zu wenig Geld versorgt, so wird das Wachstum gehemmt.

Direkt steuern kann die Notenbank nur die Notenbankgeldmenge. Als Grundlage für das Geldmengenziel wird die **bereinigte Notenbankgeldmenge** verwendet.

---

4   Nach Art. 19 des NBG müssen die ausgegebenen Noten zum vollen Gegenwert gedeckt sein durch Gold, Wechsel und Checks auf die Schweiz und das Ausland, durch Wertschriften sowie durch Lombardvorschüsse und internationale Zahlungsmittel. Die Golddeckung muss mindestens 40 % betragen. Auch diese Vorschrift ist heute **bedeutungslos**. Nachdem keine Goldeinlösepflicht mehr besteht, benötigt die SNB das Gold nicht mehr. Das gleiche gilt auch im Verkehr mit den USA, weil sie $ ebenfalls nicht mehr in Gold umtauschen.

Sie nimmt die bereinigte Notenbankgeldmenge (Notenbankgeldmenge minus Ultimo-kredite) als Zielgrösse, weil sie eine über eine längere Zeit gültige Aussage über die Geldmenge machen will und deshalb den Betrag der stark schwankenden Ultimokre-dite nicht mitberücksichtigen darf.

Für wirtschaftspolitische Entscheidungen (vor allem im Zusammenhang mit der Teuerungsbekämpfung, siehe Seite 304 ff.) ist es wichtig zu wissen, in welcher Beziehung die Notenbankgeldmenge zur Geldmenge M 1 steht. Dazu wird der Geldmengenmultiplikator verwendet. Er zeigt an, in welchem Umfang Veränderungen der Notenbankgeldmenge auf die Geldmenge M 1 einwirken.

$$\text{Geldmultiplikator} = \frac{\text{Geldmenge M 1}}{\text{Notenbankgeldmenge}}$$

Wie bisherige Erfahrungen zeigen, ist der Geldmengenmultiplikator nicht konstant, sondern er schwankt von Zeitabschnitt zu Zeitabschnitt. Verantwortlich dafür sind die Entscheidungen der Geschäftsbanken sowie der Unternehmungen und Haushalte. Je nachdem, wie sie ihre liquiden Mittel einsetzen, schwanken die Sichteinlagen und verändert sich auch der Geldmengenmultiplikator. Dieser Zusammenhang ist wiederum bei der Teuerungsbekämpfung von Bedeutung.

2.3.4. Bilanzmässige Darstellung der Geldmenge M 1

Zusammenfassend soll anhand der Bilanzen der Notenbank, der Geschäftsbanken, des Staates und des Publikums (Unternehmungen und Haushalte) aufgezeigt werden, wo sich die Geldmenge M 1 befindet (siehe Tabelle 5.4).

Abschliessend ist etwas Wichtiges zu beachten: Die Notenbankgeld-menge sowie die Geldmengen M 1, M 2 und M 3 sind **Bestandesgrössen**, d. h. diese Mengen stehen der Volkswirtschaft als Zahlungsmittel, als Liquiditätsreserve (Reserve an sofort verfügbaren Mitteln) und als Wert-aufbewahrungsmittel insgesamt zur Verfügung.

Sobald es um Fragen des Preisniveaus, der Beschäftigung und der Ein-kommen geht, betrachtet man das Geld in seiner Funktion als Zahlungs-mittel und damit hauptsächlich die Geldmenge M 1, soweit sie auf dem Markt **nachfragewirksam** wird. In diesem Fall geht es deshalb um die **Stromgrössen** (Geldstrom), in denen die Teile des Geldes, die als Liquidi-tätsreserven und zu Wertaufbewahrungszwecken gehalten werden, aus-geklammert bleiben.

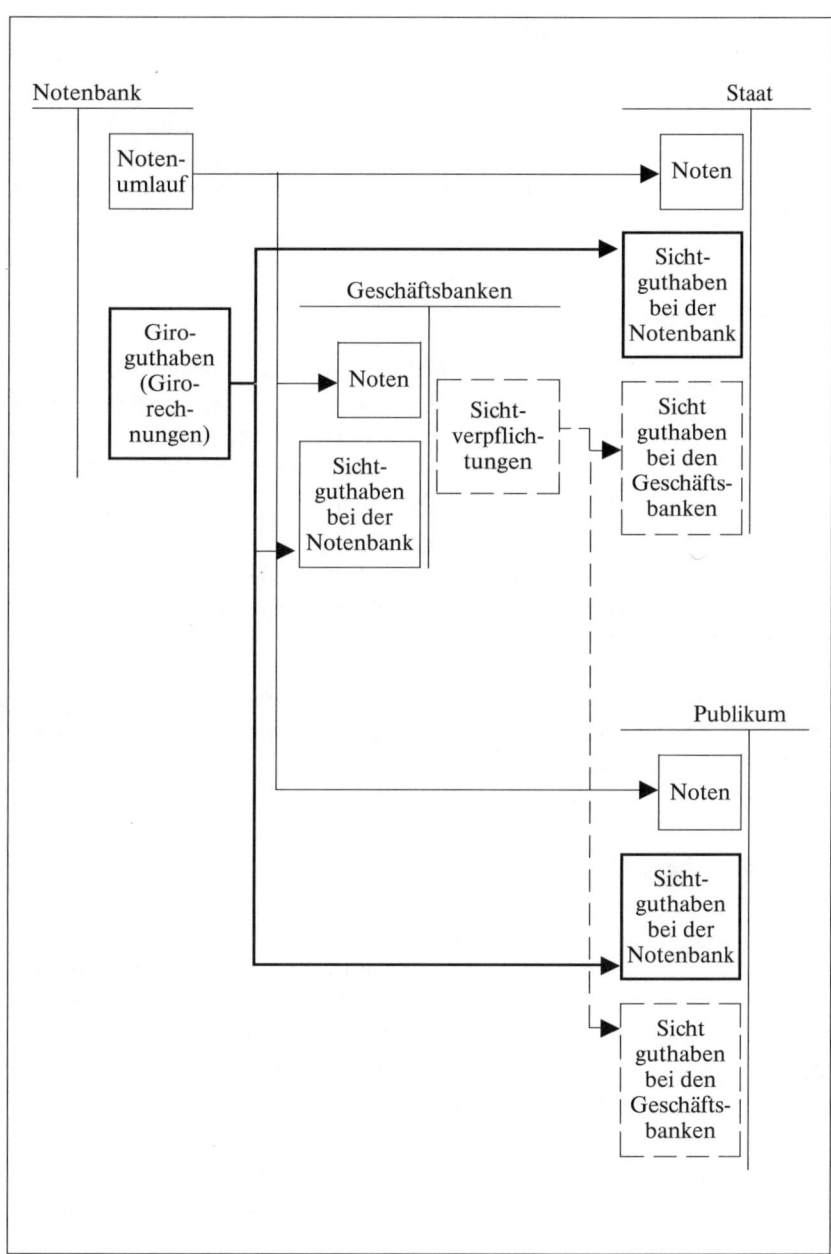

Tab. 5.4: Geldmenge M 1 bilanzmässig dargestellt.

3. Störungen des Geldwertes

Zunächst lassen sich die Störungen des Geldwertes (Inflation und Deflation) in einfacher Form darstellen. Diese einfache Erklärung vermag aber die komplexe Wirklichkeit nicht ganz wiederzugeben, so dass in späteren Abschnitten differenziertere Darstellungen nötig werden.

3.1 Die Wirtschaft im Gleichgewicht

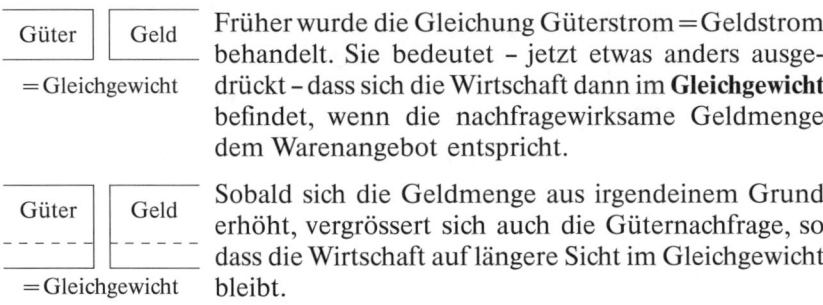

Früher wurde die Gleichung Güterstrom = Geldstrom behandelt. Sie bedeutet – jetzt etwas anders ausgedrückt – dass sich die Wirtschaft dann im **Gleichgewicht** befindet, wenn die nachfragewirksame Geldmenge dem Warenangebot entspricht.

Sobald sich die Geldmenge aus irgendeinem Grund erhöht, vergrössert sich auch die Güternachfrage, so dass die Wirtschaft auf längere Sicht im Gleichgewicht bleibt.

Diese Anpassung kann aber nur so lange ohne nachteilige Auswirkungen erfolgen, als nicht Vollbeschäftigung herrscht, d. h. die Produktionsfaktoren nicht voll ausgelastet sind.

3.2 Geldüberhang (Inflation)

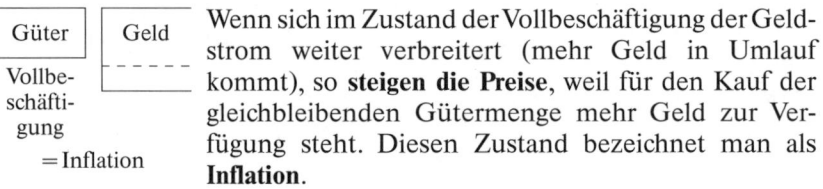

Wenn sich im Zustand der Vollbeschäftigung der Geldstrom weiter verbreitert (mehr Geld in Umlauf kommt), so **steigen die Preise**, weil für den Kauf der gleichbleibenden Gütermenge mehr Geld zur Verfügung steht. Diesen Zustand bezeichnet man als **Inflation**.

> Unter Inflation versteht man ein Missverhältnis zwischen Geld- und Gütermenge in dem Sinne, dass in einer Volkswirtschaft «zuviel» Geld und «zuwenig» Güter vorhanden sind.

3.3 Güterüberhang (Deflation)

Umgekehrt kann sich der Geldstrom aus später zu behandelnden Gründen im Verhältnis zum Güterstrom verkleinern. Weil in diesem Fall zu viele Güter vorhanden sind, werden die **Preise sinken** und die Wirtschaft nach einer gewissen Zeit stagnieren. Diesen Zustand bezeichnet man als **Deflation.**

Güter | Geld
= Deflation

> Unter Deflation versteht man ein Missverhältnis zwischen Geld- und Gütermenge in dem Sinne, dass in einer Volkswirtschaft «zu viele» Güter und «zuwenig» Geld vorhanden sind.

4. Die Inflation

4.1 Übersicht

In Wirklichkeit hat die Inflation in einem Land immer mehrere Ursachen. Deshalb vermag auch keiner der im folgenden dargestellten Erklärungsversuche für sich allein das ganze Inflationsgeschehen zu erklären. Trotzdem ist es bedeutsam, die einzelnen Ursachen zu kennen, weil die Bekämpfung der Inflation je nach den verschiedenen Ursachen unterschiedlich erfolgen muss.

Heute werden drei Ursachenebenen unterschieden:

1. Ursachenebene: Geldmengeninduzierte Inflation (Inflation von der Geldseite her).

Die Ursache der Inflation liegt bei der Verbreiterung des Geldstromes (Geldmengenausweitung). Dafür sind folgende Erscheinungen verantwortlich:

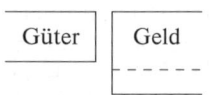

a) Geldschöpfung durch die Notenbank

b) Kreditschöpfung durch die Geschäftsbanken

c) Erhöhung der Umlaufsgeschwindigkeit

2. Ursachenebene: Reale Planung der Wirtschaftssubjekte auf der Ebene der Einkommenserzielung und -verwendung (Inflation von der Güterseite her).

Güter	Geld

Die Ursache der Inflation liegt beim Güterstrom, indem die realen Ansprüche der Wirtschaftssubjekte an das Sozialprodukt zu hoch sind. Dabei gibt es drei Erscheinungsformen:

a) Nachfrageinflation: Infolge einer Überbeanspruchung des Wirtschaftspotentials kommt es zu Güterlücken (z. B. zu hohe Staatsausgaben in bestimmten Wirtschaftsbereichen, Rückgang der Produktivität, Arbeitszeitverkürzung ohne Produktivitätssteigerung).

b) Anbieterinflation: Höhere Kosten (insbesondere infolge hoher Lohnforderungen), höhere Steuern und/oder höhere Gewinne führen zu steigenden Preisen.

c) Importierte Inflation: Höhere Preise von ausländischen Gütern wirken auf das inländische Preisniveau.

3. **Ursachenebene:** Bestimmungsgründe für ein bestimmtes Anbieter- und Nachfrageverhalten (politische und psychologische Gesichtspunkte). Zu den rein ökonomischen Gesichtspunkten treten menschliche und institutionelle Verhaltensweisen, die inflationsfördernde Wirkung haben können.

4.2 Die geldmengeninduzierte Inflation (1. Ursachenebene)

4.2.1 Geldschöpfung durch die Notenbank

Die Geldmenge vergrössert sich, wenn die Notenbank übermässig viel neues Geld schöpfen muss («die Notenpresse in Gang setzt»). Anlass dazu geben:

a) ein Defizit der Staatsrechnung, das mit Notenbankgeld gedeckt wird;

b) übermässige Kreditgesuche der Geschäftsbanken bei der Notenbank, denen stattgegeben wird;

c) wenn die Notenbank den Wechselkurs (Devisenkurs) stützen muss.

Oft besteht die Gefahr, dass der Wechselkurs infolge eines grossen Angebotes und einer kleinen Nachfrage stark sinkt (z. B. der $ von Fr. 1.50 auf Fr. 1.20). Dadurch werden Exportindustrie und Fremdenverkehr benachteiligt. Sinkt der Kurs so stark ab, dass diese Bereiche der Wirtschaft gefährdet werden, so schreitet die Notenbank ein (sie interveniert), indem sie Devisen gegen inländische Währung (z. B. $ gegen SFr.) aufkauft. Dadurch steigt der Kurs wieder an, aber es kommt zusätzliches Notenbankgeld in Umlauf, was inflationsfördernd wirkt (siehe dazu S. 428 und S. 441).

4.2.2 Kreditschöpfung durch die Geschäftsbanken (Geldschöpfungsprozess im Bankensystem)

Heute erfolgt ein grosser Teil des Zahlungsverkehrs bargeldlos über Bankkonti. Deshalb benötigen die Geschäftsbanken nur einen kleinen Teil der Bareinlagen der Kunden (Sichteinlagen) für Barauszahlung. Den grösseren Teil geben sie in Form von Krediten weiter, wodurch sich die Geldmenge vergrössert. Ein Beispiel soll dies zeigen:

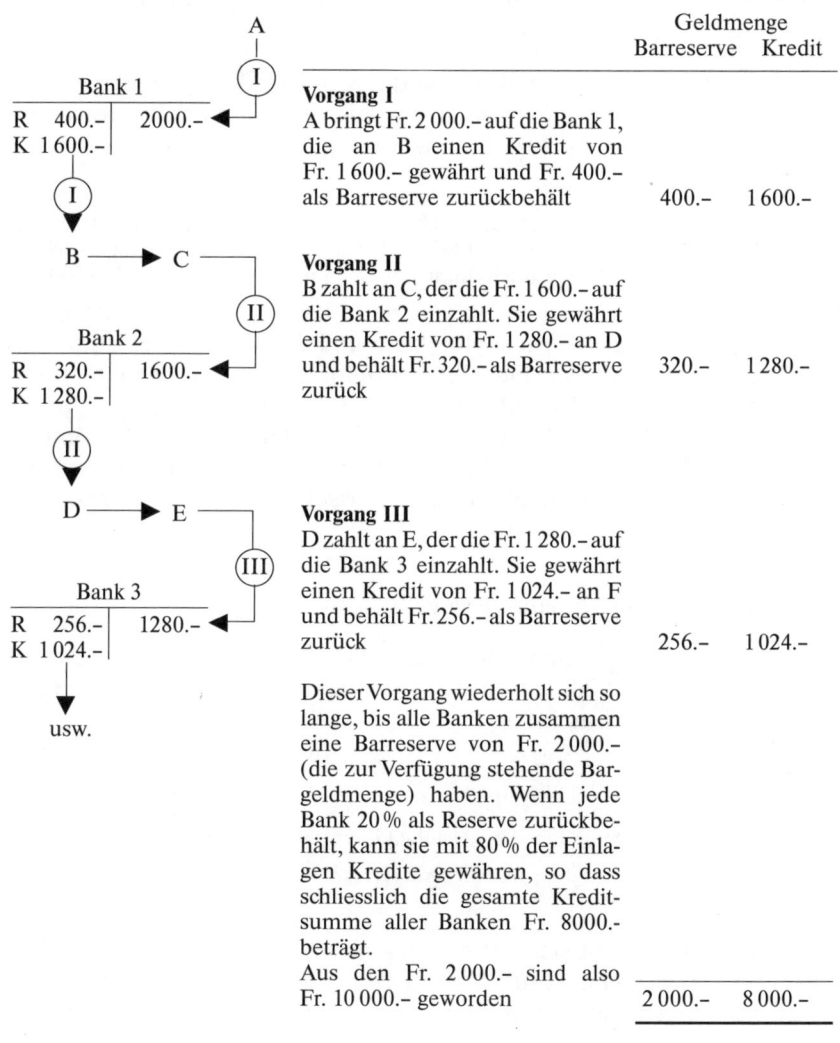

	Geldmenge	
	Barreserve	Kredit

Vorgang I
A bringt Fr. 2 000.– auf die Bank 1, die an B einen Kredit von Fr. 1 600.– gewährt und Fr. 400.– als Barreserve zurückbehält — 400.– — 1 600.–

Bank 1
R 400.– | 2000.–
K 1 600.– |

Vorgang II
B zahlt an C, der die Fr. 1 600.– auf die Bank 2 einzahlt. Sie gewährt einen Kredit von Fr. 1 280.– an D und behält Fr. 320.– als Barreserve zurück — 320.– — 1 280.–

Bank 2
R 320.– | 1600.–
K 1 280.– |

Vorgang III
D zahlt an E, der die Fr. 1 280.– auf die Bank 3 einzahlt. Sie gewährt einen Kredit von Fr. 1 024.– an F und behält Fr. 256.– als Barreserve zurück — 256.– — 1 024.–

Bank 3
R 256.– | 1280.–
K 1 024.– |

usw.

Dieser Vorgang wiederholt sich so lange, bis alle Banken zusammen eine Barreserve von Fr. 2 000.– (die zur Verfügung stehende Bargeldmenge) haben. Wenn jede Bank 20 % als Reserve zurückbehält, kann sie mit 80 % der Einlagen Kredite gewähren, so dass schliesslich die gesamte Kreditsumme aller Banken Fr. 8000.– beträgt.
Aus den Fr. 2 000.– sind also Fr. 10 000.– geworden — 2 000.– — 8 000.–

Die Geschäftsbanken können also ohne Beanspruchung der Notenbank aus einer Überschussreserve (Sichteinlagen ./. Barreserve) Kredite gewähren und damit zusätzliches Geld schöpfen. Der Zuwachs an Kredit (Geld) kann mit Hilfe des **Geldschöpfungsmultiplikators** berechnet werden:

Zuwachs an Kredit (Geld) = Überschussreserve × Geldschöpfungs-multiplikator

---

Der Geldschöpfungsmultiplikator ist der reziproke Wert des Barreservesatzes. Er beantwortet die Frage, welches Kreditvolumen die Geschäftsbanken mit einer gegebenen Überschussreserve maximal schöpfen können.

Im obigen Beispiel beträgt der Barreservesatz 20 % = $1/5$. Der reziproke Wert beträgt deshalb $5/1$. Die Überschussreserve beträgt 1600. Deshalb ergibt sich bei einem Geldschöpfungsmultiplikator von 5 eine Ausweitung der Geldmenge von 5 × 1600 = 8000.

Beachtet werden muss, dass eine einzelne Bank Geld nur in der Höhe ihrer Überschussreserven schöpfen kann und damit zu keiner Erhöhung der Geldmenge beiträgt. Die Geldschöpfung wird erst über mehrere Banken möglich. Ob dabei die maximale Geldschöpfung erfolgt, hängt vom Verhalten des Publikums ab. Die volle Wirkung der Geldschöpfung tritt nur ein, wenn kein Bargeld abgehoben wird und die Kassenhaltung des Publikums minimal bleibt. Zudem müssen die Geschäftsbanken alle Kredite unterbringen können.

4.2.3 Erhöhung der Umlaufsgeschwindigkeit

Wenn 50 Güter zu einem Durchschnittspreis von Fr. 10.– eingekauft werden, so sind Fr. 500.– zu zahlen. Mit einer Formel ausgedrückt, ergibt sich folgende Gleichung:

Fr. 500.–	= 50	× Fr. 10.–
(nötige Geldmenge) =	(eingekaufte Gütermenge)	× (Preis)
G	= H (=Handelsvolumen)	× P

Diese Gleichung lässt sich auf den gesamten volkswirtschaftlichen Prozess übertragen. Dann ist allerdings zu beachten, dass mit einer bestimmten Geldmenge nicht nur ein Gut, sondern mehrere Güter gekauft werden können. Die Häufigkeit, mit der das Geld innerhalb eines Jahres zur Zahlung von Gütern verwendet wird, bezeichnet man als **Umlaufsgeschwindigkeit**. Wird mit Hilfe von Fr. 500.– ein zehnmaliger Güterumsatz vollzogen, so erreichen diese Fr. 500.– die gleiche Wirkung wie Fr. 5 000.–, die nur einmal umgesetzt werden. Eine erhöhte Umlaufsgeschwindigkeit des Geldes wirkt deshalb wie eine vergrösserte, eine verminderte Umlaufsgeschwindigkeit wie eine verkleinerte Geldmenge.

Wovon hängt nun die Grösse der Umlaufsgeschwindigkeit in einer Volkswirtschaft ab?

a) Von der Bevölkerungsdichte: Je grösser die Bevölkerungsdichte, desto grösser ist die Umlaufsgeschwindigkeit.

b) Von der Wirtschaftsstruktur: Je weiter die Industrialisierung fortgeschritten ist, desto grösser ist die Umlaufsgeschwindigkeit.

c) Von den Zahlungsgewohnheiten, ausgedrückt durch die durchschnittliche Höhe des Kassabestandes, der zu Zahlungszwecken gehalten wird (Depression: hoher Kassabestand, kleine Umlaufsgeschwindigkeit; Hochkonjunktur: kleiner Kassabestand, grosse Umlaufsgeschwindigkeit).

d) Vom Vertrauen in die Währung: Sobald das Vertrauen in die Währung schwindet, steigt die Umlaufsgeschwindigkeit.

Der amerikanische Nationalökonom Irving Fisher hat aus diesen Gedanken die **Verkehrsgleichung** entwickelt. Unter Handelsvolumen versteht er das Sozialprodukt, das jedoch nicht mehr mit dem Preis multipliziert werden kann, weil sein Wert bereits in Marktpreisen ausgedrückt ist. Deshalb bedeutet P in seiner Gleichung **Preisniveau:**

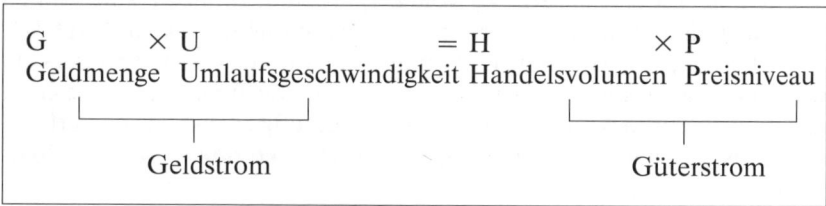

Mit der Verkehrsgleichung lässt sich die Inflation, verursacht durch eine Erhöhung der Umlaufsgeschwindigkeit oder durch eine Veränderung der Geldmenge, nachweisen:

Ausgangslage:
$$G \times U = H \times P$$
$$8 \times 5 = 40 \times 1$$

Ist bei einem Handelsvolumen von 40 die Vollbeschäftigung noch nicht erreicht, so bringt eine Veränderung der Geldmenge oder der Umlaufsgeschwindigkeit keine Veränderung des Preisniveaus, also keine Inflationstendenzen, weil das Handelsvolumen noch erweitert werden kann:

$$9 \times 5 = 45 \times 1$$
$$\text{oder} \quad 8 \times 5{,}625 = 45 \times 1$$

Ist aber mit dem Handelsvolumen von 45 die Vollbeschäftigung erreicht, so steigt bei einer Vergrösserung der Geldmenge oder der Umlaufsgeschwindigkeit das Preisniveau, was Inflationstendenz bedeutet.

$$10 \times 5 = 45 \times 1{,}11$$
$$\text{Vollbeschäftigung}$$
$$\text{oder} \quad 8 \times 6 = 45 \times 1{,}07$$

Solange also Geld- und Güterstrom gleich breit bleiben, ergeben sich keine Inflationstendenzen. Steigen hingegen die Geldmenge oder die Umlaufsgeschwindigkeit auch nach erreichter Vollbeschäftigung weiter, so erhöht sich das Preisniveau auf 1,11 bzw. 1,07.

4.2.4 Von der Geldmengenausweitung zu Preissteigerungen

Die Geldmengenausweitung führt zu Veränderungen im Verhalten der Wirtschaftssubjekte. In Erwartung der Inflation beginnen sie ihre Barvermögen abzubauen, und sie fragen vermehrt dauerhafte Konsumgüter und Investitionsgüter nach. Dadurch erreicht die Wirtschaft Vollbeschäftigung, so dass eine weitere Geldmengenausweitung zu inflationären Tendenzen mit Preissteigerungen führt. Diese Inflationserklärung geht von zwei Voraussetzungen aus, die in Wirklichkeit jedoch nicht immer erfüllt sind: Einerseits setzt sie Vollbeschäftigung voraus. Heute gibt es aber auch Länder mit Inflation ohne Vollbeschäftigung. Dazu bietet sich die Erklärung der Anbieterinflation an (siehe unter 4.3.2). Andererseits wird davon ausgegangen, dass das vermehrt zur Verfügung stehende Geld nachfragewirksam wird. Auch diese Voraussetzung ist nicht immer erfüllt. Darauf ist bei der Geldmengenpolitik zurückzukommen (siehe S. 303).

4.3 Inflation als Folge der realen Planung der Wirtschaftssubjekte (2. Ursachenebene)

4.3.1 Nachfrageinflation

Ausgangspunkt der Nachfrageinflation ist ein Anstieg der gesamtwirtschaftlichen Nachfrage. Ursache dafür können eine Zunahme der Investitionen insgesamt oder in einzelnen Bereichen, höhere Ansprüche der Konsumenten und/oder grössere Staatsaufträge sein. Wenn unter diesen Bedingungen alle Wirtschaftssubjekte an ihren Plänen festhalten und ihre

Nachfrage nicht zurückdrängen, so entsteht ein Gütermangel (Güter-lücke oder inflatorische Lücke). Als Folge davon beginnen die Preise zu steigen; es entstehen inflatorische Tendenzen. Die Inflationsrate ist dann um so höher, je grösser die Güterlücke ist, die infolge Vollbeschäftigung nicht geschlossen werden kann.

Nun müsste man aufgrund der Preisgesetze annehmen, dass die Nach-frage infolge der steigenden Preise allmählich wieder zurückgeht und die Wirtschaft ein neues Gleichgewicht findet. Dies ist heute nicht mehr der Fall, weil die Einkommen laufend der Teuerung angeglichen werden (3. Ursachenebene der Inflation). Diese fortwährende Erhöhung der Nominaleinkommen zwingt die Wirtschaftssubjekte nicht zu einer Anpassung ihrer Pläne, so dass die **Lohn (Einkommens)-Preis-Spirale** in Gang kommt:

> Die gesamtwirtschaftliche Nachfrage steigt. Sobald die Wirtschaft vollbeschäftigt ist, beginnen die Preise zu steigen.

↓

> Dadurch sinken die Realeinkommen, so dass ein Teuerungsaus-gleich gefordert wird.

↓

> Dieser Teuerungsausgleich wird meistens gewährt. Die Nominal-einkommen steigen. Dadurch verändern sich die Pläne der Wirt-schaftssubjekte nicht. Die Güternachfrage steigt weiterhin.

↓

> Dadurch erhöhen sich die Preise.

↓

> usw., usw.

Zusammenfassend führen also die Nachfragepläne der Wirtschaftssubjekte zur Inflation, die aber erst eintritt, wenn eine Güterlücke entsteht. In diesem Fall ist also die Volkswirtschaft nicht mehr in der Lage, die nachgefragten Güter bereitzustellen. Üblicherweise ist dies bei Vollbeschäftigung der Fall. Dabei ist Vollbeschäftigung eine variable Grösse. Wenn beispielsweise die Arbeitsproduktivität sinkt, viele Streiks stattfinden oder die Arbeitszeit ohne Produktivitätssteigerung verkürzt wird, so ist Vollbeschäftigung auf einem tieferen Niveau erreicht.

4.3.2 Anbieterinflation

Für die Anbieterinflation sind preistreibende Faktoren auf der Güterangebotsseite verantwortlich. Diese Faktoren sind: höhere Lohn- und Produktionskosten, höhere Steuern, höhere Kreditkosten, verteuerte Vorleistungen der Zulieferer und das Streben nach höheren Gewinnen. In allen diesen Fällen versuchen die Produzenten diese höheren Kosten auf die Käufer zu überwälzen, wodurch Inflationstendenzen entstehen, wenn auch keine Vollbeschäftigung herrscht.

Die Stärke der inflationären Tendenzen hängt von den Überwälzungsmöglichkeiten der höheren Kosten ab. Heute besteht oft eine verhängnisvolle Wechselwirkung:

Die Anbieter von Produktionsfaktoren können ihre Preisvorstellungen durchsetzen, beispielsweise

- die Gewerkschaften höhere Löhne, weil ein Mangel an Arbeitskräften besteht, oder weil im politischen Kräftespiel höhere Löhne für das Staatspersonal durchgesetzt werden, so dass die Privatwirtschaft nachziehen «muss»;

- die Banken höhere Zinsen, weil das Kapital knapp ist;

- die Grundeigentümer höhere Mieten, weil eine grosse Nachfrage nach Liegenschaften besteht.

Unter diesen Voraussetzungen versuchen die Unternehmer die höheren Kosten zu überwälzen, um die erwarteten Gewinne zu erzielen. Dies wird ihnen um so eher gelingen, je besser sie die Preissteigerungen mit Kostenerhöhungen begründen können. Gelegentlich werden im gleichen Zug auch noch die Gewinnmargen erhöht.

> Dadurch werden aber die Anbieter von Produktionsfaktoren erneut versuchen, sich mit weiteren Forderungen schadlos zu halten.

↓

> usw., usw.

Nun stellt sich natürlich die Frage, wie lange dieser Prozess andauern kann. Während einer gewissen Zeit mag er aus politischen Gründen (3. Ursachenebene der Inflation) selbst dann noch so ablaufen, wenn bereits nicht mehr Vollbeschäftigung besteht. Mit der Zeit steigen aber die Preise für einzelne Güter oder Produktegruppen dermassen stark an, dass es aus psychologischen Gründen trotz dauerndem Teuerungsausgleich zu einem Kaufverzicht kommt. Insgesamt läuft die Inflation noch weiter, in einzelnen Branchen kommt es aber zu einer Stagnation in der Produktion, so dass die Wirtschaft in eine **Stagflation** gerät.

> Stagflation = STAGnation + InFLATION

4.3.3 Importierte Inflation

Bei der importierten Inflation geht es um die Übertragung von Preissteigerungen von einer Volkswirtschaft auf die andere. Dabei gibt es zwei Möglichkeiten:

a) Land A hat eine stärkere Inflation als Land B. Land B benötigt Importgüter aus dem Land A, dessen Preise stärker steigen. Sofern nicht über die Wechselkurse Korrekturen erfolgen, können diese höheren Importpreise im Land B zu inflationären Tendenzen führen.

b) Inflationäre Tendenzen können aber auch von den Wechselkursen ausgehen. Wenn beispielsweise der Wechselkurs des $ von CHF. 2.– auf CHF. 2.20 steigt, so werden die amerikanischen Importwaren in der Schweiz teurer, auch wenn sich sonst in den USA und in der Schweiz nichts verändert. Handelt es sich nun um Importgüter mit einer unelastischen Nachfrage im Inland und sind diese Güter für die Gesamtwirtschaft bedeutsam, so verstärken sich die Inflationstendenzen im Inland.

4.4 Politische und psychologische Gesichtspunkte (3. Ursachenebene)

Neben den bisher angeführten ökonomischen Ursachen der Inflation können politische und psychologische Überlegungen, die das Anbieter- und Nachfrageverhalten prägen, zusätzlich inflationsfördernd wirken.

Beispielhaft seien folgende Situationen angeführt:

a) Die Zinssätze steigen im Ausland stark an. → Deshalb legen viele Leute ihr Geld im Ausland an. Dadurch steigt der Kurs der ausländischen Währung. Dies fördert die importierte Inflation. → Mit der Zeit wird das Geld im Inland knapp. Als Folge davon beginnen die inländischen Zinsen zu steigen. Dies kann zu einer Anbieterinflation führen.

   In dieser Situation machen sich Interessengruppen bemerkbar: Weil höhere Zinsen die Investitionen hemmen, fordert die Investitionsgü-terindustrie eine Ausweitung der Geldmenge, damit die Zinsen sinken und wieder mehr investiert wird. Die unkontrollierte Ausweitung der Geldmenge wirkt aber längerfristig inflationsfördernd (geldmengen-induzierte Inflation).

   Da die Politik aber oft auf kurzfristige Erfolge angewiesen ist, versu-chen die Interessengruppen politischen Druck auszuüben, um kurzfri-stig über die höhere Geldmenge die Zinsen zu senken und die Investi-tionen anzuregen, obschon sich dies langfristig inflationsfördernd aus-wirkt.

b) In Zeiten der Vollbeschäftigung sind die Wirtschaftssubjekte oft opti-mistisch und stellen zunehmend mehr Ansprüche an die Wirtschaft (= Anspruchsinflation). → Um die Inflationstendenzen zu bekämpfen, müsste aber mehr gespart werden. → Infolge des Optimismus tut es niemand, so dass sich die Inflation beschleunigt. Nun kann es aus irgend einem Grund zu einem wirtschaftlichen Umschwung kommen. Die Beschäftigung geht zurück. → Jetzt sollten die Wirtschaftssubjekte viele Güter kaufen, um die Wirtschaft anzukurbeln. → Aus Angst vor der ungewissen Zukunft sparen die Leute mehr. Deshalb verstärken sich die rückläufigen Tendenzen.

   In beiden Fällen verhält sich der einzelne Mensch psychologisch richtig. Das gleichgerichtete Verhalten aller Wirtschaftssubjekte kann aber Inflationstendenzen oder rückläufige Entwicklungen stark beschleunigen.

Heute spielen solche politische und psychologische Einflüsse als Verstär-ker von Inflationstendenzen eine immer grössere Rolle.

4.5 Die wirtschaftlichen Folgen der Inflation

a) Übermässige Preissteigerungen = Geldentwertung

Rationalisierungsanstrengungen und kostengünstigere Produktionsprozesse führen nicht mehr zu Preissenkungen. Damit fehlt das Korrektiv eines funktionsfähigen Wettbewerbs.

b) Steigende Umlaufsgeschwindigkeit (sowohl Ursache als auch Folge der Inflation)

c) Nachteile für Gläubiger, Sparer, Fixbesoldete und Rentner

Die Inflation untergräbt den Sparwillen und die persönliche Selbstvorsorge (Versicherungssparen). Der Abschluss von privaten Versicherungen erscheint als zu unsicher.

d) Vorteile für Schuldner

Die Schulden verlieren an Wert.

e) Fieberhafte Produktion – geringe Arbeitslosigkeit

In Erwartung hoher Preise weitet jede Unternehmung ihre Produktionskapazität aus, so dass eine Tendenz zur Überkapazität in einzelnen Industrien entstehen kann, die jedoch nicht sichtbar wird, weil mit Werbemassnahmen für Absatz gesorgt wird.

f) Flucht in die Sachwerte (Sachwertpsychose)

Nutzniesser der Inflation sind alle Eigentümer von Sachwerten. Deshalb steigt die Nachfrage nach Sachwerten; höhere Preise aller typisch wertbeständigen Sachwerte (Grundstücke, Liegenschaften, Diamanten) sind die Folge.

g) Verschiebungen in der Vermögens- und Einkommensverteilung

Die Inflation erschüttert den Leitsatz der sozialen Marktwirtschaft «Wohlstand für alle», weil es bei steigenden Preisen weiten Kreisen verunmöglicht wird, Eigentum an wertbeständigen Gütern zu erhalten, während die Eigentümer von Sachwerten verhältnismässig leicht weitere Einkommens- und Vermögenssteigerungen erzielen (Spekulationsgewinne, Kreditkauf von weiteren Sachwerten gegen Grundpfand usw.). Dadurch verschiebt sich die Lorenzkurve in Richtung mehr Ungleichheit.

h) Beeinträchtigung der Konkurrenzfähigkeit im Ausland

Im Vergleich zum Ausland stärker steigende Inlandspreise verteuern die inländischen Exportgüter.

i) Schwindendes Vertrauen in die Währung und letztlich Zerstörung der sozialen Marktwirtschaft.

4.6 Arten der Inflation

In der Umgangssprache begegnet man weiteren Inflationsbegriffen:

Geldinflation:	Die Notenbank schöpft zusätzliches Geld (= geldmengeninduzierte Inflation).
Budgetinflation:	Fehlbeträge der öffentlichen Hand werden über Geldschöpfung gedeckt.
Kreditinflation:	Die Geschäftsbanken gewähren zu viele Kredite.
Kosteninflation:	Höhere Produktionskosten werden auf die Preise überwälzt (= Anbieterinflation).
Lohninflation:	Lohnerhöhungen werden über Produktivitätssteigerungen nicht mehr aufgefangen. Deshalb steigen die Produktionskosten (= Anbieterinflation).
Anspruchsinflation:	Die Wirtschaftssubjekte stellen immer höhere Anforderungen an die Wirtschaft. Diese überbordende Nachfrage bringt Preiserhöhungen (= Nachfrageinflation).
Schleichende Inflation:	Langsame, wenig spürbare, aber ganz regelmässige Geldentwertung.
Galoppierende Inflation:	Rasche Preissteigerungen, die unmittelbar feststellbar sind.

4.7 Aktuelle Fragen im Zusammenhang mit der Inflation

4.7.1 Der Zusammenhang zwischen Geldmenge und Teuerung

Abbildung 5.5 zeigt das Wachstum der Notenbankgeldmenge und der Geldmenge M 1 sowie die Entwicklung der Teuerung, gemessen am Landesindex der Konsumentenpreise. Für alle drei Zahlenreihen ist die prozentuale Veränderung gegenüber dem Vorjahresmonat ausgewiesen. Der Verlauf der Teuerung und der Notenbankgeldmenge sowie der Geldmenge M 1 führt zu zwei Erkenntnissen:

1. In der Schweiz besteht eine recht enge Beziehung zwischen der Geldmengenentwicklung und der Teuerung. Eine Beschleunigung des Wachstums der Geldmenge (Notenbankgeldmenge oder Geldmenge M 1, die in einer engen Beziehung stehen) führt in der Regel zu einer Verschärfung der Teuerung, während eine Wachstumsverlangsamung die Teuerung bremst.

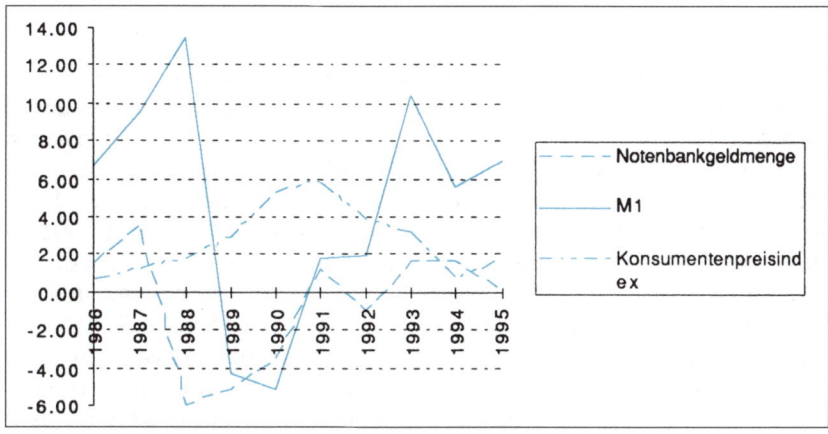

Quelle: Statistisches Jahrbuch der Schweiz 1997, S. 153, S. 269 f.

Abb. 5.5: Veränderung von Notenbankgeldmenge, M 1 und Konsumentenpreisindex

Daten zur Abb. 5.5

	1986	1987	1988	1989	1990	1991	1992	1993	1994	1995
Notenbankgeldmenge	1,68	3,67	–5,82	–4,96	–3,43	1,30	–0,87	1,74	1,78	0,32
M1	6,78	9,71	13,58	–4,10	–5,08	1,95	1,99	10,52	5,62	6,96
Konsumenten-preisindex	0,77	1,41	1,89	3,09	5,40	5,92	3,98	3,31	0,90	1,79

2. Es besteht aber eine beträchtliche zeitliche Verzögerung zwischen der Geldmengen- und der Preisentwicklung. Die zeitliche Verzögerung zwischen einer Geldmengenveränderung und ihrem Einfluss auf die Preisentwicklung kann bis zu drei Jahren betragen.

Dieser Zusammenhang ist wirtschaftspolitisch bedeutsam. Hält die Notenbank die Geldmenge knapp, so beginnen die Zinsen zu steigen. Weil dies vor allem für die Mieter (steigende Hypothekarzinsen und damit steigende Mieten) unangenehm ist, wird sofort eine Ausweitung der Geldmenge gefordert. Auf diese Weise sinken die Zinsen. Aber in ein bis drei Jahren kommt es zur Inflation und damit zu einer unerwünschten Teuerung. Auf diesen Zielkonflikt ist später einzutreten (siehe Seite 332).

4.7.2 Indices als wirtschaftspolitische Einflussgrössen

Immer häufiger werden als Folge der Inflationstendenzen bestimmte Preise mit dem Landesindex der Konsumentenpreise gekoppelt. In diesem Fall spricht man von der **Indexierung der Preise** oder vom **Index-mechanismus.**

Das wichtigste Beispiel eines Indexmechanismus ist die ausdrückliche Bindung der Löhne in Besoldungsordnungen für Staatsbeamte oder in Gesamtarbeitsverträgen der Privatwirtschaft an den Landesindex der Konsumentenpreise (automatischer voller Teuerungsausgleich). Sie hat den Vorteil, dass die Lohnempfänger trotz Inflation keinen Reallohnverlust erleiden. Nachteilig wirkt sich aus, dass diese Indexbindung immer dann die **Lohn-Preis-Spirale** ankurbelt, wenn die Lohnerhöhungen höher sind als die Produktivitätsverbesserungen. Deshalb sollte bei Lohnverhandlungen nie automatisch der volle Teuerungsausgleich zugestanden werden, sondern die Löhne müssten in jeder Unternehmung im Rahmen der jeweiligen Produktivitätsentwicklung und der internationalen Marktposition erhöht werden. Nur dadurch führen Lohnerhöhungen nicht zu weiteren Inflationstendenzen. Oft lässt sich aber dieses volkswirtschaftliche Postulat aus sozialpolitischen Gründen nicht verwirklichen. Die Gewerkschaften fordern immer für alle ihre Mitglieder den vollen Teuerungsausgleich, damit nicht einzelne Lohnempfänger benachteiligt werden (vgl. auch Seite 315).

Seit der 9. AHV-Revision sind auch die **AHV-Renten** indexiert. Verwendet wird ein eigenständiger Mischindex, welcher sich je zur Hälfte aus dem Lohnindex des BIGA[5] und dem Landesindex der Konsumentenpreise zusammensetzt. Dieser Index gilt für Alt- und Neurentner und beinhaltet eine Solidaritätskomponente der jungen zugunsten der älteren Generation.

Neuerdings wird der Indexmechanismus oft auch bei **Mieten** angewendet. Dieser Indexautomatismus ist besonders gefährlich, weil neben dieser Teuerungsanpassung meistens auch die steigenden Hypothekarzinsen und weitere mietzinstreibende gesetzliche Elemente (z. B. die Angleichung an ortsübliche Mietzinsen) auf die Mieter überwälzt werden. Zusammen mit dem Mangel an Wohnraum führt dieser Indexmechanismus zu einer die breite Bevölkerung besonders stark treffenden Teuerung: Zunächst haben die Mieten infolge der Wohnungsknappheit steigende Tendenz, später steigen sie infolge der Indexierung und dann erhöhen sie sich, wenn infolge der Teuerungsbekämpfung (über eine Verminderung der Geldmenge) die Hypothekarzinsen, die überwälzt werden, steigen.

---

5   BIGA heisst: Bundesamt für Industrie, Gewerbe und Arbeit.

Einen weiteren Fall von Indexmechanismen stellen **Preisabsprachen innerhalb von Kartellen**[6] dar, die auf brancheninternen Indices, die die Branchenteuerung erfassen, beruhen. Derartige Preisabsprachen schalten einen wirksamen Preiswettbewerb aus.

Schliesslich werden in der Schweiz zahlreiche Preise politisch festgesetzt (**administrative Preise**). Dazu gehören die Landwirtschaftspreise, die SBB- und die PTT-Tarife. Zwar erfolgt keine automatische Anpassung dieser Preise und Tarife an die Teuerungsentwicklung. Doch werden die Aufschläge regelmässig in Anpassung an die allgemeine Teuerung vorgenommen, was immer wieder zu inflationären Wirkungen führt.

Aus volkswirtschaftlicher Sicht ist der Indexmechanismus etwas gefährliches: Er setzt den marktwirtschaftlichen Preismechanismus immer mehr ausser Kraft, und er treibt in den meisten Fällen die Inflation an.

4.7.3 Die gleitende Steuerskala

Um die Problematik der gleitenden Steuerskala erkennen zu können, ist vorerst das Steuererhebungssystem der Kantone für die Einkommens- und Vermögenssteuer (Gemeinde- und Staatssteuer) darzustellen.

Jeder Kanton legt im Steuergesetz den (progressiven) **Steuertarif** fest. Zum Beispiel:

Einkommenssteuer:

für die ersten	Fr. 2 000.–	0 %	Einkommenssteuer
für die nächsten	Fr. 1 500.–	1,5 %	Einkommenssteuer
für die nächsten	Fr. 3 500.–	3,5 %	Einkommenssteuer
für die nächsten	Fr. 5 500.–	5 %	Einkommenssteuer
für die nächsten	Fr. 6 000.–	6 %	Einkommenssteuer
für den Rest		7 %	Einkommenssteuer

Vermögenssteuer: 1 $^0/_{00}$ für die ersten Fr. 100 000.– Vermögen
1,5 $^0/_{00}$ für den Rest

Anhand des Steuertarifs wird die **einfache Staatssteuer** (=die aufgrund des Steuertarifs zu zahlende Steuer) berechnet, zum Beispiel: steuerbares Einkommen Franken 15 000.–, steuerbares Vermögen Fr. 10 000.–.

---

6 Kartell heisst: Vereinbarung zwischen grundsätzlich frei bleibenden Unternehmern und Unternehmungen gleicher oder ähnlicher Branche mit dem Zweck, mittels Konkurrenzbeschränkung den Ertrag zu erhalten, zu erhöhen oder seinen Zerfall abzuschwächen (Definition der Eidgenössischen Preisbildungskommission).

Einkommenssteuer:

	Fr. 15 000.–, davon Fr. 2 000.–	0 %	Fr. –.–	
es bleiben	Fr. 13 000.–, davon Fr. 1 500.–	1,5 %	Fr. 22.50	
es bleiben	Fr. 11 500.–, davon Fr. 3 500.–	3,5 %	Fr. 122.50	
es bleiben	Fr. 8 000.–, davon Fr. 5 500.–	5 %	Fr. 275.–	
es bleiben	Fr. 2 500.–, davon Fr. 2 500.–	6 %	Fr. 150.–	Fr. 570.–

Vermögenssteuer:

1 $^0/_{00}$ von Fr. 10 000.–	Fr. 10.–
Total einfache Staatssteuer	Fr. 580.–

Der Kanton und jede Gemeinde erstellen im Vorjahr das Budget (Rechnungsvoranschlag), in welchem einander die mutmasslichen Einnahmen und Ausgaben gegenübergestellt werden. Der mutmassliche Fehlbetrag ist mit Steuern zu decken. Dazu werden die Einnahmen aus der einfachen Staatssteuer geschätzt. Reicht dieser Betrag zur Deckung des voraussichtlichen Defizites nicht aus, so wird der Rest mit einem prozentualen Zuschlag zur einfachen Staatssteuer gedeckt, zum Beispiel:

Budget

Einnahmen	1 Mio.	Ausgaben	6 Mio.
einfache Staatssteuer	4 Mio.		
Zuschlag	1 Mio.		
	6 Mio.		6 Mio.

In diesem Beispiel sind also zur einfachen Staatssteuer noch 25 % (1 Mio. von 4 Mio.) zuzuschlagen, so dass sich die Steuer auf 125 % der einfachen Staatssteuer beläuft (= **Steuerfuss**).

Der Kanton und jede Gemeinde (z. B. politische Gemeinde, Kirchgemeinde, Schulgemeinde) berechnen auf diese Art ihren Steuerfuss. Alle Steuerfüsse zusammen ergeben den Gesamtsteuerfuss, das heisst die gesamthaft zu zahlende Steuer für den Kanton und die verschiedenen Gemeinden, ausgedrückt in Prozenten der einfachen Staatssteuer, zum Beispiel:

Kanton	105 %
Politische Gemeinde	135 %
Kirchgemeinde	30 %
Gesamtsteuerfuss	270 %

Der Steuerpflichtige in unserem Beispiel zahlt demzufolge 270% von Fr. 580.– (einfache Staatssteuer), also Fr. 1566.–.

Mit progressiven Steuern werden, wie der Steuertarif zeigt, höhere Einkommen mit Steuern stärker belastet (Kennzeichen für die sozialpolitische Ausgestaltung des Steuersystems). Wenn nun aber infolge der Inflation die Nominaleinkommen zu steigen beginnen, ohne dass sich auch die Realeinkommen erhöhen, werden untere Einkommensklassen von Jahr zu Jahr prozentual stärker belastet, denn durch die höheren Nominaleinkommen steigen sie in eine höhere Progression auf, ohne dass ihre Realeinkommen gestiegen sind. Die Belastung für höchste Einkommen, die bereits auf der obersten Progressionsstufe stehen, wird indessen gemindert, denn ihre Nominaleinkommen steigen auch an, ohne dass sich an der Belastung etwas ändert.

Damit kann aber der Steuertarif seine soziale Funktion nicht mehr erfüllen. Deshalb wurde schon vorgeschlagen, die Ansätze des Steuertarifs an den Landesindex der Konsumentenpreise zu binden, damit die ursprüngliche Progression erhalten bleibt (= **gleitende Steuerskala**).

Bis heute sind nur wenige Kantone (z. B. Basel-Landschaft, Graubünden) diesem Vorschlag gefolgt. Wenn nämlich die öffentlichen Körperschaften Indexbindungen vornehmen, so tragen auch sie psychologisch zur Steigerung des Misstrauens in die Währung bei. Deshalb passen die meisten Kantone ihren Steuertarif von Zeit zu Zeit den neuen Umständen an oder erhöhen die zulässigen Sozialabzüge, ohne aber mit dieser letzten Massnahme das eigentliche Problem zu lösen.

4.7.4 Zinsen und Inflation

a) Das Wesen des Zinses

Der Zins ist der Preis für eine vorübergehende Kapitalüberlassung, der sich aufgrund von Angebot und Nachfrage an Kapital auf dem Markt ergibt.

Die angebotene Menge des Kapitals wird bestimmt durch die **Spartätigkeit** (freiwilliges Sparen und Zwangssparen, wobei letzteres sich in einer sozialen Marktwirtschaft im wesentlichen auf das obligatorische Versicherungssparen beschränkt), durch den **Kapitalimport** und durch **allfällige Geldschöpfung**. Das freiwillige Sparen ist abhängig vom Sparsinn und der Lebensweise eines Volkes, von der Besteuerung des Kapitals und seines Ertrages sowie vom Zinsfuss, wobei das Angebot an Spargeldern in der Zinsspanne zwischen 2 und 4% ziemlich unelastisch ist. Erst höhere Zinsen vermögen das Angebot wesentlich zu vergrössern. Nach neuesten Untersuchungen beeinflusst die Geldentwertung den Sparsinn viel weniger, als allgemein angenommen wird.

Die Nachfrage nach Kapital wird bestimmt durch die **Grenzproduktivität** (man investiert so lange Kapital, als der Ertrag aus dem zusätzlich investierten Kapital noch grösser ist als die dafür zusätzlich aufzuwendenden Zinskosten) und durch die **Zukunftsaussichten** in der Wirtschaft, insbesondere durch die Preiserwartungen. Bei langfristigen, kostspieligen Investitionen (Bauwirtschaft) spielen die Zinssätze eine gewisse Rolle, so dass hier die Elastizität der Nachfrage grösser ist als bei der Gesamtnachfrage nach Kapital.

Ob Zins gerechtfertigt sei oder nicht, hat die Volkswirtschaftslehre seit jeher beschäftigt. Heute versuchen drei Theorien den Zins zu rechtfertigen:

Produktivitätstheorie: Das Kapital leistet als Produktionsfaktor einen Produktionsbeitrag, das Kapital hat arbeitsersetzende Kraft.

Wartetheorie: Nur durch Konsumaufschub kann Kapital zur Verfügung gestellt werden. Dieser Aufschub stiftet Produktionsnutzen und erzeugt Warteleid.

Liquiditätstheorie: Der Zins ist für den Gläubiger die Entschädigung für den Verbrauchsverzicht und den Verzicht auf Liquidität.

b) Geldmenge und Zinsentwicklung

In der wirtschaftspolitischen Diskussion hat die Frage nach der «richtigen» Höhe der Zinssätze grosse Bedeutung. Dabei wird oft von einer einfachen Grundvorstellung ausgegangen:

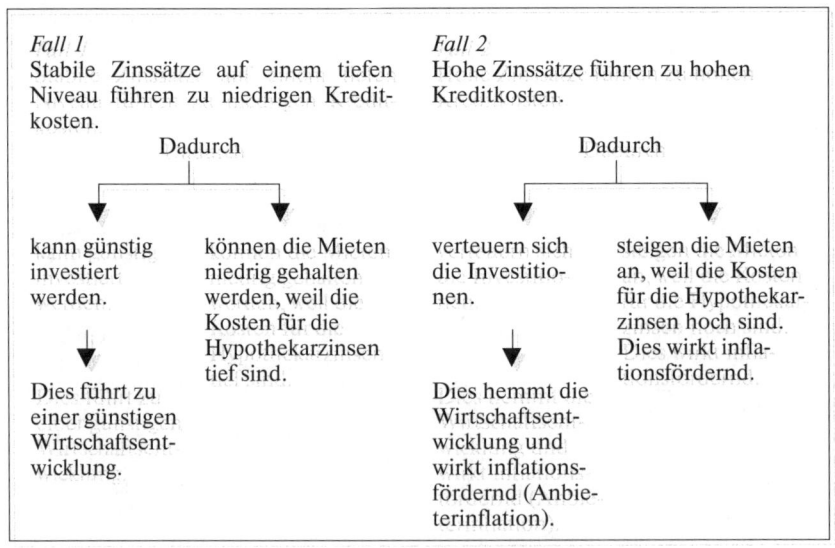

Fall 1
Stabile Zinssätze auf einem tiefen Niveau führen zu niedrigen Kreditkosten.

Dadurch

kann günstig investiert werden.

Dies führt zu einer günstigen Wirtschaftsentwicklung.

können die Mieten niedrig gehalten werden, weil die Kosten für die Hypothekarzinsen tief sind.

Fall 2
Hohe Zinssätze führen zu hohen Kreditkosten.

Dadurch

verteuern sich die Investitionen.

Dies hemmt die Wirtschaftsentwicklung und wirkt inflationsfördernd (Anbieterinflation).

steigen die Mieten an, weil die Kosten für die Hypothekarzinsen hoch sind. Dies wirkt inflationsfördernd.

Der günstigere Fall 1 mit stabilen Zinssätzen auf einem tiefen Niveau bringt keine Probleme.

Im Fall 2 mit hohen Zinssätzen werden immer wieder Massnahmen zur Senkung der Zinssätze gefordert. Die Unternehmer erhoffen sich davon eine erhöhte Investitionsneigung und als Folge davon eine Zunahme der Beschäftigung sowie eine Senkung ihrer Zinskosten, die Mieter eine Ermässigung oder wenigstens eine Stabilisierung der Mietzinsen.

Auf den ersten Blick scheint es in diesem Fall 2 mit hohen Zinssätzen eine einfache Lösung zu geben: Wenn die Notenbank gewillt ist, die Geldmenge auszuweiten, so steigt das Geldangebot und sinken die Zinssätze. Deshalb fordern viele Leute in Zeiten hoher Zinssätze eine Ausweitung der Geldmenge und glauben, damit seien die Probleme des Falles 2 gelöst.

In Wirklichkeit ist es aber komplizierter, weil zwischen den kurzfristigen sowie den mittel- und langfristigen Auswirkungen zu unterscheiden ist. Dies sei im folgenden aufgezeigt.

Kurzfristige Wirkung

Erste Möglichkeit
Die Notenbank bekämpft die Zinserhöhung durch eine Ausweitung der Geldmenge (Politik des billigen Geldes).

Dadurch stehen mehr Geld und Kredit zur Verfügung.

Also sinken die Zinssätze.

Zweite Möglichkeit
Die Notenbank verzichtet auf eine Ausweitung der Geldmenge, um Inflationstendenzen zu bekämpfen.

Dadurch stehen zu wenig Geld und Kredit zur Verfügung.

Also steigen die Zinssätze.

Damit bewegen sich also die Zinssätze und die Geldmenge **kurzfristig** in entgegengesetzter Richtung.

Mittelfristiger Einkommens- und Produktionseffekt

Die höhere Geldmenge sowie die billigeren Kredite führen aber allmählich zu einer grösseren Ausgabentätigkeit der Wirtschaftssubjekte und zu einer erhöhten Kreditnachfrage.

Die verminderte Geldmenge und die teureren Kredite führen zu einer geringeren Ausgabentätigkeit der Wirtschaftssubjekte und zu einer geringeren Kreditnachfrage.

Durch die bessere Beschäftigung steigen die Nominaleinkommen der Haushalte und Unternehmungen, was die Nachfrage nach Gütern (Produktion) und nach Kredit weiter erhöht.

Dadurch sinkt die Beschäftigung und die Realeinkommen nehmen ab, was die Nachfrage nach Gütern (Produktion) und nach Kredit weiter senkt.

Dadurch steigen die Zinssätze an.

Dadurch sinken die Zinssätze.

Mittelfristig laufen damit Geldmenge und Zinssätze in gleicher Richtung.

Langfristiger Preis- und Preiserwartungseffekt

Die grössere Nachfrage nach Gütern und Kredit sowie die höheren Zinsen führen zu weiteren Preissteigerungen. Die Preis-Lohn-Spirale kann in Gang kommen.

Die rückläufige Beschäftigung dauert an. Dadurch sinken die Zinssätze weiter.

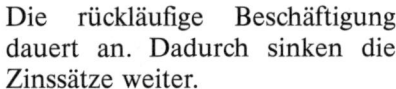

Die Wirtschaftssubjekte korrigieren ihre Erwartungen nach unten. Dadurch sinken die Zinsen.

Verstärkend wirkt nun noch der Einfluss der erwarteten Preisentwicklung:

Liegt beispielsweise heute der Zinssatz bei 4% und erwartet man eine Inflationsrate von 5%, so sind die Kapitalgeber nicht bereit, ihr Geld langfristig zu 4% anzulegen. Umgekehrt werden Schuldner heute versuchen, günstige Kredite zu 4% aufzunehmen. Dadurch vermindert sich das Kapitalangebot und erhöht sich die Kapitalnachfrage. Die Zinsen steigen weiter.

> Damit bewegen sich die Zinssätze und die Geldmenge **langfristig** in der gleichen Richtung.

Diese Entwicklung konnte in mehreren Ländern nachgewiesen werden. Besonders interessant ist dabei, dass die Veränderungen der Zinssätze vorwiegend auf Veränderungen in den Inflationserwartungen der Wirtschaftssubjekte beruhen.

Aus dieser Darstellung lassen sich folgende allgemeingültige Schlüsse ableiten:

- Eine Ausweitung der Geldmenge bei hohen Zinssätzen wirkt nur kurzfristig zinssatzsenkend.

- Langfristig bewegen sich Geldmengenwachstum und Zinssätze in der gleichen Richtung. Deshalb ist es falsch, hohe Zinssätze mit zusätzlichem Geld bekämpfen zu wollen, selbst wenn das Ziel kurzfristig erreicht wird.

- Langfristig gehen Inflation und hohe Zinsen sowie Geldwertstabilität und tiefe Zinssätze miteinander einher. Deshalb ist eine zurückhaltende Geldmengenpolitik der Notenbank langfristig die beste Zinspolitik.

c) Der Hypothekarzins

Die Schweiz ist das Land mit der weltweit höchsten Hypothekarverschuldung (vergleiche Tabelle 5.6).

Jahr	Gesamte Hypothekarverschuldung	BSP	Hypothekarschuld pro Kopf der Bevölkerung
1985	246,4 Mia. Fr.	241,4 Mia. Fr.	37 997 Fr.
1992	449,1 Mia. Fr.	352,2 Mia. Fr.	65 002 Fr.

Quelle: Eigene Berechnungen aufgrund des Statistischen Jahrbuches der Schweiz, 1997, S. 28, S. 127, S. 278

Tab. 5.6: Hypothekarverschuldung in der Schweiz

Steigt der Hypothekarzins an, so werden die höheren Zinskosten üblicherweise auf die Mieten überwälzt. Da die Hypothekarbelastung in der Schweiz hoch ist, werden nahezu alle Mieter und Liegenschaftseigentümer unmittelbar betroffen, so dass politisch immer wieder behördliche Massnahmen zur Tiefhaltung der Zinssätze (= **Politik des billigen Geldes**) und insbesondere des Hypothekarzinssatzes gefordert werden. Dadurch wird der Hypothekarzins zu einem **politischen Preis**.

Zur Beurteilung dieser Problematik sind drei Fragen zu beantworten:

1. Um wieviel steigen die Mieten bei einer Hypothekarzinserhöhung?

Die Frage lässt sich anhand einer Modellkostenrechnung beantworten:

Schema	Kosten		Anteil an den Gesamtkosten
1. Hypothek	$4\frac{1}{2}$ % von Fr. 90 000.– =	Fr. 4 050.–	
2. Hypothek	5 % von Fr. 15 000.– =	Fr. 750.–	
Eigenkapital	5 % von Fr. 45 000.– =	Fr. 2 250.–	
Zinskosten insgesamt		Fr. 7 050.–	70 %
Unterhalt, Abschreibungen, Verwaltung, Steuern		Fr. 3 000.–	30 %
Kosten insgesamt		Fr. 10 050.–	100 %

Kostendeckende Bruttorendite:
$$\frac{100 \times 10\,050}{150\,000} = 6,7\%$$

Steigt nun der Hypothekarzins um ½ %, so erhöhen sich die Zinskosten um 11 % und die Gesamtkosten um 7,5 %. Will der Vermieter weiterhin eine kostendeckende Bruttorendite erzielen, so muss er den Mietzins um 7,5 % anheben. Bei einer Hypothekarzinssatzerhöhung von ¼ % ist eine Mietzinserhöhung von 3,7 % gerechtfertigt.

Wenn also bei einer Hypothekarzinserhöhung von ¼ % die Mieten um 8–10 % erhöht werden, so kann man nicht mehr gerade von einem den Zielen der sozialen Marktwirtschaft entsprechenden Verhalten der Vermieter sprechen.

Für die politische Diskussion darf aber nicht übersehen werden, dass die Mieten nicht nur durch die Zinskosten geprägt werden, sondern dass Mietzinsveränderungen auch aus Verschiebungen in der Angebots- und Nachfragesituation auf dem freien Markt hervorgehen, wie dies in Abbildung 5.7 ersichtlich wird.

Angebotsverschiebungen:

Veränderung Landpreise

Veränderung Baukosten

Veränderung der Kapitalzinsen

Wohnungs- (Liegen- schaften-) Markt

Nachfrageverschiebungen:

Einkommensveränderungen

Veränderung der Wohnsitten

Veränderung der Wohnansprüche

Abb. 5.7: Angebots- und Nachfrageverschiebungen auf dem Wohnungsmarkt

Mietzinsänderungen werden also durch viele Faktoren beeinflusst. Ob und wie leicht Hypothekarzinssatzsteigerungen auf die Mieten überwälzt werden können, hängt von der Entwicklung der übrigen Einflussfaktoren ab. Solange aber die Nachfrage nach Wohnraum grösser bleibt als das Angebot, ist die Überwälzung ohne weiteres möglich. In der Schweiz spielt bei der immer noch steigenden Nachfrage nach Wohnraum der Wunsch nach grösserem Wohnraum eine ganz wesentliche Rolle. So hat sich der beanspruchte Wohnraum pro Kopf der Bevölkerung in den letzten 20 Jahren knapp verdoppelt.

2. Lässt sich das Problem der steigenden Mieten mit einer Politik des billigen Geldes lösen?

Politik des billigen Geldes heisst Ausweitung der Geldmenge, damit die Zinssätze sinken. Viele Leute wollen das Problem der steigenden Mieten bei hohen Hypothekarzinsen mit einer Politik des billigen Geldes lösen. Dies ist aber nicht möglich, denn der Hypothekarzinssatz folgt der allgemeinen Zinsentwicklung. Deshalb lässt er sich nicht aus dem ganzen Zinsgefüge herauslösen.

Wollte man das tun, so müssten die Banken jenen Teil der Spargelder, die für Hypotheken verwendet werden, billiger verzinsen als die übrigen Spargelder. Und dies geht nicht.

Deshalb müsste die Politik des billigen Geldes generell durchgesetzt werden. Dass diese Lösung das Problem langfristig auch nicht zu lösen vermag, wurde unter b) aufgezeigt.

3. *Gäbe es andere Lösungen, um das Hypothekarzinsproblem zu entschärfen?*

a) Schon lange zur Diskussion steht der Vorschlag zur zwangsweisen Amortisation (regelmässigen Abzahlung) von Hypotheken. Die Schuldner werden gezwungen, ihre Hypotheken zu amortisieren, um auf diese Weise von den Hypothekarzinsen unabhängig zu werden. Volkswirtschaftlich und politisch wäre diese Lösung sinnvoll. Sie wurde aber noch nie ernsthaft in Betracht gezogen, weil die Schweiz meistens über eine genügende Kapitalversorgung verfügte. Ausserdem könnte die Amortisationspflicht in der Schweiz vor allem in der Landwirtschaft und bei Rentnern Härtefälle bringen.

b) Eingeführt wurden Hypotheken mit festen Laufzeiten von mindestens fünf Jahren und festen Zinssätzen. Dieser Weg vermochte das Problem auch nicht zu lösen, weil die Banken bei steigenden Zinssätzen das Risiko nicht mehr tragen wollten.

4.7.5 Der tertiäre Sektor der Wirtschaft als Triebkraft der Inflation

Eine wichtige Triebkraft der Inflation in der Massenkonsumgesellschaft wird erst erkannt, wenn die drei Sektoren der Wirtschaft betrachtet werden:

Primärer Sektor: Urproduktion = Gewinnung der Naturerzeugnisse
Sekundärer Sektor: Verarbeitungswirtschaft = Handwerk, Industrie und Baugewerbe
Tertiärer Sektor: Dienstleistungswirtschaft (Banken, Versicherungen, Gastgewerbe usw.)

Im Verlaufe der Zeit bei zunehmendem Wohlstand einer Volkswirtschaft vermindert sich die relative Zahl der Beschäftigten (prozentualer Anteil der Beschäftigten) zuerst im primären Sektor zugunsten des sekundären Sektors. Später nimmt die relative Zahl auch im sekundären Sektor ab, während sich der Anteil der Beschäftigten im tertiären Sektor progressiv vergrössert (siehe Abbildung 5.8).

Folgende Faktoren verstärken in dieser Entwicklung die Inflationstendenzen:

1. Im **sekundären** Sektor wird die Ergiebigkeit des menschlichen Arbeitseinsatzes durch Rationalisierungsmassnahmen stark erhöht. Die

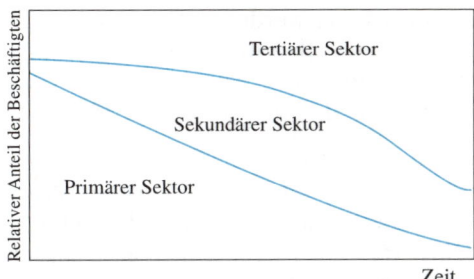

Abb. 5.8: Verschiebung der Beschäftigten in den einzelnen Sektoren

Gesamtproduktivität steigt also beträchtlich. Diese Steigerung der Gesamtproduktivität ist heute zum Massstab für Lohnforderungen der Arbeitnehmerorganisationen geworden, obschon die Produktivitätssteigerung in vielen Branchen zum kleineren Teil auf eine erhöhte Arbeitsproduktivität zurückgeführt werden kann, sondern vielmehr durch grössere Investitionen, den technischen und organisatorischen Fortschritt sowie durch eine grössere Kapazitätsauslastung bedingt ist. Weil das Angebot an Arbeitskräften immer beschränkter wird, muss diesen Lohnforderungen meistens stattgegeben werden. Solange alle Branchen Gesamtproduktivitätssteigerungen in der Höhe der Lohnforderungen ausweisen würden, hätten die höheren Löhne keine nachteiligen Folgen für die Volkswirtschaft.

Leider gibt es aber Branchen, deren Rationalisierungsmöglichkeiten beschränkt sind, so dass in diesen Branchen die Löhne nur im Ausmass der jeweiligen Produktivitätssteigerung erhöht werden dürften. In Wirklichkeit müssen aber diese Branchen die gleichen Lohnerhöhungen gewähren wie die produktivitätsfortschrittlichsten Industrien. Andernfalls verlieren sie die Arbeitskräfte. Dadurch kommt es in diesen Branchen zu Lohnerhöhungen, denen keine entsprechend grössere Produktion gegenübersteht, was zu Inflationstendenzen führt.

In diesem Zusammenhang ist deutlich hervorzuheben, dass nicht allein die Gewerkschaften ihre Monopolstellung ausnützen, um dem Gesamtproduktivitätsfortschritt entsprechende höhere Löhne zu fordern, sondern auch die Arbeitgeber überbieten sich bei guter Wirtschaftslage gegenseitig mit Lohnangeboten, um überhaupt noch Arbeitskräfte zu erhalten.

2. Steigen die Löhne, so werden dort, wo es möglich ist, weitere Rationalisierungsmassnahmen durchgeführt, die einerseits die Nachfrage nach Investitionsgütern erhöhen und andererseits die Unterschiede in den Produktivitätsfortschritten nochmals vergrössern. Die erhöhte Nachfrage nach Investitionsgütern führt kurzfristig zu weiteren

Preisanstiegen, und die erwähnte grösser werdende Differenz in den Produktivitätsfortschritten fördert die Inflationstendenzen so lange, als der Produktivitätsfortschritt der «tonangebenden» Industrien weiter Massstab für die Lohnforderungen aller übrigen Industrien bleibt.

3. Im tertiären Sektor ist der Produktivitätsfortschritt sehr klein, weil der Rationalisierung enge Grenzen gesetzt sind. Trotzdem fordert das in diesem Sektor tätige Personal Löhne, welche denjenigen der Industrie etwa entsprechen (Lohnparität). Weil der Personalmangel in diesem Sektor sehr gross ist und zunehmend grösser wird, bleibt nichts anderes übrig, als diesen Lohnforderungen zu entsprechen. Dieser wachsende Lohndruck kann nur durch Preiserhöhungen im tertiären Sektor verkraftet werden, was ebenfalls inflationsfördernd wirkt.

4. Wenn zudem in einer Massenkonsumgesellschaft die privaten Ausgaben für Dienstleistungen immer grösser werden und die Zahl der Beschäftigten in diesem Sektor steigt, so müssen die Preiserhöhungen im tertiären Sektor das gesamte Preisniveau in einer Volkswirtschaft immer mehr in die Höhe treiben. Die Inflationstendenzen werden also trotz aller Produktivitätsfortschritte im sekundären Sektor stärker, insbesondere so lange, als sich die angespannte Situation auf dem Arbeitsmarkt nicht lockert.

Grundsätzlich gilt: Jede Lohnerhöhung, die höher ist als die Gesamtproduktivitätssteigerung, führt zu Inflationstendenzen. Besonders verhängnisvoll wird es dann, wenn die Produktivitätssteigerungen von Sektor zu Sektor und von Branche zu Branche sehr unterschiedlich sind, und die Branchen mit dem höchsten Produktivitätsfortschritt zum allgemeinen Massstab für die Lohnerhöhungen werden.

Deshalb wäre es naheliegend, Lohnerhöhungen nur bis zur Höhe des durchschnittlichen Produktivitätszuwachses aller Sektoren zu gewähren. Dies hiesse, dass die Lohnerhöhungen im sekundären Sektor tendenziell unter und im tertiären Sektor über dem Produktivitätszuwachs lägen. Nutzniesser wären damit die Unternehmer im sekundären Sektor, denen die Produktivitätsfortschritte, die über der Lohnerhöhung liegen, zugute kämen. Ob dies erwünscht und richtig ist, bleibt umstritten. Seitens der Arbeitnehmer empfindet man diese Lösung eher als ungerecht, indem gesagt wird, dass der Produktivitätsfortschritt nur dank der menschlichen Arbeit möglich wird. Die Unternehmerseite vertritt dagegen oft die Auffassung, die Produktivitätssteigerung sei nur dank dem höheren Kapitaleinsatz (Investitionen) möglich. Deshalb hätte der Kapitalgeber Anspruch auf die Ergebnisse dieser höheren Produktivität.

5. Die Stagflation

5.1 Begriff

Eine Stagflation liegt vor, wenn das wirtschaftliche Wachstum **stag**niert, die **Inflation** aber weiter voranschreitet.
Sie stellt für entwickelte Volkswirtschaften eine neuartige Problematik dar, die ganz verschiedenartige Ursachen haben kann.

5.2 Ursachen der Stagflation

a) Die Stagflation als Fortsetzung der Anbieterinflation

Im Zusammenhang mit der Anbieterinflation wurde bereits auf die Stagflation verwiesen (siehe Seite 250). Schematisch lässt sich der Ablauf wie folgt darstellen:

Die Lohn-(Einkommens)-Preis-Spirale ist im Gange.

Die Unternehmer überwälzen ihre höheren Kosten weiterhin auf die Preise.

Allmählich geht die Nachfrage nach einzelnen Produkten zurück, weil die Konsumenten selbst bei Lohnerhöhungen nicht mehr gewillt sind, die hohen Preise zu zahlen. ⟶ Dadurch geht die Beschäftigung in einer ersten Branche zurück.

In den vollbeschäftigten Branchen steigen die Preise, weil die höheren Kosten für die Produktionsfaktoren weiterhin überwälzt werden. Die Konsumenten verzichten trotz Lohnerhöhungen auf weitere Produkte. ⟶ Dadurch geht die Beschäftigung in einer weiteren Branche zurück.

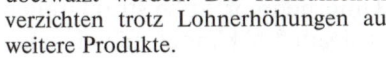

Während einer gewissen Zeit läuft die Lohn-Preis-Spirale immer noch weiter, wozu auch Mietzinserhöhungen beitragen können. Das Konsumentenverhalten beginnt sich noch stärker zu verändern. ⟶ Dadurch werden weitere Branchen vom Absatzrückgang betroffen.

Die **Inflation** läuft noch während einiger Zeit weiter.

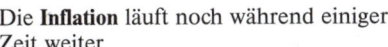

Das wirtschaftliche Wachstum beginnt zu **stagnieren.**

Dieser Ablauf entspricht der klassischen Stagflation, bei der die regelmässigen Lohnerhöhungen, die immer überwälzt wurden, zur eigentlichen Triebkraft der Fehlentwicklung wurden (erstmals begegnete man dieser Erscheinung Ende der siebziger Jahre in England).

b) Stagflation infolge von Überkapazitäten in der Wirtschaft

Die Stagflation wird durch ein Übermass an Investitionen, die zu einer Überproduktion führen, ausgelöst.

Infolge Optimismus und zeitweilig zu hohen Unternehmungsgewinnen wird in einzelnen Branchen zuviel investiert. ➤ In diesen Branchen kommt es zur Überproduktion und Absatzstockungen. Die Beschäftigung **stagniert**.

Gesamthaft läuft aber die **Inflation** weiter. Dabei kann es sich um eine Nachfrage- oder eine Anbieterinflation handeln.

Diese Form der Stagflation findet sich vor allem in Volkswirtschaften, in denen in mehreren wichtigen Branchen Überkapazitäten bestehen. Solche Überkapazitäten sind oft eine Folge des technischen Fortschrittes, indem technisch verbesserte Anlagen eine über die Nachfrage hinausgehende Produktionskapazität haben, oder die nur bei einem grösseren Ausstoss wirtschaftlich eingesetzt werden können.

c) Stagflation als Folge von verzögerten strukturellen Anpassungen

Technischer Fortschritt, veränderte Umweltbedingungen und Verschiebungen in der Güternachfrage zwingen die Wirtschaft zu strukturellen Anpassungen[7]. Oft versäumen es aber Unternehmer, diese strukturellen Anpassungen rechtzeitig vorzunehmen. Dadurch können für einzelne Unternehmungen Existenzprobleme auftreten, denen mit staatlichen Eingriffen (Erhaltungsinterventionen) zu begegnen versucht wird. Auf diese Weise gelingt es zwar meistens, einzelne Betriebe noch für eine gewisse Zeit am Leben zu erhalten. Volkswirtschaftlich ergeben sich aber rasch negative Auswirkungen: Beim starren Kosten- und Preisgefüge sinken die Preise solcher Produkte nicht. Dafür mangelt es aber an Pro-

---

7 Strukturelle Anpassungen heisst: Die einzelnen Unternehmungen sind fähig, dem technischen Fortschritt zu folgen und ihre Produktion ohne grossen Verzug veränderten Umweltbedingungen sowie Verschiebungen in der Nachfrage anzupassen.

duktionsfaktoren in zukunftsträchtigen Branchen, so dass die Preise dieser Produkte zu steigen beginnen. Daher können Erhaltungsinterventionen die Stagflation fördern: eine überalterte Struktur der Wirtschaft mit tiefer Produktivität und schwindendem Absatz auf der einen Seite und Preissteigerungen infolge einer Knappheit von Produktionsfaktoren bei zukunftsträchtigen Industrien auf der anderen Seite.

d) Stagflation infolge zu niedriger Unternehmungsgewinne

So sonderbar es klingen mag: zu niedrige Unternehmungsgewinne können die Stagflation ebenfalls einleiten. Sinken die Unternehmungsgewinne, so verringert sich auch die Investitionsneigung der Unternehmer. Dadurch kommt es bei weitergehender Inflation ebenfalls in immer mehr Branchen zu einer rückläufigen Beschäftigung. Dabei spielt es keine Rolle, ob die Unternehmungsgewinne infolge hoher Löhne, hoher Steuern oder hoher Sozialleistungen sinken. Die Auswirkungen sind die gleichen.

e) Stagflation infolge grosser Sparneigung

Psychologische Faktoren (z. B. unsichere Beurteilung der Zukunft) können die Sparneigung kurzfristig vergrössern. Dadurch gehen die Nachfrage nach Konsumgütern und als Folge davon die Nachfrage nach Investitionsgütern in gewissen Branchen zurück. Die Inflation kann aber anfänglich aus verschiedenen Gründen (Überbeschäftigung in anderen Branchen, Geldschöpfung) noch weitergehen.

f) Stagflation infolge Konsumverweigerung

Denkbar ist, dass eine zunehmende Konsumverweigerung als neue Lebensphilosophie zu einer Stagflation führen könnte, indem in konsumorientierten Branchen die Nachfrage stark zurückgeht, während gesamtwirtschaftlich die Inflation noch während längerer Zeit fortschreiten kann (z. B. Nachfrageinflation infolge übermässiger Ansprüche an den Staat).

g) Stagflation infolge Rückgang der Bevölkerung

Schliesslich kann der Bevölkerungsrückgang (Geburtenrückgang, Verminderung der Zahl der Gastarbeiter) eine Stagflation einleiten, wenn zunächst nur einzelne Branchen betroffen werden.

5.3 Die wirtschaftlichen Folgen der Stagflation

1. Fortgang der Inflation bei stagnierender Produktion

   Die stagnierende Produktion betrifft meistens nicht die gesamte Wirtschaft, sondern einzelne Branchen. Die Inflation schwächt sich allmählich ab.

2. Die Umlaufsgeschwindigkeit vermindert sich allmählich, weil infolge der wirtschaftlichen Unsicherheit die Sparneigung steigt und die Investitionsneigung sinkt.

3. Partielle Arbeitslosigkeit, die um so grösser ist, je geringer die Mobilität der Arbeitskräfte ist.

4. Je nach Verhalten von Staat und Konsumenten kann die Stagflation in eine Deflation ausmünden oder in einen neuen Aufschwung der Wirtschaft führen.

6. Die Deflation

6.1 Die Ursachen der Deflation

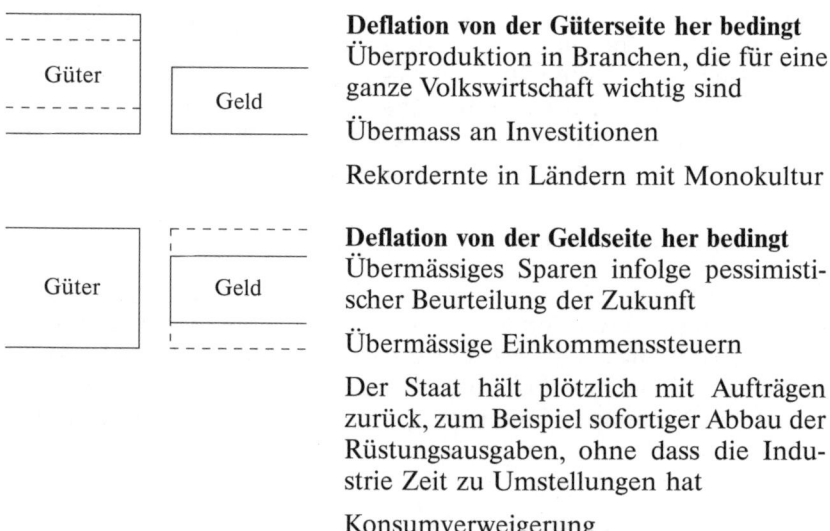

Deflation von der Güterseite her bedingt
Überproduktion in Branchen, die für eine ganze Volkswirtschaft wichtig sind

Übermass an Investitionen

Rekordernte in Ländern mit Monokultur

Deflation von der Geldseite her bedingt
Übermässiges Sparen infolge pessimistischer Beurteilung der Zukunft

Übermässige Einkommenssteuern

Der Staat hält plötzlich mit Aufträgen zurück, zum Beispiel sofortiger Abbau der Rüstungsausgaben, ohne dass die Industrie Zeit zu Umstellungen hat

Konsumverweigerung

6.2 Verlauf einer Deflation

Heute können Deflationstendenzen von drei Seiten her kommen:

Infolge pessimistischer Beurteilung der Zukunft wird wesentlich mehr gespart und weniger konsumiert. Dadurch wird weniger investiert, so dass die Einkommen zurückgehen.

Infolge von Überkapazitäten können die Güter nicht mehr abgesetzt werden. Dadurch verkleinern sich die Gewinne, so dass weniger investiert wird. Insgesamt gehen die Einkommen zurück.

Infolge des Güterüberhanges beginnen die Preise zu sinken. Dadurch verkleinern sich die Gewinne, so dass weniger investiert wird. Insgesamt gehen die Einkommen zurück.

Verkleinerung der Konsumgüternachfrage infolge kleinerer Einkommen, Senkung der Konsumgüterpreise.

Rückgang der Investitionsgüternachfrage seitens der Konsumgüterproduzenten, Senkung der Investitionsgüterpreise.

Weil der Geldwert steigt, kommt es zu einer Flucht aus den Sachwerten. Jedermann verkauft seine Sachwerte → Vergrösserung des Angebotes und Preissenkungen.

Die Produktionseinschränkungen führen zu Entlassungen, so dass die Einkommen weiter sinken.

Usw. bis zum allgemeinen Tiefstand der Wirtschaft.

6.3 Die wirtschaftlichen Folgen der Deflation

a) Preissenkungen = Geldwertsteigerung

b) Verminderte Umlaufsgeschwindigkeit

c) Vorübergehende Vorteile für Gläubiger, Sparer, Fixbesoldete und Rentner

Die Geldwertsteigerung bringt diesen Gruppen nur vorübergehende Vorteile, weil sie durch den Zusammenbruch der Wirtschaft letztlich auch betroffen werden.

d) Nachteile für Schuldner

e) Wegen der düsteren Zukunft Produktionseinschränkungen – zunehmende Arbeitslosigkeit

f) Flucht aus den Sachwerten (Geldhamsterei)

Weil die Sachwerte an Wert verlieren, werden sie von jedermann abgestossen, solange man noch möglichst viel Geld erhält.

g) Schliesslich allgemeiner Tiefstand der Wirtschaft

6.4 Aktuelle Fragen im Zusammenhang mit der Deflation

6.4.1 Arbeitsbeschaffungsprogramme und Eventualbudgets

Nach dem Ersten Weltkrieg litt Europa unter den Auswirkungen einer Deflation. Die Wirtschaftstheorie glaubte aufgrund dieser Erfahrung, dass jeder Krieg von einer Deflation gefolgt sei. Deshalb hat die Schweizerische Eidgenossenschaft schon während des Zweiten Weltkrieges ein Arbeitsbeschaffungsprogramm ausgearbeitet, welches Projekte umfasste, die sofort nach dem Krieg mit öffentlichen Mitteln hätten in Angriff genommen werden sollen, um eine Nachkriegsdeflation zu vermeiden (Bau von Autostrassen, Verbesserungen am Eisenbahnnetz, Bau von öffentlichen Gebäuden und Anlagen). Die vorausgesagte Deflation trat aber nicht ein. Die Projekte des Arbeitsbeschaffungsprogramms wurden in Erwartung einer noch kommenden Deflation immer wieder aufgeschoben, mussten dann aber infolge der Dringlichkeit trotz Vollbeschäftigung in Angriff genommen werden.

Während der Rezessionsjahre Mitte der siebziger Jahre glaubte man auf diese Arbeitsbeschaffungsprogramme zurückgreifen zu können. Dabei stellte sich heraus, dass zwar Programme bestanden, aber dafür keine ausführungsreifen Projekte vorlagen. Deshalb konnte der Bund auf die sich abzeichnenden Deflationstendenzen nicht sofort reagieren.

Neuerdings arbeiten vor allem die Kantone häufig mit einem **Eventual-budget**. Das heisst: Beim Erstellen des Budgets werden Ausgaben für Staatsaufträge vorgesehen, die nur erteilt werden, wenn sich Deflations-tendenzen bemerkbar machen. Auf diese Weise soll durch zusätzliche Staatsaufträge die Beschäftigung in der Wirtschaft verbessert werden.

Beim Erstellen des Eventualbudgets ergeben sich regelmässig zwei Probleme:

a) Oft ist es beim hohen Entwicklungsstand der Schweiz schwierig, geeignete Staatsaufträge (meistens Bauaufträge) zu finden.

b) Deshalb eignen sich Eventualbudgets eher nur zur Überwindung von kürzerfristigen regionalen Beschäftigungsproblemen.

6.4.2 Die Konversion[8] der Wirtschaft

In den Jahren des kalten Krieges (1946–1989) brachten Militär und Rüstungsindustrie nicht nur gewaltige technologische Fortschritte, son-dern sie förderten auch das wirtschaftliche Wachstum und beschäftigten sehr viele Arbeitskräfte. Die gesamtwirtschaftliche Bedeutung von Mili-tär- und Rüstungsindustrie wird aus den Zahlen in Tabelle 5.9 ersichtlich.

Land	Jahr	Militärausgaben (in Mio.)	Militärausgaben in % des Sozial-produktes
Schweiz	1992	CHF 6 828	1,94
Bundesrepublik Deutschland	1992	DM 54 705	1,76
USA	1992	US$ 305 000	5,1
Russland	1994	US$ 72 120*	>10 %*

* Schätzungen des CIA
Quellen: Statistisches Jahrbuch der Schweiz, 1996, S. 394; Statistisches Jahrbuch für die Bundesrepublik Deutschland, 1995, S. 500; Statistical Abstract of the USA, 1995, S. 359

Tab. 5.9: Militärausgaben

Die Öffnung der Grenzen Osteuropas und der Zerfall der Sowjetunion führten insbesondere seit 1989 zu einer Vielzahl von Abrüstungsinitia-tiven. Neben den positiven Wirkungen zugunsten des Friedens bedrohen diese positiven politischen Aktivitäten die wirtschaftliche Existenz von Unternehmungen und Regionen, die stark vom Militär und der Rüstungs-produktion abhängig sind. Damit wird eine Frage, die seit den sechziger

---

8 Konversion heisst: Umwandlung.

Jahren diskutiert wird, aktuell: Führt eine Abrüstung vor allem in den hochentwickelten westlichen Staaten zu Deflationstendenzen?

Mit theoretischen Modellen versucht man diese Frage seit Jahren vor allem in den Vereinigten Staaten zu klären. Dabei stehen sich zwei Auffassungen gegenüber:

Auffassung 1
Da die Rüstungsproduktion in vielen westlichen Ländern einen ansehnlichen Teil des Sozialproduktes ausmacht, müsste eine Abrüstung für diese Länder starke Deflationstendenzen bringen. Deshalb setzt die Wirtschaft der Abrüstung Grenzen.

Auffassung 2
Die Rüstungsausgaben werden durch Steuern finanziert. Wird nun auf die Rüstungsausgaben verzichtet, so steht mehr Geld für staatliche Investitionen zur Verfügung oder könnten die Steuern gesenkt werden. Dadurch steigt die Nachfrage nach Investitions- und dauerhaften Konsumgütern.

Zur Klärung dieser Kontroverse sind zwei Fragenkomplexe zu beantworten:

1. Ob bei einer Abrüstung tatsächlich mehr staatliche Investitionen vorgenommen und im Fall von Steuersenkungen mehr konsumiert würde, hängt von vier Faktoren ab:

   a) Die Wahrscheinlichkeit, dass nach dem Rüstungsstopp mehr konsumiert wird, ist um so grösser, je stärker die Rüstungsausgaben mit Steuergeldern finanziert werden.

   b) Der Konsum weitet sich stärker aus, wenn die Steuern zu einem grossen Teil von unteren Einkommensschichten aufgebracht werden. Sie würden bei einer Steuersenkung bedeutend mehr konsumieren. Tragen hingegen obere Einkommensschichten die Steuerlast, so sind Konsumerhöhungen weniger wahrscheinlich.

   c) Erfolgt der Rüstungsstopp nach verstärkten Rüstungsanstrengungen, so wird der Konsumzuwachs stärker sein, weil der Nachholbedarf grösser ist.

   d) Bestanden während der Zeit der Aufrüstung in der Investitionsgüterindustrie Engpässe, so erfolgt die Rückgliederung in den zivilen Sektor leichter. Sind diese Engpässe jedoch beseitigt, so besteht die Tendenz zu Überkapazitäten mit Deflationstendenzen.

2. Diese vier Faktoren beruhen auf der stillschweigenden Annahme, Rüstungsbetriebe könnten ohne Probleme in den zivilen Sektor über-

geführt werden. In Wirklichkeit sind jedoch Produktionsumstellungen um so schwieriger,

a) je grösser der Anteil der Rüstungsproduktion an der Gesamtproduktion der einzelnen Betriebe ist, und je stärker Betriebe ausschliesslich auf militärische Güter ausgerichtet sind,

b) je stärker sich die Rüstungsaufträge auf einige wenige, aber für die ganze Volkswirtschaft wichtige Produktionszweige konzentrieren,

c) je weniger der technische Fortschritt es ermöglicht, Güter, deren Nachfrage dank der Rüstung stark expandierte, auch im zivilen Sektor zu verwenden, z. B. Aluminium statt für die Rüstung im Häuserbau oder in der Verpackungsindustrie oder elektronische Anlagen im Bildungssektor.

Zur endgültigen Beurteilung der Kontroverse sind diese einzelnen Faktoren mit den Bedingungen in den zu untersuchenden Volkswirtschaften zu konfrontieren.

Inzwischen werden vor allem in den Vereinigten Staaten die Auswirkungen der Abrüstung wirtschaftlich spürbar. Deshalb wird die **wirtschaftliche Konversion** zu einem aktuellen wirtschaftspolitischen Thema.
Die wirtschaftliche Konversion verfolgt drei Ziele:

1. Es ist zu vermeiden, dass bei der Schliessung von militärischen Einrichtungen und beim Rückgang von militärischen Aufträgen Unternehmungen zusammenbrechen und Arbeitskräfte aus einer betroffenen Region abwandern, indem die Umstrukturierung der betroffenen Unternehmungen und Regionen in Richtung ziviler Güter systematisch unterstützt und gefördert wird.

2. Es ist sicherzustellen, dass die interessierten politischen und wirtschaftlichen Gruppen die militärischen Vorhaben nur noch soweit unterstützen, als sie für die Verteidigungsfähigkeit eines Landes notwendig sind und die Rüstung nicht mehr als Mittel der Arbeitsbeschaffung verstanden oder gar zum Selbstzweck betrieben wird.

3. Es sind planerische Vorkehrungen zu treffen, welche geeignet sind, die Umwandlung militärischer in zivile Produktion unter Einbezug aller Beteiligten systematisch zu beschleunigen.

Gegenwärtig versucht man diese Ziele mit vier sich zum Teil überschneidenden Strategien zu erreichen:

1. Wiederbenützung von militärischen Einrichtungen

In den Vereinigten Staaten gibt es bereits viele Beispiele, in denen das Personal von Militärkasernen, die geschlossen wurden, auf eigene Initiative und mit staatlicher Unterstützung die militärischen Einrichtungen in Industrie- und Gewerbeparks umgestaltet haben, die zivile Produkte erstellen und zivile Dienstleistungen erbringen.

2. Diversifikation in Regionen mit grossen Rüstungsbetrieben

Auf private Initiative und mit staatlicher Unterstützung wird Personal umgeschult, damit es mit Hilfe von Technologietransfer fähig wird, neue zivile Güter zu erstellen, um die regionale Wirtschaft vielgestaltiger werden zu lassen.

3. Umwandlung von Rüstungsbetrieben durch Ausgliederung von Teilen und Verkauf, um neue Zulieferbetriebe aufzubauen.

Es zeigte sich, dass Teile von Rüstungsbetrieben relativ leicht ausgegliedert und zu Zulieferbetrieben für zivile Hersteller umgestaltet werden können. Besonders günstige wirtschaftliche Voraussetzungen ergeben sich dann, wenn Hersteller ziviler Güter solche Betriebsteile käuflich erwerben.

4. Umschulungsprogramme für Beschäftigte, die in der Rüstungsindustrie freigesetzt werden.

Da es sich bei Mitarbeitern in Rüstungsbetrieben oft um qualifizierte Arbeitskräfte handelt, vermögen Umschulungsprogramme, die auf Mangelberufe ausgerichtet sind, die Konversion zu beschleunigen.

Wesentlich ist, dass die Konversion in sinnvoller Zusammenarbeit von Privatwirtschaft und Staat aktiv gestaltend an die Hand genommen und nicht versucht wird, mit Abwehrmassnahmen und Lobbying die Rüstungsindustrie mit dem Hinweis auf Arbeitsplatzverluste unverändert zu erhalten.

6. Kapitel

Konjunktur und Wachstum

Konjunktur und Wachstum

Unter Konjunktur versteht man die wirtschaftliche Gesamtlage von bestimmter Entwicklungstendenz.

1. Die Konjunkturschwankungen (Phasen der Konjunktur)

Unter Konjunkturschwankungen versteht man die periodisch wiederkehrenden Schwankungen, die Auf- und Abbewegungen der volkswirtschaftlichen Grössen (meistens gemessen am Bruttoinlandsprodukt).

1.1 Der Konjunkturzyklus

Unter einem Konjunkturzyklus versteht man den Bewegungsverlauf der volkswirtschaftlichen Grössen zwischen den Höhe- und Tiefpunkten der Konjunktur. Ein einzelner Zyklus zerfällt in einen aufsteigenden Abschnitt (Aufschwung, Hochkonjunktur), der in der letzten Phase von Inflationstendenzen begleitet ist, sowie in einen absteigenden Ast (Rezession, Depression), der Deflationstendenzen aufweist. Den Höhepunkt bezeichnet man als oberen Wendepunkt, den Tiefstand als unteren Wendepunkt. Abbildung 6.1 zeigt einen Konjunkturzyklus.

Die wichtigsten Merkmale der einzelnen Konjunkturphasen sind in Tabelle 6.2 festgehalten.

In Wirklichkeit verlaufen die Konjunkturzyklen nicht so regelmässig wie es in Abbildung 6.1 dargestellt wird. Seit Jahren wird die Dauer von Konjunkturzyklen beobachtet. Bislang ist es aber nicht gelungen, einen konstanten Rhythmus festzustellen. Zwar werden immer wieder Typisierungsversuche gemacht. Als Beispiele seien angeführt:

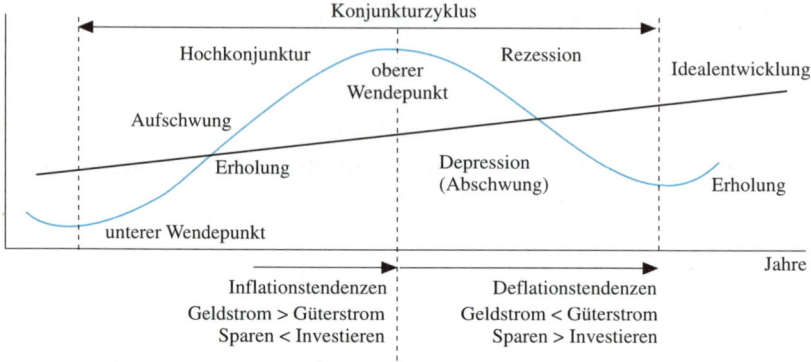

Abb. 6.1: Schematische Darstellung eines Konjunkturzyklus

Juglar[1]-Zyklus:	relativ kurzfristiger Zyklus von 7–11 Jahren, der im letzten Jahrhundert für England, Frankreich und USA von 1803–1882 ermittelt wurde.
Mitchell[2]-Zyklus:	Zyklus von elf Jahren, wie er etwa beim Bauzyklus zu beobachten ist.
Kondratieff[3]-Zyklus:	Zyklus von fünfzig Jahren, der mit innovativen Wachstumsphasen einhergeht.

Solche Typisierungen von konjunkturellen Schwankungen stellen immer statistische Konstruktionen dar, die für die Wirtschaftspolitik wenig bringen. Konjunkturschwankungen kommen als Folge von sehr vielen Ursachen immer wieder unvermittelt und abrupt, so dass es wenig Sinn hat, nach einem konstanten Rhythmus zu suchen.

1.2 Ausgewählte Konjunkturtheorien

Von Interesse ist nun die Frage nach den Ursachen der Konjunkturschwankungen. Eine Antwort darauf versuchen die Konjunkturtheorien zu geben.

---

1   Clément Juglar: Französischer Volkswirtschafter (1819–1905).
2   W. Mitchell: Amerikanischer Volkswirtschafter (1874–1948).
3   Nikolai D. Kondratieff: Russischer Volkswirtschafter (1892–1931, hingerichtet).

> Die Konjunkturtheorien sind wissenschaftliche Ansätze zur
> Erklärung der Konjunkturschwankungen.

Es gibt eine Fülle von Konjunkturtheorien, und es werden immer wieder
neue entworfen. Diese Vielfalt von Erklärungsversuchen erweckt bei vielen Leuten den Eindruck, die Volkswirtschaftslehre sei nicht fähig, die
Konjunkturschwankungen zu erklären. Dies trifft aber nicht zu. Diese
Vielfalt ist auf folgende Gründe zurückzuführen:

- Jede Konjunkturtheorie ist in einer historischen Situation entstanden.
  Deshalb erklärt sie die Konjunkturschwankungen aus der jeweiligen
  aktuellen Problemlage heraus.

- Daher darf jede Konjunkturtheorie nur als Hypothese für eine
  bestimmte Situation verstanden werden, deren Aussagekraft hinfällig
  wird, wenn sich die wirtschaftlichen und politischen Rahmenbedingungen verändern.

- Die meisten Konjunkturtheorien sind monokausal, d. h. sie erklären
  die Konjunkturschwankungen von nur einer in der jeweiligen Situation vorherrschenden Ursache her. Deshalb können sie nie allgemein-
  gültig sein.

Heute weiss man, dass die Konjunkturschwankungen eine Erscheinung
sind, die immer wieder auf die verschiedensten Arten und aufgrund der
aktuellen Situation bei immer neuen Ursachen in ganz unterschiedlichen
Formen auftreten können. Deshalb gibt es nicht eine richtige Konjunkturtheorie, sondern die vielen Theorien sind zu kombinieren, weil jede in
einer bestimmten Situation einen Beitrag zur Erklärung der Auf- und
Abbewegungen der Wirtschaft leisten kann.

Die ersten Theorien wollten nur die Krisen erklären (Krisentheorien).
Später glaubte man, die Konjunkturschwankungen seien auf wirtschafts-
fremde (**exogene**) Ursachen zurückzuführen, wie Sonnenflecken (die sich
auf das Wetter und damit auf die Ernteerträge auswirken sollten), Bevöl-
kerungsverschiebungen, Kriege, Erfindungen usw. Diese Theorien haben
nur noch historische Bedeutung. Heute wird die Auffassung vertreten,
dass die konjunkturverursachenden Kräfte in der Wirtschaft selbst (**endo-
gene** Ursachen) sowie in den Verhaltensweisen des wirtschaftenden Menschen (**psychologische** Ursachen) liegen.

Die wichtigsten Konjunkturtheorien führen die Ursache der Konjunkturschwankungen auf folgende Tatsachen zurück:

a) Krisentheorien

Theorie	Begründung	Vertreter
Marxistische Ausbeutungstheorie	Die zunehmende Ausbeutung der Proletarier (der Mehrwert in den Händen der Kapitalisten) bewirkt den Zusammenbruch der kapitalistischen Wirtschaft	Marx
Unterkonsumptionstheorie	Die falsche Einkommensverteilung führt zu einer Unterkonsumption. Arbeitnehmer können nicht, Arbeitgeber wollen nicht konsumieren	Sismondi
Überproduktionstheorie	Die Kapitalanhäufung und die Überproduktion der Unternehmer führen zum Zusammenbruch	Malthus

b) Konjunkturtheorien

Theorie	Begründung	Vertreter
Beschäftigungstheorie	Das Auseinanderfallen von Sparen und Investieren führt zu den Konjunkturschwankungen	Keynes
Unterkonsumption Lohntheorie	Bewegung von Löhnen und Preisen verläuft in ungleichem Tempo, so dass es zu Über- und Unterkonsumption kommt	Lederer
Unterkonsumption Überspartheorie	Zu grosse Sparquoten und zu geringer Konsum führen zum Umschwung	Foster
Monetäre Konjunkturtheorie	Die Ausweitung des Geldstromes führt zum wirtschaftlichen Aufschwung, die Einschränkung des Geldstromes führt zur Verkleinerung der Produktion	Hahn
Kreditäre Überinvestitionstheorie	Investitionen, die mit über das Sparvolumen hinaus gewährten Krediten finanziert werden, führen zu einer Produktion, die nicht mehr abgesetzt werden kann	Röpke
Psychologische Konjunkturtheorie	Optimistische und pessimistische Erwartungen fördern und hemmen die Konjunktur	Jöhr
Theorie der kumulativen Prozesse	Veränderungen des Volkseinkommens führen zu kumulativen Prozessen (Multiplikator, Akzelerator)	Samuelson

Konjunkturphasen	Erholung, Boom	Oberer Wendepunkt	Depression	Unterer Wendepunkt
Investitionen Preise der Investitionen	Zunahme der Investitionen infolge optimistischer Beurteilung der Zukunft, Preissteigerungen	Schwinden der Investitionsmöglichkeiten infolge der relativen Überproduktion sowie der Kapitalverknappung	Sinken der Produktion infolge Einschränkung der Nachfrage Preissenkungen	Brachliegende Produktionsanlagen
Lagerhaltung	Anfänglich Auffüllung der Lager, später Abbau der Lager infolge Güterknappheit	Wachsende, unerwünschte Lager	Verkleinerung der Lager infolge Produktionseinschränkungen	Keine
Einkommen Arbeitsmarkt	Steigerung der Einkommen im Ausmass der Mehrbeschäftigung, später als Folge von Preissteigerungen	Noch leicht steigende Einkommen	Sinkende Beschäftigung, Rückgang der Einkommen mit kumulativer Wirkung	Tief, da Arbeitslosigkeit
Konsum Preise des Konsums	Zunehmender Konsum, steigende Preise, Abzahlungsgeschäfte	Preisanstieg kommt zum Stillstand infolge relativer Überproduktion	Überangebot an Konsumgütern – sinkende Preise, Rückgang der Produktion	Infolge fehlender Einkommen keine Nachfrage
Spartätigkeit	Mit zunehmender Prosperität Sparlücke	Mit Rückgang der Investitionen relativer Sparüberhang	Sparüberschuss	Wenig Ersparnisse
Liquidität der Banken	Zunehmende Illiquidität	Stark illiquid	Zunehmende Liquidität Geldüberschuss	Liquid
Kapitalmarkt Zinsen	Sparlücke führt zu Zinssatzsteigerungen	Illiquidität der Unternehmungen führt zu Kreditanspannungen. Steigender Zinssatz	Verflüssigung des Kapitalmarktes, Zinssatzsenkungen	Kein grosses Angebot und keine Nachfrage nach Kapital. Niedrige Zinsen
Börse	Steigende Nachfrage nach guten Papieren. Hohe Kurse	Erste pessimistische Spekulationen	Grosses Angebot an Papieren. Kurssenkungen	Tiefstand, kleinste Umsätze
Allgemeine Stimmung	Optimismus, Kauf- und Investitionsfreude	Beginnender Pessimismus	Mutlosigkeit, keine Initiativen der Unternehmer	Gedrückt

Tab. 6.2: Merkmale der einzelnen Konjunkturphasen

1.3 Ganzheitliche Betrachtung der Ursachen von Konjunkturschwankungen

Konjunkturschwankungen lassen sich aus einem komplexen Zusammenspiel von **Impulsen** (siehe Abbildung 6.3) und **Verstärkern** (siehe Abbildung 6.4) erklären.

Dieser Auffassung kommt die psychologische Konjunkturtheorie von W.A. Jöhr[4] am nächsten. Tabelle 6.2 zeigt die Gleichgerichtetheit aller wirtschaftlichen Erscheinungen in einer bestimmten Konjunkturphase (z. B. die Beschäftigung, der Konsum, die Börsenkurse steigen oder sinken gleichzeitig). Diese Tatsache ist zu einem guten Teil auf eine psychologisch begründete Gleichheit in der Einschätzung der Zukunft und auf die darauf beruhende Gleichgerichtetheit der Entscheidungen aller Unternehmer und Konsumenten zurückzuführen. Dies sei an einem Beispiel erklärt: Es geschieht in der Wirtschaft oder in der Politik irgend etwas Unerwartetes (= **Impuls**). Die Leute nehmen es wahr und beginnen zu reagieren (z. B. die OPEC-Staaten[5] beschliessen eine Verminderung der Erdölproduktion; als Folge davon beginnen die Benzinpreise zu steigen. Die Leute bekommen Zukunftsängste und sparen mehr). Meistens reagieren alle Leute gleich, so dass sich die Tendenzen **verstärken** und eine konjunkturelle Schwankung eintritt (z. B. wenn **alle** Leute unvermittelt zu sparen beginnen, so wird weniger konsumiert, später weniger investiert und als Folge davon die Rezession eingeleitet und verstärkt). Jöhr bezeichnet den Impuls als **Kernprozess**, der, wie jeder massenpsychologische Prozess, die Tendenz zur Selbstverstärkung in sich trägt.

1.3.1 Die Impulse, die die Konjunkturschwankungen einleiten

Abbildung 6.3 stellt die Impulse dar, die eine konjunkturelle Schwankung einleiten können: In einer bestimmten Konjunkturlage entwickelt sich ein bestimmter Impuls. Darauf reagieren die Leute positiv (mit Optimismus) oder negativ (mit Pessimismus). Diese Reaktion löst eine Konjunkturschwankung aus (Tendenz zu einem Aufschwung oder zu einem Abschwung).

1.3.2 Die Verstärkung der Konjunkturschwankungen

Abbildung 6.4 zeigt die Verstärkung von einmal eingeleiteten Konjunkturschwankungen. Positive Reaktionen der Leute (Optimismus) bzw. negative Reaktionen (Pessimismus) führen über konjunkturelle Verstärker (Akzelerator, Multiplikator) zu einer Selbstbeschleunigung der Konjunkturbewegung. Diese dauert an, bis neue Impulse wirksam werden, die gegenteilige Reaktionen auslösen und verstärken und damit den Konjunkturverlauf umkehren.

---

4   Walter Adolf Jöhr: Schweizerischer Nationalökonom (1910–1987).
5   OPEC-Staaten heisst: Organization of the Petroleum Exporting Countries (Organisation der Erdöl exportierenden Länder).

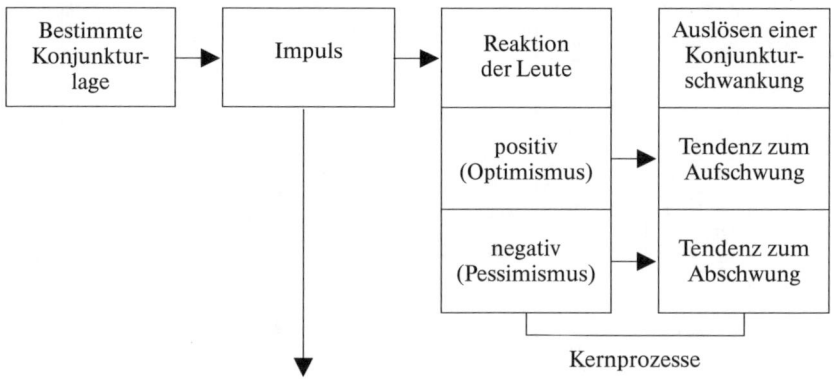

Kernprozesse

1. Veränderungen bei der Nachfrage

   a) Private Konsumnachfrage (Mode- und Geschmacksänderungen, veränderte Konsumgewohnheiten)

   b) Staatliche Nachfrage (veränderte Ausgabenpolitik des Staates)

   c) Auslandnachfrage (veränderte internationale Wettbewerbsnachfrage, Protektionismus, Rezession in Abnehmerländern)

2. Veränderungen beim Angebot

   a) Arbeitsmarkt (Löhne, Mangel an Arbeitskräften)

   b) Kapitalmarkt (Zinssatzänderungen, Kapitalmangel oder Überschuss)

   c) Boden- und Liegenschaftenmarkt (Preisänderungen, Bauvorschriften)

3. Technischer Fortschritt

   a) Innovationen

   b) Strukturwandel

4. Politische Einflüsse

   a) Regierungswechsel

   b) Politikänderungen

   c) Politische Krisensituationen

   d) Weltpolitische Veränderungen

5. Wirtschaftspolitische Einflüsse

   a) Veränderung der Rahmenbedingungen für die Wirtschaft

   b) Veränderungen der Wechselkurse und relativen Preise und Kosten

Abb. 6.3: Impulse, die Konjunkturschwankungen einleiten (nach F. Kneschaurek)

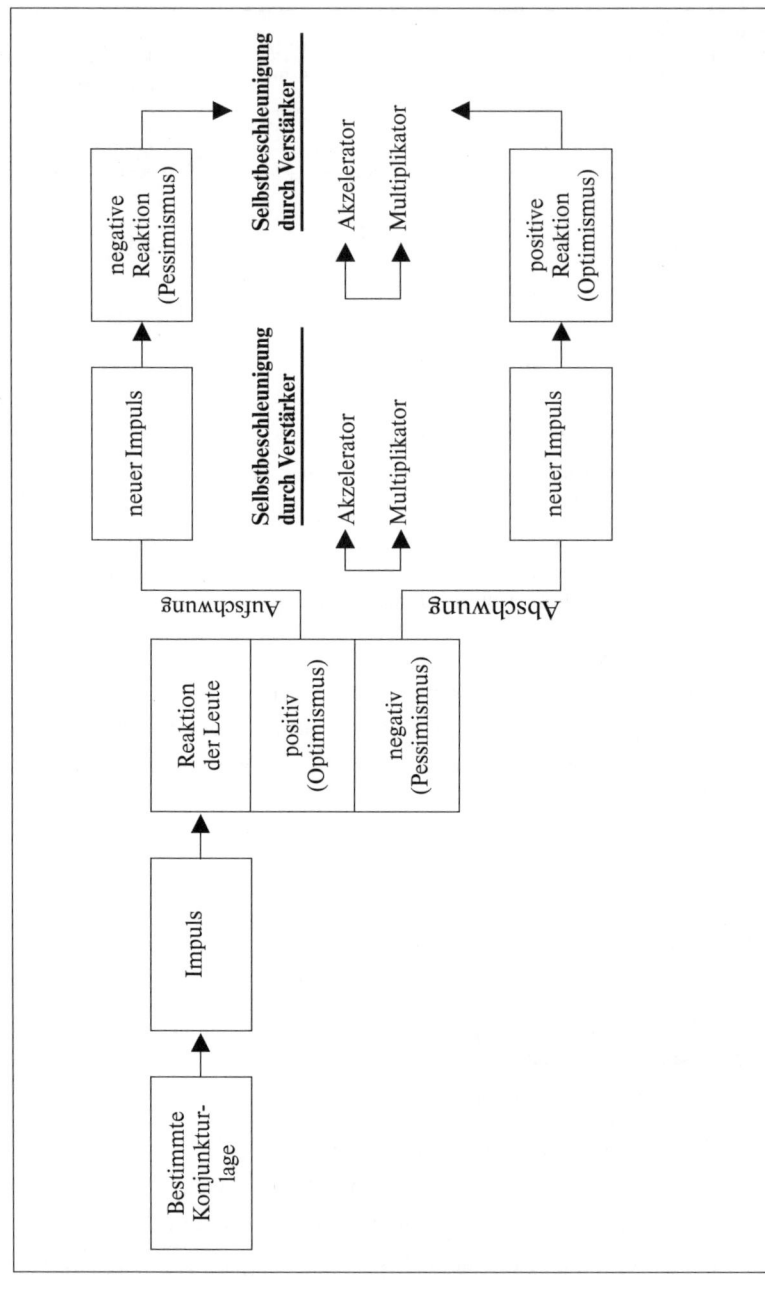

Abb. 6.4: Verstärker-Prozess bei Konjunkturschwankungen (nach F. Kneschaurek)

1.3.3 Multiplikator und Akzelerator

Der erste Verstärker ist der **Multiplikator** (Einkommensmultiplikator).

> Der Multiplikator (Einkommensmultiplikator) gibt an, eine wie grosse Zunahme des Volkseinkommens aus jeder Steigerung der Investitionen resultiert.

Ein Multiplikator von 5 bedeutet also, dass eine Steigerung der Investitionen um 5 Mio. Franken das Volkseinkommen um 25 Mio. Franken ausweitet.

Dies sei an folgendem Beispiel verdeutlicht:

Nehmen wir an, man verwende unbeschäftigte Produktionsfaktoren für Investitionen von Fr. 100 000.–. Die Unternehmer und die Arbeiter erhalten ein zusätzliches Einkommen von Fr. 100 000.–. Des weiteren nehmen wir an, die Grenzneigung zum Verbrauch betrage vier Fünftel, das heisst, vier Fünftel werden wieder für den Verbrauch verwendet, ein Fünftel gespart. Folglich werden Fr. 80 000.– für weiteren Verbrauch verwendet, die für die Produzenten jener Güter wiederum Einkommen darstellen. Haben auch sie wieder eine Grenzneigung zum Verbrauch von vier Fünfteln, so verbrauchen sie Fr. 64 000.– usw. Unsere Primärinvestition von Fr. 100 000.– löst also eine unendliche, allerdings sich verjüngende Kette von sekundären Verbrauchsausgaben aus, die das Volkseinkommen erhöhen.

Mathematisch ergibt sich eine geometrische Reihe:

$$(1 \times \text{Fr. } 100\,000.-) + (\tfrac{4}{5} \times \text{Fr. } 100\,000.-) + (\tfrac{4}{5}^2 \times \text{Fr. } 100\,000.-) + (\tfrac{4}{5}^n \times \text{Fr. } 100\,000.-)$$

Der Gesamtwert der Reihe ergibt sich aus der Formel $\frac{1}{1-\frac{4}{5}} \times$ Fr. 100 000.– oder 5 × Fr. 100 000.– = Fr. 500 000.–. Das heisst, dass sich bei einer Primärinvestition von Fr. 100 000.– und einer Grenzneigung zum Verbrauch von vier Fünfteln das Volkseinkommen um Fr. 500 000.– erhöht.

Allgemein ausgedrückt lässt sich die Vergrösserung des Volkseinkommens in folgende Formel fassen:

$$\text{Veränderung VE} = \underbrace{\frac{1}{1 - \text{Grenzneigung zum Verbrauch}}}_{= \text{Multiplikator}} \times \text{Primärinvestition}$$

Der Multiplikator zeigt aber auch die Beschleunigung des Niederganges der Wirtschaft. Gingen die Investitionen beim Multiplikator 5 um 10 Mio. Franken zurück, so würde sich das Volkseinkommen um das Fünffache, also um 50 Mio. Franken, verringern.

In Wirklichkeit wird der Multiplikatoreffekt aber immer durch nicht messbare Einflüsse vermindert. Führen beispielsweise die Einkommenssteigerungen infolge Vollbeschäftigung zu Preissteigerungen, erfolgen Lieferungen ab Lager oder werden Güter aus dem Ausland bezogen, so ist der Multiplikator entsprechend kleiner.

Damit wird der grössere konjunkturelle Zusammenhang einsichtig. Ein Impuls, der von den Unternehmern positiv wahrgenommen wird, führt zu einer zusätzlichen Investition. Diese zusätzliche Investition bringt aber dank dem Multiplikatoreffekt nicht nur eine Einkommenserhöhung im Umfang der ersten Investition, sondern ein Vielfaches davon. Wieviel es ist, hängt von der Grenzneigung des Konsums ab, die umso grösser ist, je optimistischer die Konsumenten und die Unternehmer sind. Dadurch entsteht die Selbstbeschleunigung der Konjunkturbewegung (Verstärker). Im umgekehrten Fall gilt das gleiche, indem sich auch der Abschwung beschleunigt.

Es bestehen aber nicht nur Rückwirkungen der Investitionen auf das Volkseinkommen und damit auf den Verbrauch, sondern umgekehrt führen Schwankungen im Verbrauch zu Veränderungen bei den Investitionen, die ebenfalls verstärkende Wirkungen haben.

> Die Reaktion der Investitionen auf Veränderungen im Verbrauch wird mit dem **Akzelerator** ausgedrückt.

Ein Zahlenbeispiel verdeutlicht das Akzelerationsprinzip. Nehmen wir an, in einer Fabrik, die Konsumgüter herstellt, entspreche der Wert der Maschinen und Anlagen einem Zehntel des Umsatzes und der Bedarf an Maschinen und Anlagen verändere sich proportional zum Umsatz. Im ersten Jahr arbeite die Fabrik mit 20 Maschinen zu Fr. 2 000.– und erziele einen Umsatz von Fr. 400 000.– im Jahr. Jede Maschine sei jährlich um 5 % abzuschreiben, was genau der Wertminderung entspreche. Die jährliche Bruttoinvestition (Neuinvestition plus Ersatzinvestition) verändert sich bei Umsatzänderungen wie folgt:

Periode	Jahres-umsatz (Verbrauchs-ausgaben)	Investitions-wert der benützten Maschinen	Neu-investitionen infolge erhöhten Umsatzes	Ersatz-investi-tionen	Brutto-investi-tionen
1. Jahr	400 000	40 000	0	2 000	2 000
2. Jahr	500 000	40 000	10 000	2 000	12 000
3. Jahr	600 000	50 000	10 000	2 500	12 500
4. Jahr	650 000	60 000	5 000	3 000	8 000
5. Jahr	650 000	65 000	0	3 250	3 250

Das Akzelerationsprinzip zeigt, wie ein Anstieg der Verbrauchsausgaben einen Zuwachs an Investitionsausgaben bringt. Damit aber die Höhe der Neuinvestitionen (Investitionsrate) aufrechterhalten werden kann, muss der Verbrauch andauernd weitersteigen. (Nur eine Umsatzerhöhung von Fr. 100 000 vom zweiten zum dritten Jahr gibt einen gleichbleibenden Zuwachs der Neuinvestitionen von Fr. 10 000.) Sinkt die Zuwachsrate der Verbrauchsausgaben (vom dritten zum vierten Jahr), so sinken die Neuinvestitionen beträchtlich. Spielen sich die Verbrauchsausgaben auf dem hohen Niveau von Fr. 650 000 ein, so sinken die Neuinvestitionen auf Null ab, und es bleiben nur noch die kleinen Ersatzinvestitionen. Deflationstendenzen können deshalb bereits dann auftreten, wenn der Verbrauchs**zuwachs** zurückgeht. In diesem Fall kommt es, wie das Akzelerationsprinzip zeigt, zu einem Produktionsrückgang in der Investitionsgüterindustrie. Dieser Auftragsrückgang bringt seinerseits wieder die Multiplikatorwirkung in Gang, so dass die Wirtschaft in einen Circulus vitiosus hineingerät: Akzelerator und Multiplikator verstärken sich gegenseitig und erzeugen kumulative Auf- und Abbewegungen in der Wirtschaft (mit Inflations- und Deflationstendenzen).

In Wirklichkeit spielt sich dieser Prozess natürlich weniger ausgeprägt ab, denn gewöhnlich bestehen Kapazitätsreserven, so dass nicht jede Nachfragesteigerung zu Neuinvestitionen führen muss. Auch sind die Investitionen nicht nur konsumabhängig, sondern sie werden auch aus Konkurrenz- und Prestigegründen vorgenommen, oder sie dienen der Rationalisierung.

1.4 Unregelmässigkeiten in der konjunkturellen Entwicklung

Auf die konjunkturelle Entwicklung wirken sehr viele und ganz verschiedenartige Impulse ein, die sich gegenseitig aufheben oder auch verstärken. Entscheidend für den Fortgang der Konjunktur ist der Saldo aller dieser Impulse (Per-Saldo-Effekt). Dieser **Per-Saldo-Effekt** verändert sich aber nie in einem konstanten Rhythmus, sondern er kann einem sehr abrupten Wechsel unterliegen. Deshalb sind die konjunkturellen Schwankungen sehr unregelmässig. Dabei lassen sich folgende allgemeingültige Aussagen machen:

● *Unterschiedliche Intensität der Konjunkturschwankungen*

   Hier sind zwei Fälle zu unterscheiden:
   Befindet sich eine Volkswirtschaft in einer **Phase grossen Wachstums**, so wirken sich rezessive Tendenzen nicht stark aus, weil sich alle Wirtschaftssubjekte am vorherrschenden Trend der Vollbeschäftigung und

des weiteren starken Wachstums orientieren. Dadurch wird weiter konsumiert und investiert, so dass die rezessiven Tendenzen nicht nachhaltig wirksam und rasch überwunden werden (geringe Intensität der Konjunkturschwankung). Dies war in den fünfziger und sechziger Jahren der Fall, so dass man glaubte, das Phänomen der Konjunkturschwankungen sei endgültig überwunden.

Anders sieht es in Phasen des **verlangsamten (geringen) wirtschaftlichen Wachstums** aus. In dieser Situation kann man sich nicht mehr am Trend der Vollbeschäftigung orientieren. Die Wirtschaftssubjekte werden mit ihrer Nachfrage zurückhaltend, so dass die Impulse für eine weitere wirtschaftliche Entwicklung schwach bleiben und die rezessiven Tendenzen sich zu verstärken beginnen. Kommen Arbeitslosigkeit und hohe Inflation hinzu, so verschärft sich die Rezession (hohe Intensität der Konjunkturschwankung). Dies war in den siebziger und anfangs der neunziger Jahre der Fall.

- *Branchenmässige Konjunkturempfindlichkeit*

In einer Volkswirtschaft gibt es Branchen, die auf Veränderungen im Konjunkturverlauf überhaupt nicht reagieren, während andere sofort und stark betroffen werden. Dies hängt von der **Reagibilität**[6] **der Nachfrage nach Gütern und Dienstleistungen in den verschiedenen Phasen des Konjunkturverlaufes ab**.

Allgemein gilt, dass die **Nachfrage** nach Gütern und Dienstleistungen umso **konjunkturreagibler** ist:

- je mehr es sich um nicht lebensnotwendige Güter (Luxusgüter) handelt;

- je langlebiger die nachgefragten Güter sind (in Zeiten guter Konjunktur werden mehr langlebige Güter gekauft, und sie werden rascher ersetzt und umgekehrt);

- je konsumferner die nachgefragten Güter sind (in Zeiten guter Konjunktur wird rasch und stärker investiert und umgekehrt);

- je mehr die Produkte der marktwirtschaftlichen Konkurrenz ausgesetzt sind (in Zeiten schlechter Konjunktur werden die Preise stärker gedrückt, so dass Unternehmungen mit fixen Kostenstrukturen schnell betroffen werden; in Zeiten guter Konjunktur sind

---

6 Reagibilität heisst: Reaktion auf etwas, hier auf den Konjunkturverlauf.

solche Unternehmungen im Vorzug, die rasch liefern können. Staatliche Infrastrukturleistungen, die dem Marktgeschehen weitgehend entzogen sind, reagieren kaum auf die konjunkturelle Lage);

- je mehr es sich um Produkte handelt, die sich in einer späten Phase ihres Lebenszyklus (ausgereifte Produkte) befinden (in rezessiven Phasen verzichtet man zuerst auf den Kauf solcher Produkte, während im Aufschwung angesichts der Güterknappheit auch solche Güter gekauft werden).

- *Ländermässige Konjunkturempfindlichkeit*

Auch die einzelnen Länder (Volkswirtschaften) reagieren auf die verschiedenen konjunkturellen Lagen unterschiedlich. Dabei gilt folgendes:

- Eine strukturell gesunde Volkswirtschaft ist den konjunkturellen Schwankungen weniger ausgesetzt;

- die Bereitschaft aller Wirtschaftssubjekte in bestimmten Situationen sich konjunkturell zweckmässig zu verhalten, verstärkt oder hemmt die konjunkturellen Ausschläge;

- die Wirtschaftspolitik der Regierung eines Landes beeinflusst die konjunkturelle Entwicklung stark (insbesondere die Frage, ob die Regierung zur richtigen Zeit die richtigen Massnahmen trifft).

1.5 Eine Streitfrage: Sind Konjunkturprognosen sinnvoll?

Zur Frage, ob es sinnvoll ist, Konjunkturprognosen zu erstellen, stehen sich heute zwei extreme Meinungen gegenüber.

Meinung A

Es ist sinnlos, Konjunkturprognosen zu erstellen,
weil die Zukunft nicht voraussehbar ist.

Dies bestätigt sich auch
darin, dass die meisten
Prognosen falsch waren:

Langfristige Prognosen
zum Bruttosozialprodukt
sind meistens um 10–20 %
zu optimistisch.
Kurzfristige Prognosen treffen etwa zu 25 % zu.

Wichtige Trendwenden in
der konjunkturellen Ent-
wicklung konnten kaum je
vorausgesagt werden.

Meinung B

Selbst wenn Prognosen
nicht immer stimmen,
braucht man sie aus folgenden Gründen:

- Künftige Aufgaben kön-
  nen ohne Vorausschau
  infolge ihrer Komplexität
  gar nicht mehr gelöst
  werden.

- Da Prognosen oft nicht
  genau sind, ist mit verschiedenen Varianten zu
  arbeiten. Sie ermöglichen
  ein Denken und Planen in
  Alternativen, so dass der
  Staat und die Unterneh-
  mungen auf unerwartete
  Entwicklungen vorbereitet
  sind.

- Entscheidend ist die Form
  und die Interpretation der
  gewonnenen Daten.

Heute erstellen in der Schweiz verschiedene Institutionen[7] regelmässig
kurzfristige Prognosen, die folgenden Zwecken dienen:

- Sie geben dem Staat in Form von Daten Grundlagen für wirtschaftspolitische Entscheidungen.
- Sie ermöglichen es Unternehmungen, ihre Stellung auf den Märkten
  zu beobachten und ihre Entwicklungsmöglichkeiten sowie ihre
  Chancen und Gefahren abzuschätzen.
- Sie gewähren der Bevölkerung Einsicht in die künftige Entwicklung
  der Gesamtwirtschaft.

---

7 KOF (ETH Zürich), BAK (Universität Basel), CREA (Universität Lausanne), Kommission für Konjunkturfragen, Grossbanken (SBG, SKA, SBV).

Abbildung 6.5 zeigt eine mögliche Gliederung der Prognoseformen.

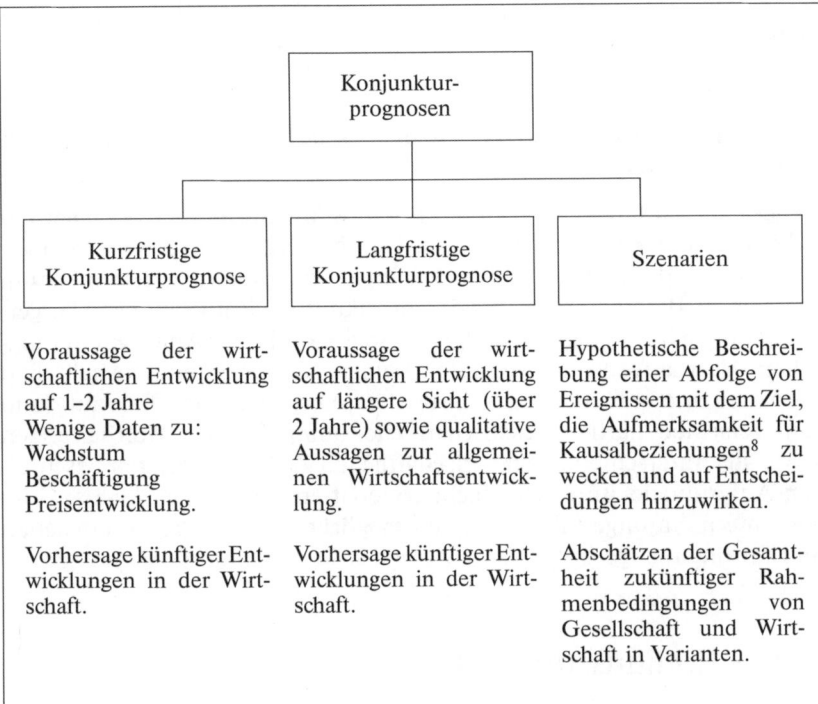

Abb. 6.5: Konjunkturprognosen

Kurzfristige Prognosen sind so lange sinnvoll und auch verhältnismässig zuverlässig, als sich die Rahmenbedingungen der Wirtschaft in demographischer, politischer, gesellschaftlicher und technischer Hinsicht nicht verändern. Sobald dies nicht der Fall ist, genügen Prognosen – gar langfristige, bei denen Daten nur extrapoliert werden – nicht mehr.

Ein gutes Beispiel für kurzfristige Konjunkturprognosen ist der KOF-Test.[9] Mit diesem Test werden Tendenzänderungen in der Wirtschaft vorausschauend erfasst, indem über 1 600 Unternehmungen regelmässig über wichtige Entwicklungen befragt werden. Konkret haben sie zu den Konjunkturindikatoren Bestellungseingang, Auftragsbestand,

---

8 Kausalbeziehungen heisst: Auswirkungen von einem Faktor auf einen anderen sowie wechselseitige Einwirkungen.
9 KOF heisst: Konjunkturforschungsstelle an der Eidgenössischen Technischen Hochschule Zürich.

Produktion, Lager (monatlich), Beschäftigung, technische Kapazität, Einkaufspreise, Verkaufspreise, Ertragslage (vierteljährlich) sowie Investitionen, geplante Kapazitätsänderungen, Investitionspläne und Investitionsziele (jährlich) zu melden, ob im Vergleich zur Vorperiode «höhere», «gleiche» oder «niedrigere» Werte erwartet werden. Auf der Grundlage dieser Werte werden dann eine gesamtschweizerische und regionale Prognosen erstellt.

Langfristige Prognosen sind sehr unzuverlässig. Deshalb wird heute darauf weitgehend verzichtet.

Angesichts der Ungenauigkeit der Prognosen wird heute die **Szenarientechnik** immer häufiger verwendet. Damit werden Prognosen weniger kurzfristig und für operative Zwecke eingesetzt, sondern es geht mehr um strategische Betrachtungen, bei denen zukünftige Entwicklungen längerfristig und stärker qualitativ aufgrund soziopolitischer Analysen in möglichen Alternativen oder Varianten vorausgesagt werden. Deshalb sind Szenarien immer Hypothesen, die denkbare Entwicklungspfade aufgrund ganz verschiedenartiger gesellschaftlicher und politischer Werthaltungen sowie aus unterschiedlichen wirtschaftlichen Zielvorstellungen beschreiben. Aufgrund der unterschiedlichen Szenarien können sich der Staat und die Unternehmungen frühzeitig auf **mögliche** Entwicklungen einstellen und für ungünstige Szenarien vorsorglich Massnahmen planen.

2. Die Konjunkturpolitik

2.1 Ziele der Konjunkturpolitik

Die Konjunkturschwankungen führen zu Geldwertschwankungen (Inflation, Deflation), zu unregelmässiger Beschäftigung (Überbeschäftigung, Arbeitslosigkeit), zu unausgeglichenen Zahlungsbilanzen (siehe S. 419), zu Wachstumsstörungen sowie zu Überschüssen und Defiziten im Staatshaushalt. Mit der **Konjunkturpolitik** wird versucht, die Konjunkturschwankungen zu beseitigen und folgende Ziele zu erreichen:

Sicherung der Vollbeschäftigung
Stabilisierung der Preise
Schaffung einer ausgeglichenen Zahlungsbilanz
Ausgleich des öffentlichen Haushaltes
Angemessenes Wachstum der Volkswirtschaft

Magisches Fünfeck

Zur Erreichung dieser Ziele beinhaltet die Konjunkturpolitik folgende Grundidee:

a) In Zeiten der Hochkonjunktur muss versucht werden, die Überhitzung der Wirtschaft auf den Zustand der ausgeglichenen Vollbeschäftigung zurückzuführen.

b) In Rezessions- und Depressionszeiten sind der Wirtschaft neue Impulse zuzuführen, um die Erholung einzuleiten.

Mit einer Vielzahl von wirtschaftspolitischen Massnahmen, die aufeinander abzustimmen sind, wird versucht, diese Ziele zu erreichen. Hinter diesen Massnahmen stehen **stabilitätspolitische Konzepte**, d. h. ganzheitliche theoretische Modelle, die von einem bestimmten theoretischen oder politischen Standpunkt her Wege aufzuzeigen versuchen, wie die Konjunkturschwankungen überwunden werden könnten, damit die Wirtschaft mehr Stabilität erhielte. Deshalb wird gelegentlich statt von Konjunktur- von **Stabilitätspolitik** gesprochen.

2.2 Stabilitätspolitische Konzepte

2.2.1 Der Ansatz der Fiskalisten

Der Ansatz der Fiskalisten geht auf **J. M. Keynes**[10] zurück. Für ihn ist die freie Marktwirtschaft ein sehr instabiles System, das – entgegen der Auffassung der Liberalen – nicht in der Lage ist, sich selbst zu stabilisieren. Ihn beschäftigte in der Folge vor allem die Frage, wie Depressionen mit **Arbeitslosigkeit** überwunden werden können. Seiner Meinung nach liegen die Ursachen dafür in einem **Nachfragedefizit**. Die gesamtwirtschaftliche Nachfrage genügt nicht, um alle Produktionsfaktoren voll zu beschäftigen. Dieses Nachfragedefizit ist auf eine ungenügende Investitionstätigkeit der Unternehmungen zurückzuführen, die mit schlechten Gewinnerwartungen der Unternehmungen zu begründen ist.

Dieses Nachfragedefizit kann nach Meinung von Keynes nur durch **staatliche Interventionen** beseitigt werden. Ihr Ziel muss es sein, die Gewinnerwartungen der Unternehmen so positiv zu beeinflussen, dass wieder vermehrt investiert wird. Deshalb muss nach Keynes das Schwergewicht der Stabilitätspolitik auf die **Finanzpolitik**[11] gelegt werden, indem in Zeiten der Rezession und der Depression

---

10 Englischer Nationalökonom, 1883-1946.
11 Die Finanzpolitik betrifft alle staatlichen Massnahmen der Beschaffung, Verwendung und Verwaltung der öffentlichen Mittel.

- mehr staatliche Investitionen zu tätigen sind, damit die gesamtwirtschaftliche Nachfrage erhöht wird,

- die Steuern gesenkt werden, damit der Konsum gefördert wird, was die Gewinnerwartungen der Unternehmungen und damit die Investitionsbereitschaft fördert,

- die Finanzierung des dadurch entstehenden Staatsdefizits durch Anleihen erfolgt, damit brachliegende Spargelder aktiviert werden.

In Zeiten des Aufschwungs und der Hochkonjunktur muss das staatliche Verhalten genau umgekehrt sein.

2.2.2 Der Ansatz der Monetaristen

Der Ansatz der Monetaristen ist ganz entscheidend durch **M. Friedman**[12] geprägt. Er geht besonders vom Inflationsproblem aus, das aufgrund eines **Nachfrageüberhangs** entsteht: Die nominelle Nachfrage steigt rascher als das Produktionspotential. Ursache dieses Nachfrageüberhangs ist eine zu grosse Geldmengenexpansion (Geldschöpfung der Notenbank, höhere Umlaufsgeschwindigkeit des Geldes, Kreditschöpfung durch die Geschäftsbanken und Abbau der Kassabestände beim Staat, den Unternehmungen und den Konsumenten).

Obwohl die Geldpolitik einen grossen Einfluss auf das BSP hat, sollte sie laut Meinung der Monetaristen nicht als Mittel zur Regulierung der Volkswirtschaft eingesetzt werden. Der Grund liegt in den unberechenbaren zeitlichen Verzögerungen (time lags), mit welchen sich Veränderungen der Geldmenge auf die Wirtschaft auswirken. Wenn also heute eine geldpolitische Entscheidung getroffen wird, wirkt sich dieser Entscheid erst mit einer Verzögerung von 6 Monaten bis 2 Jahren aus, wobei unsicher ist, ob in diesem Zeitpunkt die Auswirkung noch erwünscht ist. Die Monetaristen plädieren deshalb für eine Verstetigung der Geldpolitik, wobei das Wachstum des Geldangebotes langfristig auf das Wachstum des BSP ausgerichtet sein sollte.

2.2.3 Die angebotsorientierte Stabilitätspolitik (Supply-Side-Economics)

Die angebotsorientierte Stabilitätspolitik geht in die siebziger Jahre zurück und wurde vor allem von den Beratern des amerikanischen Präsidenten Ronald Reagan[13] vertreten. Sie ist als Reaktion auf die damals auf-

---

12 Amerikanischer Nationalökonom, geboren 1912
13 Deshalb wird dieser Ansatz auch als «Reaganomics» bezeichnet.

kommende **Stagflation** zu verstehen, nachdem einsichtig wurde, dass die Stagflation weder mit dem Ansatz der Fiskalisten noch mit demjenigen der Monetaristen bekämpft werden kann. Dies mit folgender Begründung: Die Bekämpfung der Arbeitslosigkeit nach dem Ansatz der Fiskalisten hätte die Inflation verstärkt, und die Bekämpfung der Inflation nach dem Ansatz der Monetaristen hätte eine Zunahme der Arbeitslosigkeit bewirkt.

Die Stagflation ist durch eine **Investitionsschwäche der Unternehmer** bedingt. Diese ist aber nicht nachfragebedingt, sondern sie ist **angebotsbedingt**, indem die Kosten (insbesondere die Lohnkosten) stärker ansteigen als die Produktivität. Dadurch entsteht eine **Kosteninflation**, die – zusammen mit Überkapazitäten und als Folge davon einem harten Wettbewerb – die Gewinne sinken lässt, so dass die Unternehmungen weniger investieren und auch weniger nach Innovationen suchen. Dies führt zu einer Innovationsschwäche, die rezessiv wirkt. Verstärkt wird diese Innovationsschwäche aus der Sicht der Unternehmer zusätzlich durch die Vielzahl der staatlichen Reglementierungen und die Zunahme der staatlichen Bürokratie (wenn z. B. auf eine Baubewilligung mehrere Jahre gewartet werden muss).

Diese rezessive Entwicklung kann nach Meinung der Vertreter dieses Ansatzes durch folgende Massnahmen überwunden werden:

- Deregulierung, Reprivatisierung von staatlichen Unternehmungen, Erweiterung des freien Handlungsspielraums für Unternehmungen,

- Entlastung der Unternehmungen vom Kostenüberdruck durch Steuersenkung für Unternehmungen, produktivitätsgebundene Löhne, Begrenzung des Wohlfahrtsstaates,

- Verbesserung der staatlichen Rahmenbedingungen für die Wirtschaft,

- keine sprunghafte staatliche Finanzpolitik.

2.2.4 Kurze Würdigung

Diese kurze Charakterisierung dieser Ansätze zeigt, dass jeder Ansatz in einer bestimmten konjunkturellen Lage entstanden ist und deshalb in reiner Form **nicht für die Überwindung einer jeden konjunkturellen Störung** in jedem Land gleichermassen geeignet ist. Zudem spielen bei allen drei Ansätzen **normative** Gesichtspunkte mit, so dass es zu widersprüchlichen Aussagen kommen muss.

Wesentlich für eine wirksame Konjunkturpolitik (Stabilitätspolitik) ist eine optimale Kombination dieser drei Ansätze im Hinblick auf ein klares Ziel unter Berücksichtigung der aktuellen Situation. Deshalb beinhaltet das konjunkturpolitische Instrumentarium jedes Landes Elemente, die auf die einzelnen Ansätze zurückgeführt werden können. In reiner Form lässt sich aber längerfristig keiner dieser Ansätze durchhalten.

Im folgenden wird dargestellt, mit welchen konkreten Mitteln Konjunkturpolitik (Stabilitätspolitk) betrieben werden kann, und wie der stabilitätspolitische Auftrag an die Behörden in der Rechtsordnung verankert ist.

2.3 Überblick über die Konjunkturpolitik

Abbildung 6.6 gibt einen Überblick über die Konjunkturpolitik.

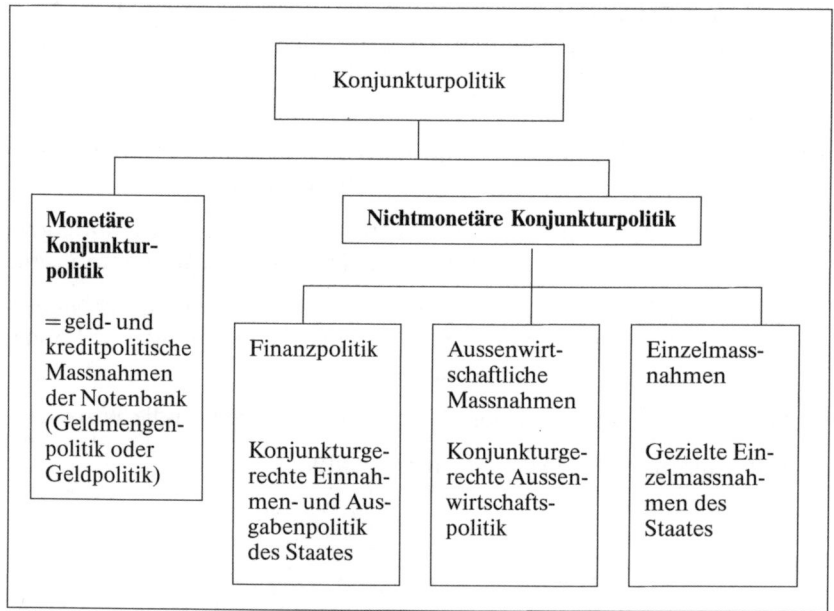

Abb. 6.6: Konjunkturpolitik

2.4 Rechtsgrundlagen für die schweizerische Konjunkturpolitik

Abbildung 6.7 zeigt die in der Bundesverfassung vorgesehenen Grundlagen für die schweizerische Konjunkturpolitik.

Konjunkturpolitik

Monetäre Konjunkturpolitik
(Geldpolitik)

Nichtmonetäre Konjunkturpolitik

BV Art. 39, Abs. 3

Die mit dem Notenmonopol ausgestattete Bank hat die Hauptaufgabe, den Geldumlauf eines Landes zu regeln, den Zahlungsverkehr zu erleichtern und im Rahmen der Bundesgesetzgebung eine dem Gesamtinteresse des Landes dienende Kredit- und Währungspolitik zu führen.

Der verfassungsmässige Auftrag an die SNB wird wörtlich in Art. 2 Abs. 1 des Nationalbankgesetzes übernommen (siehe S. 234).

BV Art. 31 quinquies

Der Bund trifft Vorkehren für eine ausgeglichene konjunkturelle Entwicklung, insbesondere zur Verhütung und Bekämpfung von Arbeitslosigkeit und Teuerung. Er arbeitet mit den Kantonen und der Wirtschaft zusammen.
Bei Massnahmen auf den Gebieten des Geld- und Kreditwesens, der öffentlichen Finanzen und der Aussenwirtschaft kann der Bund nötigenfalls von der Handels- und Gewerbefreiheit abweichen. Er kann die Unternehmungen zur Bildung von steuerbegünstigten Arbeitsbeschaffungsreserven verpflichten. Nach deren Freigabe entscheiden die Unternehmungen frei über den Einsatz innerhalb der gesetzlichen Verwendungszwecke.
Bund, Kantone und Gemeinden berücksichtigen bei der Aufstellung ihrer Voranschläge die Erfordernisse der Konjunkturlage. Der Bund kann zur Stabilisierung der Konjunktur vorübergehend auf bundesrechtlichen Abgaben Zuschläge erheben oder Rabatte gewähren. Die abgeschöpften Mittel sind so lange stillzulegen, als es die Konjunkturlage erfordert. Direkte Abgaben werden hierauf individuell zurückerstattet, indirekte zur Gewährung von Rabatten oder zur Arbeitsbeschaffung verwendet.
Der Bund nimmt auf die unterschiedliche wirtschaftliche Entwicklung der einzelnen Gebiete des Landes Rücksicht. Der Bund führt die konjunkturpolitisch erforderlichen Erhebungen durch.

Abb. 6.7: Verfassungsmässige Grundlagen der Konjunkturpolitik

Um die Koordination der verschiedenen Mittel der Konjunkturpolitik sicherzustellen, werden der Bundesrat und die Nationalbank zur Zusammenarbeit angehalten.

Nationalbankgesetz (NBG) Art. 2
... Die Nationalbank berät die Bundesbehörden in Währungsfragen.

Bundesrat und Nationalbank unterrichten sich vor Entscheidungen von wesentlicher konjunkturpolitischer und monetärer Bedeutung über ihre Absichten und stimmen ihre Massnahmen aufeinander ab.

Diese rechtliche Ordnung macht sichtbar, dass sowohl der Bundesrat als auch die Nationalbank in konjunkturpolitischen Fragen über eine gewisse Unabhängigkeit verfügen. Dies ist beabsichtigt.

Die Notenbank soll eine langfristige Konjunkturpolitik verfolgen können, die von den kurzfristigen – und oft opportunistischen[14] – tagespolitischen Einflüssen unabhängig bleibt. Der Bundesrat hingegen ist politisch häufig gezwungen, kurzfristigen Forderungen Rechnung zu tragen. Deshalb kann es zwischen der Exekutive und der Notenbank immer wieder zu Spannungen und Differenzen in der Konjunkturpolitik kommen. Um sie so gering als möglich zu halten, ist diese enge Zusammenarbeit im NBG vorgegeben. Langfristig bleibt nämlich die Konjunkturpolitik nur dann wirksam, wenn Staat und Notenbank mit ihren konjunkturpolitischen Massnahmen die gleichen Ziele verfolgen.

2.5 Die monetäre Konjunkturpolitik (Geldpolitik)

2.5.1 Das Problem

Die Phasen des Aufschwungs und in neuerer Zeit auch der Rezession sind durch Inflationstendenzen gekennzeichnet, der Abschwung wird von rezessiven Tendenzen begleitet. Mit der monetären Konjunkturpolitik (Geldpolitik) versucht die Notenbank, Über- und Unterbeschäftigung mit Inflations- und Deflationstendenzen von der **Geldseite** her zu bekämpfen, indem sie die Geldmenge (Notenbankgeldmenge) gezielt beeinflusst.

---

14 Opportunistisch heisst: nach momentanen Verhältnissen und weniger nach Grundsätzen handeln.

Die monetäre Konjunkturpolitik basiert teilweise auf dem **monetaristischen Ansatz.**

Schematisch hat also die Notenbank mit der Geldmengenpolitik folgende Aufgaben zu lösen:

Güter	Geld
	// / / ./ / / /

Inflationstendenzen
Anpassung des Geldstromes an den Güterstrom durch Verminderung der Geldmenge (Verknappung des Geldes, um die wirtschaftlichen Aktivitäten zu bremsen).

Güter	Geld
	/ / / / + / / / /

Deflationstendenzen
Anpassung des Geldstromes an den Güterstrom durch Vermehrung der Geldmenge

(Von der Vermehrung des Geldes erwartet man eine Belebung der Nachfrage und damit eine Ankurbelung der ganzen Wirtschaft. Diese Erwartung scheint sich aber nicht immer zu erfüllen. Fehlt beispielsweise die Bereitschaft zu Investitionen oder/ und zu vermehrtem Konsum, so wirkt die grössere Geldmenge nicht nachfragebelebend).

Aufgabe der **monetären Konjunkturpolitik** oder **Geldpolitik** ist es, die Wirtschaft so mit Geld zu versorgen, dass sie weder überversorgt (Inflationsgefahr) noch unterversorgt (Deflationsgefahr) ist. Die Geldmenge (Notenbankgeldmenge) ist also dem wechselnden Bedarf der Wirtschaft anzupassen.

Zur Erfüllung dieser Aufgabe stehen der Notenbank die **Instrumente der Geldpolitik** (oder das **Notenbankinstrumentarium**) zur Verfügung.

In der Schweiz zählt das Nationalbankgesetz in Art. 14 die zugelassenen **Operationen der Geldpolitik** (oder Instrumente der Notenbank) abschliessend auf. Zum Teil sind wir ihnen bereits im Kapitel 5 (S. 236) begegnet, als es um die Frage der Notenbankgeldmenge ging.

2.5.2 Die Instrumente der Geldpolitik (Notenbankinstrumentarium)

a) Die Diskont- und die Lombardpolitik

1. Wir wissen, dass die Nationalbank befugt ist, Wechsel und weitere Wertpapiere zu diskontieren (Rediskont, siehe S. 237). In Zeiten der **Hochkonjunktur** spielt sich nun folgendes ab:

Die Geschäftsbanken sind knapp an Geld. Sie erhalten aber viele Wechsel zum Diskont, weil die Unternehmer sofort über Bargeld verfügen möchten. Deshalb beginnt der Diskontsatz der Geschäftsbanken (= Privatsatz) zu steigen (Diskontkredit wird teurer). Nun können die Geschäftsbanken ihre Wechsel und weitere Wertpapiere bei der Nationalbank rediskontieren, um sich zusätzliche Mittel zu verschaffen. Dadurch weitet sich die Geldmenge aus, was inflationsfördernd wirkt. Deshalb erhöht die Nationalbank ihrerseits den Satz für die Rediskonte (offizieller Diskontsatz), um den Rediskont zu verteuern und damit die Geschäftsbanken von dessen Beanspruchung abzuhalten.

Bei **rückläufiger Wirtschaftsentwicklung** (Rezession, Depression) benötigen die Unternehmungen wenig Bargeld. Deshalb werden auch nicht viele Wechsel bei den Geschäftsbanken diskontiert. Der Privatsatz sinkt. Liegt der offizielle Diskontsatz wesentlich über dem Privatsatz, so werden kaum mehr Wechsel und andere Wertpapiere rediskontiert. Die Nationalbank verliert den Kontakt mit dem Geldmarkt, obschon sie in dieser Situation die Geldmenge vergrössern möchte. Deshalb senkt sie den offiziellen Diskontsatz, um die Geschäftsbanken zum Rediskont zu ermuntern.

Deshalb gilt: Bei Inflationstendenzen wird der offizielle Diskontsatz erhöht, bei Deflationstendenzen wird er gesenkt.

---

2. Auch die Lombardvorschüsse (siehe S. 237) werden in den Dienst der monetären Konjunkturpolitik gestellt. Will die Notenbank die Geldmenge ausweiten, so reduziert sie den Lombardsatz (Zinssatz für Lombardkredite), will sie die Geldmenge vermindern, so erhöht sie ihn.

1989 hat die Schweizerische Nationalbank einen **flexiblen Lombardsatz** eingeführt, d. h. der Lombardsatz wird in laufender Anpassung an die Marktentwicklung **täglich neu berechnet**. Er liegt immer um einen Pro-

zentpunkt über dem Niveau der Tagesgeldsätze. Damit will die Nationalbank sicherstellen, dass der Lombardkredit ausserordentlichen Bedürfnissen einzelner Banken vorbehalten bleibt und **nicht** für die allgemeine
Versorgung des Geldmarktes verwendet wird. Deshalb muss der Lombardsatz deutlich **über** dem Niveau der Geldmarktsätze liegen.

Diese Massnahme wurde seinerzeit nötig, weil die Glaubwürdigkeit der Geldpolitik
der Nationalbank auf dem Spiel stand. Da der Lombardsatz eher tief war und die
Marktzinsen zu steigen begannen, koppelte sich der Lombardzins vom Markt ab.
Dadurch beanspruchten die Geschäftsbanken immer mehr billige Lombardkredite, um
ihrerseits mit diesem Geld teurere Kredite an die Kundschaft zu gewähren. Dadurch
erzielten sie einen Zinsgewinn. Volkswirtschaftlich wurde dies immer bedenklicher,
weil sich die Geldmenge ausweitete, was inflationshemmende Massnahmen zunichte
machte.

Deshalb gilt: Bei Inflationstendenzen wird der Lombardsatz erhöht,
bei Deflationstendenzen wird er gesenkt.

Die Diskont- und die Lombardpolitik haben **drei** Wirkungen:

1. Sie erlauben es der Notenbank, die Geldmenge nach Belieben zu verändern. Dank dem Geldmultiplikatoreffekt ergeben sich dabei verstärkende Wirkungen.

2. Über den Diskont- und den Lombardsatz beeinflusst die Notenbank
   das Zinsniveau eines Landes: Wenn diese Sätze steigen, verteuert sich
   die Refinanzierung. Dadurch sind die Geschäftsbanken gezwungen,
   auch ihre Zinssätze für Kredite anzuheben und umgekehrt.

3. Schliesslich haben Änderungen des Diskont- und des Lombardsatzes
   psychologische Wirkungen: Sie geben der Öffentlichkeit Signale über
   die Lagebeurteilung durch die Notenbank. So bringt zum Beispiel eine
   Erhöhung des Satzes zum Ausdruck, dass die Notenbank gewillt ist,
   das Geldmengenwachstum einzuschränken, sie also einen restriktiven
   Kurs führen will.

Ob die Diskont- und Lombardpolitik wirksame Instrumente sind, bleibt
umstritten. Solange die Geschäftsbanken über andere Finanzierungs-
quellen und über hohe eigene Mittel verfügen, und wenn der Wechsel an
Bedeutung verliert, so bleibt die Wirksamkeit der Diskont- und Lombardpolitik beschränkt. Dies ist in der Schweiz der Fall.

b) Die Offenmarktpolitik (Open-market-policy)

Offenmarktpolitik betreibt die Notenbank, wenn sie auf dem Markt Wertpapiere zur Regulierung der Geldmenge kauft und verkauft.

> **Es gilt:** Bei Inflationstendenzen verkauft die Notenbank Wertpapiere, um die Geldmenge zu vermindern, bei Deflationstendenzen kauft sie Wertpapiere, um die Geldmenge auszuweiten.

In der Schweiz ist im Nationalbankgesetz abschliessend aufgezählt, welche schweizerischen Wertpapiere für Offenmarktoperationen verwendet werden dürfen (siehe S. 238). Besonders bedeutsam für die Offenmarktpolitik sind die verzinslichen **Schuldverschreibungen** mit einer maximalen Laufzeit von zwei Jahren, die die Nationalbank selbst herausgeben kann. Damit kann sie rasch und direkt intervenieren (auf dem Markt eingreifen), indem sie bei Inflationstendenzen eigene Schuldverschreibungen sofort emittieren (herausgeben) kann.

Bei der Offenmarktpolitik sind folgende Gesichtspunkte besonders zu beachten:

1. Mit der Offenmarktpolitik kann die Geldmenge massgeblich beeinflusst werden, sofern ein genügend grosser Markt für die handelsfähigen Papiere besteht. Mit der zunehmenden Verschuldung der öffentlichen Hand und den eigenen Schuldverschreibungen der Nationalbank ist heute dieser Markt in der Schweiz genügend gross.

2. Die Interventionen der Notenbanken am Markt können aber Einfluss auf die Kursentwicklung der gehandelten Papiere und als Folge davon auf die Rendite sowie auf die Zinssätze haben. So führt eine höhere Nachfrage nach Papieren zu höheren Kursen und zu einer sinkenden Rendite. Oder die Emission von Schuldverschreibungen führt zu einer Knappheit an anlagesuchendem Kapital, so dass die Zinssätze generell steigen. Deshalb ergibt sich für die Notenbank immer ein heikles Problem: Versucht sie die Geldmenge zu variieren (Mengeneffekt), so muss sie mit Rückwirkungen auf den Zinssatz rechnen (Preiseffekt), auch wenn diese vielleicht unerwünscht sind.

3. Gelegentlich übernimmt die Notenbank grosse Teile öffentlicher Anleihen, um auf diese Weise die Nachfrage nach solchen Anleihen und damit den Zinssatz hochzuhalten. Auf diese Weise sollen Staatsanleihen für den Sparer attraktiv bleiben. Eine solche Politik kann aber

bedenklich werden, weil dadurch die Finanzierung des Staatsdefizits letztlich über die Notenpresse erfolgt, denn die Übernahme des Anteils der Notenbank erfolgt über zusätzlich geschaffenes Geld.

4. Die Offenmarktpolitik hat auch Auswirkungen auf die internationalen Wirtschaftsbeziehungen. Darauf ist später zurückzukommen (siehe S. 308).

c) Die Mindestreservepolitik

Es ist bekannt, dass die Geschäftsbanken die Geldmenge auf dem Wege der Kreditschöpfung ausweiten können. Will die Notenbank die Kreditschöpfung beschränken, so kann sie die Geschäftsbanken verpflichten, bei ihr unverzinsliche Depots (Mindestreserven) zu unterhalten. Diese Mindestreserven können auf den Beständen an Passivgeldern oder auf dem Zuwachs der Passivgelder oder auf beiden berechnet werden.

Es gilt: Soll bei Inflationstendenzen die Geldmenge verringert werden, so erhöht die Notenbank den Mindestreservesatz. Geht es um die Bekämpfung von Deflationstendenzen, so wird der Satz für die Mindestreserve gesenkt.

Für die Schweiz sind folgende Gesichtspunkte zu beachten:

1. Die Nationalbank kann Banken mit einer Bilanzsumme von über 20 Millionen Franken zur Hinterlage von Mindestreserven verpflichten. Das Nationalbankgesetz sieht eine grosse Zahl von Möglichkeiten zur Berechnung der Mindestreserven vor, indem für verschiedene Passivposten unterschiedliche Höchstsätze vorgesehen sind (NGB Art. 16c).

2. Das einzige Ziel der Mindestreservepolitik ist die Beeinflussung der Geldmenge. Ob die Mindestreservepolitik neben der Diskont- und Offenmarktpolitik noch nötig ist, bleibt bis heute umstritten. Es scheint, dass Mindestreserven zur kurzfristigen Steuerung der Geldmenge sehr wirkungsvoll eingesetzt werden können. Dies vor allem, weil sie eine Feinsteuerung bei Inflation ermöglichen, indem die Notenbank in jenen Bereichen ohne Zeitverzug Mindestreserven einfordern kann, die die Geldwertstörung verursachen. Zur langfristigen Steuerung der Geldmenge scheint sich indessen die Mindestreservepolitik nicht zu eignen.

d) Devisenmarktoperationen (Offenmarktoperationen im weiteren Sinn)

Beeinflussen kann die Notenbank die Geldmenge über den Kauf und Verkauf von Devisen auf dem Devisenmarkt. Dazu verfügt die National-bank gegenwärtig über ein gut ausgebautes Instrumentarium. Sie kann nach eigenem Ermessen erstklassige Wechsel und Schecks auf das Ausland mit einer Laufzeit von höchstens sechs Monaten kaufen und ver-kaufen. Sie kann aber auch Forderungen auf das Ausland, durch interna-tionale Organisationen oder durch ausländische Banken begebene Obli-gationen erwerben, sofern sie leicht handelbar sind und ihre Restlaufzeit 12 Monate nicht übersteigt.

> **Es gilt:** Will die Notenbank Inflationstendenzen bekämpfen, so verkauft sie Devisen; handelt sie gegen Deflationstendenzen, so kauft sie Devisen.

Nun ist aber zu beachten, dass Devisenmarktoperationen der Notenbank nicht nur konjunkturpolitischen Massnahmen dienen, sondern damit auch aussenwirtschaftliche Ziele angestrebt werden. Deshalb kommt es bei Devisenmarktoperationen auch immer wieder zu Zielkonflikten zwischen konjunkturpolitischen und aussenwirtschaftlichen Absichten. Darauf ist im Kapitel über die Aussenwirtschaft zurückzukommen.

e) Weitere Instrumente

- **Goldhandel:** Gemäß NBG Art. 14 ist die Nationalbank auch ermächtigt, auf eigene Rechnung Gold zu kaufen oder zu verkaufen, um die Geld-menge zu beeinflussen. Dabei ist sie an die Goldparität gebunden. Von dieser Möglichkeit hat sie allerdings schon lange keinen Gebrauch mehr gemacht.

- **Emissionskontrolle:** Die Emissionskontrolle bezweckt, eine über-mässige Beanspruchung des Geld- und Kapitalmarktes zu vermeiden und so vor allem auf das Zinsniveau stabilisierend einzuwirken. Gemäss Art. 16g NBG steht das Recht der Einführung der Emissions-kontrolle dem Bundesrat zu. Die Durchführung obliegt der National-bank, indem sie den Gesamtbetrag für Emissionen festlegt, die in einem bestimmten Zeitraum bewilligt werden.

Wenn also in Perioden der Hochkonjunktur der Kapitalmarkt ausge-trocknet ist, oder wenn bei rückläufiger Konjunktur Zinssatzsteigerungen vermieden werden sollen, um die Investitionen nicht zu bremsen, so wird die Nationalbank die Emissionen auf eine längere Zeitdauer verteilen. Dadurch ergibt sich eine geringere Einwirkung auf die Zinssätze.

- **Kreditbegrenzung** (Kreditplafonierung oder Kreditrestriktion): Darunter wird eine administrativ festgelegte oder durch freiwillige Vereinbarung erfolgende Beschränkung der Kreditgewährung der Banken verstanden. Sie muss jeweils alle Formen von Krediten (Wechselkredite, Debitoren, Vorschüsse und Darlehen an öffentlich-rechtliche Körperschaften sowie Hypothekarkredite) umfassen, um zu verhindern, dass auf Kredite ausgewichen wird, die keinen Restriktionen unterliegen. Damit soll eine Aufblähung der Kredite und damit der Geldmenge verhindert werden, um Inflationstendenzen entgegenzuwirken. Entspannt sich jeweils die wirtschaftliche Lage, so können die Kreditbegrenzungen wieder abgebaut werden.

  Die Kreditbegrenzung ist ein rasch wirksames Instrument zur Geldmengensteuerung. Sie trägt aber immer die Tendenz zu einer gewissen Willkür in sich: Wer entscheidet anhand welcher Kriterien über die Gewährung der verbleibenden Kredite?

- **Freiwillige Vereinbarungen:** Das sind befristete Abmachungen zwischen der Nationalbank und den Geschäftsbanken, worin sich die Geschäftsbanken verpflichten, bestimmte gesamtwirtschaftliche Richtlinien einzuhalten. Diese freiwilligen Vereinbarungen werden auch als **Gentlemen's Agreements** bezeichnet.

  Diese Vereinbarungen, die für die Banken nicht bindend sind, kommen meistens durch gütliches Zureden der Nationalbank (moral suasion) zustande. Bis zum Ausbau des Notenbankinstrumentariums in der Schweiz (1979) kam diesen Gentlemen's Agreements grosse Bedeutung zu, wobei sich die Geschäftsbanken in ihrem Verhalten auch freiwillig fast ausnahmslos darauf ausrichteten.

2.6 Die nichtmonetäre Konjunkturpolitik

2.6.1 Die antizyklische Finanzpolitik

Die antizyklische Finanzpolitik beruht auf dem Ansatz der **Fiskalisten.** Wenn heute der Staat über mehr als 15 % des Sozialproduktes verfügt, beeinflussen seine Entscheidungen und seine Tätigkeit die wirtschaftliche Entwicklung immer stärker. Deshalb fordert man von ihm ein **konjunktur-**

gerechtes Verhalten, d. h. alle seine Massnahmen in der Finanzpolitik sollten dazu beitragen, die Konjunkturschwankungen zu glätten. Während
eines Aufschwungs sollte deshalb der Staat mit Ausgaben zurückhalten,
in rezessiven Phasen hingegen aktiv werden und die wirtschaftliche Aktivität mit Staatsaufträgen anregen.

Theoretisch lassen sich für eine antizyklische Finanzpolitik (antizyklisch,
weil die Massnahmen gegen die Konjunkturzyklen wirken sollten) die in
Tabelle 6.8 zusammengefassten Grundsätze aufstellen.

	Aufschwung, Hochkonjunktur	Rezession, Depression
Staatsvoran-schlag und Staatsrechnung	Überschuss, der stillzulegen ist (sterilisieren) und in Depres-sionen zur Defizitdeckung ver-wendet werden kann	Defizit, das durch Verschuldung des Staates bei der Notenbank oder mit den Überschüssen aus der Phase des Aufschwungs gedeckt wird
Steuern	Steuererhöhung (Grenze dort, wo das Erwerbsstreben gelähmt wird)	Steuersenkungen, damit mehr konsumiert und investiert wird
Staatliche Investitionen Subventionen	Drosselung der staatlichen Investitionen und Subventio-nen (Einschränkung der staat-lichen Investitionsaufträge)	Durchführung der Arbeitsbe-schaffungsprogramme (Verbesse-rung der Infrastruktur). Die Mit-tel dazu dürfen aber nicht auf dem Steuerweg beschafft wer-den, sonst kann der Konsum nicht angeregt werden. Subven-tionen an die private Wirtschaft für die Produktionsausweitung
Renten sozialer Wohnungsbau	Keine Rentenerhöhungen, Wenig sozialer Wohnungsbau	Rentenerhöhungen, sozialer Wohnungsbau

Tab. 6.8: Grundsätze der antizyklischen Finanzpolitik

Obschon die antizyklische Finanzpolitik Konjunkturschwankungen wirksam bekämpfen könnte, wird sie selten konsequent angewendet, weil

- selbst in der Hochkonjunktur das Volk und das Parlament Überschüsse
  der Staatsrechnung vermeiden wollen, einerseits um die Steuern zu
  senken und andererseits, weil befürchtet wird, die Exekutive verwende
  Überschüsse zu leichtsinnigen Ausgaben;

- sich staatliche Investitionen in der Hochkonjunktur kaum drosseln
  lassen (die Infrastruktur z. B. muss unter dem Druck der Umstände

verbessert werden, wie sich dies bei grossem Bauvorhaben wie den Alpentransversalen immer wieder zeigt);

– man im allgemeinen eine grosse Ausgabenfreudigkeit der Parlamente feststellen kann, vor allem, wenn bei gewissen Ausgaben Gruppeninteressen vorliegen oder Wahlversprechen eingelöst werden müssen.

Verstösst aber in einer Volkswirtschaft die Finanzpolitik zu sehr gegen die Regeln des antizyklischen Verhaltens, so können die Massnahmen der monetären Konjunkturpolitik keinen Erfolg haben: Die Massnahmen der Notenbank vermögen die Teuerung so lange nicht zu bremsen, als der Staat mit den Ausgaben nicht zurückhält. Nur eine vernünftige Koppelung von monetärer Konjunkturpolitik und Finanzpolitik garantiert eine erfolgreiche Konjunkturpolitik.

2.6.2 Aussenwirtschaftliche Massnahmen

Angesichts der zunehmenden Internationalisierung der Wirtschaft beeinflussen wirtschaftspolitische Entscheidungen in einem Land die wirtschaftliche Entwicklung in anderen Ländern immer stärker. Deshalb gilt es zu beachten, dass die Wirksamkeit der konjunkturpolitischen Massnahmen im Inland durch Rückwirkungen aus dem Ausland immer wieder beeinträchtigt werden kann. Daher muss vor allem die Notenbank die Übereinstimmung von konjunkturpolitischen Massnahmen aus der Sicht des Inlandes **und** des Auslandes laufend sicherzustellen versuchen. Gelingt ihr dies nicht, so läuft sie Gefahr, dass binnenwirtschaftliche Massnahmen durch aussenwirtschaftliche Einwirkungen neutralisiert und damit wirkungslos werden.

Dies sei an zwei Beispielen verdeutlicht:

a) Ein Land hat starke Inflationstendenzen. Deshalb betreibt seine Notenbank eine restriktive Geldpolitik. Aus irgend welchen Gründen (siehe S. 428) ist sie zugleich gezwungen, auf dem Devisenmarkt fremde Währung gegen inländisches Geld zu kaufen. Dadurch erhöht sich die inländische Geldmenge, was inflationär wirkt und die binnenwirtschaftliche restriktive Geldpolitik zunichte macht.

b) Ähnliche Gefahren können bei der **Devisenterminmarktpolitik** entstehen, mit der die Notenbank die Geldexporte und Geldimporte zu beeinflussen versucht.

Beispiel: Ein Schweizer Anleger will 1 Mio. CHF für ein Jahr in USA anlegen. Zu diesem Zweck kauft er zum Kassakurs US$, die er gleichzeitig zum Terminkurs auf ein Jahr wieder verkauft (= Swap-Geschäft). Für den Schweizer ist dieses Geschäft vorteilhaft, wenn die amerikanischen Zinssätze höher sind als die schweizerischen, und wenn der Terminkurs des US$ so liegt, dass unter Berücksichtigung des Zinsertrages noch ein Gewinn resultiert. Verfügen nun die Geschäftsbanken nicht über genügend US$, so decken sie sich bei der Notenbank gegen CHF ein (siehe S. 236). Damit verringert sich in der Schweiz die Geldmenge, was sich in Zeiten deflationärer Tendenzen negativ auswirkt.

Um die Geldexporte und die Geldimporte zu beeinflussen, versucht die Notenbank das Zinsniveau im Inland durch die Geldmengenpolitik zu steuern. Damit kann sie aber in einen Zielkonflikt mit ihrer Stabilitätspolitik geraten.

2.6.3 Einzelmassnahmen (punktuelles Vorgehen)

Um auf konjunkturelle Entwicklungen rasch und zielgerichtet reagieren zu können, werden immer häufiger ganz spezifische Einzelmassnahmen vorgeschlagen. Sie sind aber politisch meistens sehr umstritten, weil sie oft eine bestimmte Interessengruppe betreffen, die nicht bereit ist, Benachteiligungen auf sich zu nehmen, und weil viele dieser Massnahmen nicht marktkonform sind (siehe S. 157), und sie nicht selten bei geringer Wirksamkeit weitere nicht marktkonforme Massnahmen nach sich ziehen.

Typische Beispiele solcher Einzelmassnahmen sind:

- **Ermächtigung des Bundesrates, den übermässigen Zufluss von Geldern aus dem Ausland** zu beschränken durch Verzinsungsverbot, Begrenzung von Devisentermingeschäften, Beschränkung des Erwerbs von inländischen Wertpapieren usw. (NBG Art. 16i).

- **Beschränkung der Zahl der Gastarbeiter**

- **Investitionskontrolle:** Die übersteigerte Investitionstätigkeit mit ihren unerwünschten Inflationstendenzen wird beschränkt durch die Einführung einer Bewilligungspflicht für Investitionen. Die Erteilung der Bewilligung hängt von der Produktivität, der Dringlichkeit und der Nützlichkeit der Investition ab. So werden vor allem Rationalisierungsinvestitionen den Erweiterungsinvestitionen vorgezogen. Solche Investitionskontrollen bleiben aber als nichtkonforme Massnahmen in einer sozialen Marktwirtschaft äusserst fragwürdig, weil sie die Entscheidungsfreiheit der Unternehmer zu stark beschränken und der Gefahr der willkürlichen Handhabung ausgesetzt sind.

3. Ausgewählte Probleme aus der Konjunkturpolitik

3.1 Allgemeines

Bisher wurden die einzelnen Instrumente der Konjunkturpolitik für sich allein behandelt. Dazu blieb der Zeitfaktor ausgeklammert. In Wirklichkeit müssen aber alle konjunkturpolitischen Massnahmen aufeinander abgestimmt und die zeitlichen Auswirkungen mitberücksichtigt werden. Insbesondere ist zu beachten, dass die Auswirkungen der einzelnen konjunkturpolitischen Massnahmen kurz- und langfristig sehr unterschiedliche gesamtwirtschaftliche Folgen haben können. Ausserdem sind beim Entscheid über die richtigen konjunkturpolitischen Massnahmen immer häufiger Zielkonflikte in Rechnung zu stellen.

3.2 Der Streit zwischen den Monetaristen und den Fiskalisten

In der praktischen Wirtschaftspolitik bekämpfen sich die Monetaristen und Fiskalisten mit folgenden Argumenten:

Befürworter einer aktiven Geldpolitik (Monetaristen)	Befürworter einer aktiven Fiskalpolitik (Fiskalisten)
Für sie ist die **Geldpolitik** wirksamer als die Finanzpolitik, weil – die Notenbank die Geldmenge unmittelbar steuern kann, – Schwankungen in der Umlaufsgeschwindigkeit ebenfalls durch das Geldmengenangebot gesteuert werden können, – Geldmengenveränderungen über Zinssatzänderungen direkte Auswirkungen auf die Investitionen und den Konsum haben und deshalb sofortige Wirkungen auf Einkommen und Beschäftigung bringen.	Für sie ist die **Finanzpolitik** wirksamer als die Geldpolitik, weil – der Staat zur Deckung des Nachfragedefizites unmittelbar investieren und sofort Nachfrage schaffen kann, – die grössere Nachfrage die zusätzliche Geldmenge von selbst schafft (auch durch eine grössere Umlaufsgeschwindigkeit); deshalb muss direkt auf die Geldnachfrage eingewirkt werden, was nur mit der Finanzpolitik möglich ist.

Die Finanzpolitik als Mittel der Konjunkturbeeinflussung lehnen sie ab, weil

- die Finanzpolitik aus institutionellen Gründen zu wenig rasch konjunkturwirksam wird,

- bei gegebener Geldmenge nur die Verteilung des Sozialproduktes, nicht aber seine Höhe und damit die Beschäftigung beeinflusst wird.

Die Geldpolitik anerkennen sie nur ergänzend. Für sich allein ist sie zu schwach, weil

- sie die Nachfrage nicht direkt beeinflusst,

- zu viele Zielkonflikte entstehen,

- mit vielen Störfaktoren zu rechnen ist.

Dieser Streit ist wie folgt zu beurteilen: Auf Grund von Beobachtungen in der Wirklichkeit folgen die Preise längerfristig tatsächlich der Entwicklung der Geldmenge. Bei einer Ausweitung der Geldmenge ergeben sich also Inflationstendenzen. Will man die Inflation bekämpfen, so muss der Geldzuwachs verkleinert werden. Eine zu starke Beschränkung der Wachstumsrate des Geldes zur Inflationsbekämpfung kann aber – gar wenn die Beschäftigungslage schon rückläufig ist – vorübergehend zu Arbeitslosigkeit führen. Und dies, bevor die Preise zu sinken beginnen. Dabei wird die Arbeitslosigkeit um so grösser, je länger die Inflation schon dauerte, je stärker sie war und je mehr die Geldmenge beschränkt wird. Um Beschäftigungsschwierigkeiten zu vermeiden, darf die Geldmenge deshalb nicht plötzlich, sondern nur allmählich verringert werden.

Daraus ergibt sich, dass die Geldmengenpolitik als Mittel zur Inflationsbekämpfung geeignet ist. Das politische Dilemma besteht allerdings darin, dass die Inflationsbekämpfung auf monetärem Weg bei rückläufiger Beschäftigung zu vermehrter Arbeitslosigkeit führen kann.

In Zeiten der Rezession und der Depression, wenn es also darum geht, die Wirtschaft anzukurbeln, liegen die Verhältnisse etwas anders. Infolge des zeitlichen Anpassungsprozesses trägt eine Ausweitung der Geldmenge zu wenig rasch zu einer Verbesserung der Beschäftigungslage bei. Mit grosser Wahrscheinlichkeit wird die Ausweitung der Geldmenge allein auch nicht genügen, um die Gesamtnachfrage zu vergrössern. Die grössere Geldmenge wird erst wirksam, wenn die konjunkturellen Aussichten besser werden.

Daraus ergibt sich, dass bei rückläufiger Wirtschaftsentwicklung die Geldmengenpolitik allein nicht genügt, sondern sie durch die Finanzpolitik zu ergänzen ist. Dabei sind aber der Finanzpolitik auch wieder Grenzen gesetzt. Die über Geldschöpfung der Notenbank finanzierte Staatsverschuldung darf nicht so weit gehen, dass Inflationstendenzen entstehen, womit man wiederum vor einem politischen Dilemma steht: Zur Überwindung des Abschwunges drängt sich eine stärkere Verschuldung des Staates bei der Notenbank auf. Dadurch ergeben sich aber verstärkte Inflationstendenzen. Wahrscheinlich lässt sich aber die Rezession mit Mitteln der Finanzpolitik **ohne** inflationsfördernde Wirkungen nicht überwinden.

Damit kann die Antwort auf den Streit zwischen den Monetaristen und Fiskalisten gegeben werden: Mit Hilfe der Geldmengenpolitik können mittel- und langfristig die Schwankungen der Wirtschaftstätigkeit und des Geldwertes gesteuert werden (nicht aber kurzfristig; siehe auch S. 261). Die Finanzpolitik ist das bessere Instrument zur Bekämpfung von Rezession und Depression, sofern sinnvolle Investitionsmöglichkeiten bestehen.

3.3 Eine politische Streitfrage: Wie soll in Zeiten der Stagflation die betriebliche Lohnpolitik gestaltet werden?

In Zeiten der Stagflation kommt es immer zu Auseinandersetzungen bei der Neufestsetzung der Löhne (Teuerungsausgleich). Üblicherweise fordern die Arbeitnehmerorganisationen den vollen Teuerungsausgleich, während die Arbeitgeberorganisationen dazu nicht bereit sind. Interessant ist dabei, dass beide Gruppen für ihre Auffassung scheinbar schlüssige volkswirtschaftliche Argumente ins Feld führen (vergleiche Abbildung 6.9).

Für sich allein gesehen treffen der Kosteneffekt, der Kaufkrafteffekt und der Substitutionseffekt in der beschriebenen Form zu, so dass der Eindruck entsteht, der volle Teuerungsausgleich führe zu widersprüchlichen Auswirkungen. Bei einer ganzheitlichen Betrachtung, die den zeitlichen Aspekt der Abfolge, die Intensität der Auswirkungen sowie die Wirtschaftsstruktur des betroffenen Landes mitberücksichtigt, ergeben sich aufgrund von Modelluntersuchungen eindeutigere Aussagen.

In zeitlicher Hinsicht wirkt der Kosteneffekt sofort, d. h. die höheren Löhne werden unmittelbar auf die Preise überwälzt. Der Kaufkrafteffekt wird etwa in 9 bis 12 Monaten wirksam. Und der Substitutionseffekt tritt mit einer Verzögerung von 3–4 Jahren ein. In Bezug auf die Intensität sind

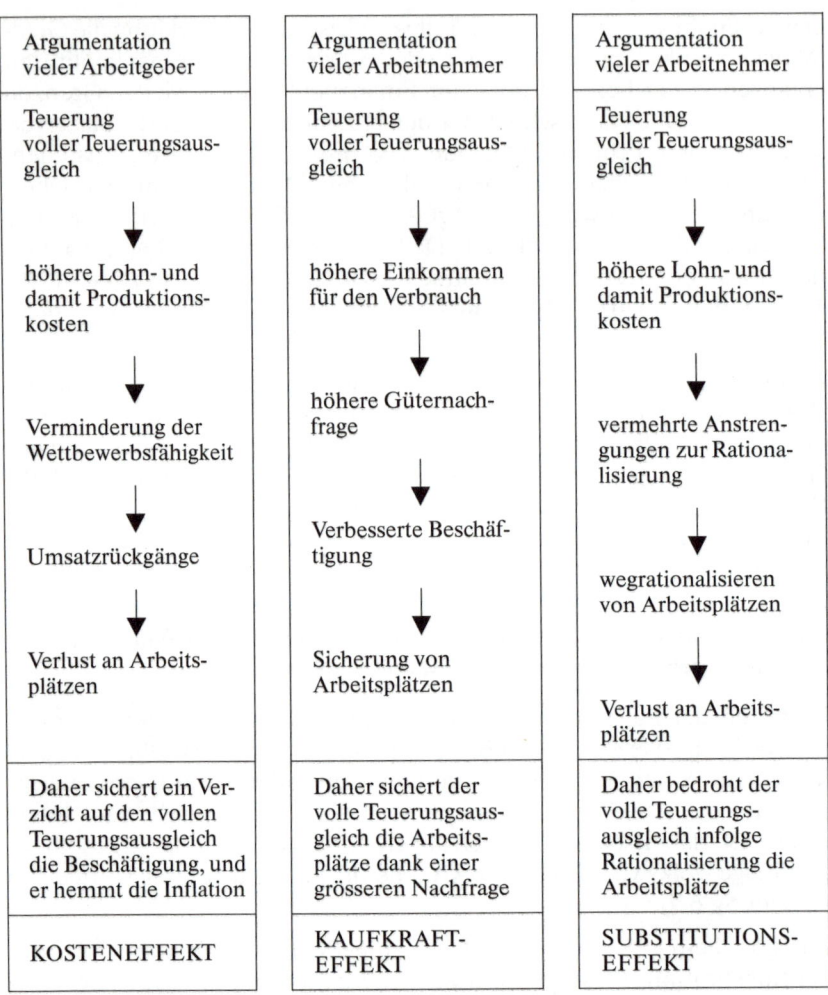

Argumentation vieler Arbeitgeber	Argumentation vieler Arbeitnehmer	Argumentation vieler Arbeitnehmer
Teuerung voller Teuerungsausgleich	Teuerung voller Teuerungsausgleich	Teuerung voller Teuerungsausgleich
↓	↓	↓
höhere Lohn- und damit Produktionskosten	höhere Einkommen für den Verbrauch	höhere Lohn- und damit Produktionskosten
↓	↓	↓
Verminderung der Wettbewerbsfähigkeit	höhere Güternachfrage	vermehrte Anstrengungen zur Rationalisierung
↓	↓	↓
Umsatzrückgänge	Verbesserte Beschäftigung	wegrationalisieren von Arbeitsplätzen
↓	↓	↓
Verlust an Arbeitsplätzen	Sicherung von Arbeitsplätzen	Verlust an Arbeitsplätzen
Daher sichert ein Verzicht auf den vollen Teuerungsausgleich die Beschäftigung, und er hemmt die Inflation	Daher sichert der volle Teuerungsausgleich die Arbeitsplätze dank einer grösseren Nachfrage	Daher bedroht der volle Teuerungsausgleich infolge Rationalisierung die Arbeitsplätze
KOSTENEFFEKT	KAUFKRAFT-EFFEKT	SUBSTITUTIONS-EFFEKT

Abb. 6.9: Die Wirkungen des vollen Teuerungsausgleiches

die Wirkungen des Kosteneffektes stärker als diejenigen des Kaufkrafteffektes, d. h. die höheren Kosten bringen längerfristig eine stärkere Tendenz zum Abbau von Arbeitsplätzen als die erhöhte Nachfrage zu neuen Arbeitsplätzen führt. Schliesslich verstärkt sich der Trend zum Abbau von Arbeitsplätzen vor allem dann, wenn die höheren Produktionskosten nicht mehr auf die Preise überwälzt werden können. Das trifft vor allem in strukturschwachen Volkswirtschaften zu, d. h. dort, wo die internationale

Konkurrenz auf den in- und ausländischen Märkten bedeutend billiger anbietet.

Damit lässt sich die Streitfrage beantworten: Befindet sich eine Volkswirtschaft in einer Stagflation (mit besonders starken Inflationstendenzen), so sollte aus volkswirtschaftlicher Sicht der volle Teuerungsausgleich nicht generell gewährt werden, da er die Beschäftigungslage kaum wesentlich verbessert, die Inflation aber weiter antreibt, was die Volkswirtschaft als Ganzes wieder schädigt. Besser wäre, betriebsindividuelle Lohnerhöhungen zu gewähren, die sich am Produktivitätsfortschritt und am Gewinn jeder einzelnen Unternehmung orientieren.

Diese Lösung lässt sich aber aus sozialpolitischen Überlegungen (Kampf gegen die aufkommende neue Armut) nicht ohne weiteres verwirklichen, denn besonders untere Einkommensschichten werden von der Inflation besonders hart getroffen. Deshalb ist eine Lösung denkbar, bei der unteren Einkommensgruppen der volle Teuerungsausgleich und oberen nur ein anteiliger oder überhaupt kein Teuerungsausgleich mehr gewährt wird. Eine solche differenzierte Lösung wäre volkswirtschaftlich von Vorteil, stösst aber bei den höheren Einkommensgruppen auf Widerstand, weil sie – über längere Zeit fortgeführt – zu einer gewissen Nivellierung der Löhne führte. Deshalb dürfte diese differenzierte Lösung nur ausnahmsweise in Jahren mit starker Inflation überhaupt diskutabel sein.

3.4 Arbeitskräfte, Beschäftigung und Arbeitslosigkeit

3.4.1 Der Arbeitsmarkt

Der Arbeitsmarkt nimmt innerhalb der verschiedenen Märkte eine besondere Stellung ein, weil

- auf diesem Markt entscheidend über die Einkommenserzielung und -verwendung bestimmt wird,

- der Arbeitsmarkt massgeblich über die soziale Stellung und das Ansehen von Menschen entscheidet,

- Ungleichgewichte auf dem Arbeitsmarkt (Arbeitslosigkeit) hohe soziale Kosten verursachen,

- der Mensch nicht nur als Individuum, sondern auch als Objekt betrachtet wird.

Auf dem Arbeitsmarkt bieten die Arbeitnehmer das Gut Arbeit an. Alle Unternehmer fragen dieses Gut nach und vergüten dafür einen Preis, den

Lohn. In einer freien Marktwirtschaft richtet sich der Lohn nach Angebot und Nachfrage. In der sozialen Marktwirtschaft gibt es aber zum Schutz der Arbeitnehmer immer mehr gesetzliche Regelungen, die den Marktmechanismus zum Teil ausser Kraft setzen.

Der schweizerische Arbeitsmarkt zeichnet sich durch einige besondere Merkmale aus:

● Von grösster Bedeutung ist die **Sozialpartnerschaft** zwischen den Arbeitgeber- und den Arbeitnehmerorganisationen, die seit 1937 besteht. Den Kernpunkt der auf kollektiver Ebene abgeschlossenen Vereinbarungen stellt das **Friedensabkommen** der Maschinenindustrie dar, welches die gemeinsame Vereinbarung an die Stelle des Streiks setzt.

● Dank dieser Sozialpartnerschaft erfreute sich die Schweiz über Jahrzehnte einer grossen sozialpolitischen Stabilität und einer vernünftigen Lohn- und Arbeitsmarktpolitik. So gingen in der Schweiz 1970–1990 nur rund 1,5 Arbeitstage pro 1000 Beschäftigte im Jahr durch Streik verloren (in der Bundesrepublik Deutschland rund 43 Tage, in Frankreich 147 Tage).

● Zu einem immer grösseren Problem wird die Fremdarbeiterpolitik. Bis 1963 herrschte eine liberale Zulassungspolitik. Seither ist diese Politik sehr restriktiv, weil sich eine Mehrheit der Schweizerinnen und Schweizer vor der Überfremdung fürchten. Dabei geben die Zulassungsbeschränkungen für Jahresaufenthalter und Saisonniers[15] (für die es kantonale Höchstzahlen gibt) zu immer mehr Diskussionen Anlass. 1990 waren 903 000 Arbeitnehmer der insgesamt 3 563 200 Erwerbstätigen Ausländer, was 25,4 % aller Erwerbstätigen entspricht (1965: 23,6 %; 1980: 20,7 %; 1985: 21,1 %).

3.4.2 Arbeitskosten und Produktivität

Die Arbeitskosten setzen sich zusammen aus dem eigentlichen Stundenlohn und Lohnnebenkosten (gesetzliche, tarifliche und freiwillige Aufwendungen für arbeitsfreie Tage). Tabelle 6.10 zeigt die Arbeitskosten in der Industrie im internationalen Vergleich. Es wird ersichtlich, dass die Stundenlöhne in der Schweiz international am höchsten sind, während

---

15 Saisonnier heisst: Ausländische Arbeitskraft, die nur während der Saison in der Schweiz arbeiten darf.

die Lohnnebenkosten geringer sind. In bezug auf die Gesamtarbeitskosten gehört aber die Schweiz zu den teuersten Ländern.

	Arbeitskosten je Stunde		Stundenlohn	Lohnnebenkosten je Stunde	
	in CHF	Index CH = 100	in CHF	in CHF	in % des Stundenlohnes
Deutschland	37.04	106.0	20.39	16.65	81.6
Schweiz	34.93	100.0	22.94	12.00	52.3
Italien	22.92	65.6	11.41	11.52	101.0
Österreich	29.64	84.9	14.96	14.68	98.1
Japan	30.33	86.8	17.93	12.41	69.2
USA	23.56	67.5	16.48	7.08	43.0
Portugal	7.72	22.1	4.31	3.41	79.1

Quelle: Kaplanek, H. (1996). Arbeitskosten und internationale Wettbewerbsfähigkeit. St. Gallen, Diss. S. 154.

Tab. 6.10: Arbeitskosten in der Industrie 1994

Hohe Arbeitskosten benachteiligen ein Land im internationalen Wettbewerb. Allerdings dürfen sie – obschon es immer wieder getan wird – nie für sich allein betrachtet werden, sondern sie sind in den Zusammenhang mit der **Arbeitsproduktivität** zu bringen. Ist diese hoch, so kann sich ein Land relativ hohe Arbeitskosten leisten, ohne an internationaler Wettbewerbsfähigkeit zu verlieren. Deshalb ist ein hoher Anstieg der Arbeitskosten so lange vertretbar, als auch die Arbeitsproduktivität wächst.

Setzt man die Arbeitskosten pro Stunde ins Verhältnis zur Produktivität (Wertschöpfung pro Arbeitsstunde), so erhält man die **Lohnstückkosten**. Sie geben an, wie teuer im Durchschnitt die Herstellung einer Produktionseinheit zu stehen kommt. Je höher also die Lohnstückkosten sind, desto teurer wird die Produktion. Tabelle 6.11 zeigt die Lohnstückkosten und die Produktivität einiger Länder.

	Lohnstückkosten (indexiert)	Produktivität
Schweiz	100	100
Deutschland	106	98
USA	76	86
Japan	49	158

Quelle: SBG, Wirtschaftsnotizen, Juni 1992, S. 9

Tab. 6.11: Lohnstückkosten und Produktivität 1991

Statistiken mit Lohnstückkosten verschiedener Länder sind oft sehr widersprüchlich. Dies ist auf drei Ursachen zurückzuführen. Erstens hängen die Zahlen stark von den dem Vergleich zugrunde gelegten Wechselkursen ab. Zweitens werden die Daten nicht in allen Ländern gleich sorgfältig ermittelt. Und drittens sind die Lohnstückkosten von der Auslastung der Betriebe und damit der Konjunkturlage abhängig: Sind Betriebe schlecht ausgelastet, so steigen die Lohnstückkosten an, weil die Zahl der geleisteten Arbeitsstunden nur unvollständig und erst mit einer zeitlichen Verzögerung an die geringere Auslastung angepasst wird.

Die Lohnstückkosten und die Produktivität sind wichtige Wettbewerbsfaktoren. Sie dürfen aber vor allem bei Entscheiden über die Standortwahl nicht überbewertet werden. Einerseits spielen andere Faktoren wie Qualität der Mitarbeiter, Realzinsniveau, Angebot an Arbeitskräften, Stabilität der Wirtschaft eine ebenso wichtige Rolle. Und andererseits lässt sich die Produktivität durch – meistens kapitalintensive – Investitionen massgeblich beeinflussen.

3.4.3. Die Arbeitskräftegesamtrechnung und Arbeitslosenquote

Die Bewegungen am Arbeitsmarkt werden in der **Arbeitskräftegesamtrechnung** erfasst (siehe Abbildung 6.12). Sie stellt in vier Konti Bevölkerungskategorien dar: **Erwerbstätige, Nichterwerbstätige** (Kinder, Schüler und Studenten, Rentner und Erwerbsunfähige), **Arbeitslose** und **Stille Reserve** (Personen, die weder erwerbstätig sind noch als Arbeitslose gelten). Zwischen diesen Konti fliesst eine erste Art von Bewegungen, die als Erwerbsstatusänderungen der Individuen gelten (◄─►). Dazu werden ein Konto **Ausland** (Einwanderungen/Auswanderungen) und ein Konto **Geburten/Sterbefälle** geführt. Diese Konti werden von einer zweiten Art Bewegungen betroffen, indem Individuen den vier Konti der Bevölkerungskategorien zu- oder abfliessen (◄─►).

Nach internationalen Vereinbarungen gilt das Ziel der Vollbeschäftigung als erreicht, wenn die Arbeitslosenquote nicht mehr als 0,8 % der Erwerbstätigen beträgt.

Die Arbeitslosenquote wird wie folgt berechnet:

$$\text{Arbeitslosenquote} = \frac{\text{registrierte Arbeitslose}}{\text{Erwerbstätige}} \times 100$$

Ausland

Inland

«Himmel»

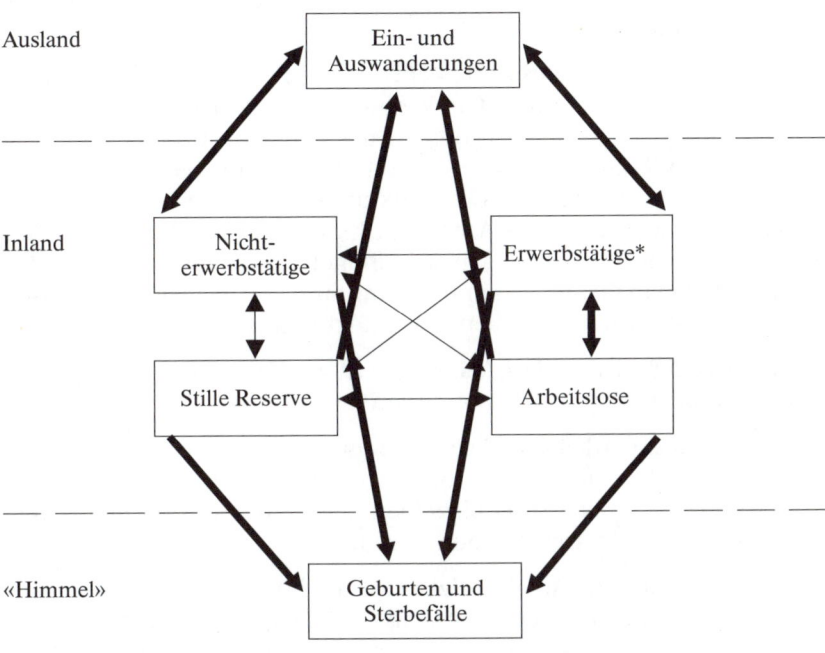

* Vgl. dazu auch die Darstellung auf S. 82

Abb. 6.12: Arbeitskräftegesamtrechnung

Hauptsächlich infolge der Einwanderung von Ausländern stieg die Zahl der Erwerbstätigen in der Schweiz von 1950 bis 1990 um fast 70 %. Die Arbeitslosigkeit blieb aber sehr gering. Die höchsten Werte wurden 1976 mit 0,75 % und 1984 mit 1,1 % erreicht. Dass die Arbeitslosenquote nicht höher ausfiel, war auf die stabilisierende Pufferfunktion der «Stillen Reserven» (Frauen) und auf die Ein- und Auswanderungen zurückzuführen. Ab Mitte 1990 stieg aber die Arbeitslosigkeit für schweizerische Verhältnisse stark an (über 4 %), was auf die Rezession, die sich seit Beginn der neunziger Jahre bemerkbar machte, zurückzuführen ist.

Probleme der Arbeitslosigkeit werden mit den Mitteln der **Arbeitsmarkt- oder Beschäftigungspolitik** bekämpft. Diese Mittel sind, um wirksam zu sein, auf die verschiedenen Arten von Arbeitslosigkeit auszurichten.

3.4.4 Die Arten von Arbeitslosigkeit

Es werden folgende Arten von Arbeitslosigkeit unterschieden:

- Die **friktionelle Arbeitslosigkeit** umfasst alle jene Arbeitslosen, die infolge Kündigung, Geschäftsaufgabe oder Konkurs ihre Stelle verloren und deshalb auf der Stellensuche sind. Sie ist volkswirtschaftlich nicht bedeutsam.

- Die **strukturelle Arbeitslosigkeit** entsteht infolge mangelnder Flexibilität der Unternehmungen (sie verkraften den Strukturwandel nicht) und infolge mangelnder Mobilität der Arbeitskräfte (sie sind nicht bereit, den Wohnsitz zu wechseln, oder sie sind für verfügbare Stellen zu schlecht ausgebildet). Die strukturelle Arbeitslosigkeit resultiert also aus der Struktur des Arbeitsmarktes, indem die Art der Arbeitsstellen nicht mit dem Arbeitskräftepotential übereinstimmt. Oft spricht man in diesem Zusammenhang auch von **qualitativer Arbeitslosigkeit**. Trotz offenen Stellen gibt es Arbeitslose.

- Die **natürliche Arbeitslosigkeit** setzt sich aus der friktionellen und der strukturellen Arbeitslosigkeit zusammen.

- Die **saisonale Arbeitslosigkeit** entsteht aufgrund von jahreszeitlich schwankenden natürlichen oder wirtschaftlichen Angebots- oder Nachfragebedingungen in einzelnen Sektoren der Wirtschaft (Landwirtschaft, Bauwirtschaft, Tourismus usw.).

- Die **konjunkturelle Arbeitslosigkeit** ist die Folge eines konjunkturbedingten Rückgangs der gesamtwirtschaftlichen Güternachfrage. Sie ist im Gegensatz zur strukturellen Arbeitslosigkeit nur vorübergehend und kann auf zwei Ursachen zurückgeführt werden:

  a) Die Nachfrage nach Gütern im Inland (Binnennachfrage) geht zurück. In diesem Fall handelt es sich um eine «hausgemachte» konjunkturelle Arbeitslosigkeit.

  b) Die Nachfrage des Auslandes nach einheimischen Gütern geht zurück und/oder die Inländer fragen mehr billige ausländische Güter nach. In diesem Fall liegt eine importierte konjunkturelle Arbeitslosigkeit vor.

  Die konjunkturelle Arbeitslosigkeit ist meistens eine **quantitative Arbeitslosigkeit**: Es stehen keine Stellen zur Verfügung.

- Die **Wachstumsdefizit-Arbeitslosigkeit** entsteht, wenn die Wirtschaft ein ungenügendes Wachstum hat, was zu einer chronischen Unterauslastung des Produktionsapparates führen kann. Diese Form der Arbeitslosigkeit, die Langzeitwirkungen hat, ist auf viele Ursachen zurückzuführen:

  a) dauernde Investitionsschwäche der Wirtschaft,

b) geringe Investitionsbereitschaft im innovativen Bereich,

c) Auftreten geburtenstarker Jahrgänge auf dem Arbeitsmarkt ohne wesentliche Konsum- und Innovationsimpulse,

d) wenig flexible Produktions- und Beschäftigungsstrukturen,

e) Investitionsschwächen infolge politischer Instabilität und unklaren wirtschaftspolitischen Zielvorstellungen der Regierung.

3.4.5 Ziel und Mittel der Arbeitsmarkt- oder Beschäftigungspolitik

> Ziel der Arbeitsmarkt- oder Beschäftigungspolitik ist es, Angebot und Nachfrage von Arbeitskräften so zu beeinflussen, dass keine Arbeitslosigkeit entsteht.

Zur Erreichung dieses Zieles wird in Wissenschaft und Politik eine Vielzahl von Massnahmen vorgeschlagen. Dabei eignet sich aber nicht jede Massnahme in allen Fällen von Arbeitslosigkeit gleichermassen. Es sind vor arbeitsmarkt- oder beschäftigungspolitischen Entscheidungen vielmehr immer wieder drei Fragen sorgfältig zu klären.

1. Welche Form von Arbeitslosigkeit liegt vor?

2. Handelt es sich bei der betreffenden Form von Arbeitslosigkeit um ein vorübergehendes, ein mittelfristiges oder ein langfristiges Problem?

3. Welches Mittel der Arbeitsmarkt- oder Beschäftigungspolitik eignet sich für die vorliegende Form von Arbeitslosigkeit unter Berücksichtigung des Zeitfaktors am besten?

Im folgenden werden die einzelnen Mittel dargestellt und beurteilt.

a) Beeinflussung der friktionellen Arbeitslosigkeit

1. **Arbeitsvermittlung:** Staatliche Stellen und private Organisationen übernehmen die Arbeitsvermittlung. Dabei können auch finanzielle Hilfen zur Erhöhung der Mobilität der Arbeitnehmer vorgesehen werden (Umzugskosten werden vergütet, die Umschulung wird finanziert usw.).

   Beurteilung: Die Wirksamkeit hängt sehr stark von der Mobilität der Arbeitskräfte ab. Sie ist in der Schweiz nicht genügend gross.

b) Beeinflussung der strukturellen Arbeitslosigkeit

2. **Strukturpolitik:** Sie zielt einerseits darauf ab, in wirtschaftlich schwachen Gegenden zusätzliche Arbeitsplätze zu schaffen. Dazu stehen folgende Massnahmen der öffentlichen Hand zur Verfügung:

   - Verbilligung der Produktionsfaktoren (z. B. Abgabe von preisgünstigem Land, Verbilligung der Transportkosten bei den öffentlichen Verkehrsmitteln, Steuererleichterungen).

   - Verbesserung der Infrastruktur.

   - Gewährung von Investitionszuschüssen, sofern dadurch neue Arbeitsplätze geschaffen werden.

   Beurteilung: Bisher hat die Strukturpolitik zugunsten wirtschaftlich schwacher Gegenden wenig Erfolg gebracht. Meistens werden in solchen Gegenden nur Zweigbetriebe errichtet. Verwaltung und Hauptbetriebe bleiben in den Ballungszentren. Dies hat zur Folge, dass in strukturschwachen Gebieten meistens nur Arbeitsplätze mit geringeren Anforderungen geschaffen werden. Solche Zweigbetriebe bleiben deshalb krisenanfällig und werden meistens als erste geschlossen.

   Andererseits wird Strukturpolitik betrieben, indem bestehende Unternehmungen gefördert werden, sei es durch Beihilfen zur Forschung und Entwicklung neuer Produkte, oder sei es zur Umstellung der Produktion.

   Beurteilung: Da solche Massnahmen oft zu spät kommen, vermögen sie die Probleme häufig nur aufzuschieben, nicht aber zu lösen.

3. **Erhöhung der Mobilität:** Der Staat vergütet Umzugskosten oder Umschulungskosten an Arbeitnehmer und/oder er führt selbst Umschulungskurse durch.

   Beurteilung: Die Wirksamkeit hängt stark vom Willen der Arbeitskräfte zur Mobilität ab.

c) Beeinflussung der saisonalen Arbeitslosigkeit

4. **Steuerung der Ausländerbeschäftigung:** Die Zulassung von ausländischen Arbeitskräften wird nach den Bedürfnissen des Arbeitsmarktes gesteuert.

Beurteilung: Diese Massnahme ist wirtschaftlich wirksam, menschlich aber bedenklich. Ausserdem schliesst der EG-Vertrag[16] für Mitgliedländer solche Massnahmen aus, da die Freizügigkeit der Arbeitskräfte garantiert ist.

5. **Kurzfristig wirksame Arbeitsbeschaffungsmassnahmen:** Der Staat erteilt gezielt Staatsaufträge zur Förderung einzelner Unternehmungen, Branchen oder Regionen.

Beurteilung: Die Wirksamkeit hängt davon ab, ob die Staatsaufträge im geeigneten Augenblick erteilt werden können, und ob sie geeignet sind, die notwendigen Impulse für die Wirtschaft zu geben.

d) Beeinflussung der konjunkturellen Arbeitslosigkeit

6. **Konjunkturpolitik:** Eine steigende volkswirtschaftliche Gesamtnachfrage erhöht die Nachfrage nach Arbeitskräften (mittelbare Erhöhung der Nachfrage).

Beurteilung: Die Wirksamkeit konjunkturpolitischer Massnahmen hängt ganz entscheidend vom Verhalten der einzelnen Wirtschaftssubjekte ab: Wenn die Bereitschaft zu mehr Konsum und Investitionen infolge pessimistischer Erwartungen fehlt, so bleiben konjunkturpolitische Massnahmen wirkungslos.

7. **Arbeitsbeschaffungsmassnahmen:** Dazu zählen alle staatlichen Massnahmen, die die Nachfrage nach Arbeitskräften unmittelbar erhöhen (z. B.: Staatliche Lohnzuschüsse für neu eingestellte Arbeitskräfte, damit die Unternehmungen angeregt werden, neue – kostengünstige – Mitarbeiter einzustellen. Staatsaufträge zur Förderung einzelner Unternehmungen oder ganzer Branchen und Regionen).

Beurteilung: Sofern sinnvolle Staatsaufträge erteilt werden können, sind solche Arbeitsbeschaffungsmassnahmen wirksam. Oft verschieben sie aber das Problem nur in die Zukunft. Dies vor allem, wenn es sich um Branchen oder Unternehmungen handelt, die nicht mehr konkurrenzfähig sind (sei es, weil sie den technischen

---

16 EG-Vertrag: Einzelheiten dazu siehe S. 468.

Anschluss verpasst haben oder schlecht geführt sind). Auch staatliche Lohnzuschüsse haben bislang keine grossen Auswirkungen gebracht (wie sich am Beispiel der BRD zeigt).

8. **Reallohnverzicht:** Die Arbeitskräfte aller Stufen verzichten auf weitere Lohnerhöhungen. Dadurch wird insbesondere die Exportindustrie dank günstigerer Kosten wieder konkurrenzfähiger, was die Beschäftigungslage verbessert.

Beurteilung: Für kurze Zeit liessen sich die Exporte sicher steigern. Damit würden aber die Beschäftigungsprobleme nur auf die anderen Länder überwälzt.

e) Beeinflussung der Wachstumsdefizit-Arbeitslosigkeit

9. **Verzicht auf den Produktivitätsfortschritt:** Es wird eine Rückkehr zu einfacheren, arbeitsintensiveren Technologien vorgeschlagen, um dadurch wieder mehr Arbeitsplätze zu gewinnen. Die Befürworter dieses Vorschlages erwarten davon zugleich angenehmere Arbeitsbedingungen (weniger Stress, mehr Sinnerfüllung bei der Arbeit).

Beurteilung: Dies bedeutete einen wesentlichen Rückschritt, verbunden mit einer grossen Wohlstandseinbusse: Weniger produktive Betriebe vermöchten allen jenen Anforderungen, die auf uns zukommen, nicht mehr gerecht zu werden (z.B. Aufbringen der Kosten für den Umweltschutz oder für die Sozialleistungen).

10. **Flexibles Rücktritts-(Pensionierungs-)Alter:** Durch die Möglichkeit, sich früher pensionieren zu lassen, sollen zusätzliche Arbeitsplätze angeboten werden können.

Beurteilung: Damit lässt sich das Angebot an Arbeitsplätzen steigern. Ob die Volkswirtschaft in der Lage ist, die höheren Renten zu verkraften, hängt von der Ausgestaltung der Sozialversicherungen, die zusätzlich belastet würden, ab. Zudem könnten sich menschliche Probleme ergeben: Der Wunsch nach vorzeitiger Pensionierung ist weniger gross, als allgemein angenommen wird.

11. **Verkürzung der Arbeitszeit:** Dazu stehen drei Möglichkeiten zur Verfügung:

- Reduktion der wöchentlichen Arbeitszeit
- Verlängerung der Ferien
- Gewährung von Bildungsurlaub

Beurteilung: Die Beurteilung ist stark von konkreten Voraussetzungen abhängig, die im folgenden Abschnitt genauer zu betrachten sind.

3.4.6 Eine politische Streitfrage: Führt eine generelle Arbeitszeitverkürzung zu zusätzlichen Arbeitsplätzen?

Die Streitfrage lautet:

Auffassung 1	**Auffassung 2**
Die Verkürzung der Arbeitszeit schafft neue Arbeitsplätze, denn wenn der einzelne weniger lang arbeitet, benötigt die Volkswirtschaft für die gleiche Produktionsleistung mehr Arbeitskräfte.	Die Wirtschaft vermag weitere Arbeitszeitverkürzungen nicht mehr zu verkraften. Ausserdem garantiert eine kürzere Arbeitszeit nicht unbedingt mehr Arbeitsplätze. Möglich ist auch, dass die Belastung des einzelnen zunimmt.

Auf den ersten Blick ist die Auffassung 1 überzeugend: Statt Arbeitslose zu haben, ist es sinnvoll, das vorhandene Arbeitsvolumen auf mehr Arbeitskräfte zu verteilen, die weniger lang arbeiten müssen.

In Wirklichkeit ist diese Feststellung eine unzulässige Vereinfachung, wie die folgende Analyse zu zeigen versucht:

1. In vielen Unternehmungen bestehen infolge von Leerläufen, ungenügender Organisation usw. immer noch Produktivitätsreserven. Deshalb würde bei einer generellen Arbeitszeitverkürzung zuerst versucht, durch eine bessere Arbeitsorganisation diese Produktivitätsreserven auszunützen. Dadurch würden nicht nur keine neuen Arbeitsplätze geschaffen, sondern die Arbeitsbelastung der einzelnen Mitarbeiter stiege noch an. Neue Arbeitsplätze werden also erst geschaffen, wenn alle Produktivitätsreserven ausgenützt sind.

2. Wird die Arbeitszeit bei vollem Lohnausgleich verkürzt, so bedeutet jeder neue Arbeitsplatz eine Erhöhung der Lohnkosten für die Unternehmung. Deshalb wird sie zunächst versuchen, diese höheren Lohnkosten auf die Preise zu überwälzen. Bei rückläufiger Wirtschaftsent-

wicklung gelingt diese Überwälzung immer weniger. Daher werden die Unternehmungen vermehrt rationalisieren, um Lohnkosten zu sparen. Die langfristige Folge von Arbeitszeitverkürzungen ist dann nicht die Schaffung, sondern die Vernichtung von Arbeitsplätzen. Arbeitszeitverkürzungen führen also erst dann zu neuen Arbeitsplätzen, wenn nicht mehr weiter rationalisiert werden kann.

3. Steigende Lohnkosten bedeuten höhere Produktionskosten. Dadurch sinkt die internationale Wettbewerbsfähigkeit, was einem Absatzrückgang gleichkommt. Damit können in exportorientierten Branchen längerfristig wiederum Arbeitsplätze verlorengehen.

4. Aber auch eine Lohnreduktion im Ausmass der Arbeitszeitverkürzung wäre nicht problemlos. Die Auswirkungen einer solchen Lösung hängen vom Konsumverhalten der Haushalte ab. Veränderte sich das Konsumverhalten trotz Lohnreduktion nicht, so ergäben sich keine Auswirkungen. Würde sich der Konsum aber verringern, so nähme die Beschäftigung ab. Dadurch können längerfristig Arbeitsplätze verlorengehen.

5. Zu beurteilen ist im weiteren die Kongruenz (Übereinstimmung) zwischen den Anforderungen der neu geschaffenen Stellen und den beruflichen Gegebenheiten der Arbeitslosen. Schwierigkeiten ergeben sich mit der generellen Arbeitszeitverkürzung, wenn zusätzliche Stellen für Spezialisten geschaffen werden müssen, die aber nicht besetzt werden können, weil es wohl arbeitslose Hilfsarbeiter, aber keine arbeitslosen Spezialisten gibt (qualitative Arbeitslosigkeit).

6. Einfluss hat auch die Grösse der Unternehmungen. Arbeiten beispielsweise in einer Schlosserei 19 Schlosser 40 Stunden pro Woche, so ergibt sich ein Arbeitspotential von 760 Arbeitsstunden. Wird nun die Arbeitszeit um 2 Stunden gekürzt und bleibt das Arbeitsvolumen gleich, so kann ein zusätzlicher Arbeitsplatz geschaffen werden (20 Schlosser zu 38 Stunden = 760 Arbeitsstunden). Hat die Schlosserei aber nur 5 Arbeiter, so bringt die Arbeitszeitverkürzung von 2 Stunden nur 10 zusätzliche Arbeitsstunden, so dass ein sechster Schlosser nicht voll ausgelastet wäre. Je kleiner also ein Betrieb ist, desto weniger gelingt es, neue Arbeitsplätze zu schaffen. Im angeführten Beispiel müsste also der zusätzlich eingestellte Schlosser während 28 Stunden eine andere Tätigkeit ausüben. Ob dies möglich ist, hängt im Einzelfall vom Grad der Spezialisierung in einem Beruf und von der Breite der beruflichen Ausbildung ab.

Diese Argumente führen in der Streitfrage zu folgendem Schluss: Die Annahme eines **proportionalen Zusammenhanges** zwischen der Verkürzung der Arbeitszeit und dem Zusatzbedarf an Arbeitskräften ist eine grobe Vereinfachung. Ob eine generelle Arbeitszeitverkürzung längerfristig tatsächlich zu zusätzlichen Arbeitsplätzen führt, ist in jedem einzelnen Fall zu prüfen. In sehr vielen Fällen (insbesondere in investitionsintensiven, stark spezialisierten Branchen) wird die Arbeitszeitverkürzung **längerfristig** nicht zur gewünschten Ausweitung der Arbeitsplätze führen. Dies gilt insbesondere auch für Rezessionszeiten.

Damit sind allerdings nur die ökonomischen Gesichtspunkte angesprochen. Vielen Verfechtern einer Verkürzung der Arbeitszeit sind soziale und menschliche Ziele wichtiger. Solche Ziele können aber nur erreicht werden, wenn den ökonomischen Gegebenheiten Rechnung getragen wird. Wahrscheinlich ist ein Kompromiss über flexible Arbeitszeiten, längere Ferien oder kürzere Lebensarbeitszeit (Weiterbildungsurlaube, frühere Pensionierung) zu suchen.

3.5 Eine politische Streitfrage: Soll im Interesse der Vollbeschäftigung eine expansive Geldpolitik betrieben werden?

Auffassung 1

Wenn sich die Beschäftigung rückläufig entwickelt, so ist die Geldmenge bewusst auszuweiten. Dadurch sinken die Zinsen, und es werden vermehrt Investitionen vorgenommen, so dass die Beschäftigung wieder steigt. Dadurch können sich zwar Inflationstendenzen ergeben. Dies ist aber gesamtwirtschaftlich weniger nachteilig als eine zunehmende Arbeitslosigkeit.

Auffassung 2

Der Inflationsbekämpfung muss immer erste Priorität zukommen, denn die Inflation schädigt alle Wirtschaftssubjekte nachhaltig. Deshalb muss die Geldmengenpolitik selbst bei abnehmender Beschäftigung restriktiv bleiben. Langfristig ist es besser, vorübergehend etwas Arbeitslose und keine Inflation zu haben, denn mit wenig Inflation verbessert sich die Beschäftigungslage nachhaltiger.

Diese Streitfrage versucht man mit der **Phillipskurve**[17] zu erklären und zu lösen. Sie untersucht die Zusammenhänge zwischen Preissteigerungsrate (Lohninflation) und Arbeitslosenquote.

Aufgrund einer Analyse des Lohnverhaltens von 1861–1957 kam Phillips zum Schluss, dass zwischen der Arbeitslosenquote und der Wachstumsrate der Geldlöhne (Lohninflation) eine inverse[18] Beziehung besteht: Je höher die Arbeitslosenquote ist, desto geringer ist die Rate der Lohninflation und umgekehrt.

Dieser Zusammenhang führte zur Auffassung, die Wirtschaftspolitik hätte eine Wahlmöglichkeit (einen politischen Trade off) zwischen der Arbeitslosigkeit und der Inflationsrate. Abbildung 6.13 macht diesen Zusammenhang deutlich. Angenommen ein Land befinde sich im Punkt A; es habe also eine Preissteigerungsrate von P1 und eine Arbeitslosenquote von U2. Nun wolle man die Arbeitslosenquote auf U1 reduzieren. Dies sei mit einer Geldmengenausweitung, die die Preissteigerungsrate von P1 auf P2 erhöhe, möglich. Dann befindet sich dieses Land bei Punkt B.

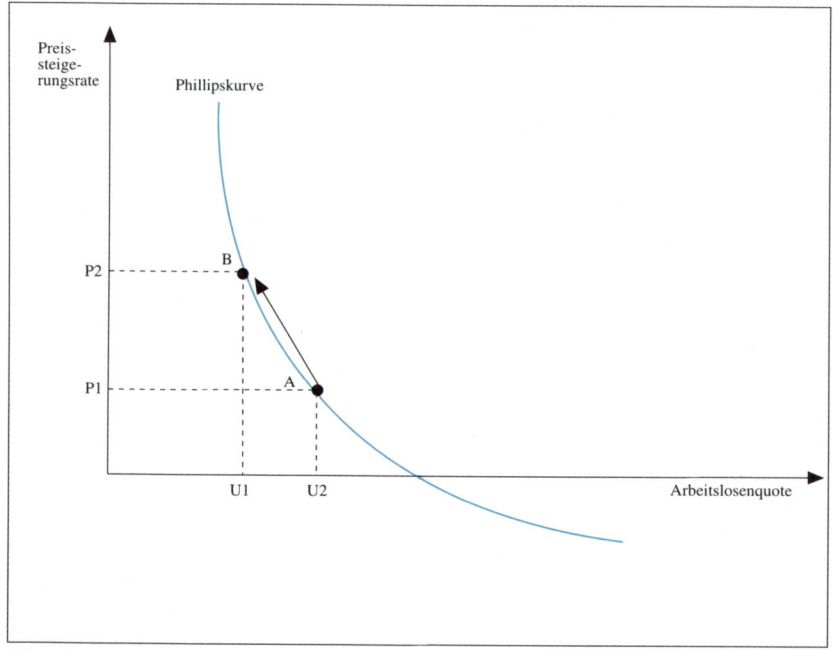

Abb. 6.13: Phillipskurve (kurzfristige Betrachtung)

---

17 Im Jahre 1958 vom englischen Nationalökonomen W. A. Phillips entwickelt.
18 Invers heisst: umgekehrte, nicht gleichlaufende Wirkung.

Als Folge neuer Beobachtungen in Phasen der Stagflation haben die Monetaristen diese kurzfristige Betrachtung der Phillipskurve in Frage gestellt und die Zusammenhänge in ihren längerfristigen Auswirkungen untersucht. Sie argumentieren wie folgt (vergleiche Abbildung 6.14): Kurzfristig ist mit geeigneten wirtschaftspolitischen Massnahmen ein Trade off von Punkt A nach Punkt B möglich. Die Phillipskurve stellt aber nur kurzfristig eine stabile Beziehung zwischen Preissteigerungsrate und Arbeitslosenquote dar. Infolge der angepassten Inflationserwartungen verschiebt sich die ursprüngliche (kurzfristige) Phillipskurve nach rechts zum Punkt C (kurzfristige Phillipskurve nach angepassten Inflationserwartungen), der auf der Höhe der ursprünglich bestehenden, natürlichen Arbeitslosigkeit U2 bleibt. Das heisst: Mit der konjunkturpolitischen Massnahme der geldmengenpolitischen Expansion lässt sich die Arbeitslosigkeit längerfristig nicht abbauen. Hingegen ergibt sich längerfristig eine höhere Preissteigerungsrate (Inflation). Ein Trade off ist demzufolge nur auf der Vertikalen in Höhe der natürlichen Arbeitslosigkeit (langfristige Phillipskurve) möglich. Damit wird aber sofort ersichtlich, dass eine expansive Geldmengenpolitik nichts zur Bekämpfung der Arbeitslosigkeit beiträgt.

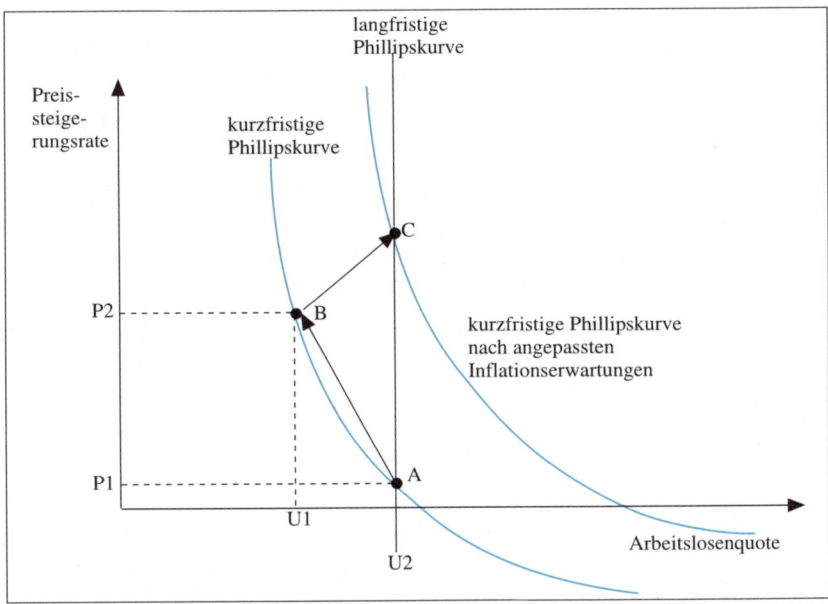

Abb. 6.14: Phillipskurve (längerfristige Betrachtung)

Damit lässt sich die Streitfrage beantworten:

Kurzfristig scheint Auffassung 1 richtig zu sein: Wird die Geldmenge ausgeweitet, so sinken die Zinsen (siehe auch S. 261). Als Folge davon ist zu erwarten, dass die Investitions- und später auch die Konsumneigung etwas zunimmt. Dies allerdings nur unter der Voraussetzung, dass ein gewisser wirtschaftlicher Optimismus gegeben und eine wirkliche Ausgabenbereitschaft der Haushalte vorhanden ist sowie die Investitionsbereitschaft der Unternehmer gesteigert wird. Diese Voraussetzung ist jedoch in rezessiven Phasen meistens nicht gegeben.

Längerfristig scheint aber aufgrund bisheriger Erfahrungen eine niedrige Inflation eine wesentliche Vorbedingung für eine niedrige Arbeitslosigkeit zu sein. Dies bestätigt sich nicht nur an den Erfahrungen der letzten 10 Jahre, während deren sich Inflationsstärke und Arbeitslosenzahl gleichlaufend entwickelten, sondern diese Parallelität lässt sich auch begründen: Starke Inflationstendenzen führen bei unflexiblen Arbeitsmärkten zu höheren Löhnen. Dadurch wird vermehrt rationalisiert, so dass Arbeitsplätze wegfallen.

Für die praktische Wirtschaftspolitik ergeben sich deshalb folgende Erkenntnisse:

a) Eine restriktive Geldmengenpolitik verhindert Inflationstendenzen, die die Lohn-Preis-Spirale in Gang setzen.

b) Dadurch steigen die Nominallöhne weniger, so dass kein Rationalisierungszwang entsteht, der Arbeitskräfte verdrängt.

c) Bei einer Angebotsinflation (höhere Rohstoffpreise) sollten die Löhne im Rahmen des Produktivitätsfortschrittes und nicht im Ausmass der Geldentwertung angehoben werden, wenn Inflationstendenzen mit Wegrationalisierung von Arbeitsplätzen verhindert werden sollen.

Die politische Problematik dieser Streitfrage liegt in den Widersprüchen zwischen den kürzer- und längerfristigen Auswirkungen von wirtschaftspolitischen Massnahmen: Für die Behörden ist es schwer, gute Massnahmen durchzusetzen, deren Vorteile erst langfristig – und nach für jedermann spürbaren kurzfristigen Nachteilen – sichtbar werden.

3.6 Unerwünschte Begleiterscheinungen einer restriktiven Geldpolitik

Seit Ende der achtziger Jahre gibt es Notenbanken, die in Rezessionsphasen mit starken Inflationstendenzen eine restriktive Geldmengenpolitik führen. Dieses Verhalten trägt ihnen vielerorts den Vorwurf ein, sie verhinderten dadurch den konjunkturellen Aufschwung. Dass diese Aussage in dieser Form falsch ist, sei am Beispiel der schweizerischen Entwicklung von 1987–1992 aufgezeigt.

Als Folge des Kurssturzes an den Aktienbörsen im Herbst 1987 lockerten die meisten westlichen Notenbanken ihre Geldmengenpolitik. Sie wollten damit die Gefahren eines konjunkturellen Abschwungs bremsen. Als

Folge der Geldmengenausweitung sanken die Zinssätze, was zuerst einen Bauboom und dann einen allgemeinen Investitionsboom brachte. Allmählich wurde die Wirtschaft vollbeschäftigt. Zugleich liess die Ausgabendisziplin der öffentlichen Hand nach; die Steuersätze konnten ermässigt werden, weil die Steuereinnahmen dank der guten Konjunktur stiegen. Als Folge davon nahm die Staatsverschuldung zu, was die Konjunktur weiter beschleunigte. Deshalb begann sich insgesamt der Preisauftrieb deutlich zu verstärken (1990 im Durchschnitt der OECD-Länder auf 6,5 %).

Daher ging die Schweizerische Nationalbank im Laufe des Jahres 1989 und anfangs 1990 zu einer restriktiven Geldmengenpolitik über, weil sie die Preisstabilität wieder herstellen wollte. Die Wirkungen liessen nicht lange auf sich warten: Die Zinssätze begannen zu steigen, der spekulative Boom im Immobilien- und Bausektor brach zusammen und das Wirtschaftswachstum liess nach, was bis 1992 zu einem Anstieg der Arbeitslosigkeit von etwas über 3 % führte.

Damit stand die Schweizerische Nationalbank vor dem **Dilemma** der **unerwünschten Begleiterscheinungen** einer restriktiven Geldmengenpolitik: **Sie bekämpfte die Inflation sehr energisch und nahm dafür rezessive Erscheinungen in Kauf.**

Kurzfristig denkende Politiker und Wirtschaftsführer forderten deshalb die Schweizerische Nationalbank auf, die Geldmenge rasch auszuweiten, um eine Zinssatzsenkung und damit eine Ankurbelung der Konjunktur zu erreichen. Die Nationalbank liess sich von der gegenteiligen Position, die sie mit grosser Beharrlichkeit vertrat, leiten: **Der Kampf gegen die Inflation lässt sich ohne bewusste Drosselung des wirtschaftlichen Wachstums, das die Kapazitätsgrenzen sprengt, nicht gewinnen.**

Anfänglich hatte die Schweizerische Nationalbank mit dieser Politik nicht den gewünschten Erfolg: Ihre restriktive Geldmengenpolitik verstärkte die Rezession, die Zinsen sanken nicht und die Inflation schwächte sich nicht ab. Trotzdem musste sie sich weiterhin für die restriktive Geldmengenpolitik entscheiden. Verantwortlich dafür war der Einigungsprozess in Deutschland. Infolge des hohen Kapitalbedarfs für die neuen Bundesländer und der restriktiven Geldpolitik der Deutschen Bundesbank stieg das deutsche Zinsenniveau an. Hätte die Schweizerische Nationalbank in dieser Situation die Geldmenge ausgeweitet, so wäre es zu einer starken Abschwächung des Schweizer Frankens und damit zu einer weiteren Verzögerung des Abbaus der schweizerischen Teuerung infolge höherer Importgüterpreise gekommen. Abbildung 6.15 zeigt diesen Zusammenhang auf.

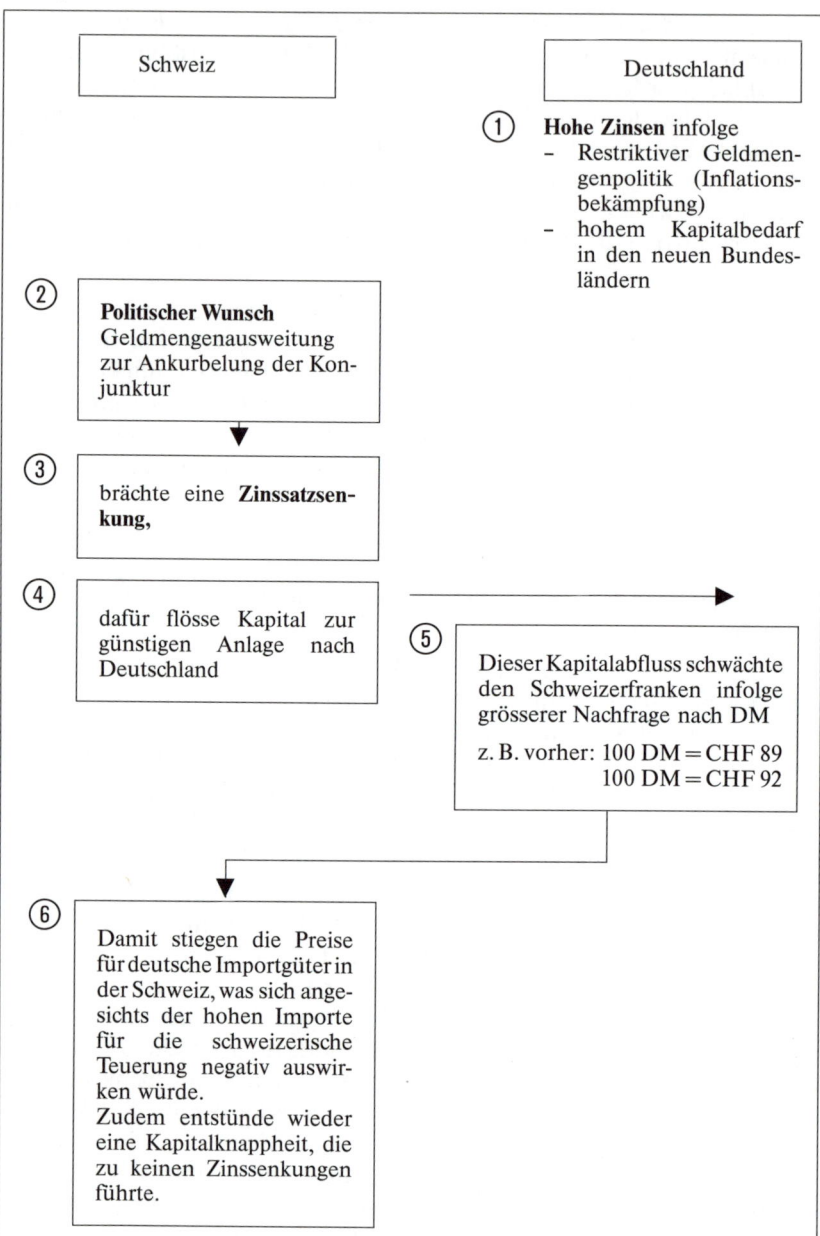

Abb. 6.15: Geldmengenpolitik im Verhältnis Schweiz–Deutschland

Der Rückgang der Teuerung in der zweiten Hälfte 1992 auf 3,5 % zeigte die Richtigkeit der Geldmengenpolitik der Schweizerischen Nationalbank, die sie selbst folgendermassen charakterisiert:

● Die Geldmengenpolitik ist zur kurzfristigen Feinsteuerung der Konjunktur ungeeignet.

● Eine flexible, nur auf die jeweilige Konjunkturlage ausgerichtete Geldpolitik ist vor allem in Rezessionszeiten gefährlich, weil sie die Glaubwürdigkeit der Inflationspolitik aufs Spiel setzt.

● Deshalb ist eine mittelfristig orientierte Geldmengenpolitik anzustreben (nach den Vorstellungen der Schweizerischen Nationalbank im Durchschnitt von 3 bis 5 Jahren ein jährliches Geldmengenwachstum von rund 1 %).

● Aber dieses durchschnittliche Wachstum von 1 % ist nicht Jahr für Jahr genau gleichmässig anzustreben. Kurzfristig stärkere Veränderungen der Geldmenge können als Reaktion auf Wechselkursentwicklungen (siehe S. 441) oder auf Zinssatzänderungen nötig werden (wenn z. B. die Zinssätze bei abnehmender Teuerung nachhaltig zurückgehen, kann dieser Prozess durch eine Ausweitung der Geldmenge verstärkt werden).

4. Die Problematik der konjunkturpolitischen Massnahmen

Heute stehen vor allem zwei Probleme der Konjunkturpolitik zur Diskussion, welche auf die Grenzen ihrer Verwendbarkeit und Wirksamkeit hinweisen.

1. Zeigen sich in einer Volkswirtschaft Tendenzen zu konjunkturellen Störungen, so sind drei entscheidende Fragen zu beantworten:

> Wann sind konjunkturpolitische Massnahmen einzuleiten? Wer soll aktiv werden? Welche Massnahmen sind in der betreffenden Wirtschaftslage geeignet?

Diese drei Fragen sind sehr häufig Ermessensfragen, so dass in der öffentlichen und parlamentarischen Diskussion oft politische Gegensätze oder Gruppeninteressen aufeinanderprallen, welche es dem Staat und der Notenbank häufig unmöglich machen, eine gute Konjunkturpolitik zu führen.

Nicht selten sind die zeitlichen Anpassungsprozesse dafür verantwortlich, dass konjunkturpolitische Massnahmen zu spät ergriffen werden. So weiss man, dass in der Schweiz eine Erhöhung der Geldmenge erst etwa ein bis drei Jahre später zu verstärkten Inflationstendenzen führt. Bekämpfen sollte man die Ursachen, also die Erhöhung der Geldmenge. Weil aber zu jener Zeit noch keine Preiserhöhungen eintreten, wird nichts unternommen. Die Bereitschaft zu konjunkturpolitischen Massnahmen wächst erst, wenn beispielsweise die Inflation spürbar wird. Zu dieser Zeit kommen aber die Massnahmen zu spät, weil man die Ursachen nicht mehr richtig bekämpfen kann. Deshalb ist es eine wichtige Aufgabe der Wissenschaft, die Politik auf Ursachen und spätere Folgen aufmerksam zu machen, damit die Ursachen rechtzeitig bekämpft werden.

2. Ein weiteres Problem stellt sich im Zusammenhang mit dem wirtschaftlichen Wachstum:

In Phasen des Aufschwunges soll mit konjunkturpolitischen Massnahmen die wirtschaftliche Entwicklung gebremst werden. Schwer zu beantworten ist dabei die Frage, wie stark gebremst werden soll. In Phasen der rückläufigen Wirtschaftsentwicklung soll mit diesen Massnahmen die Beschäftigungslage verbessert werden. Dies bedeutet zugleich wirtschaftliches Wachstum. Hierzu stellen aber immer mehr Leute die Frage, wie weit wirtschaftliches Wachstum überhaupt noch sinnvoll ist.

5. Die Wachstumspolitik und deren Kritik

5.1 Wege der Wachstumspolitik

Historisch gesehen lassen sich zwei Auffassungen über Wachstumspolitik nachzeichnen:

1. In den fünfziger und sechziger Jahren war der Wachstumsprozess nahezu **Selbstzweck**. Man sah als Ziel aller wirtschaftspolitischen Massnahmen nur eine hohe Wachstumsrate, weil davon ausgegangen wurde, dass Güterknappheit bestand, die es zu überwinden galt. Des-

halb diente das Wachstum einer laufenden materiellen Besserstellung der Individuen (= **quantitatives Wachstum**).

2. Die auf S. 88 dargestellten kritischen Aspekte des quantitativen Wachstums und das steigende Umweltbewusstsein führten Ende der sechziger Jahre zu einer zunehmenden Kritik am quantitativen Wachstum. Die Folge davon waren neue Vorstellungen über wirtschaftliches Wachstum, die sich in drei Gruppen gliedern lassen:

- «Idealisten» möchten über Aufklärung, Appelle an die Vernunft des einzelnen und gezielte Erziehungsmassnahmen das **Verhalten von Produzenten und Konsumenten beeinflussen**. Sie hoffen insbesondere auf ein verändertes Konsumentenverhalten: Nicht mehr der demonstrative Konsum (Konsum als Statussymbol, d. h. derjenige, der sich viel leisten kann, wird hoch angesehen) dürfte erstrebenswertes Ziel der Menschen sein, sondern an die Stelle der heute üblichen Aufwandkonkurrenz sollte das Bestreben nach Qualität des Lebens treten. Aus der Konsumgesellschaft müsste eine **Kulturgesellschaft** werden, in welcher Lebenskunst und kulturelle Interessen, wissenschaftliche Leistungen, besondere Steckenpferde und Hingabe an das Gemeinwohl erstrebenswerte Ziele würden.

- Kritiker freiheitlicher Wirtschaftsordnungen und einzelne Gruppen von Ökologen fordern ein **Wachstum Null**. Die meisten unter ihnen sind der Überzeugung, dass sich in freiheitlichen Wirtschaftsordnungen die Wachstums- und Umweltprobleme nicht lösen lassen. Deshalb treten sie – je nach politischem Standort – für massive staatliche Eingriffe, für eine Investitionslenkung oder gar für einen nationalen Wirtschaftsplan unter Berücksichtigung der Umwelt- und Energiesituation ein.

- Die Mehrzahl der Ökonomen tritt für **staatliche Rahmenbedingungen zugunsten eines qualitativen Wachstums** ein. Nach dieser Auffassung soll sich das marktwirtschaftliche Geschehen innerhalb eines vom Staat gesetzten Rahmens frei abspielen können. Dieser Rahmen sorgt aber dafür, dass es zu keinen Fehlentwicklungen durch ein rein quantitatives Wachstum kommen kann. Insgesamt soll also aus quantitativem qualitatives Wachstum werden. Diese Vorstellungen über Wachstumspolitik bekamen Auftrieb, als die Studie des Club of Rome über die «Grenzen des Wachstums» einen Kollaps (= Zusammenbruch) der quantitativ wachsenden Weltwirtschaft voraussagte, und als die kurz darauf folgende erste Erdölkrise die Weltwirtschaft tatsächlich erschütterte.

5.2 Die Grenzen des Wachstums: eine Studie des Club of Rome

Dem Club of Rome gehören rund 70 Mitglieder – Wissenschafter, Industrielle, Humanisten – aus 25 Staaten an. Er wurde 1968 in Rom gegründet und setzte sich zum Ziel, die Ursachen und inneren Zusammenhänge der immer stärker zutage tretenden kritischen Menschheitsprobleme zu ergründen. So untersuchte ein Forscherteam unter der Leitung von Dennis L. Meadows in seinem Auftrag die Grenzen des Wachstums.

In dieser Modellstudie wurden fünf Variablen (Nahrungsmittelverbrauch, Abbau der Reserven nicht regenerierbarer Rohstoffe, Industrieproduktion, Umweltverschmutzung, Wachstum der Bevölkerung) untersucht, die für das Wirtschaftswachstum von Bedeutung sind und zwischen denen vielfältige Wechselwirkungen bestehen. Dabei wird von der Erfahrung ausgegangen, dass das Wachstum nicht linear, sondern exponentiell erfolgt, das heisst in einem gleichbleibenden Zeitabschnitt eine jeweils konstante prozentuale Zunahme (aber von einer jeweils höheren Basis) eintritt. Aufgrund angenommener Wachstumsraten wird die künftige Entwicklung in einem Modell (dessen Ergebnis als Standardlauf des Weltmodells bezeichnet wird) durchgerechnet. Dabei untersuchen die Verfasser vor allem die Frage nach den Grenzen des exponentiellen Wachstums:

1. Die erste Grenze bildet die **Nahrungsmittelproduktion:** Trotz zahlreicher Möglichkeiten zur Steigerung der Agrarerträge glauben die Autoren, dass von hier her eine Bremsung des gesamtwirtschaftlichen Wachstums erfolge.

2. Die zweite Grenze besteht in den **Vorräten nicht regenerierbarer Rohstoffe** (natürlicher Ressourcen).

   So wird die Lage bei einzelnen Rohstoffen untersucht, wie etwa beim Aluminium: Die heute bekannten Weltreserven betragen 1,17 Mrd. Tonnen. Bei gleichbleibendem Verbrauch würden diese Reserven 100 Jahre reichen. Bei einer mittleren projektierten Wachstumsrate von 6,4 % wären sie aber bereits nach 31 Jahren erschöpft. Für Erdöl rechnet die Studie mit 20 Jahren, für Kupfer und Blei mit 21 Jahren. Selbst wenn die bestehenden Rohstoffvorkommen durch neue Entdeckungen erweitert würden, zu erwartende Preissteigerungen den Verbrauch beschränkte und die Wiedergewinnung verwendeter Rohstoffe beschleunigt werden könnte, wird die Lage in nicht allzu ferner Zeit kritisch.

3. Die dritte Grenze bildet die **Umweltverschmutzung,** wobei besonders darauf verwiesen wird, dass sich die Wirkungen der Umweltverschmutzung erst mit einer grösseren zeitlichen Verzögerung auswirken. In ihrem Modell fassen die Verfasser die Umweltverschmutzung in einer Grösse zusammen und drücken sie als Vielfaches des Niveaus von 1970 aus.

Unter Berücksichtigung aller wachstumssteigernden und wachstumshemmenden Faktoren kommen die Verfasser zu folgenden Entwicklungstendenzen für die wichtigsten Variablen des Modells, die durchwegs als Indexwerte abgetragen sind (siehe Abbildung 6.16).

Zunächst ist deutlich hervorzuheben, dass die Verfasser nur zeigen wollen, welches die Verhaltensweise der Variablen in der Periode von 1900 bis 2100 sein könnte. Die Wieder-

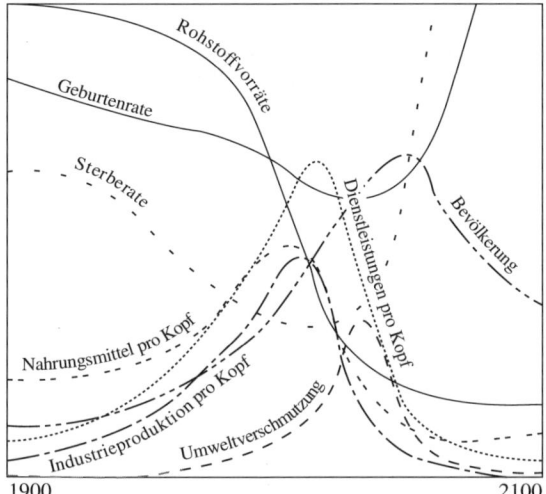

1900   2100

Abb. 6.16: Variablen des Modells «Grenzen des Wachstums»

gabe des Zustandes in einem bestimmten Jahr wird nicht bezweckt. Deshalb haben sie die Zeitachse denn auch nur am Anfang und am Ende beschriftet.

Die Interpretation der Kurven führt zu folgenden Schlüssen: Gehen wir von 1970 aus, so erkennen wir, dass drei wichtige Variablen, die Bevölkerung, die industrielle Produktion pro Kopf sowie die Umweltverschmutzung, noch während einiger Jahrzehnte progressiv zunehmen. Der Anstieg der Nahrungsmittelproduktion pro Kopf erfolgt noch ungefähr linear, während sich die Rohstoffvorräte massiv vermindern. Diese Verminderung erzwingt eine rückläufige Tendenz der industriellen Produktion pro Kopf, während die Umweltverschmutzung erst etwa zwei Jahrzehnte später rückläufig wird. Eine noch grössere Verzögerung von etwa vier Jahrzehnten ergibt sich zwischen der Verminderung der Nahrungsmittel pro Kopf und dem Rückgang der Bevölkerung. Alle diese Entwicklungen führen im Modell zu einem «Overshoot and Collapse» (Über-das-Ziel-Hinausgehen und Zusammenbruch) des Systems, indem es sich nicht asymptotisch der Kapazitätsgrenze nähert, sondern über das Ziel hinausschiesst und mit einer Reihe von Kurven unter den Anfangsstand von 1900 fällt. Die Vorgänge des Zusammenbruchs werden im Modell nicht näher geschildert, doch zeigen der Abfall der Nahrungsmittelproduktion und der Anstieg der Sterberaten mögliche Schwerpunkte auf.

Aufgrund des Standardlaufes des Modells führen die Forscher weitere Simulationsexperimente mit dem Weltmodell durch, indem sie einzelne Voraussetzungen des Modells verändern und die Auswirkungen auf den Verlauf der Kurven untersuchen. Insgesamt bestätigt sich bei allen diesen Simulationsmodellen die Annahme des Kollapses.

Deshalb fordern die Verfasser stabilisierende Massnahmen, welche die Wirtschaft auf einen **Weltgleichgewichtspfad** führen sollen. Um dieses Ziel zu erreichen, müsste eine Vielzahl von Massnahmen durchgeführt werden: Ab 1975 müsste das Bevölkerungswachstum (Geburten- und Sterberate sind gleich gross), ab 1990 das Realkapital (Inve-

stitionen dürfen nur im Ausmass des Kapitalverschleisses vorgenommen werden) stabilisiert werden. Ausserdem wird angenommen, der Rohstoffkonsum sinke auf einen
Viertel ab, und die wirtschaftliche Tätigkeit verschiebe sich in Richtung des tertiären
Sektors. Ferner soll ein Teil des Realkapitals zur Verbesserung der Nahrungsmittelproduktion eingesetzt werden. Der auf diesen Grundlagen ermittelte Weltgleichgewichtspfad ist als Modell in Abbildung 6.17 wiedergegeben.

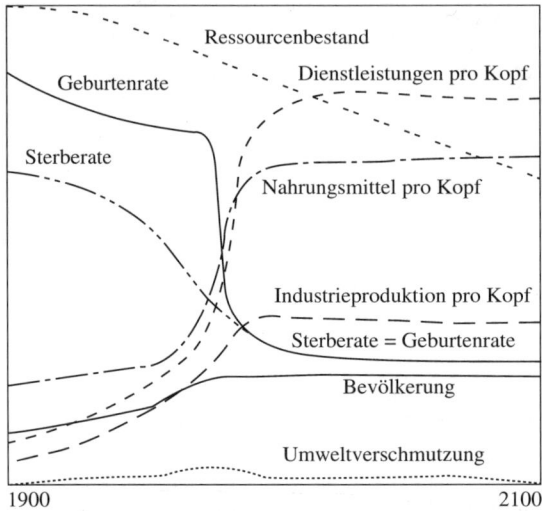

Abb. 6.17: Modell des Weltgleichgewichtspfades

Unter diesen Annahmen gelänge es, vier der wichtigsten Variablen zu stabilisieren:
Bevölkerung, industrielle Produktion, Nahrungsmittelproduktion pro Kopf und die
Umweltverschmutzung. Einzig der Vorrat an Ressourcen würde weiter abnehmen.
Allerdings sind diese Annahmen noch wirklichkeitsfremd. Deshalb werden in weiteren
Modellen wirklichkeitsnähere Annahmen eingeführt, die jedoch wieder zum «Over-
shoot and Collapse» führen.

Alle Überlegungen führen zum Schluss, dass von den drei Möglichkeiten (1) unbe-
grenztes Wachstum, (2) naturbestimmte Grenzen des Wachstums und (3) durch die
Menschen selbstbestimmte Grenzen des Wachstums nur die letzte Variante – also
selbstbestimmte Grenzen des Wachstums – einen Kollaps des ganzen Weltsystems zu
verhindern vermöchte. Dabei sind sich aber die Autoren bewusst, dass diese selbstbestimmte Begrenzung des Wachstums ein weitgehendes Umdenken **aller** Menschen und
grösste Anstrengungen unter persönlichem Verzicht erfordern würde. Im weitern glauben sie, dass der technologische Fortschritt weitergehe und eine langsame Erhöhung
der Leistungen des konstant bleibenden Kapitalstocks gestatte. Jene menschlichen
Tätigkeiten, welche Umwelt und Ressourcen nicht beanspruchen, dürften sogar beliebig wachsen, was insbesondere für die Freizeitbeschäftigung zutreffe. Deshalb bedeute
das Weltgleichgewicht auch nicht das Ende der menschlichen Entwicklung.

Diese Studie des «Club of Rome» ist nicht ohne Widerspruch geblieben. Diskutiert wurden insbesondere folgende kritische Punkte:

- Die Studie rechnet nicht mit neuen Rohstoffvorkommen.

- Die Wirksamkeit des Preismechanismus wird in doppelter Hinsicht vernachlässigt. Einerseits werden knappe Rohstoffe immer teurer, so dass mit der Zeit auf andere Rohstoffe zurückgegriffen wird. Andererseits unterschätzen die Verfasser den technischen Fortschritt, der bei steigenden Preisen die Entwicklung von Neuerungen sowie Anpassungsvorgänge beschleunigt.

- Die Studie geht von einem exponentiellen Wachstum aus. Diese Annahme ist übertrieben, denn einerseits schwächt sich jedes Wachstum ab, und andererseits ist allmählich mit einem Nachfragerückgang bei den Konsumenten zu rechnen, nachdem sich immer stärkere Sättigungstendenzen bemerkbar machen.

Insgesamt sind die Befürchtungen des «Club of Rome» nicht nur Weltpessimismus. Sie sind aber stark übertrieben: Im Bereiche der Prognose ist die Studie zu pessimistisch und im Bereiche der Stabilisierungspolitik (Massnahmen zur Stabilisierung des Wachstums) zu optimistisch. Trotzdem bleibt die Studie eine hervorragende Grundlage zur Diskussion der Probleme des exponentiellen Wachstums.

5.3 Die Forderung nach Wachstum Null

5.3.1 Begriff und Problemstellung

Wachstum Null kann Nullbevölkerungswachstum und Nullwirtschaftswachstum bedeuten.

Beim Nullbevölkerungswachstum wächst die Bevölkerung nicht mehr.
Beim Nullwirtschaftswachstum bleibt das reale Nettosozialprodukt je Einwohner konstant.

Der Übergang von einer wachstumsorientierten Konsumgesellschaft zum Nullwirtschaftswachstum müsste über eine Konsumbeschränkung und damit über eine materielle Wohlstandseinbusse aller Wirtschaftssubjekte erfolgen. Ein solcher Übergang wäre für die Gesamtwirtschaft allerdings nicht ganz problemlos, wie Abbildung 6.18 zeigt.

Um zu einem konstanten Nettosozialprodukt je Einwohner zu gelangen, muss ein kontraktiver (beschränkender) Anstoss erfolgen. In unserem Beispiel ist es ein Rückgang der Konsumgüternachfrage. Weil nun aber dieser Anstoss die Tendenz zur Selbstverstärkung hat (psychologische

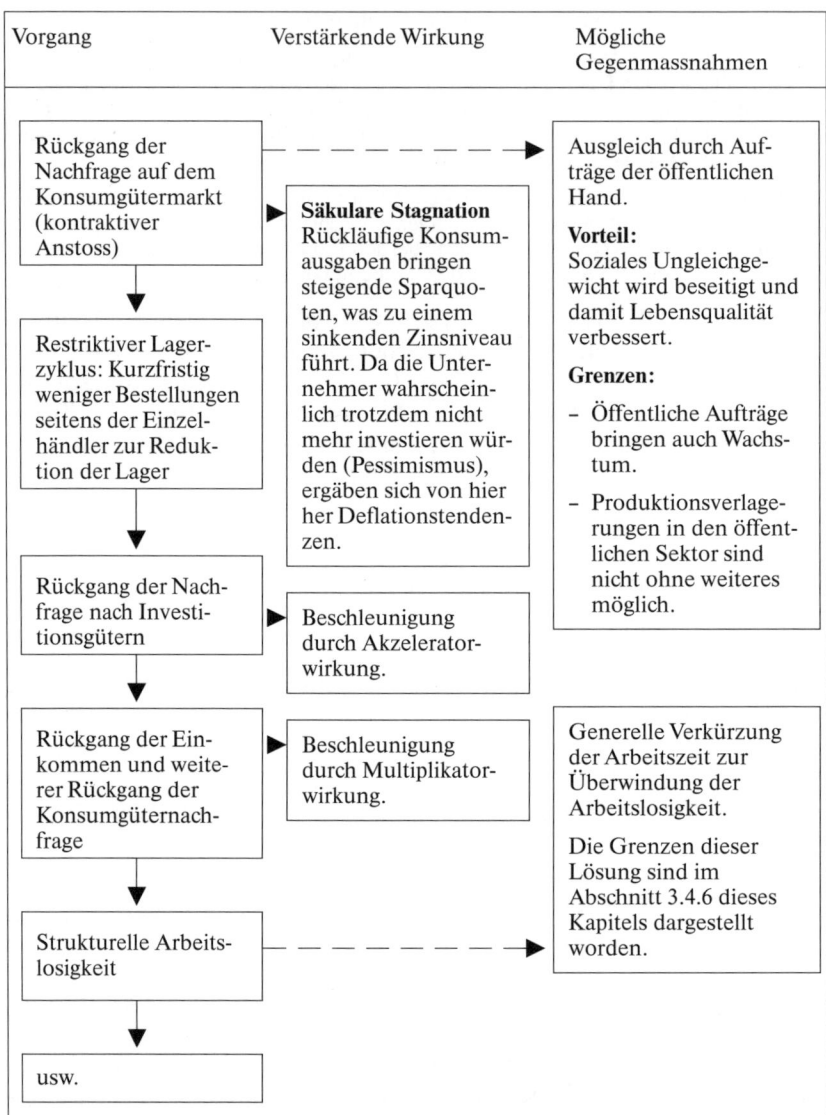

Vorgang	Verstärkende Wirkung	Mögliche Gegenmassnahmen
Rückgang der Nachfrage auf dem Konsumgütermarkt (kontraktiver Anstoss)	**Säkulare Stagnation** Rückläufige Konsumausgaben bringen steigende Sparquoten, was zu einem sinkenden Zinsniveau führt. Da die Unternehmer wahrscheinlich trotzdem nicht mehr investieren würden (Pessimismus), ergäben sich von hier her Deflationstendenzen.	Ausgleich durch Aufträge der öffentlichen Hand. **Vorteil:** Soziales Ungleichgewicht wird beseitigt und damit Lebensqualität verbessert. **Grenzen:** – Öffentliche Aufträge bringen auch Wachstum. – Produktionsverlagerungen in den öffentlichen Sektor sind nicht ohne weiteres möglich.
Restriktiver Lagerzyklus: Kurzfristig weniger Bestellungen seitens der Einzelhändler zur Reduktion der Lager		
Rückgang der Nachfrage nach Investitionsgütern	Beschleunigung durch Akzeleratorwirkung.	
Rückgang der Einkommen und weiterer Rückgang der Konsumgüternachfrage	Beschleunigung durch Multiplikatorwirkung.	Generelle Verkürzung der Arbeitszeit zur Überwindung der Arbeitslosigkeit. Die Grenzen dieser Lösung sind im Abschnitt 3.4.6 dieses Kapitels dargestellt worden.
Strukturelle Arbeitslosigkeit		
usw.		

Abb. 6.18: Übergang zum Nullwirtschaftswachstum

Faktoren, Akzelerator, Multiplikator), wird es sehr schwer sein, den Kontraktionsprozess beim erwünschten Punkt zu bremsen. Mit aller Wahrscheinlichkeit würde der rückläufige Prozess weiter voranschreiten und zu übermässigen Einkommensverlusten sowie zu Arbeitslosigkeit führen. Daher brächte das Nullwirtschaftswachstum bei der Mentalität der Menschen in einer Wohlstandsgesellschaft enorme gesellschaftspolitische Probleme.

In Rezessionszeiten wird die Forderung nach einem Nullwirtschaftswachstum hinfällig. Bei einem erneuten wirtschaftlichen Aufschwung gewinnt die Forderung wieder an Bedeutung, so dass sich die Frage stellt, wie der kontraktive Anstoss auch noch auf anderen Wegen als einer Konsumeinschränkung erfolgen könnte.

5.3.2 Massnahmen zur Verwirklichung des Nullwirtschaftswachstums

Es stehen folgende Möglichkeiten zur Diskussion:

- *Investitionslenkung*

  Bei der Investitionslenkung geht es um die Steuerung der Investitionen durch überbetriebliche Institutionen (z. B. ein «Bundesamt für Investitionslenkung»).

  Die **Investitionslenkung** kann indikativ oder imperativ erfolgen. Bei der **indikativen** Investitionslenkung bleiben die Unternehmungen in ihren Investitionsentscheidungen frei. Durch ein System von «Incentives» (Anreizen) und «Dicentives» (Benachteiligungen) sollen die Unternehmungen aber zum erwünschten Verhalten veranlasst werden.

  Bei der **imperativen** Investitionslenkung wirkt die überbetriebliche Institution direkt auf die Investition ein.

  Im Zusammenhang mit dem Nullwirtschaftswachstum würden umweltschonende Investitionen bevorzugt behandelt (bei indikativer Investitionslenkung z. B. mit günstigen Krediten finanziert). Investitionen, die das quantitative Wachstum beschleunigen, würden benachteiligt (bei imperativer Investitionslenkung gar verboten).

  Ob Fehlentwicklungen des quantitativen Wachstums durch eine Investitionslenkung beseitigt würden, bleibt fraglich. Wahrscheinlich ist, dass sie schwerwiegende Störungen bei der Investitionstätigkeit bringen würde, weil der Entscheidungsmechanismus zur Steuerung der gesamtwirtschaftlichen Investitionen äusserst kompliziert ist. Das Argument der «besseren Berücksichtigung gesellschaftlicher Bedürfnisse vermittels einer Investitionsplanung» ist verfänglich. Es müsste nämlich eine Institution entscheiden, welche Bedürfnisse «im gesamtwirtschaftlichen Interesse» liegen. Wer kann aber solche Entscheide fällen? Im Fall von Fehlern sind die Auswirkungen viel umfassender, als wenn eines unter vielen Wirtschaftssubjekten einen Fehlentscheid trifft.

● *Indikative oder imperative Planung der Wirtschaft*

Bei der **indikativen Planung** geht es um die Vorausschätzung einer gewünschten und möglichen gesamtwirtschaftlichen Entwicklung und ihrer Komponenten. Die geschätzten Grössen sind weder für den Staat noch die privaten Unternehmungen verbindlich. Diese Vorausschätzung hat lediglich informativen Charakter. Sie soll dem Staat die Entschlüsse in der Wirtschaftspolitik und den privaten Unternehmungen die Investitionsentscheide erleichtern.

Bei der **imperativen Planung** werden von einer staatlichen Stelle verbindliche Ziele vorgegeben.

Bei einer Zielsetzung «Nullwirtschaftswachstum» wäre die Planung auf folgende Massnahmen auszurichten:

- Umschichtung der Investitionen in Richtung von Energie- und Rohstoffeinsparung.

- Begrenzung der Energieproduktion, um das gesamtwirtschaftliche Wachstum von der Produktionsseite her zu drosseln.

- Unmittelbare Einwirkung auf das Sozialprodukt (vorgeschriebene Höchstproduktion für Betriebe, Besteuerung der Überproduktion).

- Einschränkung des Konsums (z. B. durch Ausgabensteuer).

Heute stehen solche systemverändernde Planungsmassnahmen kaum mehr ernsthaft zur Diskussion, weil man aufgrund der Erfahrungen im ehemals kommunistischen Osteuropa deren Ineffizienz erkannt hat.

5.3.3 Beurteilung der Forderung nach Nullwirtschaftswachstum

Gegen die Forderung nach einem Nullwirtschaftswachstum werden folgende Einwände erhoben:

1. Das Nullwirtschaftswachstum verhindert auch denjenigen Fortschritt, der die Befriedigung durchaus legitimer Wünsche gewährleistet. Für Entwicklungsländer gibt es heute gar keine andere Alternative als Wachstum.

2. Es hemmt den technischen Fortschritt, der trotz wachstumssteigernder Wirkung die Lebensqualität durchaus verbessern kann.

3. Fraglich ist, ob die für die Verbesserung unserer Umweltbedingungen nötigen Investitionen und die damit verbundenen Strukturwandlungen bei einem Nullwirtschaftswachstum verkraftet werden können. Es zeigt sich nämlich immer wieder, dass Strukturwandlungen in wachsenden Volkswirtschaften reibungsloser ablaufen als in stagnierenden.

4. Die Aktivität des Menschen verlangt wirtschaftliches Wachstum, andernfalls fehlte das Ventil für die Energien vieler Menschen. Es ist kaum denkbar, dass sich die Menschheit in eine mittelalterliche statische Gesellschaft zurückfinden könnte.

Zu wiederholen ist: Ein Nullwirtschaftswachstum liesse sich nur mit erheblichen Wohlstandsverlusten verwirklichen. Ob man das will, ist eine normative Frage.

5.4 Staatliche Rahmenbedingungen zugunsten eines qualitativen Wachstums

Zwar stösst das quantitative Wachstum allmählich von selbst an Grenzen: Die laufende Kapazitätsausweitung der Unternehmungen führt mit der Zeit zur Sättigung der Märkte und zum ruinösen Preiskampf. In dieser Situation hat nur noch diejenige Unternehmung eine Überlebenschance, der es gelingt, den höchsten Qualifikationsgrad der Produkte zu erreichen. Verstärkt wird dieser Prozess durch das steigende Umweltbewusstsein der Menschen. Es zwingt die Unternehmungen, an der qualitativen Verbesserung ihrer Produkte zu arbeiten (umweltfreundlichere, weniger rohstoff- und energieaufwendige Güter).

Selbsttätig wird sich aber in einer freiheitlichen Wirtschaft der Übergang vom quantitativen zum qualitativen Wachstum nicht abspielen. Der Staat muss vielmehr die Rahmenbedingungen für das Wirtschaftswachstum so verändern, dass weiteres Wirtschaftswachstum nicht zu Lasten der Umweltqualität geht, sondern einen echten Beitrag zur Erhöhung der Lebensqualität erbringt.

Um dieses Ziel zu erreichen, sind folgende Gesichtspunkte zu beachten:

1. Die staatliche **Wirtschaftspolitik** muss sich an neuen Zielen orientieren:

    - Das traditionelle magische Zieldreieck «Wachstum – Preisstabilität – Zahlungsbilanzausgleich» reicht als Richtschnur nicht mehr aus.

An dessen Stelle muss ein neues Zielviereck «Vollbeschäftigung – Preisstabilität – Zahlungsbilanzausgleich – Umweltstabilität» treten.

- Die herkömmlichen Statistiken, die Wohlstand und Wohlfahrt nur am Bruttosozialprodukt messen, sind durch das System der Sozialindikatoren (siehe S. 85) zu ergänzen. Dadurch sollen Fehlentwicklungen im Wachstum sichtbar gemacht werden.

2. Die staatliche Strukturpolitik soll auf qualitatives Wachstum und vermehrten Schutz der Umwelt ausgerichtet werden:

- Die Infrastruktur ist entsprechend der langfristigen Interessen der Gesellschaft zu entwickeln.

- Mit der Raumplanung soll eine sinnvolle Nutzung des Bodens erreicht werden.

- Die Verkehrspolitik soll gegen Fehlentwicklungen im Verkehr wirken.

- Die Umweltpolitik ist auf den Schutz der Umwelt auszurichten.

3. Im übrigen soll der Staat

- für den Wettbewerb innerhalb des wirtschafts- und strukturpolitischen Rahmens sorgen;

- den Unternehmungen die Freiheit belassen, dass sie effizient produzieren können, was die Konsumenten wollen;

- den Wirtschaftssubjekten die Entscheidungsfreiheit geben, wie weit sie am materiellen Wohlstand teilhaben oder nichtmaterielle Lebensqualität haben wollen (z. B. ob sie die Ergebnisse von Produktivitätssteigerungen in Form von mehr Einkommen oder mehr Freizeit erhalten wollen).

6. Umweltschutz als wirtschaftspolitische Aufgabe

6.1 Ziele des Umweltschutzes

Wirtschaftspolitische Massnahmen für den Umweltschutz können erst ergriffen werden, wenn die Ziele des Umweltschutzes klar umschrieben sind. Noch immer kranken die meisten Diskussionen über diese wichtigen

Aufgaben an der Unklarheit der Zielsetzungen. Deshalb sollen anhand eines Schemas (Abbildung 6.19) zunächst die Ziele definiert werden.

Das Wirtschaften betrifft zwei Systeme: das ökologische System (Natur) und das gesellschaftliche oder ökonomische System (Produktion und Konsum als menschliche Aktivitäten). Zwischen diesen beiden Systemen bestehen zwei wesentliche Beziehungen: Einerseits bezieht das ökonomische System natürliche Ressourcen aus dem ökologischen als Inputs für die Produktion von Gütern. Andererseits fliessen Teile des Outputs des ökonomischen Systems als unerwünschte Produkte in das ökologische System zurück. Dieser ökologisch-ökonomische Kreislauf ist jedoch nicht vollständig geschlossen; ein Teil des Inputs kommt von aussen (Sonnenenergie sowie der autonome technische Fortschritt), ein Teil des Outputs geht in Form von Abstrahlung nach aussen.

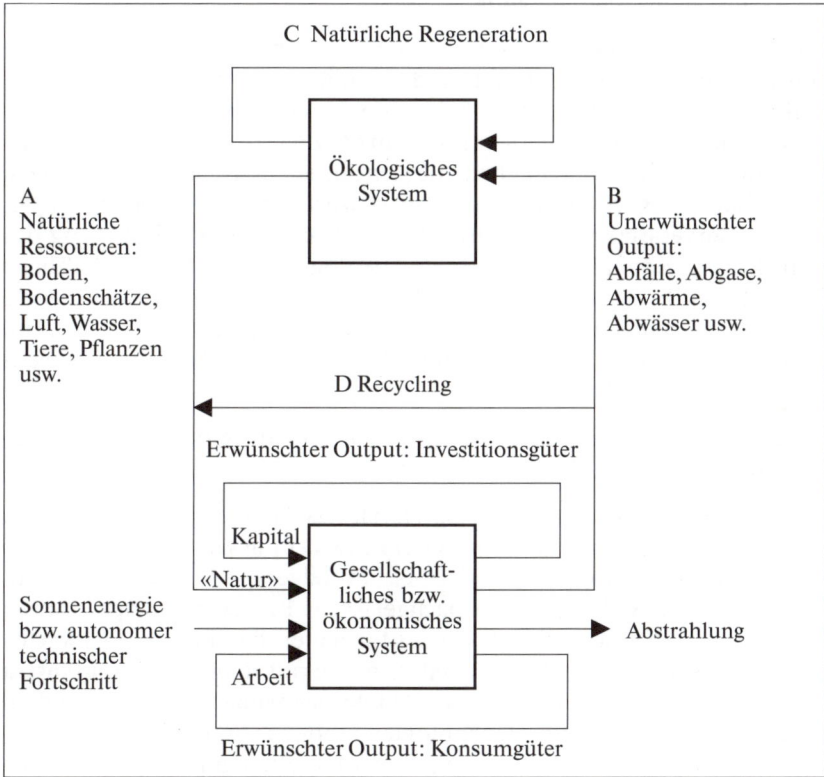

Abb. 6.19: Schema der Umweltströme

Aus diesem Kreislauf lassen sich vier konkrete Ziele des Umweltschutzes ableiten:

1. Beschränkung des Verbrauchs natürlicher Ressourcen (Strom A).

2. Beschränkung der Abgabe unerwünschter Reststoffe an die Natur (Strom B).

3. Erhöhung der Regenerationsfähigkeit des ökologischen Systems (Strom C).

4. Förderung des Recyclings, d. h. der Umwandlung unerwünschter Reststoffe in natürliche Ressourcen ersetzende Produktionsinputs (Strom D).

6.2 Trends in der Umweltpolitik

Die bisherige «**erste Stufe**» der Umweltpolitik hat sich schwergewichtig mit den **einzelnen** Schadstoffen und Schädigungen der Natur sowie mit vielen **Einzel**massnahmen zum Schutz der Umwelt beschäftigt. Nach Auffassung der OECD (siehe S. 458) ist es an der Zeit, zu einer «**zweiten Stufe**» der Umweltpolitik überzugehen, die sich auf ein **Konzept der nachhaltigen Entwicklung** ausrichten muss. Darunter wird eine **langfristig** angelegte, dem **Vorsorgerprinzip** verpflichtete und auf die dauernde Erhaltung des natürlichen Kapitals ausgerichtete ökologische und wirtschaftliche Umweltpolitik verstanden. Dies bedingt die bisher vernachlässigte Betrachtung **kumulativer** Effekte **mehrerer** gleichzeitig auf Mensch und Umwelt einwirkender Einflüsse und damit eine ganzheitliche Umwelt- und Wirtschaftspolitik.

Eine Bilanz der bisherigen Bemühungen in der Umweltpolitik und Trendbeurteilungen lassen folgende Schlüsse zu:

- In den westlichen Industriestaaten hat das Ausmass der industriellen Umweltverschmutzungen dank der Entwicklung sauberer Technologie und des Niedergangs besonders «schmutziger» Industriezweige (z. B. Kohle- und Stahlindustrie) nachgelassen. In den neunziger Jahren muss aber die Industrie infolge des fortdauernden Produktionswachstums das Mengenproblem bewältigen und mit **steigenden Grenzkosten der Schadensvermeidung** und **Abfallbeseitigung** rechnen. Zudem erwachsen aus neuen Technologien, möglichen Unfällen und unsachgemässer Behandlung von Sonderabfällen immer grössere **Risiken**.

- Im Transportsektor bleibt die Umweltbelastung trotz technischer Verbesserungen (z. B. schadstoffarme Motoren) weiterhin **besorgniserregend**. Seit 1970 hat in den OECD-Ländern das Strassenverkehrsvolumen um 86 % zugenommen und stieg damit stärker als das OECD-Bruttoinlandsprodukt (72 %). Hier ist eine Dämpfung der Nachfrage nach Strassentransporten vordringlich (optimale Verteilung von Personen und Gütern auf die Verkehrsträger).

- Im Energiebereich konnte die Koppelung von Wirtschaftswachstum, Energieverbrauch und Umweltschäden dank moderner Umwelttechnik und Sparanstrengungen wesentlich entschärft werden. Der Energieverbrauch im OECD-Raum stieg noch um 30 % (BIP 72 %). Als Probleme bleiben bestehen: Treibhauseffekt, Risiken und Abfälle der Nuklearenergie, Folgen der fossilen Energieträger.

- Das Konsumverhalten entwickelt sich immer stärker in Richtung verpackter und gebrauchsfertiger Güter. Deshalb ist auf der zweiten Stufe der Umweltpolitik zu vermeiden, dass sich steigende Einkommen in weiterhin zunehmendem umweltschädlichem Konsumverhalten äussern.

In den achtziger Jahren wurden in den OECD-Ländern zwischen 0,8 % und 1,5 % des BIP für Umweltschutzmassnahmen aufgewendet. Der ökologische Gewinn dieser Massnahmen war deutlich höher als die Kosten.

Zur Erfassung der Veränderungen der Umwelt hat die OECD 25 vorläufige **Umweltindikatoren**[19] vorgelegt. Mit ihnen lassen sich einerseits **Veränderungen** im Zustand der Umwelt quantitativ verfolgen. Andererseits dienen sie der **Effizienzkontrolle** der staatlichen Umweltpolitik in verschiedenen Ländern.

6.3 Wirtschaftspolitische Massnahmen im Umweltschutz

6.3.1 Überblick

Abbildung 6.20 gibt einen Überblick über die wirtschaftspolitischen Massnahmen im Umweltschutz.

---

19 Umweltindikatoren geben Auskunft über den Zustand der Umwelt (z. B. Emissionen von Kohlendioxid, von Treibhausgasen; Wasserverbrauch im Verhältnis zum natürlichen Wasserfluss; Anteil der unter Schutz gestellten Landflächen; Importmenge tropischer Hölzer). Umweltindikatoren informieren über ökonomische und demographische Entwicklungen, die für die Umwelt bedeutsam sind (z. B. Energieverbrauch pro BSP-Einheit, prozentualer Anteil der verschiedenen Energieträger, Entwicklung im Transportsektor).

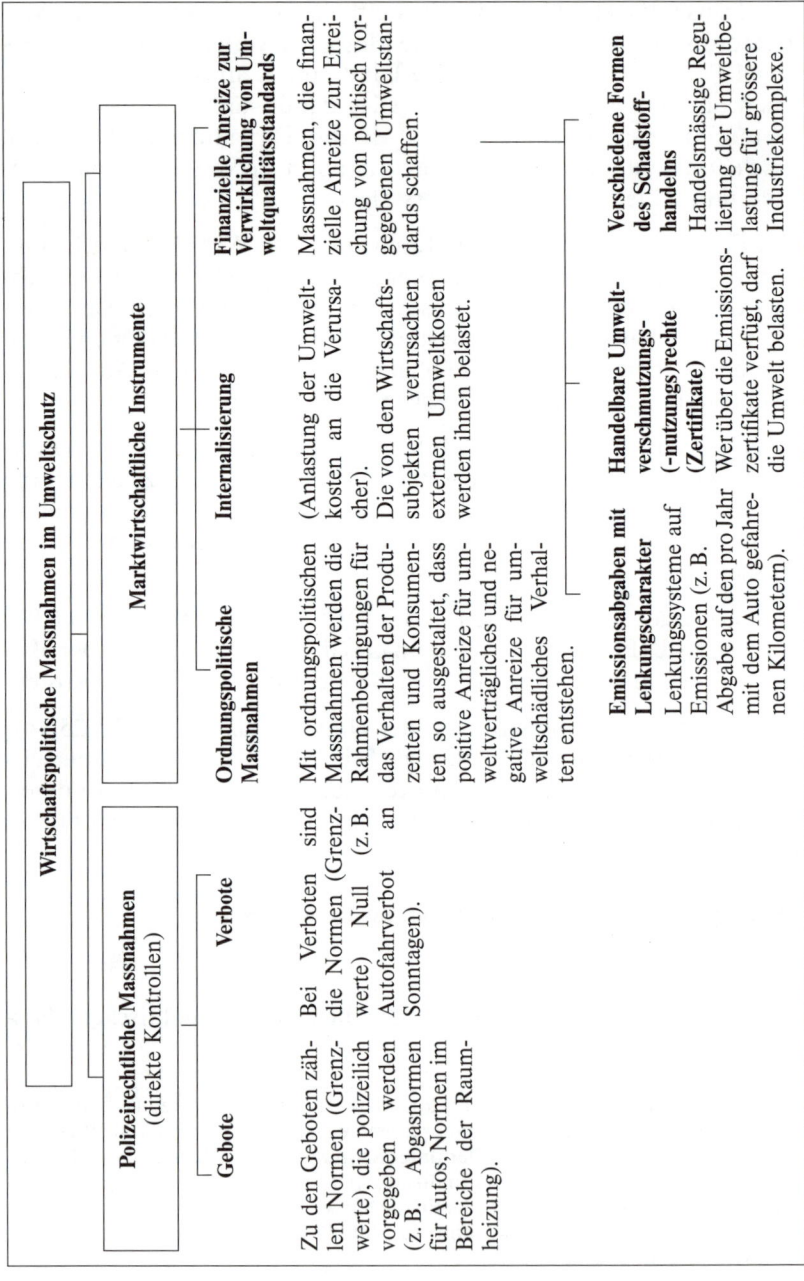

Wirtschaftspolitische Massnahmen im Umweltschutz

Polizeirechtliche Massnahmen (direkte Kontrollen)

Marktwirtschaftliche Instrumente

Gebote	**Verbote**	**Ordnungspolitische Massnahmen**	**Internalisierung**	**Emissionsabgaben mit Lenkungscharakter**	**Handelbare Umweltverschmutzungs(-nutzungs)rechte (Zertifikate)**	**Verschiedene Formen des Schadstoffhandelns**	**Finanzielle Anreize zur Verwirklichung von Umweltqualitätsstandards**
Zu den Geboten zählen Normen (Grenzwerte), die polizeilich vorgegeben werden (z. B. Abgasnormen für Autos, Normen im Bereiche der Raumheizung).	Bei Verboten sind die Normen (Grenzwerte) Null (z. B. Autofahrverbot an Sonntagen).	Mit ordnungspolitischen Massnahmen werden die Rahmenbedingungen für das Verhalten der Produzenten und Konsumenten so ausgestaltet, dass positive Anreize für umweltverträgliches und negative Anreize für umweltschädliches Verhalten entstehen.	(Anlastung der Umweltkosten an die Verursacher). Die von den Wirtschaftssubjekten verursachten externen Umweltkosten werden ihnen belastet.	Lenkungssysteme auf Emissionen (z. B. Abgabe auf den pro Jahr mit dem Auto gefahrenen Kilometern).	Werüber die Emissionszertifikate verfügt, darf die Umwelt belasten.	Handelsmässige Regulierung der Umweltbelastung für grössere Industriekomplexe.	Massnahmen, die finanzielle Anreize zur Erreichung von politisch vorgegebenen Umweltstandards schaffen.

Abb. 6.20: Wirtschaftspolitische Massnahmen im Umweltschutz

6.3.2 Polizeirechtliche Massnahmen

Nach heutigem Kenntnisstand sind **polizeirechtliche Massnahmen** (Gebote und Verbote) **ökologisch** oft **weniger wirksam** und in der Regel **ökonomisch weniger effizient** als marktwirtschaftliche Instrumente.

Geringere ökologische Wirksamkeit:

1. Gebote (z. B. Emissionsgrenzwerte für Abgase) stellen keine Anreize für Unternehmungen dar, diese Grenzwerte zu unterschreiten. Es wird gerade so viel in Umweltschutzmassnahmen investiert, bis die Grenzwerte erreicht sind.

2. Die Festlegung von Emissionsgrenzwerten bringt immer wieder Ziel- und Interessenkonflikte (z. B. bei einem bestimmten Grenzwert droht ein Unternehmer die Stillegung einer Fabrik an, so dass Arbeitsplätze gefährdet sind). Solche Konflikte führen häufig zu langen Anpassungsfristen und Kompromissen, die umweltunverträglich sind. Zudem wird in Rezessionszeiten oft auf die Durchsetzung von Emissionsgrenzwerten verzichtet.

3. Vorschriften beziehen sich oft nur auf Neuinvestitionen. Dadurch kann sich die Einführung umweltfreundlicher Technologien verlangsamen, weil sie im Vergleich zu Altanlagen teurer sind.

4. Die Umweltbelastung kann trotz Emissionsgrenzwerten gesamthaft weiter zunehmen, wenn in einer wachsenden Wirtschaft die Zahl der Emissionsquellen zunimmt (trotz Abgaswerten für Autos eine höhere Umweltbelastung, weil es immer mehr Autos gibt).

Geringere ökonomische Effizienz:

1. Gebote und Verbote bedingen eine umfassende und damit kostspielige Kontrolle.

2. Gebote und Verbote nehmen keine Rücksicht auf die einzelnen Unternehmungen, so dass die Wettbewerbsbedingungen negativ beeinflusst werden (kleinere Unternehmungen mit weniger Kapital sind stärker betroffen).

3. Gebote und Verbote geben wenig Anreiz für umweltfreundliche Innovationen. Die Unternehmungen orientieren sich vielmehr am aktuellen Stand der Technik, der den Emissionsgrenzwerten gerade noch entspricht. Dieser passive Anpassungsprozess wird auch als dynamische Ineffizienz bezeichnet.

6.3.3 Marktwirtschaftliche Umweltpolitik

Die **marktwirtschaftliche Umweltpolitik** geht vom Ziel aus, Massnahmen des Umweltschutzes für den einzelnen (Unternehmungen, Konsumenten) lohnend zu machen. Deshalb wird versucht, über finanzielle Anreize das umweltgerechte Verhalten zu verstärken, indem umweltfreundliches Verhalten belohnt und umweltschädliches Verhalten bestraft (besteuert) wird. Auf diese Weise soll die Umweltpolitik nach marktwirtschaftlichen Grundsätzen ausgestaltet werden.

Die drei Gruppen von marktwirtschaftlichen Instrumenten (ordnungspolitische Massnahmen, Internalisierung, finanzielle Anreize, siehe Tabelle 6.20) sind durch folgende Merkmale charakterisiert:

- Die Unternehmungen und Konsumenten behalten im Rahmen der anvisierten Belastungsgrenzen ihre volle wirtschaftliche Entscheidungsfreiheit.

- Weil jede Unternehmung und jeder Konsument nach der für ihn kostengünstigsten Lösung sucht, wird der gewünschte Umweltqualitätsstandard mit wesentlich geringeren gesamtwirtschaftlichen Kosten erreicht als bei polizeirechtlichen Massnahmen: Weniger Ressourcenaufwand für Umweltschutz bringt mehr für die gesamte Umwelt (etwa die Hälfte der Kosten).

6.3.4 Marktwirtschaftliche Instrumente

- *Ordnungspolitische Massnahmen*

Ordnungspolitische Massnahmen verändern die «Spielregeln» für Produzenten und Konsumenten, indem der Staat Voraussetzungen schafft, dass das Verhalten umweltgerechter wird.

Beispiel: Es wird gesetzlich vorgeschrieben, dass alle Vermieter individuelle, verbrauchsabhängige Heizkostenabrechnungen zu erstellen haben. Dadurch erhält jeder Mieter den Anreiz, Energie zu sparen. Will er aber weiterhin hohe Zimmertemperaturen haben, so bleibt es ihm anheim gestellt; er hat aber mehr zu bezahlen. Damit spielt der Marktmechanismus. Diese Massnahme hat zu Energieeinsparungen von durchschnittlich 20 % geführt.

- *Internalisierung*

Bislang werden die externen Kosten (siehe S. 88), die im Zusammenhang mit der Nutzung der Umwelt entstehen, nicht vom Verursacher, sondern von der Allgemeinheit getragen. Deshalb haben diese externen Kosten keinen Einfluss auf das Verhalten der Menschen. Um diese zu einem sorgfältigeren Umgang mit der Natur zu bewegen, wurde vorgeschlagen, diese externen Kosten über eine Steuer (Pigou- oder Sozialkostensteuer) ihren Verursachern anzulasten. Leider lässt sich aber bislang diese Idee nicht verwirklichen, weil sich einerseits die externen Kosten im Umweltbereich kaum einigermassen zuverlässig erfassen lassen, und andererseits gibt es keine Möglichkeit, diese Steuer einigermassen gerecht auf die einzelnen Verursacher zu verteilen.

Zu verwirklichen ist jedoch die verursachergemässe Belastung aller Kosten staatlicher Umweltschutzmassnahmen. Dazu gehören Kehrichtgebühren in der Form von Abgaben je Kehrichtsack oder die verursachergerechte Belastung der Kosten für Schallschutzwände entlang von Autobahnen.

- *Finanzielle Anreize zur Erreichung vorgegebener Umweltstandards*

Diese Instrumente beinhalten finanzielle Anreize, die so angesetzt werden, dass die Umweltbelastung in einer Region oder landesweit insgesamt unter ein politisch vorgegebenes Niveau sinkt. Zur Diskussion stehen heute drei Instrumente:

1. Emissionsabgaben mit Lenkungscharakter (Lenkungssteuer)

Dieses Instrument kann wie folgt eingesetzt werden: Zuerst muss eine maximal als tolerierbar erachtete Schadstoffbelastung für ein Land oder eine Schadstoffregion festgelegt werden. Dann ist zu bestimmen, bis wann diese Umweltstandards zu erreichen sind. Im weiteren wird für die entsprechenden Schadstoffe eine Abgabe pro Emissionseinheit festgelegt. Diese ist umso höher, je schwieriger der Abbau der Schadstoffe ist. Schliesslich wird mit der Höhe der Abgabe solange variiert, bis sich die gesamte Schadstoffmenge auf den gewünschten Standard vermindert hat.

Solche Emissionsabgaben führen zu zusätzlichen Staatseinnahmen. Deshalb lassen sie sich politisch nur verwirklichen, wenn andere Steuern reduziert werden. Wird dies nicht vorgesehen, so käme es zu nachteiligen Wettbewerbsverzerrungen, indem die Unternehmungen in Ländern mit Emissionsabgaben Konkurrenten in Ländern ohne solche Abgaben preislich unterlegen wären.

Beispiele: Emissionsabgaben für Autos (gefahrene Kilometer multipliziert mit den fahrzeugspezifischen Abgaswerten), Abwassergebühren (Liter multipliziert mit Verschmutzungsgrad), lärmabhängige Flughafentaxen für Fluggesellschaften (Anzahl Landungen multipliziert mit dem Lärmpegel).

2. Umweltnutzungsrechte (Zertifikate)

Dieses Instrument lässt sich folgendermassen einsetzen: Zuerst wird wiederum die Höchstmenge pro Schadstoff und Region festgelegt. Diese maximale Schadstoffmenge wird in Emissionszertifikate (verbrieftes Recht, eine bestimmte Schadstoffmenge abgeben zu dürfen) aufgeteilt. Dann werden die Emissionszertifikate an solche Unternehmungen versteigert, die Schadstoffe abgeben, denn nur wer Zertifikate besitzt, darf noch Schadstoffe abgeben.

Dieser Zertifikatshandel wird die Unternehmungen veranlassen, die Emissionsmenge aus Kostengründen schnell zu reduzieren. Zudem kann der Staat durch eine im Verlaufe der Zeit kleiner werdende Zahl von Zertifikaten die Umweltstandards erhöhen.

3. Schadstoffhandel

Diese Instrumente stammen aus den Vereinigten Staaten und wurden dort auch schon verschiedentlich erprobt. Sie dienen alle der Regulierung der Umweltbelastungen für grössere Industriekomplexe.

a) **Glockenpolitik (Bubble Policy):** Hier stellt man sich in einem Gebiet oder Industriekomplex eine übergestülpte Glocke vor, aus der nur eine bestimmte Menge Schadstoffe kommen darf. Innerhalb der Glocke steht es den einzelnen Unternehmungen frei, wie sie die Emissionen auf den Standard reduzieren wollen. Deshalb wird jede Unternehmung die Umweltschutzmassnahmen an den kostengünstigsten Stellen vornehmen. Alle Unternehmungen zusammen vereinbaren vertraglich, wie sie die Emissionen auf den Standard bringen wollen und zahlen sich gegenseitig Entschädigungen aus, um die Standardwerte zu erreichen.

b) **Ausgleichspolitik (Offset Policy):** Wird in einem Gebiet eine neue industrielle Anlage geplant, so darf sie erst gebaut werden, wenn die Schadstoffabgabe der bestehenden Anlagen um mehr vermindert wird als die neue abgibt. Deshalb verbessern sich die Standards mit jeder Erweiterung.

c) **Emissionsgutschriften (Emission Banking):** Vermindert eine Unternehmung ihre Umweltbelastung stärker als es staatlich verordnet ist, so kann sie sich diese Leistung bei der staatlichen Umweltbehörde (Emissionsbank) gutschreiben lassen. Zu einem späteren Zeitpunkt kann sie dieses Emissionsguthaben selber verwenden oder an eine andere Unternehmung verkaufen, die infolge der

Umweltbelastung Emissionsrechte braucht. Auf diese Weise wird es wirtschaftlich interessant, die Umweltbelastungen unter den Standard zu bringen.

Politisch gefordert werden immer wieder **Subventionen** zur Förderung des Umweltbewusstseins (z. B. Steuererleichterungen für abgasarme Autos, subventionierte Tarife im öffentlichen Verkehr). Heute ist bekannt, dass auch Subventionen ökologisch wenig wirksam und ökonomisch wenig effizient sind.

6.4 Eine politische Streitfrage: Sollen Lenkungssteuern (Lenkungsabgaben) eingeführt werden, oder soll darauf verzichtet werden?

Bei der Aufzählung der marktwirtschaftlichen Instrumente für die Umweltpolitik wurde verschiedentlich auf Steuern und Abgaben verwiesen. Sie seien im folgenden noch genauer betrachtet, weil sie immer wieder zu politischen Diskussionen Anlass geben.

Mit Lenkungssteuern (Lenkungsabgaben) soll das Verhalten von Produzenten bzw. Konsumenten im Interesse der Umwelt verändert werden. Die Steuer kann entweder beim **Produktionsverfahren** oder beim **Produkt** ansetzen. Im ersten Fall handelt es sich um eine **Emissionsabgabe** (Pigou-Steuer), indem die Schadstoffabgabe belastet wird. Im zweiten Fall geht es um eine **Produktabgabe**, indem diejenigen Produkte verteuert werden, die als umweltbelastend beurteilt sind.

Lenkungssteuern stellen einen dezentralen Steuerungsprozess dar, denn jeder Unternehmer kann entscheiden, ob er mit Emissionsabgaben belastete Produkte herstellen will, und jeder Konsument ist frei, steuerlich belastete Produkte zu kaufen oder darauf zu verzichten. Ihre Freiheit und damit das freie Spiel von Angebot und Nachfrage bleiben gewahrt.

Lenkungssteuern sind ausserordentlich umstritten: Ihre Wirkung hängt einerseits von der Höhe und andererseits von der Reaktion der Nachfrage auf Veränderungen des Preises ab (Elastizität der Nachfrage). Wo Ersatzprodukte oder -verfahren greifbar sind, genügt eine geringe Steuer zur Senkung der Nachfrage. Wo aber Ersatzgüter nicht verfügbar sind, bedarf es hoher Lenkungssteuern, bis das Produkt weniger gekauft wird. So hat man berechnet, dass bei einer Erhöhung des Benzinpreises um 170 % nur gerade etwa 20 % weniger Auto gefahren würde.

Aufgrund der komplexen Zusammenhänge zwischen gewünschtem Ausmass der Umweltverbesserung, Elastizität der Nachfrage und psychologischer Reaktion der Menschen ist es ausserordentlich schwierig, verlässliche Voraussagen zur Wirksamkeit von Lenkungssteuern zu machen. Dies erschwert auch die politische Entscheidungsfindung.

Will man eine Lenkungssteuer (Lenkungsabgabe) einführen, so sind folgende Gesichtspunkte zu beachten:

1. Lenkungsabgaben sollten nur dort eingesetzt werden, wo erhebliche Umweltbelastungen reduziert werden müssen.

2. Lenkungsabgaben müssen in möglichst engem Zusammenhang mit den zu vermeidenden Emissionen stehen. So ist es besser, Schadstoffe in einem Produkt mit Emissionsabgaben zu belegen, statt Produkte, die diesen Schadstoff haben, mit einer Produktabgabe zu belasten.

3. Die Höhe der Lenkungsabgabe ist so anzusetzen, dass das ökologische Ziel erreicht wird. Wird der Abgabesatz zu hoch gewählt, so werden nicht nur Mittel unproduktiv gebunden, sondern die Abgabe nähert sich einer polizeirechtlichen Massnahme.

4. Die Höhe der Lenkungsabgabe darf nicht laufend verändert werden, sonst leidet die Investitionsbereitschaft der Unternehmer, denn wer investiert schon, wenn er nicht weiss, wie sich die Verkaufspreise und damit das Verhalten der Konsumenten verändert.

5. Die Erträge aus Lenkungsabgaben sind mit anderen Steuereinnahmen zu kompensieren, damit die Belastung der Unternehmungen nicht konstant steigt, was zur Lähmung wirtschaftlicher Aktivitäten führt.

6. Lenkungsabgaben dürfen nicht zweckgebunden sein, d. h. diese Erträge dürfen nicht gesetzlich für bestimmte staatliche Aufgaben vorgesehen werden. Zweckbindungen haben immer eine gewisse Eigendynamik, indem die Lenkungsabgaben infolge von Steigerungen bei den zweckgebundenen Ausgaben auch erhöht werden müssen, selbst wenn der ursprüngliche Zweck der Abgabe erreicht ist.

7. Lenkungsabgaben sollten aussenwirtschaftlich neutral bleiben. Dies ist so lange gegeben, als ausländische Staaten gleiche Lenkungsabgaben einführen. Ist dies nicht der Fall, so müssen Importgüter in der Höhe der Lenkungsabgabe belastet und Exportgüter gleichermassen entlastet werden.

8. Lenkungsabgaben müssen indexneutral bleiben, d. h. durch Lenkungsabgaben erhöhte Preise dürfen nicht in den Index der Konsumentenpreise eingehen, sonst wird die umweltpolitische Lenkungsfunktion hinfällig.

Zusammenfassend muss bei der Ausgestaltung von Lenkungssteuern (Lenkungsabgaben) das folgende Ziel im Auge behalten werden: Die Wirksamkeit der Steuer (Abgabe) muss stets an der ursprünglichen Zwecksetzung – der Beeinflussung der Wirtschaftssubjekte zu einem bestimmten umweltgerechten Verhalten – gemessen werden.

Die Lenkungssteuer muss deshalb stets als künstliches Kostengefälle im Dreieck von unerwünschtem Verhalten, angestrebten Substitutionsverhalten und möglichem Ausweichverhalten gesehen werden.

Je stärker das Kostengefälle zum Substitutionsverhalten und je geringer die Möglichkeiten eines Ausweichverhaltens sind, desto stärker nähert sich die Lenkungssteuer in ihrer Wirkung einem **Verbot** des unerwünschten Verhaltens.

6.5 Wirtschaftspolitische Massnahmen im Umweltschutz und deren Wirksamkeit im Hinblick auf die vier Ziele

Aus Abbildung 6.19 liessen sich vier Ziele des Umweltschutzes ableiten. Tabelle 6.21 zeigt die Wirksamkeit der einzelnen Umweltschutzmassnahmen und -instrumente im Hinblick auf diese Ziele.

6.6 Eine politische Streitfrage: Schliessen sich Marktwirtschaft und Umweltschutz aus?

Immer wieder wird die These vertreten, die Ursache der Umweltprobleme läge in der marktwirtschaftlichen Wirtschaftsordnung mit dem Gewinnstreben. Und lösbar seien die Probleme nur über eine Umgestaltung der Wirtschaftsordnung.

Diese Auffassung ist eindeutig falsch.

1. Die Umweltprobleme sind in den meisten Fällen darauf zurückzuführen, dass man mit den knappen Umweltressourcen zu wenig ökonomisch umgeht.

2. Würde man die marktwirtschaftlichen Instrumente der Umweltpolitik rascher und konsequenter einsetzen, so wäre die gesamte Umweltpolitik ökologisch wirksamer und ökonomisch effizienter.

3. Marktwirtschaftliche Instrumente eignen sich für die Verwirklichung umweltgerechter Innovationen langfristig viel besser, weil sie im Gegensatz zu polizeirechtlichen Massnahmen echte Anreize für Unternehmer und Konsumenten darstellen.

Instrumente einer Umweltschutz-politik	Ziele des Umweltschutzes			
	Beschränkung der Verwendung natürlicher Ressourcen	Beschränkung der Abgabe schädlicher Reststoffe an die Natur	Erhöhung der Regenerationsfähigkeit der Natur	Förderung des Recyclings
Information der Bevölkerung	bescheidene Wirkung	bescheidene Wirkung	bescheidene Wirkung	bescheidene Wirkung
Direkte Eingriffe des Staates				
1. Finanzierung aus allgemeinen Staatsmitteln (Subventionen)	geringe Wirkung	geringe Wirkung	gute Wirkung	gute Wirkung
2. Vorschriften für Produktions-verfahren	gute Wirkung, wenn rohmaterial-sparende Verfahren gefördert werden	gute Wirkung, wenn ver-schärfte Vor-schriften über Rest-stoffe erlas-sen werden		gute Wirkung, wenn Abfall-stoffe in der Produktion verwendet werden
3. Vorschriften über Recycling	gute Wirkung, weil Ressour-cenabbau gehemmt wird			sehr gute Wir-kung, wenn möglichst viele Rest-stoffe um-gewandelt werden
4. Rationierung natürlicher Ressourcen	sehr gute Wirkung			
Marktwirtschaftliche Instrumente				
1. Internalisierung (Pigou-Steuer)		fragliche Wirkung		
2. Lenkungssteuern		mögliche Wirkungen		mögliche Wirkungen
3. Zertifikate		gute Wirkungen	gute Wirkungen	
4. Finanzielle Anreize	gute Wirkungen	gute Wirkungen	gute Wirkungen	gute Wirkungen

Tab. 6.21: Die Wirksamkeit politischer Umweltschutzmassnahmen

Deshalb gibt es aus theoretischer Sicht keinen Widerspruch zwischen Marktwirtschaft und Umweltschutz. Leider ist es aber so, dass sich nicht jedes marktwirtschaftliche Instrument in jedem Land und in jeder Situation gleich gut eignet. Zudem können einzelne Instrumente für einzelne Unternehmungen kurzfristig auch Nachteile bringen, was die häufige Gegnerschaft von Unternehmern gegen solche Instrumente begründet.

Beispiel: Ein Land plant die Einführung der Besteuerung des Elektrizitätsverbrauchs aus Gründen des Umweltschutzes (keine weiteren Atomkraftwerke). Für die Unternehmungen bedeutet eine solche Lenkungssteuer zusätzliche Kosten. Verzichten andere Länder auf diese Steuer, so ergibt sich für die inländischen Unternehmungen eine Benachteiligung im internationalen Wettbewerb. Deshalb werden sich die Unternehmer gegen diese Lenkungssteuer wenden und – wenn schon – eher für polizeirechtliche Massnahmen eintreten.

Infolge der – meist kurzfristigen und individuellen – Nachteile, die die marktwirtschaftlichen Instrumente bringen, ist es immer noch recht schwierig, sie politisch durchzusetzen. Die Folge davon sind immer mehr polizeirechtliche Massnahmen, die unter dem Druck der Umstände ergriffen werden müssen. Sie haben indessen grosse Nachteile: Sie sind meistens sehr kostspielig (staatlicher Kontrollapparat), als politische Kompromisse ökologisch häufig nicht sehr wirksam, innovationshemmend und für einzelne Unternehmungen zu wenig spezifisch und flexibel.

6.7 Eine politische Streitfrage: Wie ist mit Restrisiken umzugehen?

Als Folge grosser Umweltkatastrophen begann man sich stärker mit den Risikoproblemen der modernen Technologie und mit Restrisiken auseinanderzusetzen.

Die traditionelle, versicherungsmathematische Risikophilosophie setzt aufgrund wahrscheinlichkeitstheoretischer Überlegungen zwei ganz verschiedene Risiken gleich, indem sie von folgender Definition ausgeht:

$$\text{Risiko} = \text{Schadenausmass} \times \begin{array}{l} \text{Eintretenswahrscheinlichkeit} \\ \text{(Erwartungswert der Schadensumme)} \end{array}$$

Daraus ergibt sich:

Kleine Unfälle mit hoher Frequenz 1 Toter mit einer Wahrscheinlichkeit von 1,0 (Jahr)	=	Grosse Unfälle mit kleiner Frequenz 1000 Tote mit einer Wahrscheinlichkeit von 0,001 (Jahr)

Diese Gleichung ist im Zusammenhang mit Grossunfällen, wie sie in der Atom- und Chemieindustrie möglich sind, ausserordentlich fragwürdig. Für kleine Unfälle besteht ein Restrisiko, das ohne allzu grosse Kosten mit einem guten Notfall- und Rettungsdienst zu bewältigen ist. Für Grossunfälle wird es kritischer. Obschon sich Wissenschaft und Technik mit allen Mitteln um eine Reduktion der Eintretenswahrscheinlichkeit von Katastrophen bemühen, bleibt das Risikoproblem ungelöst. Auch wenn die Wahrscheinlichkeit des Eintretens von 0,01 (einmal alle 100 Jahre) auf 0,001 (einmal alle 1000 Jahre) vermindert wird, bleibt ein enormes Restrisiko, denn niemand kann voraussagen, wann der Katastrophenfall eintritt. Und dafür sollte jederzeit ein in diesem Fall sehr kostspieliger Notfall- und Rettungsdienst bereitstehen.

Dazu werden heute zwei Vorschläge vorgetragen:

Vorschlag 1

Bei kleinen Unfällen ist das Restrisiko absehbar. Ihm ist mit einem guten Notfall- und Rettungsdienst zu begegnen.

Bei möglichen Grossunfällen ist das Restrisiko auf 0 zu bringen, d. h. die Gefahrenquelle ist völlig auszuschalten (Stilllegung von gefährlichen Industrieeinrichtungen).

Vorschlag 2

Jede Entwicklung trägt Risiken in sich. Deshalb müssen wir lernen, mit Risiken umzugehen. Voraussetzung dazu ist ein guter Risikodialog, damit Risiken rational bewältigt werden.

Die Reaktion auf diese beiden Vorschläge bleibt letztlich Anschauungssache. Volkswirtschaftlich liesse sich aber eine Antwort geben, indem man versucht, aus ökonomischer Sicht eine Grenze zwischen diesen beiden Risiken zu ziehen.

Ausgangspunkt sind die externen Kosten aller Massnahmen, die nach dem Verursacherprinzip zu internalisieren sind. Die Verursacher von Risiken aller Art müssten die gesamten Kosten für den Aufbau und die dauernde Bereithaltung eines umfassenden Sicherheitsdienstes übernehmen. Fallen zu hohe externe Kosten an, so stellen die betroffenen Unternehmungen ihre Aktivitäten ein, weil sie nicht mehr gewinnbringend sind. Auf diese Weise würden wahrscheinlich viele risikobehaftete Vorhaben hinfällig. Das Restrisiko fiele aus marktwirtschaftlichen Überlegungen auf 0. Dort hingegen, wo die Kosten für das Restrisiko tragbar sind, würde weiter produziert.

Ganz problemlos ist aber diese Lösung nicht. Zunächst ist es sehr schwierig, diese externen Kosten festzulegen. Weiter könnten Produktionsbereiche betroffen werden, die für die Zukunft bedeutsam sind. So würde die Stillegung von Atomkraftwerken in der Schweiz auch bei grossen Sparanstrengungen das wirtschaftliche Wachstum bremsen. Ob dies gewollt wird, ist eine weltanschauliche Frage.

Deshalb werden wir wahrscheinlich in Zukunft immer mit gewissen Restrisiken leben müssen. Wie sie sich entwickeln, hängt von unserer Einstellung zum wirtschaftlichen Wachstum und zum technischen Fortschritt ab. Die Internalisierung geschätzter Risikokosten könnte aber eine vertretbare Grenze setzen.

7. Kapitel
Finanzwirtschaft

Die Finanzwirtschaft

1. Finanzwirtschaft und Finanzpolitik

Am Kreislaufschema (siehe S. 58) wurde gezeigt, dass der Staat den Produzenten und Konsumenten Geld entzieht, diese – öffentlichen – Mittel verwaltet und sie schliesslich in Form von Sach- und Dienstleistungsentgelten, Subventionen und Sozialtransfers zur Erfüllung seiner vielfältigen Aufgaben wieder einsetzt.

> Mit den Gesetzmässigkeiten und Problemen der Beschaffung, Verwendung und Verwaltung der öffentlichen Mittel befasst sich die **Finanzwirtschaft.**

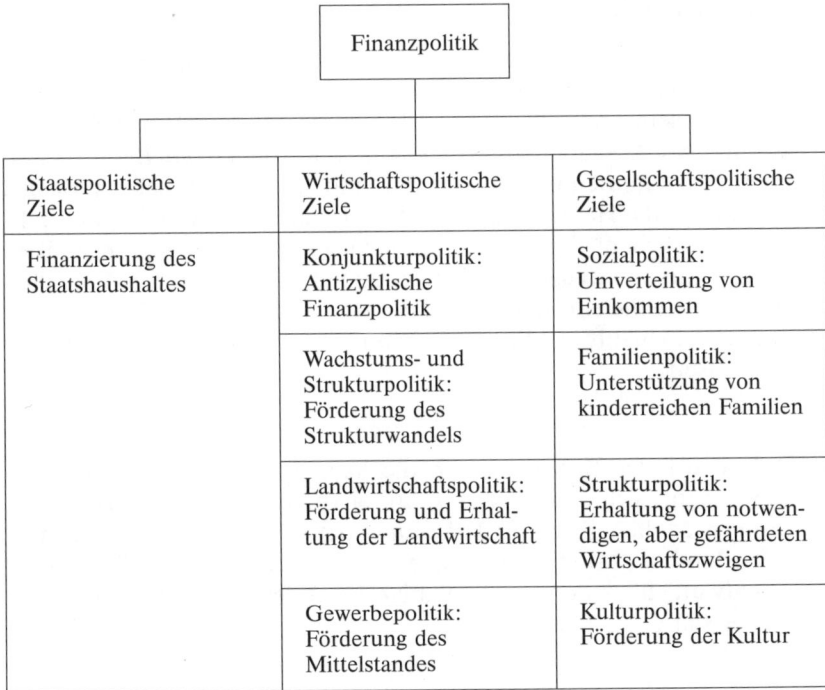

	Finanzpolitik	
Staatspolitische Ziele	Wirtschaftspolitische Ziele	Gesellschaftspolitische Ziele
Finanzierung des Staatshaushaltes	Konjunkturpolitik: Antizyklische Finanzpolitik	Sozialpolitik: Umverteilung von Einkommen
	Wachstums- und Strukturpolitik: Förderung des Strukturwandels	Familienpolitik: Unterstützung von kinderreichen Familien
	Landwirtschaftspolitik: Förderung und Erhaltung der Landwirtschaft	Strukturpolitik: Erhaltung von notwendigen, aber gefährdeten Wirtschaftszweigen
	Gewerbepolitik: Förderung des Mittelstandes	Kulturpolitik: Förderung der Kultur

Abb. 7.1: Überblick über die Finanzpolitik

> Alle staatlichen Massnahmen, welche die Beschaffung, Verwendung und Verwaltung der öffentlichen Mittel betreffen, bezeichnet man als **Finanzpolitik.**

Heute dient aber die Finanzpolitik nicht mehr nur der Beschaffung öffentlicher Mittel zur Deckung der Staatsaufgaben (= staatspolitische Zielsetzung), sondern sie erfüllt auch wirtschafts- und gesellschaftspolitische Ziele, die zum grössten Teil schon in anderen Zusammenhängen angesprochen worden sind. Abbildung 7.1 gibt einen Überblick über die Finanzpolitik.

2. Das Budget

2.1 Begriff und Budgetkreislauf

Während Privatpersonen ihre Ausgaben nach den Einnahmen richten, wählt der Staat (Bund, Kantone, Gemeinden) den umgekehrten Weg: Er ermittelt seine Ausgaben, die sich aus gesetzlichen Verpflichtungen (= gebundene Ausgaben) und aus weiteren kollektiven Bedürfnissen ergeben, und stimmt anschliessend die Einnahmen darauf ab. Im **Budget** (Voranschlag oder Haushaltsplan) stellt der Staat im voraus für jedes Jahr die mutmasslichen Einnahmen und Ausgaben einander gegenüber. Dabei ist er an den **Budgetkreislauf** gebunden. Darunter werden die Phasen verstanden, die ein Budget vom Entwurf bis zur Kontrolle der Staatsrechnung durchläuft. Üblicherweise umfasst der Budgetkreislauf folgende Phasen:

> 1. Entwurf des Budgets durch die Verwaltung. Dieser Vorgang vollzieht sich von unten nach oben, indem die einzelnen Dienststellen ihren Bedarf anmelden. Das für die Finanzen zuständige Mitglied der Exekutive erarbeitet den Budgetentwurf, über den die Exekutive beschliesst und den sie der Legislative vorlegt.

2. Dann wird der Budgetentwurf von der für die Finanzen zuständigen Kommission der Legislative vorberaten.

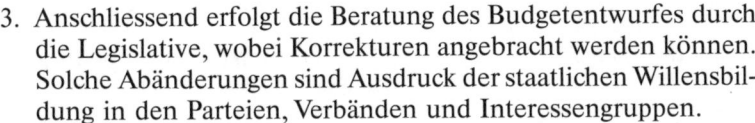

3. Anschliessend erfolgt die Beratung des Budgetentwurfes durch die Legislative, wobei Korrekturen angebracht werden können. Solche Abänderungen sind Ausdruck der staatlichen Willensbildung in den Parteien, Verbänden und Interessengruppen.

4. Im Verlaufe des Rechnungsjahres sorgt die Verwaltung für die Durchführung des Budgets, indem sie darauf zu achten hat, dass die budgetierten Ausgaben nicht überschritten werden.

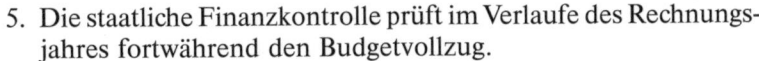

5. Die staatliche Finanzkontrolle prüft im Verlaufe des Rechnungsjahres fortwährend den Budgetvollzug.

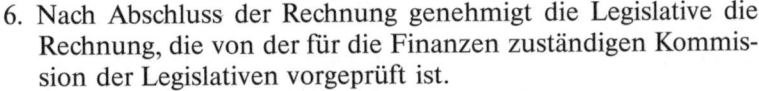

6. Nach Abschluss der Rechnung genehmigt die Legislative die Rechnung, die von der für die Finanzen zuständigen Kommission der Legislativen vorgeprüft ist.

Im Falle von Kostenüberschreitungen bei einzelnen Budgetposten muss die Legislative Nachtragskredite genehmigen. Dies kann schon im Lauf des Rechnungsjahres geschehen.

2.2 Die Budgetgrundsätze

Im Zusammenhang mit dem Budget sind folgende Grundsätze zu beachten:

Budgetgrundsatz	Aufgabe der Verwaltung
Grundsatz der Vollständigkeit	Im Budget ist der ganze Staatshaushalt zu erfassen.
Grundsatz der Einheit	Alle Einnahmen und Ausgaben sind in einem einzigen Budget zu veranschlagen.
Grundsatz der Klarheit	Das Budget muss übersichtlich gestaltet und gut verständlich sein.
Grundsatz der Genauigkeit	Die Budgetierung hat genau zu erfolgen, indem von den tatsächlichen Verhältnissen auszugehen und die Zukunft realistisch einzuschätzen ist.
Grundsatz der Rechtzeitigkeit	Das Budget ist rechtzeitig vor Beginn des Rechnungsjahres der Legislative zur Genehmigung vorzulegen.
Grundsatz der Kreditbeschränkung	Die Verwaltung ist an das Budget gebunden und muss bei Überschreitungen bei der Legislative Nachtragskredite einholen. Kreditübertragungen, d. h. Verwendung von Budgetposten für andere Zwecke, sind nicht zulässig.
Sollprinzip	Die Einnahmen und Ausgaben sind auf den Zeitpunkt ihrer Entstehung zu erfassen.
Bruttoprinzip	Einnahmen und Ausgaben dürfen nicht gegenseitig verrechnet werden, sondern sie sind gesondert auszuweisen.
Grundsatz der Öffentlichkeit	Alle Phasen des Budgetkreislaufes müssen von der Öffentlichkeit verfolgt werden können.

Im Zusammenhang mit den wachsenden Staatsaufgaben hat man in den letzten Jahren immer deutlicher eingesehen, dass eine einjährige Budgetierung durch viele Zufälligkeiten (z. B. augenblickliche politische Stimmung) geprägt und vor allem langfristigen Staatsaufgaben (z. B. umfassende Bildungsplanung anstelle von vielen, kurzfristigen Einzelmassnahmen) nicht gerecht wird. Deshalb sind immer mehr Gemeinwesen zur mittel- und langfristigen Finanzplanung übergegangen, welche eine Vorschau über die mutmasslichen Ausgaben und Einnahmen eines öffentlichen Gemeinwesens während eines längeren Zeitraumes vermittelt.

Der Finanzplan ist für das Parlament und die Verwaltung im Gegensatz zum rechtlich verbindlichen Budget lediglich ein Orientierungsmittel, ein **programmatischer Leitplan**. Er orientiert über den aufgrund von Zukunftszielen (z. B. wünschbarer Ausbau des Strassennetzes, notwendiger Schulraum) zu erwartenden gesamten öffentlichen Finanzbedarf, der unter Berücksichtigung der künftigen Einnahmen auf mehrere Jahre verteilt wird. Die Abstimmung der anteiligen jährlichen Ausgaben auf die mutmasslichen Einnahmen erfolgt aufgrund einer zeitlichen und sachlichen Prioritätenordnung zur Erfüllung von Staatsaufgaben, die meistens nach politischen Gesichtspunkten ausgehandelt wird.

Anhand eines Finanzplanes wird die jährliche Budgetierung wesentlich erleichtert, weil die Staatsausgaben für eine längere Periode vorausgeplant und in bezug auf ihre finanzielle Tragbarkeit im Zusammenhang mit den zu erwartenden Einnahmen bereits beurteilt worden sind.

3. Das Rechnungswesen der öffentlichen Haushalte

3.1 Überblick

Bis in die neueste Zeit hinein beruht das Rechnungswesen der öffentlichen Hand auf **kameralistischem Gedankengut**[1]. Seine Merkmale lassen sich wie folgt umschreiben: Es handelt sich um eine Buchhaltung, in der alle Vorgänge, die zu Kassenausgängen führten, als Ausgaben und alle Vorgänge, die zu Kasseneingängen führten, als Einnahmen erfasst werden. Gegliedert wird diese «Einnahmen- und Ausgabenrechnung», die in der Schweiz seit der Jahrhundertwende als doppelte Buchhaltung geführt wird, nach den für den Zahlungsverkehr zuständigen Amtsstellen.

Ursprünglich wurde der gesamte Zahlungsverkehr des Gemeinwesens in einer einzigen «Einnahmen- und Ausgabenrechnung» erfasst: Seit der Jahrhundertwende setzte sich eine Unterscheidung in zwei Rechnungen, einen **ordentlichen** und einen **ausserordentlichen Finanzhaushalt**, durch. Im ordentlichen Finanzhaushalt werden alle jene Ausgaben erfasst, die sofort getilgt werden, im ausserordentlichen alle jene, die durch Verschuldung finanziert werden. Daraus ergab sich allmählich der Grundsatz, dass

---

1 Kameralistik heisst: traditionelles System des Rechnungswesens bei staatswirtschaftlichen Abrechnungen, das sich im wesentlichen auf die Erfassung der Zahlungsströme beschränkt.

das Gemeinwesen mit dem kleinsten ausserordentlichen Finanzhaushalt das beste Finanzgebaren zeigt.

Gegen Ende der sechziger Jahre wurde aber immer deutlicher, dass dieses System nicht mehr genügen konnte, und zwar aus folgenden Gründen:

- Der Anteil der Staatsausgaben ist seit der Jahrhundertwende stark angestiegen. Deshalb genügt zur **Führung des Finanzhaushaltes** die einfache Einnahmen-Ausgaben-Buchhaltung nach Departementen nicht mehr. Insbesondere ist systematisch zwischen Ausgaben und Investitionen zu unterscheiden und eine betriebswirtschaftlich orientierte Abschreibungspolitik einzuführen. Erst dadurch wird das öffentliche Rechnungswesen für den Bürger durchschaubar.

- In föderalistischen Staaten gewinnt der **Finanzausgleich** (= Aufteilung der öffentlichen Aufgaben auf die verschiedenen Gemeinwesen [Bund, Kantone, Gemeinden] und die Regelung der finanziellen Beziehungen zwischen ihnen) immer mehr an Bedeutung. Objektiv verwirklicht werden kann er aber nur, wenn alle Gemeinwesen ein vergleichbares Rechnungswesen (= harmonisiertes Rechnungsmodell) haben. Erst dann lässt sich beispielsweise objektiv ermitteln, wie viele Subventionen oder Beiträge ein Gemeinwesen (z. B. der Bund) einem andern (z. B. den Kantonen) zukommen lassen soll, wenn Unterschiede in der Steuerbelastung auszugleichen sind.

Deshalb setzte die Konferenz der kantonalen Finanzdirektoren 1970 und 1974 je eine Kommission ein, deren Aufgabe es war, ein modernes **Rechnungsmodell für die öffentlichen Verwaltungen in der Schweiz** zu erarbeiten. 1978 beschloss diese Konferenz, das Modell einzuführen, was seither in einzelnen Kantonen und Gemeinden schrittartig geschieht. Der Bund hat dessen Einführung abgelehnt. Er arbeitet immer noch mit einem kameralistisch geprägten Modell, das aber weitgehend in die Werte des kantonalen Modells umgerechnet werden kann.

3.2 Die Staatsrechnung der Eidgenossenschaft

Seit 1952 arbeitet der Bund mit einer Finanzrechnung, einer Rechnung der Vermögensänderungen, einer Gesamtrechnung und einer Kapitalrechnung. Seit 1990 ist ein neues Finanzhaushaltgesetz in Kraft, das eine Finanzrechnung, eine Erfolgsrechnung und eine Kapitalrechnung vorsieht (siehe Abbildung 7.2).

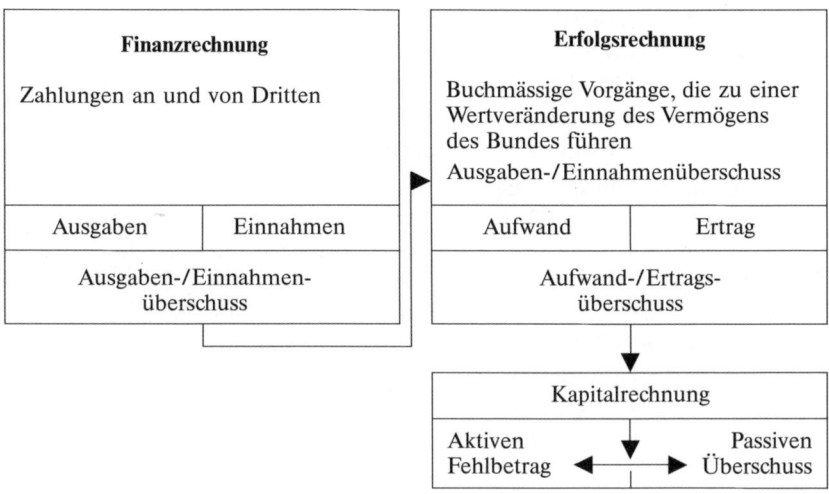

Abb. 7.2: Staatsrechnung der Eidgenossenschaft

Die Finanzrechnung umfasst alle Ausgaben und Einnahmen des Bundes und schliesst mit einem Ausgaben- oder Einnahmenüberschuss ab. Sie gibt aber keinen Aufschluss über die Veränderungen des Bundesvermögens. Deshalb wird zusätzlich eine Erfolgsrechnung geführt, in welcher die buchmässigen Vorgänge, die zu einer Veränderung des Vermögens führen, erfasst werden (z. B. Gegenbuchungen zu den Einnahmen und Ausgaben, soweit sie zu einer Veränderung des Vermögens führen; bundesinterne Vorgänge wie Abschreibungen) sowie das Ergebnis der Finanzrechnung ausgewiesen wird. Ihr Saldo entspricht der Veränderung des Reinvermögens des Bundes in der Kapitalrechnung.

Die Kapitalrechnung (Bilanz der eidgenössischen Staatsrechnung) weist die Vermögenslage des Bundes aus. Sie lässt sich aber nicht im gleichen Sinn analysieren wie die Bilanz einer privaten Unternehmung. Sie ist nur ein Bestandteil der Rechnungsablage des Bundesrates über die Finanzpolitik, indem gezeigt wird, wie Einnahmenüberschüsse verwendet (Rückzahlung von Schulden, Erhöhung der Liquidität oder neue Kapitalanlagen) bzw. wie Ausgabenüberschüsse finanziert wurden.

3.3 Das Rechnungsmodell für die kantonalen und kommunalen Verwaltungen in der Schweiz

Ziel des nach dem neuen Modell geführten Rechnungswesen ist es,

- alle Finanzvorfälle des Gemeinwesens lückenlos zu erfassen,
- das Finanzgeschehen informativ zu strukturieren und
- eine führungsgerechte Interpretation des Haushaltes zu ermöglichen.

Das Modell ist schematisch als Abbildung 7.3 dargestellt. Die einzelnen Teile sind wie folgt miteinander verbunden:

Die **laufende Rechnung** entspricht der Erfolgsrechnung in einer Privatunternehmung. Sie enthält den Aufwand (= Wertverzehr) (Personalaufwand, Sachaufwand, Zinsen usw.) und den Ertrag (Steuern usw.), die in den Aufwand- und Ertragskonti laufend erfasst werden. Zum Aufwand zählen auch die Abschreibungen, die auf 10–25 % des Restbuchwertes festzulegen sind. Mit der Ausnahme des Aufwandkontos Abschreibungen erübrigt sich die kameralistische Zweiteilung in ordentlichen und ausserordentlichen Finanzhaushalt. Der Saldo der laufenden Rechnung ergibt einen Ertrags- oder Aufwandüberschuss und bedeutet eine Veränderung des Eigenkapitals.

In der **Investitionsrechnung** werden auf der einen Seite alle Investitionsausgaben (Bruttoinvestitionen), die das Gemeinwesen tätigt, laufend erfasst. Als Investitionen gelten alle jene Aufwendungen, die dem Erwerb, der Erstellung und der Verbesserung von Investitionen dienen (= Verwaltungs-Vermögen), die das Gemeinwesen zur Erfüllung seiner Aufgaben tätigen muss. Aufwendungen für Investitionen von über Fr. 100 000.– sind zwingend der Investitionsrechnung zu belasten. Kleinere Beträge können wahlweise der laufenden oder der Investitionsrechnung zugeordnet werden.

Auf der anderen Seite der Investitionsrechnung werden die eingehenden Investitionsbeiträge (z. B. Beiträge des Bundes an den Kanton) eingetragen. Der Unterschied zwischen den Investitionsausgaben und den eingehenden Investitionsbeiträgen ergibt die Nettoinvestitionen, die dem Gemeinwesen zur eigenen Deckung verbleiben.

Der **Abschluss** erfolgt in drei Stufen (vergleiche Abbildung 7.3). In der ersten Stufe wird die Nettoinvestition ermittelt. In der zweiten Stufe werden der Nettoinvestition die selbsterarbeiteten Mittel aus Abschreibungen und dem Ertragsüberschuss (beide zusammen ergeben die Selbstfinanzierung) gegenübergestellt. Als Saldo entsteht der Finanzierungsfehlbetrag, der durch Aufnahme fremder Mittel (= Fremdkapitalbedarf) gedeckt wird, bzw. der Finanzierungsüberschuss, der zur Schuldentilgung verwendet werden kann. Hernach werden schliesslich die Posten der Investitionsrechnung passiviert und aktiviert.

Für die buchhalterische Detailgestaltung wurde auch ein «Schweizerischer Kontenrahmen der öffentlichen Haushalte» entwickelt, der sieben Kontenklassen umfasst:

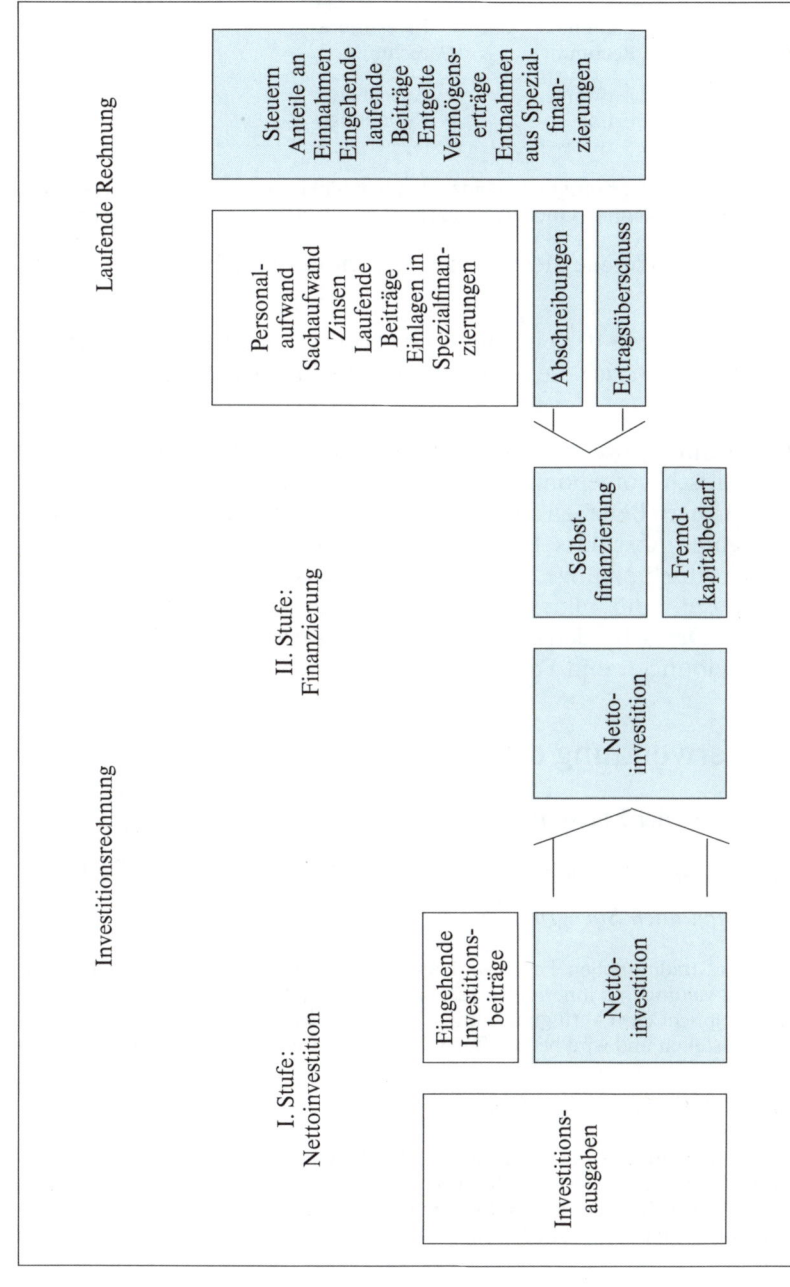

Abb. 7.3: Schematische Darstellung des Rechnungsmodells

Bestandes- rechnung:	Laufende Rechnung:	Investitions- rechnung:	Abschluss:
Aktiven Passiven	Aufwand Ertrag	Ausgaben Einnahmen	Abschluss

Bei der Gliederung der Konti in den einzelnen Kontenklassen des Kontenplans wurde die **funktionale Gliederung** (Gliederung nach zu erfüllenden Staatsaufgaben) gewählt.

Die wichtigsten Vorteile dieses neuen Rechnungsmodells sind die folgenden:

1. Die Rechnungen der einzelnen Gemeinwesen werden vergleichbar. Dadurch lassen sich die Massnahmen des Finanzausgleiches objektivieren.

2. Das Rechnungswesen wird transparenter: Abschreibungen können systematisch vorgenommen und nicht mehr, wie es bis heute oft geschah, nach Belieben auf den Rechnungsabschluss ausgerichtet werden (guter Abschluss hohe Abschreibungen; schlechter Abschluss geringe Abschreibungen); Ertragsüberschüsse sind dem Eigenkapital zuzuweisen und bilden eine Reserve für spätere Ausgabenüberschüsse. Die Behörden sollten von schwer durchschaubaren variablen Abschreibungen und Fonds Abstand nehmen.

4. Die Verwendung der öffentlichen Mittel

4.1 Gliederung der Staatsausgaben

Die Gliederung der Staatsausgaben kann nach vier Arten erfolgen.

1. Gliederung nach Sachgruppen

- Bei dieser traditionellen Form wird nach der institutionellen Organisation der Staatsverwaltung und innerhalb dieser nach Sachgruppen gegliedert. Diese Gliederung entspricht dem Verfügungs- und damit dem Verantwortungsbereich der Verwaltungsstellen und wird bei der Budgetgestaltung und -durchführung angewandt.

2. Volkswirtschaftliche Gliederung

- Diese Gliederung gibt die Grundlage zur Beurteilung der Frage, wie sich die Staatsausgaben auf die Volkswirtschaft auswirken, insbesondere welche Wirkungen sie auf die Entwicklung des Volkseinkommens und damit des Wirtschaftswachstums ausüben (vgl. dazu die Gliederung der Staatsausgaben der Schweiz im nächsten Abschnitt).

3. Funktionale Gliederung

- Sie zeigt, welche Summen für die Erfüllung der einzelnen Staatsaufgaben ausgegeben werden. Üblicherweise werden vier Hauptgruppen unterschieden:

    1. **Ordnungsaufgaben:** Ruhe, Ordnung und Sicherheit als Grundlage für die Funktionsfähigkeit von Gesellschaft und Wirtschaft.

    2. **Versorgungsaufgaben:** Bereitstellung von Gütern und Dienstleistungen für die Unternehmungen und die Bevölkerung (Infrastruktur).

    3. **Verteilungsaufgaben:** Abbau von Wohlstandsunterschieden zwischen Personengruppen, Regionen und Sektoren der Wirtschaft.

    4. **Stabilisierungsaufgaben:** Aufrechterhaltung der Vollbeschäftigung und Inflationsbekämpfung.

- Die funktionale Gliederung (Gliederung nach Staatsaufgaben) ist ein wichtiges Instrument zur Führung des Gesamthaushaltes unter Berücksichtigung der Schwerpunktbildung.

4. Gliederung nach den Umweltwirkungen

- Im Zusammenhang mit den Diskussionen über die Qualität der Umwelt wird neuerdings eine Gliederung der Staatsausgaben nach den Umweltwirkungen vorgeschlagen. Unterschieden wird dabei zwischen Staatsausgaben, die die Umweltqualität steigern, sie erhalten oder sie senken. Dadurch soll vor allem deutlich gemacht werden, welche Ausgaben tatsächlich zu einer Verbesserung der Umwelt- und Lebensqualität beitragen, und welche Ausgaben nur zur Beseitigung bereits entstandener Umweltschäden nötig sind und damit zu keiner Wohlstandsverbesserung beitragen, obschon sie in das Sozialprodukt eingehen.

4.2 Die Entwicklung der Staatsausgaben in der Schweiz

Tabelle 7.4 zeigt, wie sich die Staatsausgaben von Bund, Kantonen und Gemeinden entwickelt haben (volkswirtschaftliche Gliederung).

4.3 «Gesetzmässigkeiten» in der Entwicklung der Staatsausgaben

4.3.1 Das Wagnersche Gesetz

Die steigenden Staatsausgaben sind auf die zunehmende Staatstätigkeit zurückzuführen, deren Ursachen bereits auf S. 158 behandelt wurden. Diese Entwicklung hat Adolph Wagner[2] bereits 1864 in seinem «Gesetz

---

2   Adolph Wagner, deutscher Finanzwissenschafter (1835–1917).

Ausgabenarten (in Mio. Fr.)	1980	1985	1994	19..
Verbrauchsausgaben für Güter und Dienstleistungen				
Staatsausgaben zu konsumtiven Zwecken des Staates (Strassenunterhalt, Präsentationskosten usw.)	8 944	12 400	18 391	
Investitionen				
Staatsausgaben für die Infrastruktur im weiteren Sinn, d. h. nicht nur Ausgaben für sachliche Anlagen und Einrichtungen, sondern auch für ordnungspolitische und organisatorische Regelungen, die für das Funktionieren der sozialen Marktwirtschaft nötig sind (Strassenbau, Schulen usw.)	6 452	7 314	16 300	
Personalausgaben				
Ausgaben für Behörden, Staatspersonal und Lehrer	16 220	22 457	39 801	
Passivzinsen				
Zinsen für die Schulden von Bund, Kantonen und Gemeinden (Obligationenanleihen, Bankschulden usw.)	2 893	3 350	7 593	
Transferausgaben				
Subventionen, Unterstützungen, Beiträge, Stipendien usw. Diese Ausgaben führen zu einer Einkommensumschichtung, durch welche die marktwirtschaftliche Einkommensverteilung korrigiert, soziale Ungleichheiten verkleinert und kulturelle Anliegen unterstützt werden können	12 557	16 633	26 270	
Darlehen und Beteiligungen	174	619	3 178	
Total Staatsausgaben (Bund, Kantone, Gemeinden)	47 240	62 773	111 533	

Quelle: Eidgenössisches Statistisches Jahrbuch, 1992, S. 367; Die Volkswirtschaft (1) 1997

Tab. 7.4: Staatsausgaben von Bund, Kantonen und Gemeinden

der wachsenden Ausdehnung der öffentlichen, insbesondere der Staatstätigkeiten» vorausgesehen (heute unter dem Namen «Wagnersches Gesetz» bekannt), indem er feststellte, dass

1. die Staatsausgaben stark ansteigen werden, und sie

2. rascher ansteigen werden als das Bruttosozialprodukt, dieses also vom Staat in wachsendem Mass beansprucht wird.

Tab. 7.5 zeigt die Entwicklung in einzelnen Ländern.

Land	Staatsausgaben in % des Bruttosozialproduktes		
	1990	1991	19..
Schweiz	13,44	13,98	
Deutschland	18,83	17,92	
Frankreich	17,89	18,31	
Grossbritannien	20,04	21,30	
Italien	17,43	17,47	
Schweden	27,19	27,01	
USA	17,85	18,24	
Österreich	17,79	18,18	

Quelle: UNO, National Accounts Statistics

Tab. 7.5: Staatsausgaben in % des BSP

Diese Tabelle zeigt zugleich, wie tief das Niveau der öffentlichen Ausgaben in der Schweiz im Vergleich zu anderen Staaten liegt. Dies ist zu einem grossen Teil auf die in unserem Land immer noch stärkere Privatinitiative zurückzuführen.

Das Verhältnis von Bruttosozialprodukt und Staatsausgaben wird als **Staatsquote** bezeichnet.

Allerdings ist zu beachten, dass die Staatsquote das Ausmass der Staatstätigkeit nur beschränkt widerspiegelt, weil der Staat Aufgaben in einer sehr unterschiedlichen Aufgabenintensität wahrnehmen kann. Das Spektrum reicht von fast 0 bis 100. Im ersten Fall erlässt der Staat Gesetze, in denen die Unternehmungen und Haushalte zu kostspieligen Massnahmen verpflichtet werden, die sie selbst zu finanzieren haben. Beispiele dafür sind: Leistungen von Privaten für das militärische Milizsystem (mehr als die Hälfte der Personalkosten des EMD), Kosten für administrative Aufgaben, die der Staat den Unternehmungen überträgt (z.B. Steuereinzug bei ausländischen Arbeitskräften ohne Aufenthaltsbewilligung) usw. Die Kosten gehen nicht in die Staatsquote ein, obschon sie auch staatliche Aufgaben darstellen. Im zweiten Fall ist der Staat selbst tätig. In diesem Fall gehen alle Kosten in die Staatsquote ein (z.B. Kosten für den Betrieb einer Kläranlage durch eine Gemeinde).

Deshalb hat die Staatsquote nur bedingte Aussagekraft, und sie ist in jedem Fall zu interpretieren. Daher garantiert auch eine dem Staat als Ziel vorgegebene «konstante Staatsquote» nicht, dass die Staatsaufgaben nicht weiter steigen: Der Staat kann diese Vorgabe mit einer «Flucht aus dem Budget» umgehen, indem er immer mehr Staatsaufgaben Privaten zur für den Staat kostenlosen Erledigung überträgt.

4.3.2 Das Popitzsche Gesetz

Das nach Popitz[3] benannte Gesetz besagt, dass in einem Bundesstaat die Aufgaben und damit die Ausgaben des Bundes rascher wachsen als diejenigen der Einzelstaaten (Kantone) und der Gemeinden. Früher traf dieses Gesetz auch in der Schweiz zu:

Jahr	Prozentualer Anteil von Bund und Kantonen an den gesamten Ausgaben (ohne Gemeindeausgaben)	
	Bund	Kantone
1950	52,6%	47,4%
1960	48,4%	51,6%
1970	45,1%	54,9%
1980	44,4%	55,6%
1990	43,3%	56,7%
1995	44,0%	56,0%

Quelle: Statistisches Jahrbuch der Schweiz, 1997, S. 395

In den letzten Jahren veränderten sich die Verhältnisse in der Schweiz. Verantwortlich dafür sind die föderalistischen Tendenzen sowie die Engpässe bei den Bundesfinanzen.

4.3.3 Das Brechtsche Gesetz

Brecht[4] beobachtete, dass Gemeinden von einer gewissen Bevölkerungs-grösse an sowohl absolut als auch pro Kopf der Bevölkerung höhere Ausgaben ausweisen. Er spricht deshalb von der «progressiven Parallelität von Ausgaben und Bevölkerungsmassierung».

Als Ursache für das «Brechtsche Gesetz» werden folgende Faktoren angegeben:

1. Infolge der Bevölkerungskonzentration steigen die Kosten für die Aufrechterhal-tung von Ruhe und Ordnung, für das Erziehungs- und Gesundheitswesen, für das Verkehrswesen sowie für das kulturelle Leben.

2. In Agglomerationen sind Bodenpreise, Löhne und Gehälter höher als in ländlichen Gebieten.

3. Die erhöhte staatliche Aktivität bewirkt ein starkes Anwachsen der Verwaltungsauf-gaben. Deshalb spricht man auch vom «Gesetz der Kostspieligkeit der Verwaltung» mit wachsender Grösse der Gemeinden.

---

3   Johannes Popitz, deutscher Steuerwissenschafter (1884–1945, hingerichtet).
4   Arnold Brecht, deutscher Staatswissenschafter (1884–1977).

Allerdings haben Untersuchungen ergeben, dass man besser von einer Tendenz als einem Gesetz sprechen würde, denn es ist nicht nur die Bevölkerungszahl, die zu höheren Ausgaben führt, sondern auch die Tendenz zu einer grosszügigen Ausgabengestaltung.

4.3.4 Der Erklärungsansatz von Schmidt

Für Schmidt bestimmen politisch-institutionelle Faktoren die Höhe der Staatsausgaben. Im einzelnen sieht er folgende Zusammenhänge:

- **Beharrungsvermögen der Verwaltung:** Häufig glaubt die Staatsverwaltung, ihre Wichtigkeit zeige sich in der Höhe der Ausgaben. Deshalb ist die Verwaltung nur selten bereit, Ausgaben wenigstens im bisherigen Ausmass beizubehalten.

- **Ausgabenfreundlichkeit des Parlamentes:** Politiker und Verbandsvertreter versuchen, ihnen nahestehenden Gruppen staatliche Mittel zu irgendwelchen Zwecken (z. B. in Form von Subventionen) zuzuführen, um auf diese Weise ihren politischen Beitrag zu betonen. Der Abbau solcher staatlicher Leistungen ist dann kaum mehr zu bewerkstelligen.

In Zeiten des wirtschaftlichen Wachstums lassen sich solche Leistungen leichter durchsetzen, weil dank dem progressiven Steuersystem automatisch höhere Steuereinnahmen anfallen, zur Deckung solcher Aufgaben also keine Steuererhöhungen nötig werden.

- **Neigung einzelner Parlamentarier, sich Wählerstimmen mit dem Versprechen auf zusätzliche staatliche Leistungen zu sichern:** Diese ausgabenfördernde Tendenz ist vor Wahlterminen vor allem im Bereiche der Sozialpolitik zu beachten.

4.3.5 Beurteilung

Alle diese «Gesetze» sind eher nachträgliche Erklärungsversuche. Deshalb lassen sich auch keine sicheren Prognosen über die Entwicklung der Staatsausgaben aufstellen. Dies ist darauf zurückzuführen, dass Staatsausgaben immer auf politischen Entscheidungen beruhen, die zu einem guten Teil nicht voraussehbar sind.

4.4 Die Subventionen

4.4.1 Begriff und Motive

> Subventionen sind unentgeltliche finanzielle Leistungen der öffentlichen Hand an Unternehmen, Einrichtungen oder Organisationen bestimmter Branchen oder Regionen, die produktive Leistungen für die Marktwirtschaft oder Beiträge zur kulturellen und sozialen Entwicklung erbringen.

Motive für Subventionen

Ökonomische Motive	Ausserökonomische Motive
1. Protektionismus Unternehmungen oder Branchen sollen vor einer Schwächung oder Ausmerzung bewahrt werden (die Kosten für die Vorzugsbehandlung stellen für die Volkswirtschaft das kleinere Opfer dar)	**1. Kultur- und Bildungspolitik** Förderung kultureller und Unterstützung bildungspolitischer Initiativen
2. Rationalisierung Schaffung und Sicherung der Wettbewerbsfähigkeit	**2. Politische Motive** Subventionen zur Wahrung des inneren Friedens oder aus Gründen des nationalen oder regionalen Prestiges
3. Sozialpolitik Stärkung wirtschaftlich schwacher Gruppen	**3. Militärische Motive**
4. Autarkiebestrebungen Mit Subventionen werden die Autarkiebestrebungen gefördert	

4.4.2 Beurteilung der Subventionen

Beurteilt man die Subventionen im Hinblick auf ihre ökonomischen Ziele, so ergeben sich zunächst drei positive Aspekte:

1. Subventionen können gefährdete Wirtschaftszweige oder Branchen sowie kulturelle Einrichtungen erhalten (Erhaltungssubventionen).

Dafür sollten aber echte Gründe vorliegen (z. B. Subventionen zur Erhaltung der Landwirtschaft, mit dem Ziel der Sicherung der Landesversorgung in Kriegszeiten oder zum Schutze der Landschaft).

2. Subventionen können jungen Industrien oder neuen Branchen den Zutritt zum Markt erleichtern (Erziehungs-, Förderungs- oder Anpassungssubventionen) und stellen damit eine Hilfe zur Selbsthilfe dar.

3. Subventionen können Strukturwandlungen erleichtern. Ihr Zweck erfüllt sich dann, wenn sie sich selbst überwinden. Deshalb sollten solche Subventionen nur Übergangscharakter haben.

Nachteilig wirkt sich bei Subventionen die Tatsache aus, dass die Produktionsrichtung und -menge nicht mehr durch den Marktmechanismus bestimmt, sondern durch staatliche Interventionen mitbeeinflusst werden. Dadurch werden die Produktionsfaktoren oft nicht optimal eingesetzt, was zu einer Minderung der Gesamtwohlfahrt führt. Zudem werden Subventionen oft schematisch verteilt, so dass Ungleichheiten noch verstärkt werden, indem einzelne Unternehmen oder Gruppen dank der Subventionen zusätzlich Renten erzielen. Schliesslich kann eine eigentliche Subventionsmentalität entstehen, indem Subventionen immer neue Subventionen züchten. Werden für Subventionen ausserökonomische Motive geltend gemacht, so wird immer wieder versucht, sie staatspolitisch mit «Gesamtinteresse» zu rechtfertigen, wobei sich jedoch der Ausdruck «Gesamtinteresse» kaum je rational definieren lässt. Dadurch entsteht die Gefahr, dass Subventionen immer mehr zu einer «Geldverteilerei» auf Grund politischer Kompromisse werden.

Sollen einzelne Subventionen auf ihre Berechtigung hin überprüft werden – eine Aufgabe, die immer häufiger an die Hand genommen wird – so sind sie anhand folgender Kriterien zu beurteilen:

1. Billigkeit der Subventionen: Mit einem möglichst geringen Aufwand soll ein Maximum an Wirkung erzielt werden.

2. Die Subvention soll gezielt wirken und nicht bei einem Teil der Empfänger zusätzliche Renten bringen (z. B. Subventionspraxis, welche die Bauern im Flachland begünstigt).

3. Die gesamtwirtschaftliche Aktivität darf nicht beeinträchtigt werden («wirtschaftlicher Schlendrian» dank der Subvention bei den Empfängern und Nachlassen der Unternehmerinitiative infolge zu hoher Steuern zur Finanzierung der Subventionen).

4. Die Subvention hat den konjunktur- und wachstumspolitischen Gesichtspunkten Rechnung zu tragen.

4.5 Die Kosten-Nutzen-Analyse

Staatliche Ausgaben werden meistens nach politischen Gesichtspunkten festgelegt. Wirtschaftliche Überlegungen spielen bis heute noch oft eine untergeordnete Rolle. Die finanziellen Engpässe zwingen nun aber auch den Staat allmählich zur Ausgabenplanung nach wirtschaftlichen Gesichtspunkten. Ziel der Überlegungen ist die Maximierung des **volkswirtschaftlichen Nettoertrages**, d. h. der Differenz zwischen Kosten und Ertrag bei den öffentlichen Ausgaben. Solange Kosten und Ertrag quantifizierbar (in Zahlen erfassbar) sind, stellen sich keine grossen Probleme. Sobald aber Kosten und Ertrag nicht quantifizierbar sind (= intangible Kosten und Nutzen), spricht man von der Maximierung des **volkswirtschaftlichen Nettonutzens**. Zur Lösung dieser Aufgabe wurde die Kosten-Nutzen-Analyse (cost-benefit-analysis) geschaffen. Sie soll helfen, folgende Entscheidungen zu treffen:

1. Ist ein Projekt gesamtwirtschaftlich vertretbar?

2. Welche Variante aus mehreren Möglichkeiten soll ausgewählt werden?

3. Welches ist unter Berücksichtigung der Beschäftigungslage der richtige Investitionszeitpunkt?

Bis heute liessen sich Kosten-Nutzen-Analysen erst auf wenigen Gebieten, bei denen Kosten und Nutzen quantifizierbar sind, erfolgreich durchführen (z. B. Vergleich von Investitionsalternativen im Bereiche der Wasserwirtschaft, von Verkehrsstudien, der Stadtplanung und bei Bauinvestitionen). Zur technischen Durchführung ist zu sagen, dass Nutzen und Kosten in der Zukunft anfallen, weshalb zur Bestimmung des Nettonutzens die Nutzen- und Kostenströme auf die Gegenwart bezogen werden müssen. Dazu sind sie zu diskontieren. Es wird dann jeweils dasjenige Projekt verwirklicht, welches den grössten Gegenwartsnutzen ausweist.

Da aber noch viele Bereiche der staatlichen Tätigkeit nicht quantifizierbar sind, wird es in absehbarer Zeit kaum möglich sein, die optimale Höhe und Zusammensetzung von Staatsausgaben zu bestimmen.

Einen Überblick über alle Kosten- und Nutzenarten, die im Idealfall in eine Kosten-Nutzen-Analyse eingehen, gibt das Beispiel eines Autobahnbaus:

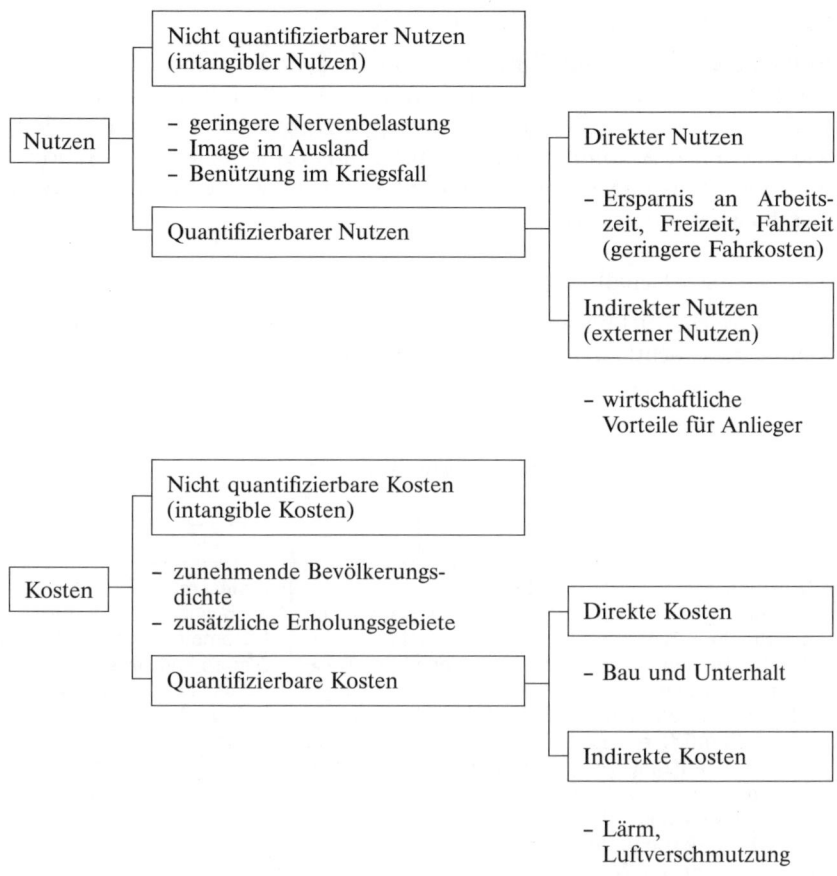

5. Beschaffung der öffentlichen Mittel

5.1 Die Gliederung der Staatseinnahmen

Die Staatseinnahmen setzen sich zusammen aus a) erwerbswirtschaft-
lichen, b) staatswirtschaftlichen, c) kreditwirtschaftlichen Einnahmen
sowie d) bei Kantonen und Gemeinden Einnahmen aus dem Finanzausgleich.

5.1.1 Erwerbswirtschaftliche Einnahmen

Es handelt sich dabei um Einnahmen des Staates, die aus seiner unmittelbaren Beteiligung am wirtschaftlichen Leben resultieren (Einnahmen aus Grundbesitz; aus wirtschaftlich nutzbaren Hoheitsrechten [= Regalien] wie z. B. Post, Alkoholverwaltung usw.; aus öffentlichen Produktions- und Dienstleistungsbetrieben, soweit sie nicht Kostendeckungs- oder Zuschussbetriebe sind).

5.1.2 Staatswirtschaftliche Einnahmen

Staatswirtschaftliche Einnahmen sind öffentliche Abgaben, die der Staat kraft seines rechtlichen Mehrwertes erheben kann.

a) Gliederung

Staatswirtschaftliche Einnahmen

Gebühren	**Beiträge**	**Steuern**
Entgelte für Inanspruchnahme behördlicher Leistungen (= Verwaltungsgebühren) oder für die Benützung einer öffentlichen Anstalt (= Benutzungsgebühren), z. B. Grundbuchgebühren, Eintrittsgebühren in ein staatliches Museum	Entgelte für staatliche Leistungen, die zwar im allgemeinen Interesse liegen, den Beitragspflichtigen jedoch besondere Vorteile bieten, z. B. Beiträge zum Bau eines Trottoirs	Abgaben an öffentliche Gemeinwesen, welche diese kraft ihres rechtlichen Mehrwertes ohne spezielle Gegenleistung erheben, z. B. Einkommenssteuern, Vermögenssteuern, Verbrauchssteuern

Gebühren und Beiträge basieren auf einer konkreten Gegenleistung des Staates, sie knüpfen also an einen wirtschaftlichen Grund (causa) an. Deshalb bezeichnet man sie auch als **Kausalabgaben**. Nach allgemeiner Auffassung darf eine Kausalabgabe nicht höher angesetzt werden als der mit der staatlichen Leistung verbundene Verwaltungsaufwand. Wird dieses Verhältnis überschritten, so erhält die Abgabe teilweise Steuercharakter und wird als **Gemengsteuer** bezeichnet.	Steuern werden unabhängig davon, ob der Abgabepflichtige einen direkten Vorteil zieht oder nicht, geschuldet (= Prinzip der Voraussetzungslosigkeit der Steuer).

b) Besteuerungsprinzipien

Steuern beruhen in der Regel auf dem Leistungsfähigkeitsprinzip, Gebühren und Beiträge auf dem Äquivalenzprinzip oder dem Verursacherprinzip. Darunter ist folgendes zu verstehen:

- **Leistungsfähigkeitsprinzip:** Der Bürger wird gemäss Einkommen, Vermögen, Gewinn, Verbrauch oder einer anderen Grösse seiner Wirtschaftskraft belastet, und zwar unabhängig davon, wie stark er die öffentliche Leistung in Angriff nimmt. Dadurch kommt es zur Umverteilung.

- **Äquivalenzprinzip:** Der Bürger wird im Hinblick auf den Nutzen belastet, die ihm eine bestimmte öffentliche Leistung erbringt, und dies unabhängig von seiner wirtschaftlichen Leistungsfähigkeit (z. B. Motorfahrzeugsteuer – Recht, mit einem Motorfahrzeug die Strasse zu benutzen).

- **Verursacherprinzip:** Der Bürger wird nach den Kosten belastet, die er bei der Inanspruchnahme einer öffentlichen Leistung verursacht, wobei seine wirtschaftliche Leistungsfähigkeit nicht berücksichtigt wird (z. B. Kehrichtabfuhrgebühr). Das Verursacherprinzip soll die Nutzniesser öffentlicher Leistungen oder sonstiger knapper Güter, für die der Marktmechanismus nicht spielt, zum Kostendenken und damit zum Sparen erziehen.

Nach dem Verursacherprinzip ausgestalteten Abgaben kommt heute vor allem im Verkehrs-, Gesundheits- und Umweltbereich laufend grössere Bedeutung zu. Dabei wird aber zugleich immer wieder die politische Frage aufgeworfen, ob es sozial nicht gerechter wäre, diese öffentlichen Leistungen auch nach dem Leistungsfähigkeitsprinzip über Steuern zu finanzieren. In diesem Fall ergäben sich weitere Umverteilungswirkungen. Dagegen käme es nicht zum erwünschten Kostendenken und Sparen.

c) *Einteilung der Steuern*

Je nach dem Steuerobjekt unterscheidet man:

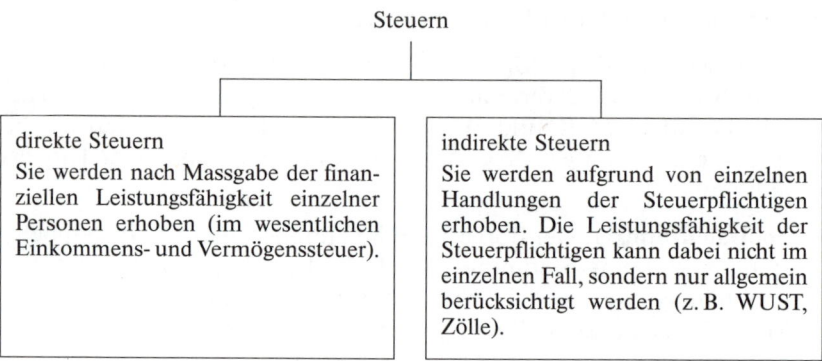

Steuern

direkte Steuern
Sie werden nach Massgabe der finanziellen Leistungsfähigkeit einzelner Personen erhoben (im wesentlichen Einkommens- und Vermögenssteuer).

indirekte Steuern
Sie werden aufgrund von einzelnen Handlungen der Steuerpflichtigen erhoben. Die Leistungsfähigkeit der Steuerpflichtigen kann dabei nicht im einzelnen Fall, sondern nur allgemein berücksichtigt werden (z. B. WUST, Zölle).

d) *Anforderungen an ein rationales Steuersystem*

Steuern werden aus zwei Gründen erhoben:

- einerseits, um den Finanzbedarf der öffentlichen Hand zu decken (= **fiskalischer Zweck der Steuern**);

- (und) andererseits, um ordnend in das Wirtschaftsleben einzugreifen, sei es in der Absicht, das Verhalten der wirtschaftenden Subjekte zu beeinflussen und die wirtschaftliche Einkommens- und Vermögensstruktur der Bevölkerung bewusst zu verändern (= **nichtfiskalischer Zweck der Steuern).**

Das Steuersystem ist nun so auszugestalten, dass es beiden Zwecken optimal entspricht. Ist dies der Fall, so spricht man von einem **rationalen Steuersystem**. Konkret werden dazu acht Forderungen gestellt:

1. Forderung: **Erhebungsbilligkeit**
Die Steuern sind so zu gestalten, dass der Aufwand, der dem Staat bei der Steuererhebung entsteht, möglichst gering ist.

2. Forderung: **Entrichtungsbilligkeit**
Die Steuern sind so zu gestalten, dass der Aufwand, der dem Steuerpflichtigen aus der Ermittlung und Bezahlung der Steuern entsteht, möglichst gering ist.

3. Forderung: **Lastenerleichterung**
Die Steuern sind so zu gestalten, dass die den Steuerpflichtigen aufgebürdete Last möglichst gering und die Beeinträchtigung der wirtschaftlichen Aktivität möglichst klein ist.

4. Forderung: **Neutralität**
Die Steuern sind so zu gestalten, dass durch sie die optimale Abstimmung der Produktion auf die Bedürfnisse der Menschen nicht gestört wird.

5. Forderung: **Konjunkturpolitische Wirksamkeit**
Die Steuern sind so zu gestalten, dass sie positiv auf die Konjunkturentwicklung und Beschäftigungslage wirken.

6. Forderung: **Verteilungspolitische Wirksamkeit**
Die Steuern sind so zu gestalten, dass mit ihrer Hilfe die Einkommensverteilung in Richtung einer grösseren Gerechtigkeit verbessert wird.

7. Forderung: **Achtung der privaten Sphäre**
Bei der Ermittlung der steuerlichen Leistungsfähigkeit ist darauf zu achten, dass die Einsicht in die persönlichen Verhältnisse des Steuerpflichtigen auf ein absolutes Minimum beschränkt wird.

8. Forderung: **Innere Geschlossenheit**
Das Steuersystem ist so zu gestalten, dass die verschiedenen Steuern ein auf die verschiedenen Zielsetzungen abgestimmtes Ganzes ergeben. Dabei soll es vor allem nicht zu ungerechtfertigten Überschneidungen oder zu Lücken in der Besteuerung kommen.

Ausserdem soll die einzelne Steuer **ergiebig** sein, d. h. sie soll nicht nur momentan brutto viel abwerfen, sondern ihr Nettoertrag soll dauernd hoch sein. Dazu ist notwendig, dass die Steuer eine grosse Wirkungsbreite hat (d. h. viele Steuerpflichtige erfasst) und keine Möglichkeiten zur Umgehung bietet.

Bisher ist es noch nicht gelungen, eine ergiebige Alleinsteuer zu finden. Nach allgemeingültiger Auffassung wird ein Steuersystem dann als rational betrachtet, wenn das Hauptgewicht auf einer Einkommens- und einer Warenumsatzsteuer liegt und dazu Nebensteuern erhoben werden.

e) Die Steuerwirkungen

Bei der Einführung neuer Steuern oder der Anpassung bestehender Steuern (z. B. Erhöhung von Steuersätzen) ist es besonders wichtig zu wissen, wie sich die Steuerpflichtigen verhalten werden (welches die Steuerwirkungen sind). In der Regel werden sie versuchen, die Steuern auf drei legalen Wegen abzuwehren:

1. **Steuervermeidung:** Es wird versucht, die Steuerpflicht aufzuheben oder die Steuerlast zu senken.

   Dazu gibt es drei Möglichkeiten:

   - **Sachliche Anpassung:** Ein besteuerter Tatbestand wird durch einen unversteuerten ersetzt (z. B. die Einführung einer Steuer auf Bankdepots in einem Land führt zu einem Rückzug der Depots aus diesem Land).

   - **Zeitliche Anpassung:** Im Hinblick auf eine steuerliche Belastung wird eine Massnahme zeitlich verschoben (z. B. regen günstige Abschreibungssätze Unternehmungen an, Investitionen früher vorzunehmen).

   - **Räumliche Anpassung:** Der Steuerpflichtige sucht in einem föderalistischen Staat den Wohnsitz mit der geringsten Steuerbelastung (z. B. die Einführung einer Reichtumssteuer führt zum Wohnsitzwechsel reicher Leute).

2. **Steuereinholung:** Der Steuerpflichtige versucht durch einen grösseren Einsatz oder eine Leistungssteigerung die steuerbedingte Einkommenseinbusse zu neutralisieren.

3. **Steuerüberwälzung:** Der Steuerpflichtige versucht die von ihm bezahlte Steuer im Marktprozess auf andere Wirtschaftssubjekte zu überwälzen.

Bis heute gibt es aber keine Theorie der Steuerwirkungen, die die Reaktion der Steuerpflichtigen auf steuerliche Massnahmen mit einiger Sicherheit vorauszusagen vermag. Deshalb kommt es bei steuerlichen Massnahmen immer wieder zu politischen Diskussionen, in denen Aussagen schwer beweisbar sind. Insbesondere ist es noch nicht gelungen zu bestimmen, wo die Obergrenze für Steuern liegt, ab der die einzelnen Wirtschaftssubjekte ihre wirtschaftlichen Leistungen (ihren persönlichen Einsatz) abzubauen beginnen.

5.1.3 Kreditwirtschaftliche Einnahmen

a) Gliederung

Sobald die regulären Staatseinnahmen zur Deckung der Ausgaben nicht mehr ausreichen, verschuldet sich der Staat, indem er Kredite in Anspruch nimmt. Dabei werden die **Staatsschulden** zunächst nach ihrer **Fälligkeit** unterschieden (siehe Abbildung 7.6).

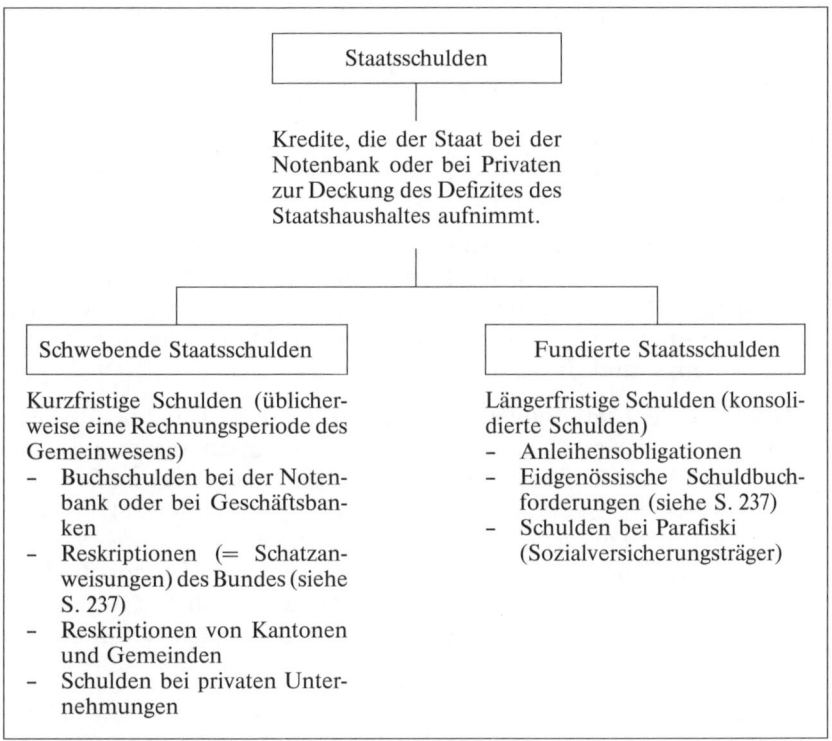

Abb. 7.6: Staatsschulden nach Fälligkeit

Bedeutsam ist auch die Unterscheidung in **äussere** und **innere Staatsschuld** (siehe Abbildung 7.7).

b) Grundsätze der Kreditaufnahme durch die öffentliche Hand

Mit den Grundsätzen zur Kreditaufnahme durch die öffentliche Hand soll die Frage beantwortet werden, wann eine öffentliche Aufgabe mittels

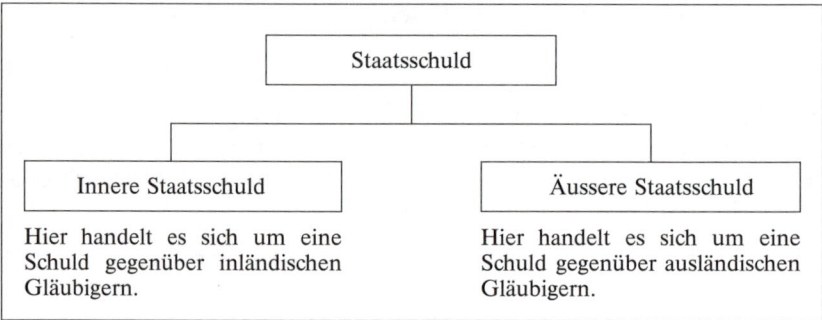

Abb. 7.7: Innere und äussere Staatsschuld

Steuern und wann auf dem Weg von Krediten finanziert werden soll. Heute stehen drei Grundsätze im Vordergrund:

1. **Grundsatz der gerechten Lastenverteilung:** Auf dem Kreditweg sollen längerfristig nutzbare, kostspielige öffentliche Investitionen finanziert werden (z. B. Verkehrswege, Spitäler, Schulen). Die nutzniessenden Generationen leisten in diesem Fall über die Steuern ihren Anteil an die Tilgungs- und Zinskosten.

2. **Grundsatz der Umverteilung:** Nimmt die öffentliche Hand bei Privaten Kredite auf, so sind diese zu verzinsen. Diese Zinsen werden aus Steuergeldern bezahlt. Gewähren nun nur einkommensstärkere Bevölkerungsschichten Kredite (z. B. durch Zeichnung öffentlicher Obligationen), so führen die steuerfinanzierten Zinszahlungen zu einer Verstärkung der Einkommensunterschiede. Deshalb ist die Kreditaufnahme so zu gestalten, dass sich auch einkommensschwächere Gruppen an öffentlichen Krediten beteiligen können (z. B. geringer Nennwert von Obligationen).

3. **Grundsätze der konjunkturpolitischen Situation:** Bei der Kreditaufnahme und -tilgung muss die öffentliche Hand konjunkturpolitischen Aspekten genügend Rechnung tragen. Zu beachten sind folgende Regeln:

   In Zeiten der **Depression** sind Banken als Kreditgeber zu bevorzugen, weil dadurch zusätzliches Geld in Umlauf kommt und die private Nachfrage durch die Kreditaufnahme (z. B. öffentliche Obligationen) nicht eingeschränkt wird. In Zeiten der **Hochkonjunktur** empfiehlt sich indessen die Auflage öffentlicher Anleihen, weil dadurch die privaten Konsum- und Investitionsmöglichkeiten beschränkt werden.

Mit der Rückzahlung öffentlicher Kredite an Geschäftsbanken und Private sollte die öffentliche Hand während der **Hochkonjunktur** zurückhaltend sein, um nicht zusätzliches Geld zu Investitions- und Konsumzwecken zur Verfügung zu stellen. Rückzahlungen während der **Depression** wären zur Belebung der Wirtschaft vorteilhaft. Dazu dürfte jedoch die öffentliche Hand bei dieser Wirtschaftslage meistens nicht fähig sein.

5.1.4 Zuweisungen aus dem Finanzausgleich

Die Schweiz ist ein **föderalistischer** Staat, in welchem

- jeder Bürger gleichzeitig mehreren staatlichen Körperschaften (Ebenen) (Bund, Kanton, Gemeinde und in einzelnen Kantonen Bezirk) angehört,

- jede Körperschaft autonom über gewisse Aufgabenbereiche entscheiden kann (z. B. die Kantone ordnen das Primarschulwesen),

- die übergeordnete Körperschaft dafür sorgt, dass die untergeordneten Körperschaften untereinander verbunden bleiben (z. B. der Bund ordnet den Zusammenhalt der Kantone),

- die untergeordneten Körperschaften bei der Willensbildung in der übergeordneten Körperschaft beteiligt sind (Mitwirkung der Kantone im Ständerat, Ständemehr).

Aus ökonomischer Sicht weisen das föderalistische und das marktwirtschaftliche System verschiedene Parallelen auf: Beide sind dezentrale Systeme, in denen die Beteiligten viele Entscheide autonom (selbständig) treffen können. Dies führt zur grossen Effizienz des Systems. Längerfristig bleibt aber ein föderalistisches System nur funktionstüchtig, wenn zwei Fragen grundsätzlich geregelt sind:

1. Welche Staatsaufgaben werden von den einzelnen Ebenen wahrgenommen?

2. Woher und auf welche Weise erhalten die einzelnen Ebenen die finanziellen Mittel, um die mit den einzelnen Staatsaufgaben verbundenen Ausgaben zu finanzieren?

Grundsätzlich gibt es **drei** Möglichkeiten zur Regelung dieser Fragen:

1. **Das Trennsystem:** Staatsaufgaben und Einnahmequellen werden durch die bundesstaatliche Verfassung und Gesetzgebung den einzelnen Ebenen zugewiesen.

2. **Das Konkurrenzsystem:** Die bundesstaatliche Verfassung und Gesetz-gebung äussert sich nicht über die Zuweisung der Staatsaufgaben und Einnahmequellen. Deshalb können mehrere Ebenen Aufgaben wahr-nehmen und Einnahmequellen beanspruchen.

3. **Das Verbundsystem:** Die einzelnen Staatsaufgaben werden von den verschiedenen Ebenen gemeinsam und koordiniert erfüllt und die ein-zelnen Einnahmequellen nach einheitlichen Richtlinien in Anspruch genommen.

In der **Schweiz** herrscht das **Trennsystem** vor. Vor allem nach dem Zweiten Weltkrieg wurde es aber durch das Konkurrenz- und das Verbundsystem ergänzt. Der Grund dafür liegt darin, dass sich einerseits die Ausgaben bei der Erfüllung der Staatsaufgaben sehr unterschiedlich entwickeln, und andererseits die Staatseinnahmen in den verschiedenen Körperschaften immer unterschiedlicher ausfallen (z. B. Kantone mit vielen einkom-mensstarken Steuerpflichtigen und Kantone mit vielen einkommens-schwachen Einwohnern).

Dieser ungleichen Entwicklung der Staatseinnahmen und -ausgaben in den einzelnen Körperschaften wird mit dem Finanzausgleich begeg-net.

Mit dem **Finanzausgleich** soll durch Umverteilung von Staatsauf-gaben und Staatseinnahmen das Gleichgewicht öffentlicher Haus-halte der verschiedenen Ebenen und innerhalb der Ebenen wieder hergestellt werden.

Ziel des Finanzausgleichs ist es also, das horizontale Gleichgewicht zwischen den einzelnen Regionen eines Landes herzustellen, indem

- regionale und lokale Unterschiede bei der Besteuerung gleicher wirt-schaftlicher Leistungsfähigkeit vermieden werden sollen,

- die Versorgung aller Regionen mit öffentlichen Gütern etwa gleich-mässig erfolgt,

- und eine Angleichung der Pro-Kopf-Einkommen der Bewohner ver-schiedener Regionen angestrebt wird.

Unterschieden werden **drei Formen** von Finanzausgleich (siehe Abb. 7.8).

1. Vertikaler Finanzausgleich:

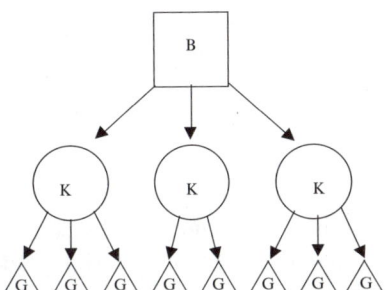

Er dient dem Ausgleich der finanziellen Belastungsunterschiede zwischen den einzelnen staatlichen Ebenen. In der Schweiz übernehmen der Bund von den Kantonen oder die Kantone von den Gemeinden Staatsaufgaben. Und/oder der Bund lässt den Kantonen oder die Kantone lassen den Gemeinden zur Finanzierung von Staatsaufgaben Mittel zukommen.

2. Horizontaler Finanzausgleich:

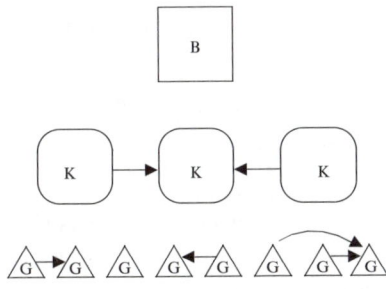

Er dient dem Ausgleich von Belastungsunterschieden zwischen den Teilen auf der gleichen staatlichen Ebene. In der Schweiz unterstützen auf diese Weise die finanzstarken finanzschwache Kantone (interkantonaler Finanzausgleich). Oder die finanzstarken Gemeinden unterstützen finanzschwache Gemeinden im gleichen Kanton (innerkommunaler Finanzausgleich)

3. Vertikaler Finanzausgleich mit horizontalem Effekt:

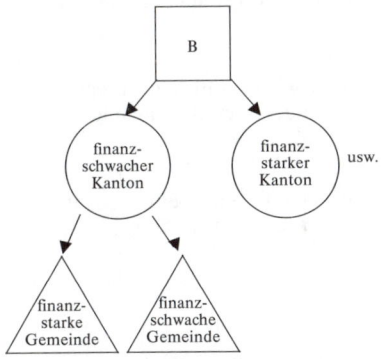

Hier erfolgen Zahlungen von einer staatlichen Ebene (vertikaler Finanzausgleich). Bei diesen Zahlungen wird aber die unterschiedliche Finanzkraft der Empfänger berücksichtigt, indem an finanzstärkere Empfänger weniger und an finanzschwächere mehr zugewiesen wird.

Abb. 7.8: Formen des Finanzausgleichs

Die Zuweisungen aus dem Finanzausgleich bilden also eine weitere Einnahmequelle der öffentlichen Haushalte. Dabei führt die konkrete Ausgestaltung des Finanzausgleichs immer wieder zu politischen Auseinandersetzungen, weil es äusserst schwierig ist, eine allseits befriedigende Lösung für Anspruchsberechtigung und Höhe des Finanzausgleichs festzulegen.

5.2 Das schweizerische Steuersystem

Das schweizerische Steuersystem ist historisch gewachsen und gekennzeichnet durch das Nebeneinander von verschiedenen Steuerarten und Steuerhoheiten.[5]

Die in der Schweiz erhobenen Steuern lassen sich wie folgt gruppieren (vergleiche auch Tabelle 7.9):

1. *Allgemeine Steuern auf Einkommen bzw. Ertrag und auf Vermögen bzw. Kapital.*

    a) Einkommen- und Vermögensteuern natürlicher Personen

    b) Ertrag- und Kapitalsteuern juristischer Personen

    Steuerobjekt[6] sind Einkommen und Vermögen bzw. Ertrag und Kapital. Diese Steuern sind die Hauptsteuern und machen 70-75% des gesamten Steuerertrags (einschliesslich Zölle) aus.

2. *Spezialsteuern auf Einkommen und Vermögen*

    Steuerobjekt sind das Einkommen, der Ertrag oder das Vermögen. Besteuert wird aber nur ein Teil des Einkommens bzw. des Vermögens, oder die Steuer wird nur bei einer beschränkten Zahl von Steuerpflichtigen erhoben (Sondersteuer).

3. *Verkehrsteuern*

    Steuerobjekt sind Vorgänge des rechtlichen und wirtschaftlichen Verkehrs, also nicht der Verbrauch, sondern ein ihm vorausgehender Verkehrsvorgang.

4. *Besitz- und Aufwandsteuern*

    Steuerobjekt ist der Besitz von Objekten bzw. die Tätigung eines bestimmten Lebensaufwandes. Belastet wird also eine bestimmte Lebenshaltung.

---

5 Steuerhoheit heisst: Recht einer Körperschaft, Steuern zu erheben.
6 Steuerobjekt heisst: Gegenstand der Steuer (was ist steuerpflichtig?).

	Allg. Einkommen-, Ertrag-, Vermögen- und Kapitalsteuern (1)		Spezielle Einkommen- und Vermögensteuern (2)	Verkehrsteuern (3)		Besitz- und Aufwandsteuern (4)
	Natürliche Personen (a)	Juristische Personen (b)		Rechtsverkehrsteuern (a)	Wirtschaftsverkehrsteuern (b)	
Bund	Direkte Bundessteuer vom Einkommen	Direkte Bundessteuer vom Ertrag und Kapital	Verrechnungssteuer		Zölle und Zuschläge, Mehrwertsteuer, Tabaksteuer, Biersteuer	Autobahnvignette, Schwerverkehrsabgabe
Kantone	Allg. Einkommen- und Vermögensteuern (alle Kantone)	Ertrag- und Kapitalsteuer oder Einkommen- und Vermögensteuer	Vermögensgewinn-, Kapitalgewinn- und Grundstückgewinnsteuern, Liegenschaftensteuern	Erbschaft- und Schenkungsteuern, Handänderungsteuern auf Liegenschaften	Vergnügungsteuern, Beherbergungsabgaben	Motorfahrzeugsteuern, Vergnügungsteuern, Hundesteuern usw.
Gemeinden	idR Zuschläge zur Staatssteuer z.T. eigener Tarif und eigene Bestimmungen	Zuschläge zur Staatssteuer	Zuschläge zu kantonalen Steuern, Grundstücksgewinnsteuern, Liegenschaftensteuern	Erbschaft- und Schenkungsteuern, Handänderungsteuern auf Liegenschaften	Vergnügungsteuern, Beherbergungsabgaben	Motorfahrzeugsteuern, Vergnügungsteuern, Hundesteuern usw.

Tab. 7.9: Die wichtigsten schweizerischen Steuern nach Arten und Hoheitsträgern

5.3 Zukunftsprobleme der schweizerischen Steuerpolitik

5.3.1 Die Steuerharmonisierung

Die föderalistische Finanzordnung der Schweiz brachte eine grosse Vielfalt bei der Lösung von Staatsaufgaben und bei der Besteuerung. Diese Vielfalt hat neben den positiven Seiten auch verschiedene Mängel.

Positive Seiten der schweizerischen Finanz- und Steuerordnung:

- Ausgeprägtes Selbst- und Mitbestimmungsrecht der Kantone und Gemeinden.
- Weitgehendes Entscheidungsrecht des Volkes in finanz- und steuerpolitischen Fragen.
- Die Steuerkonkurrenz zwischen Kantonen und Gemeinden schützt den Bürger vor der zunehmenden Steuerbelastung besser als eine zentralistische Ordnung.
- Steuerbelastungsunterschiede zwischen Kantonen oder Gemeinden können durch den Finanzausgleich gemildert werden.

Mängel an der schweizerischen Finanz- und Steuerordnung:

- Die Aufteilung der Steuerhoheit bringt von Ort zu Ort grosse Steuerbelastungsunterschiede (steuergünstige und steuerungünstige Gemeinden), die nachteilige Wirkungen haben: Man wählt seinen Wohnsitz oder den Unternehmungsstandort in einer steuerbegünstigten Gemeinde. Dadurch werden steuergünstige Gemeinden bevorzugt, weil ihr Steueraufkommen immer grösser wird und der Steuerfuss gesenkt werden kann, was die Belastungsunterschiede verschärft.
- Immer häufiger werden finanzpolitische Zuständigkeiten zwischen Bund und Kanton hin- und hergeschoben, weil niemand die volle Verantwortung übernehmen will.
- Die Finanzpolitik kann nicht in den Dienst der Konjunkturpolitik gestellt werden, weil finanzpolitische Entscheidungen dezentralisiert getroffen werden und meistens nur bescheidene Summen betreffen.
- Das heutige Subventionensystem des Bundes bringt keinen echten Finanzausgleich auf Bundesebene.

Wie gross die interkantonalen Steuerbelastungsunterschiede sind, zeigt an ausgewählten Beispielen Tabelle 7.10. Dargestellt wird die mittlere prozentuale Steuerbelastung des Bruttoarbeitseinkommens eines verheirateten unselbständig Erwerbenden ohne Kinder mit direkten Kantons- und Gemeindesteuern, inkl. Kirchensteuern (1995; steuergünstigster Kanton = 100).

Kanton	Bruttoeinkommen Fr. 50 000,–		Bruttoeinkommen Fr. 100 000,–		Bruttoeinkommen Fr. 200 000,–	
	%	Index	%	Index	%	Index
Zürich	5,61	161	9,78	148	14,66	151
Bern	8,98	258	14,15	214	19,19	198
Zug	3,48	100	6,61	100	9,69	100
Baselstadt	7,63	219	14,89	225	19,79	204
St. Gallen	7,25	208	12,73	193	17,86	184
Waadt	7,65	220	13,10	198	17,81	184
Genf	5,81	167	14,79	224	21,19	219

Quelle: Gesellschaft zur Förderung der schweizerischen Wirtschaft.

Tab. 7.10: Interkantonale Steuerbelastungsunterschiede

Noch ausgeprägter sind die interkantonalen Besteuerungsunterschiede bei den Rentnereinkommen (100-395), während die innerkantonalen Unterschiede wesentlich geringer sind (zwei Kantone mit mehr als 40 Punkten, sieben Kantone mit weniger als 15 Punkten Belastungsunterschied).

Die bisherige Beseitigung der ungleichen Steuerbelastungen erfolgt heute auf zwei Wegen:

1. Über den **Finanzausgleich**, der in den Kantonen (zwischen den Gemeinden) besser ausgebaut ist als auf Bundesebene (zwischen den Kantonen).

2. Durch die **Steuerharmonisierung.**

> Ziel der Steuerharmonisierung ist die Beseitigung unterschiedlicher Steuerwirkungen. Zu diesem Zweck sind die Steuerobjekte und die Bemessungsgrundlagen[7] anzupassen.

Die Schweiz tut sich mit der Steuerharmonisierung schwer. 1977 wurden mit einem neuen Verfassungsartikel (BV Art. 42 quinquies) die Voraussetzungen zu einer **formellen Steuerharmonisierung** geschaffen, d. h. der Bund kann auf dem Wege der Bundesgesetzgebung Grundsätze für die kantonale und kommunale Gesetzgebung über Steuerpflicht, Gegenstand und zeitliche Bemessung der Steuern, Verfahrensrecht und Steuerstrafrecht erlassen. Sache der Kantone bleibt aber die materielle Seite. Sie bestimmen die Steuertarife, Steuersätze und Steuerfreibeträge. Seit

---

7 Bemessungsgrundlagen heisst: Bestimmung der Werte für die Steuerberechnung.

anfangs 1993 ist das dazugehörige Gesetz (Bundesgesetz über die Harmonisierung der direkten Steuern der Kantone und Gemeinden, StHG) in Kraft. Dieses Gesetz zwingt die Kantone, ihre Steuergesetze innert einer Frist von acht Jahren an das Harmonisierungsgesetz des Bundes anzupassen.

Im Rahmen der Revision des Bundesbeschlusses über die direkte Bundessteuer (BdBSt), der neu zum Bundesgesetz über die direkte Bundessteuer (DBG)[8] wurde, sind die Harmonisierungsvorschriften bereits weitgehend berücksichtigt worden.

Verschiedene Harmonisierungspostulate blieben aber bei diesen gesetzgeberischen Arbeiten unberücksichtigt:

1. Alleinige Erhebung einer direkten Steuer durch den Bund mit kantonalen und kommunalen Zuschlägen: Liesse man unterschiedliche Zuschläge der Kantone und Gemeinden zu, so bliebe finanzpolitisch alles beim alten. Ein einheitlicher Steuersatz für das ganze Land bedingte einen stark ausgebauten Finanzausgleich auf Bundesebene, der zu einem dauernden politischen Zankapfel würde.

2. Rückzug des Bundes aus dem Gebiet der direkten Steuern und Abgabe von Geldkontingenten der Kantone an den Bund, d. h. die Kantone hätten aus ihren Steuereinnahmen Mittel an den Bund abliefern müssen: Diese Lösung wird vor allem von Kreisen vertreten, die das schweizerische Steuersystem demjenigen der Europäischen Gemeinschaft (EG) anpassen möchten, das die direkten Steuern tendenziell abbaut und dafür die Mehrwertsteuer (siehe S. 401) verstärkt. Dies mit der Begründung, die direkten Steuern passten nicht zu einer angebotsorientierten Wachstumspolitik, weil sie die Anreize zu arbeiten, zu sparen und zu investieren hemme. Deshalb werde durch zu hohe direkte Steuern letztlich die Wettbewerbsfähigkeit gehemmt.

   Diese Lösung liess sich bislang politisch nicht durchsetzen, weil die Kontingente an den Bund infolge des steigenden Finanzbedarfes des Bundes zu hoch würden, und die Bereitschaft der Schweizer Bevölkerung, höhere indirekte Steuern zu bezahlen, vorderhand nicht gegeben ist.

3. Die Aufteilung der Befugnisse zur Erhebung direkter Steuern zwischen Bund und Kantonen entweder nach Steuerobjekten, nach Steuersubjekten[9] oder nach Steuerarten.

   Diese Lösung wurde verworfen, weil der Bund auf die elastische Einnahmequelle der direkten Bundessteuer nicht verzichten wollte.

---

8 Das DBG tritt auf den 1. Januar 1995 in Kraft.
9 Steuersubjekt heisst: Steuerpflichtiger.

5.3.2 Die Umsatzbesteuerung

a) Begriffe

> Mit der Umsatzbesteuerung wird die Verwendung des Einkommens zu Konsumzwecken (Verbrauch) steuerlich erfasst.

Die Steuern auf dem Umsatz von Gütern und Dienstleistungen stellen in den meisten Ländern eine bedeutende staatliche Einnahmequelle dar. Gegenstand dieser Steuer sind Vorgänge des Wirtschaftsverkehrs. Deshalb handelt es sich um eine **Wirtschaftsverkehrsteuer**, die nach den in Abbildung 7.11 gezeigten Formen ausgestaltet sein kann.

Die bisherige **schweizerische Warenumsatzsteuer (WUSt)** ist eine **Einphasensteuer**, die auf dem Verkehr mit Waren – Warenumsatz im Inland und Wareneinfuhr – erhoben wird. Sie ist eine **Grossistensteuer**, weil die Steuererhebung beim Grossisten (Steuersubjekt) erfolgt. Die WUSt ist auf dem Weg vom Produzenten zum Konsumenten grundsätzlich einmal geschuldet, nämlich dann, wenn die Ware von einem Grossisten an einen Nichtgrossisten oder zum Konsum geliefert wird.

Da die Einphasensteuer wesentliche Nachteile hat, gelangten bereits dreimal Vorschläge zu einem Systemwechsel zur Mehrwertsteuer zur Volksabstimmung, die in allen drei Fällen ablehnend ausfiel. Erst 1993 nahm das Volk eine Mehrwertsteuer an, die auf 1995 mit einem Steuersatz von 6,5 % als Nettoallphasensteuer in Kraft tritt.

Die EG hat eine **Mehrwertsteuer** (MWSt) (Nettoallphasensteuer), bei der jeder Vorgang besteuert wird. Berechnungsgrundlage ist aber im Endeffekt nur der seit dem letzten steuerbaren Vorgang hinzugefügte Mehrwert, so dass der Gesamtwert der Ware oder Dienstleistung stets nur einmal belastet wird.

b) Die Berechnung der bisherigen schweizerischen Warenumsatzsteuer (WUSt)

Als Grosshandelssteuer belastet die WUSt Waren mit 9,3 %, bevor sie in den Einzelhandelsbereich übergehen. Diese 9,3 % werden auf den Konsumenten überwälzt, wobei man vom Ziel ausgeht, die Konsumenten mit 6,2 % des Verkaufspreises zu belasten. Diese Grösse wird erreicht, wenn die Wertvermehrung im Detailhandel 50 % beträgt. Weicht die Wertvermehrung von dieser Grösse ab, so steigt oder sinkt die effektive Belastung der Konsumenten. Tabelle 7.12 zeigt diesen Zusammenhang.

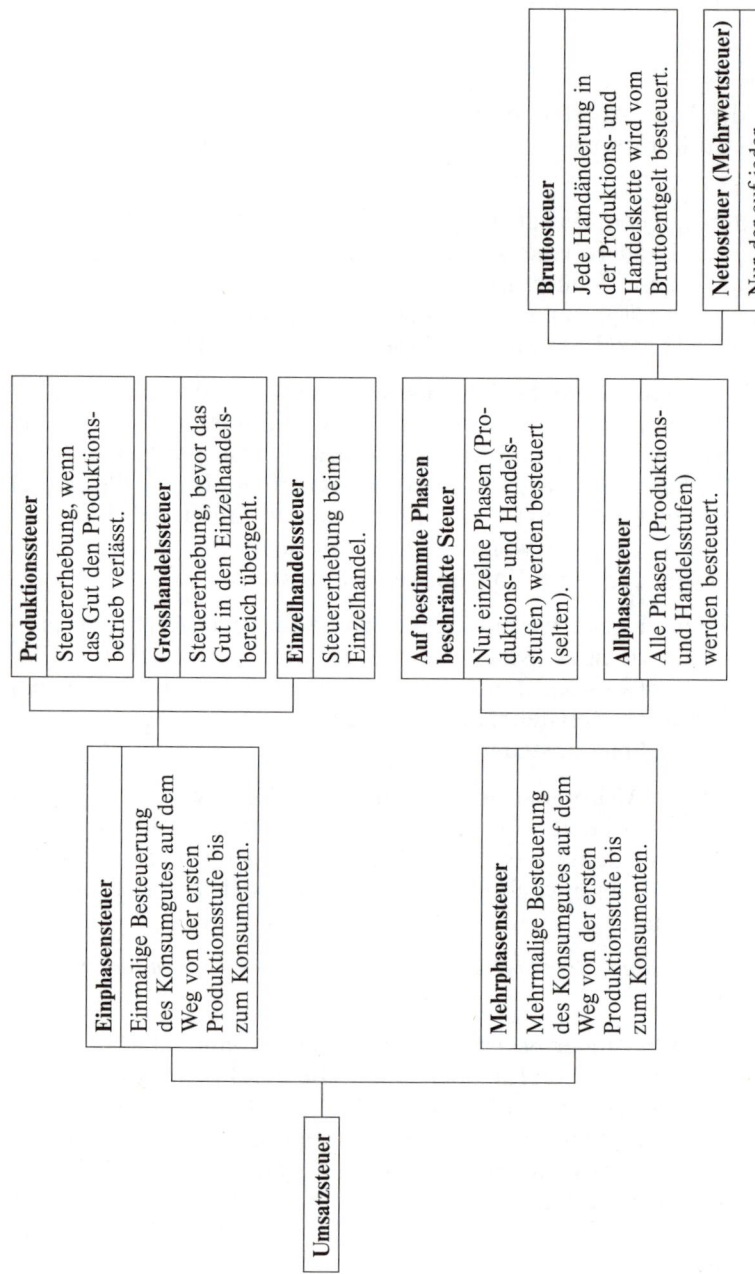

Abb. 7.11: Formen der Umsatzsteuer

Grosshandelspreis	Fr. 100.–	Fr. 100.–	Fr. 100.–
Wertvermehrung durch Einzelhandel	Fr. 50.– (50 %)	Fr. 20.– (20 %)	Fr. 100.– (100 %)
Detailhandelspreis	Fr. 150.–	Fr. 120.–	Fr. 200.–

9,3 % WUSt Belastung des Konsumenten	Fr. 9.30	Fr. 9.30	Fr. 9.30
	6,2 %	7,75 %	4,65 %

Tab. 7.12: Berechnung der WUSt

c) Die Berechnung der Mehrwertsteuer (MWSt)

Die Mehrwertsteuer wird auf jedem steuerbaren Umsatz in vollem Umfang berechnet (vergleiche Tab. 7.13 mit 10 %), für die Ermittlung der Steuerzahllast jedoch um die anlässlich des vorausgehenden Umsatzes geschuldete und überwälzte Steuer (Vorsteuer) gekürzt.

Wirtschaftsstufe	Warenwert	10 % Mehrwertsteuer	Gesamter Rechnungsbetrag	Steuerzahllast[1]	Steuerbelastung[2]
1. Produktionsstufe					
Wertschöpfung	1000				
Verkaufspreis	1000	100	1100	100	100
2. Produktionsstufe					
Einkauf	1000	100	1100		
Wertschöpfung	500				
Verkaufspreis	1500	150	1650	150–100=50	150
3. Handel					
Einkauf	1500	150	1650		
Wertschöpfung	300				
Verkaufspreis	1800	180	1980	180–150=30	180

[1] Steuerzahllast = Betrag, den das Unternehmen an die Steuerverwaltung bezahlt (Differenz zwischen Gesamtbelastung und abzugsfähigen Vorsteuern).

[2] Steuerbelastung = Steuer, die eine Ware oder Dienstleistung insgesamt auf der jeweiligen Wirtschaftsstufe trägt.

Tab. 7.13: Berechnung der MWSt

d) Vergleich der beiden Systeme

Tabelle 7.14 vergleicht die beiden Systeme und deutet eher auf die Vorteile des Mehrwertsteuersystems hin. Das wichtigste Argument gegen die WUSt ist die **Taxe occulte** (Schattensteuer), d. h. die WUSt auf Investitionsgütern, denn bezüglich der eigenen Produktionsanlagen und Betriebsmitteln gelten auch die Grossisten als Konsumenten. Sie bezahlen daher darauf die WUSt, ohne dass sie diese irgendwo wieder in Abzug bringen können. Dadurch entsteht eine Verteuerung der Produktion und eine wettbewerbsverzerrende Wirkung nicht nur im Inland, sondern auch beim Export.

Diese Gründe waren ausschlaggebend für den Wechsel von der WUST auf die Mehrwertsteuer.

e) Eine politische Kontroverse: Sind indirekte Steuern unsozial?

In der öffentlichen Diskussion wird häufig behauptet, direkte Steuern auf Vermögen und Einkommen seien «gerecht», weil aufgrund des progressiven Steuertarifs höhere Einkommen stärker belastet werden. Indirekte Steuern hingegen seien «ungerecht», und zwar aus folgenden Gründen:

1. Sie sollen nach dieser Auffassung **regressiv** sein, d. h. wirtschaftlich Schwache stärker treffen als Reiche.

2. Sie sollen willkürlich sein, weil einzelne Güter den indirekten Steuern unterliegen, andere nicht.

Anhand von zahlenmässigen Untersuchungen lassen sich zu dieser Kontroverse folgende Schlüsse ziehen:

a) Unterliegen alle Nahrungsmittel und weitere lebensnotwendige Güter indirekten Steuern, so können sie tatsächlich regressiv wirken.

b) Befreit man indessen solche Güter, die für untere Einkommensschichten bedeutsam sind, von indirekten Steuern, so werden die wirtschaftlich Schwächeren nicht nur absolut, sondern auch prozentual weniger stark belastet.

Eine Untersuchung des BIGA (Bundesamt für Industrie, Gewerbe und Arbeit) bestätigt diese Feststellung: Im Jahre 1977[10] wurden die Ver-

---

10 Neuere Untersuchungen wurden nicht mehr durchgeführt.

	WUSt	MWSt
Steuersätze	Zwei Sätze	Ein Satz
Steuer-belastung	– Die Steuerbelastung ist unregelmässig: je höher die Wertschöpfung im Detail-handel ist, desto geringer ist die prozentuale Steuerbela-stung. – Steuerlich erfasst werden auch Investitionsgüter und Betriebsmittel, so dass diese Steuern auch in die Preise der produzierten Güter ein-gehen und eine Zusatzbela-stung der Konsumgüter bewirken (Taxe occulte).	Die Steuerbelastung entspricht auf allen Stufen stets dem auf dem Endpreis angewandten Steuersatz. Sie lässt sich damit sehr genau bestimmen und nach sozialpoliti-schen Gesichtspunkten ausrichten.
Wett-bewerbs-wirkungen	– Infolge ungleicher Endbela-stung wird die WUSt wett-bewerbsverzerrend. – Im grenzüberschreitenden Warenverkehr werden nur die Preise der Endprodukte, nicht aber die in den Herstel-lungsprozess eingehenden Produktionsmittel besteu-ert, so dass inländische Pro-dukte infolge Belastung benachteiligt sind (sie tragen die Taxe occulte).	Völlige Wettbewerbsneutralität.
Erhebungs-aufwand	Weniger Steuerpflichtige (Schweiz ca. 70 000).	Mehr Steuerpflichtige (Schweiz bei Einführung der Mehrwertsteuer: 400 000).
Ergiebigkeit (Steuer-aufkommen)	Geringer.	Auch bei tiefen Steuersätzen ein höheres und stetiges Steuerauf-kommen.

Tab. 7.14: Vergleich von WUSt und MWSt

brauchsausgaben durchschnittlich mit 3,6 % indirekten Steuern (Waren-umsatzsteuer, Alkohol- und Tabaksteuer, Einfuhrzölle) belastet. Unter Berücksichtigung der belasteten und steuerfreien Waren ergaben sich aber bei verschieden hohen Haushaltseinkommen unterschiedliche Steu-erbelastungen für die Verbrauchsabgaben:

Haushaltseinkommen	Steuerbelastung der indirekten Steuern
Fr. 24 000.– bis Fr. 36 000.–	2,7 %
Fr. 84 000.– bis Fr. 96 000.–	4,1 %

Damit werden also die höheren Einkommensgruppen bei ihren Ver-brauchsausgaben stärker belastet. Legt man allerdings der Rechnung nicht nur die Verbrauchsausgaben, sondern die Haushaltseinkommen zugrunde, so ergibt sich eine proportionale Belastung. Der Unterschied rührt daher, dass der Anteil der Verbrauchsausgaben an den Gesamtaus-gaben mit steigendem Einkommen zurückgeht; oder – anders ausge-drückt – der Teil des Haushaltseinkommens, der nicht mit indirekten Steu-ern belastet wird, zunimmt.

6. Die Staatsverschuldung

6.1 Verschuldungskennziffern

Die öffentlichen Finanzen entwickelten sich in den letzten zehn Jahren in allen marktwirtschaftlich orientierten Ländern in der gleichen Richtung: stark wachsende Staatsausgaben, steigende Budgetdefizite und zuneh-mende Staatsverschuldung. Verantwortlich dafür sind zwei Ursachen: Einerseits wurden die Staatsausgaben überall unter der Annahme eines weiteren wirtschaftlichen Wachstums geplant. Selbst in Rezessionszeiten ging man von einer baldigen Erholung der Wirtschaft und wieder steigen-den Steuereinnahmen aus. Andererseits zeigte sich, dass sich Ausgaben-kürzungen (insbesondere beim staatlichen Konsum) politisch fast nicht durchsetzen lassen.

Das Ausmass der Staatsverschuldung lässt sich an den **Verschuldungs-kennzahlen** nachweisen. Sie sind in Tabelle 7.15 wiedergegeben.

Von Bedeutung ist die **goldene Finanzierungsregel**. Sie bringt den Haus-haltssaldo ohne Berücksichtigung der Ausgaben für öffentliche Investitio-

Länder[1]	Schulden-quote[2]	Defizit-quote	Goldene Finanzie-rungsregel[3]	Primär-lücke[4]
Schweiz	**25**	**– 1,7**	**1,7**	**– 0,5**
Deutschland	45	– 3,1	– 0,8	– 1,2
Frankreich	47	– 2,1	1,3	0,1
Italien	103	– 10,2	– 6,9	– 2,5
Grossbritannien	35	– 1,7	0,5	– 0,5
Belgien	132	– 6,0	– 4,6	1,1
Dänemark	61	– 2,0	0,1	0,7
Niederlande	79	– 3,8	– 1,9	0,0
Irland	113	– 1,9	– 0,2	5,0
Griechenland	100	– 17,1	– 13,5	– 3,5
Spanien	46	– 4,4	0,8	– 1,8
Portugal	65	– 4,6	– 1,0	(–)
EG-Durchschnitt	**60**	**– 4,2**	**– 1,4**	**0**

1 Bei allen Ländern alle Gebietskörperschaften, inkl. Sozialversicherungen

2 Bruttoverschuldung: $\dfrac{\text{Schulden}}{\text{BIP}}$

3 Haushaltsaldo ohne Berücksichtigung der Ausgaben für öffentliche Investitionen. Ein positives (negatives) Vorzeichen bedeutet, dass das Defizit niedriger (höher) war als die öffentlichen Investitionen.

4 Differenz zwischen dem tatsächlichen Primärsaldo und jenem Primärüberschuss, der notwendig wäre, um die Schuldenquote zu stabilisieren, wenn die Zinskosten 2 %-Punkte über der Wachstumsrate liegen.

Quelle: SBG Wirtschaftsnotizen November/Dezember 1992

Tab. 7.15: Verschuldungskennzahlen 1991

nen mit den öffentlichen Investitionen in Beziehung. Bei einem positiven Vorzeichen ist das Defizit (Haushaltssaldo) niedriger als die öffentlichen Investitionen. Ein negatives Vorzeichen bedeutet, dass das Defizit höher ist als die öffentlichen Investitionen. Diese goldene Finanzierungsregel spielt bei der Beurteilung des Staatsdefizites eine wichtige Rolle (siehe im nächsten Abschnitt).

Die grösser werdende Verschuldung führt zu einer zunehmenden Zinslast. Sie betrug 1989 für Bund, Kantone und Gemeinden der Schweiz 3 349 Mio. CHF oder 4,3 % der gesamten Staatsausgaben. Die Nettozinslast des Bundes (Differenz zwischen Passivzinsen und Kapitalertrag) wird 1993 2,1 Mia. CHF oder 5,6 % der gesamten Bundeseinnahmen betragen. Gegenüber 1991 ist die um 800 Mio. CHF oder um 60 % gestiegen.

Deshalb sind viele Leute über die Entwicklung der Staatsfinanzen besorgt und fragen sich, ob die steigenden Staatsdefizite volkswirtschaftlich noch verkraftbar sind.

6.2 Auswirkungen einer hohen Staatsverschuldung

Eine allgemeingültige Antwort auf die Frage, wie lange Staatsdefizite volkswirtschaftlich verkraftet werden können, gibt es nicht, weil keine verbindlichen Regeln oder Gesetze über Verschuldungsgrenzen gefunden werden können. Es sind vielmehr verschiedene Gesichtspunkte zu beurteilen, aus denen im Einzelfall gewisse Erkenntnisse abgeleitet werden können.

1. Die **Defizite** der öffentlichen Hand lassen sich über **Steuererhöhungen, Verschuldung bei der Notenbank** und/oder über eine **Kreditaufnahme auf dem Kapitalmarkt** finanzieren. Steuererhöhungen finden ihre Grenze am Steuerwiderstand. Die Verschuldung bei der Notenbank ist mit Geldschöpfung und damit inflationären Tendenzen verbunden. Die Verschuldung über den Kapitalmarkt ist inflationsneutral. Dafür kann eine hohe Nachfrage des Staates auf dem Kapitalmarkt zu steigenden Zinssätzen führen. Dadurch verteuern sich die Investitionskredite, und als Folge davon kommt es zum Verzicht auf Investitionsvorhaben der privaten Wirtschaft. Diese Verdrängung privater Investitionen ist aber volkswirtschaftlich unerwünscht, weil die rückläufigen Investitionen in der Regel das wirtschaftliche Wachstum hemmen.

   Diesen Verdrängungseffekt nennt man «**Crowding-out**»[11]. Er zeigt eine Grenze der Staatsverschuldung auf: Sie liegt dort, wo die Nachfrage des Staates auf dem Kapitalmarkt die Zinssätze dermassen erhöht, dass private Kreditnachfrager vom Markt verdrängt werden. Oder anders ausgedrückt: **Der Staat darf sich höchstens im Ausmass des vom privaten Sektor nicht beanspruchten Kreditangebotes verschulden.**

Höchstzulässige Staatsverschuldung (Kreditnachfrage des Staates)	=	Ersparnisse der Volkswirtschaft (Kreditangebot)	./.	Kreditnachfrage im privaten Sektor

---

11 «to crowd out» heisst: verdrängen.

Nun ist allerdings das **Ausland** noch mit in die Überlegungen einzubeziehen: Wird mehr gespart, als im privaten Sektor Kredite benötigt werden, und ist die Staatsrechnung gleichzeitig ausgeglichen, so fliessen die im Inland nicht verwendeten gesparten Mittel ins Ausland ab. Wer deshalb im Falle eines privaten Sparüberhanges für ein ausgeglichenes Staatsbudget plädiert, darf diesen Kapitalabfluss ins Ausland nicht übersehen. Er beeinflusst u. a. auch die Wechselkurse.

Untersuchungen ergaben, dass die Crowding-out-Wirkungen in der Schweiz nicht so gross waren, wie allgemein angenommen wird. In der Zeitspanne von 1970–1980 lassen sie sich nur für 1972–1974 und geringfügig für 1979 nachweisen. Für die letzten Jahre wird angenommen, dass in der Schweiz kein Crowding-out stattgefunden hat.

2. Eine zweite Begrenzung der Staatsverschuldung ergibt sich aus der **Zinsbelastung**: Wenn es so ist, dass die Zunahme der Zinsen sämtliche Steuermehreinnahmen wegfrisst und gleichzeitig Inflationstendenzen vorliegen, so kommt es trotz höheren Steuereinnahmen zu einem Abbau der staatlichen Leistungen.

Der Zusammenhang zwischen der Veränderung der Zinsausgaben und der Steuermehreinnahmen ergibt den **Zinsendienstkoeffizienten**. Liegt er über 1 (sind also die Zinsausgaben höher als die Steuermehreinnahmen), so sind die Grenzen der Staatsverschuldung überschritten. Diese Grenze der schweizerischen Staatsverschuldung ist noch nicht erreicht. Mit dem **relativen** Zinsendienstkoeffizienten wird die prozentuale Veränderung der beiden Grössen verglichen. Hier bedeutet ein Wert von über 1, dass die Zinsausgaben stärker stiegen als die anderen Staatsausgaben. Dieser Koeffizient kann als Frühwarnsignal dienen.

3. Ein drittes Problem der Staatsverschuldung ist die **zeitliche Lastenverteilung**: Mit dem Entscheid über die Höhe der Verschuldung wird zugleich auch über die zeitliche Lastenverteilung entschieden, d. h. welcher Teil neuer Staatsschulden soll auf kommende Generationen übertragen werden? Heute herrscht die Auffassung vor, die Staatsverschuldung bewirke längerfristig Wachstumseinbussen. Wenn die Verschuldung dazu führt, dass die Investitionen im privaten Sektor verdrängt werden (crowding-out), und ein immer grösserer Anteil der Staatsverschuldung durch staatlichen Konsum bedingt ist, so wird späteren Generationen ein kleinerer Kapitalstock weitergegeben. Dadurch verkleinern sich die künftigen Wachstums- und Konsummöglichkeiten. Ausserdem erhöht sich infolge der Zinsen die Steuerquote, was ebenfalls zu Konsumbeschränkungen führt (sofern nicht bei anderen Staatsausgaben gespart werden kann).

In diesem Zusammenhang ist die goldene Finanzierungsregel von Bedeutung. Solange die Höhe des Staatsdefizits den Umfang der öffentlichen Investitionen nicht übersteigt, ist eine Staatsverschuldung und damit eine Kreditfinanzierung durchaus gerechtfertigt. Solche Investitionsausgaben bringen über die Erhöhung des Kapitalstocks eine höhere Produktivität. Damit wird ein Wachstumsbeitrag zugunsten künftiger Generationen geleistet.

Leider ist es aber heute in vielen Staaten so, dass die Staatsverschuldung zu einem immer grösser werdenden Teil durch staatlichen **Konsum** entsteht (Sozialleistungen, Subventionen, Zinsendienst, Bürokratie). Solche ausgabenfreundliche, politisch angenehme Verhaltensweisen der Parlamente sind aber langfristig sehr gefährlich, weil auf diese Weise **Verteilungskonflikte über den kurzfristig politisch einfachen Weg der Staatsverschuldung zugunsten der lebenden und zu Lasten der kommenden Generation** gelöst werden.

Gelegentlich wird zwar behauptet, diese Feststellung stimme vor allem dann nicht, wenn die Staatsausgaben das wirtschaftliche Wachstum ankurbeln und die Wachstumsrate langfristig immer höher sei als der Zinssatz für staatliche Kreditaufnahmen. Diese Hoffnung ist trügerisch, denn Untersuchungen zeigen, dass die langfristigen Zinssätze nie unter die langfristige Wachstumsrate fallen können. Andernfalls käme es zu einer verschwenderischen Akkumulation[12] von Kapital, was dem Wesen einer Marktwirtschaft widerspricht.

Staaten, in denen die Verschuldungspolitik die kommende Generation belastet, sind – wie Tabelle 7.15 zeigt – insbesondere Griechenland, Italien und Spanien, während die Schweiz noch nicht betroffen ist, weil ihre goldene Finanzierungsregel noch ein positives Vorzeichen hat.

4. Zu berücksichtigen sind auch **konjunkturelle Gesichtspunkte**. In diesem Zusammenhang ist eine bedeutsame Grenze der Staatsverschuldung zu beachten: Überschritten würde sie, wenn der Staat mehr Güter und Dienste nachfragen würde, als ihm die Gesamtwirtschaft nach Abzug des privaten Konsum- und Investitionsbedarfes zur Verfügung stellen kann. In Wirklichkeit liegt sie aber tiefer, weil der Staat nicht alle jene Güter und Dienste übernehmen kann, die der private Sektor nicht übernehmen will.

5. Schliesslich sind die **politischen Grenzen** der Staatsverschuldung zu beachten. Die Staatsverdrossenheit vieler Bürger nimmt zu. Deshalb werden Steuervorlagen häufig abgelehnt, so dass der Staat bei einem weiteren Aufgabenwachstum gezwungen wird, an den Kreditmarkt zu gelangen oder sich bei der Notenbank zu verschulden. Die Grenzen dieser Finanzierungsformen wurden bereits aufgezeigt.

12 Akkumulation heisst: Anhäufung.

6.3 Massnahmen gegen die Staatsverschuldung

6.3.1 Ursachen der zunehmenden Staatsverschuldung

Um geeignete Massnahmen gegen die Staatsverschuldung treffen zu können, müssen deren Ursachen bekannt sein. Auf der einen Seite ist es die zunehmende Staatstätigkeit (siehe S. 158). Auf der anderen Seite sind es aber auch systemimmanente Gründe der Staatsverwaltung:

1. **Die Trennung von Ausgabenbeschluss und Einnahmenentscheid:** Beim Staat laufen Ausgaben aufgrund von Kreditbeschlüssen an. Die Beschaffung der Einnahmen dafür erfolgt relativ losgelöst davon über die Steuergesetzgebung und das Budget. Deshalb werden Ausgaben nicht selten finanzpolitisch unbedacht beschlossen.

2. **Intransparenz der Kostenfolge:** Ein Kreditbeschluss und das Budget beschränken sich auf die Ausgaben eines Jahres. Viele Kreditbeschlüsse bringen aber jahrelange Kostenfolgen. Zwar versucht der Staat diese durch eine langfristige Finanzplanung unter Kontrolle zu halten. Da aber – oft politisch-opportunistisch – immer wieder neue Kreditbeschlüsse gefasst werden, verliert die Finanzplanung ihren Wert.

3. **Fehlende oder unsystematische Evaluation:**[13] Gesetzesvorlagen und Kreditbeschlüsse werden sehr oft im Hinblick auf die Zukunftsauswirkungen zu wenig sorgfältig evaluiert. Deshalb erkennt man Folgekosten und noch häufiger Rückwirkungen auf andere Bereiche oft zu spät.

4. **Produzenteneinfluss auf die öffentliche Nachfrage:** Auch beim Staat beginnt sich ein zunehmender Einfluss der «Produzenten» auf die Nachfrage abzuzeichnen, die immer kostspieliger wird.

   Beispiele: Im Gesundheitswesen bieten Spitäler von sich aus neue Leistungen an; im Bildungswesen erweitert die Lehrerschaft das Angebot (z. B. Weiterbildungskurse); im öffentlichen Verkehrswesen schlagen die Unternehmungen selbst billigere (und damit höher defizitäre) Tarifsysteme vor.

5. **Durchsetzung von Sonderinteressen:** Leider zeichnet sich immer mehr ab, dass Politiker in Budget- und Kreditfragen Sparmassnahmen wohl verbal unterstützen, für die eigenen Interessengruppen alle finanziellen Forderungen (oft auch um die Chancen der Wiederwahl zu verbessern) durchzusetzen versuchen (Subventionen, Kredite in ihren Interessen- und Einflussbereichen). Auf diese Weise ist es fast nicht mehr

---

13 Evaluation heisst: Beurteilung, Bewertung.

möglich, eine Finanzpolitik nach Prioritäten und Schwerpunkten zu führen. Deshalb herrscht die «Giesskannenverteilung» immer mehr vor.

6. **Fehlen eines umfassenden Verwaltungscontrollings:**[14] In der Schweiz ist das Verwaltungscontrolling noch zu wenig ausgebaut, weil sich nicht nur die Exekutiven, sondern zum Teil auch Parlamentarier dagegen wenden. Man befürchtet den zu grossen Einfluss der mit dem Controlling beauftragten Personen.

Die Staatsverschuldung kann nur auf zwei Arten vermindert werden: Entweder werden die Steuern und Abgaben erhöht oder die Ausgaben gekürzt. Steuererhöhungen scheitern aber oft am Steuerwiderstand, und Ausgabenkürzungen finden ihre Grenzen häufig an Sachzwängen bei der Erfüllung der staatlichen Aufgaben, wobei viele Sachzwänge politisch motiviert sind.

6.3.2 Steuererhöhungen und Steuerwiderstand

An einem bestimmten Punkt kann die Steuerbelastung von den Steuersubjekten als zu hoch empfunden werden. Dann kommt es zum **Steuerwiderstand**, d. h. die Steuerpflichtigen versuchen auf allen Wegen Steuern zu vermeiden (sinkender Arbeitseinsatz, mehr Schwarzarbeit, Steuerhinterziehung, Investitionsunlust, Tauschhandel).

Dass übermässige Steuererhöhungen langfristig sogar zu einem Rückgang der Steuereinnahmen führen können, versuchte Laffer[15] mit der nach ihm benannten **Laffer-Kurve** zu zeigen.

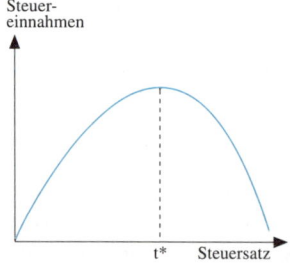

Sie besagt: Im einen Extremfall sind die Steuereinnahmen 0, wenn die Steuerbasis (= Sozialprodukt) oder der Steuersatz Null sind. Liegt der Steuersatz tief, so behindern die Steuern die Leistungsbereitschaft nicht. Das Sozialprodukt und damit die Steuern steigen an. Wird der Steuersatz erhöht, so nimmt der Steuerwiderstand zu, indem der Arbeitseinsatz sinkt oder Schwarzarbeit geleistet wird. Dadurch sinkt das ausgewiesene Sozialprodukt, und als Folge davon nehmen die Steuereinnahen ab.

---

14 Verwaltungscontrolling heisst: Zielgerichtete Überwachung der Staatstätigkeit und der damit verbundenen Ausgaben, um sie effizienter zu machen.
15 Arthur B. Laffer, amerikanischer Nationalökonom (geboren 1940).

Die Laffer-Kurve zeigt nun, dass eine Erhöhung des Steuersatzes bis t* die Steuereinnahmen erhöht, danach aber vermindert. Deshalb sollte der Steuersatz nicht über t* erhöht werden, weil danach Sozialprodukt und Steuereinnahmen zurückgehen.

Die Laffer-Kurve will also die Beziehung zwischen dem Steuersatz und den Steuereinnahmen nachweisen und aufzeigen, dass eine Senkung der über t* liegenden Steuersätze eine belebende Wirkung auf die Wirtschaft hat und als Folge davon längerfristig höhere Steuereinnahmen bringt. Zwar führt dann diese Steuersenkung zu einem grösseren Budgetdefizit, das aber infolge der Steuersenkung über ein höheres Sozialprodukt mit steigenden Steuereinnahmen kompensiert wird.

Diese Auffassung der «Angebots-Ökonomie» (supply-side-economics) ist indessen bis heute nicht absolut bewiesen. Für Schweden liess sich aber nachweisen, dass der Steuersatz t* etwa bei 69 bis 73 % liegen müsste. Tatsächlich steht er auf 80 %. Deshalb könnte dort eine Steuersenkung die erwarteten Wirkungen bringen.

6.3.3 Kürzung der Staatsausgaben

Sobald die Staatsverschuldung zu gross wird, fordert die Politik nicht selten eine **konstante Schuldenquote**, d. h. die Budgetierung soll so gestaltet werden, dass die Höhe der Staatsschulden im Verhältnis zum BSP konstant bleibt. Diese Forderung bleibt fragwürdig, weil für die Zukunft eines Landes nicht die Schuldenquote als solche entscheidend ist. Wesentlich ist vielmehr, weshalb es zur Verschuldung kommt: Sind es längerfristig rentable staatliche Investitionen, oder erhöht sich die Staatsschuld infolge eines hohen staatlichen Konsums oder gar infolge einer steigenden Zinslast?

Möglichkeiten zur Kürzung der Staatsausgaben sind die folgenden:

1. Privatisierung öffentlicher Aufgaben

Die Idee der Privatisierung öffentlicher Aufgaben entspringt verschiedenen Motiven:
- Abbau der wachsenden Defizite durch Privatisierung (= Flucht aus dem Budget).
- Belastung von Kosten an Verursacher oder Nutzniesser, was bei privatisierten Betrieben eher möglich ist.
- Kostengünstigere Lösungen durch privatisierte Betriebe.
- Entpolitisierte und damit wirtschaftliche Tarife in privatisierten Betrieben.

Tatsächlich konnte in einzelnen Untersuchungen in den USA und in der BRD nachgewiesen werden, dass privatisierte Betriebe billiger arbeiten (z. B. Kehrichtabfuhr, Krankenversicherungen, Luftfahrtgesellschaften, Busbetriebe, Schulbusse). Deshalb fehlt es auch in der Schweiz nicht an solchen Vorschlägen zur Privatisierung in folgenden Bereichen:

1. Produktions-, Versorgungs-, Entsorgungs- und Verkehrsunternehmen.
2. Strassennetz mit Gebühren.

3. Gesundheitswesen, insbesondere Krankenhäuser.

4. Nichtobligatorisches Schulwesen.

5. Versicherungen, insbesondere Sozialversicherungen.

Es ist indessen gefährlich, Privatisierungsmassnahmen, die im Ausland erfolgreich waren, unbesehen auf die Schweiz zu übertragen. Es scheint doch, dass schweizerische Staatsbetriebe und -stellen noch wesentlich effizienter arbeiten als ausländische. Deshalb wäre es interessant, wenn solche Gruppierungen, die in der Schweiz für die Privatisierung eintreten, konkrete Projekte unterbreiten würden. An diese sind folgende Anforderungen zu stellen:

– Die Bevölkerung müsste langfristig wenigstens gleichwertig, aber kostengünstiger versorgt werden.

– Das öffentliche Interesse (die Berücksichtigung **aller** Interessen) müsste gewahrt bleiben, wobei allenfalls mit Subventionen einzelne Massnahmen zu unterstützen wären. In diesem Fall liesse sich aber die Privatisierung mit Subventionen nur rechtfertigen, wenn diese geringer ausfallen würden, als die voll verstaatlichte Leistungserstellung den Staat kostet.

Insgesamt ist in der Schweiz der Nachweis, dass die privatisierte Leistung effizienter ist, erst in Einzelfällen gelungen (z. B. private Autobusbetriebe, Schulbusse, einzelne Krankenkassen). Allerdings gibt es auch Bereiche, in denen man infolge des gewerkschaftlichen Widerstandes keine Versuche unternehmen will, obschon alles darauf hindeutet, dass privatwirtschaftliche Lösungen effizienter wären (z. B. Unterhalt von Lokomotiven und Eisenbahnwagen).

2. Neuverteilung der Aufgaben zwischen Bund und Kantonen

Mit einer Reform der Aufgabenverteilung zwischen Bund und Kantonen wären wesentliche Kosteneinsparungen möglich. Dabei müsste das Trennsystem (siehe S. 391) wieder konsequenter durchgehalten werden, und als Grundsatz sollte gelten: Weniger Bundesbeiträge – mehr kantonale und kommunale Selbstverantwortung. Diese Forderung lässt sich allerdings nur verwirklichen, wenn auch das Steuersystem angepasst würde: Indirekte Steuern ausschliesslich Bund, direkte Steuern ausschliesslich Kantone und Gemeinden.

Leider tut sich die Schweiz mit dieser Neuverteilung schwer, vor allem weil die Kantone befürchten, sie könnten gewisse Aufgaben allein nicht mehr finanzieren (z. B. Hochschulen), und weil es schwierig ist, Traditionen zu durchbrechen (z. B. bei der Armeereform werden kantonale Truppen beibehalten, obschon dies zu vielen Doppelspurigkeiten in der Verwaltung führt).

3. Subventionsabbau

Aus politischen Gründen (Forderungen der meisten Interessengruppen aller Art) müssen die Subventionen dauernd erhöht werden (Bund, Kantone, Gemeinden 1960 1,223 Mia. CHF, 1989 21,379 Mia. CHF). Deshalb wäre es dringend nötig, bei den Subventionen aufgrund von Effizienzkontrollen Prioritäten und Schwerpunkte zu setzen.

4. Neuordnung der Finanzierung der Sozialwerke

Hier geht es darum, das vorherrschende Giesskannenprinzip durch das Verursacher- und Nutzniesserprinzip zu ersetzen (die Sozialwerke sollen die wirklich Betroffenen nachhaltig unterstützen und nicht möglichst vielen etwas zusprechen).

5. Liberalisierung des öffentlichen Einkaufs- und Submissionswesens[16]

Heute werden in der Schweiz im öffentlichen Einkaufs- und Submissionswesen noch zu viele regional- und beschäftigungspolitische Rücksichten genommen. Anzustreben ist ein freies Einkaufs- und Submissionswesen, in welchem prinzipiell das günstigste (und sorgfältigste) Angebot ausserhalb von Absprachen aller Art angenommen wird.

6. Abbau der staatlichen Bürokratie

Diese Forderung ist sehr differenziert zu verstehen. In der Schweiz gibt es, vor allem im Vergleich mit dem Ausland, viele Verwaltungsstellen, die sehr gut arbeiten. Trotzdem lässt sich auch bei uns beobachten, wie die Bürokratie in verschiedenen Bereichen ineffizienter wird.

Bei der Diskussion der Bürokratie dürfen gewisse Eigenarten staatlicher Verwaltungen nicht übersehen werden.

a) Im Gegensatz zu privaten Unternehmungen fehlt bei der öffentlichen Verwaltung ein wirksames Anreizsystem: Zunächst ist die Leistungsmessung und Leistungsbeurteilung von Beamten schwierig. Deshalb fällt es schwer, effiziente und weniger effiziente Arbeit zu erfassen und zu korrigieren. Zweitens erschwert die Vielzahl von Zielen, die mit der staatlichen Tätigkeit erreicht werden sollten, eine echte Prioritätensetzung, was die Effizienz einer jeden Tätigkeit vermindert. Und drittens bleibt ein Beamter über die Wirksamkeit seiner Tätigkeiten (Impulse, die er gibt) im unklaren, weil der Zusammenhang zwischen den individuellen Bemühungen und dem Erfolg einer staatlichen Aktivität wenig ausgeprägt ist. Dafür verantwortlich sind viele Faktoren: unklare politische Ziele, Zeitverzögerungen infolge politischer Meinungsverschiedenheiten bei den Entscheidungsträgern, grosser Zeitaufwand infolge von Zielkonflikten, die nicht rational, sondern nur im politischen Konsensverfahren gelöst werden können.

b) Dies hat zur Folge, dass sich Beamte nicht ohne weiteres mit nachweisbaren, effizienten Leistungen profilieren können.[17] Weil sich aber fast alle Menschen in irgendeiner Form hervortun möchten, sind Beamte gezwungen, andere Formen

---

16 Submission heisst: Öffentliche Ausschreibung von Staatsaufträgen.
17 Ähnliches lässt sich auch in überorganisierten, stark hierarchisch gestalteten privatwirtschaftlichen Grossunternehmungen beobachten, so dass sich dort ähnliche Auswirkungen ergeben. Dies allerdings mit dem Unterschied, dass sich unter dem Druck von wirtschaftlichen Verlusten und Rezession konsequente Änderungen (Sparmassnahmen, Personalabbau) leichter durchsetzen lassen als beim Staat.

der Profilierung zu suchen. Dafür gibt es in der Staatsverwaltung verschiedene Möglichkeiten: Ausweitung des Aufgabenbereiches, Aufwertung der Bedeutung des Amtes, Vergrösserung der Mitarbeiterzahl, Vergrösserung des Anteils am Budget. Diese Massnahmen brauchen aber nicht nur Selbstsucht der Beamtenschaft zu sein. Sie können auch dem Glauben an den hohen Wert ihrer Arbeit entspringen. Erachten die Politiker diesen Arbeitsbereich als besonders bedeutungsvoll, so werden sie solche Bestrebungen der Aufwertung unabhängig von Effektivitätsüberlegungen jederzeit unterstützen.

c) Aufgrund solcher Entwicklungen unterscheidet man auch zwischen **Effektivität** und **Effizienz** einer Tätigkeit.

Effektiv wird eine Aufgabe erfüllt, wenn sie im Hinblick auf ein sinnvolles Ziel wirksam ausgeführt wird.

Effizient wird eine Aufgabe erfüllt, wenn das was getan wird – unabhängig von Sinn und Ziel – sehr wirksam ausgeführt wird.

d) Anzustreben ist deshalb eine grosse Effektivität und nicht nur Effizierung der Staatsverwaltung. Häufig ist indessen nicht die Beamtenschaft allein für die ungenügende Effektivität der Staatsverwaltung verantwortlich, sondern die Politiker schaffen ihrerseits Voraussetzungen dazu, weil sie Staatstätigkeiten fördern, deren Ziele in der Staats- und Wirtschaftspolitik nicht prioritär sind, wohl aber ihren persönlichen oder Gruppeninteressen dienen.

e) Effektivitätshemmend ist im weiteren eine gewisse Risikoscheu vieler Beamter. Dies ist in erster Linie darauf zurückzuführen, dass in der öffentlichen Verwaltung Fehler viel leichter und rascher nachgewiesen werden können als Erfolge. Weil aber Fehler karrierehindernd sind, versucht man sich bei Entscheidungen auf alle Seiten abzusichern, was zu langen Entscheidungsprozessen führt, die effektivitätshemmend sind.

f) Schliesslich hemmen finanzwirtschaftliche Erscheinungen die Effizienz. So werden Budgets sehr häufig ohne Überlegung von Prioritäten einfach von Jahr zu Jahr fortgeschrieben. Oder im Falle von Entscheidungsunsicherheiten erstellt die Verwaltung – oft auf Geheiss der Politik – Kosten-Nutzen-Analysen (siehe S. 381) oder Umweltverträglichkeitsprüfungen, die den Entscheidungsprozess verlängern, ob allen Unsicherheiten aber kaum wesentlich neue Einsichten bringen. Eine weitere Erscheinung sind Variantenstudien, die – auch wieder nicht selten auf Wunsch des Parlamentes erstellt – gelegentlich nichts anderes darstellen als Verschleppungspraktiken.

Diese Beispiele verweisen auf die Effizienzprobleme der öffentlichen Verwaltung, die aber nicht nur der staatlichen Bürokratie angelastet werden dürfen, sondern für die Parlamente mit ihren Politikern ebenso verantwortlich sind.

Als Reaktion auf diese Entwicklung werden **Verwaltungsreformen** gefordert, bei denen immer wieder die Aufhebung des Beamtenstatuts (und damit des Kündigungsschutzes), betriebswissenschaftliche Arbeits- und Rechnungsmethoden sowie die Einführung von mehr Wettbewerb in der Verwaltung gefordert werden. Ob diese Vorschläge zu einer besseren Effektivität führen, muss noch bewiesen werden. Wahrscheinlich liegt ein besserer Anreiz in einem stärker leistungsorientierten Lohn- und Beförderungssystem für die Beamtenschaft.

Zusammenfassend ist zu bedenken: Eine Kürzung der Staatsausgaben lässt sich politisch nur verwirklichen, wenn die Einsicht wächst, dass sich nicht jederzeit alle Einzel- und Gruppeninteressen beliebig und ohne Prioritäten und Schwerpunkte vom Staat finanzieren lassen.

8. Kapitel
Aussenwirtschaft

Die Aussenwirtschaft

1. Die Zahlungsbilanz

1.1 Aussenwirtschaftliche Transaktionen und internationaler Zahlungsverkehr

Internationale Wirtschaftsbeziehungen werden erst möglich, wenn wirtschaftliche Transaktionen (Warenhandel, Dienstleistungen, Übertragung von Vermögenswerten) über die Landesgrenzen hinweg bezahlt werden können. Wie Zahlungen für diese Transaktionen erfolgen, ist aus Abbildung 8.1 ersichtlich:

Zum Beispiel erhält ein Schweizer Exporteur für einem amerikanischen Importeur gelieferte Waren Dollars, sei es in Form eines Checks, eines Wechsels oder einer Gutschrift auf seinem Bankkonto. Diese Dollars (= Devisen oder fremde Währung) tauscht er bei einer Geschäftsbank in Schweizer Franken um. Umgekehrt benötigt ein Schweizer Importeur Dollars zur Begleichung seiner Schulden für Importgüter in USA. Diese Dollars beschafft er gegen Schweizer Franken bei seiner Bank, indem er einen Check kauft oder Dollars über seine Bank an den Kunden überweisen lässt. Alle Geschäftsbanken zusammen bilden den **Devisenmarkt** (= Markt für fremde Währungen), auf dem sich der Wechselkurs (= Preis für Devisen) nach **Angebot** und **Nachfrage** bildet.

In Abbildung 8.1 ist der ganze Zahlungsablauf aus schweizerischer Sicht in Schweizer Franken dargestellt. Im Prinzip läuft der Zahlungsverkehr aus amerikanischer Sicht in Dollars genau gleich ab. Dies wird aber aus Gründen der Übersichtlichkeit hier nicht dargestellt.

1.2 Begriffe und Gliederung der Zahlungsbilanz

In der **Zahlungsbilanz** werden die Werte aller wirtschaftlichen Transaktionen (= Übertragung von Gütern, Dienstleistungen und Vermögenswerten) erfasst, die während eines Jahres zwischen dem Inland und dem Ausland stattfinden.

Zu den wirtschaftlichen Transaktionen werden alle Übertragungen von Gütern, Dienstleistungen und Vermögenstiteln, bei denen ein wirklicher Eigentumswechsel stattfindet, gezählt.

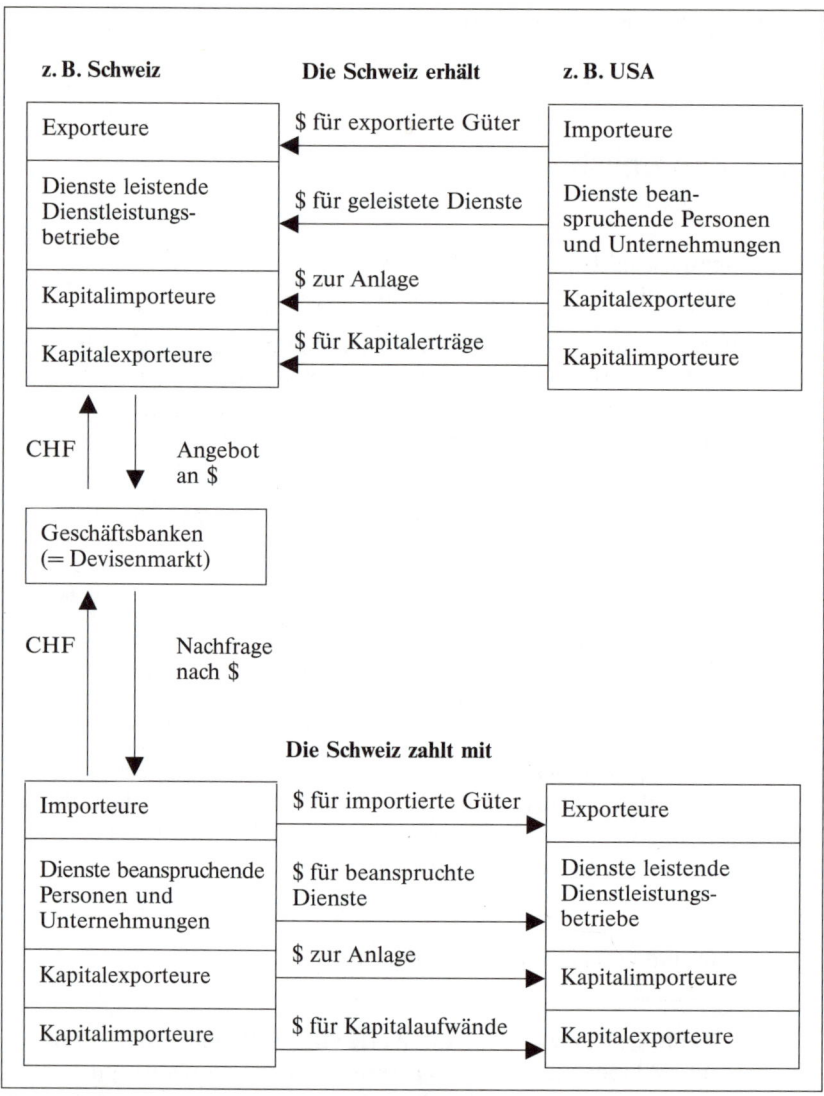

Abb. 8.1: Internationaler Zahlungsverkehr (schematisch)

Die wirtschaftlichen Transaktionen spielen sich zwischen den Einwohnern, Regierungen und Institutionen des Inlandes (Inländer) und den Einwohnern, Regierungen und Institutionen des Auslandes (Ausländer) ab.

Die Zahlungsbilanz wird nach der Art der Transaktionen in einzelne Posten unterteilt: laufende Transaktionen, Kapitalverkehr, internationale Währungsreserven sowie ein Restposten für nichterfasste Transaktionen und statistische Fehler.

In der Zahlungsbilanz werden nur **Stromgrössen** oder **Bestandesänderungen** (Einnahmen und Ausgaben) erfasst. Sie misst die Summe aller Transaktionen während eines Jahres. Sie enthält also keine Bestandesgrössen, wie es der Ausdruck Bilanz vermuten liesse.

Abbildung 8.2 zeigt die Systematik der schweizerischen Zahlungsbilanz mit ihren Teilbilanzen. Tabelle 8.3 zeigt die Werte.

Die Zahlungsbilanz ist als Zusammenfassung aller Teilbilanzen immer ausgeglichen, während die Leistungs- und die Kapitalverkehrsbilanz praktisch nie im Ausgleich sind.

Dies liegt darin begründet, dass die Zahlungsbilanz als doppelte Buchhaltung geführt wird, in der jeder Betrag einmal auf der **Kredit**seite (Einnahmen) und auf der **Debit**seite (Ausgaben) verbucht wird. Dadurch ist sichergestellt, dass die Summe der Zahlungseingänge immer der Summe der Verwendung dieser Mittel entspricht[1]. Dies sei am Beispiel eines Güterexportes in Tabelle 8.4 gezeigt. Eine positive Bilanz der laufenden Transaktionen ist daher immer mit einer negativen Kapitalverkehrsbilanz und umgekehrt verbunden.

Zahlungsbilanz		
Komponenten	Kredit (Einnahmen)	Debit (Ausgaben)
Bilanz der laufenden Transaktionen – Handelsbilanz: Warenexport	100 000	
Kapitalverkehrsbilanz – Kurzfristiger Kapitalexport		100 000
Zahlungsbilanz	100 000	100 000

Tab. 8.4: Verbuchung in der Zahlungsbilanz

Obschon die Zahlungsbilanz vom System her stets ausgeglichen ist, wird von **aktiven** und **passiven** Zahlungsbilanzen gesprochen. Damit sind in erster Linie die Teilbilanzen gemeint (Handelsbilanz usw.). Wenn die zu Zahlungseingängen führenden Transaktionen aus privaten laufenden Transaktionen und Kapitalverkehr grösser sind als die entsprechenden Positionen, die zu Zahlungsausgängen führen, so ist die Zahlungsbilanz «aktiv». In diesem Fall nehmen die **Währungsreserven** eines Landes

---

1 Dabei ist zu beachten, dass – entgegen der Buchhaltung – die Kreditseite links und die Debitseite rechts geführt wird.

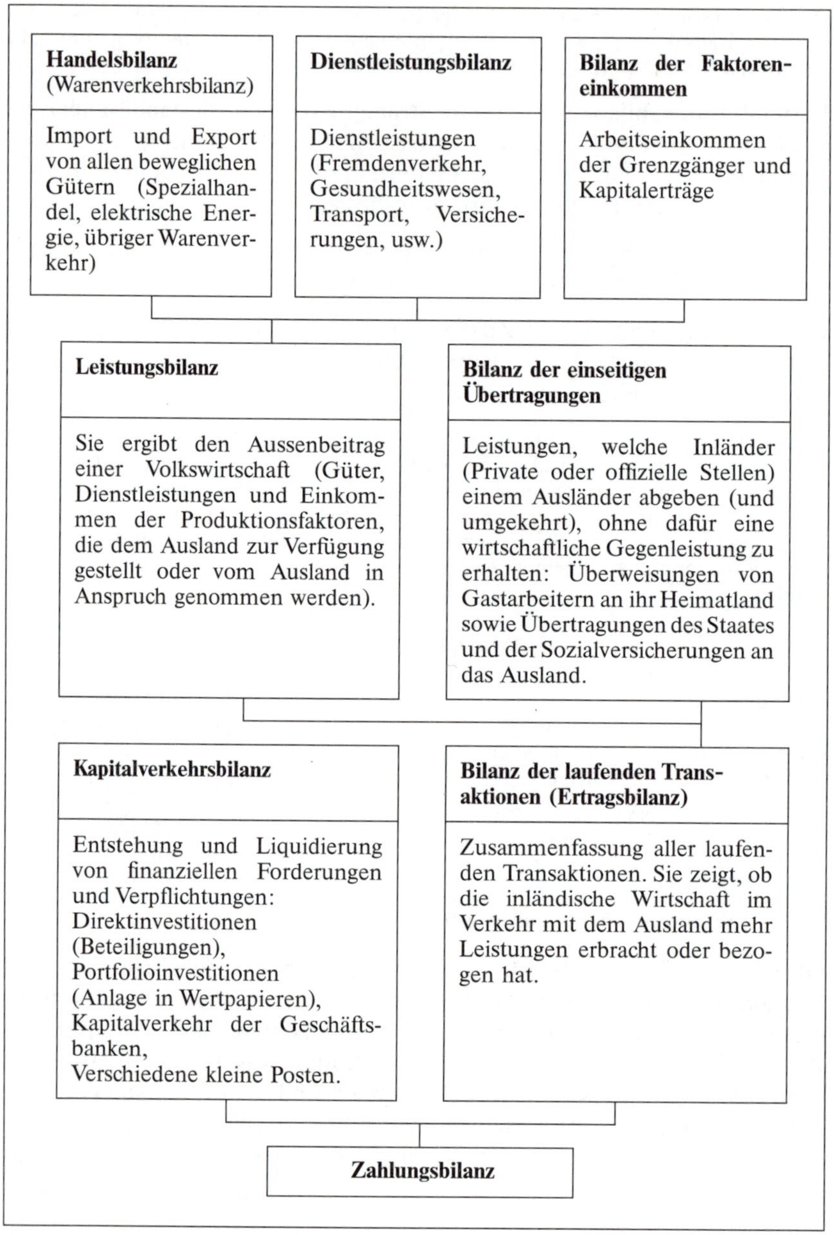

Handelsbilanz (Warenverkehrsbilanz)	**Dienstleistungsbilanz**	**Bilanz der Faktoreneinkommen**
Import und Export von allen beweglichen Gütern (Spezialhandel, elektrische Energie, übriger Warenverkehr)	Dienstleistungen (Fremdenverkehr, Gesundheitswesen, Transport, Versicherungen, usw.)	Arbeitseinkommen der Grenzgänger und Kapitalerträge

Leistungsbilanz	**Bilanz der einseitigen Übertragungen**
Sie ergibt den Aussenbeitrag einer Volkswirtschaft (Güter, Dienstleistungen und Einkommen der Produktionsfaktoren, die dem Ausland zur Verfügung gestellt oder vom Ausland in Anspruch genommen werden).	Leistungen, welche Inländer (Private oder offizielle Stellen) einem Ausländer abgeben (und umgekehrt), ohne dafür eine wirtschaftliche Gegenleistung zu erhalten: Überweisungen von Gastarbeitern an ihr Heimatland sowie Übertragungen des Staates und der Sozialversicherungen an das Ausland.

Kapitalverkehrsbilanz	**Bilanz der laufenden Transaktionen (Ertragsbilanz)**
Entstehung und Liquidierung von finanziellen Forderungen und Verpflichtungen: Direktinvestitionen (Beteiligungen), Portfolioinvestitionen (Anlage in Wertpapieren), Kapitalverkehr der Geschäftsbanken, Verschiedene kleine Posten.	Zusammenfassung aller laufenden Transaktionen. Sie zeigt, ob die inländische Wirtschaft im Verkehr mit dem Ausland mehr Leistungen erbracht oder bezogen hat.

Zahlungsbilanz

Abb. 8.2: Gliederung der Zahlungsbilanz

Zahlungsbilanz der Schweiz Komponenten (in Mia. Franken*)	1993	1994
I. Laufende Transaktionen		
Warenverkehr	2,9	2,6
Dienstleistungen	14,4	13,8
Faktoreinkommen	15,5	12,7
Unentgeltliche Übertragungen	- 4,2	- 4,9
Saldo der laufenden Tansaktionen	28,6	24,2
II. Kapitalverkehr ohne Nationalbank		
1. Schweizerische Anlagen im Ausland	-46,8	-83,0
Direktinvestitionen	-12,9	-14,4
Portfolioinvestitionen	-44,8	-26,1
Kapitalexport der Geschäftsbanken	- 3,6	-26,3
Übriger langfristiger Kapitalexport	- 2,1	- 1,9
Übriger kurzfristiger Kapitalexport	16,6	-14,3
2. Ausländische Alagen in der Schweiz	18,7	60,1
Direktinvestitionen	- 0,1	4,0
Portfolioinvestitionen	18,5	1,2
Kapitalexport der Geschäftsbanken	6,0	41,4
Übriger langfristiger Kapitalexport	4,2	5,4
Übriger kurzfristiger Kapitalexport	- 9,9	8,1
3. Saldo des Eldelmetallverkehrs	- 3,2	0,2
Saldo des Kapitalverkehrs	-30,4	-22,7
III. Saldo der nicht erfassten Transaktionen		
und statistischer Fehler	2,5	0,1
IV. Gegenbuchung zu den Wertveränderungen		
auf dem Nettoauslandsstatus der Nationalbank	0,8	- 2,3
V. Veränderung des Nettoauslandsstatus		
der Nationalbank	- 1,4	0,9

* Ein Minuszeichen bedeutet bei den laufenden Tansaktionen einen Überschuss der Importe über die Exporte, beim Kapitalverkehr einen Kapitalexport, beim Auslandsstatus der Nationalbank eine Zunahme der Guthaben.

Quellen: Statistisches Jahrbuch der Schweiz 1997, Seite 141.

Tab. 8.3: Werte der schweizerischen Zahlungsbilanz (in Mio CHF)

(Gold- und Devisenbestand der Notenbank) zu. Bei einer «passiven» Zahlungsbilanz ist es umgekehrt, was zu einer Abnahme der Währungsreserven führt.

Die Währungsreserven gehören zum Volksvermögen (siehe S. 55). Für ein Land ist es wichtig, hohe Währungsreserven zu besitzen, weil damit Leistungsbilanzdefizite auch über längere Zeit die Kreditfähigkeit dieses Landes nicht beeinträchtigen.

2. Der Wechselkurs

2.1 Begriffe

> Als Wechselkurs wird der in eigener Währung ausgedrückte Preis von Devisen (fremden Währungen) bezeichnet.

Zum Beispiel: 1 $ = CHF 1.30
100 DM = CHF 83.40

Der Wechselkurs (Devisenkurs) kann auf verschiedene Weise bestimmt sein. Tabelle 8.5 gibt eine Übersicht.

2.2 Kurzer Überblick über die Verwendung der verschiedenen Wechselkurssysteme

Während des Zweiten Weltkrieges war der freie Devisenhandel unterbunden. Die einzelnen Staaten bewirtschafteten alle Devisen, damit eine sinnvolle Verwendung der fremden Währungen sichergestellt werden konnte. In dieser Phase der **Devisenbewirtschaftung** hatte man deshalb **feste Wechselkurse im gebundenen Zahlungsverkehr**, die einen freien Wirtschaftsverkehr unter verschiedenen Volkswirtschaften ausschloss.

Um für die Nachkriegszeit günstige Voraussetzungen für die Belebung des internationalen Wirtschaftsverkehrs zu schaffen, wurde 1944 in Bretton Woods (nördlich von New York) das System von **Bretton Woods**[2]

---

2 Internationales Währungsabkommen von Bretton Woods und Übereinkommen über den Internationalen Währungsfonds (IWF).

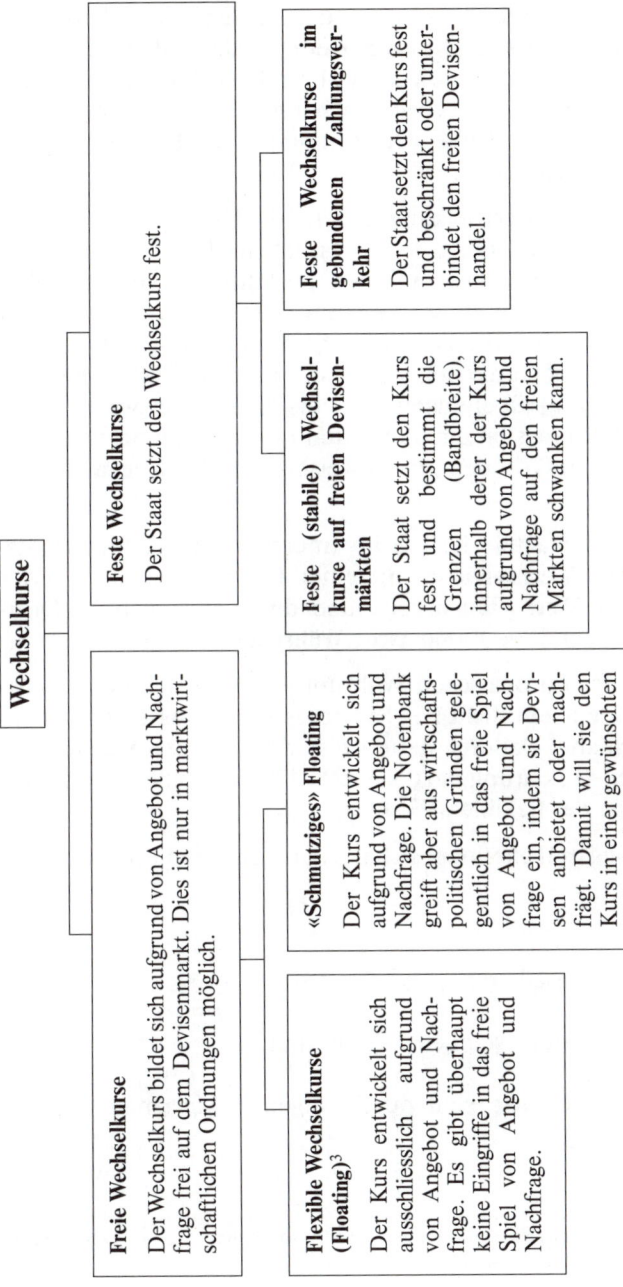

Wechselkurse

Freie Wechselkurse

Der Wechselkurs bildet sich aufgrund von Angebot und Nachfrage frei auf dem Devisenmarkt. Dies ist nur in marktwirtschaftlichen Ordnungen möglich.

Flexible Wechselkurse (Floating)[3]

Der Kurs entwickelt sich ausschliesslich aufgrund von Angebot und Nachfrage. Es gibt überhaupt keine Eingriffe in das freie Spiel von Angebot und Nachfrage.

«Schmutziges» Floating

Der Kurs entwickelt sich aufgrund von Angebot und Nachfrage. Die Notenbank greift aber aus wirtschaftspolitischen Gründen gelegentlich in das freie Spiel von Angebot und Nachfrage ein, indem sie Devisen anbietet oder nachfrägt. Damit will sie den Kurs in einer gewünschten Richtung beeinflussen.

Feste Wechselkurse

Der Staat setzt den Wechselkurs fest.

Feste (stabile) Wechselkurse auf freien Devisenmärkten

Der Staat setzt den Kurs fest und bestimmt die Grenzen (Bandbreite), innerhalb derer der Kurs aufgrund von Angebot und Nachfrage auf den freien Märkten schwanken kann.

Feste Wechselkurse im gebundenen Zahlungsverkehr

Der Staat setzt den Kurs fest und beschränkt oder unterbindet den freien Devisenhandel.

Tab. 8.5: Wechselkurs-Systeme

3 Floating, von englisch to float = schwimmen, frei bewegen

geschaffen, welches ein **Wechselkurssystem mit stabilen Wechselkursen auf freien Devisenmärkten** vorsah. Dieses System wurde in den westlichen Ländern schrittweise in Kraft gesetzt, während die kommunistischen Länder aus systemimmanenten Gründen beim gebundenen Zahlungsverkehr bleiben mussten (freie Devisenmärkte und Planwirtschaft schliessen sich gegenseitig aus).

Das System der festen Wechselkurse auf freien Devisenmärkten trug wesentlich zur raschen Belebung der Wirtschaft in der freien Welt bei. Allerdings machten sich mit diesem System ab Mitte der sechziger Jahre Probleme bemerkbar, die zu einem Systemwechsel zwangen. Aufgrund von Währungskrisen gaben die westlichen Staaten im Mai 1971 (so auch die Schweiz) die Wechselkurse frei, indem sie zu einem System **flexibler Wechselkurse** (Floating) übergingen, das bis heute angewandt wird. Während dieser Zeit mussten einige Staaten (so auch die Schweiz) aus binnenwirtschaftlichen Gründen phasenweise zum **schmutzigen Floating** übergehen.

1972 beschlossen die Staaten der EG im Interesse stabiler Wirtschaftsbeziehungen **stabile Wechselkurse** mit einer Bandbreite von ± 2¼% unter sich sowie **freie Wechselkurse** gegenüber den Währungen von Drittländern. Damit entstand die **Europäische Währungsschlange**[4].

Die Schweiz trat der Europäischen Währungsschlange aus binnenwirtschaftlichen Überlegungen nicht bei. Sie befürchtete grosse Devisenzuflüsse aus Deutschland. Dadurch hätte sie stärkere Inflationstendenzen gewärtigen müssen (Erklärung dazu siehe S. 429). Deshalb blieb sie bis heute beim System der flexiblen Wechselkurse.

Gebundener Zahlungsverkehr findet sich noch in einzelnen Entwicklungsländern.

2.3 Feste (stabile) Wechselkurse

2.3.1 Merkmale der festen (stabilen) Wechselkurse

Feste (stabile) Wechselkurse sind durch folgende Merkmale gekennzeichnet:

---

4 Währungsschlange heisst: Einzelne Länder haben unter sich stabile Wechselkurse, Drittländern gegenüber aber flexible Wechselkurse.

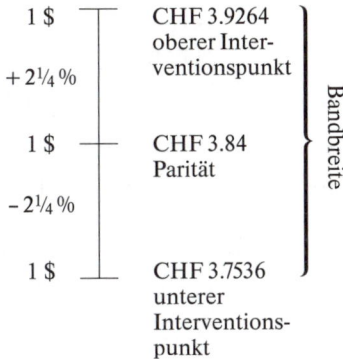

1. Der Kurs der Währungen wird zwischen den einzelnen Ländern vertraglich festgelegt. Das festgesetzte Wertverhältnis heisst Parität.

2. Der Devisenmarkt ist frei.

3. Aufgrund von Angebot und Nachfrage kann der Kurs innerhalb einer vertraglich festgesetzten **Bandbreite** zwischen dem **oberen** und **unteren Interventionspunkt** schwanken.

4. Sobald der obere oder der untere Interventionspunkt aufgrund von Angebot und Nachfrage über- oder unterschritten würde, muss die Notenbank durch Kauf oder Verkauf der betreffenden Devisen einschreiten (**intervenieren; Intervention** der Notenbank).

5. Um intervenieren zu können, werden Währungsreserven (Gold, Dollar und Sonderziehungsrechte) benötigt.

Steigt infolge der erhöhten Nachfrage der $-Kurs in der Schweiz auf CHF 3.92, so interveniert die Schweizerische Nationalbank durch Abgabe von $ auf dem Devisenmarkt. Dadurch steigt das Angebot an $ auf dem Devisenmarkt, so dass der $-Kurs nicht mehr weitersteigt. Sinkt der Kurs infolge eines Überangebotes an $ auf CHF 3.75, so interveniert sie durch den Kauf von $ auf dem Devisenmarkt. Dadurch steigt die Nachfrage nach $ auf dem Devisenmarkt, so dass der $-Kurs nicht mehr weiter sinkt.

2.3.2 Funktionsweise der stabilen Wechselkurse

Die Funktionsweise der stabilen Wechselkurse wird in Abbildung 8.6 an einem Beispiel dargestellt: Angenommen, der Wechselkurs betrage 1 $ = CHF 3.84, und man könne mit 1 $ in USA gleich viele Güter und Dienste kaufen wie für CHF 3.84 in der Schweiz. In diesem Fall besteht **Kaufkraftparität**, d. h. mit beiden Währungen können beim gegebenen Wechselkurs gleich viele Güter und Dienste gekauft werden.

Weiter sei angenommen, die USA hätten im Verlaufe der Jahre eine viel stärkere Inflation als die Schweiz; die amerikanischen Preise beginnen zu steigen. Es entsteht eine Kaufkraftdisparität, d. h. man bekommt beim gegebenen Wechselkurs in den beiden Ländern nicht mehr die gleiche Güter- und Dienstmenge. Abbildung 8.6 zeigt, was geschieht.

Schweiz		**USA**
CHF 3.84	=	US$ 1.-

Güter und Dienste	Kaufkraftparität	Güter und Dienste

starke Inflationstendenzen

↓

Güter und Dienste	Kaufkraftdisparität	Güter und Dienste

Die Kaufkraftdisparität führt nun zu einer Veränderung der wirtschaftlichen Transaktionen.

Exporte: Zunahme, weil Schweizer Waren für Amerikaner billiger werden.

Importe: Abnahme, weil amerikanische Waren für Schweizer teurer werden.

Dienstleistungen: Mehreinnahmen, weil sie für Amerikaner billiger werden.

Leistungsbilanz: wird aktiver

Lage auf dem Devisenmarkt:
Angebot an $: grösser
Nachfrage nach $: kleiner
Kurs **sinkt**

Intervention der Notenbank
Die Notenbank ist verpflichtet, den Kurs nicht unter den unteren Interventionspunkt sinken zu lassen (1 $ = CHF 3.75).

Deshalb muss sie auf dem Devisenmarkt $ gegen CHF aufkaufen. Die CHF stellen Geldschöpfung dar. Die $ tauscht sie bei dem amerikanischen Notenbanksystem in Gold um oder behält sie als Reserve (= Währungsreserven).

Folgen
Inflationstendenzen (= importierte Inflation), Zunahme der Währungsreserven

Abb. 8.6: Funktionsweise von stabilen Wechselkursen

In diesem Ablauf kann der **Kapitalverkehr** die Situation noch verschärfen. Wenn einem Land viele Kapitalien zur Anlage oder als Fluchtgelder zufliessen, so wird das Angebot an Devisen noch grösser, so dass die Notenbank noch stärker intervenieren muss. Dadurch verschärft sich importierte Inflation zusätzlich.

2.3.3 Würdigung der stabilen Wechselkurse

Vorteile:

1. Die stabilen Wechselkurse schaffen günstigere Voraussetzungen für den internationalen Waren-, Dienstleistungs- und Kapitalverkehr, weil das **Währungsrisiko** (Kursschwankungen) weitgehend ausgeschlossen ist.

2. Der Kapitalverkehr kann die Kursschwankungen nur innerhalb der Interventionspunkte beeinflussen. Dieser Vorteil wurde aber zugleich zu einem grossen Nachteil, da gerade der Kapitalverkehr zu massiven Interventionen der Notenbanken zwang. Nicht zuletzt deshalb kam es zu verschiedenen Krisen im System der stabilen Wechselkurse.

Nachteile:

1. Stabile Wechselkurse setzen auf lange Sicht ausgeglichene Zahlungsbilanzen voraus. Ein automatischer Ausgleich der Zahlungsbilanz ist nicht gesichert. Deshalb bedarf es zum Ausgleich der Zahlungsbilanz oft vieler zahlungsbilanzpolitischer Massnahmen (siehe S. 430).

2. Eine dauernd aktive Zahlungsbilanz führt zu einer importierten Inflation, die die binnenwirtschaftliche Inflationsbekämpfung meistens zunichte macht.

3. Als Folge einer dauernd passiven Zahlungsbilanz infolge verzerrter Wechselkurse werden immer restriktive Massnahmen ergriffen, die den Welthandel behindern.

4. Es besteht die Gefahr einer zunehmend ungleicheren Verteilung der Währungsreserven auf die einzelnen Länder, weil immer die gleichen Länder über lange Zeit eine aktive oder eine passive Zahlungsbilanz haben. Daraus können längerfristig internationale Liquiditätsprobleme entstehen.

5. Länder mit andauernd passiver Zahlungsbilanz verlieren ihre Währungsreserven. Deshalb können sie gezwungen sein, die freie Austauschbarkeit ihrer Währungen (**Konvertibilität**) aufzuheben und zu einem gebundenen Zahlungsverkehr überzugehen.

6. Stabile Wechselkurse sind oft «politische Preise». Dank der Unterbewertung der Währung bleiben Unternehmungen konkurrenzfähig, obschon sie es in Wirklichkeit nicht mehr sind. Deshalb wenden sich Vertreter solcher Branchen und Unternehmungen immer gegen Paritätsänderungen.

Diese Würdigung macht verständlich, weshalb ab Mitte der sechziger Jahre mit den stabilen Wechselkursen Probleme entstanden, und weshalb 1971 zu flexiblen Wechselkursen übergegangen werden musste (vergleiche S. 426).

Ausgangspunkt waren die gewaltigen amerikanischen Zahlungsbilanzdefizite, die einerseits auf die umfangreiche Wirtschafts- und Militärhilfe und andererseits auf die Überbewertung des Dollars gegenüber anderen Währungen zurückzuführen waren. Da der Dollar Reservewährung war (von den übrigen Notenbanken zusammen mit dem Gold als Währungsreserven gehalten wurde), konnten die USA ihre Zahlungsbilanzdefizite mit neu geschöpften Dollars finanzieren, so dass der Ausweitung der Dollarmenge keine Grenzen gesetzt waren. Auf der anderen Seite blieben alle anderen Länder aufgrund der Vereinbarungen von Bretton Woods verpflichtet, den sinkenden Dollarkurs zu stützen, was zur importierten Inflation führte, die die binnenwirtschaftliche Inflationsbekämpfung zunichte machte. Ein weltweites Inflationskarussell begann zu laufen, dem letztlich nur noch mit einem Wechsel des Wechselkurs-Systems begegnet werden konnte.

2.3.4 Massnahmen zur Überwindung einer unausgeglichenen Zahlungsbilanz bei stabilen Wechselkursen (Zahlungsbilanzpolitik)

Die Folgen unausgeglichener Zahlungsbilanzen lassen sich wie folgt zusammenfassen:

Dauernd stark aktive Zahlungsbilanz	Dauernd passive Zahlungsbilanz
- Zufluss an Devisen und Währungsreserven - Erhöhung der inländischen Geldmenge (importierte Inflation) - Zunahme der Währungsreserven	- Abfluss von Devisen und Währungsreserven - Verkleinerung der inländischen Geldmenge - Abnahme der Währungsreserven

Um eine unausgeglichene Zahlungsbilanz zu bekämpfen, müssen die **Ursachen** bekannt sein, denn nicht jedes Instrument der Zahlungsbilanzpolitik eignet sich für die Bekämpfung jeder Ursache.

Ursachen eines Zahlungsbilanzungleichgewichtes

Kosten- und Preisdisparität

Das inländische Kosten- und Preisniveau ist gegenüber dem Ausland überhöht oder zu tief (Kaufkraftdisparität).

Einkommensdisparität

Die Inlandseinkommen sind höher oder tiefer als die Einkommen im Ausland (Inflation im Inland stärker als im Ausland, zurückgestaute Inflation, Unterbeschäftigung im In- oder Ausland).

Strukturelles Ungleichgewicht

Störungen in einer Volkswirtschaft, die nicht auf eine falsche Wirtschaftspolitik oder auf Konjunkturschwankungen zurückzuführen sind, sondern durch unerfassbare oder unkontrollierbare Erscheinungen verursacht werden, wie Kapitalflucht, Produktion von Gütern, die auf dem Weltmarkt abnehmende Bedeutung haben, Missernten, Wegfall von Kapitalimporten, Verlagerungen in der Güternachfrage zuungunsten des Inlandes usw.

Die einzelnen **Massnahmen** der Zahlungsbilanzpolitik sind:

1. Diskont- und Zinspolitik

Sie beeinflusst die Zinssätze und damit den Kapitalimport und -export (Kapitalverkehrsbilanz).

Höhere Zinsen fördern den Kapitalimport, tiefere Zinsen behindern ihn. Allerdings stehen zinspolitischen Massnahmen der Zahlungsbilanzpolitik oft binnenwirtschaftliche Überlegungen entgegen. So kann es zahlungsbilanzpolitisch ratsam sein, die Zinssätze steigen zu lassen, um den Kapitalimport zu fördern. Bei Unterbeschäftigung im Inland ist dies aber unerwünscht, weil dadurch die Investitionstätigkeit gehemmt wird.

2. Zollpolitik

Zollerhöhungen vermindern, Zollsenkungen erhöhen ein Handelsbilanzdefizit. Heute sind aber der Zollpolitik im Rahmen der weltwirtschaftlichen Integrationsbemühungen enge Grenzen gesetzt.

Gegenüber Zollerhöhungen zur Verminderung eines Handelsbilanzpassivums sind aber auch grundsätzliche Bedenken anzubringen.

a) Die Massnahmen zum Zahlungsbilanzausgleich müssen rasch durchgeführt werden können, um wirksam zu sein. Solange Zolländerungen Sache der Legislativen sind, ist deren Handhabung zu schwerfällig, so dass der Einsatz meistens erst zu spät erfolgt.

b) Das Ausland reagiert auf Zolländerungen empfindlich und wendet zur Abwehr häufig **Retorsionsmassnahmen** (Gegenmassnahmen) an, welche den Güteraustausch wesentlich beschränken.

c) Zolländerungen betreffen nur einen beschränkten Teil der aussenwirtschaftlichen Beziehungen. Die inländischen Produzenten und Konsumenten werden zudem sehr ungleich betroffen.

d) Bei unelastischer Nachfrage nach Exportgütern und bei unelastischem Angebot dieser Güter sind beträchtliche Zollerhöhungen nötig, um auch nur ein geringes Handelsbilanzpassivum zu überwinden.

3. Einfuhrkontingente

Unter Einfuhrkontingent versteht man die unmittelbare mengenmässige Beschränkung der Einfuhr zur Verbesserung der Handelsbilanzsituation. Man unterscheidet Mengenkontingente (die zugelassene Einfuhr ist durch Angabe der spezifischen Mengen in Stück, Gewichten oder Massen festgelegt) und Wertkontingente (Festlegung in Geldwertsummen).

Kontingente werden angewendet, wenn sie wirksamer sind als Zölle. Dies ist der Fall bei unelastischem Angebot des Auslandes, weil sich in diesem Fall eine Einfuhrbeschränkung nur bei sehr massiven Zollerhöhungen einstellen würde. Zudem kann ein Kontingent rascher und bestimmter wirken als eine Zollerhöhung.

Jede Kontingentierung hat für eine Volkswirtschaft wesentliche Nachteile. Einerseits verursacht sie eine zunehmende Bürokratisierung der Einfuhr mit entsprechenden Kosten. Andererseits entstehen volkswirtschaftliche Verluste: Das Kontingent ist normalerweise für einen begrenzten Zeitraum festgelegt. Deshalb werden die Importeure einkaufen, bevor das Kontingent erschöpft ist, also am Anfang des Zeitraumes. Dadurch wird nicht mehr **dort** eingekauft, wo die Ware am billigsten ist, sondern aus zeitlichen Überlegungen in Nachbarländern, und nicht mehr **dann**, wenn die Ware am billigsten ist, sondern zu Beginn des Zeitraumes. Zudem werden die kleinen Importeure häufig benachteiligt, weil sie nicht genügend rasch reagieren können. Damit kann das Kontingent **Monopoltendenzen** fördern.

4. Exportsubvention

Exportsubventionen dienen entweder der Verbesserung der Handelsbilanz im allgemeinen oder der Begünstigung einzelner Wirtschaftszweige. Da die Elastizität der Nachfrage nach inländischen Gütern im
Ausland meistens gross ist, kann, mindestens kurzfristig, ein grösserer
Devisenerlös erwartet werden, so dass sich die Handelsbilanzsituation
verbessert.

Exportsubventionen werden angewendet, wenn 1. die Zahlungsbilanzschwierigkeiten nur vorübergehender Natur sind, 2. nur einzelne Wirtschaftszweige gefördert
werden sollen, 3. eine Abwertung nicht in Betracht gezogen wird (etwa aus psychologischen oder politischen Gründen).

Nachteilig ist, dass 1. Exportsubventionen ein strukturelles Ungleichgewicht nicht
beseitigen, 2. das Ausland meistens mit Retorsionsmassnahmen antwortet, 3. eine
kostspielige Organisation nötig wird, sobald Exportsubventionen nach Waren und
Ländern differenziert gewährt werden.

5. Aufwertung und Abwertung der Währung bei stabilen Wechselkursen

Die Auf- und Abwertung sei wiederum an einem Beispiel (siehe Abbildung 8.7) erläutert. Zwischen der Schweiz und USA bestehe eine
Kaufkraftdisparität, die in der Schweiz zu einer stark aktiven und in
USA zu einer stark passiven Leistungsbilanz führt. Was spielt sich nun
in beiden Ländern ab?

Auf- und Abwertungen der Währung sind also Anpassungen der
vertraglich festgelegten Parität der Währungen an die veränderten
Preisverhältnisse. Ein Land mit **aktiver** Zahlungsbilanz wertet auf.
Ein Land mit **passiver** Zahlungsbilanz wertet ab.

Die **Wirkungen** der Abwertung und der Aufwertung sind in den Tabel-
len 8.8 und 8.9 dargestellt. Schwierig zu beantworten ist jeweils die
Frage nach dem richtigen Zeitpunkt und der Höhe der Paritätsände-
rung. Beim Entscheid spielen immer viele wirtschaftliche und politische Faktoren mit.

6. Der gebundene Zahlungsverkehr (Devisenbewirtschaftung)

Wenn bei andauernder Passivität der Zahlungsbilanz die Währungsreserven sich
langsam erschöpfen, eine Abwertung unzweckmässig oder unmöglich ist und auch
nicht mit Kredithilfen des Auslandes oder internationaler Organisationen gerechnet

Schweiz		**USA**
CHF 3.84	=	US$ 1.–

Güter und Dienste	Kaufkraftdisparität	Güter und Dienste

Folgen:

Zunahme der Exporte	Zunahme der Importe
Zunahme der Einnahmen aus Dienstleistungen	Zunahme der Ausgaben für Dienstleistungen
→ aktive Leistungsbilanz	→ passive Leistungsbilanz
Zufluss von Auslandkapital	Abfluss von Kapital ins Ausland
→ aktive Zahlungsbilanz	→ passive Zahlungsbilanz
- importierte Inflation - Zunahme der Währungsreserven	- Abnahme der Währungsreserven

Massnahme:

Anpassung der Parität des Wechselkurses, damit wieder eine Kaufkraftparität entsteht.

CHF 2.–	=	US$ 1.–

Wenn die Schweiz die Paritätsänderung vornimmt, so handelt es sich um eine	Wenn die USA die Paritätsänderung vornehmen, so handelt es sich um eine

Aufwertung	Abwertung
des Schweizer Frankens.	des Dollars.

Abb. 8.7: Auf- und Abwertung bei stabilen Wechselkursen

werden kann, ist die Devisenbewirtschaftung das letzte Mittel, mit dem versucht werden kann, die Zahlungsbilanz bei stabilen Wechselkursen wieder auszugleichen. Bei Einführung der Devisenbewirtschaftung erhält die Notenbank oder eine ihr zugeordnete Stelle (in der Schweiz früher: schweizerische Verrechnungsstelle) das Devisenhandelsmonopol. Grundsätzlich wird jedermann verpflichtet, alle Devisen der Zentralstelle zu einem festen Kurs zu verkaufen. Die Zentralstelle verteilt darauf die bei ihr anfallenden Devisen nach einer vom Staat aufgestellten Dringlichkeitsskala an die inländischen Devisennachfrager. Dadurch wird die Konvertibilität der Währung aufgehoben.

Wirkungen der Abwertung

	Exporteure	Importeure	Dienstleistungen	Kapitalmarkt	Zahlungsbilanz
Voraus- wirkungen	1. Rückgang des Exportes 2. Exporteure lassen ihre Forderungen im Ausland in Erwartung der Abwertung stehen	1. Zunahme des Importes 2. Lagerkäufe 3. Vorauszahlungen	Rückgang der Deviseneinnahmen	Kapitalflucht: Ausländer wandeln ihre inländischen Guthaben in ausländische Währung um, und Inländer kaufen fremde Währung	Verstärkung der Passivität
			Abwertung		
Nah- wirkungen 1. Phase	Umtausch der stehengelassenen Forderungen	Abbau der Lager		Rückfluss der Fluchtgelder und Umtausch zur Realisierung des Abwertungsgewinnes	Plötzlich starke Aktivität
2. Phase	Zunahme der Exporte, weil die Inlandpreise für die Ausländer gesunken sind	Abnahme der Importe, da die Preise der ausländischen Güter für Inländer gestiegen sind	Vermehrte Einnahmen, da die Inlandpreise für Ausländer gesunken sind	Zustrom von Auslandkapital zufolge niedriger Kurse der Effekten und hoher Zinssätze	Aktive Zahlungsbilanz
Fern- wirkungen	Breiter Exportgüterstrom	Verdrängung der Importe durch einheimische Produktion	Vermehrte Einnahmen	Zustrom von Auslandkapital zur Investition in durch die Abwertung begünstigten Unternehmen	Aktive Zahlungsbilanz Tendenz zur Verminderung der Aktivität

Steigende Beschäftigung und Zunahme der Einkommen, Zunahme des Binnenkonsums, Tendenz zu Preissteigerungen, die zu inflatorischen Wirkungen führen, wenn die Lohnforderungen erfüllt werden

Meistens erfolgen zudem auch in anderen Ländern Abwertungen

Tab. 8.8: Wirkungen der Abwertung

Wirkungen der Aufwertung

	Exporteure	Importeure	Dienstleistungen	Kapitalmarkt	Zahlungsbilanz
Voraus-wirkungen	1. Zunahme des Exportes 2. Exporteure ziehen ihre Forderungen im Ausland in Erwartung der Aufwertung sofort ein	1. Abnahme des Importes 2. In Erwartung der Aufwertung keine Lagerkäufe und Vorauszahlungen	Zunahme der Deviseneinnahmen	Kapitalzufluss: Ausländer kaufen inländische Devisen, und Inländer tauschen ausländische Guthaben in inländische Währung um	Verstärkung der Aktivität
			Aufwertung		
Nah-wirkungen	Abnahme der Exporte, weil die Preise der inländischen Produkte für Ausländer gestiegen sind	Zunahme der Importe, da die Preise der ausländischen Produkte für Inländer gesunken sind	Vergrösserte Ausgaben, da die Preise für Dienstleistungen für Inländer im Ausland gesunken sind	Kapitalabfluss, da die Ausländer ihre Inlandguthaben wieder in Auslandgelder umtauschen	Abnahme der Aktivität der Zahlungsbilanz
Fern-wirkungen	Weniger Exporte	Vermehrte Importe	Vermehrte Ausgaben im Ausland	Abfluss von Kapital aus Branchen, die durch die Aufwertung benachteiligt sind, ins Ausland	Weniger stark aktive Zahlungsbilanz

Rückgang der Beschäftigung, allenfalls Rückgang der Einkommen
Vermehrte Konkurrenz auf dem Binnenmarkt, Tendenz zu Preissenkungen

Tab. 8.9: Wirkungen der Aufwertung

> Konvertibilität heisst freie Austauschbarkeit von Devisen (Währungen) in andere Währungen.

Aus einer konvertiblen (harten) wird eine beschränkt oder nicht konvertible (weiche) Währung.

Meistens entstehen Devisenbewirtschaftungssysteme wegen Störungen in der Kapitalverkehrsbilanz. Deshalb wird in der Regel zuerst der freie Kapitalverkehr unterbunden. Genügt diese Massnahme nicht, so wird auch der Kapitalertrags- und Dienstleistungsverkehr Beschränkungen unterworfen. Schliesslich kann es soweit kommen, dass der ganze Auslandverkehr Beschränkungen unterworfen werden muss: Der Import bedarf einer staatlichen Einfuhrbewilligung («non essential goods» sind vom Import ausgeschlossen), die immer abhängig ist von den Deviseneinnahmen aus dem Verkehr mit dem betreffenden Land.

Die Einzelheiten werden meistens in Verrechnungsabkommen (Clearingverträgen) zwischen zwei (bilateral) oder mehreren (multilateral) Staaten abgemacht.

2.3.5 Die Währungsreserven

> Als **Währungsreserven** werden die Bestände der Notenbank an Gold und anderen Devisen bezeichnet.

Schematisch geordnet, dienen die Währungsreserven vier Zwecken:

1. Bei stabilen Wechselkursen kann die Notenbank im Falle einer passiven Zahlungsbilanz nur intervenieren, wenn sie über genügend Devisen verfügt oder solche gegen Gold im Ausland beziehen kann.

2. Wird die Zahlungsbilanz eines Landes aus irgendwelchen Gründen passiv, so kann das Defizit durch Währungsreserven gedeckt werden.

3. In wirtschaftlich unausgeglichenen Zeiten muss die Notenbank in der Lage sein, zur Sicherstellung der Landesversorgung Güterkäufe im Ausland mit Gold oder Devisen bezahlen zu können.

4. In Art. 19 schreibt das Nationalbankgesetz für die Schweiz vor, dass der Notenumlauf wenigstens zu 40 % durch Gold gedeckt sein muss.

Diese «**Golddeckungsklausel**» hat heute überhaupt **keine Bedeutung** mehr. Sie wurde 1907 eingeführt, weil die Nationalbank damals verpflichtet war, Noten jederzeit in Gold umzutauschen. Diese Einlösungspflicht wurde aber bereits 1936 aufgehoben. Insbesondere vermag die Golddeckungsklausel inflationäre Tendenzen nicht zu vermeiden, wie in der breiten Öffentlichkeit immer wieder geglaubt wird. Betriebe die Nationalbank bei einem hohen Goldbestand eine stark expansive Geldpolitik, so käme es unabhängig vom Goldbestand zu Preissteigerungen und zur Geldentwertung.

Der Bundesrat wollte bei der Revision des Nationalbankgesetzes (1979) die Golddeckungsklausel streichen, fand aber beim Ständerat kein Gehör. Dieser vertrat die Auffassung, es wäre falsch, alte Grundsätze schon dann zu beseitigen, wenn noch unklar ist, in welcher Richtung sich das Weltwährungssystem entwickeln wird.
Probleme wird die Golddeckungsklausel bringen, wenn die Notenmenge aus wirtschaftlichen Gründen ausgeweitet werden muss und die Deckung als Folge davon unterschritten wird. Die Nationalbank beschäftigt sich mit Lösungsmöglichkeiten wie Zukauf von Gold im Ausland, Neubewertung des Goldbestandes zu einem anderen Preis (Änderung der Goldparität im Münzgesetz) oder Abschaffung der Golddeckungsklausel. Entscheidungen sind noch nicht getroffen.

In den Jahren des raschen Wirtschaftswachstums wurde befürchtet, die Goldreserven könnten weltweit nicht ausreichen und den internationalen Wirtschaftsverkehr hemmen. Dieses Problem versuchte man mit der Schaffung von **Sonderziehungsrechten des Internationalen Währungsfonds** (IWF), einer Institution von Bretton Woods, zu lösen.

2.3.6 Die Institutionen von Bretton Woods

Zu den Institutionen von Bretton Woods gehören:

- Der **Internationale Währungsfonds** (IWF), der zwei Aufgaben erfüllt: Einerseits sorgt er für Ordnung im internationalen Währungs- und Zahlungssystem, die für eine gesunde Entwicklung des internationalen Wirtschaftsverkehrs nötig ist. Andererseits gewährt er an Mitgliedländer, die in Schwierigkeiten gekommen sind, kurzfristige Kredite, sofern diese Länder bereit sind, Reformmassnahmen durchzuführen. Mit solchen Krediten sollen auch Härten, die bei der Anpassung der Wirtschaft dieser Länder entstehen, gemildert werden.

- Die **Weltbankgruppe**, der die Internationale Bank für Wiederaufbau und Entwicklung, die Internationale Entwicklungsorganisation sowie die Internationale Finanzkooperation zugeordnet sind. Ihre Aufgabe ist die Förderung des wirtschaftlichen und sozialen Fortschritts in den Entwicklungsländern und in Ländern, in denen die Wirtschaft stark zerrüttet ist. Sie finanziert Entwicklungsprojekte und steht den Empfängerländern bei der Formulierung ihrer Wirtschaftspolitik beratend zur Seite. Zudem setzt sie sich für die Koordination der Entwicklungshilfe ein.

Die Schweiz ist Mitglied der Bretton Woods Institutionen.

Von grosser Bedeutung sind die vom Internationalen Währungsfonds geschaffenen **Ziehungs-** und **Sonderziehungsrechte.**

Bereits 1944 wurde in Bretton Woods beschlossen, als Bestandteil der Währungsreserven neben dem Gold und den Reservewährungen sogenannte **kreditierte** Reserven in Form von **Ziehungsrechten** zu schaffen. Von Ziehungsrechten spricht man, weil die Mitgliederländer im Fall von Zahlungsbilanzschwierigkeiten beim Internationalen Währungsfonds Devisen gegen eigene Währung ziehen (= kaufen) können. Diese Mittel beschafft sich der Währungsfonds durch die Länderbeiträge (= Mitgliedquoten), die von den Mitgliedern teils in Gold (25 %), teils in eigener Währung (75 %) einzubezahlen sind. Diese Ziehungsrechte ermöglichen jedoch keine unbegrenzte Verschuldung eines Landes beim Internationalen Währungsfonds, sondern es sind Obergrenzen und zeitliche Staffelungen für die Beanspruchung von Ziehungsrechten vorgeschrieben.

Zur Erhöhung der gesamten Währungsreserven (= internationale Liquidität) wurden in den Jahren 1967/68 zusätzlich die **Sonderziehungsrechte (SZR)** eingeführt. Der Internationale Währungsfonds teilt jedem Mitgliedland aufgrund der Mitgliedquote eine bestimmte Summe, sogenannte Sonderziehungsrechte, zu, bis zu deren Höhe es bei Zahlungsbilanzschwierigkeiten von jedem Mitgliedland Devisen fordern kann, ohne sie – wie bei gewöhnlichen Ziehungsrechten – mit eigener Landeswährung decken zu müssen, abgesehen von einer Tilgung bei langfristig übermässiger Beanspruchung. Das devisengebende Land erhält diese Sonderziehungsrechte, die es entweder in seine Währungsreserven legen oder im Einverständnis mit seinen Gläubigerländern zur Deckung eigener Schulden verwenden kann. Die Sonderziehungsrechte stellen also künstlich geschaffene Währungsreserven dar, welche die internationale Liquidität verbessern sollen.

Beispiel: Italien stecke in Zahlungsbilanzschwierigkeiten und benötige 100 Mio. $. Es hat nun das Recht, sein Sonderziehungsrecht bei den Vereinigten Staaten geltend zu machen, welche die 100 Mio. $ liefern. Als Gegenleistung bekommen die Vereinigten Staaten aus dem Sonderziehungsrecht von Italien Sonderziehungsrechte von 100 Mio. $, die sie im oben erwähnten Sinn verwenden können.

Es wird neuerdings wieder diskutiert, das Ausgabevolumen der Sonderziehungsrechte zu erhöhen und sie stark verschuldeten Entwicklungsländern zuzuteilen, damit sie ihren Zahlungsverpflichtungen aus dem Schuldendienst nachkommen können. Diesem Vorschlag begegnen aber die Industrieländer mit grosser Skepsis, da eine solche Ausweitung der internationalen Liquidität ein weltweites Inflationspotential schaffen könnte.

2.4 Flexible Wechselkurse

2.4.1 Merkmale der flexiblen Wechselkurse

Flexible Wechselkurse sind durch folgende Merkmale gekennzeichnet:

1. Der Kurs bildet sich frei aufgrund von Angebot und Nachfrage auf dem Devisenmarkt.

2. Die Notenbank beeinflusst die Wechselkurse normalerweise nicht (=**Floating**). Wenn die Notenbank ausnahmsweise aus wirtschaftspolitischen Gründen interveniert, so liegt «**schmutziges Floating**» vor.

3. Beim Floating werden keine Währungsreserven zur Kurspflege benötigt.

2.4.2 Funktionsweise der flexiblen Wechselkurse (Floating)

Die Funktionsweise des Floating wird im folgenden an einem Beispiel (siehe Abbildung 8.10) dargestellt: Angenommen, der Wechselkurs betrage 1 $=CHF 1.40, und es bestehe eine Kaufkraftdisparität. Was spielt sich nun in der Schweiz ab (wenn zunächst nur die Leistungsbilanz betrachtet wird)?

Bei flexiblen Wechselkursen schwankt also der Kurs je nach Entwicklung von **Angebot und Nachfrage** unbegrenzt. Das Angebot und die Nachfrage auf dem Devisenmarkt und damit die Höhe des Wechselkurses hängen von vier grundlegenden Faktoren ab:

1. Vom Verhältnis des inländischen Bedarfes an ausländischen Gütern und Diensten zum Bedarf des Auslandes an inländischen Gütern und Diensten.

2. Von der Entwicklung des Volkseinkommens. Je höher das Volkseinkommen ist, desto grösser ist die Neigung zum Verbrauch und damit auch zum Import, so dass die Einfuhrnachfrage steigt, und umgekehrt.

3. Von der Höhe der Inlandpreise und -kosten. Je höher das Inlandniveau im Vergleich zu den Auslandpreisen ist, desto mehr wird importiert (unter der Voraussetzung nicht zu hoher Zölle) und desto weniger exportiert und umgekehrt.

4. Vom Kapitalverkehr.

Würden nur die in der Leistungsbilanz erfassten Posten das Angebot und die Nachfrage auf dem Devisenmarkt beeinflussen, so bestünde eine fort-

| **Schweiz** | | **USA** |
| CHF 1.40 | = | US\$ 1.– |

| Güter und Dienste | Kaufkraftdisparität | Güter und Dienste |

Die Kaufkraftdisparität führt zu einer Veränderung der wirtschaftlichen Transaktionen.

Exporte: Zunahme, weil Schweizer Waren für Amerikaner billiger werden.

Importe: Abnahme, weil amerikanische Waren für Schweizer teurer werden.

Dienstleistungen: Mehreinnahmen, weil sie für Amerikaner billiger werden.

Leistungsbilanz: Wird kurzfristig aktiver.

Lage auf dem Devisenmarkt:

Angebot an \$: grösser
Nachfrage nach \$: kleiner
Kurs **sinkt** ab

| CHF 1.28 | = | US\$ 1.– |

Nun nehmen die Exporte ab, die Importe zu und die Einnahmen aus Dienstleistungen sinken.

Lage auf dem Devisenmarkt:
Angebot an \$: sinkt
Nachfrage nach \$: steigt
Kurs **steigt**

usw.

Abb. 8.10: Funktionsweise von flexiblen Wechselkursen

währende Tendenz zu einer ausgeglichenen Leistungsbilanz, weil der Devisenkurs das Angebot und die Nachfrage nach Gütern und Diensten beeinflussen würde und sich von dort aus wieder Rückwirkungen auf den Güter- und Dienstaustausch ergäben. Zudem käme es selten zu kurzfristigen, grossen Kursschwankungen, weil wirtschaftliche Transaktionen nur längerfristig auf Kursschwankungen reagieren.

Nun beeinflusst aber der Kapitalverkehr als vierter Faktor das Devisenangebot und die Devisennachfrage entscheidend. Wenn etwa Inländer Kapitalanlagen im Ausland machen wollen, werden sie durch die vergrösserte Nachfrage nach ausländischen Devisen den Kurs in die Höhe treiben. Legen umgekehrt Ausländer ihr Geld im Inland an, so sinkt der Kurs.

2.4.3 Würdigung der flexiblen Wechselkurse (Floating)

Vorteile:

1. Ein Land mit einer passiven Zahlungsbilanz ist nicht der Gefahr des Verlustes aller Währungsreserven ausgesetzt.

2. Der Zahlungsbilanzausgleich kommt ausschliesslich durch den oben gezeigten Mechanismus zustande. Da die Notenbank nicht interveniert, erfolgt keine Beeinflussung der inländischen Geldmenge durch den aussenwirtschaftlichen Verkehr. Somit entfallen die Probleme der importierten Inflation. Dadurch wird die Konjunkturpolitik eines Landes nicht laufend durch die importiere Inflation durchkreuzt, wie es bei stabilen Wechselkursen der Fall ist.

3. Bei spekulativen Kapitalbewegungen nach Ländern mit stabileren Preisen entsteht nicht nur kein importierter Inflationsdruck, sondern die Preise zeigen vorübergehend sinkende Tendenz, weil die Kurse ausländischer Devisen in den Kapitalempfangsländern sinken, so dass Importe und zu empfangende Dienstleistungen billiger werden. Gleichzeitig sinken dank dem Kapitalangebot die Zinssätze, wodurch Investitionsvorhaben billiger durchgeführt werden können.

Nachteile:

1. Wechselkursschwankungen bedeuten für international tätige Unternehmungen erhöhte **Risiken**.

a) Das **Transaktionsrisiko** entsteht dadurch, dass sich der nominale Wert von Forderungen und Verbindlichkeiten in fremden Währungen bei Wechselkursschwankungen verändert. Dies führt bei Unternehmungen zu Gewinnschwankungen.

b) Das **Konsolidierungsrisiko** entsteht bei der Bewertung des Vermögens und der Schulden bei international tätigen Unternehmungen. Deshalb kann die Bilanz solcher Unternehmungen von Periode zu Periode ganz anders aussehen. Diese Veränderungen betreffen den Cash flow[5] der Unternehmung nicht; sie können aber zu Veränderungen in der Gewinnsituation führen.

c) Das **Wettbewerbsrisiko** verändert die terms of trade. Dadurch verändert sich die Wettbewerbsposition von Unternehmungen auf den Märkten, denn es kann passieren, dass eine Unternehmung auf bislang erfolgreich bearbeiteten Märkten infolge der veränderten Wechselkurse plötzlich nicht mehr konkurrenzfähig ist.

In den letzten Jahren wurden deshalb verschiedene **Absicherungstechniken** entwickelt, mit denen die Unternehmungen die Kursrisiken zu minimieren versuchen: Devisentermingeschäfte (Kauf und Verkauf von Devisen zu bestimmten Kursen auf einen bestimmten Zeitpunkt), Devisenoptionen (das Risiko wird bis auf eine Prämie beschränkt).

2. Der internationale Kreditverkehr kann zu Wechselkursveränderungen führen, sofern nicht gleichzeitig laufende Veränderungen in der Leistungsbilanz zu einer Neutralisierung des Devisenangebotes bzw. der Devisennachfrage führen. Ist dies nicht der Fall, so führt jedes Kreditgeschäft für den einen Partner zu einem Kursverlust, wodurch der am Zins orientierte Kreditverkehr eingeschränkt wird.

3. Kapitalflucht und Devisenspekulation können zu kumulierenden Prozessen in bezug auf die Kursbildung führen und den Waren- und Dienstleistungsverkehr beeinflussen.

4. Vermehrt sich die Einfuhr infolge der Kursveränderungen, so steigen die Lebenshaltungskosten (auch in diesem Fall spricht man von importierter Inflation). Diese wechselkursbedingte Teuerung kann mit einer gewissen Verzögerung auch die binnenwirtschaftliche Teuerung beschleunigen (z. B. infolge von Lohnforderungen, die durch die importierte Inflation bedingt sind).

5. Durch Kursschwankungen kann sich die Rentabilitätslage verschiedener vom Ausland abhängiger Unternehmungen kurzfristig verändern. Zufallsgewinne oder Betriebsschliessungen sind die Folgen.

---

5 Cash flow heisst: Differenz zwischen einnahmenwirksamen (baren) Erträgen und ausgabenwirksamen (baren) Aufwänden.

2.4.4 Erfahrungen mit den flexiblen Wechselkursen

Am 23. Januar 1973 ging die Schweiz zu flexiblen Wechselkursen über. Dies war nicht ein Ergebnis sorgfältiger Überlegungen, sondern die einzige Alternative zum funktionsuntüchtig gewordenen System der stabilen Wechselkurse. Für die Funktionsuntüchtigkeit waren diejenigen Regierungen verantwortlich, denen es nicht gelang, die Inflation nachhaltig zu bekämpfen und die Zahlungsbilanz ins Gleichgewicht zu bringen. Über die Auswirkungen der flexiblen Wechselkurse wird immer wieder diskutiert: Die einen hoffen, die Kurse würden sich streng im Rahmen der Kaufkraftparität entwickeln. Die anderen befürchten grosse Kursschwankungen und als Folge davon Unsicherheiten und Störungen im internationalen Handels- und Kapitalverkehr. Die zwanzigjährige Erfahrung mit flexiblen Wechselkursen zeigt, dass beide Extrempositionen unzutreffend sind. Tatsächlich lassen sich folgende Erkenntnisse ableiten:

1. **Längerfristig** entwickelt sich der Wechselkurs zwischen zwei Ländern auf der Basis der **Kaufkraftparität**: Das bedeutet, dass sich der Verlauf der Wechselkurse der einzelnen Länder an den Inflationsraten ausrichtet.

   Beispiel: In Italien steigen die Preise um 20 %, in der Schweiz bleiben sie konstant. Nun wird der Schweizer Franken im Wert längerfristig gegenüber der italienischen Lire ebenfalls um 20 % steigen. Deshalb kann man mit 100 Schweizer Franken in Italien immer etwa den gleichen Warenwert kaufen, weil die Preissteigerungen in Italien durch die Höherbewertung des Schweizer Frankens ausgeglichen werden.

2. Längerfristig sind bei der Entwicklung der flexiblen Wechselkurse auch die **Zinsparitäten** zu beachten, bei denen es um den Zusammenhang zwischen Zinssätzen und Wechselkursen geht.

   Grundlage für das Verständnis dieses Zusammenhanges bildet das **Realzinskonzept**. Es besagt, dass sich der Nominalzins aus einem auf dem Gütermarkt bestimmten Realzins (= Ertrag, der mit dem Kapitaleinsatz auf den Gütermärkten erzielt wird) und den erwarteten Inflationsraten zusammensetzt.

   Beispiel: Im Ausland wird eine Inflation von 10 %, in der Schweiz eine solche von 0 % erwartet. Der Realzins, der in den verschiedenen Ländern langfristig immer etwa gleich hoch ist, beträgt 2 %. In diesem Fall werden sich die ausländischen Zinsen bei etwa 12 %, die schweizerischen bei 2 % einpendeln.

   Steigen im Ausland die Zinsen infolge von Inflationserwartungen stärker als im Inland, so fliesst Geld ins Ausland ab und der Kurs steigt, und umgekehrt. Die Veränderung des Kurses bewegt sich im Rahmen der Differenz der Inflationserwartungen in den betreffenden Ländern. Deshalb spielen auch Erwartungshaltungen über den Kurs einer Regierung in der Geldpolitik eine wichtige Rolle bei der Kursentwicklung im System flexibler Wechselkurse.

3. **Kurzfristig** schwanken flexible Wechselkurse **zufällig**. Sie reagieren sofort auf Informationen über wirtschaftliche und politische Entwicklungen, und zwar unabhängig davon, ob es sich im nachhinein um richtige oder falsche Informationen handelt. Da bei der modernen Nachrichtenübermittlung unendlich viele Informationen übertragen werden, wird es immer wieder zu Kursausschlägen kommen. Deshalb ist es kaum möglich, Kurse kurzfristig zu stabilisieren.

4. **Mittelfristig** kommt es immer wieder zu einem «**Überschiessen**» der Wechselkurse (= **overshooting**), d. h. die Kurse entfernen sich vom Trend, der längerfristig aufgrund der Kaufkraftparitäten zu erwarten wäre. Das zeitweilige Überschiessen ist meistens durch die ungenügende Abstimmung der Wirtschafts- und insbesondere der Geldpolitik der verschiedenen Länder begründet. Ausserdem neigen die Wechselkursänderungen dazu, sich zu verselbständigen, d. h. sich durch das Verhalten der Wirtschaftssubjekte selbst verstärkend zu entwickeln.

Die Frage, ob zwischen Wechselkursschwankungen und internationalem Handelsvolumen ein systematischer Zusammenhang besteht, ist immer noch nicht abschliessend geklärt. Das Ausmass der Wirkungen von Wechselkursschwankungen auf die Güterpreise und die Güterumsätze hängt vom Grad der Risikobereitschaft, vom Grad der Wechselkursunsicherheit sowie von der Nachfrage- und Angebotselastizität ab. Sind die Elastizitäten gering, so führen Wechselkursänderungen eher nicht zu grossen Veränderungen bei den Güterumsätzen. Dies ist vor allem bei spezialisierten und Nischenprodukten der Fall. Für die schweizerische Industrie konnte gezeigt werden, dass infolge der geringen Flexibilität des Handelsvolumens ein Anstieg des Kurses des Schweizer Frankens die Exportunternehmungen zu starken Preissenkungen zwingt, was sich negativ auf die Gewinne auswirkt.

2.4.5 Die Schwankungen des Dollarkurses

Das Angebot und die Nachfrage nach Dollars als wichtigster internationaler Währung werden viel stärker durch die Finanzströme (Kapitalverschiebungen aus Gründen der Rendite) als durch die Güterumsätze geprägt. Deshalb spielen die von Land zu Land verschiedenen Zinssätze und Renditen eine sehr bedeutsame Rolle. Diese sind durch die Konjunkturlage, die Wirtschaftspolitik sowie psychologisch beeinflusste Erwartungen geprägt. Diese Zusammenhänge sind in Abbildung 8.11 dargestellt.

Üblicherweise verlaufen die Konjunkturzyklen in USA und Europa nicht synchron, im vorliegenden Beispiel befinden sich die USA im Aufschwung, während Europa noch eine Rezession hat. Deshalb sind die amerikanischen Zinssätze höher als die europäischen, so dass europäische Kapitalien zur Anlage nach USA fliessen. Dadurch wird der Dollar stärker. Diese Kursentwicklung beeinflusst die Importe, Exporte und Dienstleistungen, so dass es eigentlich zu einer Korrektur der Wechselkurse kommen müsste. Dies tritt aber nicht ein, weil heute die Finanzströme grösser sind. Die Grösse dieser Finanzströme wird zusätzlich durch psychologische (spekulative) Erwartungen beeinflusst. So können bereits erste Anzeichen eines Konjunkturaufschwunges in den USA Europäer zu Optimismus und damit zu Anlagen in den USA veranlassen. Denken viele Europäer gleich, so entwickelt sich der Wechselkurs in der erwarteten Richtung. Er kann allenfalls sogar «überschiessen» und unangenehme Auswirkungen auf die Güterströme haben, vielleicht sogar schon dann, wenn sich in der amerikanischen Wirtschaft ausser den Erwartungen noch gar nichts Wesentliches verändert hat. Erfüllen sich dann die Erwartungen nicht, so setzt eine Umkehrbewegung ein, was zu erneuten Kursschwankungen führt.

Der Devisenhandel (in diesem Fall Devisenspekulation) kann einen Kurstrend noch verstärken. Erwarten Deutsche beispielsweise einen Kursanstieg des Dollars, so kaufen sie Dollars, was die Nachfrage erhöht, in der Hoffnung, sie später zu einem besseren Kurs wieder verkaufen zu können.

2.4.6 Schmutziges Floating: ein Dilemma für die Notenbank

Angenommen, es fliessen bei einem gegebenen Kurs (z. B. 1 $=CHF 2.–) viele Devisen in das Inland. Dann beginnt der Kurs zu sinken (z. B. 1 $= CHF 1.60). Die positive Folge davon ist eine Verbilligung der Importe, die negative eine Verteuerung und damit ein Rückgang der Exporte.

Wenn nun der Kurs stark sinkt, so kann die Exportindustrie nachhaltig betroffen sein. Im schlimmsten Fall kann es sogar zu Betriebsstillegungen kommen. In dieser Situation wird der politische Druck auf die Notenbank zunehmen, indem alle interessierten Kreise (Arbeitgeber und Arbeitnehmer) die Notenbank auffordern werden, gegen einen weiteren Kurszerfall zu **intervenieren**. In diesem Fall wird von «**schmutzigem**» Floating gesprochen, d. h. die Notenbank interveniert trotz flexibler Wechselkurse.

Damit gerät die Notenbank in einen **Zielkonflikt:**
Wenn sie interveniert, so leistet sie einen Beitrag zum Schutze der Exportindustrie und der vom Ausland abhängigen Dienstleistungsbetriebe. Gleichzeitig weitet sie durch die Intervention (Kauf von Devisen gegen Schweizer Franken) den Geldstrom aus, was die inflationären Tendenzen im Inland verstärkt. Interveniert sie nicht, so sind die auslandorientierten Unternehmungen gefährdet, und es können Beschäftigungsprobleme entstehen. Dafür wird kein zusätzliches Geld und kein Inflationspotential geschaffen. In dieser Situation ist die Notenbankpolitik eine Kunst, denn es ist unmöglich, im voraus zu bestimmen, welches die genauen längerfristigen Auswirkungen der jeweiligen Lösung sind.

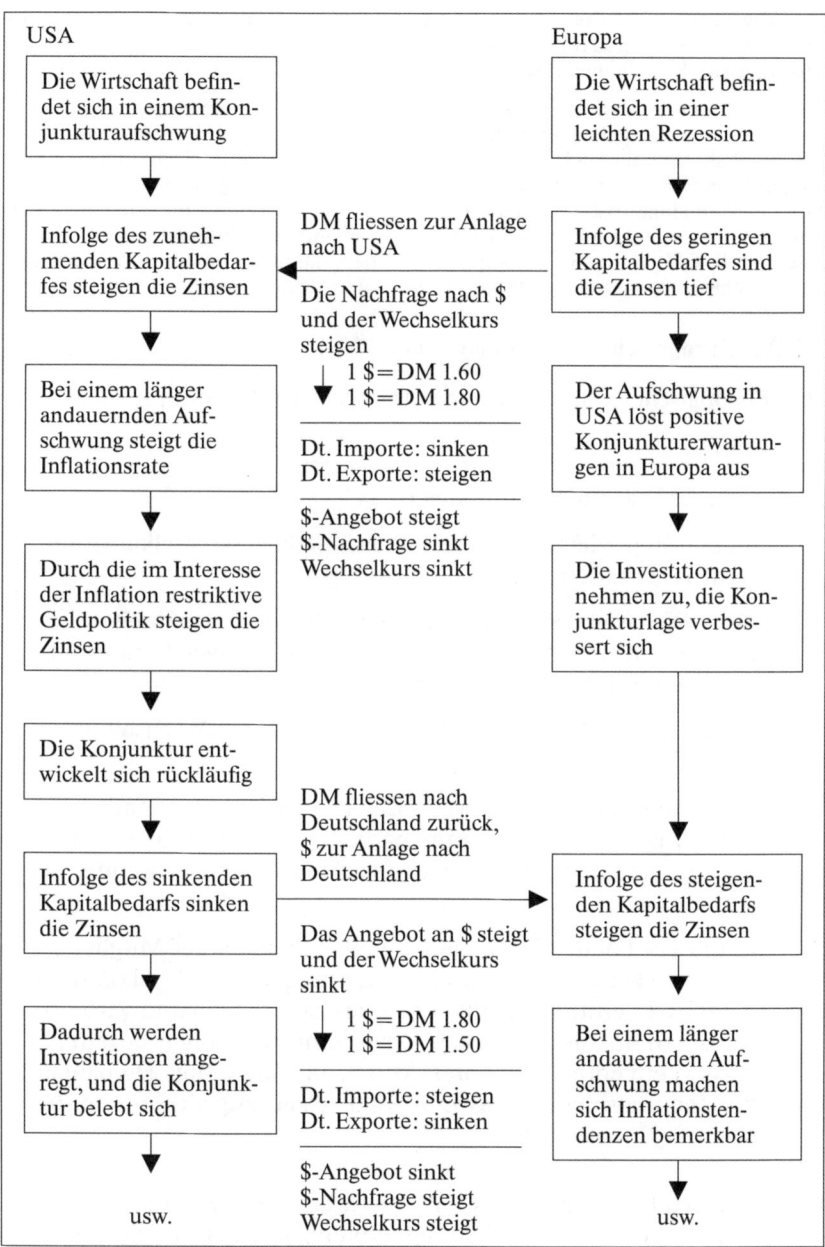

Abb. 8.11 Wechselwirkung zwischen Konjunktur, Zinsen und $-Kurs

Die schweizerische Nationalbank hat seit 1978 mehrere Male interveniert. Rückblickend erwiesen sich diese Interventionen als unzweckmässig, weil sie sich mit einer Verzögerung von 8–16 Monaten stark inflationär auswirkten.

Da Interventionen zur Stützung der Wechselkurse in den meisten Fällen zu Inflationstendenzen führen, bleiben sie nicht ohne Auswirkungen auf die Zinssätze eines Landes. Wie aus Abbildung 8.11 hervorgeht, haben die Zinssätze Rückwirkungen auf die Finanzströme und damit auf die Devisenkurse. Deshalb bringen Interventionen der Notenbanken längerfristig nur dann Wirkungen, wenn es gelingt, die durch die Interventionen in Umlauf gebrachten Geldmengen mit anderen Mitteln der Geldmengenpolitik (z. B. Offenmarktpolitik) zurückzunehmen, damit die Inflation beseitigt und Zinssatzsteigerungen, welche Devisen wieder anziehen, entfallen.

2.5 Das Europäische Währungssystem (EWS)

Das Europäische Währungssystem trat 1979 als Institution der EG in Kraft.

Ziel dieses Währungsverbundes ist es,

- unter Mitgliedländern grundsätzlich **stabile Wechselkurse** aufrecht zu erhalten; und

- diese Wechselkurse innerhalb genau **fixierter Bandbreiten** unbegrenzt und obligatorisch zu halten (Schwankungsbreite $\pm 2\frac{1}{4}\%$ um den Leitkurs [Parität]).

- Gegen aussen bleiben die Länder bei flexiblen Wechselkursen (Blockfloating).

- Schaffung eines Reservepools (Europäischer Fonds für währungspolitische Zusammenarbeit [EFWZ]), um den Mitgliederstaaten kurzfristige Überbrückungskredite gewähren zu können.

  In diesem Fonds hinterlegen die Notenbanken der Mitgliederländer 20 % ihrer Gold- und Devisenreserven und bekommen dafür ECU-Guthaben, mit denen sie Forderungen und Verbindlichkeiten aus den täglichen Deviseninterventionen bezahlen. Ausserdem enthält der Fonds Mittel, um kurzfristige Defizite in der Zahlungsbilanz eines EG-Mitglieds auszugleichen und die Währung zu stützen.

Grundsätzlich funktioniert das EWS nach den Regeln stabiler Wechselkurse mit der Interventionspflicht der Notenbanken, wenn die Interventionspunkte über- oder unterschritten werden.

a) Es wird eine rechnerische Grösse, die Europäische Währungseinheit (= European Currency Unit, ECU)[6] geschaffen. Sie wird verwendet als Bezugsgrösse für die Leitkurse (= Parität) und für die Bestimmung der Interventionsgrenzen sowie als Rechengrösse bei Finanzierungsoperationen und als Zahlungsmittel und Reserveinstrument der EWS-Zentralbanken.

b) Aufgrund der Leitkurse und der Interventionen entsteht das «**Paritätengitter**», in welchem die Bandbreite der einzelnen Währungen gegenüber jeder andern EWS-Devise verzeichnet ist.

c) Eingebaut ist ein **Frühwarnsystem**, indem die Notenbanken bereits intervenieren können, bevor die Kurse die Interventionspunkte erreichen. Dadurch soll erreicht werden, dass bei Zahlungsbilanzproblemen frühzeitig reagiert wird.

d) Wenn ein Währungsverbund Bestand haben will, muss er bereit sein, schwächeren Mitgliedern zu helfen. Deshalb ist ein überregionaler Finanzausgleich vorgesehen.

---

6   Die Europäische Währungseinheit ECU ist wie folgt definiert:
    «Währungs-Korb», der aus festbleibenden Mengen der Währungen der Mitgliedländer zusammengesetzt ist:

+	0.6242	DM
+	0.08784	£ Sterling
+	1.332	FF
+	151.8	Lire
+	0.2198	HFL
+	3.301	BFRS
+	0.130	LFRS
+	0.1976	DRK
+	0.008552	Ir£
+	1.440	Dr
+	6.885	PTA
+	1.393	Esc

Jede nationale Währungseinheit wird zunächst in einer Währung (z. B. belgischer Franc) zum offiziellen Tageskurs in Brüssel ausgedrückt, so dass man durch Addition der Beträge den Wert des Währungskorbes in belgischen Francs erhält. Um den Wert des ECU für die übrigen Gemeinschaftswährungen zu berechnen, genügt es, den in belgischen Francs ausgedrückten Basiswert mit dem Tageskurs jeder einzelnen Währung gegenüber dem belgischen Francs auf dem nationalen Devisenmarkt zu multiplizieren. 1994 beträgt 1 ECU ca. CHF 1,621.

Heute wird der ECU auch privat verwendet (ECU-Anleihen, ECU-Fonds und ECU-Kredite). Diese private ECU ist aber nicht Bestandteil des EWS, obwohl sie in ihrer Zusammensetzung dem «offiziellen» ECU-Währungskorb entspricht.

Bis 1983 hat das Europäische Währungssystem einigermassen funktioniert. Seither mussten die Leitsätze mehrmals angepasst werden.

Längerfristig wird das System nur Erfolg haben, wenn alle Länder eine gleichgerichtete Wirtschaftspolitik verfolgen. Insbesondere unterschiedliche Inflationsraten können zu ähnlichen Problemen wie im System von Bretton Woods führen.

3. Ausgewählte Probleme der Aussenwirtschaft

3.1 Probleme der internationalen Verschuldung

Die internationale Verschuldung wird zu einem immer grösseren Problem. Genauer wird sie als Auslandsverschuldung bezeichnet, die die Devisenverbindlichkeiten von Ländern gegenüber ausländischen Banken, internationalen Institutionen und andern Staaten umfasst. Nach der Art des Schuldners unterscheidet man zwischen öffentlich bzw. öffentlich garantierter Auslandsverschuldung und der Verschuldung privater Kreditnehmer eines Landes.

Tabelle 8.12 gibt einen Überblick über die internationale Verschuldung (in Mia. $). Am grössten ist die Verschuldung bei denjenigen Entwicklungsländern, die Nichtölländer sind.

	1988	1995	19..
Gesamtschuld	987.5	1577.0	
Gläubigergruppen			
staatliche Gläubiger	483.6	708.6	
kommerzielle Gläubiger	372.1	448.2	
andere Private	131.8	420.3	

Quelle: World Economic Outlook, IMF, May 1996, Table A 40

Tab. 8.12: Internationale Verschuldung

Welches sind die **Ursachen** dieser grossen internationalen Verschuldung?

1. Die Leistungsbilanzsituation der Entwicklungs- und Schwellenländer sowie von osteuropäischen Staaten hat sich in den letzten Jahren stark verschlechtert.

Für die verschlechterte Leistungsbilanzsituation sind folgende Ursachen verantwortlich:

a) Die Inflation in den Industriestaaten verteuerte die Importe der Entwicklungs- und Schwellenländer sowie von osteuropäischen Staaten.

b) Der Konjunkturabschwung in den Industriestaaten erschwerte die Exporttätigkeit dieser Länder.

c) Die schubweise Erhöhung der Erdölpreise (insbesondere 1973/74 und 1979/80) belasteten die Leistungsbilanzen der Nichterdölländer sehr stark.

d) Einzelne Länder (Mexiko, Nigeria) rechneten mit steigenden Erdölpreisen und richteten ihre Wirtschaftsentwicklung darauf aus. Als die Erdölpreise nicht im gewünschten Ausmass stiegen, fuhren sie mit ihren Importen trotzdem im geplanten Ausmass weiter, so dass sich das Leistungsbilanzdefizit übermässig erhöhte.

2. Die steigenden Zinssätze für internationale Kredite belasteten die wirtschaftlich schwächeren Länder sehr stark.

Für die steigenden Zinssätze sind folgende Ursachen verantwortlich:

a) Die steigenden Schulden der öffentlichen Hand und die restriktive Geldpolitik in den Industriestaaten führten zu höheren Zinssätzen.

b) Die staatliche Kreditaufnahme verdrängte zum Teil die privaten Kreditnehmer von den inländischen Kapitalmärkten (crowding out). Deshalb wichen sie auf die internationalen Kreditmärkte aus und trieben in Konkurrenz zu den Entwicklungsländern die Zinssätze in die Höhe.

c) Kredite werden immer mehr auf Roll-over-Basis gewährt, d. h. die Kredite werden immer kurzfristiger gewährt und bei Erneuerung den steigenden Zinssätzen angepasst.

3. Politische und wirtschaftspolitische Unzulänglichkeiten verschärften die Schuldenkrise massgeblich.

a) Die Erträge aus den Erdölverkäufen aus OPEC-Staaten[7] wurden zu leichtfertig und oft ziellos in Entwicklungs- und Schwellenländer investiert. Dadurch stieg die Verschuldung unkontrolliert.

b) Internationale Banken (insbesondere aus den Vereinigten Staaten) haben zu lange eine zu grosszügige und wenig vorsichtige Kreditvergabepolitik betrieben.

c) Einzelne Entwicklungsländer und osteuropäische Länder investierten ausländisches Kapital in zweifelhafte Industrialisierungsprojekte, oder sie haben diese Kredite direkt konsumiert und nicht zum Aufbau ihrer Wirtschaftsstrukturen verwendet.

---

7 OPEC-Staaten heisst: Organization of the Petroleum Exporting Countries.

4. Eine Verschärfung der Probleme brachte der «Domino-Effekt».

Domino-Effekt heisst: Die Zahlungsunfähigkeit überträgt sich von Land zu Land. Deswegen werden aufgrund der Illiquidität eines Hauptschuldners auch Kapitalströme für die Nachbarländer unterbrochen oder sogar in Kreditrückzahlungsforderungen umschlagen.

Insgesamt ist die internationale Schuldenkrise darauf zurückzuführen, dass vor allem die Banken zu lange unbedacht Kredite gewährten und die internationalen Organisationen zu spät reagierten. Deshalb drängte sich ab Beginn der achtziger Jahre ein **internationales Krisenmanagement** auf, das sich in zwei unterschiedliche Phasen mit verschiedenen Strategien aufgliedern lässt.

In der **ersten Phase** (1982-1985) galt es, das internationale Finanzsystem vor einem Zusammenbruch zu bewahren. Dazu wurden zwei Strategien verwendet:

1. Der internationale Währungsfonds (IMF) (siehe S. 438) arbeitete mit einzelnen Schuldnerländern umfassende **Wirtschaftsreform- bzw. Strukturanpassungsprogramme** aus, die die Voraussetzungen für Schuldentilgungen und die Bereitschaft zu weiteren Kreditvergaben schufen. Dabei hat der IMF nur kleine Bereitschaftskredite gewährt (zu mehr ist er nicht in der Lage). Aber er schaffte bei den Gläubigern wieder Vertrauen und stellte sicher, dass nicht «gutes Geld schlechtem Geld nachgeworfen» wurde.

2. Es wurden **Umschuldungen** durchgeführt. Unter Umschuldungen werden Kreditverträge zwischen (einer Gruppe von) Gläubigern und einem Schuldner verstanden, bei denen Schuldentilgungen in die Zukunft verschoben werden (Schuldenerstreckung). Damit kann die Gefahr des finanziellen Zusammenbruchs eines Landes vermieden werden, weil der Schuldner seine knappen Devisen auf die Zahlung der fälligen Zinsen konzentrieren kann, und die Gläubiger ihre Forderungen nicht sofort als uneinbringbar abschreiben müssen.

Solche Verhandlungen finden im **Pariser Club** statt, der ohne Statuten aufgrund der Erfahrung nach einem standardisierten Verfahren arbeitet. Sein Sekretariat wird vom französischen Finanzministerium geführt.

In der **zweiten Phase** (1985–heute) versucht man den Schuldnerländern so beizustehen, dass sie zu einem tragfähigen Wachstum gelangen, um auf diesem Weg aus der Krise zu kommen.

3. Diesem Ziel soll die **Baker-Initiative**[8] dienen, die drei Absichten hatte: Stärkung des privaten Sektors der Volkswirtschaft, Bereitstellung ausländischer Kredite (durch die Weltbank [siehe S. 438] und die privaten Geschäftsbanken) sowie Verstärkung des Wachstums. Diese Initiative hatte nicht den gewünschten Erfolg, weil die privaten Geschäftsbanken nur mitwirken wollten, wenn die öffentliche Hand eine starke Beteiligung übernommen hätte.

4. Mehr Erfolg brachten **neuartige Finanzierungsmechanismen**, die bei den Schuldenverhandlungen mit den privaten Geschäftsbanken eingesetzt wurden. Die neuen Instrumente brachten den Banken mehr Optionen für ihre Beteiligung an Umschuldungen. Deshalb spricht man von «Menü» und vom «Menü-Ansatz». Mit diesen neuen Instrumenten konnten Sekundärmärkte für auf Entwicklungsländer lautende Forderungen aufgebaut werden, auf denen diese Forderungen unter Abschlägen für Risiken handelbar wurden. Heute gibt es verschiedene Formen solcher Finanzinstrumente, u. a. den Debt Equity-Swap und den Buy-Back.

Beim **Debt Equity-Swap** (siehe Abbildung 8.13) erfolgt ein Tausch einer diskontierten Aussenschuld gegen inländische Beteiligungen. Ein Investor in einem Industrieland erwirbt auf dem Markt eine Schuld des betroffenen Landes mit einem marktüblichen Preisabschlag. Diese erworbene Schuld tauscht der Investor gegen Inlandswährung im ursprünglichen Wert ein und erwirbt damit eine Inlandsbeteiligung.

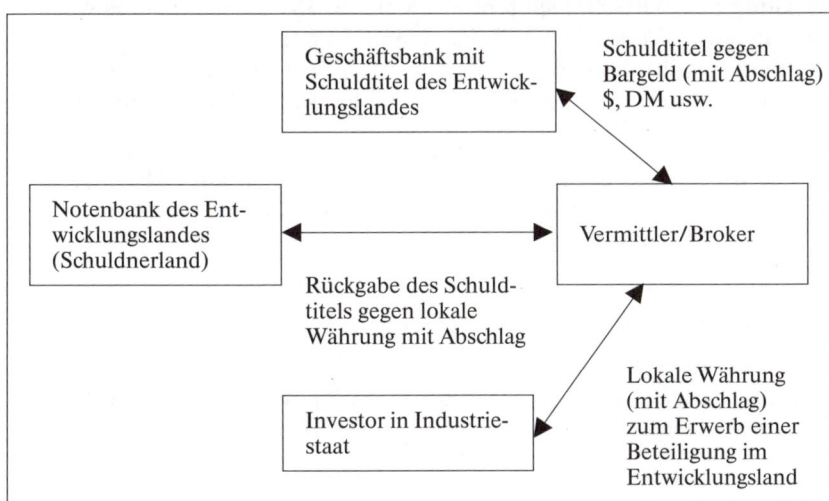

Abb. 8.13: Debt Equity-Swap

8 Ehemaliger amerikanischer Aussenminister.

Beim **Buy-Back** handelt es sich um einen Rückkauf der Schuld zum handelsüblichen Preisabschlag durch das Schuldnerland. Da das Schuldnerland meistens nicht über genügend Devisen verfügt, erfolgt der Rückkauf durch eine Hilfsorganisation.

Heute ist man im allgemeinen der Auffassung, dass ein genereller Schuldennachlass keine geeignete Stategie ist, weil dadurch die armen Länder nicht fähig werden, sich in den Wettbewerb der Weltwirtschaft einzuordnen. Hingegen sollten solchen Ländern, die Wirtschaftsreformen durchführen, vom IMF und von der Weltbank Mittel zum Rückkauf von alten Bankschulden und zur Absicherung von Swaps zur Verfügung gestellt werden.[9] Dies hätte allerdings zur Folge, dass die Steuerzahler der Länder, die dem IMF angehören, bereit wären, Steuern zur Lösung des Schuldenproblems aufzubringen. Besser ist es dafür zu sorgen, dass die armen Länder wieder kreditwürdig werden. Dazu bedürfen sie grosser innenpolitischer Stabilität sowie des Zugangs ihrer Produkte zum Weltmarkt (keine protektionistischen Massnahmen) – zwei Bedingungen, die kaum erfüllbar sind. Deshalb wird die Schuldenkrise auch in Zukunft ein zentrales und ohne grosse Solidarität kaum lösbares Problem bleiben.

3.2 Steht eine weltweite Kapitalknappheit bevor?

Der Einsatz von Sachkapital ist ein massgeblicher Faktor für die Entwicklung des Wirtschaftspotentials (siehe S. 83). Deshalb ist es wichtig, dass in einer Volkswirtschaft genügend Kapital für Investitionen zur Verfügung steht. Seit einiger Zeit werden nun Trends beobachtet, die zur Frage führen, ob es weltweit zu einer Kapitalknappheit kommen könnte:

- Die Investitionsquoten (Anteil der Investitionen am BIP) sind weltweit rückläufig, und das Wachstum des BIP hat bei gleichbleibender Investitionsquote sinkende Tendenz.

  Die Ursachen dafür sind:

  a) steigender Kapitalkoeffizient (siehe S. 82),

  b) rückläufige Neuinvestitionen,

  c) sinkende Grenzertragsfähigkeit des Kapitals, d. h. der zusätzliche Ertrag, den eine zusätzliche Einheit investiertes Kapital bringt, sinkt.

---

9 Dies beabsichtigte der Brady-Plan (amerikanischer Finanzminister) aus dem Jahre 1989.

- Die Sparquoten entwickeln sich weltweit rückläufig.

  Die Ursachen dafür sind:

  a) Der wachsende Anteil der älteren Generation, die konsumiert (insbesondere in der Alterspflege und im Gesundheitswesen), steigt.

  b) Das private Vorsorgesparen nimmt ab, weil das Sozialversicherungswesen besser ausgebaut wird. Zudem arbeiten die Sozialversicherungen immer mehr mit dem Umlageverfahren (siehe S. 185).

  c) Vielerorts wird die private Sparbildung steuerlich benachteiligt.

  d) In der heutigen Konsumgesellschaft steigt der Konsum, wobei ein steigender Anteil mit Konsumkrediten finanziert wird.

- Diese Trends führen zu einer zunehmenden Verschuldung der privaten Haushalte, der Unternehmungen und des Staates.

- Ein zunehmender Teil des Sparens wird dem Produktionsprozess zur Finanzierung von Finanztransaktionen ohne realen Hintergrund entzogen, weil mit neuen derivativen[10] Instrumenten gute Gewinnchancen (aber auch zunehmende Risiken) bestehen.

  Heute wird mit einem täglichen Umsatz an den internationalen Finanz- und Devisenmärkten von über 700 Milliarden Dollar gerechnet, was im Jahr mehr als das Dreissigfache des internationalen Güter- und Dienstleistungsverkehrs sowie des realwirtschaftlich gedeckten Kapitalverkehrs ausmacht.

- Zugleich ist für die Wirtschaft mit einem überdurchschnittlichen Investitions- und damit Kapitalbedarf zu rechnen.

  Dafür sind folgende Gründe ausschlaggebend:

  a) Das Bevölkerungswachstum in den Entwicklungs- und Schwellenländern erfordert Infrastrukturinvestitionen.

  b) Der Kapitalbedarf für den Wiederaufbau der ehemals kommunistischen Länder ist sehr gross.

  c) Auch in den Industrieländern steigt der Kapitalbedarf zur Befriedigung sozialer Bedürfnisse, zugunsten von Umweltschutzinvestitionen, infolge der Innovationsbestrebungen zum Bestehen in der internationalen Konkurrenz und nicht zuletzt angesichts des grossen Verschleisses infolge des technischen Fortschrittes (Computerindustrie, Flugzeuge, Haushaltsgeräte usw.).

---

10 Derivative Instrumente heisst: Variantenreiche Modifikation traditioneller Finanzdienstleistungen; oder: aufgrund eines Basiswertes (Aktie) abgeleitetes Wertrecht (Optionen).

Diese Entwicklungstendenzen belegen deutlich, dass mit einer weltweiten Kapitalknappheit zu rechnen ist. Die Folge davon werden langfristig hohe Kapitalzinsen sein, die investitionshemmend wirken und den sozialen Umbau unserer Gesellschaft hemmen. Betroffen werden in erster Linie und sofort Umweltinvestitionen (Unternehmer und Haushalte verzichten infolge der hohen Zinskosten auf weitere Investitionen zum Schutze der Umwelt), dann aber auch öffentliche Investitionen im Sozial- und Bildungsbereich sowie alle jene Investitionen, die zu keiner hohen Rentabilität führen. Damit wird die Entwicklungsdynamik von Wirtschaft und Gesellschaft wesentlich gebremst, ganz abgesehen von den negativen Auswirkungen auf die Beschäftigung.

Diese Entwicklung lässt sich nur durch ein verändertes Verhalten des Staates, der Unternehmungen und der Haushalte weltweit verändern, insbesondere durch

a) eine Reduktion der Ansprüche an den Staat und damit der Staatsausgaben (die Abrüstungsbemühungen tragen wesentlich dazu bei),

b) ein vernünftigeres Konsumverhalten (Verzicht auf wenig Sinnvolles, was immer auch das heissen mag),

c) konsequente Internalisierung der externen Kosten (siehe S. 88),

d) Erhöhung der Effizienz der produktiven Investitionen,

e) Förderung des privaten Sparens durch steuerliche Entlastungen.

Hier steht die Menschheit vor einer entscheidenden Frage: Entweder beschränkt sie sich selbst, oder sie führt die gesamte Wirtschaft in einen Zusammenbruch, der Beschränkungen ungewollt aufzwingt.

3.3 Aussenwirtschaftliche Beziehungen (Freihandel und Protektionismus)

3.3.1 Die komparativen Kosten

Ein freier Aussenhandel bringt allen Ländern Vorteile:

- **Vorteile für die Konsumenten:** Sie können weltweit vom billigsten Angebot Gebrauch machen.

- **Vorteile für die Produktivität einer Volkswirtschaft:** Ineffiziente Betriebe, Produktionsmethoden und -wege werden durch Importe verdrängt. Dadurch können Produktionsfaktoren leistungsfähigen Produktionszweigen zugeführt werden.

- **Vorteile der Massenproduktion** (Economics of Scale): Dank grösserer Märkte kann mehr produziert werden, wodurch die Kosten sinken.

– **Grösserer Wettbewerb im Inland:** Es kommt dank der Auslandskonkurrenz weniger zu inländischen Monopolen.

– **Vorteile für die innere Preisstabilität:** Niedrige Weltmarktpreise senken das Preisniveau im Inland. Lohnerhöhungen, die über dem Produktivitätsfortschritt liegen, können schlechter durchgesetzt werden, weil andernfalls die Konkurrenzfähigkeit des Inlandes verschlechtert wird.

– Über den Aussenhandel lassen sich auch kulturelle und politische Beziehungen verbessern; es kann sogar zu einer gewissen politischen Annäherung kommen.

Von Interesse ist nun aber die Frage, unter welchen Voraussetzungen ein freier Aussenhandel den Wohlstand am meisten vergrössert.

Ohne weiteres einzusehen ist, dass der Aussenhandel den Wohlstand zweier Länder am meisten erhöht, wenn sich jedes Land auf die Produktion jener Güter spezialisiert, die es mit dem absolut geringeren Einsatz von Produktionsfaktoren herstellen kann als das andere. Sind Aussenhandelsbeziehungen aber auch dann noch vorteilhaft, wenn ein Land **alle** Güter mit einem geringeren Einsatz an Produktionsfaktoren herstellen kann als das andere?

Auf diese Frage gibt die **Theorie der komparativen Kosten** eine Antwort:

Beispiel: Das Inland und das Ausland produzieren je das Gut A und B zu folgenden Bedingungen:

	Im Land zur Verfügung stehende Arbeitseinheiten	Benötigte Arbeitseinheiten zur Herstellung eines	
		Gutes A	Gutes B
Inland	1 000	4	8
Ausland	1 500	6	10

Das Inland ist dem Ausland gegenüber bei der Produktion beider Güter überlegen, weil es zu deren Herstellung weniger Produktionsfaktoren einsetzen muss. Bei der Produktion des Gutes A hat es einen Kostenvorteil von 50 %, bei Gut B von 25 %. Vergleichsweise (= komparativ) ist der Kostenvorteil des Inlandes bei Gut A grösser. Es hat also nicht nur einen absoluten, sondern auch einen komparativen Kostenvorteil. Das Ausland ist bei beiden Gütern absolut unterlegen. Es hat aber bei Produkt B einen komparativen Vorteil, weil dort der Kostennachteil gegenüber dem Inland relativ kleiner ist.

> Ein komparativer Kostenvorteil ist dort gegeben, wo der absolute Kostenvorteil relativ am grössten bzw. der absolute Kostennachteil relativ am geringsten ist.

Wenn sich nun jedes Land auf die Produktion jener Güter spezialisiert, bei denen es einen komparativen Kostenvorteil hat, so steigt die Gesamtproduktion.

Beispiel: Dies wird deutlich, wenn zwei Situationen mit den Möglichkeiten des oben wiedergegebenen Beispiels verglichen werden:

	Beide Länder nützen komparativen Kostenvorteil		Beide Länder nützen komparativen Kostenvorteil nicht	
	Produzierte Menge		Produzierte Menge	
	Gut A	Gut B	Gut A	Gut B
Inland	250	0	0	125
Ausland	0	150	250	0
Weltproduktion	250	150	250	125

In der Situation, in der beide Länder den komparativen Kostenvorteil nützen, ist die Weltproduktion insgesamt höher.

Die Theorie der komparativen Kosten vermag also die Vorteile der internationalen Arbeitsteilung zu belegen. Sie besagt in allgemeiner Form:

> Spezialisiert sich jedes Land auf die Produktion des Gutes, bei dem es einen komparativen Kostenvorteil hat, dann steigt bei unverändertem Einsatz der Produktionsverfahren die Gesamtproduktion.

3.3.2 Organisation für wirtschaftliche Zusammenarbeit und Entwicklung (OECD)

Englisch: Organization for Economic Cooperation and Development. Sitz in Paris; bestehend aus 24 Ländern. Die Schweiz ist Mitglied. Gegründet: 1960

Nach dem Zweiten Weltkrieg fehlte es in Europa an Rohstoffen und Devisen für den Wiederaufbau. 1947 boten die Vereinigten Staaten Europa finanzielle Hilfe an unter der Bedingung, dass die europäischen Länder mittels einer Organisation ihre Wirtschaft entwickeln. Dies war Anlass zur Gründung der OEEC (Organization for European Economic Cooperation). Sie besorgte vor allem die Verteilung der amerikanischen Wirtschaftshilfe für Europa, bekannt als **Marshall-Plan**. Ziele der OEEC waren: Steigerung der Produktion, Liberalisierung und Ausweitung des internationalen Handels (Abbau der Handelsschranken), Rückkehr zur Konvertibilität der Währungen, Streben nach Vollbeschäftigung.

1960 waren diese Ziele erreicht, so dass die OEEC ihre Statuten ändern konnte. Es entstand die Nachfolgeorganisation, die OECD, die folgende Ziele verfolgt:

- optimales wirtschaftliches Wachstum und Beschäftigungsniveau sowie steigender Lebensstandard in den Mitgliedstaaten unter Wahrung ihrer finanziellen Stabilität;

- gesundes Wirtschaftswachstum in den in Entwicklung befindlichen Staaten (Mitglieder- und Nichtmitgliederländer);

- Ausweitung des Welthandels.

Die multilaterale Wirtschaftszusammenarbeit orientiert sich weniger am Abschluss formaler Verträge, obschon die OECD auch auf diesem Gebiet einiges geleistet hat. Sie arbeitet stärker mittels des Dialoges und des ständigen Meinungsaustausches auf allen Ebenen der Regierungsvertreter und umfasst das ganze Spektrum wirtschafts-, wissenschafts- und sozialpolitischer Tätigkeiten des Staates. Zudem hat die OECD Einfluss auf die Arbeit und Entscheidung anderer Institutionen (z. B. bei der Vorbereitung der wirtschaftspolitischen Arbeiten des Weltwirtschaftsgipfels [G 7][11], in der UNCTAD, im IMF und im GATT).

Vor allem zu Beginn der siebziger Jahre hat die OECD eine beachtliche Handlungsfähigkeit bewiesen. 1970 wurde ein Umweltschutzkomitee geschaffen, das zusammen mit Forschungsarbeiten im Bereich der Sozialindikatoren ein qualitatives Wachstum seiner Mitgliedländer unterstützt.

1974 wurde im Rahmen der OECD die **Internationale Energie-Agentur** (IEA) geschaffen; sie soll eine bessere Markttransparenz auf dem Energiesektor schaffen, den Dialog mit der OPEC (Organisation of the Petroleum Exporting Countries) fördern und im Falle einer Verknappung des Erdölangebotes eine gleichmässige Verteilung durch einheitliche Verbrauchseinschränkungen sicherstellen.

---

11 Dem Weltwirtschaftsgipfel (G 7) gehören an: Bundesrepublik Deutschland, Frankreich, Grossbritannien, Italien, Japan, Kanada, Vereinigte Staaten (Konferenz der Staats- und Regierungschefs der wichtigsten westlichen Industrieländer).

1975 gelang es, ein «Übereinkommen über den Fonds für finanziellen Beistand» zu schaffen, mit welchem OECD-Staaten bei Zahlungsbilanzschwierigkeiten infolge der Erdölverteuerung Kredithilfen zugesprochen werden.

Von grosser Bedeutung ist schliesslich die Tätigkeit des **Entwicklungshilfeausschusses** (DAC). Er regt Entwicklungsprojekte an und versucht die Entwicklungshilfe der Mitgliedstaaten zu koordinieren. Finanzhilfe gewährt er aber keine.

Die OECD ist die bedeutendste Organisation der westlichen Industrieländer (60 % Anteil an der Weltindustrieproduktion und 73 % Anteil am Welthandel). Sie leistet insgesamt 80 % der weltweiten Entwicklungshilfe.

3.3.3 Das allgemeine Abkommen über Zölle und Handel (GATT)

Englisch: General Agreement on Tariffs and Trade
Sitz in Genf; 103 Mitgliedstaaten (weitere 14 Staaten wenden die GATT-Regeln an). Die Schweiz ist Mitglied.

Die generellen Ziele des GATT sind: Hebung des Lebensstandards, Erhöhung von Beschäftigung und Realeinkommen sowie Versorgung mit Ressourcen durch einen möglichst freien Welthandel.

Es enthält folgende Ordnungsprinzipien:

- *Primat nationaler Wirtschaftspolitik*

  Jede Regierung der Mitgliedländer ist in der Formulierung der Ziele und in der Ausgestaltung ihrer Wirtschaftspolitik frei. Der Schutz einzelner Wirtschaftszweige mit staatlichen Interventionen ist daher mit den Regeln des GATT grundsätzlich vereinbar. Die Regierungen verpflichten sich, in der Gestaltung ihrer Aussenhandelspolitik bestimmte Bedingungen und Abmachungen (Restriktionen) einzuhalten.

- *Meistbegünstigungsklausel*

  Alle Mitglieder sind verpflichtet, Handelszugeständnisse (Vergünstigungen, Vorrechte, Befreiungen und andere Vorteile), die sie einem Land (auch Nichtmitglieder) gewähren, unverzüglich und bedingungslos jedem Mitgliedland zu gewähren. Von dieser Regel ausgenommen sind Handelszugeständnisse innerhalb einer Zollunion oder einer Freihandelszone.

  Abweichend von der Meistbegünstigungsklausel wurden für die Entwicklungsländer 1966 besondere Regelungen getroffen: Die Industrieländer sollen ihre Märkte durch weitgehenden Zollabbau für die Einfuhren aus den Entwicklungsländern öffnen. Dadurch sollen die wirtschaftlichen Diversifizierungen dieser Länder gefördert und die Weltmärkte stabilisiert werden.

● *Verbot mengenmässiger Beschränkungen*

Mengenmässige Importbeschränkungen zur Gewährleistung einer gesicherten Landesversorgung mit lebensnotwendigen Gütern sowie zur Erhaltung einer leistungsfähigen Landwirtschaft bilden eine wichtige Ausnahme. Daher blieb das Problem der Landwirtschaft bis vor kurzer Zeit meist von den Verhandlungen ausgeklammert.

● *Zollbindung*

Die Zollzugeständnisse aus Beitrittsverhandlungen und Handelsrunden werden zu Listen zusammengefügt, welche nicht überschritten werden dürfen. Diese Zollbindung umfasst je nach Land eine unterschiedliche Anzahl und Art von Gütern.

Das GATT war in Zollsenkungen sehr erfolgreich: In verschiedenen GATT-Runden konnten die Zölle im Durchschnitt um 38 % gesenkt werden, wobei vor allem bei Industrieprodukten wesentliche Erfolge erreicht wurden. Für bestimmte Produkte, wie z. B. der Textil- und der Elektronikbranche bestehen aber nach wie vor hohe Sätze. Heute beträgt die Zollbelastung je nach Güter- und Herkunftsstruktur drei bis fünf Prozent. Geringe Erfolge sind vor allem in der Landwirtschaft, im Dienstleistungssektor, bei der Bekleidung und bei den Textilien zu verzeichnen. Diese Problemfelder (z. B. Reduktion der Subventionen in der Landwirtschaft) sind Teil der Verhandlungen der Uruguay Runde von 1986–1993.

● *Beseitigung nichttarifärer Handelshemmnisse*

Das Verbot mengenmässiger Beschränkungen und der Zollbindung schränken direkte Grenzkontrollmassnahmen stark ein. Die Mitgliedstaaten wichen daher häufiger auf indirekt wirkende Hindernisse aus: Preiszuschläge auf Importprodukten, Subventionen, technische Schutzvorschriften, Dumpingpreise, Komplizierung der Ein- und Ausfuhrformalitäten u. a. m. Bedeutend im Abbau nichttarifärer Handelshemmnisse war die Tokio-Runde von 1973–1979 (Abbau der Hemmnisse über technische Vorschriften, Liberalisierung des öffentlichen Beschaffungswesens, Vereinfachung der Lizenzerteilung für Importe und Exporte). Die Verhandlungen über deren Beschränkung sind äusserst schwierig, da diese schnell wandelbar und sehr vielfältig sind.

Das GATT ist für die Schweiz als kleines, aber mit der Weltwirtschaft stark verflochtenes Land ein sehr bedeutsames Abkommen, weil es die besten Voraussetzungen für den freien Welthandel schafft.

3.3.4 Der Protektionismus

Eine Aussenhandelspolitik, die auf den Schutz der inländischen Wirtschaft gegen ausländische Konkurrenz ausgerichtet ist, wird als **Protektionismus** bezeichnet.

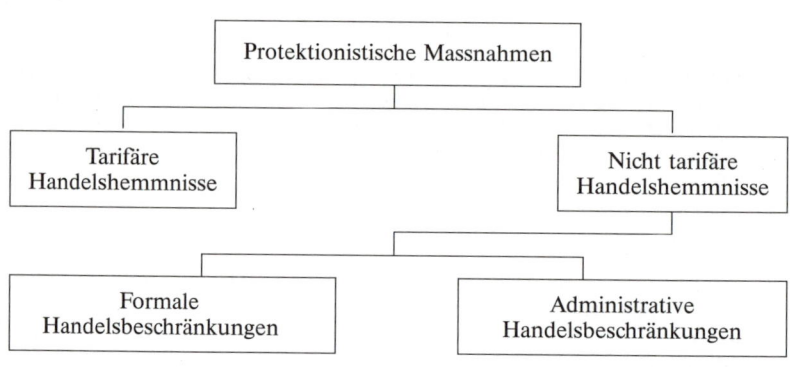

1. **Nicht tarifäre Import-belastungen**

   (z. B. Grenzzuschläge, Ver-brauchssteuern, Sonder- und Zusatzsteuern, Gebühren aller Art)

2. **Mengenrestriktionen und Handelsbeschränkungen**

   (z. B. Lizenzvorschriften, Kon-tingente, Embargo, Ursprungs-regeln, Devisenkontrollen)

3. **Diskriminierende Frachtansätze**

   (z. B. hohe Frachten)

4. **Beteiligung des Staates am Handel**

   (z. B. Subventionen, Staats-handel, Steuererleichterungen an Inländer, importerschwe-rende Gesetze)

5. **Technische Normen, Standards und Verbraucherschutzbestim-mungen**

   (z. B. Gesundheits- und Sicher-heitsbestimmungen, Produkt-gestaltungsvorschriften, Indu-strienormen, Verpackungsvor-schriften)

6. **Zollabfertigung und andere administrative Beschränkungen**

   (z. B. Formalitäten, Zollbe-rechnungsgrundlagen, Ein-fuhrvorschriften)

Abb. 8.14: Instrumentarium des Protektionismus

Der Protektionismus gewinnt in Zeiten rückläufiger Konjunktur immer wieder an Bedeutung, obschon er sich für die Gesamtproduktion der Welt-wirtschaft negativ auswirkt. Ursachen des Protektionismus sind:

- Passive Zahlungsbilanz von längerer Dauer;

- Schutz der inländischen Industrie vor billigen ausländischen Waren (weil z. B. die Löhne im Ausland billiger sind);

- Schutz einheimischer Industriezweige bei weltweiter Überproduktion;
- Sicherstellung der Vollbeschäftigung im Inland.

Das **Instrumentarium** des Protektionismus ist sehr vielgestaltig. Abbildung 8.14 gibt eine grobe Übersicht über protektionistische Massnahmen. Alle Bestrebungen der internationalen Wirtschaftspolitik versuchen, protektionistische Massnahmen zu verhindern.

4. Die wirtschaftliche Integration

4.1 Begriffe und Beurteilung

> Unter Integration versteht man den Zusammenschluss verschiedener Staaten zur Erreichung eines gemeinsamen Zieles.

Man unterscheidet zwischen **militärischer** (NATO), **wirtschaftlicher** (EG, EFTA, EWR) und **politischer** (Fernziel der EG [heute EU]) Integration.

Abb. 8.15 zeigt die **Stufen** der wirtschaftlichen Integration:

Harmonisierung der Wirtschafts- und Währungspolitik			Wirtschafts- union
Mobilität der Produktionsfaktoren		Gemeinsamer Markt	
Gemeinsame Aussenzölle	Zoll- union		
Abbau der Binnenzölle	Freihan- delszone		

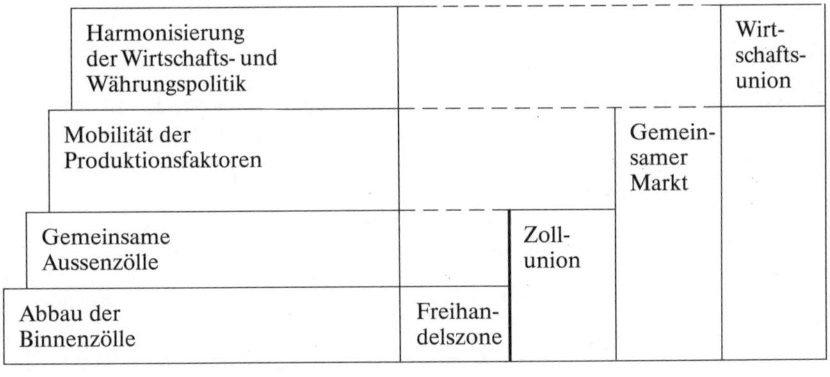

Abb. 8.15: Stufen der wirtschaftlichen Integration

Eine wirtschaftliche Integration bringt folgende Vorteile und Nachteile:

Vorteile:

1. Durch den Zollabbau sollten sich die importierten Waren um die Höhe des bisherigen Zolles verbilligen. Da aber der Staat die wegfallenden

Zolleinnahmen durch erhöhte inländische Abgaben auf Waren wettmacht (Warenumsatzsteuer, Mehrwertsteuer), ist von dieser Seite her keine Preisermässigung zu erwarten (fiskalischer Aspekt).

2. Entscheidend für Preissenkungen ist der güterwirtschaftliche Aspekt. Wenn die Zollschranken fallen, ergeben sich grössere Exportmöglichkeiten. Dadurch vergrössert sich die Absatzmenge, was eine **Senkung der Stückkosten** zur Folge hat.

3. Dieser grössere Absatz ermöglicht zusätzliche Rationalisierungsmassnahmen (Automation). Zudem führen die billigeren Importe im Inland zu einer verschärften Konkurrenz, so dass sich die Rationalisierungsmassnahmen im Inland im Interesse der Kostensenkung geradezu aufdrängen. Auf längere Sicht führen alle Rationalisierungsmassnahmen zu Kostensenkungen.

4. Weil die Zölle wegfallen und die Steuern angeglichen werden, kann der Produktionsstandort unabhängig von Zollgrenzen und steuerlichen Überlegungen am günstigsten Ort (Rohstoffe, Energiequellen, Arbeiterreserven usw.) gewählt werden, was letztlich auch zu tieferen Produktionskosten führt.

Nachteile:

1. Jeder Integrationsprozess bringt **Anpassungsschmerzen**. Branchen und Industriezweige, die durch Schutzzölle und Kontingente geschützt sind, erliegen entweder der Auslandkonkurrenz oder werden zu tiefgreifenden Produktionsumstellungen gezwungen.

   Allerdings sind diese Umstellungsnöte einmalig und vorübergehend, so dass diese Nachteile einzelner Gruppen und Unternehmungen nach einiger Zeit überwunden sind. Zudem werden die Nachteile einzelner durch die Vorteile vieler wettgemacht.

2. Die verschärfte Konkurrenz führt zum Ausfall aller unrationell arbeitenden Unternehmungen.

3. Die **Windschattenkartelle** fallen weg. (Zu Windschattenkartellen schliessen sich Unternehmungen einer Branche, die durch Schutzzölle und Kontingente geschützt sind, kartellmässig zusammen, um die gegenseitige Konkurrenz auf dem Inlandmarkt auszuschalten.)

4. Der Interventionismus und die Verbandswirtschaft verlieren an Bedeutung.

Zu diesen **unechten** Nachteilen (sie betreffen immer nur einzelne, unter der bisherigen Ordnung bevorzugte Gruppen) kommen folgende **echte Nachteile** hinzu:

1. Der verschärfte Konkurrenzkampf fördert die **Tendenz zur Grösse**. Im Produktionsbereich sind vielfach nur Grossbetriebe in der Lage, tiefgreifende Rationalisierungsmassnahmen durchzuführen, womit nur sie wirklich konkurrenzfähig bleiben. Im Warenhandel gewinnt die Massenabsatzorganisation an Bedeutung, weil nur sie günstig einkaufen und dank einer ausgefeilten Werbung grosse Mengen absetzen kann. Allgemein wird also der Kleinbetrieb gefährdet, und zwar sowohl in der Produktion als auch im Absatz.

2. Zwar könnte der Kleinbetrieb als Zulieferbetrieb für grosse Unternehmungen eine neue Aufgabe erhalten. Auf lange Sicht werden aber nur Kleinbetriebe in der Umgebung von Industriegebieten als Zulieferbetriebe konkurrenzfähig bleiben. Abgelegene Kleinbetriebe sind in ihrem Bestand gefährdet (Transportkosten!). Kleinbetriebe, welche Nischenprodukte herstellen, haben gute Überlebenschancen.

3. Die Integration schafft einen grossen Wirtschaftsraum. Sobald aber eine gewisse Grösse – die als «kritische soziale Grösse» bezeichnet wird – erreicht ist, beginnen sich organisatorische Unzulänglichkeiten auszuwirken, die viele Interventionen nach sich ziehen. Nicht umsonst sprechen EG-Kreise von einer «ständigen Präsenz des Staates» und von einem «täglichen Handeln in zahllosen Akten». Damit tritt an die Stelle von marktwirtschaftlichen Mechanismen ein «Aktionsmechanismus», der nichts anderes als eine obrigkeitliche Lenkung (Planung) bedeutet. Dadurch werden Privatinitiative und Föderalismus immer bis zu einem gewissen Grad beeinträchtigt.

4.2 Kurzer Überblick über die europäischen Integrationsbestrebungen

Die Entwicklung der europäischen Einigungsbestrebungen lässt sich wie folgt nachzeichnen:

1951:   Gründung der Sechsergemeinschaft (Montanunion): Verwirklichung eines gemeinsamen Marktes für Kohle und Stahl und ein erster Schritt zur Verwirklichung eines vereinigten europäischen Raumes.

1958:   Gründung der Euratom: Friedliche Nutzung der Atomenergie und Förderung der Forschung; Entwicklung einer leistungsfähigen Kernenergie-Industrie und Aufstellung einheitlicher Sicherheitsnormen.

1958: Inkrafttreten der «Römer Verträge» zur Gründung der Europäischen Wirtschaftsgemeinschaft (EWG).

Gründerstaaten: Bundesrepublik Deutschland, Frankreich, Italien, Belgien, Niederlande, Luxemburg.

Assoziation[12] von 18 afrikanischen Staaten mit dem Ziel, die wirtschaftliche Entwicklung dieser Länder zu fördern und enge Wirtschaftsbeziehungen zwischen diesen Ländern und der EWG herzustellen.

1958: Das Projekt einer grossen europäischen Freihandelsassoziation scheiterte, weil die EWG-Länder weitergehende Harmonisierungswünsche hatten als die übrigen OEEC-Staaten (Vorgängerorganisation der OECD).

1960: Inkrafttreten der Europäischen Freihandelsassoziation (EFTA).

Gründungsmitglieder: Grossbritannien, Schweden, Norwegen, Dänemark, Portugal, Österreich, Schweiz.

1961/62: Dillon-Runde im GATT: Abbau der Zolldifferenzen zwischen den einzelnen Ländern und Ländergruppen.

1961/62: Krise in der EG, weil auf Betreiben Frankreichs die Beitrittsgesuche der EFTA-Staaten Dänemark, Grossbritannien und Norwegen abgelehnt wurden.
Scheitern des Bestrebens Frankreichs, die EG in eine politische Union umzuwandeln.

1964/67: Kennedy-Runde im GATT: Weiterer Abbau der Zölle.

1965: Institutionelle Krise der EG, weil Frankreich nicht mehr bereit war, die im EWG-Vertrag vorgesehenen Mehrheitsentscheide zu akzeptieren.

1967: Erneutes Gesuch Dänemarks, Grossbritanniens, Irlands und Norwegens für einen EG-Beitritt.

1969: Nach dem Präsidentenwechsel in Frankreich (von de Gaulle zu Pompidou): Bereitschaft der EG, mit beitrittswilligen Ländern Verhandlungen aufzunehmen.

---

12 Assoziation heisst: Freie Verbindung, Zusammenschluss, Anschluss in freier Form.

1973:   Erste Erweiterung der EG um Dänemark, Grossbritannien und Irland.

1973:   Ende 1971 bot die EG den EFTA-Ländern ein auf Industrieprodukte beschränktes Freihandelsarrangement an, lehnte aber jede weitergehende Regelung ab, was gut in die schweizerischen Integrationsvorstellungen passte. Die Verhandlungen führten zum Freihandelsabkommen der EFTA-Länder mit der EG, das auf 1973 in Kraft trat.

1981:   Zweite Erweiterung der EG um Griechenland.

1985:   Veröffentlichung des Weissbuches zur Vollendung des EG-Binnenmarktes der EG-Kommission.

> Das **Weissbuch** ist ein Programm mit rund 300 Einzelmassnahmen zur Vollendung des Binnenmarktes, die drei Bereiche betreffen: Steuern und staatliche Vorschriften; Auflagen, die die Güterherstellung und Dienstleistungen betreffen; Verbrecherbekämpfung und Vorgehen gegenüber Asylsuchenden.

In einem **Binnenmarkt** können Personen beliebig reisen, wohnen und arbeiten. Arbeitskräfte, Unternehmer und Unternehmungen können sich überall unter gleichen Bedingungen niederlassen, und Güter sowie Kapital können ohne Beschränkungen gehandelt werden.

1986:   Veröffentlichung der **Einheitlichen Europäischen Akte** (EEA).

> Die Einheitliche Europäische Akte ist das erste grosse Revisionswerk der EG-Verträge. Diese Revision verfolgt zwei Ziele: Die rechtliche Absicherung des Binnenmarktkonzeptes und die Förderung der Europäischen Politischen Union.

1986:   Dritte Erweiterung der EG um Portugal und Spanien mit Übergangsfristen von sieben bis zehn Jahren.

1987:   Aufnahme der Türkei (mit Sonderregeln) in die EG und Ablehnung der Aufnahme für Marokko (weil es kein europäisches Land ist).

1989:   Nach den Versuchen 1987 und 1988, die Zusammenarbeit zwischen EG und EFTA zu verstärken, kam es 1989 seitens des Präsidenten der EG-Kommission, Jacques Delors, zu Vorschlägen für eine neue Form der Assoziierung zwischen der EG und der EFTA mit gemeinsamen Entscheidungs- und Verwaltungsorganen.

> Die Verhandlungen gerieten bald ins Stocken, weil die EG von der Idee der Partnerschaft in gemeinsamen Entscheidungs- und Verwaltungsorganen

abrückte und verlangte, dass die EFTA-Staaten nur mit «einer» Stimme sprechen, und die EFTA-Staaten Probleme mit Fischereirechten, dem Alpentransit sowie mit einem EFTA-Ausgleichsfonds zugunsten der ärmeren EG-Länder hatten.

1991: Diese Probleme konnten durch Kompromisse gelöst werden, so dass das Abkommen über den **Europäischen Wirtschaftsraum** (EWR-Vertrag) 1992 abgeschlossen werden konnte. Gleichzeitig stellte die Schweiz ein Gesuch für Beitrittsverhandlungen.

Die EG war ihrerseits bestrebt, ihre Gemeinschaft zu stärken. Die Verhandlungen führten schliesslich zum «**Vertrag über die Europäische Union**» (Vertragswerk von Maastricht).

Zu dieser Vereinbarung von Maastricht kam es aus verschiedenen Gründen: (1) Einsicht, dass zu einem einheitlichen Wirtschaftsraum auch eine Wirtschafts- und Währungsunion gehört. (2) Da eine solche Union politische Qualität hat, ist sie durch eine politische Union zu ergänzen. (3) Der Zusammenbruch der kommunistischen Staaten stellt für Westeuropa eine Herausforderung dar, die nur gemeinsam zu bewältigen ist. (4) Die Wiedervereinigung Deutschlands ruft schlechte Erinnerungen wach. Deshalb muss das vereinigte Deutschland in Europa politisch integriert und verankert werden.

1992: Das Vertragswerk von Maastricht wurde unterzeichnet. Die Schweizer Stimmbürgerinnen und Stimmbürger lehnen den Beitritt zum EWR ab.

1993: Der Europäische Binnenmarkt wird für die 12 Mitgliedstaaten der EU Wirklichkeit. Grenzformalitäten für Waren, Dienstleistungen und Kapital fallen weg. Am 1. November tritt der Maastrichter Vertrag in Kraft.

1995: Beitritt Österreichs, Finnlands und Schwedens zur EU. Das Übereinkommen von Schengen tritt in Kraft; Pass- und Grenzkontrollen fallen im Binnenverkehr der EU weg.

4.3 Die Europäische Gemeinschaft (EG)

Der Begriff Europäische Gemeinschaft (EG) umfasst drei Vertragswerke: die 1952 geschaffene Europäische Gemeinschaft für Kohle und Stahl (Montanunion) sowie die 1958 entstandene Europäische Wirtschaftsgemeinschaft (EWG) und die Europäische Atomgesellschaft (Euratom). Die EWG ist ein Vertragswerk mit 248 Artikeln und vielen Zusatzprotokollen, abgeschlossen in Rom, in Kraft seit dem 1. Januar 1958.

4.3.1 Inhalt des EWG-Vertrages (Endzustand gemäss Art. 3 des Vertrages) sowie bisher Erreichtes

1. Abschaffung der Zölle und Kontingente zwischen den Mitgliedstaaten.

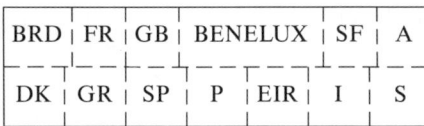

BRD	FR	GB	BENELUX	SF	A
DK	GR	SP	P	EIR	I	S

2. Einführung eines gemeinsamen Aussenzolltarifs gegenüber Drittländern. Dieses Ziel wurde 1968 erreicht. Diese beiden Vertragspunkte machen die EWG zu einer **Zollunion**.

> Eine Zollunion ist gekennzeichnet durch einen gemeinsamen Aussenzolltarif aller Mitgliedländer gegenüber Drittländern sowie einen allgemeinen Zollabbau unter den Mitgliedländern.

3. Beseitigung der Hindernisse für den freien Personen-, Dienstleistungs- und Kapitalverkehr.

Dieses Ziel ist mit dem EG-Binnenmarkt am 1. Januar 1993 erreicht worden.

Der EG-Binnenmarkt ist durch die **vier Grundfreiheiten** charakterisiert:

a) Waren:
- Totalabbau aller Zölle und handelsbeschränkenden Massnahmen.
- Gegenseitige Anerkennung der gleichwertigen nationalen Vorschriften innerhalb der EG zur Erleichterung des freien Warenverkehrs.
- Harmonisierung der wichtigsten Sicherheits- und Schutzvorschriften.
- Marktöffnung beim öffentlichen Beschaffungswesen.

b) Dienstleistungen:
- Liberalisierung aller Dienstleistungen (traditionelle wie Banken und Versicherungen, sowie neue wie Telekommunikation, audiovisuelle Medien und Informatik).

c) Personen:
- Abschaffung aller Grenzkontrollen an den Binnengrenzen, aber verstärkte Grenzkontrollen an den Aussengrenzen.
- Angleichung der Sozialversicherungssysteme.
- Niederlassungsfreiheit.
- Freizügigkeit für freie Berufe.
- Gegenseitige Anerkennung von Studien- und Berufsausweisen.

d) Kapital:
- Völlige Freiheit des Kapitalverkehrs (mit Ausnahmeregelung für Spanien, Portugal, Irland, Griechenland).
- Schaffung eines einheitlichen Marktes für alle Finanzdienstleistungen mittels eines umfangreichen Gemeinschaftsrechts.

4. Einführung einer gemeinsamen Agrarpolitik und eines gemeinsamen Agrarmarktes.

Ziele der agrarpolitischen Massnahmen sind:

- Steigerung der landwirtschaftlichen Ergiebigkeit,
- Stabilisierung der Agrarmärkte.
- Sicherstellung der Versorgung,
- angemessene Preise für die Verbraucher,
- Absicherung des Lebensstandards der Landwirte.

Auch in der EG wird für landwirtschaftliche Produkte ein Richtpreis errechnet, den die Landwirte erhalten. Staatliche Stellen garantieren den Absatz landwirtschaftlicher Produkte und nehmen alle zum festen Richtpreis ab. Dieser Richtpreis orientiert sich an den Weltmarktpreisen: Liegt dieser unter dem des europäischen Agrarmarktes, so subventioniert die EG die eigenen Produkte, damit sie auf dem Weltmarkt verkauft werden können. Werden Produkte vom Weltmarkt in die EG eingeführt, so dürfen sie einen bestimmten Preis nicht unterschreiten (Schwellenpreis).

Diese Preisregeln führen zu ähnlichen agrarpolitischen Problemen wie in der Schweiz (Überschüsse, hohe Kosten für die EG). Dazu kommen die Meinungsverschiedenheiten zwischen den Staaten: Deutschland will im Interesse seiner Landwirte hohe Preise, während Länder mit grossen landwirtschaftlichen Produktionskapazitäten tiefe Preise wünschen.

5. Einführung einer gemeinsamen Politik auf dem Gebiet des Verkehrs.

Die gemeinsame Verkehrspolitik konnte erst in Ansätzen verwirklicht werden (Liberalisierung im grenzüberschreitenden Strassen- und Güterverkehr, Margentarife zur besseren Orientierung über die Wettbewerbsbedingungen im Güterverkehr).

6. Errichtung eines Systems, das den Wettbewerb innerhalb der Gemeinschaft vor Verfälschungen schützt.

Bisher beschränkte sich die aktive Wettbewerbspolitik fast ausschliesslich auf das Verbot wettbewerbsverfälschender Abmachungen.

7. Anwendung von Verfahren, welche die Koordination der Wirtschaftspolitik der Mitgliedstaaten und die Behebung von Störungen im Gleichgewicht ihrer Zahlungsbilanzen ermöglichen.

8. Angleichung der innerstaatlichen Rechtsvorschriften, soweit dies für das ordnungsmässige Funktionieren des Gemeinsamen Marktes erforderlich ist. Diese sechs Vertragspunkte machen die EWG zu einer **Wirtschaftsunion**.

9. Schaffung eines europäischen Sozialfonds, um die Beschäftigungsmöglichkeiten der Arbeitnehmer zu verbessern und zur Hebung ihrer Lebenshaltung beizutragen.

Der Sozialfonds übernimmt Kosten für durch die Integration notwendig werdende Berufsumschulungen sowie Kosten für die Anpassung von Unternehmungen an die neuen Verhältnisse.

10. Errichtung einer europäischen Investitionsbank, um durch Erschliessung neuer Hilfsquellen die wirtschaftliche Ausweitung in der Gemeinschaft zu erleichtern.

Darlehen zur Finanzierung folgender Vorhaben im EWG-Raum: Erschliessung weniger entwickelter Gebiete, Modernisierung oder Umstellung von Unternehmen, Schaffung neuer Arbeitsmöglichkeiten.

11. Assoziierung der überseeischen Länder und Hoheitsgebiete, um den Handelsverkehr zu steigern und die wirtschaftliche und soziale Entwicklung durch gemeinsame Bemühungen zu fördern.

4.3.2 Die Organe der EG

Die EG ist eine supranationale Gemeinschaft. Ihre Organe besitzen die Befugnisse einer Zentralregierung und sind nicht direkt an die Weisungen nationaler Regierungen gebunden. Ihre Beschlüsse sind für alle Mitgliedstaaten verpflichtend. Abbildung 8.16 zeigt die Organisation.

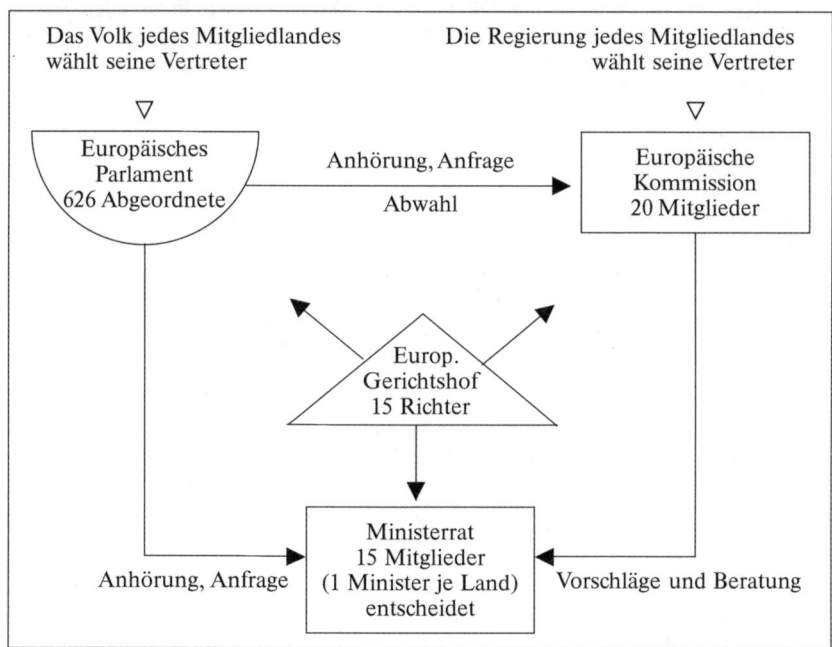

Abb. 8.16: Organisation der EG

1. Das Europäische Parlament

Die Mitwirkungsrechte des Europäischen Parlamentes sind im Vergleich zu den nationalen Parlamenten relativ gering. Sie beschränken sich auf

a) das Budgetrecht (letzte Instanz),

b) die Kontrollrechte: es kann mit einem Misstrauensantrag mit Zwei-Drittels-Mehrheit den Rücktritt der Kommission erzwingen; es hat aber kein Mitspracherecht bei der Wahl der neuen Kommission,

c) den Einfluss auf die Gesetzgebung: es prüft und beurteilt die Vorschläge der Kommission vor der Entscheidung des Ministerrates. Die Entscheidung liegt aber beim Ministerrat. Tatsächliche Entscheidungsgewalt hat es in der Aussenpolitik (Beitritt und Assoziation neuer Mitgliederländer, Abschluss internationaler Abkommen).

2. Der Ministerrat

Der Rat besteht aus je einem Mitglied der Regierung jedes Mitgliedlandes und bildet die Legislative der EG. Er stimmt die Wirtschaftspolitik der Mitgliedstaaten aufeinander ab und trifft alle bindenden Entscheidungen (u. a. Verordnungen, die in den Mitgliedstaaten unmittelbar geltendes Recht sind) endgültig.

Die Beschlüsse werden meist einstimmig, gelegentlich aber auch mit einfacher oder qualifizierter Mehrheit gefasst. 1965/66 hat Frankreich de facto in fast allen Fragen ein «Vetorecht» für jedes Mitglied erzwungen, so dass die vorgesehene Regel, EG-Probleme weitgehend durch Mehrheitsentscheidungen zu lösen, nicht durchgesetzt werden kann.

3. Die Kommission

Sie besteht aus 17 Mitgliedern. Ihre Aufgabe besteht darin, Gemeinschaftspolitiken auszuführen und Initiativen zur Weiterentwicklung der Gemeinschaftspolitiken einzubringen. Als «Hüterin der Verträge» hat sie über die Einhaltung und richtige Anwendung der Verträge zu wachen. Sie vertritt die EG in internationalen Organisationen, und sie ist verantwortlich für die Durchführung und Verwaltung der EG-Vorschriften.

4. Der Gerichtshof

Er besteht aus 13 Mitgliedern, die über Auslegung und Anwendung der Verträge entscheiden. Die Entscheidungen gelten in der ganzen EG, sie haben in vielen Bereichen (Wettbewerbsrecht, Freizügigkeit, soziale Sicherung von Gastarbeitern) grosse Bedeutung.

5. Ausschüsse

Sie sind keine Organe der EG, sondern sie haben nur beratende Funktion: z. B. der Wirtschafts- und Sozialausschuss mit 189 Vertretern, der Währungsausschuss, der Sonderausschuss Landwirtschaft.

4.3.3 Vertrag über die Europäische Union (Maastrichter Vertragswerk)

Das Maastrichter Vertragswerk umfasst den Vertrag über die Europäische Union sowie 48 Erklärungen und Protokolle mit Vertragsinterpretationen, Sonderregelungen und politischen Absichtserklärungen. Es führt den Weg der stufenweisen Reformen, wie er bereits mit der Einheitlichen Europäischen Akte von 1986 beschritten wurde, fort, stellt aber einen viel substantielleren Integrationsfortschritt zur **politischen Union** dar.

Das Vertragswerk geht vom Verständnis aus, dass die Entstehung dieser politischen Union als **Prozess** und nicht heute schon als endgültige, rechtlich geordnete Konstruktion zu verstehen ist. Deshalb werden für verschiedene Bereiche Stufen für die Verwirklichung weiterer Schritte vorgesehen, wobei immer wieder zu entscheiden ist, ob es zu einem gegebenen Zeitpunkt jeweils zweckmässig ist, in eine neue Stufe einzutreten.

Bei den Vertragsverhandlungen standen für die verschiedenen Mitgliedländer unterschiedliche Schwerpunkte der Weiterentwicklung der EG im Vordergrund. Deutschland forderte insbesondere eine Stärkung des Europäischen Parlamentes. Für Frankreich war die Einführung einer gemeinsamen Aussen- und Sicherheitspolitik sowie die Schaffung einer gemeinsamen europäischen Währung vorrangig. Für die strukturschwachen südlichen EG-Staaten stand die Finanzhilfe im Vordergrund. Die Engländer hielten weder die Schaffung der Wirtschafts- und Währungsunion noch eine Stärkung des Europäischen Parlamentes für notwendig, weil sie sich vor dem Prinzip des Föderalismus, das sie als Zentralismus bezeichnen, fürchten. Trotzdem kam das Vertragswerk zustande, allerdings mit vielen Ausnahmeregelungen.

Der Vertrag beinhaltet folgende wichtige Punkte:

- *Die EG soll sich zu einer politischen Union entwickeln.*

  Zu diesem Zweck wird die Zusammenarbeit in einer gemeinsamen Aussen- und Sicherheitspolitik (GASP) sowie in der Innen- und Rechtspolitik vertieft.

  Die drei Säulen EG, GASP sowie Zusammenarbeit in der Innen- und Rechtspolitik werden als «Tempelkonstruktion» bezeichnet, die folgenden Zielen dient:

  - Förderung eines ausgewogenen und dauerhaften wirtschaftlichen Wachstums unter Berücksichtigung der sozialen Komponente,

  - Behauptung der Identität auf internationaler Ebene,

  - Schutz der Rechte und Interessen der Bürger durch Einführung einer Unionsbürgerschaft,

  - verstärkte Zusammenarbeit in der Innen- und Rechtspolitik,

  - Wahrung und Weiterentwicklung des im Rahmen der EG erreichten Besitzstandes.

● *Entwicklung der EG zur Wirtschafts- und Währungsunion.*

1995 wurde beschlossen, die Währungsunion 1999/2002 zu verwirklichen, was mit einer einheitlichen Wirtschafts- und Währungspolitik verbunden ist. Frankfurt am Main wurde zum Sitz des Europäischen Währungsinstitutes gewählt. Die einheitliche Währung wird den Namen „Euro" statt „Ecu" tragen.

● *Institutionelle Reformen*

Bedeutsam ist die engere Anbindung der EG-Kommission an das Europäische Parlament. Damit wird ein deutlicher Schritt in Richtung eines parlamentarischen Regierungssystems in der EG getan.

Sehr kompliziert wird das Gesetzgebungsverfahren, indem dem Parlament sechs verschiedene Verfahren zur Verfügung stehen.

Von grösster Wichtigkeit ist die vertragliche Verankerung des **Subsidiaritätsprinzips**, das der Abgrenzung der Gemeinschaftskompetenzen dient. Es besagt: In den Bereichen, die nicht in ihre ausschliessliche Zuständigkeit fallen, wird die Gemeinschaft nur tätig, sofern und soweit die Ziele der dabei in Betracht gezogenen Massnahmen auf der Ebene der Mitgliedstaaten nicht ausreichend erreicht werden können und daher wegen ihres Umfanges oder ihrer Wirkungen besser auf Gemeinschaftsebene erreicht werden können.

Mit dem Vertrag über die Europäische Union ist die Entwicklung in der EG nicht abgeschlossen, sondern im Vertrag selbst wird 1996 als Datum für eine weitere Wirtschaftskonferenz genannt, an der über die dritte und letzte Stufe der Wirtschafts- und Währungsunion entschieden und eine Bestandesaufnahme über die Einführung der gemeinsamen Verteidigungspolitik vorgenommen werden soll. Dazu ist es allerdings bislang nicht gekommen.

Der Vertrag über die Europäische Union ist selbst in EG-Ländern nicht unbestritten. Die kritischen Punkte lassen sich wie folgt zusammenfassen:

1. Das ausgewogene und dauerhafte Wachstum soll durch eigene Politiken der Gemeinschaftsorgane (Industriepolitik, Forschungspolitik, Technologieförderung, Sozialpolitik, Kultur- und Bildungspolitik sowie Verbraucherschutz) gefördert werden. Kritiker befürchten, dass die Marktwirtschaft durch einen freiheitsbeschränkenden Interventionismus bei der Umsetzung dieser Politiken bedroht wird.

2. Das Subsidiaritätsprinzip wird kritisch beurteilt, weil es nicht genügend genau definiert ist. Deshalb laufen die einzelnen Staaten Gefahr,

dass ihre Souveränität zu stark ausgehöhlt wird, zumal sich die Mitgliedstaaten gegen eine Beschränkung ihrer Kompetenzen nicht wehren können.

3. Der Auftrag an die EG, die notwendigen Voraussetzungen für die Wettbewerbsfähigkeit der Industrie der Gemeinschaft zu schaffen, kann einen weiteren unerwünschten Interventionismus bringen, weil die dafür vorgesehenen Instrumente (Anpassungsbeihilfen, Unternehmungsförderung usw.) ihrerseits wieder zu Wettbewerbsverzerrungen führen, die zu korrigieren sind.

4. Umstritten ist auch das Maastrichter «sozialpolitische Protokoll», das die EG zum Erlass von Mindestvorschriften im sozialpolitischen Bereich berechtigt. Infolge der unterschiedlichen Löhne könnten sich hier weitere Wettbewerbsverzerrungen ergeben, was den gemeinsamen Markt in Frage stellt.

5. Als fragwürdig wird die gemeinsame Politik der beruflichen Bildung und die Kulturpolitik bezeichnet. Eine Vereinheitlichung wird als kulturwidrig und damit europäischen Traditionen widersprechend bezeichnet.

6. Kritisiert werden die ungenügenden Mitwirkungsmöglichkeiten des Europäischen Parlamentes. Zwar sollen Parlament und Rat Verordnungen und Richtlinien gemeinsam erlassen, doch bleibt die Mitwirkungsbefugnis weiterhin auf die Möglichkeit, mit absoluter Mehrheit Vorschläge von Kommission und Rat zu blockieren, beschränkt.

7. Lange Zeit war umstritten, ob es gelingt, die Europäische Währungsunion (EWU) zu verwirklichen. Inzwischen sind die Verhandlungen fortgeführt worden, und es scheint, dass die meisten Mitgliedländer der EU die Gemeinschaftswährung Euro einführen werden.

Abbildung 8.16 zeigt den vorgesehenen EWU-Fahrplan.

Die EWU wird nur funktionstüchtig werden, wenn in den einzelnen EU-Ländern etwa gleiche Vorstellungen über die Stabilitätspolitik bestehen sowie das Ausmass der Staatsverschuldung, der Inflationsentwicklung und die Entwicklung der Produktivität in gleicher Richtung verlaufen.

Zu diesem Zweck hat die EU Konvergenzregeln entwickelt, die ein Land erfüllen muss, um der EWU beitreten zu können.

Diese Konvergenzregeln besagen: Ein Land darf erst in die dritte Stufe (Währungsunion) eintreten, wenn

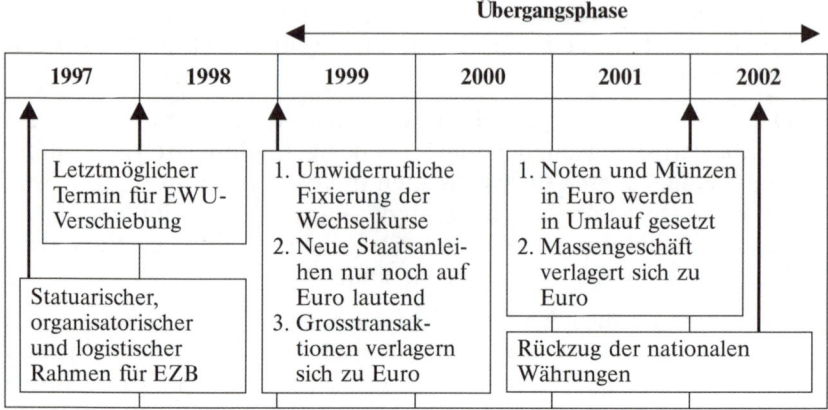

Abb. 8.16: Vorgesehener EWU-Fahrplan

a) seine Inflationsrate nicht um mehr als 1,5 Prozent über dem Durchschnitt der drei EG-Länder mit der niedrigsten Inflationsrate liegt,

b) das jährliche Budgetdefizit höchstens 3 Prozent des BIP beträgt,

c) die gesamte kumulierte Staatsverschuldung nicht mehr als 60 Prozent des BIP ausmacht.

Wie streng diese Konvergenzkriterien schliesslich auch wirklich angewendet werden, ist noch nicht absehbar. Die Währungsunion soll jedoch spätestens in den Jahren 1999/2002 verwirklicht werden.

Mit den Konvergenzregeln sollen die Voraussetzungen zur Funktionstüchtigkeit der Währungsunion geschaffen werden. Zugleich sollen allen Ländern klare Vorgaben gemacht werden, damit die Währungsunion überhaupt möglich wird. Es wird sich in nächster Zeit zeigen müssen, ob diese Ziele erreichbar sind. Ist dies nicht der Fall, so besteht die Gefahr, dass diese Konvergenzkriterien politisch aufgeweicht werden, was aber die Funktionstüchtigkeit der Währungsunion bedrohte.

4.4 Die Gründe, welche die Schweiz 1958 veranlassten, der EWG nicht beizutreten

4.4.1 Neutralität

Zwar ist die EG nach dem Vertragsinhalt nur ein wirtschaftlicher Zusammenschluss ohne militärische und politische Zielsetzung. Trotzdem stand von allem Anfang an der Gedanke der politischen Einigung Europas im Vordergrund. Die wirtschaftliche Integration sollte nur eine Vorstufe zur politischen sein. Damit würde aber die schweizerische Neutralität direkt betroffen.

Die schweizerische Neutralität ist eine **staatspolitische**, nicht aber eine Gesinnungsneutralität. Als solche erfüllt sie in der Weltpolitik auch heute noch zwei wesentliche Funktionen:

a) Der neutrale Staat wird als Vermittler und als Ort von Vermittlungsgesprächen geschätzt. Neutrale internationale Organisationen wählen ihre Niederlassung im neutralen Staat.

b) Der neutrale Staat wirkt als Vorbild für Entwicklungsländer. Seine Entwicklungshilfe und seine Einflüsse werden als positiv und im allgemeinen Interesse liegend gewertet.

Heute wird versucht, die schweizerische Neutralität neu zu definieren. Es bestehen dazu aber grosse Meinungsverschiedenheiten.

4.4.2 Landwirtschaft

Solange an der Neutralität festgehalten wird, benötigt die Schweiz eine eigenständige Landwirtschaft. Diese hat aber nur dank den Schutzzöllen, Kontingenten und Einfuhrbeschränkungen Bestand, weil die schweizerischen Produktionskosten bei allen landwirtschaftlichen Produkten höher sind als im EG-Durchschnitt.

4.4.3 Übernahme des EG-Aussenzolltarifes

Der Aussenzoll der EG war für viele Produkte wesentlich höher als der schweizerische Zolltarif. Bei einem EG-Beitritt hätte dieser höhere EG-Aussenzoll übernommen werden müssen. Dadurch wären die Importe aus überseeischen Ländern benachteiligt worden, was aber aus politischen Gründen nicht erwünscht war, insbesondere für Importe aus den Entwicklungsländern.

4.4.4 Das Problem des Föderalismus und der direkten Demokratie

Bei einem Beitritt der Schweiz zur EG würden zwei Wesensmerkmale der Eidgenossenschaft betroffen: der Föderalismus und die Referendumsdemokratie. Weil der Ministerrat in den meisten Fällen durch Mehrheitsbeschluss entscheidet, würde die Einrichtung des Referendums in allen Belangen, die durch die EG geregelt werden, hinfällig (heute allerdings abgeschwächt, da de facto kaum mehr Mehrheitsbeschlüsse gefasst werden). Gleichzeitig würde die föderalistische Struktur unseres Staates in den Belangen, welche die EG ordnet, aufgehoben. An deren Stelle träte ein Zentralismus der EG (z. B. Steuern).

Im Abstimmungskampf um den Beitritt der Schweiz zum EWR zeigte sich, dass diese Argumente auch 1992 in der Bevölkerung noch stark verankert sind. Dazu kommen Ängste vor einem EG-Zentralstaat mit einer grossen Bürokratie.

4.5 Die Europäische Freihandelsassoziation (EFTA)

Englisch: European Free Trade Association.
Sitz in Genf (Vertragswerk mit 44 Artikeln und einigen Zusatzprotokollen, abgeschlossen in Stockholm, in Kraft seit dem 1. Juli 1960).

4.5.1 Vertragsinhalt

1. Abschaffung der Zölle und nicht tarifären Handelshemmnisse für Industrieprodukte unter den Mitgliedstaaten. Dieses Ziel wurde 1966 erreicht.

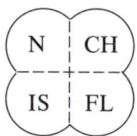

2. Jedes Mitgliedland behält seinen eigenen Aussenzolltarif gegenüber Drittländern.

   Diese beiden Vertragspunkte machen die EFTA zu einer **Freihandelszone**.

Ursprünglich waren sieben Mitgliedsländer: Norwegen, Schweden, Island, Finnland, Österreich, Schweiz und das Fürstentum Liechtensteim

---

Eine Freihandelszone ist gekennzeichnet durch einen allgemeinen Zollabbau unter Mitgliedländern, aber jedes Land behält gegenüber Drittländern seinen eigenen Aussenzolltarif.

---

3. Vom Zoll- und Kontingentsabbau **ausgeschlossen** ist die **Landwirtschaft**.

4. Damit Drittländer Waren nicht über ein zollgünstiges EFTA-Land einführen, um sie von dort in ein zollungünstiges EFTA-Land zu verschieben, sind Ursprungszeugnisse nötig, welche bestätigen, dass mindestens 50 % des Wertes einer Ware in einem EFTA-Land geschaffen wurden. Nur von Ursprungszeugnissen begleitete Waren geniessen Zollfreiheit.

5. Schaffung einheitlicher Wettbewerbsbedingungen.

6. Förderung des Handels mit Agrar- und Fischereiprodukten.

Inzwischen ist die EFTA bedeutungslos geworden.

4.5.2 Organ

Alle Beschlüsse werden im EFTA-Rat einstimmig getroffen, in welchen jedes Land ein Mitglied der Regierung entsendet. In der Regel vermeidet der Rat Abstimmungen und beschliesst im gegenseitigen Einvernehmen. Zur Überwachung und Durchführung des EFTA-Vertrages wurden ständige Ausschüsse geschaffen (Wirtschaftsausschuss, Ausschuss der Parlamentsmitglieder usw.).

4.6 Das Freihandelsabkommen Schweiz–EG

4.6.1 Vertragsinhalt des Abkommens zwischen der Schweiz und der EG
(Abkommen mit 36 Artikeln, in Kraft seit dem 1. Januar 1973)

Durch den Vertrag wird eine Freihandelszone zwischen der Schweiz (sowie den übrigen EFTA-Ländern) und der EG geschaffen, d. h. der gegenseitige Aussenhandel wird nicht durch Zölle oder Abgaben mit gleicher Wirkung wie Zölle sowie mengenmässigen Ein- und Ausfuhrbeschränkungen behindert. Gegenüber Drittländern kann aber die Schweiz eine autonome Handelspolitik betreiben.

Zweck der vertraglichen Vereinbarung ist es, den Aufschwung des Wirtschaftslebens zu begünstigen.

Im einzelnen werden im Vertrag folgende Punkte geregelt:

1. Abbau der Einfuhrzölle zwischen der Schweiz und der EG für Industrieprodukte. Beibehalten werden jedoch die Fiskalzölle (flüssige Treibstoffe, Automobile, Filme).

2. In den Genuss des Zollabbaues gelangen alle Waren, die in der EG bzw. in der Schweiz oder einem anderen EFTA-Land einem genügenden Verarbeitungsprozess unterliegen. Für solche Waren werden Ursprungszeugnisse ausgestellt.

3. Wettbewerbsverzerrende private und staatliche Praktiken (staatliche Subventionen, Kartelle) dürfen den vom Abkommen erfassten Handel zwischen der Schweiz und der EG nicht beeinträchtigen.

4. Landwirtschaftliche Produkte fallen nicht unter das Abkommen.

5. Es bestehen Schutzklauseln, indem Handelsschranken zeitweilig wieder eingeführt werden können (z. B. bei Zahlungsbilanzschwierigkeiten, Dumping, Schwierigkeiten in einem Sektor oder der Region).

6. Die Entwicklungsklausel sieht vor, dass über Verhandlungen und

das verfassungsmässig vorgeschriebene Ratifikationsverfahren das Abkommen ausgeweitet werden kann.

Das Abkommen wird durch einen **Gemischten Ausschuss** verwaltet, der mit Einstimmigkeit Empfehlungen erlassen und in einigen Fällen Beschlüsse treffen kann.

4.6.2 Wirkungen des Abkommens

Mit diesem Abkommen bleiben die Ansprüche der Schweiz (Schutz der Landwirtschaft, staats- und handelspolitische Unabhängigkeit) gewahrt. Andererseits sind aber, weil die übrigen EFTA-Staaten mit der EG gleiche Abkommen geschlossen haben, die Voraussetzungen für einen 19 Staaten umfassenden zollfreien Handel geschaffen.

Für die Schweiz bringt das Abkommen folgende Vor- und Nachteile:

Vorteile:
- Die schweizerische Exportindustrie kann ihre Wettbewerbsposition verbessern und komparative Kostenvorteile besser ausnützen.
- Das Warenangebot im Inland verbessert sich bei grösserer internationaler Konkurrenz.
- Die Ausklammerung der Landwirtschaft ermöglicht die Fortführung der eigenständigen Landwirtschaftspolitik.
- Die Schweiz bleibt ausserhalb der EG-Organe und behält damit die Möglichkeiten zu einer eigenständigen Politik.

Nachteile:
- Der umfassende Zollabbau bringt Einnahmenausfälle für den Staat.
- Die Konkurrenz im Inland verschärft sich, weil Unternehmungen aus dem grösseren Wirtschaftsraum freien Zugang zu den inländischen Märkten haben.

4.7 Das Abkommen über den Europäischen Wirtschaftsraum (EWR)

4.7.1 Die Entstehung des EWR

1984 trafen sich die zuständigen Regierungsmitglieder der EG- und der EFTA-Länder mit dem Ziel, die Zusammenarbeit zwischen EG und EFTA über den Rahmen der bestehenden Abkommen hinaus zu stärken. In der Folge davon entstand der Begriff «Europäischer Wirtschaftsraum», in welchem sich die sieben Länder der EFTA und die zwölf Länder der EG wirtschaftlich als gleichberechtigte Partner gegenüber stehen sollten.

1989 erwähnte der EG-Kommissionspräsident zwei mögliche Formen der Zusammenarbeit: Weiterführung der bisherigen **Beziehungen auf bilateraler Basis** oder Zusammenarbeit in Form einer **institutionell stärker strukturierten Assoziation** mit gemeinsamen Entscheidungs- und Verwaltungsorganen.

Im Verlauf von weiteren Verhandlungen nahmen die EFTA-Staaten als erstes das EG-Gemeinschaftsrecht als EWR-Vertragsgrundlage an (Annahme des acquis communautaire). Später wurde entschieden, ein Globalabkommen zu schliessen, bei dem die Agrarpolitik ausgeklammert blieb. Erste Schwierigkeiten traten auf, als die EG verlangte, dass die EFTA-Staaten mit einer Stimme sprechen und auf ein individuelles Veto-Recht verzichten. Weitere Probleme brachte die Forderung der EG an die EFTA-Länder, finanzielle Leistungen zugunsten der Mittelmeerländer zu erbringen und ihnen im Agrarbereich handelspolitisch entgegenzukommen. Schliesslich forderte die EG-Kommission eine Lösung der Alpentransitprobleme vor einem Abschluss des EWR-Vertrages.

Nach einer grundsätzlichen Einigung im Oktober 1991 kam der Europäische Gerichtshof zum Schluss, dass der EWR-Vertrag die Autonomie und Homogenität der EG-Rechtssprechung gefährdet. Deshalb musste nochmals verhandelt werden, um sicherzustellen, dass Beschlüsse der EWR-Organe den Entscheidungen des Europäischen Gerichtshofes nicht zuwiderlaufen können.

4.7.2 Inhalt des Abkommens über den EWR

(Vertrag mit 129 Artikeln, am 2. Mai 1992 von allen EG- und EFTA-Ländern unterzeichnet).

Das **Ziel** des Abkommens ist «eine anhaltende und ausgeglichene Stärkung des Handels und der wirtschaftlichen Beziehungen zwischen den Vertragspartnern». Dieses Ziel soll erreicht werden über

1. die Verwirklichung eines freien Waren-, Personen-, Dienstleistungs- und Kapitalverkehrs (vier Freiheiten);

2. die Schaffung einer ungestörten Wettbewerbsordnung;

3. eine engere Zusammenarbeit in Forschung und Entwicklung, Umweltfragen sowie Bildungs- und Sozialpolitik;

4. flankierende Massnahmen; gleiche Rechte für Mann und Frau, Umweltschutz, Forschung, Bildung, Sozialpolitik, Förderung kleiner und mittlerer Betriebe, Tourismus.

Insgesamt ist das EWR-Abkommen stark auf ein quantitatives Wachstum der Wirtschaft ausgerichtet. Die flankierenden Massnahmen dienen ebenfalls in erster Linie diesem Ziel.

Gemäss EWR-Abkommen beharrt die EG auf ihrer Entscheidungsautonomie, und die EFTA-Länder haben das gewachsene EG-Recht zu übernehmen (acquis communautaire). Allerdings ist vorgesehen, dass die EG bei der Ausarbeitung von Rechtsnormen, die den EWR betreffen, EFTA-Experten beiziehen kann. Bei Meinungsverschiedenheiten besitzt die EFTA zudem ein kollektives Vetorecht. Umgekehrt verfügt die EG über ein Suspensionsrecht, d. h. sie kann gegen ein Veto der EFTA mit der Stillegung eines Teils des EWR-Abkommens drohen. Soll dies verhindert werden, so sind die Verhandlungen fortzuführen.

4.7.3 Die Organe im EWR

Die politische Verantwortung für die Verwirklichung und Weiterentwicklung des EWR-Abkommens trägt der **EWR-Rat**; die Entscheide des Rates werden mit dem Konsens zwischen den Vertragspartnern gefällt, wobei die EFTA-Staaten mit einer Stimme sprechen.

Der **EWR-gemischte Ausschuss** hat die ordnungsgemässe Durchführung und das reibungslose Funktionieren des Abkommens zu gewährleisten.

Schliesslich ist ein **EWR-Schiedsgericht** vorgesehen.

Ob und wie sich der EWR entwickeln wird, lässt sich anfangs 1993 nicht sagen. Die Schweiz tritt nicht bei, und Österreich, Schweden, Norwegen und Finnland haben EG-Beitrittsgesuche gestellt.

4.7.4 Die Ablehnung des EWR durch die Schweiz

In einem wenig schönen Abstimmungskampf lehnte die Schweiz im Dezember 1992 das EWR-Abkommen ab. Argumentiert wurde mit ähnlichen Überlegungen wie 1957, als die Schweiz der EG nicht beitrat. Eine knappe Gegenüberstellung der Argumente ergibt folgendes Bild:

Argumente gegen den EWR	Argumente für den EWR
Wirtschaftlicher Aspekt	
Die Schweiz ist stark genug, um sich selbst zu behaupten, und der EWR verschlechtert die Rahmenbedingungen für die Schweiz. Besser ist eine vertragliche Zusammenarbeit mit vielen anderen Staaten.	Die Schweiz hat schwere wirtschaftliche Nachteile in Kauf zu nehmen, wenn sie vom europäischen Binnenmarkt ausgeschlossen ist (geringeres Wachstum).
Politischer Aspekt	
Der EWR ist nur eine Übergangslösung zum EG-Beitritt, wodurch die Schweiz die Unabhängigkeit verliert.	Die Schweiz darf sich in Europa nicht isolieren, denn viele Probleme lassen sich schweizerisch nicht mehr lösen.

Direkte Demokratie

Föderalismus und direkte Demokratie werden zu stark eingeschränkt.	Die Auswirkungen sind nicht zu gross, weil im EWR und in der EG das Subsidiaritätsprinzip gilt.

Souveränität

Rund 1500 EG-Vorschriften erfordern die Revision von 61 Bundesgesetzen und von vielen kantonalen Erlassen. Damit wird die Schweiz fremdem Recht unterstellt.	Das EWR-Abkommen ist nicht fremdes Recht, sondern es ist Recht, das ausgehandelt wurde und in vielem dem schweizerischen Recht ähnlich ist.

Freizügigkeit im Personenverkehr

Die Schweiz wird mit Ausländern überschwemmt. Es wird zu einer Wohnungsnot kommen.	Die Freizügigkeit gilt nur für Personen mit Arbeitsvertrag. Zudem wird die Mobilität nach allen Erfahrungen in der EG nicht übermässig gross sein. Die Schweiz hat aber die Chance, qualifizierte Mitarbeiter zu gewinnen.

Löhne, Arbeitslosigkeit

Weil das Lohnniveau in der EG tiefer ist und sie viele Arbeitslose hat, werden die Löhne sinken und die Arbeitslosigkeit zunehmen.	Da die Zuwanderung nicht gross sein wird, ist kaum mit Lohnsenkungen zu rechnen. Auch in den EG-Ländern bestehen Lohnunterschiede.

Mieten, Hypothekarzinsen

Das schweizerische Zinsniveau wird sich dauerhaft dem höheren europäischen Zinsniveau anpassen. Dadurch und als Folge der Freizügigkeit werden die Mieten teurer.	Die SNB behält ihre Autonomie für die Geldpolitik. Es wird ihr aber nicht gelingen, sich ausländischen Trends widersetzen zu können. Die Zinsen steigen so oder so.

Konsumenten

Die Massenproduktion führt zu billigen Massenwaren. Die Schweiz kann dagegen kaum ankämpfen, weil sie keine eigenen Vorschriften über Qualität und Umweltschutz erlassen kann.	Die Konsumentenrechte sowie die Produktehaftpflicht sind in der EG besser ausgebaut. Die Massenproduktion, die qualitativ nicht schlechter zu sein braucht, verbilligt die Waren.

Umweltschutz

Massenproduktion, mehr Transporte und Massentourismus belasten die schweizerische Umwelt. Die schweizerische Umweltpolitik greift besser.	Die EG will die Umweltpolitik verstärken. Im EWR sind die schweizerischen Umweltwerte weitgehend ausgehandelt worden.

Landwirtschaft

Obschon die Landwirtschaft ausgeklammert ist, erhalten südeuropäische Agrarprodukte leichteren Zugang zum Schweizer Agrarmarkt. Dadurch werden die Landwirtschaft und vor allem die Kleinbetriebe bedroht.	Nur eine florierende Wirtschaft sichert die Zukunft der Landwirtschaft. Leichter eingeführt werden können nur wenige Erzeugnisse aus südlichen Ländern. Die Schweizer Landwirtschaft hat bessere Exportmöglichkeiten und kann Landmaschinen billiger importieren.

Diese Argumentenliste, die der offiziellen Abstimmungsbroschüre (gekürzt) entnommen ist, zeigt, wie grobschlächtig auf beiden Seiten argumentiert worden ist. Leider ist damit zu rechnen, dass die Europa-Debatte in der Schweiz noch lange wenig differenziert sein wird.

4.8 Wie geht es in der Schweiz weiter?

Welches die Auswirkungen der Ablehnung des Beitrittes zum EWR sind, lässt sich nicht mit Sicherheit voraussagen. Zu vieles hängt von der weiteren, vor allem politischen Entwicklung in der EG sowie vom künftigen wirtschaftspolitischen Verhalten der Schweiz ab. Kaum bestritten ist, dass sich die Schweiz europäischen Entwicklungen nicht mehr entziehen kann. Wichtige Daten wie Inflation, Zinssätze und Arbeitslosigkeit werden sich den europäischen Trends anschliessen.

Mit aller Wahrscheinlichkeit wird es für die schweizerische Wirtschaft in den nächsten Jahren viel schwieriger werden. Mit einer klugen Politik, die Probleme, wie sie sich in den übrigen europäischen Ländern stellen, besser löst, ist die Schweiz auch im Alleingang nicht ohne Chancen. Sie muss aber:

1. die Binnenwirtschaft liberalisieren und deregulieren, d. h. bessere Voraussetzungen für eine echte Konkurrenz schaffen und unnötige staatliche Massnahmen (vor allem administrative Prozesse) stark abbauen;

2. den sozialen Frieden erhalten (Verteilungskämpfe verhindern) und eine vernünftige Lohn- und Verteilungspolitik betreiben;

3. in möglichst offener Form mit Einzelverträgen an den europäischen Entwicklungen teilnehmen, was indessen ohne Aufgabe bestimmter traditioneller Vorstellungen nie möglich sein wird;

4. die Entfremdung zwischen Regierung und Politik sowie Volk überwinden, damit die Schweiz wieder von einer zukunftsträchtigen Staatsidee und Politik getragen wird;

5. die kulturelle Vielfalt in der Einheit muss gewahrt bleiben (vor allem darf die Kluft zwischen der deutschen und französischen Schweiz nicht vergrössert werden).

Insgesamt sind für die nächsten Jahre zwei Entwicklungen denkbar:

1. **Günstiger Fall:** Die Schweiz bewältigt dank Innovationskraft, Zukunftsglaube und einer vom ganzen Volk getragenen Politik den Alleingang und wird auf diese Weise zu einem Partner Europas und allmählich «europafähig», um zu einem günstigen Zeitpunkt in einem dannzumal sicher nochmals veränderten Europa voll mitwirken zu können.

2. **Schlechter Fall:** Die Schweiz bewältigt infolge von Traditionalismus und innerer Zerstrittenheit die Probleme nicht, so dass sich die Wirtschaftslage verschlechtert. In dieser Situation wird sie unter dem Druck der wirtschaftlichen Umstände gezwungen sein, als Bittsteller von einer schwachen Position aus bei der EG ein Aufnahmegesuch zu stellen, wobei in einer solchen Lage die EG die Bedingungen diktieren wird.

Der schweizerische Bundesrat sucht gegenwärtig nach Lösungen mittels bilateraler Abkommen mit der EU für verschiedene Teilbereiche. Langfristig strebt er aber eine Vollmitgliedschaft der Schweiz bei der EU an. Sie stösst aber immer noch auf Widerspruch.

Sicher ist, dass in nächster Zeit nicht nur die schweizerische Wirtschaft, sondern jeder einzelne Bürger und jede einzelne Bürgerin stark gefordert sind.

Literaturverzeichnis

Da dieses Buch ein Lehrbuch ist, das keinen Anspruch auf wissenschaftliche Originalität erhebt, wurde auf eine wissenschaftliche Zitierweise verzichtet. Hingegen wird hier die Literatur angegeben, die bei der Ausarbeitung dieses Lehrbuches zu Rate gezogen wurde.

1. Kapitel

Frey, René, L., Wirtschaft, Staat und Wohlfahrt. Eine Einführung in die Nationalökonomie, 7. Auflage, Basel 1992 (insbesondere Abb. 1.5).
Meier, Alfred/Haudenschild, Christoph, Der wirtschaftspolitische Problemlösungsprozess, Chur/Zürich 1991 (insbesondere Abb. 1.6 und Abb. 1.7).

2. Kapitel

Frey, René, L., Wirtschaft, Staat und Wohlfahrt. Eine Einführung in die Nationalökonomie, 7. Auflage, Basel 1992 (insbesondere Abb. 2.2).
Kneschaurek, Francesco, Unternehmung und Volkswirtschaft. Eine Volkswirtschaftslehre für Führungskräfte, Zürich 1990.
Meadows, Dennis, Die Grenzen des Wachstums. Bericht des Club of Rome zur Lage der Menschheit, Stuttgart 1972.
Reis, Hans, Der neue Landesindex der Konsumentenpreise (LIK 93), in: Dokumentation zur Wirtschaftskunde, Wf Zürich 1993, Nr. 5/6.
Strahm, Rudolf, Wirtschaftsbuch Schweiz, Zürich 1987 (insbesondere Abb. 2.7).
Zürcher, Max, Aspekte entwicklungspolitischen Konzeptwandels, Dokumentation zur Wirtschaftskunde, Nr. 106, Zürich 1987.

3. Kapitel

Borner, Silvio, Einführung in die Volkswirtschaft, 2. Auflage, Diessenhofen 1982.
Frey, René, L., Wirtschaft, Staat und Wohlfahrt. Eine Einführung in die Nationalökonomie, 7. Auflage, Basel 1992.
Küng, Emil, Wirtschaftspolitische Gegenwartsfragen, Zürich und St. Gallen 1962.
Schwarz, Gerhard (Hrsg.), Das Soziale der Marktwirtschaft, Zürich 1990.

4. Kapitel

Borner, Silvio, Denkanstösse zur schweizerischen Sozialpolitik, in: Bulletin der Schweizerischen Kreditanstalt, Zürich 1979, Nr. 10.
Buhmann, Brigitte, Wohlstand und Armut in der Schweiz, Grüsch 1988.
Frey, René, L., Wirtschaft, Staat und Wohlfahrt. Eine Einführung in die Nationalökonomie, 7. Auflage, Basel 1992.
Güntert, B. J., Ökonomie und Gesundheitswesen, Dokumentation zur Wirtschaftskunde, Nr. 112, wf Zürich 1987 (insbesondere Abb. 4.9).
Hauser, M., Soziale Sicherheit in der Schweiz: Aufbauprinzipien und Probleme, in: Dokumentation zur Wirtschaftskunde, Wf Zürich 1991, Nr. 7/8.

Kneschaurek, Francesco, Unternehmung und Volkswirtschaft, Zürich 1990 (insbesondere Abb. 4.20 und Abb. 4.22).

Leu, Robert, Bedürftigkeit und Armut als relative Begriffe, in: Neue Zürcher Zeitung, Nr. 193 vom 22. 8. 89.

Leu, Robert E./Buhmann, Brigitte, Wirtschaftliche Armut in der Schweiz, Diskussionspapier Nr. 54 der Volkswirtschaftlichen Abteilung der Hochschule St. Gallen, Juli 1988.

Leu, Robert E./Buhmann, Brigitte/Frey, René, L., Einkommens- und Vermögensverteilung: Die Begüterten und die weniger Begüterten, in: Frey, R. L./Leu, R. E., Der Sozialstaat unter der Lupe, Basel 1988.

Sheldon, G., Dynamik der Armut in der Schweiz, Dokumentation zur Wirtschaftskunde, Nr. 9/10, wf Zürich 1991 (insbesondere Abb. 4.13).

Siebter Bericht über die Lage der schweizerischen Landwirtschaft und die Agrarpolitik des Bundes, EDMZ Bern 1992.

5. Kapitel

Baumberger, Jörg, Zins und Zinslandschaft, in: Dokumentation Wirtschaftskunde, Wf Zürich 1992, Nr. 5.

Schmid, Hans, Geld, Kredit und Banken, 2. Auflage, Bern 1988.

Ströbele, Wolfgang, Inflation, Einführung in Theorie und Politik, München/Wien 1979.

6. Kapitel

Binswanger, H. Ch., Vermeidung von Restrisiken als Weg einer umweltgerechten Wirtschaft, in: Neue Zürcher Zeitung, Nr. 302 vom 31. 12. 1986.

Dornbusch, Rüdiger/Fischer, Stanley, Makroökonomik, 4. Auflage, München/Wien 1989.

Frey, René, L., Wirtschaft, Staat und Wohlfahrt. Eine Einführung in die Nationalökonomie, 7. Auflage, Basel 1992.

Kneschaurek, Francesco, Unternehmung und Volkswirtschaft. Eine Volkswirtschaftslehre für Führungskräfte, Zürich 1990 (insbesondere Abb. 6.3 und 6.4).

Lusser, Markus, Stabilitätspolitik in einer schwierigen Zeit. Vortrag am Jubiläumssymposium 1992 der Ernst-Schmidheiny-Stiftung, Bern 1992.

Leu, Robert, E., Schliessen sich Umweltschutz und Marktwirtschaft aus? in: Swiss Chem, Heft 11, Basel 1989.

Schürmann, Leo, Nationalbankgesetz und Ausführungserlasse, Kommentar und Textausgabe, Bern 1980.

Zürcher, Max, Lenkungsabgaben im Umweltbereich, in: Dokumentation zur Wirtschaftskunde, Nr. 12, Wf Zürich 1991.

7. Kapitel

Höhn, Ernst, Steuerrecht, 7. Auflage, Bern 1993.

Jaeger, Franz/Schips, Bernd, Zur ökonomischen Analyse einer Staatsverschuldung, Diessenhofen 1980.

Meier, Alfred, Finanzwissenschaft, Vorlesungsskriptum, HSG St. Gallen 1972.

Stiglitz, Joseph, E., Finanzwissenschaft, 2. Auflage, München/Wien 1989.

Vallender, Dorle, E., Einführung in die Finanzwissenschaft, Diessenhofen 1981.

8. Kapitel

Blümle, Gerold, Aussenwirtschaftstheorie, Freiburg i. Br. 1982.

Hauser, Heinz, Die Zahlungsbilanz in der Schweiz, in: Dokumentation zur Wirtschaftskunde, Nr. 6/7, Wf Zürich 1988.

Kneschaurek, Francesco, Steht uns eine weltweite Kapitalknappheit bevor? Lugano 1992.

Küng, Emil, Zahlungsbilanzpolitik, Zürich/Tübingen 1959.

Proske, Christine/Vieser, Susanne, Stichwort EG, München 1992.

Reding, Jörg, Al., Zur Schuldenkrise der dritten Welt, in: Dokumentation zur Wirtschaftskunde, Nr. 6/7, Wf Zürich 1989 (insbesondere Abb. 8.13).

Senti, Richard, EG, EFTA, Binnenmarkt. Organisation, Funktionsweise, Perspektiven, 2. Auflage, Zürich 1992.

Sachregister

Prof. Dr. Fredmund Malik

Systemisches Management, Evolution, Selbstorganisation

Grundprobleme, Funktionsmechanismen und Lösungsansätze
für komplexe Systeme

255 Seiten
gebunden Fr. 48.– / DM 54.– / öS 421.–
ISBN 3-258-04743-X

Dieses Buch richtet sich an jene Führungskräfte, die den grundlegenden Charakter
der Organisationen, in denen sie handeln, besser verstehen wollen. Die Organisationen einer modernen Gesellschaft sind zum grössten Teil hochkomplexe Systeme, die wir nicht – wie weithin üblich – als Maschinen, sondern weit besser in
Analogie zu Organismen verstehen können. Sie können weder bis ins Detail
verstanden und erklärt, noch gestaltet und gesteuert werden. Sie haben ihre eigenen
Gesetzlichkeiten und werden zwar auch durch Ziele, aber vor allem durch Regeln
kontrolliert.
Aus dem – unvermeidlichen – Verzicht auf die Gestaltung und Steuerung im Detail
folgt aber keineswegs eine Reduktion managerieller Möglichkeiten und Fähigkeiten, sondern im Gegenteil eröffnen sich durch die systemgerechte Anwendung von
Regeln neue und bessere Möglichkeiten des Managements komplexer Systeme.
Erst und nur auf diesem Wege können Evolution, Selbstorganisation und Selbst-
regulierung genutzt werden, um die Wirksamkeit der Organisationen der modernen
Wissens- und Informationsgesellschaft zu verbessern.

Verlag Paul Haupt Bern · Stuttgart · Wien

Prof. Dr. Jürg Martin Gabriel

Das politische System der Schweiz

Eine Staatsbürgerkunde

3. Auflage
203 Seiten, 25 Abbildungen
kartoniert Fr. 29.– / DM 34.– / öS 265.–
ISBN 3-258-04199-7

Das Buch stellt – als Gerippe des Staatskundeunterrichts – die **Institutionen unseres Staates** in vorbildlicher, leichtverständlicher und systematischer Weise dar. Der Form nach ist es ein **Lesebuch,** das erlaubt, den in der Stunde besprochenen Stoff zuhause nachzulesen. Der Stoff wird didaktisch gut dargeboten, indem jedem Kapitel **wichtige Begriffe** und **Repetitionsfragen** beigefügt werden.

Verlag Paul Haupt Bern · Stuttgart · Wien

Peter Gomez / Gilbert Probst

Die Praxis des ganzheitlichen Problemlösens

Vernetzt denken – Unternehmerisch handeln – Persönlich überzeugen

2., überarbeitete Auflage
299 Seiten, 117 Abbildungen
gebunden Fr. 52.– / DM 58.– / öS 424.–
ISBN 3-258-05575-0

Ganzheitliches oder vernetztes Denken ist heute zum Schlagwort geworden. Kaum ein Vortrag über Unternehmensführung, kaum ein Interview in der Wirtschaftspresse, in denen es nicht heraufbeschworen wird.
Auch in den Unternehmen gehört es heute zum guten Ton, einen ganzheitlichen Ansatz bei der Strategiefindung oder der Reorganisation zu fordern. So löblich diese Absichtserklärungen auch sind, die entsprechende Praxis sieht noch wenig verheissungsvoll aus. Sonst würden unsere unternehmerischen und gesellschaftlichen Problemlösungen eine höhere Qualität aufweisen. Es besteht also Handlungsbedarf.
Verantwortliche Unternehmensführung in turbulenter Zeit erfordert nicht nur vernetztes Denken, sondern auch unternehmerisches Handeln und persönliches Überzeugen. Es reicht nicht aus, neue Denkweisen und innovative Zugänge zu komplexen Problemsituationen zu entwickeln (**Vernetztes Denken**). Vielmehr muss darauf aufbauend zielgerichtet Wandel herbeigeführt (**Unternehmerisches Handeln**) und durch eine motivierende und mitreissende Führung im Unternehmen umgesetzt werden (**Persönliches Überzeugen**). Dies hat viel früher der grosse Schweizer Pädagoge Pestalozzi erkannt, als er das Zusammenspiel von Kopf, Hand und Herz forderte.
In diesem Buch werden alle drei Aspekte des ganzheitlichen Problemlösens fundiert behandelt und zu einer praktisch unmittelbar anwendbaren Methodik für komplexe Unternehmensprobleme integriert. Diese wurde von den Autoren in einer Vielzahl von Praxisprojekten erprobt und laufend weiterentwickelt. Illustriert wird die Methodik durch eine grosse Zahl von Unternehmensbeispielen die darauf abzielen, das Gedankengut einer breiteren Öffentlichkeit zugänglich zu machen und nicht bloss Spezialisten anzusprechen.

Verlag Paul Haupt Bern · Stuttgart · Wien

Wilhelm Röpke

Die Lehre von der Wirtschaft

«Uni-Taschenbücher (UTB)»   Band 1736

13., unveränderte Auflage
381 Seiten
kartoniert DM 26.80
ISBN 3-258-04750-2

Das zuerst 1937 im Exil erschienene Buch ist ein Klassiker der Volkswirtschaftslehre. Seine eingehende, elementare, verständliche und die Zusammenhänge auf-
zeigende Darstellung wirtschaftlichen Handelns wird mit Recht als grundlegendes
Lehrbuch bezeichnet. Es zeigt die wirtschaftspolitischen Voraussetzungen und
Wirkungen auf der Basis mikroökonomischen Denkens.

Verlag Paul Haupt Bern · Stuttgart · Wien